이산

김광섭 산문집

지은이 이산(怡山) 김광섭(金珖燮)

1905년 함경북도 경성에서 출생, 와세다대학 영문과를 졸업했다. 고요한 서정과 냉철한 지성에 시대적·민족적 고뇌와 저항이 융화된 시를 써서 주목받았으며, 창씨개명 반대와 반일 사상으로 인하여 일제 말기에 3년 8개월간 옥고를 치렀다. 해방을 맞아 문화계, 언론계, 학계, 관계 등에서 왕성한 활동을 펼치면서도 시에 대한 관심을 잃지 않아서 삶에 대한 깊은 관조와 아름다운 인간 의지를 원숙하고 구체적인 표현으로 육화시킨 작품들을 발표했다. 1977년 타계할 때까지 『동경(憧憬)』『마음』『해바라기』『성북동 비둘기』『반응(反應)』 등 다섯 권의 창작 시집과 『김광섭시전집』 그리고 『겨울날』 등의 시선집을 발간했다. 서울특별시문화상, 대한민국 문화예술상, 국민훈장 모란장, 예술원상 등을 수상했다.

책임 편집 홍정선(洪廷善)

1953년 경북 예천에서 출생, 서울대 국문과 및 동 대학원을 졸업했으며, 현재 인하대 국문과 교수로 재직하고 있다. 계간 『문학과사회』 편집동인을 지냈고, 현재는 '문학과지성사' 기획위원으로 일하고 있다. 평론집 『역사적 삶과 비평』이 있으며, 공편으로 『문예사조의 새로운 이해』 『한국현대시론사 연구』 등을 펴냈다. 대한민국문학상 신인상과 소천비평문학상 그리고 현대문학상을 수상했다.

이산 김광섭 산문집

펴낸날__2005년 9월 26일

지은이__김광섭
책임 편집__홍정선
펴낸이__채호기
펴낸곳__㈜**문학과지성사**
등록번호__제10-918호(1993. 12. 16)

서울 마포구 서교동 395-2(121-840)
편집__338)7224~5   FAX 323)4180
영업__338)7222~3   FAX 338)7221
홈페이지__www.moonji.com

ⓒ (주)문학과지성사, 2005. Printed in Seoul, Korea

ISBN 89-320-1635-6
ISBN 89-320-1633-X (세트)

* 이 책은 대산문화재단과 민족문학작가회의가 공동으로 주최한
  '탄생 100주년 문학인 기념문학제'의 일환으로 서울특별시의 지원을 받아 제작되었습니다.

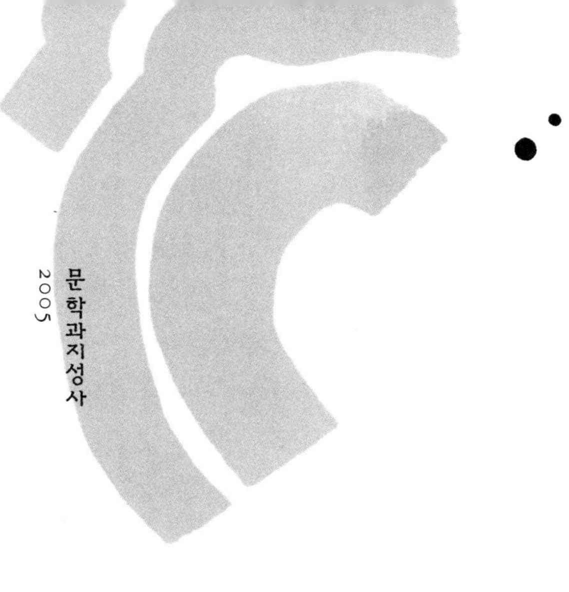

이산
김광섭 산문집

홍정선 책임 편집

문학과지성사
2005

일러두기

1. 작품은 시전집(詩全集)과 산문집(散文集)으로 구분했다. 시는 원칙적으로 발표순으로 수록하되, 전집(1974년 일지사판) 이후의 발표 시와 미발표 유고 시를 그 뒤에 붙였다. 산문집은 김광섭의 주요 산문 중에서 선(選)하되, 내용에 따라 4부로 나누어 수록했다.

2. 이 시전집 및 산문집의 표기는 발표 원문과 단행본을 토대로 가급적 원문의 표기 방식을 따르되, 현행 맞춤법에 맞도록 띄어쓰기를 고쳤다.

3. 시전집의 경우, 원전의 한자는 작품 이해를 위해 한글로 적고 괄호 안에 한자를 병기하였다. 단, 산문집의 경우는 독서의 편의를 위해 가급적 한글 표기를 원칙으로 하되, 필요한 경우 이해를 돕기 위해 한자를 병기하였다.

4. 원전에서 판독이 불가능한 어휘들은 'ㅇ'로 표시했다.

5. 작품 뒤에 발표지와 수록 단행본의 서지사항을 표기하되, 확인되지 않은 경우는 비워 두었다.

6. 텍스트와 관련된 정보가 필요한 경우 '〔 〕' 속에 편집자주를 달았다.

　이 산문집은 이산 김광섭 선생의 시전집 편찬 과정에서 자연스럽게
파생된 것이다. 시로 보여줄 수 없는, 시전집에 담을 수 없는, 의미 있
는 문학 활동들을 어떻게 처리할까 고심하다가 산문집을 엮기로 한 것
이다.

　이산 선생은 해방 이전에는 뛰어난 현장비평가로서 신랄한 비평 활
동을 펼쳤으며, 해방 이후에는 임화가 주도한 좌익문단에 맞설 수 있
는 우익문단 건설을 위해 혼신의 노력을 기울인 분이다. 이런 여러 활
동으로 말미암아 이산 선생이 걸어온 길은 한국 문학이 걸어온 길과 중
요한 대목에서 겹치고 있기 때문에 우리가 오늘의 한국 문학을 제대로
이해하기 위해서는 이산 선생이 걸어온 길을 반드시 이해할 필요가 있
다. 그래서 원래 시전집 1권의 편찬으로 마무리하려 했던 작업을 확장
하여 산문집을 한 권 더 엮기로 한 것이다.

　이산 선생이 남긴 산문들을 모아 책을 엮으면서 이 책에서는 일단 4
가지 종류의 글로 나누어 수록했는데, 잠시 설명해보면 이렇다. 제1부

'시에의 등정'에 수록한 글들은 이산 선생의 개인적 생애와 관련된 것들이다. 독자들은 제1부에 수록된 글들을 통해 이산의 탄생과 성장, 수학 과정, 가족관계와 교우관계, 시에 관심을 가지게 된 이유, 호를 이산이라고 붙이게 된 내막, 만년의 투병생활과 시 창작 활동 등에 대한 선생의 술회를 만날 수 있을 것이다. 제2부 '옥창일기'에 수록된 두 편의 긴 글은 모두 이산 선생이 겪은 감옥살이와 관련된 것이다. 선생이 감방에서 몰래 작성한 노트를 바탕으로 서술된 이 두 편의 글은, 일제 말기에 사상범들이 겪어야 했던, 힘든 취조 과정과 어려운 감옥살이의 모습을 생생하게 증언해주는 중요한 보고서이다. 사적인 감정에 경도되어 있는 박영희의 「독방」에 비해 훨씬 자료적 가치가 큰 증언이라고 할 수 있다. 제3부 '시인과의 만남'에 수록된 글들은 평소 가깝게 지냈던 시인들의 인품과 작품 세계에 대한 이야기들이다. 오일도, 박용철, 모윤숙, 이하윤 등에 대한 이 글들이 전해주는 내용은 엄격한 비평의 경지가 아니지만, 오히려 그렇기 때문에 당대 문인들의 풍모를 더 생생하게 전해주는 측면이 있다. 제4부 '문학의 길, 비평가의 길'에 수록된 글들은 이산 선생의 해방 전 비평 활동과 해방 후 문단 활동을 생생하게 기억시켜주는 것들이다. 이중 앞부분의 글들은 이산 선생이 30년대 후반에 주로 신문 지면을 통해 정력적으로 펼쳤던, 날카로운 비판정신을 바탕으로 한 현장비평의 면모를 생생히 보여주는 것들인데, 독자들은 그 양상을 예컨대 세태소설과 내성소설 논의에 대한 비평에서 흥미 있게 엿볼 수 있을 것이다. 그리고 뒷부분에 수록된, 해방 후의 글들에서는 대한민국의 수립과 함께 하는 문학을 건설하기 위해 전력을 다하는 이산 선생의 모습과 활동을 가늠해볼 수 있을 것이다.

이산 선생의 산문집을 편찬하면서 선생이 남긴 모든 산문을 수록하지 못한 게 유감스럽다. 편자가 주장해서 산문집을 편찬하게 된 만큼 무작정 권수를 확대해서 출판사에 누를 끼칠 수 없었던 까닭이다. 그래서 시전집과 달리 이 산문집에는 '전집'이란 명칭을 붙이지 못했으나, 이산 선생이 남긴 주요한 산문은 거의 모두 수록했다고 자부한다. 일단 이로써 위안을 삼는다.

2005년 9월
홍정선

이산 김광섭 산문집 | 차례

제4부 문학의 길, 비평가의 길

제1부

시에의 등정

나의 시적(詩的) 병상기(病床記)

1964년, 그해는 유별나게도 더웠다. 뿐더러 나에게는 정신적이든 육체적이든 매우 고달픈 해였다.

그해 여름 내가 경영하던 『자유문학(自由文學)』이 지령(紙齡) 73호를 끝으로 문을 닫았다. 경영난으로 폐간하게 된 것이다. 적자에 허덕이면서도 70여 호나 내놓게 된 것은 결코 우연이 아니었다. 실로 문학동지(文學同志)의 피땀어린 정성의 결정(結晶)이다. 『자유문학』은 환도 후(還都後) 변변한 문학 전문지 하나 없었던 우리 문단에 적지 않이 기여한 바 있다. 젊고 장래성 있는 문학도(文學徒)가 제대로 글 한 줄 쓸 수 없었던 게 그 당시 사정이었다.

『자유문학』의 폐간으로 우리 문단에 자그마한 터전이라도 가꾸어보려 했던 나의 의도가 무참히도 스러지고 만 것이다. 그렇다! 잘못이 있다면 내가 경제적으로 무능했던 까닭일 게다. 이것이 나에게 정신적으로 큰 타격을 주었고, 건강에도 지대한 영향을 미쳤다. 그래도 무슨 수를 써서든지 다시 속간(續刊)해보고자 온 정력을 다 쏟았다. 사무실까지 내놓게 되니 이제 『자유문학』은 간판마저 없어져버리게 되었다. 간신히 서울운동장 앞 국제보도연맹 사무실 한구석을 빌려 간판이나마 붙이고 있었다. 재간행 계획으로 머리가 지끈지끈 아팠다. 불철주야로 어떻게 하면 다소의 자금을 변통해서 속간을 할 수 있을까 하는 생각만 했다. 그러나 생각대로 일이 그렇게 쉽사리 되진 않았다. 이러는 동안에 긴장이라도 풀고자 해서 자주 서울운동장엘 드나들게 되었다. 원래 운동에는 별로 취미가 없었던 나였지만, 이때부터 재미를 붙이게 되었다. 운동 중에는 특히 야구(野球)가 한층 재미있었다.

그러니까 그날이 바로 1965년 4월 22일이었다. 진주(晉州)에서 상경한 파성 설창수(巴城 薛昌洙)씨가 찾아왔다. 그는 오래간만에 만났으니 점심이나 같이 하자고 말했다. 집에서 점심을 같이 들면서, 곁들여 나온 반주를 연거푸 몇 순배 돌리고 나니 얼근한 기분이 감돌았다. 우리는 오래간만의 해후라, 서로의 흉금을 털어놓고 허물없이 얘기를 나누다가, 언뜻 화제가 야구에 미쳤다. 파성(巴城)은 열띤 어조로 그동안 한국 대학생 야구가 상당한 수준에 올랐다고 칭찬을 아끼지 않았다. 그러자 내가 서울운동장에서 열리고 있는 고려대 대(對) 경희대의 야구 구경을 가보는 게 어떠냐고 제안했다.

서울운동장에 들어갔을 때는 오후 2시가 조금 지나서였다고 기억한다. 입추의 여지없이 꽉 들어찬 관람석에는 각 대학의 응원단이며, 야구팬들이 응원에 열을 올리고 있었다. 화창한 4월 하순의 봄볕이 내려쬐어 눈이 부시다. 따끈하게 머리끝에 닿는 태양열의 감촉은 다소 현기를 일으킬 정도다. 하여튼 상쾌한 봄날의 오후였다고 생각한다.

술기운이 핑 돌기 시작하자, 몸속에서 무엇인가 훅 하고 치미는 듯했다. 그 순간 내 나이 정도 사람이면 으레 있을 수 있는 일이려니 했다. 원래 나는 많이는 못하지만, 그래도 술을 무척 즐기는 편이었다. 그렇지만 육십 평생 별로 병이란 것을 모르고 살아온 터였다. 남들은 오십을 갓 넘기지도 못하고 고혈압이니 당뇨병이니 하여 남은 여생을 걱정하는 수가 많다. 언젠가 한번 문학 관계 회의 도중에 지나치게 흥분해서 경련을 일으킨 적은 있었다. 전례가 없던 증세라 곧 의사에게 진찰을 받았더니, 다소 혈압이 높아졌는데 그렇게 걱정할 정도는 아니라고 했다. 그 이후로 이것이 항상 마음속에 꺼려져왔다. 그렇지만 여태까지의 건강 상태로 미루어 별것이 아니겠지 하고 신경을 쓰지 않기로 했었다.

하여튼 그날 나는 배트에 맞아 하늘 높이 날라가는 야구공에 정신이 팔려, 순간적인 미혹감(迷惑感) 같은 것은 염두에 둘 겨를이 없었다.

창공을 나는 은구(銀球)는 화사한 봄볕을 받아 유난히 반짝인다. 그것을 물끄러미 바라보고 있노라며, 내가 어릴 적 고향에서 천렵을 할 때, 그물에 잡힌 고기가 태양빛에 반짝거리며 팔딱팔딱 뛰는 모습을 연상케 한다.

그 순간이다. 다시 무엇인가가 몸속에서 훅 하고 치미는 듯하더니, 나는 그만 정신을 잃었다. 같이 간 설창수씨가 어떻게 됐는지 전혀 기억이 없다. 의식이 회복되어 눈을 떠 보니 의외로 내가 하얀 병상에 누워 있는 게 아닌가? 여기가 어디냐고 물으니 메디컬센터라고 대답한다. 그제야 정신을 차려 주위를 둘러봤다. 가족과 친지 몇 사람이 걱정스러운 표정으로 나를 지켜보고 있다. 어떻게 된 일이냐고 다시 물으니 좀체로 대답을 안 한다. 그후로 나는 다시 혼수상태에 빠졌다. 의식이 회복되는 대로 간간이 저간의 사정을 간병(看病)하는 가족에게 물어 대강 짐작할 수가 있었다.

그날 서울운동장에서 졸도한 후 나는 오랫동안 엎어진 채로 방치되어 있었다고 한다. 동행한 설창수씨는 아마 딴 데로 갔던 모양이다.

어떤 사람이 지나가다가 혹시나 하고 나의 용태를 살펴보니 그야말로 죽음의 촌전(寸前)에 다다른 위급 환자였다. 그는 부랴사랴 주변의 학생을 동원해서 나를 메디컬센터에 떠메어다 놓았다. 정말로 고마운 사람이다. 그러나 여태껏 그 사람의 성명 삼 자조차도 기억하지 못하니 이런 노릇이 어디 있겠는가? 내가 그날 졸도하게 된 것은 뇌출혈 때문이었다. 뇌출혈은 다시 중풍 증세를 병발케 했다. 누워 있는 채로 대소변을 받아내는 신세가 됐다. 이제 나는 구제받을 수 없는 반신불수다. 사방이 쑤셔오고 돌아눕는 데도 고통이 따르는 불치의 병신이다. 차라리 죽어버렸으면 이런 고통도 없었을 게 아닌가? 왜 혼수상태에 이르렀을 때 죽지 못했을까! 죽지 못한 아쉬움이 가슴을 쥐어뜯는다. 의식이 회복되자 간신히 친구들의 면회가 허용되었다. 이헌구(李軒求)씨, 박진(朴珍)씨, 모윤숙(毛允淑)씨 등의 면영(面影)이 눈앞에 어른거린다. 그분들은 나더러 "내가 누구지요?" "4월 21일 졸도하시던 기억이 있으세요?" 하고 묻곤 했다. 삭신을 못 쓰는 나였지만 이들이 앙상한 내 손목을 쥐어줄 때, 깡마른 두 볼에 눈물이 주르르 흐르곤 했다. 그때의 나 자신에 대한 이미지는 흡사 수족을 못 쓰는 마른 거북이였다. 앞으로도 뒤로도 못 가는 서글픈 거북이의 신세……

  메디컬센터의 병실 창밖에는 포플러 나무 잎새가 숲을 이루었다. 포플러 밑을 거닐던 때도 이젠 옛날 얘기가 되고 말았다. ……집의 애들이 집 정원에 핀 라일락꽃을 꺾어왔다. 진한 향기가 병실 안에 번진다. 콧속에 스며드는 향내음은 불현듯 나를 집으로 이끌어간다. 허나 생각만 간절할 뿐 수족은 이미 다른 사람의 것이나 다름없다. 집이 그립다. 그때부터 나는 퇴원할 날짜만 고대하게 되었다. 걸어야 한다. 촌보(寸步)라도 걸어야 집에 간다.

  이렇게 해서 하루에 2, 30분씩 걷는 연습을 했다. 물리 치료도 받았었다. 그해 6월 22일 앰뷸런스와 담가에 실려 내 집 안방에 드러눕게 되었다. 내가 쓰던 안방의 천장이 쩍 갈라졌다. 불길한 예감이 스치고 지나간다. 흉측한 운명의 암시와도 같다. 통증은 좀체로 가시지 않는다. 나는 이제 수족을 못 쓰는 산송장이다. 하고한 나날을 울며 세월을 보냈다. 스스로 울지 말자고 결심도 해보았지만, 슬픔이 북받치면 마냥 눈물을 적시곤 했다.

중풍 환자가 병이 나아서 걸어다닌다는 얘기가 귀에 번뜻한다. 그렇다! 무슨 고통을 겪고라도 살아나야 한다. 아니 나는 우선 살아 있지 않은가? 의식이 있지 않은가? 혼수상태에 빠졌을 때와는 다르다. 살겠다는 의지만 있으면 된다. 살아야겠다! 나는 조용히 외친다. 살기는 살았으되 일어서서 움직여야한다. 정신과 의지만 있으면 움직인다. 불현듯 나는 서대문형무소를 생각했다. 모진 고통을 의지로 견디어냈던 그 시절…… 명재경각(命在頃刻)의 촌전에서 의지 하나로 생명을 건졌던 그 시절……. 지금 그 의지는 어디로 갔단 말인가? 그렇다! 지금은 차라리 행복하다. 두텁고 거센 벽과 마주앉아 싸우던 그때는 이미 옛날이었다. 정신력, 그리고 의지 이것만이 나의 전부이며 표상이다. 중풍의 벽은 결국 내 의지 앞에 허물어지고 말 것이다. 움직이자! 움직이자! 꼼짝도 하지 않는 다리를 조금씩 움직여보았다. 촌보(寸步)를 떼어놓아 보았다. 가뿐히 걸을 수야 물론 없지만, 한결 후련하다. 마치 날개를 단 듯도 하다. 아…… 창공을 나는 새여! 너는 얼마나 행복한가…… 허나 진보와 개선의 법칙은 무시할 수 없다. 하루하르 나의 걸음은 개선되어간다. 갓난아기가 걸음마를 배우듯이 나는 걸을 수 있다는 사실이 아주 신기하다. 해태와도 같이 굳었던 팔이 움직이기 시작한다. 바늘끝 만큼이라도 삐끗해보자. 과연 어제보다는 오늘이 더 낫다. 코르테스가 멕시코의 신대륙을 발견했을 때 질렀던 그 탄성! 망망대해(大海)의 수평 저쪽에서 불쑥 솟는 대륙의 의연한 모습…… 그 신비에 찬 경이를 나는 지금 실감한다. 내가 움직일 수 있다는 사실…… 내가 걸을 수 있다는 사실…… 나는 지금 경이와 신비의 세계에 몰입한다.

허나 이러한 신비도, 경이도 밤중만 되면 말끔히 가시고 만다. 사신(死神)과 같이 나에게 엄습해오는 동맥경화증(動脈硬化症)…… 그렇다! 너는 지옥의 사자다. 나의 잔명(殘命)은 이제 너와의 고투(故鬪)다. 나는 싸운다! 동맥경화증과의 피나는 사투(死鬪)를 벌인 나는 여러 번 죽을 고비를 넘겼다. 나의 여명은 마치 황량한 대지에 하느작거리는 하나의 등잔불과도 같다. 허나 생명의 기름이 마르지 않는 한, 나는 이 가냘픈 불길을 결단코 꺼뜨리지 않으리라. 그렇다! 생명의 기름이란 바로 내 의식의 저변에서 부단히 샘솟는 시심(詩心)이다. 대소변을 받아내며 사목(死木)과도 같이 굳어버린 이 메마른 가슴속에, 한 줄기의 샘물처럼 부단히 떠오르는 시상(詩想)…… 시심은 이제 내 손길을 봄으로 이끌어간다. 봄…… 봄…… 나는 생명의 봄이 목마르게도 그립다. 사랑과 희망이 속삭이는 생명의 봄을 찾자.

봄

얼음을 등에 지고 가는 듯
봄은 멀리 오는 기다림이다
먼저 든 햇빛에
개나리꽃이 보실보실 피어서
처음 노란 빛에 정이 들었다

차츰 지붕들이 겨울 짐을 부릴 때도 되고
집과 집 사이에 울타리를 헐 때도 된다

사람들이 그 이야기를
가장 먼 데서부터 시작할 때도 온다

그리하여 봄은 사랑의 계절,
모든 거리(距離)가 풀리면서
멀리 간 것이 다 돌아온다
서운하게 갈라진 것까지도 돌아온다
모든 처음이 그 근원에서 돌아온다

나무는 나무에게로
꽃은 꽃으로
버들강아지는 버들강아지로
사람은 사람에게로
산은 산으로
죽은 것과 산 것이 서로 돌아서서
그 근원에서 상견례(相見禮)를 이룬다

꽃은 지난 가을 짧은 해에
어디쯤 갔다가
노루 꼬리만큼씩
길어지는 봄 해를 따라
몇 천리(千里)나 와서
오늘은 어느 주변에서
찬란한 화원을 이루는가

다락에서 묵은 빨래 뭉치를 풀어서
봄빛을 따라나와
산골짜기에서
겨울 산 뼈를 씻으며

다락 속에 처박힌 해묵은 빨래 뭉치를 끌어내어 졸졸졸 흐르는 시냇가를 찾아, 도란도란 빨래 방망이를 두드리는 아낙네의 모습이 눈에 선하다.

봄은 이미 갔건만, 내 마음은 영영 봄을 잃은 것인가 뒤늦게 지나쳐버린 봄을 찾아보는 것이다.

초하(初夏)의 화려한 제전이 내 집 뜨락에도 펼쳐진다. 하느님은 참말로 공평도 하시다. 수족을 못 쓰는 이 반신불수에게도 어김없이 초하의 은전(恩典)을 촉촉이 내려주신다. 딸아이들의 부축을 받고 정원의 장미꽃 옆에 앉아본다. 그윽한 향기에 도취되어 한동안 무아경에 잠긴다. 발병(發病)하기 전에는 그 향기가 그토록 고마운 것인 줄을 몰랐건만, 이제 불구의 몸이 되어 그 속에 파묻히니 그 향기가 흡사 내 생명을 지탱해주는 숨결과도 같다. 얼마 동안 앉아 있노라면 그 진한 향기가 싫증이 나버린다. 나는 다시 불편한 몸을 이끌어 백도(白桃)와 홍도(紅桃)가 있는 걸상 쪽으로 간다. 무료한 시간을 이렇게 보내는 게 일과였다. 그러다가 문득 머리를 스치는 게 있다. 산다는 게 무엇일까? ……도대체 산다는 게 무엇인가…… 무엇 때문에 나는 이 구차한 목숨을 연명 부지하고자 안간힘을 쓰는 것인가. 나는 철인(哲人)도, 신학자(神學者)도 아무것도 아니다. 나는 인생의 의미, 인생의 가치, 죽는다는 것 등에 대해 말할 자격이 없다. 그러나 수개월 동안 사경(死境)을 넘나들면서 누구나, 아니 운명을 촌전에 앞둔 사람까지라도 생명에의 의지만은 끈질긴 것임을 절감했다. 삶과 죽음의 차이는 백지 한 장 사이라고 말하는 이도 있다. 허나 숨을 거두는 그 순간까지 나는 살아야 할 천부(天賦)의 권리를 타고났다. 아니 이것은 의무다. 생명이란 쉽사리 포기해서는 안 된다. 새삼 옛 성현(聖賢)의 말씀이 생각난다. 즉 신체와 터럭은 어버이가 주신 것이니 함부로 해서는 안 된다는 그 말씀 말이다. 신체와 터럭마저 그러한데 하물며 생명을 어떻게 훼손한단 말인가! 그때 어머님이 나에게 다가오신다. 아! 팔십이 넘은 고령의 어머님의 따사로운 손길. 뻣뻣한 손발을 자꾸 주물러주시며 위로하시던 그 손길…… 나보다 네가 먼저 죽으면, 내가 무엇에 의지하고 남은 여생을 살겠느냐고 하시던 그 말씀이 아직도 귀에 성생하다. 해방 전(解放前) 형무소에서 4년간 옥고(獄苦)를 치르는 동안 하루도 치마끈을 못 풀고 새우잠을 주무셨던 그 어머니였다. 내가 불편한 몸을 이끌어 밖으로 나가면, 어머님이 어느 사이엔가 옆에 와 계시다. 어머님은 항상 고향에 남겨두고 온 누님을 말씀하신다. 아직도 살아 있을지 모를 누님.

성북동 개천을 건너 맞은편 언덕바지에 혜화동이 보인다. 어머님은 늘 저 혜화동 언덕바지에 누님이 살고 있으려니 하셨다. 길 가다가 여자 거지를 보시면 혹시 그게 누님이나 아닌지 하고 다시 한 번 보시곤 했다. 통일의 그날이 오면 나는 어머님의 손을 이끌고 단숨에 누님한테 달려가리라. 설령 누님이 없더라도 누님이 살던 빈집이나마 어머님에게 보여드리리라. 가혹한 왜놈이 물러가고 이 땅에 해방은 왔건만, 고향마저 잃어버린 신세가 되고 말았다. 을사년의 먹구름이 가시기도 전에 이 땅은 불구가 된 것이다. 회고하건대 가사 상태(假死狀態)에서 밝은 세상을 만나는가 했더니 엉뚱한 남북 분단의 바람이 고향땅을 휘지르고 만 게 아닌가?

나는 옛날 일을 회고하며 백도(白桃), 홍도(紅桃)가 만개(滿開)한 정원에 앉아 있다. 그해 초여름은 유난히도 가물었다. 모낼 즈음해서 물이 귀해 가지고 온통 야단이라는 소식이 연일 신문에 대문짝만하게 실린다. 대지가 타는 듯도 하다. 목이 마르다. 제발 속시원히 비를 뿌려주었으면…… 해질 무렵까지 정원에 멍청히 앉아 있다. 저녁을 먹

으라는 소리에 깜짝 놀라 돌아다본다. 허나 불그스레하게 노을진 서녁
하늘 아래는 목마르게 젖줄을 기다리는 우중우중한 땅덩이가 도사리고
있을 뿐이다. 천지가 온통 황막하기만 하다. 짓눌린 듯한 나의 심정을
한 수(首) 센티멘탈한 시로 읊어본다.

황혼이 울고 있다

백도(白桃) 하얀 꽃송이들이 백옥(白玉)같이
눈부시게 조롱조롱 피더니,
얼굴을 맞대고 서로 비춰서
한 송이가 백(百) 송이의 웃음을 웃고 갔다.

그것은 덧없는 인생의 가지가지
슬픔에 대한 한 토막 이야기다
저녁 등불 아래 혼자 앉아서
어느 마지막 잔 같은 차를 마신다

나는 무심히 내 주변을 살펴본다
나의 청춘의 모든 것도 다
다 그렇게 작별되었다

지금 다시 눈에 보이고

생각나는 것은 모두
그 작별의
짤막한 유서(遺書)들이다

그러니 황혼이 울고 있다

7월 19일. 하와이 망명 중인 이박사(李博士)가 별세했다는 소식에
접하고 망연자실했다.

오랫동안의 혼수상태에서 깨어나지 못하고 드디어 영면(永眠)한 것
이다. 그만한 고령에 이르기까지 장수를 했으니 인간으로서의 천수(天
壽)를 다한 셈이다. 허나 조국 땅에서 최후를 마치지 못했으니 아쉬운
마음 그지없다.

8월 15일. 병석에서나마 해방 20주년 기념을 맞는 나의 심정은 감회
로 벅차다. 신문지상(新聞紙上)은 각계 명사의 담화문으로 수놓였다.
현관 앞 걸상에 걸터앉아 성북천(城北川)을 바라보는 나는 그것을 원
한의 한탄강(漢灘江)으로 착각한다. 새삼 실향의 설움이 북받친다.

고향
― 해방 20주년 망향의 노래

타향(他鄉) 30년
실향(失鄉) 20년

50년의 밀회(密會)와 구름다리
하늘 높이에 그 저편
땅 깊이 꺼지는 곳

봄바람이 꽃 핀 언덕을
그대로 돌고 갔다가
도로 돌고 돌아서면

참새들도 어리둥절해서
나를 찾아 이리저리 헛갈린다.

동산대(東山臺)를 지키는 늙은 배나무는
성황당에나 선 듯 의젓하게
바다 냄새를 풍기며
욕지거리하며 노는 애들의
콧등에서 땀방울을 식혀준다.

바다에는 괴상한 바위들이 서서
고기 새끼처럼 옆에 붙어 헤엄치던
나를 보고
언덕에 기어오르다가
지친 거북이처럼
육동(肉童)하게 떠 있다

이런 고향이야

가슴과 손바닥인데
빼앗아서 무엇에 쓰나
차라리 푸줏간에서
쇠고기라도 한두 근 훔쳐다
불고기나 맛있게 해먹을 일이지……

고향이 그립다. 나의 고향은 함북(咸北) 어대진(魚大鎭)——. 쪽빛
보다 더 푸른 동해 바다, 어대진 앞을 끼고 도는 하이얀 백사장이며,

모래 위에 돋아난 해당화가 눈앞에 가물거린다. 늦은 봄에서 초가을까지 어대진 백사장 위에는 하얀 백지에 선혈을 뿌린 듯 해당화꽃이 만개한다. 자리에 눕게 된 후로 나는 자주 향수에 잠긴다. 향수에 잠길 때면 으레 어린 시절의 정서를 되새기곤 한다. 그러나 쓰라린 노스탤지어만 남았다.

생(生)의 감각(感覺)

여명(黎明)의 종이 울린다
새벽 별이 반짝이고 사람들이 같이 산다
닭이 운다 개가 짖는다
오는 사람이 있고
가는 사람이 있다

오는 사람이 내게로 오고
가는 사람이 내게서 간다

하늘이 무너지는 아픔
그 아픔이 아무는데도
가슴에 뼈가 서지 못해서
푸른 빛은
황야에 넘쳐 흐르는
흐린 강물 위에 떠갔다

나는 무너지는 둑에
혼자 서 있었다

기슭에는 채송화가 무더기로 피어서
생(生)의 감각(感覺)을 흔들어주었다.

병들고 쇠잔한 나의 육체 속에 가냘픈 생명의 고통이 약동한다. 그렇다! 지금 이 순간에도 나는 분명히 그것을 의식한다. 나의 정원에 핀 한 움큼의 채송화들이 늦더위의 따가운 햇살에 겨우 방긋방긋 졸다가 문득 나를 보고 미소지을 때, 나는 그 귀여운 채송화들이 나를 생명의 길로 안내해주는 것이라고 생각한다.

10월 22일. 춘곡 고희동(春谷 高羲東) 선생의 부음이 전해왔다. 중풍으로 고생하신다는 소식은 이미 들은 지 오래된다. 그렇게 갑자기 가시다니 정녕 인생이란 무상하기만 하다. 예총광장(藝總廣場)에서 문예인장으로 영결식을 치른다고 했다. 조시(弔詩)를 써서 애도하는 심정을 표하는 수밖에 없다.

고희동(高羲東) 선생

붓 한 자루로
나라 없는 산천초목을
살리다가
늦가을 창공에 떠가는 기러기
서울 팔십년(八十年)
긴 수염 하얀 모시옷 가시네

이헌구(李軒求) 형이 그 낭랑한 목소리로 읊어 고인의 영전을 한층 숙연케 했다고 한다. 하잘것없는 시로나마 고인의 고결하신 인품을 추모하는 수밖에 없었다.

10월 31일 저녁. 어머님이 돌아가셨다. 누이동생 집에 바람 쐬러 가셨다가, 그만 다시 못올 길을 영영 가버리신 것이다. 이 비보(悲報)가 날아들자 하늘이 무너지는 듯, 가슴을 저미는 듯, 그저 슬픔만이 북받쳐오를 뿐이다. 원통하다! 수족을 못 쓰고 병석에 누운 채로 어머님의 임종을 맞다니…… 유해를 모셔오라고 일렀다. 그리곤 어린애처럼 울기만 했다. 혈압이 오른다고 울지도 못하게 한다. 그래서 밤에 이불을 뒤집어쓰고 그저 흐느낄 뿐이다. 어머님은 5일장을 치렀다. 마지막 입관할 때 어머님의 모습을 볼 수가 없었다. 먼저 가신 아버님의 선영(先塋)에 모셨지만, 따라갈 수가 없는 몸이었다. 그뒤 성북동 산을 바라보면 어머님 생각에 잠겨 하염없이 눈물에 젖었다. 병든 몸을 이끌어 어머님의 무덤에 가보지 못하는 안타까운 심정을 한 편의 시로 달래본다.

행인(行人)

갑자기 가시니
사방이 어두워서
동서남북이 다 없어졌네

저 어진 산 나직한 봉우리를
어머님 계신 지붕으로 알고
먼 절을 하며 가다 보니
그 아닌 길을 혼자 가고 있었네

어머님 앞에 아물거리던
고향의 낡은 뒤안길

창구미 상송 흰벌!

남북이 통하면 먼저
뫼시고 가오리 가오리 하던
그 길이 다시 열릴 때

아들 따라 살려고 넘어 오신
어머님을 산에 혼자 두고
천지간에 산을 보며

눈물이 나서
어찌 혼자 가오랴

아픈 다리 끌고 이사를 했다. 성북동 집은 불행한 기억만을 되살리게 한다. 그 집에서 불치병인 중풍에 걸렸고, 어머님마저 잃었다. 왠지 모르게 슬픔이 오랫동안 가시지 않아 병을 한층 악화시켰다. 부득불 동소문 집으로 이사를 했다. 이 집도 오래 살지는 못했다. 다시 미아리로 옮겼다. 서울 생활이 40년이나 되건만, 내가 미아리에 와본 것은 해방 다음 해 시인 일도 오희병(一島 吳熙秉) 형이 작고했을 때 단 한 번뿐이다. 그의 상여를 따라 미아리 공동묘지까지 왔던 것이다. 병상에 누워 있는 동안 여러 수의 시를 구상하고 써냈다. 「겨울날」「산」「성북동 비둘기」 등의 시는 성북동에서 구상하여 미아리에서 완성한 것이다. 괴테는 모든 시를 상황(狀況)의 소산(所産)이라고 보았다. 와병 중에 내가 지어낸 시는 확실히 상황의 산물이다. 몇 번이나 죽음이라는 벽에 부딪쳤고 이를 극복했기 때문이다. 죽음의 계곡을 여러 번 헤집고 나가는 동안에 나는 여러 번 절실한 체험을 했다. 이들 시는 나의 내재적인 근원에서 우러나온 것이라 해도 좋다.

시를 생각하면 그동안 우선 안심입명(安心立命)의 경지에 이를 수가 있다. 이러한 경지야말로 나의 정신적 양식이며 끈질기게 내 육신의 생명을 이끌어온 활력이 되어주었다.

지난해 여름 간장염과 황달병이 병발하여 다시 몸져눕는 몸이 되었다. 이제는 병에 달관한 셈이다. 온갖 잡된 악질(惡疾)이 나를 괴롭혀도 나는 결코 굴하지 않으리라. 다시 병상에 누워 시 한 수를 적어본다(일간 신문에 발표되었었다).

병(病)

오늘은 오늘의 슬픔이 그냥 내일(來日)이 되는
그런 오늘이다!
구두닦이라도 되어
더러운 길을 걸어온
똥 묻은 구두라도
더럽다 말고
침을 텍텍 뱉어
싹 닦아주고는

길에서 누가 밀어도 넘어지지 않도록
싱싱하게 뛰어다니며
농도 하고 욕지거리도 하며
그들은 다 어찌 됐는지
한번 보기라도 했으면

구름이 가는 것이 그리 허(虛)하진 않겠다

하루바삐 이 절망적인 병고(病苦)에서 다시 갱생하고 싶다. 육신의 고뇌만이라도 가시면 얼마나 가뿐하겠는가? 그것을 생각하노라면 가슴이 설레기조차 한다. 그래서 직감을 직정(直情) 그대로 내리 썼다. 그 시가 바로 이 「병(病)」이다. 집요하게 나의 말년을 괴롭히는 병마(病魔)…… 모든 것을 주고라도 건강을 얻을 수만 있다면…… 이것이 마지막으로 남은 나의 필생의 염원이다.

병상에 누워 4, 5년을 보내고 나니 이제는 속절없이 할아버지가 되고 말았다. 거리에서 목욕탕에서, 이발소에서, 그리고 다방엘 들어가도 모두들 나를 할아버지라고 부른다. 허지만 나는 그 할아버지라는 말에 상심하지 않는다. 할아버지에게는 관조(觀照)의 세계가 있다. 패기가 넘치는 젊은이에게서 도저히 찾아볼 수 없는 그 관조의 세계에 몰아(沒我)해버릴 수 있는 여유를 갖게 된 것이다. 중병을 앓고 난 지금, 나는 제2의 인생을 맛본다. 생(生)에 대해서 그다지 애착을 갖지 않고자 한다. 회고컨대 육십여 평생의 절반을 백묵 가루를 뒤덮어 쓰고 살아왔다. 유종의 미를 거두지 못하고 교단을 떠나 병상에 있는 동안 퇴직이 되니 한결 쓸쓸한 마음이 없지도 않다. 허나 덤으로 이 세상을 살아간다고 생각하니 한결 마음도 후련하고 별다른 미련도 없다.

새삼 중세(中世)의 철인(哲人) 안셀렘의 말을 기억한다. 소시적부터 내 마음속에 깊이 아로새겨진 이 명언구(名言句)가 항상 내 머리를 떠나지 않는 것이다.

안셀렘의 말처럼 인생은 과연 나그네(Homo Viator)이다. 나는 지금 나그네의 길을 걸어가고 있다. 나뿐만이 아니라 이 세상에 발을 붙이고 사는 모든 인종이 나그네의 덧없는 길을 가고 있는 것이다. 목적지도 없이 쉴 사이도 없이 말하자면 이정표조차 없는 길을 한없이 걸어가야 한다. 무슨 까닭에 나는 생명을 부여받아 이 시대에 이 공간을 차지하게 되었는가? 자비로우신 조물주가 나로 하여금, 이 세상에 태어나서 값어치 있고 보람된 일을 많이 하라고 생명을 주신 것일까? 허지만 조물주가 유독 나에게만 생명을 주어 값어치 있고 보람된 일을 하게 하시진 않았을 것이다. 땅을 디디고 사는 온갖 백억창생(白億蒼生)이 모두 조물주의 은전을 톡톡히 받고 세상에 태어났을 것이며 제가끔 살아 있는 한평생을 보람있게 살도록 운명지어졌을 것이다. 나는 지금 그 길을 간다. 시련과 고초가 가로놓여 있을지라도 굳세게 이기며 증착점도 없이 이 멀고 먼 길을 가야 한다. 죽음이 결코 종착점은 아니다. 죽어서도 나는 이 길을 가야 한다. 그렇다! 성실하게 살자.

병고를 이기고 남은 여생을 성실하게 살자.

병(病)을 미워하지 않는 마음

내가 서울운동장에서 대학 야구를 보다가 졸도한 지가 금년까지 열한 해가 된다.

나는 내 병은 발병한 그날부터라고 보지 않고 그 몇 해 전인 어떤 문인들이 모인 가운데서 극도로 흥분해서 정신없이 떠들고 나니 앉아서도 몸이 부들부들 떨렸던 때부터라고 본다. 갑자기 목이 타서 앞에 갖다 놓은 홍차를 마시려니 유리컵이 들리지 않는 무기력 상태였다.

친구들이 부축해서 그 자리에서 조선일보사 뒤 문총회관 앞에 있는 항상 다니던 다방에 가서도 나의 손의 힘은 완전한 것이 아니었다.

힘없는 걸음으로 돌아오다가 내가 사는 성북동 집 근처 황내과 황흥주(黃興周) 박사에게 들러 주사를 맞고 또 날마다 주사를 맞는 것으로 더하지는 않았다.

나는 그 전부터도 혈압이 좀 높다는 걸 알았지만 현실의 압력을 왜정시대부터 많이 받았고 더군다나 그 말기에 감옥살이를 4년 동안이나 해서 아프지는 않지만 내 체내에 무슨 약점이 생기지 않았는가, 혼자 있을 때면 체내에 생겼을지도 모르는 어떤 허점을 생각해보는 것을 게을리 않았던 것이다.

우리에게는 아픈 병이 가장 치료하기 쉽고 또 아팠으니까 잊을 수가 없는 것이다. 병을 두 가지로 본다면 하나는 육체적인 것이고 다른 하나는 정신적인 것이다.

옛날에는 병이라면 육체적인 고통을 말하는 것이고 지금처럼 정신적인 병은 드물었던 것이다.

요사이 한창 열이 오른,

한 번 보고 두 번 보고
누구의 애인인지
자꾸만 보고 싶어

이것이 비싼 치료비를 내는 의사의 치료나 약물로 고쳐질까?

고대 희랍 최초의 명의(名醫) 히포크라테스는 중병(重病)이라는 것에 걸려 가지고서도 아픔을 느끼지 못하는 자는 정신이 건전치 못하다고 했던 것이다.

그러나 다행히도 시인은 고친다. 고대 로마의 시인 호라티우스는 「연애치료술」이라는 시에서 열이 날 때 밖에 나가 일하면 뜨거운 열이 식는다고 했다. 우리는 지금 아픔을 느끼지 못하는 히포크라테스의 중병에 걸려 있다. 옳지 않은 것—탐욕에 집착하는 것을 정상으로 삼는 데서 혈압이 높아지는 것이 아닐까.

인간이나 인간의 제반 행동이 그렇게 보이는 것은 그러한 것으로 사회가 확대되어 가는 경향이 있기 때문이다.

이러한 사회적인 상태에서 나는 옛 사람들의 우직해 보이는 단순한 정신세계로 도주함이 옳지 않을까…… 그것이 약간 남은 자연에의 도

피라고 생각하며 10년을 앓고 있으나 숲속의 새 둥지 같은 오염되지 않은 오막살이 하나 마련할 수 없는데도 내일 죽는다는 불안이 없는 것은 나는 시와 함께 살기 때문이다.

모든 앓는 사람들이 외로워하는 것과 같이 나도 외롭기는 하지만 그 외로움을 이기고 나면 그것이 결과적으로 나에게 한도(限度)와 질서(秩序)를 이루는 조화(調和)에 적합한 분위기가 되는 것이다.

10년이면 강산도 변한다지만 10년을 누워 앓아도 나의 정신의 건강에는 변함이 없다. 정신이 건강하다는 것은 그 상태에 대한 감각이 건전하다는 것과 다름이 없다.

나는 앓지만 나의 정신에는 약이 필요 없다. 모든 환자는 같은 한사람이 아니다.

사회가 건전하면 그 속에서 앓는 사람도 그 사회의 정신적인 질서와 조화에 감응(感應)하기 좋은 것이다.

사람들은 흔히 중병환자를 격려하는 말로 투병(鬪病)하라 한다.

그렇다 하더라도 그것은 정도 문제지 워낙 통증이 심하면 싸운다는 생각은 할 여지조차 없는 것이다.

나는 한 번도 병과 싸운다는 생각은 해본 적이 없다. 병과 싸운다는 것은 말뿐이지 실제 있을 수 없는 일이다. 몹시 아프면 참을 뿐이지, 싸우자면 이놈 봐라 하고 더 아픈 것이다.

참을 수밖에 없는 일이지만 참다가도 그 고비가 지나 안도의 숨 한 번 쉰다면 아픈 데를 만지는 식으로 병을 위로하는 것이다. 병을 위로한다는 것은 자기를 수고한다고 위로하는 것이다.

나는 졸도하는 첫 순간부터 의식이 없는 혼수상태로 한 주일 동안 메디칼센터 응급실의 죽은 상태에서 모진 고비가 지나 그동안 목숨이 어디 가 숨었던지, 참 사람의 목숨이란 신비한 것이다. 한 주일 만에 의식이 쌀알만큼씩 회복되기 시작하자 친구들이 얼굴을 내 앞에 대고 누군지 알겠느냐고 물을 때 내 눈과 의식은 정확했던 것이다.

차츰 나아질 때가 더 괴로웠다. 팔다리를 꼼짝 못할 때 나는 전신 불수(全身不隨)였다. 반신불수란 말은 많이 들었지만 나는 그보다 더한 전신 불수! 온몸을 바로 움직이지 못하는 전신 불수! 그 순간 나는 명동이나 종로에서 무릎에 신짝 같은 걸 받치고 지나가는 사람에게 한 푼 적선해 달라고 머리를 끄덕이고 앉아 있는 병신들이 내 눈앞에 얼씬거리며 내가 그 신세로 추락되는 것을 직감했을 때 얼마나 비참했겠는가?

그러나 생명은 언제나 사는 길을 찾고 광명을 바라보며 양식을 구하는 것이다.

병은 따로 생각하는 것이 아니라 생명의 한 부분으로서 생명과 같이 사는 것이다. 생명이 강하면 병은 약하고 생명이 약하면 병은 강한 것. 이것이 싸움이다. 그러므로 병은 혼자만 악한 것이 아니다. 정신이 악할 때 병은 따라서 악해지는 것이다. 사람은 앓을 때 도리어 착해지는 것이다.

사람이 죽을 때면 그 말이 착하고 새도 죽을 때면 그 소리가 슬프다고 옛글에도 일렀다. 슬프다는 것은 아름답다는 뜻이다.

올바른 정신은 병을 이긴다.

파스칼은 그 『명상록』에서 "정신의 절름발이는 육체의 절름발이만 못하다"고 했다.

육체의 절름발이는 다른 사람이 절름발이가 아니고 자기가 절름발이라는 것이 눈에 똑똑히 보이니까 자기가 절름발이임은 부정 못하는데 정신의 절름발이는 그것을 모르기 때문이라고 말했다. 사람은 대개 자기 정신의 병은 모르는 것과 마찬가지로 자기의 육체의 병도 잘 모르기 쉽다.

자기를 알 때 자기의 병도 아는데 소크라테스가 "너 자신을 알라"고 외친 지가 수천 년 되지만 그 수천 년 후의 우리들 중에 자기 자신을 알고자 노력하는 사람이 몇이나 될까.

의사는 제 병을 모른다. 그러니까 의사는 병에 걸리면 빨리 죽는다는 것이다.

논리적으로는 제 병을 몰라 빨리 죽는 사람이 남의 병을 고칠 수 있을까 하지만, 남의 병을 고치는 것을 직업 삼는 사람이 의사니까 경험이 의사라 믿고 그에게 병을 말하며 고쳐달라는 것이다. 그래서 의사는 인술(仁術)이라지만 의사 중에도 혹시 있는 좋지 않은 의사는 좋지 않은 보통 사람보다 더 나쁜 의사일 수도 있어서 인술에 대한 불신감(不信感)도 있으니 앓는 사람이라고 의사만 믿을 수는 없을 것이다. 오래 앓는 사람은 그런 이야기를 한두 개씩은 다 가지고 있다.

병에 대해서는 약이 무기(武器)이다. 그래서인지 물리 치료(物理治療)를 전문으로 하는 사람들이 한국 사람은 약을 너무 쓴다고 하는 것은 아마 일리가 있는 듯하다. 나도 10년 동안 많은 약을 써서 어떤 때에는 나의 약한 위장 속에 약물 찌꺼기가 상당히 쌓이고 엉켜 있어 거기서 또 무슨 병이 생기지 않을까 걱정하면서도 소화제니 진통제니 감기약 등을 쓰지 않을 수 없었다.

병에 대해 약이 무기라면 이 무기를 조종하는 사람이 의사니까 병과 싸워 이기려면 환자의 앞에 서서 환자 대신 의사가 잘 싸워줘야 할 것이요, 그러려면 의사가 환자와 같이 앓아야만 투병 정신이 생기는 것이다. 환자가 살겠다는 정신이 투병이 되며 의사가 침입자 병을 약으로 추방해서 환자를 살린다는 정신이 투병 정신이 아니겠는가. 그러나 이 어지러운 세상에 의사의 정신만 오염되지 않을 수가 있을지. 사실 병이 달라는 약을 잘 알아서 주는 것만이 명의(名醫)인데 어디 그런 명의가 흔한지.

이제 객담은 이만 하고 너는 그 무서운 뇌출혈에서 어떻게 지금 살고 있느냐? 나도 처음 의식이 회복되어 나의 곁에서 시중하던 나의 딸에게서 뇌출혈이라고 들었을 때 뇌에서 피가 터졌으니 뇌 속이 뒤죽박죽이 되어 뇌 질서가 망가져서 뇌 기능이 바로 안 되리라 직감하고 놀라서 눈을 감았던 것이다. 게다가 팔다리까지 못 쓰는 불구자가 아닌가. 머릿속은 항상 띵했다. 그 띵하는 것이 귀에까지 울려서 손가락으로 귓구멍 두 개를 막으면 바람 소리가 나다가도 멍멍해지면 아 내 인생, 이렇게 끝나는구나, 하며 축축해지는 눈시울!

계속되는 실의(失意)와 자실(自失) 속에서 잠이 포근히 들어 운명하는 사람처럼 자다가 깨어서는 눈을 비비며 집에나 가자, 집이나 보자, 그러면 혹시 정신이 날지? 그래서 애들을 시켜 담당 의사에게 졸라도 보았다.

그때는 나보다 더 급한 시각을 다투는 중환자들이 메디칼센터에 입원할 병실이 없어서 소강상태에 있는 입원 환자를 밖에서 운동해서 퇴원시키고 그 자리에 입원시킬 정도여서, 나의 경우 차라리 잘됐다는 식으로 퇴원이 허가되어 나를 주치하던 의사들의 마음은 벌써 내게서는 떠나 나는 앰뷸런스에 실려 성북동 집으로 옮겨졌다. 그때는 늦봄— 라일락꽃 향기가 정원에 가득 찼고 햇빛은 초여름에 접어들었지만 뜰 안은 나의 허약한 몸에는 좀 냉랭한 때도 있었다. 나는 메디칼센터에서 걸음 걷는 물리 치료를 받다가 퇴원했기 때문에 주치의 황흥주(黃興周) 박사에게 물리 치료에 대한 이야기를 했더니 서울대학고 의과대학 부속병원에서 물리 치료과 과장 여의사를 모셔왔다. 우선 팔 움직이기부터 하는데 팔을 쭉 펴서 좌우로 날개처럼 펴기가 그렇게도 아팠던 것이다. 현대 의학은 환자가 아프지 않게 하는 데 특징이 있고 그 때문에 마취제까지 쓰는 것인데 이렇게 아프고서는 차라리 아프지 않은 병신이 되지 이런 식의 물리 치료는 받을 수 없다고 하니 그러면

할 수 없다고 의사는 자리에서 일어섰다. 내가 아픔을 견디지 못해서 삶을 위한 치료를 못 받고 그냥 병신이 된다는 한(恨)이 없지 않았다. 다음 날부터 나는 내가 그 아픔을 나에게 준다는 변칙 방법으로 팔이 올라가는 첫 금을 벽에 그어 놓고 한 금씩 한 금씩 올려가는 그것도 일종의 물리 치료니까 방에 들어가서는 신축성 있는 기계 체조용 쇠줄로 만든 줄을 벽에 박은 못에 걸어놓고 그 끝을 손에 쥐고 당겼다가 놓으면 줄어드는 그 힘을 빌어 좌우 두 팔 운동을 했다. 차츰 내 팔은 올라갔지만 휘두르기까지에는 몇 달 걸렸다. 그러기까지에 내 아픈 고통은 오직 참는 것뿐이었다. 그러나 같은 아픔이지만 의사가 한 것은 타력(他力)에 의한 것이고 내가 주는 아픔은 자력(自力)에 의한 것이기 때문에 병의 아픔에서 내게는 지혜가 생겼던 것이다.

다음에 술과 담배이다.

술과 담배는 특히 나 같은 고혈압 환자에게는 해로워 지금까지도 술 담배는 입에 대지 않지만 술보다 담배가 더 그리웠다. 술은 잔과 안주가 있어야 하지만 담배는 옆에 있는 담배 곽에서 한 개 뽑아내는 데서부터 담배 감각이 몸에 닿는다. 술 담배 값으로는 손주들 장난감을 무조건 사주는 것으로 낙을 삼는다. 그것이 심신(心身)에 좋은 것은 장난감 앞에 아기와 같이 웃고 아기와 같이 즐거워서 병의 지루한 고통을 잊게 된다.

어떤 때에 보면 지금 나는 병중인지 병후 회복기인지 히포크라테스의 아픔을 느끼지 못하는 중병인지 모르는 상태이다. 그러나 나는 이 상태에 세심한 신경을 써야 한다. 층계에서 발 한번 잘못 디디면 나는 없어지는 것이다. 혹시 외출하는 경우에도 제일 무서운 것은, 건장한 학생이나 돌진하는 어린애들과 마주치면 쓰러질 것은 나뿐이다. 한 이삼 주일 전에도 친구들과 같이 인사동 거리를 차 타러 가다가 갑자기 부딪친 것이 장난하고 가던 중학생 둘이었다. 그 학생 하나를 붙잡고 쓰러졌으니 말이지 그렇지 않았다면 나는 중상을 입었을지 모를 것이다. 경우와 시비는 차치하고 우선은 내가 다치지 않는 것이 상책이다. 목숨이 짧아져서 그런지 죽음이 항상 앞서는 것이다. 인간계(人間界)에 휘말리지 않기 위하여 나는 신선이 되어야 한다. 신선은 인간 사회에 접하면 없어지는 정신계(精神界)다. 그러므로 환자에게 늘상 따르는 고독을 싫어하지 않는다. 나는 인간계에서 피난온 것이라 생각한다.

나는 병과 싸우지 않는다. 병은 악한 것이 아니며 병만이 사람을 죽이는 것이 아니다. 사람이 사람을 죽이는 데 비하면 병이 사람을 죽이는 것은 극소수라 할 것이다.

나는 병을 잊기 위하여 책과 함께 산다. 책은 살아 있는 선(善)이다.

악한 사람에게 긴 병을 주고 그 옆에 좋은 책을 많이 놓아주면 그 사람은 그 책에서 자기가 악했다는 것을 자각할 것이며 앓는 사람은 그 아픔 속에서 자기의 나쁜 점이 많이 고쳐진다.

또 한 가지, 음식에 절대 조심할 것이다. 먹는 것은 그날 하루의 생명이다. 잘 먹어야 하지만 잘 먹는다고 병을 해롭게 하는 것을 먹어서는 약효가 줄어든다. 지방질을 적게 먹어야 하며 채식을 많이 해야 하는데 결국 힘은 육류(肉類)에 있다. 고기와 채소의 조절이 가장 기본이며 더욱 과식은 금물이다. 과식은 항상 식사 시간이 일정치 않은 데서 오는 경우가 많은데 과식을 해서 안 된다는 생각이야 항상 있지만 배고픈 다음에 과식하게 되는 것은 어쩔 수 없는 것이다. 나도 병 초기에는 식사 시간을 꼭 지켜서 과식하게 되지 않았는데 지금은 병이 많이 나아졌으니 식사에 그다지 주의하지 않고 과식하게 되는 경우가 많다. 과식은 우선 위장에 해로울 뿐 아니라 여러 가지 병을 유발시키는 시초도 된다.

이 모든 것을 조화시키는 주인공이 정신이므로 병을 이기는 데는 정신이 중요하다. 정신일도금석투(精神一到金石透)란 말은 정신이 한 번 부딪치면 금석이라도 뚫는다는 것인데, 내가 어려서 서당에 다닐 때에는 많이 쓰던 말인데 낡은 말이 돼서 그런지 지금은 쓰이지 않는 것 같다.

나는 그 정신으로 병을 대해왔다. 아침이면 잠자리에서 일어나기 전에 먼저 거울을 보며 오늘은 좀 어떠세요, 지난밤은 잘 주무셨나요? 하면 병은 미안해서 아무 말도 없다. 그렇게 병을 문안하며 병과 친하는 정신으로 또 하루를 아프지 않게 지내는 것으로 금년에 열한 해째 맞이하는 것이다.

나는 병을 미워하지 않기 때문에 뇌출혈이라는 그 무서운 병의 후유증(後遺症) 속에서도 많은 시를 썼다. 그 시를 몇 편 여기 옮겨 쓰는 것은 뇌출혈 후 내가 맨 처음 쓴 시이기 때문이다.

H일보에서 시 청탁이 와서 머릿속이 제대로 작용하는가 보기 위해서 시험 삼아 쓴 시이기 때문에, 나의 시 생활이 계속될 가능성을 보여주었기에 내게는 인상 깊은 작품들이다.

봄

얼음을 등에 지고 가는 듯
봄은 멀다
먼저 든 햇빛에
개나리 토실토실 피어서
처음 노란 빛에 정이 들었다

차츰 지붕이 겨울짐을 부릴 때도 되고
집 사이에 쌓은 울타리를 헐 때도 된다

사람들이 그 이야기를
가장 먼 데서 시작할 때도 온다

그래서 봄은 사랑의 계절
모든 거리(距離)가 풀리면서
멀리 간 것이 다 돌아온다
서운하게 갈라진 것까지도 돌아온다
모든 처음이 그 근원에서 돌아온다

나무는 나무대로
꽃은 꽃으로
버들강아지는 버들강아지로
사람은 사람에게로
산은 산으로

죽은 것과 산 것이 서로 돌아서서
그 근원에서 상견례(相見禮)를 이룬다

꽃은 짧은 가을 해에
어디쯤 갔다가
노루 꼬리만큼씩
길어지는 봄 해를 따라
몇 천리나 와서
오늘의 어느 주변에서
찬란한 꽃동산을 이루는가

다락에서 묵은 빨래뭉치도 풀려서
봄빛을 따라나와
산골짜기에서
겨울 산 뼈를 씻으며
졸졸 흐르는 시냇가로 간다

다음 「생(生)의 감각」이라는 시다. 이것은 병상에서 새벽잠을 깨어
개 짖는 소리와 교회의 종소리에 인간의 공동의식을 나타낸 것이며 죽
을병에 걸렸다가 인간으로 복귀하는 의식이 들어 있는 시다.

생(生)의 감각(感覺)

여명의 종이 울린다
새벽 별이 반짝이고 사람들이 같이 산다
닭이 운다 개가 짖는다
오는 사람이 있고 가는 사람이 있다

오는 사람이 내게로 오고
가는 사람이 내게서 간다
아픔에 하늘이 무너졌다
깨진 하늘이 아물 때에도
가슴에 뼈가 서지 못해서
푸른 빛은 장마에
넘쳐 흐르는 흐린 강물 위에 떠서
황야에 갔다

나는 무너지는 둑에 혼자 섰다
기슭에는 채송화가 무더기로 피어서
생의 감각을 흔들어주었다

이렇게 닭 우는 소리 개 짖는 소리로 인연해서 인간 생활에의 공동의
식을 감각하게 되자 나는 귀천을 불구하고 훨훨 걸어다니는 건강이 부
러워서 구두닦이라도 되었으면 하는 인생 즉 행동의 철학이 나타났다.

병

병은 앓는 중에도 양식(良識)을 기른다
4년 동안에
선식(選食) 이백 명분은 너끈히 쌓여서
오늘은 오늘의 슬픔이 그냥 내일이 되는
그런 날이다
크게 바랄 것도 남지 않았고
한 일도 거진 없어져서

쉬운 충족(充足)으로
훨훨 살게 되었다
구두닦이라도 되어
더러운 길을 걸어온
똥 묻은 구두라도
더럽다 말고
침을 텍텍 뱉어
싹 닦아주고는

길에서 누가 밀어도 넘어지지 않고
싱싱하게 뛰어다니며
농도 하고 욕지거리도 하며
그들은 다 어찌 됐는지
한번 보기라도 했으면
구름이 가는 것이
그리 허(虛)하지도 않으련만……

　　나의 몸은 병들고 약해도 이 시 세 편은 나의 정신 건강과 그 질서를
회복하는 것으로서 나는 앞으로 체력과 원기만 회복되면 인간 사회의
일원이 되는 데 손색이 없을 것이다.

생(生)의 진로(進路) —— 병상기(病床記)

상전(桑田)이 벽해(碧海)가 된 듯 한 세대를 고해(苦海)로 겪으며 아득한 지난날 병과 싸우며 병과 사귀며 지루하게 누웠던 세월……1965년 4월 22일 낮 고려대학교 대 경희대학 야구전(野球戰), 흥분의 도가니 속에서 나의 운명이 시시각각 결정되려는 듯 내려쬐는 늦봄의 그 짙은 직사광(直射光)을 받으며 푸른 하늘에 날리는 흰 공을 지그시 바라보는 사이에 나는 나도 모르게 쓰러졌다. 그후 메디칼센터 응급치료실의 한 주일 동안은 나의 정신사의 공백기로서 한 주일만의 이 혼수상태에서 의식이 겨우 회복되니 친구들이 나의 코앞에 얼굴을 들여밀며 누구냐고 묻는 것이었다. 그런 회생(回生)의 급한 시간이 지나간 뒤 아무것도 모르는 상태에서 나는 나의 둘째 딸에게 눈길을 돌리며 어떻게 된 일이냐고 물었더니 숨을 돌려서 천천히 얘기하겠다는 것이었다. 나는 그 한참 동안을 참기에 숨이 가빴다.

나에게 어떤 충격이 될까 봐 나의 정신과 마음을 안정시킨 뒤에 이야기는 곁에 아무도 없을 때에 시작되었다.

내가 뇌출혈이었다는 것이다. 그 피가 어디로 갔는가 찾느라고 의사들이 고심하던 끝에 척추 속에 주사를 놓아 시커먼 피를 뽑았다는 것이다. 혈관을 떠난 피가 체내 어딘가에 더군다나 뇌 속에서 썩어서 혹이 달리면 수술해야 하는데 꼭 성공하리라고는 믿지 못한다는 것이다. 그건 그렇다 치고라도 나는 뇌출혈이란 말에 놀라서 눈을 펀뜻 떴다. 의식이 없는 한 주일 동안 그 아픈 척추 주사의 고통은 무통(無痛)으로 지나갔다. 메디칼센터의 외국인 과장도 희망이 없으니 끝으로 가족 면회나 시키자는 것을 차마 그럴 수가 있느냐고 친구들이 과장을 찾아 간청한 결과 치료를 계속하는 중 없던 혈압이 조금씩 조금씩 올라가면서 기적적으로 의식도 차츰 회복되기 시작했다는 것이다.

의식은 약간 회복됐다지만 나의 불안은 뇌 속이 망가지지 않았는가, 그럴 경우 뇌의 기능이 어떨까 하는 것에 모였다.

뇌의 불안도 불안이려니와 의식이 돌아서자 팔다리를 바로 못 쓰는 나는 전신 불수가 되어버렸다.

나와 나의 사이에는 앓지도 않고 천지가 뒤엎어진 것이었다. 명동이나 종로 번화한 길가에 무릎에다 신짝을 대고 앉아 지나가는 사람들에게 한없이 고개를 끄덕끄덕 앉아 있는 병신들이 내 눈에 나의 운명의 이미지로 비치는 것이었다.

극도로 실망한 자에게 잠은 복이지만, 면회 사절을 해제하고 친한 친구들만 만나 담소하니 의식도 회복되고 세상도 회복된 듯 나는 실망에서 나를 건져 세상에 선을 보이는 듯 첫 희망의 싹이 텄다. 나는 서대문형무소 독방에서, 독일의 한 소녀가 장마 큰물에 떠내려가면서도 노래하며 흘러가다가 살아났다는 이야기의 감명을 나의 절망 속에서 다시 찾아 느꼈다. 그리고 한잠 푹 자고 나니 잠 속에서 내 정신이 다시 돌았다.

사람은 외부의 상태와 그 정신 상태까지 같은 것은 아니다.

나의 병실 옆방에는 나의 와세다대학 선배인 신민당의 유명한 전진한(錢鎭漢) 씨가 나와 비슷한 병으로 입원해 있어서 길게 걸리는 병이니 마음을 푹 놓고 편안히 있으라는 메시지를 보내주어서 위로가 되었다.

동병상련(同病相憐)이라 활동성 비타민 같은 성격인 그의 병이 어서 낫기를 빌어 나도 메시지를 보냈다.

의식이 전과 같이 회복되는 동안 약물치료는 거의 없고 외국인 과장 뒤에 인턴들이 쭉 따라왔다 갈 뿐 별다른 약물치료 방법이 없이 지내다가 외국 여간호원의 부축을 받아 물리 치료라는 것을 시작했다. 혼자 발자국을 떼는 연습을 할 때 나는 급한 것은 면했지만 나보다 더 급한 환자에게 나의 병실을 물려주고 애들이 집 정원에서 꺾어 가지고 온 라일락꽃과 그 향기를 따라 앰뷸런스에 얹혀 성북동 집에 와서 안방에 누우니 안방 천장 한가운데가 칼을 맞은 듯 쭉 째져 있어, 흉한 것을 감춰 남에게 판다는 것은 안됐지만 세상살이가 다 그런 것이거니 하고 그 집을 팔기로 작정했다. 그후 우연한 기회에 주부생활사 기자의 안내로 성북동 집에 가 보았더니 내가 판 집은 은행원의 손을 넘어 한국전력회사 훈련원 간부가 잘 살고 있었다.

그 성북동 집에서 퇴원으로 중단되었던 물리 치료를 서울대학교 의과대학 부속병원 물리 치료 과장 의사를 불러 팔을 펴는 것부터 시작하다가 아픔을 견디다 못해 그만 중단하니 앞이 캄캄하여 나는 혼자 물리 치료하는 방법을 모색해보았다. 같은 결과가 나올 것이지만 의사와는 방법을 달리했다. 아픔이란 다른 사람이 주는 것보다 자기가 주는 것이 훨씬 덜 아프다는 어떤 심리적인 사실에 생각이 미쳤다. 그리하여 나는 팔이 올라가는 그림자의 한도를 벽에 연필로 표해 놓고 다음 날에는 아프더라도 눈을 질끈 감고 쌀알 한 기럭지만큼씩 더 올리는 연습을 계속하는 동안에 손에 펜을 쥐고 글을 쓸 수 있게도 되고 팔도 완전치는 못하나 어느 정도 올라간 다음에 두 팔을 쫙 펴서 자유로 헤엄치기도 하는 데까지 이르기에는 몇 달 동안이 걸렸다. 나는 전신 불수로서 그때 처음 자유란 말을 썼다.

이 말이 나에게서 나오기까지 나는 너무도 엄청난 고통을 견디었다.

십중팔구까지는 살아남지 못한다는 뇌출혈 환자…… 해뜨는 일출에서 해지는 황혼까지의 길을 컵에 혈압피를 담아들고 흐르지 않도록 걸어야 했다. 지금 그 무서운 뇌출혈의 후유증이 어떻게 활동해서 다른 병과 합병증이 되어 나타날 것인지 아무리 죽음에 대해 초연하다 할지라도 불안스러움을 금할 수 없었다.

내가 병과 싸우는 것이 있다면 병을 악화시키는 술 담배를 아무리 먹고 싶어도 완전히 끊었다는 것이다.

친한 친구도 있었건만, 밤늦도록 같이 다니며 모여 앉아 술을 마시며 웃기도 했건만 살자고 술 한잔 마시지 않고 그들이 가기 전에 내가 먼저 그들을 버리고 가는가.

사람은 자연과 같이 길이 살 수 없지만 그 아름다운 자연을 병신이 되어 이처럼 비참하게 버릴 줄이야…….

나는 기도하는 것은 아니지만 태풍에 난파되어 겨우 살아서 바닷가 모래 위에 엎디어 신음하는 뱃사공처럼 하늘에 그 목숨을 시시각각으로 비는 허탈의 상태였다. 마치 거북이를 발딱 뒤엎어놓은 것처럼……

나는 중학교의 영어 교사일 때 '헬프리스(helpless)'를 일어서지 못하고 발버둥질하는 이런 상태일 때 쓰는 말이라고 가르친 그 상태가 지금 나에게 온 것을 눈을 감고 지그시 참으며 돌아눕는 순간 나의 팔십 노모가 나의 옆에 수심 가득히 앉아서 팔다리를 주물러주시는 것을 보고 너무도 송구스러워서 마른 가슴에 빈 젖이지만 매달려 실컷 울고 싶었지만 신(神)은 희망을 위하여 더 울지 말라고 말려놓았다.

눈만 껌벅이는 생물이 된 데다가 머릿속에는 죽은 사람의 뇌를 이식했는지 죽음이 떠나질 않았다.

몸은 관 속에 있고 머리만 밖에 내놓고 간신히 사는 것처럼 절반 살고 절반은 죽은 기형(畸形)의 생이었다.

이 죽지 않은 죽음을 어떻게 하면 잠시나마 잊어버릴까. 잊어버리는 것만이 극복하는 것인데, 잊어버린다는 것이 마음대로 되는 것도 아니요, 또 쉬운 것도 아니다.

잠은 자지 않은 사람에게도 약이 되지만 중병을 앓는 사람에게도 약이 된다. 잠을 잘 자고 나면 그 속에 기도도 있고 영혼의 정화(淨化)도 있어 잠은 축복이다. 그런 잠에서 깨나면 나는 무엇인가 찾아 두리번거리게 된다.

그때 나의 머리맡에는 한 장의 글월이 뜻밖에 놓여 있었다. 한국일보사 문화부의 시 청탁서였다.

이게 나한테 온 것인가, 처음엔 의심했다. 그때에 비로소 나는 과거에 시를 썼다는 생각이 떠올랐다. 마지막이 될지 처음이 될지 도르나 시나 한 편 써볼까 하는 심정이 생겼다.

봄은 슬펐지만 꽃은 그대로 고왔다. 나는 라일락꽃 향기가 그윽한 정원에 자리를 펴고 앉았다. 살고 싶었다. 조그마한 기회가 나를 망치게도 했고 또 밖에서 주어진 조그마한 기회가 나를 찾아와 일어서라고 자리를 깔아주었던 것이다.

나는 무심히 「봄」이라는 제목을 써놓은 것인데 그 제목이 지상(地上)을 봄으로 했고 나에게도 시를 주었던지, 시를 한 줄 끝줄이 뭘 줄 모르고 써놓고 보니 나의 지성(知性)은 그대로였다. 나는 비로소 마음을 놓았다.

시를 쓰는 동안만은 죽음을 잊어버렸다는 귀중한 사실을 알아냈다. 나의 병상의 시들은 그렇게 하여 다음다음으로 이루어진 것으로 죽음 속에서 파낸 생명 같은 기록들이다. 살고 싶은 열망으로 나는 시를 썼

다. 그 첫 시가 나의 재생에 중요한 계기가 되어 나의 십여 년의 병상
에 나와 같이 있다.

　서울운동장에 야구 구경을 간 대수롭지 않은 일이 나의 생명을 파괴
한 것처럼 성북동 산 중턱의 한 정원에서 반신불수의 몸으로「봄」〔본
서 18쪽, 40쪽 참조: 편집자 주〕이라는 시편을 썼다는 것은 그것이 잘
되었건 못 되었건 그 이후의 나의 재기에 중대하였다고 나는 절감한다.

　하늘에 나는 참새와 땅에 떨어져 죽은 참새처럼 나는 땅 위에서 날
아다니는 사람 가운데서 땅에 누워 죽은 사람과 같은 외형(外形)이지
만, 내 속에서 염원하는 내부의 인간 ― 다시 말하면 영혼의 인간이
산 사람들과 같이 살고 싶어서 시라는 형식을 통해 나타났던 것이다.

　그 길밖에는 나의 생을 표현할 방법이 없었다. 생이 표시되는 방법
에도 여러 가지가 있다. 하나는 외형적인 활동, 육체적인 활동이고 다
른 하나는 내부에 잠재하여 보이지 않는 영혼의 움직임이다.

　그러므로 시는 단순한 슬픔이거나 절망이 아니고 광명을 보는 희망
이 되었다. 시가 아니었더라면 그 아프고 지루한 나날들을 나는 어떻
게 지냈을 것이며 또 그것이 자취도 없이 사라졌을 것이 아닌가.

　시「봄」은 나에게 다시 시를 쓸 수 있는 가능성을 보여준 뇌출혈 이
후의 첫 작품이었다. 그후부터 나는 시에 전념했다. 시는 생명의 원천
에서 나오는 빛이기도 했고 병에 항거하는 육체의 내부에서 육체를 바
로 세우는 정신력이기도 했다.

　「생(生)의 감각」〔본서 25쪽, 42쪽 참조: 편집자 주〕만 해도 나에게
의식이 처음 돌아왔을 때 새벽에 병상에 들려오던 종소리, 닭 우는 소
리, 개 짖는 소리, 그 배경에는 인간은 서로 연결된 공동생활…… 그
것은 나와 동떨어진 것이 아니고 함께 사는 의식, 나에게서 가고 나에
게로 오는 공동의식, 나중에는 홍수가 범람하는 둑에 무더기로 핀―
꽃 중에도 가장 연약한 채송화지만 그것은 우리의 생에 있어서의 미의

식(美意識)과 함께 인간의 나약한 생명감을 흔들어 깨우치는 사랑과 희망인 것이다.

영국 낭만주의 시정신(詩精神)의 선구자인 워즈워스는 「내 가슴은 뛰노나니」라는 시에서,

　　　하늘에 걸린 무지개를 보면
　　　내 가슴은 뛰노나니
　　　내가 어렸을 때 그러했고
　　　이제 어른이 되어 그러하거늘
　　　늙어서 그러하지 않을진댄
　　　차라리 나는 죽으리
　　　아이는 어른의 아버지라
　　　원컨대 생명이 하루하루를
　　　자연의 사랑으로 이어가게 하소서

라고 노래했다.

"늙어서 그러하지 않을진댄/차라리 나는 죽으리."

워즈워스는 또 늙어서 자연의 아름다움에,

"그의 가슴이 뛰지 않을진댄/차라리 나는 죽으리."

라고 했는데 죽고 싶은 것은 하나의 환상이요, 죽는 것은 엄숙한 현실이며, 살고 싶지 않다고 죽고 싶은 것은 아니다.

무한한 권력으로 불사(不死)의 약을 찾던 진시황(秦始皇)이거나 초개 같은 지게꾼이거나 죽는다는 것은 한 마리 개가 한숨짓고 땅에 눕는 것과 대단치 않지만 죽는 것보다 못한 삶은 아니다.

시는 우리의 생명을 길러주고 우리의 정신과 육체를 조절해준다. 시를 느끼며 조용히 앉아 보라. 우리의 육체는 아무런 것도 겁날 것이 없

이 안정 속에 있다.

성북동 비둘기

성북동 산에 번지가 새로 생기면서
본래 살던 성북동 비둘기만이 번지가 없어졌다
새벽부터 돌 깨는 산울림에 떨다가
가슴에 금이 갔다
그래도 성북동 비둘기는
하느님의 광장 같은 새파란 아침 하늘에
성북동 주민에게 축복의 메시지나 전하듯
성북동 하늘을 한 바퀴 돈다

성북동 메마른 골짜기에는
조용히 앉아 콩알 하나 찍어 먹을
널찍한 마당은커녕 가는 데마다
채석장 포성이 메아리쳐서
피난하듯 지붕에 올라앉아
아침 구공탄 굴뚝 연기에서 향수를 느끼다가
산1번지 채석장에 도루 가서
금방 따낸 돌 온기에 입을 닦는다

예전에는 사람을 성자(聖者)처럼 보고
사람 가까이
사람과 같이 사랑하고
사람과 같이 평화를 즐기던

사랑과 평화의 새 비둘기는
이제 산도 잃고 사람도 잃고
사랑과 평화의 사상까지
낳지 못하는 쫓기는 새가 되었다.

　뇌출혈로 쓰러져 무의식 상태가 한 주일 동안이나 계속됐던 사람―
생명은 의식이니, 의식이 없었다는 것은 가사(假死) 상태나 다름없었
는데 이 시는 아픔과 슬픔의 시가 아니고 현대의 물질문명에 대한 비판
정신을 한 마리 비둘기를 통해 건강하게 나타내고자 했다.
　서울 도처에 비둘기는 사람을 따라 있지만 사람도 잃고 사랑과 평화
의 전통적 사상까지 잃고 쫓기는 비둘기를 누가 보았던가.
　사람은 앓아도 그의 시는 앓을 수가 없고 또 앓아서도 안 된다.
　나는 우는 시를 쓰기도 했다. 「황혼이 울고 있다」가 바로 그것이다.

황혼이 울고 있다

백도(白桃) 하얀 꽃송이들이 백옥(白玉)같이
눈부시게 조롱조롱 피더니
얼굴을 맞대고 서로 비쳐서

한 송이가 백 송이의 웃음을 웃고 갔다.
그것은 덧없는 인생의 가지가지
슬픔에 대한 한 토막 이야기다

저녁 등불 아래 혼자 앉아서
어느 마지막 잔 같은 차를 마신다

나는 무심히 내 주변을 살펴본다
나의 청춘의 모든 것도 다 그렇게 작별되었다
지금 다시 눈에 보이고 생각나는 것은 모두
그 작별의 짤막한 유서들이다
그러니 황혼이 울고 있다

황혼이란 해 떨어지기 전이다. 삶이란 무엇일까? 다 사윈 잿불에 번쩍임 같은 것이다.

아침에 찬란하게 솟아오른 해가 서산마루턱에 지는 것을 보면 그 하루 속에서 고난은 긴 순간이었다.

죽음이 삶에 대한 것은 끝이 안 난 이야기의 종말 같은 것이기에 삶도 죽음도 다 같이 황혼의 노래가 될 사람만이 영원히 떠나가는 운명을 느끼게 되는 것이니, 사람은 황혼에 가슴이 아프고 슬퍼서 눈시울이 뜨거워진다 할 것이다.

그러므로 시인들은 황혼을 인생의 비회(悲懷)로서 관조(觀照)하는 것이다.

이 나의 뜻깊은 유서 같은 황혼을 넘어서 나는 무한한 영혼의 세계로 간다. 그것은 우주의 성좌(聖座)가 사는 곳이었다.

저녁에

저렇게 많은 중에서
별 하나가 나를 내려다본다
이렇게 많은 사람 중에서
그 별 하나를 쳐다본다

밤이 깊을수록
별은 밝음 속에 사라지고
나는 어둠 속에 사라진다

이렇게 정다운
너 하나 나 하나는
어디서 무엇이 되어
다시 만나랴

　죽을병에 걸려 암담한 상황 속에서 마당에 놓인 허술한 걸상에 저녁마다 앉아 반짝이는 별을 쳐다보며 낮과 밤을 달리하여 나는 어둠 속에 간다. 너는 날이 밝으면 밝음 속에 사라지니 무엇이 되어 어디서 나와 너는 다시 만나랴. 이 시는 뉴욕 김환기(金煥基) 화백(畵伯)의 화실(畵室)에서 「어디서 무엇이 되어 다시 만나랴」는 표제의 대작(大作)이 되어 그의 사후의 큰 유작(遺作)으로 남았다.

　사람은 죽어서 무엇이 되는지 모른다. 그렇다고 아무것도 안 되는 것은 아니리라. 어떤 사람은 풀이 되고 또 귀뚜라미가 되었는지도 모른다. 위대한 정치가라면 인류를 위하여 말똥벌레가 되어 말똥을 지구로 알고 굴리고 있는지도 모른다.

인간(人間)은 영원히 있다

새벽에 죽는 꿈을 꾸고
아침에 산다

죽은 아내가 와서
새벽에 서서 보다가 갔다
그뒤에 나는 죽는다

죽은 사람은 새벽에 나고
산 사람은 새벽에 죽는다

죽음도 삶도 옆에 있는 것이지만
가서 만날 곳이 없는 것이 죽음일 뿐이다

사람은 그 죽음을 품에 안고 참으며
닭의 알처럼 삶을 낳는다
그러니 죽음이 있어도
인간은 영원히 있는 것이다

이 영원한 인간상을 나는 또 아기에게서 보고 아기의 새 얼굴에서
보았다.

아기

우리 아기 얼굴은
부처님의 손바닥
무엇으로 씻는지
날마다 보아도
천진 그대롤세

아그그 아기가 웃는다
하아얀 웃음
하늘도 같이 웃네

누가 손을 드는가
만지면 물이 되는
야들야들한 손

무한을 쥐고
만물 중에
혼자 누운 새 얼굴

새얼굴

아기가 들어와
아침 하늘을
얼굴로 연다

아기는
울고나도 새얼굴
먹고나도 새얼굴
자고나도 새얼굴

하늘에서
금방 내려온

새얼굴

중병 환자는 항상 마음이 평온하고 정신이 안정되는 것이 최선의 약이다. 그러나 우리의 주위와 환경은 환자를 위해 항상 그렇게 될 수는 없다.

그러므로 나는 아기와 더불어 아기처럼 사는 것을 모토로 한다. 어른들하고 같이 있으면 화나는 이야기, 불쾌한 일이 있지만 아기는 그렇지가 않다.

늦은 감은 있지만 나는 앓는 동안에 손자를 얻었다. 하느님이 나에게 보내주신 은총처럼 아기와 놀고 웃으며 사랑하며 또 아기가 하자는 대로 최대한으로 그 어리궂은 요구를 들어준다.

병은 몸의 허약한 곳을 찾아 생겨 체내에서 살며 활동하는 것이지만 그것은 눈에 보이는 물체가 아니니 상대를 해서 싸울 수가 없는 것이다.

환자에게 중요한 것은 병의 성질을 알아 병을 이겨나갈 정신력을 만드는 것이지만 병 때문에 몸이 아프니까 체력이 바로 생기지 못한다.

나는 1966년 청탁을 받고 병후 첫 시(時)인 상기한 바 「봄」을 지은 후부터 생각도 하지 못했던 무슨 자신이 생겨서 병과 같이 산 것이 아니라 시와 더불어 시정신으로 오늘까지 십여 년 동안 살며 지금 이날까지 시를 씀으로 병고를 잊으니 이것이 나의 투병(鬪病)이라면 투병이다.

또한 앓는 중에 나는 많은 시를 벗하여 왔다. 그중에서 다음 두 시는 나에게 삶을 가르쳐 주었다.

병에게 이기는 것은 병이 있어도 병이 없는 상태—다시 말하면 아픔을 잊어버리는 상태에 있는 것이다.

그것이 가능할까. 영혼이 평안하고 정신이 강하면 결과로 그런 상태가 얻어진다.

　나는 시성(詩聖) 괴테의 『서동시집(西東時集)』에서 「호부(護符)」라는 시— 호부란 악귀(惡鬼)가 침범하지 못하게 하는 불교나 도교 신자들이 흰 종이에 붉은 글씨로 그려 벽에 붙이는 부작(符作) 같은 것이다— 이 시를 읽은 뒤부터 나는 아침마다 신에게 감사하며 심호흡한다.

호부(護符, Talisman)

동양은 신(神)의 것
서양은 신(神)의 것

북쪽 땅도 남쪽 땅도
신(神)의 손에 쉬고 있다

오직 하나 올바른 것이라
불리우는 신(神)
'알라'는 모든 사람에게
올바른 것을 바라는
백 가지 다른 이름을 가진 '알라'의
그 이름이야말로 칭송될지어다

방황하기 때문에
나는 혼란해지는 것 같다
그렇지만
당신은 아시리 구원의 길을

내가 일하고 내가 시를 지을 때
나의 길에 올바른 향방을 보여주시라

내가 생각하는 것은 지상(地上)의 것일지라도
그것은 반드시 보다 높은 곳에 도달한다
마음은 먼지와 같이 흩어지지 않고
내부에 집중하여
하늘을 향해 승화한다

호흡에 두 가지 은혜가 있다
숨을 들이쉬는 것과 내쉬는 것
전자(前者)는 가슴을 뻐근하게 하고
후자(後者)는 가슴을 후련하게 한다
이처럼 삶은 불가사의(不可思議)한 혼합(混合)이다

신에게 감사하라
신이 그대 가슴을 뻐근하게 할 때
또 신에게 감사하라
신이 그대 가슴을 후련하게 할 때

우리는 지상에 살며 지상의 것만 생각하지만 그것은 높은 곳에 도달한다. 우리의 마음은 먼지처럼 흩어지지 않고 내부에 집중하여 하늘로 승화한다. 실로 시성(詩聖)이 아니고는 영감(靈感)하지 못할 불멸의 시구다. 이 한 구절에서 나는 일생을 다시 얻은 것같이 아침마다 대기를 향해 심호흡함으로써 병을 물리친다.

인생찬가(人生讚歌)

나에게 슬픈 어조로 말하지 말라

"인생은 허망한 꿈이요
잠든 영혼은 죽음으로 돌아가며
물체는 한낱 영상에 불과하다"고

인생은 진실하고 인생은 엄숙하다
무덤은 종결이 아니며
먼지로 태어나 먼지로 돌아간다는 것
그는 영혼을 말함이 아니다
기쁨도 슬픔도
우리의 숙명된 목표가 아니요
여정(旅程)도 아니다

행동하라
오늘보다 높은 내일을 위하여
오직 행동하라

예술은 길고 인생은 짧다
우리의 심장은 강하고 용감할지라도
언제나 장례(葬禮)의 검은 북같이
무덤을 향해 장송곡을 울리고 있다

세계의 넓은 싸움터에서
또한 인생의 야영(野營)에서
목매인 송아지처럼 쫓기지 말고
투쟁하는 영웅이 되라

아무리 즐거워도 미래를 믿지 말고
죽은 과거로 하여금
죽은 자를 파묻게 하라
행동하라 정열을 품고 신(神)을 우러러
산 현실 속에서 행동하라

위대한 자의 생애를 돌아보며
인생을 숭고하게 하고
인생을 하직하는 날 시간의 모래 위에
영원한 발자국을 남기고 가라

그리하여 생(生)의 숭엄한 바다를
항해하는 형제들
난파하여 의지할 곳 없이
절정에 신음할지라도
그 발자취를 보면
다시금 용기를 가지리라

그러므로
어서 일어나서 일하자
과감하게

어떠한 운명에도 과감하게

영원히 성취하고
끝없이 탐구하며
정성으로 일하고 기다리자

이것은 미국의 국민 시인 롱펠로우(1807~1882)의 시로서 읽으면
여기서 우리가 본 미국인 그대로다. 이 시는 보통 시에서 보는 환상적
이거나 탐미적(耽美的)인 것은 전혀 없고 현실적이고 진취적이고 낙
관적이며, 나약한 패배 의식이란 그림자도 없으며 전편에 양심의 고동
(鼓動)이 뛰고 있다. 현대 정신을 맥박처럼 뛰게 하는 시로서 미국의
국민 성격을 형성한 명작이라 할 수 있다.

사람은 고이 늙어야 한다는 것이 나의 일찍부터 인생에 대한 좌우명
(座右銘)이었다. 그래서 그렇게 나의 몸에 대해 주의해 왔던 것인데
나는 갑자기 죽게 마련인 무서운 병에 걸려 이 새해까지 12년에 걸쳐
앓고 있다. 십 년이면 강산도 변한다는 그 지루한 세월을 헛되이 보내
지 않기로 하여 나는 시로 더불어 나를 세웠다. 그러므로 병은 나를 시
인으로 하는 데 도움이 되었다.

육체란 영혼이나 정신이 사는 집이 아니면 몇 킬로의 고기 덩어리밖
에 아니다. 병은 사람이 잘못하여 사람의 몸에 생기는 것이다.

병은 악한 것이 아니다.

나는 어떤 때에는 이렇게 생각해 본다. 악한 자에겐 벌을 주어도 개
심 안하고 범법 행위를 하니까 벌 대신 병을 주고 인도적 견지에서 약
을 주면 어떨까 — 하고.

하지만 병만이 사람을 죽이는 것은 아닐 것이다.

그래서 나는 병을 위한다. 병이 아프지 않도록 위무(慰撫)하며 약을 의사에게 묻는다.

사람은 죽을 때 그 말이 착하고 새는 죽을 때 그 소리가 아름답다고 한다. 아름다운 것은 순간적이니까 슬프다. 나는 이렇게 나 자신을 위로한다. 내가 지금 죽지 않은 것은 죽을 때의 말 준비가 아직 다 되지 못해서 신불(神佛)이 나를 부르지 않는 것 같다.

나는 병과 싸우지 않는다. 환자가 병과 싸운다는 것은 있을 수 없는 일이다.

어진 의사가 있어 약으로써 병과 싸워 병을 없어지게 하는 것이다.

환자는 앓으며 할 수 없이 아픔을 참는 동안에 병이 나아갈 뿐이다.

병은 사람에게 바탕을 두고 있으니 환자는 평소에 그 마음가짐을 잘 해야 정신력이 체력이 되어 병을 밟고 설 수 있다.

고독을 성지(聖地)로 알고 거기서 영혼을 평안히 하고 정신 자세를 바로 하는 순간 나는 신(神)과 같이 앉은 듯해서 죽는다는 생각이 들지 못한다. 영혼의 평화는 그 소망에 있다.

소망

비가 멎기를 기다려
바람이 자기를 기다려
해를 보는 거예요

푸른 하늘이 얼마나 넓은가는
시로써 재며 사는 거예요

밤에 뜨는 별은

바다 깊이를 아는 가슴으로 헤는 거예요

젊어서 크던 희망이 줄어서
착실하게 작은 소망이 되는 것이
고이 늙는 법이에요

시(詩)에의 등정(登程)

1. 어린 시절(時節)

내가 세상에 태어난 곳은 함경북도의 동해가 휘어져 들어간 조그마한 어촌(漁村)이었다. 1905년 9월 22일 새벽이다. 선친께서는 나의 생일날 밤이면 마당에 섰다가도 나를 불러내어 저 달이 동산대(東山臺) 위에 장화 한 켤레만큼 떠 있었다고, 하늘의 거리를 땅의 거리 2, 30미터쯤 가리키셨던 것으로, 내가 태어난 시각을 말씀해 주셨다. 시계가 없어 내가 태어날 때의 시간이 분명치 않다는 것을 그렇게 설명함으로써 내 생일은 21일 밤 열두 시에서 22일로 옮겨졌다. 그리하여 나는 21일 마지막 지친 시간이 아니고 22일 첫새벽에 태어난 것으로 생일날과 시각이 바로잡혀졌다. 이 날을 고증(考證)하기 위해 동네에 관상쟁이가 왔다 하면 기어코 불러다 그 앞에 나를 앉히고 그의 문답에 응하게 하였다.

나의 할아버지는 본래 함경북도의 서울인 경성(鏡城)읍에 살다가

양자인 나의 아버지를 좀더 가까이 정들이고 싶어 이 빈천한 해진(海津)에 잠깐 살다 가려고 이사한 것인데, 가주지(假住地)에서나마 적선(積善)의 업(業)으로 한약국을 경영하시다가 갑자기 중풍으로 돌아가시니 적선에 남는 것은 가난뿐이었다.

바닷가에서는 돈이 없으면 천산 사공밖에 될 것이 없으니 사공이란 결국 바다에서 죽는 것이 숙명(宿命)이 아니겠는가. 그런 불행한 관념에서 나는 국민학교도 들어가나마나 한 나이에 양친과 누님과 같이 북간도 두두거위로 이주하는 신세가 되었다. 이주 도중 청진(淸津)에서 조선 사람이 번들거리는 자전거를 탄 것을 처음 보고 신기로웠다.

두만강(豆滿江) 검푸른 물결을 건널 때, 건너편 강기슭에서 만주관헌(되놈)이 색대로 이삿짐을 쑥쑥 찔러 된장 속에서 소금이 묻어 나오면 이삿짐을 몰수하는 것이 이사꾼들이 겪는 몸살이었으며 또 그게 아슬아슬했다.

한만(韓滿) 국경으로 가는 무시무시한 대포 수레 뒤에 맥없이 앙큼앙큼 따라가는 일본 군인들도 보였다.

만주 벌판에는 산이 없어 해는 늦게 진다. 뉘엿뉘엿한 그 해지는 곳에서 굴뚝 연기를 따라 네 식구가 유랑민처럼 찾아들었다. 마른 입에 밥 덩어리가 목이 메어서 물을 얻어 마시기 며칠— 우리는 마침내 천국같이 손꼽아 기다리던 목적지에 다다랐다. 단칸 초옥…….

부엌에다 불을 넣으면 연기는 굴뚝으로 나가지 않고 아궁이로 도로 나와 집 안에선 눈이 아려서 눈물을 바가지로 뽑는 집이었다. 바깥에 나와 집을 들여다보면 그것이 저승이었다. 연기가 다 빠진 뒤에 집이 랍시고 들어가 등잔에 불을 켜고 앉으면 호적(胡賊)이 올까 봐 그 하잘것없는 문단속을 또 해야 한다.

그 다음에는 평화가 올 것인가. 아니다.

이튿날 아침부터 고된 노역이다.

점심을 해서 어머님이 함지에다 이고 낮은 언덕 같은 밭으로 간다. 밭에 기슴(김)만 매는 것이 아니라 그곳 농가에서 하는 식으로 밭 흙에 묻힌 나무뿌리를 파낸다. 그것을 더덕이라 부르던가. 그걸 밭 한구석에 겨울 연료로 쌓아놓는다. 우리는 무엇을 위했던가, 수확을 기다렸던가. 할아버지 밑에서는 노동이라는 것을 모르고 백면서생(白面書生)으로 지낸 아버님이 낙토(樂土)나 찾아가듯 무겁고 거추장스러운 이삿짐을 지고 외나무다리로 휘청휘청 건너가던 그 고행(苦行)의 모습은 지금도 생각할수록 눈에 선하다. 한 해를 그렇게 땀에 절이고 뼈가 휘도록 씨를 뿌리고 밭을 갈아도 이듬해 양식이 되지 않았다. 우리는 우리의 힘이 한계에 다다랐음을 알고 고향에 도로 돌아올 것을 결심했다. 고향에는 친척도 있고 인심도 있는데 이렇게 일하고 이렇게 고생하고 한시도 마음 놓을 새 없으니, 우리는 일 년 만에 귀향(歸鄕)의 길에 오르게 되었다. 돌아온 고향에는 핏줄도 있고 인연도 있어서 우리를 반가이 맞아 주는 중에도 그렇게 나를 애지중지하시던 할머니는 나를 안고 엉엉 울기만 했다. 나를 영 못보고 죽는 줄 알았더니 내 판관이 어디 가서 그렇게 오래 있었느냐고 눈물만 줄줄 흘리셨다.

우리들은 낮과 밤을 가리지 않고 일했다. 그렇게 많은 명태들은 돌아온 우리를 위해 잡힌 것처럼 손질하면 할수록 돈이 들어왔다. 명태란 하나도 버릴 것 없는 황금의 생선이다. 나는 아버지와 어머님이 하시는 일손 옆에서 잔심부름을 해드렸다. 그들은 나를 일은커녕 어지러운 것은 보지도 못하게 하면서 고이 키웠다. 어머니는 나를 잘 되라고 지나가는 거지에게도 밥 한 숟가락 더 떠주고 동냥 온 중에게도 쌀 한 줌 더 떠준다고 하셨다.

나는 어느덧 서당생(書堂生)이 되었다. 그때 나는 환경에 조숙했다. 아침 서당에 가면 수군거리는 말—새벽에 독립군이 와서 밥 먹고 갔다는 둥…… 쌀을 가지고 갔다는 둥…… 항상 동네는 수런거렸다. 낮선 사람이 지나가면 저 사람이 산에서 나온 독립군이 아닌가 하며 혹시 일본 헌병이 나와 그를 보고 있지나 않나 해서 두렵고 무섭기도 했다. 그래서 밤에 바깥에서 바스락 소리만 나도 독립군이 금방이라도 들어와 식은 밥이라도 좀 달라고 할 듯하여 가족들이 말없이 서로 불안한 얼굴을 쳐다보기만 했다.

북간도 이주는 우리에게 큰 각성제가 되었다. 우리는 누구나 일을 싫어하는 법이 없었다. 자각된 가난은 부(富)를 이루는 정신적 기초가 되는 것이다. 우리의 가정 경제는 괄목할 정도로 날로 자랐다. 본래 살던 경성읍(鏡城邑)에서 친척들도 차츰 찾아와서 치하해 주는 것이 우리의 가난했던 품위를 올려 주었다. 그런 중에서 시간이 과거의 고달픔과 괴로움을 달래주기도 했다. 그러나 우리는 거만하지 않았다. 세상의 많은 것을 얻으려는 허욕도 없었다. 신교육을 받지 못하신 아버님은 자녀들에게 신교육을 받게 하는 향학열(向學熱)에 부풀었다. 그리하여 우리들을 편안히 밤에 잘 자게 한 것은 작으나마 하루하루 뜻 깊게 커 가는 것이 충실한 희망이었다.

아버님은 그 동네를 굽어보는 어느 봉우리에서도 중심이 되는 곳에 동네에서 가장 방정한 집을 할아버지의 남긴 터에 짓기로 했다. 할아버지 때로부터 집에 있던 봉사가 흙을 벽돌처럼 이겨주면서 눈을 뜨고 집을 한 바퀴 돌아봤으면 하는 것이 일손을 쉬면서 하는 말과 웃음이었다고 한다.

많은 시간이 걸려 그 집을 다 짓고 우리는 궁전(宮殿)이나 되는 것처럼 기쁘고 자랑스럽게 살았다. 아침마다 거기서 같이 출발하여 점심 저녁을 거기 다시 돌아와 먹는 것이었다.

집 한 채 짓는 것이 고생이라기보다 어떻게 하면 비바람이 새어들지 않게 잘 지을까 하는 것이 고심(苦心)이었다.

아버님은 사람은 그 당대에 살집을 한번 짓는 것이지 두 번 다시는 지을 일이 아니라는 신념으로 자위(自慰)하셨다.

　　이 세상에 태어난 사람은
　　하나의 집을 짓는다
　　그는 간다
　　그 집은 다른 사람에게 양도한다
　　그렇지만 이 사람은
　　다른 방법으로 또 고쳐 짓는다
　　그래서 누구나 집을 끝내는 사람은 없다

　이것은 괴테의 시다. 나는 지금에야 이 시를 인용하지만 아버님에게는 반세기 전에 그 정신이 태동한 것을 지금 느낀다.
　인생은 어디서 와서 어디로 가는지…… 그런 철학을 생각할 수 있는 때도 아니었지만 밝은 희망만은 분명했다. 재앙이 와서 걱정이 되더라도 아버님의 선의(善意)에서 우리의 희망을 좌절시키지 않은 것은 그 모두가 고향의 혜택이었다.

망향(望鄕)의 노래

　고향이여 피난한 나의 고향이여
　해방된 4반세기 조국은 역사 위에 서는데
　너는 향수 속에 잠긴다

　새가 노래하면 피던 진달래 개나리
　애들이 날개를 달고 날아가던
　그리운 앞동산 뒷산 골짜기여

너를 잃고 타향산천 바라보는
내 입술에서 너의 노래가 새어나온다

삼팔선 4반세기
널쪼각에 지신(地神)을 뫼시고 피 흘리는 향민(鄕民)들아
소련의 일가(一家) 중공의 친척 되었는가

이제라도 얼굴이나 맞대보자
막힌 이야기는 잊혀지지 않는다
잘 살지는 못해도 건강했던 고향
고등어같이 싱싱했던 푸른 바다의 고향이여
바위에 물결따라 휘청거리던 미역이여

흰 돛을 세우고 아득한 바다로 가던 사공들이여
바다에서 고기만 잡히면
걱정없이 삶의 고동(鼓動)치던 창해(滄海)의 인간들
지금 나의 정은 깊어지며 너에게로 쏠린다

길을 가다가도 앞에서는 고향이여
무지개 선 바다와 노을 잔잔한 물결
아스라이 휘어진 해안선(海岸線)
명사(明沙) 몇 십리런가

맑은 모래에 핀 빨간 해당화여
나를 기다려 헛되이 되지나 않는가
꽃 밑에 까치뱀들이여 공산당과 잘 사는가

갈매기야 모른 체하고 살아라

　세상이 어떻게 돌아가는지 어린 내가 알 바도 아니거니와 바다 물빛만 보고 살던 이 평화의 나루에서 민족사상이 싹트게 된 것은 일본 헌병대가 들어와서 서당생들을 쫓아내고 그 자리를 차지한 때부터였다.
　사상의 씨앗이 내게 옮겨진 것도 바로 그때였다. 사상이라기보다 말도 못하고 제 집에서 쫓겨난 서당생들에게 대한 측은한 생각이 일본 헌병을 자연히 싫어하게 된 원인으로서, 그것은 바로 증오(憎惡)의 심정이었다.
　게다가 우리가 그렇게 복스러우라고 지성(至誠)으로 지은 우리 집 바로 뒤에 헌병대가 바다를 정면으로 하고 들어앉았다. 애국청년과 독립군들을 잡아다가 꼭 저녁 어스름녘 때부터 고문을 시작한다. 무슨 고문을 어떻게 하는지 사람의 입에서 개를 달아매 죽이는 비명(悲鳴)이 났다. 무슨 호기심이었는지 안방에 가만히 들어앉아 숨도 크게 못 쉬고 듣다가, 마당에 나가 아무것도 모르는 체 조끼 주머니에 손을 넣고 무슨 범행(犯行)이나 저지른 듯 헌병대를 피해 다녔다.
　20세기 초두부터 민족에게 닥쳐든 환난 속에서 나는 3·1 독립만세를 고향에서 겪고 서울 유학을 떠났고, 서울서 또 일본 동경으로 떠나는 그 기지(基地)가 역시 고향이었다.
　그런 고향이기 때문에 해방된 뒤에는 고향도 새 기분, 나도 새 얼굴로 일본 헌병이 보이지 않는 고향에 일가친척, 친구는 물론 노인들도 찾아뵈오리라 한 것인데 그것도 틀린 형편이다. 세상에 일본 제국주의가 제일 악독한 것이나 그보다 더 무섭다는 공산주의 치하에는 얼씬할 수 없이 되었고 그리하여 세상에서 제일 그리워도 못 가는 고향이 되었고 지금은 누가 차지하고 사는지도 모를 그 집을 의식하는 것이 비참하게 되었다.

회상(回想)

그 집이 있으면서 고향이 생겼다
아이들마다 잘 자라고

놀러오는 좋은 친구들이
그 집의 경력을 만들었다

굴뚝에서 타래타래 올라가는 연기에
밥냄새가 풍겨서 달아가는 데서
그 집의 정이 두터워졌다

마을 어느 봉우리에서도
한가운데가 되는 점에다
작은 집을 큰 집으로 고쳐 세우면서

백년을 내다본 그분들은 다 가고
우리에게는 고향까지 없어졌다

이제 내 차례가 와서
어리궂지만 내가 할 말은 모두 그것이다

2. 편력시대(遍歷時代)

조선 총독의 이름 '데라우찌 마사다께 각까(寺內正毅閣下)'— 지금은 누구도 기억하지 않는 그 이름 하나가 보통학교 교육정신의 전부요, 식민지 교육헌장이었다. 조선이 한 나라였다는 과거의 역사는 감히 생각할 수조차 없는 그 어마어마한 공립보통학교를 마치자 나이 열네 살에 나는 산 너머 바닷가 보지도 못한 한 처녀에게 장가를 들었다.

1919년 3월 기미독립운동의 만세 소동이 방방곡곡에 울려 퍼지자 가까운 농촌 청년들이 중심이 되어 경찰서 소재지인 나의 고향에 몰려오면서 혈화(血火) 같이 터지는 조선독립만세!

놀라서 뛰어나가니 뭉게뭉게 움직이는 사람산. 무성한 숲에서 나무들이 아우성치는 파동에 흔들리는 태극기의 물결. 헌병과 순사들이 열 띤 군중에게 감히 접근하지 못하고 길만 막고 속으로 떠는 것 같은 표정이었다. 그것으로 그날의 만세 소동은 대체로 방관하는 정도에서 끝났다. 하루하루 바다와만 싸우며 지내던 나루에 누가 지도한 일도 없이 자연발생적으로 민족의 절규가 한번 터진 것이 천지창조이래 처음 발로된 나의 고향의 역사 의지(歷史意志)였다.

삼엄해진 분위기가 잠잠해진 이튿날부터 하나씩 하나씩 숨었던 청년들을 잡아들이는데, 그 중에는 결혼 날짜가 다가온 처녀도 끼어 있어서 만세 소리로 빚어진 희비극의 밤 화제가 꼬리를 이었다. 해질 무렵부터 우리 집 안방에는 헌병대 뒷창고에서 때리는 자의 협박 소리와 맞는 자의 울부짖음이 지옥에서의 아비규환처럼 들려와서 조용한 밤을 소름끼치게 했다.

큰 홍수가 지나간 듯한 3·1 운동의 그런 여파 속에서도 나의 서울 유학은 진행되었다.

그 때의 서울은 그 음향만으로도 지금 보는 대서울과는 아주 달랐다. 그때에는 옛날과 그날이 한 꿈이 되어 전개되는, 듣기만 해도 자랑이었고 출세였다.

바닷가의 환송을 받으며 나는 배에 탔다. 기차는 없고 고작 5백 톤짜리 기선을 타고 창망한 바다로 고향의 끝에 우뚝 선 바위들이 사라질 때까지 나는 갑판 위에 서서 북간도의 늑대동리에서 돌아온 고향…… 삽시간에 과거가 한 줄에 이어 서서 떠나는 고향의 아름다운 정을 새삼스럽게 하며 독립군들이 숨은 저 먼 산, 언제 끝날지 모를 고문, 그 아우성 소리가 검푸른 바다물결에 흘러가면서 몸 튼튼히 공부 잘 하라던 친척과 향로(鄉老)들의 진정이 가슴에 맴돌았다.

나는 고향에서 첫번째 서울 유학생이 실패한 뒤 처음 가는 서울 유학생이었다. 원산(元山)까지의 바닷길 항구마다 드는 굽도리…… 5백 리밖에 안되는 바닷길, 가랑잎처럼 뜨고 굴러서, 탈 때가 아득한 한 주일이 지나서야 원산에 도착했다.

휘청거리는 다리지만 앞에 입학시험도 있고 해서 서울에 빨리 가고 싶을 뿐이었다. 기차 시간을 기다려 서울행 기차를 탔다. 차창 옆에 혼자 앉은 고달픈 마음에도 부푼 희망과 불안…… 알 사람이 누구랴.

꿈의 서울, 마음의 눈에 남대문이 보이고 파고다공원이 뜨고 전봇대가 서고 전깃줄이 거미줄이고, 전차가 달리고 야시가 웅성거리는 서울. 나는 보통학교 모자를 쓰고 서울 학생이 되어 여름 방학에 고향 간다.

용산을 지나 경성역에 내려 여관 인객(引客)들에게 끌리다시피 남대문 어성여관(御成旅館)에 시골짐을 풀었다. 상냥해 보이는 어떤 청년과 한 방에 있게 되는 것이 꺼려졌지만 여관 주인에게 같이 있기 싫다 하기가 입이 떨어지지 않았다.

알고 보니…… 화투꾼이었다. 놀고 와서는 땄다고 자랑했다. 서울서 돈을 따는 걸 보니 정말 잘하는가 보다 했더니 하루는 돈 좀 꿔달라는 것이었다. 나도 화투에는 구미가 도니까 얼마간 대주었다. 꼬박꼬박 갖다주었다.

그러는 동안에 서먹서먹한 정도는 지났다. 구두를 찾아다 맡길 테니 잠깐 3원만 돌려달라기에 있는 것을 없다고 거절 못했다. 구두를 찾아다가 내게 맡겼다. 남의 구두를 제 집도 아닌 여관에서 지킬 수는 없고…… 이걸 신고 돈이 되면 달라고 할 수밖에…… 하루는 어디 나갔다가 돌아오니 그가 없었다. 가만 앉아 있을 수만은 없지 않느냐.

기다려도 오지 않으니 이상해졌다. 서울 나무 가지에 까치가 앉은 것을 표해놓고 나갔다가 그 까치가 앉은 나무를 찾으니 까치는 벌써 날아가고 없었다는 것처럼 그 사람도 제 구두를 신고 갔으니 훔친 것은 아니고 얌전한 시골 학생에게만 인사 한마디 못했을 뿐이다.

그가 차를 타고 막 떠나기나 하는 듯 좇아나갔지만 대합실에도 플랫폼에도 그와 비슷한 사람조차 없었다. 이러는 동안에 내 방에서 또 무언가 잃어지지나 않나 해서 빨리 돌아왔으나 기분이 탁 풀려 드러누웠다.

떠나는 순간까지도 허리춤에 꼬개꼬개 접어넣었던 지전(紙錢)을 끄집어 내주며 돈이 떨어지거든 곧 편지하라 하시던 어머님이 이걸 아시면 얼마나 놀라실까. 서울은 그 비결을 반세기 이상 발전시켜 재주꾼들만 들끓어, 불신(不信)의 수도 비곗덩어리로 화하고 말았다. 나는 그 서울 사람이 되고 싶지 않아 아직도 혓바닥에 사투리 코너를 남겨두고 있다.

나는 중앙고등보통학교에 입학했다. 그때 교장이 최두선(崔斗善) 선생이었다. 3·1운동 직후라 중앙고보와 보성고보가 제일 입학하기 어려웠다. 일고(一高) 이고(二高) ― 지금의 경기와 경복은 군수나 면장의 아들이나 들어가는 학교였다.

나는 중앙고보에 합격했다. 방을 한 번 보고 두 번 보고 다시 보곤 했다.

처음 보는 벽돌 이층에 깎아 만든 운동장도 굉장해 보였다. 그러던 중앙고보는 입학식이 지난 며칠 뒤에 나의 탓만일 수 없는 사소한 부주의로 꿈이 산산조각이 났다. 체조 선생으로 구한국말 소위였다는 때리기로 정평 있는 C 선생님.

체조시간에 하나씩 불러내 앞으로 갓, 돌아 우편으로 갓! 을 시키는데 들리지 않았는지 나는 앞으로만 갔다.

"요놈이 무슨 생각을 하느라고 군호를 듣지 못했지?"

사실은 운동장을 깎아낸 비탈이 앞에 있어서 거길 또 어떻게 올라가나 걱정 중에 못들은 것 같은데 선생님은 그 딱딱한 출석부로 뒤통수를 후려갈겨서 졸도하지 않은 것만도 다행이었다. 이 분은 일본 제국주의 시대에 민족정신을 똑똑히 서게 하는 훈련으로 때려서 무섭게 하는 것을 자기의 위엄(威嚴)으로 생각했는지 그 성과로 중앙고보 C 선생이라면 모르는 학생이 없을 정도로 유명했다. 나의 경우만 해도, 한 것이 아니고 된 것이지만 다시 그러지 않겠습니다, 다짐하고는 도망치고 싶었다.

나는 중동학교 중등과로 옮겨 중앙고보 5년을 중동 3년으로 중학과정을 마치고 일본으로 갈 궁리를 했다. 중학교 2년 단축은 나중 가슴 아픈 결과가 나타났다. 입학시험 과목에만 골몰했던 결과로 나는 지금까지도 음악에 음치가 되고 그림에 색맹이 되었다.

중앙고보 5년 다닐 것을 중동 3년으로 마치고 신천지(新天地)로 나가는 듯 일본 동경으로 떠났다. 부산과 하관(下關, 시모노세끼) 사이의 현해탄의 억센 물결을 넘는 중에도 형사들의 그 얄미운 조사를 받으며 하관에 내리니 일본 땅이라지만 부산 같았다.

동경행 차를 탔는데 따라온 형사가 동경 주소와 동경에 있는 친구의 주소를 캐물었다.

동경은 그때 모스크바 베를린 다음으로 세계에서 셋째 가는 사회주의 도시였다. 나는 의과(醫科)나 상과(商科)를 지망하도록 돼 있었다. 그 어느 것도 미래의 성공이 확실한 것은 아니었다.

동경의 사회주의 풍조는 나의 정신을 변하게 했다. 교육은 사립학교에서라는 평소의 생각대로 사립인 와세다(早稻田)대학 제일고등학원 영문과에 입학했다.

와세다대(早大)는 그 시대정신(時代精神)의 대학이었다.

문학은 천재의 일, 안되면 영어 교사라는 미래에의 전망이 섰다.

그 교가(校歌)가 외치는 바,

우리의 포부는 진취의 정신, 학문의 독립
현세(現世)를 잊지 않는 구원(久遠)의 이상(理想)
빛난다 우리들 가는 길 보게나

우리 동창회 신입생 환영회에서 빠리 대학생같이 늠름하고 세련된 자세에 미모의 문학청년으로 주목한 것이 바로 소천 이헌구(宵泉 李軒求) 형이었다.

그날 저녁부터 오늘날까지 반세기 동안 연애처럼 달콤한 것은 아니지만 우애(友愛)는 연애보다 높았다.

고등학원에서 대학가는 데는 무시험 진학이다. 시험공부에서 해방된 것이 자유스러웠다. 그때까지 나는 문학이나 시에 대해선 생각해 본 일도 없었고 또 그런 비현실적인 이야기를 해준 사람도 없었다. 중

78

학 시절에 겨우 『창조(創造)』라는 제본부터 색다른 잡지 한 권을 본 일밖에는 없었다.

우리 동창회에서 등사로 발행하는 동인지(同人誌) 『알(卵)』이라는 잡지가 있었다. 미성품(未成品), 즉 학생이라는 뜻이었고 미래라는 암시도 되겠다.

나도 기다렸다는 듯 기꺼이 그 대열에 참가해서 처음으로 원지에 철필을 들었다. 뜻밖에 나에게도 원고가 청탁되었으나 나는 항상 삼가서 소박함을 마음에 길렀다. 그러나 그때 처음으로 「모기장」이라는 시를 발표했다.

부끄러움을 무릅쓰고 한번 내본다는 용기로 어떤 의식을 시형(時形) 속에 담아냈다.

모기는 두말할 것 없이 일본 형사의 비유로 이념적(理念的)인 것이었다. 그때 불문과 2학년 이헌구씨와 같이 있던 영문과 3학년 정인섭씨가 「모기장」이란 시 제목은 보기 드문 것이라면서 괜찮게 평해 주어서 나도 시를 쓰면 되는 게 아닌가 하여 고무적이었다. 내가 와세다대(早大) 문학의 숲에 들어가게 된 것은 내 개성 때문이기보다는 그때의 시대적 환경이었다. 어려서부터 일본에 의해서 뿌려진 어떤 의식의 씨앗이 발로(發露)되고 싶었던 것이다. 당시의 정인섭씨는 어학과 문학의 재사(才士)로서 학생들 사이에 조선 학생으로서의 명성이 높았다. 와세다대의 레이몬드 밴독크라는 영국인 젊은 선생과 공저(共著)로 영시선집을 냈고 우리나라 동화집 『온돌야화(溫突夜話)』라는 일역저서(日譯著書)까지 내고 있었다.

나는 북간도에 이주했다가 거기서도 가난에 쫓겨 다시 고향에 돌아와 서울을 거쳐 일본 동경까지 오는 동안 시는커녕 문학이란 것을 한번 이야기 들어본 일도 생각해본 일도 없었다. 늑대들이나 사는 황량한 북간도 푸른 해원(海原), 명사(明沙)에 핀 해당화, 바닷가에 떼지어

나는 물새들, 그것은 모두 원초적(原初的)인 것들이었다. 그것을 벗어나 동경이라는 문화의 세계적 조류 속에 예비 없이 뛰어든 나는 어떻게든지 변하지 않을 수 없었다. 당시의 문학적 주류는 사회주의적 리얼리즘이었다. 거기에서 시대의 생명감이 표현되었다. 『알』잡지도 그것을 반영했던 것이다.

잡지는 초라했지만 그것만은 우리들의 것이었고 또 나에게 처음 이름을 준 것이었다.

나는 발표된 내 이름에 애착을 느끼고 다음 호에 실을 원고를 교실의 강의를 밑거름하여 준비하였다. 그러면서 시에 관한 많은 책들을 읽고 생각했다. 문예일기에 날마다 부스러기 같은 것을 보물처럼 메모해 두었다.

그러면서 대학 영문과 교실에서 영시를 배웠다. 시인에게 배운 것이 아니고 학자에게서 분필 가루로 배웠다. 『실락원(失樂園)』의 시인 밀튼 연구로 일본 최고의 권위자인 시게노 덴라이(繁野天來) 교수로서, 창작 교실이 아니고 시를 학문의 영역에서 다루는 연구의 교실이었다.

그는 영어로서 정확한 어학과 시로서의 감상과 시론(詩論)을 함께 하면서 그 시인에 대한 전기적(傳記的) 요점까지 겹쳐서 강의하기 때문에 시인론과 시론이 따로 있지 않았다.

내게는 시에 대한 공부가 시인 교수의 창작 위주로 가르치는 애매한 것보다 더 엄격했다.

1798년 영국의 호반시인(湖畔詩人) 워즈워스와 코울리지의 『서정민요집』 이후 세계의 시는 낭만주의로 물들었다.

낭만주의는 고전주의에 대립해서 이성(理性)보다 감성(感性), 현실보다 상상, 합리적이기보다 신기한 것, 도시보다 전원에의 사랑과 자유의 문예사조로서 그 영향이 철학에도 과학에도 미쳤던 것이다.

그리하여 바이런은 영혼의 조국 희랍이 터어키의 식민지에서 해방되려는 희랍 독립전에 참가해서 희랍 메소롱기온에서 전사했고, 키이츠는 유명한 「희랍 고병부(希臘 古瓶賦)」의 끝절에서 "진(眞)은 미(美), 미는 진……"이라고 하여 키이츠가 숭상한 서정시인 사포가,

　　착한 사람은 아름답고
　　아름다운 사람은 착하다

고 했던 그 신념에 공감하고 영향을 받았던 것이 아닌가. 그 무렵에 나는 사포의 「한 처녀」도 읽었다.

한 처녀

　　저 높은 가지 끝에서
　　불그스레 익는
　　아름다운 사과와도 같으니
　　따지 않음은 잊은 것이 아니요
　　높아서 손이 닿지 못함이다

　　이 서정시는 애상적(哀傷的)이 아니고 그 지성미(知性美)가 특징이다. 시에 중요한 것은 애상이 아니고 포에지〔詩精神〕인 것이다.

　　낭만주의 시에는 너무도 사랑이 많아서 사랑이 지저분한 때도 있다. 사랑은 현실만이 아니고 이상(理想)이며 시다. 어떤 시인이 그의 애인이 사랑이 무엇인가 물으니 "너의 눈"이라고 했다.
　　눈에 있는 것은 영혼이다.

사랑을 너무 정열의 대상으로만 보면 바이런처럼 사랑의 패잔병이
되고 만다.

종교시인 로버트 브라우닝(1812~1889)은 80의 고령에 그의 시 「서
멈 보넘」—라틴어로 '최고의 선(善)'—에서 이렇게 요약한다.

　　최고의 선은
　　처녀의 키스에 있다
　　시인에게는 늙음이 없다.
　　그 영약(靈藥)은 사랑이다.

말라르메(1842~1898)도 "연인(戀人)의 맑은 눈동자는 전우주의
생명에 연결된다"고 했다. 가장 낭만의 시는,

　　사랑만이 아니고 애수만도 아니다
　　진정한 낭만의 시는 자유를 부르짖고
　　항거의 정신에 있다

고 했다.
　바이런의 「희랍 섬들」은 우리나라에 그의 시가 많이 번역 소개되었
으나 전연 알려지지 않았기 때문에 여기 대의(大意)나마 옮긴다.

희랍 섬들

　　섬들아 희랍 섬들아
　　사포가 열렬히 사랑하고 노래한

전쟁과 평화의 예술이 꽃피고
아폴로가 태어난 곳
아직도 섬은 여름
태양 외에는 다 없어졌구나

키오스의 호오머
테오스의 아나크레온
용사(勇士)의 하아프
연인(戀人)들의 비파(琵琶)
그 바닷가의 영예(榮譽)도
지금은 없다
대지(大地)는 침묵할 뿐
조상들의 '축복의 섬'
멀리 서쪽에서
울리는 소리에도 대답은 없다

산들은 마라톤을 바라보고
마라톤은 바다를 바라보며
고독한 생각에 잠긴다
나는 꿈꾼다
희랍인은 아직도 자유라고
페르시아인(人)의 무덤가에 선 나의 생각은
노예의 것은 아니다

우렁찬 노래는 다 어디 가고
용감한 가슴은 이제 고동치지 않는다

그대의 신성한 거문고는 이렇게 오래
나같은 자의 손에 떨어졌는가

속박된 백성의 벗으로
영광이 갔을 때 노래하며
우국민(憂國民)의 부끄러움
내 얼굴에 넘치는
느낌 또한 외롭지 않으랴
이제 시인(詩人)에게 남은 것이 무엇이랴
희랍인에게는 부끄러움
희랍에는 눈물

축복의 날이 슬퍼서 울며
얼굴이 붉어질 뿐
조상들의 혈호(血湖) 흐른다

대지(大地)여 그대 가슴 저 밑에서
우리들 스파르타
용감한 사자(死者)들을 소생시키라

삼백명에 세 사람씩이라도
테르모필레를 새롭히기 위해
살려 보낼지어다

아 그래도 말이 없는가

모두 가만있을 건가
아니다 용감한 사자(死者)들의 소리가
저 멀리서 폭포처럼 울려온다
오직 산 자(者)여
한 사람만이라도 일어서라
우리들이 따르리라 따라가리라
그런데도 오직 벙어리 되어
목숨을 아끼며 살아 숨쉬는 자(者)들뿐

아 소용없구나 쓸데없다……
다른 줄(線)을 고나라

사모스의 술을
잔에 가득 부으라

싸움은 터어키 놈들에게 맡기고
키오스의 포도의 피만을 흘리자

들으라 영광이 아닌데
부르는 소리에 일어서면서
용감한 주신(酒神)의 사도(使徒)들은
무어라 답할 것인가

그대들에게 지금도
옛 전쟁에 추던 춤이 있지만
그 전무(戰舞)는 어디로 사라졌는가

전쟁과 춤
아 그것은 다 잊었지만
그보다 더 장한 것
그대들은 카트머스 신(神)의 글자를
아직도 가지고 있지 않은가

생각할지어다
그것은 모두 노예를 위한 것인가
이 잔에 사모스의 술을 가득 부으라
그런 건 더 생각하고 싶지 않다
그것은 아나크레온의 노래를
슬기롭게 하지 않는다
그는 충성했다
폴리크라테스에게 충성했다

참주(僭主)
그러나 그때의 그들은 우리의 상전(上典)이었다
아직까지도 우리의 겨레다

케르소네스의 참주(僭主)는
가장 자유스러웠고
가장 용감한 친구였다

그 참주(僭主) 밀테아데스
지금 이때에

그때와 같이
그런 자유의 참주(僭主)를 보낼지어다
그의 사슬이면
기꺼이 결박당하리

아 사모스의 술을
가득 부으라

써리의 벼랑 위
파르가의 바닷가에
희랍 어머니들이 낳은 싹
거기에 혈통의 씨앗이 있어
헤라클레스도 그렇다 하리라

프랑크인을 믿고서
그들에게 자유를 위임하지 말라
그들의 왕은 장사꾼들이니

오직 조국의 칼에
조국 용사에게만
용기의 희망이 걸려 있다
그러나 터어키의 힘 라틴의 거짓에는
그대들의 방패가
아무리 넓다 해도 부서지리니

아 사모스의 술을

이 잔에 가득 부으라
희랍 처녀들이
저 나무 그늘에서 춤을 춘다

보라 그 아름다운 검은 눈동자
빛나는 것을
그 순진한 처녀들을 바라보라
그 부드러운 난방(亂房)이 노예를 젖먹이는구나
생각하면 뜨거운 눈물이
나의 두 눈에 가득 고여 흐른다

아 스니엄의 대리석 벼랑에
나를 버려두다
나와 파도밖에는 아무것도 없는 거기
백조(白鳥)처럼 혼자 울다가
거기서 죽으리라
노예의 나라는 나의 것이 아니다
저놈의 사모스의 술잔을 때려부숴라

　나는 바이런이 외친 것처럼 '청춘의 시대는 영광의 시대'가 아니었
지만 그때에는 시(時)의 낭만주의자였다.
　더군다나 낭만주의에 꽃피던 사랑이 감미로웠던 것이다. 그러나 그
많은 사랑, 그 많은 눈물, 함부로 한숨만 쉬는 센티멘탈──그것은 나
의 것이 아니었다.
　낭만주의 시의 세 형제 같은 천재 바이런(1788~1824), 셸리(1792~
1822), 키이츠(1795~1821)…….

그들이 나고 죽은 연대를 보라. 영국의 그 화려하던 시경(詩境)에는 1821년으로부터 1824년까지의 불과 4년 동안에 형제 같은 세 천재가 죽었는데, 그들은 나이가 26세에서 36세로 그 감수성과 상상력이 가장 왕성할 시기에 요절했다. 셋이 다 시의 천재로 남았지만 행복하지 않고 비슷한 운명 속에서 사라졌다. 나는 그들에게 심취했고 그 영향을 다분히 받았다.

바이런의 「희랍의 섬들」, 셸리의 「해방된 프로메테우스」……

프로메테우스는 희랍신화의 거인으로서 하늘의 불을 훔쳐 인간에게 준 죄로 코카서스의 벼랑에 달아 매여 그 옆에 대머리 독수리로 하여금 찍게 하다가 나중 밝은 천지에 풀리는 항거의 정신을 가진 신이다.

키이츠는 순감각의 시인으로 그 「희랍 고병부」에서 연면히 내려오는 희랍미를 표상 하였다. 호반시인 워즈워스에서 비롯된 영국 낭만주의 시는 바이런, 셸리, 키이츠 세 사람의 시를 읽는 데서 그 정수를 맛 볼 수 있었다.

그것은 단순히 시에서만이 아니고 나의 인간정신에 중요한 자취를 남게 하여 시로써 나의 지적(知的) 감각은 새로워졌으며 인간에 대한 통찰력을 깊게 하고 선견과 후려를 촉진시켜 주었다. 그리하여 나의 생명은 나무가 물을 먹고사는 것처럼 시의 정신에서 산다.

3. 처녀시집(處女詩集) 『동경(憧憬)』

동경 가서 얼마 되지 않은 어느 날 나는 조선인 강연회에 참석하고자 간다(神田)에 있는 중국 기독교청년회관에 갔다. 그때의 동경은 국제적 사상 도시로서 조선인들도 대부분 사회주의자, 민족주의자, 무정부주의자였다. 그중에서 제일 극렬한 것이 무정부주의자다. 그들은 수

틀리면 막 두드려 부수기가 일쑤였다.

강연이 차츰 열을 올리자 분위기는 불을 토하듯 들끓었다. 일본 제국주의에 대한 노골적인 공격이 퍼부어지고 있었다. 임석 경관이 중지를 명했다. 순응할 리가 만무다. 그것만도 나를 긴장시켰다. 해산하라는데도 청중은 흩어지지 않고 회장에서 서성거리며 무엇을 획책하듯 서로 눈치들만 보는 것 같았다. 그것이 대중적인 심리였다. 형사와 순경들이 회장에서 어서 나가라고 밀었다. 왜 남의 몸에 손을 대고 미는가? 인권에 대한 항거가 여기저기에서 번졌다. 밀고 밀리고 승강이질 속에서 나라고 가만둘 수 없었다. 내게도 형사의 손이 닿았다. 나도 그를 힐끔 보면서 "왜 남의 몸에 손을 대고 미느냐?" 조선 같으면 엄두도 내지 못할 항변을 한번 해본 셈인데…… 다음 순간 내 몸에는 더 우악스런 손이 닿았다. 팔을 꽉 잡혀서 출구까지 왔을 때 홱 뿌리치고 따졌다. 그러나 그들이 이를 그냥 보고 있을 리 만무다. 어느덧 형사는 내 목덜미를 잡았다. 거기서 끌려간 곳이 간다(神田) 경찰서였다. 유치장에는 청년들과 학생들이 우글거렸다. 나는 세상에 나서 첫 유치장 신세지만 불안하면서도 장쾌한 듯했다. 동경 유학의 첫 고배는 "왜 몸에 손을 대느냐" 이 한마디였다. 나는 이로써 유치장 하룻밤으로 끝났다.

제2의 삽화는 와세다(早稻田) 대학 제1고등학원 시절 이헌구(李軒求) 씨와 같이 시외선 타러 가는데, 지나가는 사람이 "조선인 같애. 저것두 조선 사람이구나!" 한 것을 어떻게 들었는지 가다가 돌아서면서 "이놈들아 거기 서라." 고함을 치더니 다가와서 걸으라는 것이었다. 걸어가자는 대로 끌리다시피 따라가니 어떤 으슥한 집 앞마당이었다. 안에서 무정부주의자 같은 더벅머리들이 대가리를 불쑥불쑥 내미는 중에서 우리는 경찰에서 받는 조사 같은 것을 받고 몇 시간 뒤에 훈방되었다. 거기까지는 좋지만 주소를 적어 두었다가 얼마 지난 뒤에 밥을 못 먹으니 돈 좀 취해달라고 찾아오는 것이 골치요, 그들의 상투 수단이다. 돈이 없다면 저 책을 좀 빌려달라고 해서 고본점(古本店)에 팔든지 전당포에 잡히든지 한다. 이 밖에도 자기네 회(會)에 가입해 달라는 강요(强要)다. 가입하기만 하면 또 경찰에서 무시로 찾아온다. 강요에 의한 것이지만 그렇게 말했다간 그들에게 큰일 난다. 누가 누군지 속을 모를 것이 동경에 있는 조선인들이었다. 그 사람들 속에 어떤 조선 사람이 은폐돼 있는지 모른다. 이런 점에서 춘원(春園)의 민족개조론이 착상되었을지도 모른다.

소련 치하의 폴랜드, 영국 치하의 애란(愛蘭), 일본 치하의 조선……이 중에서 조선 민족이 제일 타락했다. 조선은 식민지 되기에 너무 문화가 발달했던 것이다.

애란(아일랜드)은 12세기 이래 너무도 오래 타민족의 지배하에 있었기 때문에 언어와 문자를 말살 당했으나 그들은 애란 문예운동을 통해 그 예술에 민족의 염원과 생명을 영원하여 세계에 애란 민족의 우수성을 나타냈다. 그 한 가지가 애란 수도 더블린에 있는 애비Abbey극장을 중심한 애란 민족극(民族劇)이었고 그들의 시(詩)와 노래였다.

1939년 대학을 마치고 서울에 오니 그때에 극예술연구회가 창립되었다. 이것은 연극의 이름을 빌어 애란과 같은 소극장을 세워 민족극을 수립하는 데 세계의 신극·근대극을 수입 소개코자 했던 것이다.

애란 사람들은 그 운명을 이렇게 노래했다.

숲 속에서 방황하자
거칠은 벌판에서
우리는 고국의 이방인(異邦人)
애란은 유랑인(流浪人)

애란의 역사는 비탄(悲嘆)의 역사였다. 기원전 독일의 남부 다뉴브 강 연안에서 일어나 한때 유럽의 패권을 잡고 있던 그들 켈트족은 그 위세를 잃자 갈 데 없이 조그마한 섬을 찾은 것이 지금의 애란 섬이다. 일찍이 기원 9세기, 10세기에 덴마크의 침략을 받은 데다가 또다시 영국 침략을 받았다. 유럽의 천하를 잃고 바다를 건너 조그마한 섬으로 건너온 데 그들의 우수(憂愁)가 안개같이 서려 있었다. 정치적으로 포로가 된 그들의 상전은 외국의 제왕(帝王)이거나 폭군이어서 그들은 잔칫상 옆에 앉아 굶주렸다.

그리하여 그들은 정신적으로는 방랑의 길을 동경하며 바다 건너 고국의 옛 국토를 몽상하며 그들은 유쾌한 웃음 속에까지 눈물을 머금었다. 그 슬픈 심정에 불을 질러놓은 것이 18세기 말부터 19세기에 걸쳐 일어난 낭만주의와 휴머니즘의 사조, 데모크라시의 부르짖음이었다. 거기에다 1700년대의 미국의 독립은 자유와 해방의 정신을 드높여서 켈트족의 본념에 입각한 정치 투쟁을 감행하였다. 낭만주의 문예사조는 애란 농민의 순수한 전설과 설화를 부활시켜 저지되었던 문화 운동이 민족적인 정열로써 다시 출발하게 되었고 민족정신을 집결하여 문교 방면의 개척을 꾀하였다. 그리하여 파아넬 같은 정론가(政論家)를 중심으로 반영(反英)운동을 일으켜 애란에서는 누구를 막론하고 자기의 목숨을 끊는 한이 있더라도 나라를 위해서는 그 이상 더 공헌할 수 없을 정도에 이르지 않고는 행복할 수가 없다, 내가 죽어 파묻힌 후에는 그들 영제국 위정자들도 때가 옴에 따라 선량한 인간이 되어 선량한 말을 하리라고 부르짖었다.

이렇게 고조되었던 정치 투쟁이 좌절되자 거기에 집중되었던 민족적 정열은 문학과 예술 방면에 쏠려 억압된 민족정신의 표현을 문학에서 구했다. 그렇게 함으로써 구전문학(口傳文學)과 쇠퇴해가는 언어에 대한 연구가 날로 왕성해져서 애란은 그 자신 영구한 문학 개성을 이루었다. 수도 더블린에 애란 국민문예극장이 창설되어 애란 문예운동의 중추가 되었다. 애란의 위대한 문학자 하이드 박사는「애란 비영국민(非英國民)」이란 제목으로 애란 고유문화(固有文化)의 파괴 말살을 비난하였다. 이러한 애란 문예부흥운동의 결과 많은 젊은 문인들이 배출되었던 바 W. B. 예이츠, J. M. 싱, 그레고리 부인, 무어, A. E. 등이 빛나고 있으며 그들은 시가(詩歌)에 있어서 소설에 있어서 극(劇)에 있어서 언제나 애란을 떠나지 않았다. 19세기 말부터 20세기 초에 일어난 애란 문예운동에 있어서 가장 큰 성과는 애비극장을 중심으로 한 애란 민족극이었다. 애란은 침범(侵犯)되더라도 그 극예술은 침범될 수 없는 민족의 염원을 담고 있었다. 그리하여 애란은 그 문학에서 그 생명이 영원하였고 현실의 전제(專制)에 대항하였다.

내가 연극인이 아니면서 극예술연구회 운동에 가담한 것도 애란 문예부흥운동을 우리의 현실에 옮겨 민족운동이 금지된 것을 문여운동으로 전개시켜보려는 데 그 뜻이 있었다.

자기 안전을 위하여 진리를 덮을 수는 있어도 나는 나의 안전을 위해 나를 믿는 나의 제자들을 속여 일본제국에 넘길 수 없어 나의 교실은 민족의식의 도장(道場)이었다.

나에게 있어서 시는 주저앉는 것을 일으켜 세우는 정신이다. 시는 애감(哀感)만이 아니다. 대성(大成)하는 사람들은 장한 시 한 편과 그 정신이 같이 산다.

1930년대에도 이미 추천 제도란 것이 있어서 그것이 신인들의 등용문(登龍門)이었다. 그러나 나는 시단(詩壇)에 데뷔하려는 생각도 없었고 소설이건 시건 평론이건 대학 문과를 졸업하면 그것이 데뷔할 수 있는 자격이요, 그 다음에는 자기 노력에 달린 것이라는 견해를 가졌다.

　일도 오희병(一島 吳熙秉)씨가 주재하던 『시원(時苑)』(1935년 4월호)에 발표된 나의 시 「고독」은 사실상 나의 출세작이었었다. 시인 용아 박용철(龍兒 朴龍喆)씨가 동아일보(東亞日報)의 시 월평에서 시 「고독」에서 특이한 전율을 느꼈다고 한 때문인지 나는 시 한 편으로 시단의 주목을 끌게 되었다. 그후 3년 동안 발표된 것을 모아 1938년 7월 처녀시집 『동경(憧憬)』을 발간하였다.

　1920년대부터 차츰 세계 시단에는 현대시의 혁신이라는 새로운 빛이 비치기 시작하였다. 그 한 사람이 뿔 발레리였다. 그는 한때 운문예술(韻文藝術)을 포기하고 빈 방에 흑판을 걸어 놓고 수학을 풀고 있었다. 그는 자기를 강제하는 어떤 힘에 끌려 1917년 『젊은 빠르크』라는 시집을 냈다. 그는 이 시집을 앙드레 지드에게 바쳤다. "나는 운문예술을 버리고 돌보지 않다가 다시 자기를 강제하는 것을 거기 시도하기 위하여 이 습작을 써서 그대에게 바친다"고 했다.

　그 강제라는 것이 그에게는 지성이었다. 시인은 자기라는 원인을 가지고 시라는 결실을 불가피하게 낳는 사람이다. 『젊은 빠르크』는 그 새로운 시의 형성이었다. 발레리는 서문 대신에 불란서 18세기의 고전주의 작가인 뻬에르 꼬르네이유의 말을 다음과 같이 인용했다.

　　한 마리의 뱀의 굴을 위해
　　하늘은 가지가지 기적이 쌓인 산을 만들었는가

　발레리는 뱀의 굴을 지성의 집으로 의식했던 것이며 그는 지금 막 물고 가는 뱀의 뒤를 좇아가고 있었다.
　『젊은 빠르크』의 마지막에서,

혈통이 올바른 한 처녀가

불꽃을 향해 일어선다.

불꽃이여!

하고 그는 부르짖었다.

그것이 지성의 여신이요 지성은 정신의 실질로서, 발레리는 인류 최후의 종교라고까지 했다.

『젊은 빠르크』에 뒤이어 1922년 T. S. 엘리어트의 유명한 시집 『황무지(荒蕪地)』가 간행되었다. 1차대전의 파괴 속에서 나온 것으로 지금까지도 난해한 시로 되어 있다. 그는 학자요, 비평가요, 또 시인으로서 현대시의 출발과 그 발전에 기여한 바가 컸다.

그는 지성이 감관(監官)의 첨단에 서서 빈집에 들어가 의미를 훔쳐낸다고 했다. 이것을 가리켜 비평가들은 엘리어트의 ‘의미’를 ‘의미의 의미’라고 한다. 그리고 엘리어트는 시를 ‘사상의 정서적 등가물(等價物)’이라고도 했다.

엘리어트의 시의 난해성은 “4월은 가장 잔인한 달”이라는 데서도 엿볼 수 있다. 재래의 시 같으면,

4월은 가장 향기로운 달

사랑하는 사람아

라일락꽃 아래로 오라

할 것인데, 제1차 세계대전이 끝난 그 황폐한 곳에서 꽃들이 피느라고 애쓰는 것을 상상하니 한심하고 애달프다는 표현을 그렇게 한 것이다.

현대 세계시에 나타난 그러한 지성인 사조 아래서 영향을 받으며 시집 『동경(憧憬)』이 간행되었던 거기에 의의가 있었다면 있었다고 볼

수 있을 것이다.

나는 사람을 시켜 낡은 신문에서 나의 수필 평론들을 수집하는 중에 『동경』에 대한 정인섭(鄭寅燮)씨의 신간평을 뜻밖에 찾게 되어 그것을 여기에 실어 독자의 참고에 바치고자 한다.

김광섭 시집(金珖燮詩集)『동경(憧憬)』을 읽고

한 권의 책을 받았을 때 억지로 읽어야 하는 때가 있고, 혹은 그대로 두었다가 얼마 후에 읽고 싶을 때에 비로소 뒤적거리는 때가 있는 것이다. 전자는 부득이한 의무라든지 책임 관계상 할 수 없이 읽어주는 것이요, 후자는 별다른 애착도 없이 언제든지 내 기분이 나면 한번 읽어보는 것들이었다.

수삼년래로 내가 접한 시집이 10여 권이 되었으나 대개가 이상 두 가지의 유로 구별될 수 있었다.

그러나 이번 김광섭씨의 시집『동경』은 입수되자마자 전기 두 가지 유와는 다르게 곧 즉석에서 자진해서 읽고 싶고 읽다가도 한 번도 쉬지 않고 4·6배판 1백여 페이지로 고급 미본으로 된 이 책의 표지로부터 형웅(玄雄)씨가 그린 초상화로, 이어서 목차로 그리고 이헌구(李軒求)씨의 감격적인 서사와 4부로 나눈 주옥같은 시편 38개, 다음에는 시인 자신의 암시적인 발(跋)까지 읽고 나서 끝의 정가(定價)와 인쇄소 그리고 아름다운 판권 도안까지 낱낱이 뒤지고는 뒤표지를 덮고 또 한 번 연청록 색지에 떠들고 있는 흰 포말의 진심을 눈감고 생각해보려고 했다.

그래서 곧 나는 이 붓을 들고 싶었다. 그래서 곧 나는 소감을 독자와 나누려고 한다. 읽고 나서 나는 일언(一言)에 '지성적 상징'이란 말을 여러 번 입에 중얼거려보았다. 다른 여러 가지 술어가 머리에 떠돌지 않는 바 아니로되 결국 내 입에서 붓으로 떨어지는 최후의 한 말은 역시 이 '지성적 상징'이란 것이었다.

작자 권말 자서(自序)에서 다음과 같이 말하였다.

"둔한 벌레가 되어 외로이 풀잎에 기다"—라고 한 것을 재삼 재사 음미하다가 그 고조된 지성과 유현한 상징과 압축된 언어를 경탄하며 이와 같은 성향을 가진 시는 아직 조선시단에 없었다 하고 반드시 독자적인 일가를 이루리라고 한즉, 그는 즉시 답하되 나는 그것을 시험해보는데 발레리가 갖고 있는 지성을 염두에 두고 있다 하였다. 내가 그때 발견한 그의 시경(詩境)은 첫째 10여 행으로 쓸 것을 단 3행에 긴축한 것, 둘째 로 "원하여 애(愛)의 성(性)을 그려보거늘" 하는 고답적 지성, 셋째는 끝줄의 우울한 그 무슨 상징적 정서 등이었는데, 이 3요소는 그의 모든 시에 공통으로 들어 있는 것 같다. 그가 말한 바와 같이 그의 추상은 현실에 엉키고 있음으로 해서 서정이나 감각에 머물지 않고 훨씬 더 크고 넓고 무게 있는 사념의 세계로 비약하고 있다. 여기에 그가 시대적 분위기에 육박하려는 기개와 호흡이 있다. 그러나 그의 시대적 호흡은 결코 공식적 비평도 아니요, 노골적 설교도 아니요, 그가 「고독」에서 말한 한 줄 "오랜 세기의 지층(地層)"만이 놀라울 만한 정도의 풍만한 교양으로써 종합적으로 상징화하고 또한 고답적으로 직관화했다.

여기서 혹자는 그의 시가 난해한 것을 말하리라. 그러나 그의 시가 브라우닝식의 철학성도 아니요, 엘리어트식의 종합도 아니요, 휘트먼식의 절규도 아니요, 보들레르식의 상징도 아닌 이상 능히 이 땅의 우리가 친숙해질 수 있는 일상생활의 실감일 수 있다.

출판기념 1938년 7월 18일(월) 하오 5시
회비 1원 당일 지참

시 「동경」의 1절

　　온갖 사화(詞華)들이
　　무언(無言)한 고아(孤兒)가 되어
　　꿈이 되고 슬픔이 되다

이와 같이 짧은 표현에서는 물론 「올빼미」와 같은 중편 걸작에 이르러서도 그 한줄 한줄이 독자의 가슴에 마치 장엄한 상곡(想曲)같이 부딪치지 않느냐?

제2편에서 보는 여러 가지 단편 중에서도 「공막(空寞)」과 같은 것은 씨의 시경(詩境)이 대단히 유니크한 것임을 보이고 있다.

　　비애의 언어를 쫓아내고
　　신앙의 중세(中世)를 쫓아내고
　　시대의 고민을 쫓아낸 뒤

　　나의 체중이 경기구(輕氣球)가 되어 난다.
　　나의 미래가 경쾌하게 상승하다
　　그 다음엔 관모(冠毛)같이 나는 하늘 지경에 가서 운다.

제3부 속에 있는 「백지(白紙)」 이하 극히 짧은 스케치들은 그 소박한 영상을 그린 데서 가히 묘경에 이르렀다고 할 수 있으나, 그 역시 세간에 보는 언어의 감각적 단시(短詩)와 같지 않고 씨의 지성적 상징이 가미되어 있는 점에서 또한 평범하지 않다. 그리고 제4부야말로 그의 대표적 사념 시라고 할는지, 「우수(憂愁)」 이하 「푸른 하늘의 전락(顚落)」의 위관, 「고민의 풍토지(風土誌)」와 같은 커다란 윤곽, 그리고

「태만(怠慢)의 언어」에서 보는 가구(佳句)의 편편, 끝으로 최장편의 자상적 상곡(想曲)에 이르기까지 그의 시기(詩器)는 이에 자유자재로운 난숙 지경에 들어갔다고 볼 수 있는데 그는 결국 개성의 고뇌와 사회적 풍자를 지성으로 상징화함으로써 모든 허무에서 구원을 받는 젊은 시인이다.

다음에 문학연구가 내지 문명비평가로서의 김광섭씨『동경』에 관련성과 조선 시단사에 있어서의 씨의 공적을 논하고자 하며 제4부의 최대 역작품에 대해서도 좀더 구체적 감상을 할 것이었으되, 지면 관계로 이것으로 그치거니와 현 조선 시단에 있어서 이만한 세계적 수준이 있다는 것을 자랑할 것이요, 이 세대에 있어서 금후로 광섭식의 시풍이란 것도 한 커다란 조류를 이룰 것이 추측되는 바 교양과 품격과 두 개로써 보아 현시단의 최고봉임에 틀림없을 것인즉 이 시대에 있어서 먼저 이 시인의 말과 사념(思想)에 귀를 기울여볼 필요가 있다는 것을 역설하고 붓을 놓는다.

1938. 7. 19.

총판매소 경성부 관훈정 170 연구서림 정가 1원 20전

(總販賣所 京城府 寬勳町 170 研究書林 定價 1圓 20錢)

「푸른 하늘의 전락」은 국가의 몰락에서 빚어진 고민…… 시키는 대로 하고 싶지 않아 쓸데없이 대답질하는 게으름뱅이의 순응을 암시적으로 거부하는 중에 민족자아의 각성을 촉구하는 역설과 사상과 감정…… 그러한 의미에서 종로경찰서에 구속되었을 때 이 세 편의 시를 일본어로 날더러 번역시켜 나의 조서의 부록으로 붙여 나의 시로써 나의 죄상을 입증했던 것이다.

끝으로 이 시집의 대표작인 「고독」에 대해 한두 마디 있어야 하겠다. 시인이나 예술가들은 대개 고독을 사랑하여 루소가 말하듯이 "고독

한 몽상자의 산책"을 즐긴다.

우리는 식민지 정책 아래서는 항상 창작의 위기를 의식하게 됨으로써 환경 속에서 왜곡된 현실의식을 벗어나 순수한 자아를 재건하려는 정신의 한 태도로서 나타난 것이다. 그것은 순수가 찾아가는 영역인 것이다. 고독은 명상이다. 외부의 현실에서 다소의 시간이나마 떠나서 자기만의 생활을 갖는 은가(隱家)인 것이다.

그렇지만 고독은 고립은 아니다. 우리는 고독의 술잔을 들면서 민족을 의식하며 민족에 연결되는 번민을 하게 된다. 독자에게 전율을 안겨주고자 한 나의 시「고독」의 마지막 절을 다시 보자.

신경도 없는 밤
시계야 기이타
너마저 자려무나

이것은 우리가 피난 간 고독한 술자리에서 고독으로써 우리에게 민족의 비애를 절감케 함으로써 공감되었던 착잡한 공감정신(共感情神)의 한 태도였다고 볼 수 있을 것이다.

4. 해방전후(解放前後)

나의 시집 『동경(憧憬)』에는 「자화상(自畫像) 37년」이라는 시가 있다.

1937년 일본 제국주의가 망하지 못해 한창 발광하던 그해 7월 7일 노구교(蘆構橋) 사건이라는 것을 중국에서 먼저 도발한 듯이 꾸며서 그 강대한 군대를 중국에 투입시켜 침략전을 일으켜 일거에 중국의 전

국토를 석권함으로써 아시아에 대한 지배 세력을 구축하려 하였으나 중경(重慶)으로 천도(遷都)한 중국과 일본과의 전쟁은 장기화하게 되자 그 기회에 조선을 완전히 일본 영토로 하기 위하여서는 조선 사람을 '일본 천황폐하의 적자(赤子)'—— 즉 황민화(皇民化)운동을 전개하여 3·1운동으로 나타났던 민족적 지도자를 비롯하여 사회 유지들을 황민화운동의 선구자로 변절시키는 데 교묘한 회유책으로 국민적 침묵이 그들과 동의(同意)하는 것처럼 '이의(異議) 없소' 식으로 일사천리로 침략자와 피침략자의 일체감(一體感)을 조작했다.

만주에 부의(溥儀)를 내세워 만주제국을 건설하는 그 계획은 중국을 잡을 테니 너희 조선인은 꼼짝도 하지 말라고 오지독이 아니라 시멘트독 안에 가둬 넣으려는 것이었다.

그 질식할 상황과 고민을 민족의 상황으로는 쓸 수 없었지단, 한쪽에서 호외(號外)의 방울 소리를 들으며 서른일곱 살에 죽을병에 든 폐병환자의 심정으로 「자화상(自畵像) 37년」을 쓸 수는 있었다.

장미를 얻었다가
장미를 잃은 해

저기서 포성이 나고
여기서 방울이 돈다

힘도 아니요 절망도 아닌 것이
나의 하늘을 덮던 날

나는 하품하는
추근한 산호였다

아침에 나간 청년이
저녁에 청춘을 잃고 돌아올 줄은
믿지 못한 일이었다

의사는 칼슙을 권했고
동무는 술을 따랐다
드디어 우수(憂愁)를 노래하여
익사(溺死) 이전의 감정을 얻었다

초라한 붓을 들어
니힐의 꽃을 담뿍 그렸다

하늘이 약자인 중국을 돕고 강자인 일본을 곤경에 빠뜨려야 할 텐데 그런 징조가 보이기는커녕 조선어 폐지니 창씨개명(創氏改名)이니 신궁참배(神宮參拜)니, 민족의식 말살에 더 박차를 가했다. 조선 사람, 위로는 평소에 애국적 지도자요, 민중의 존경을 받던 지사(志士)·명사(名士)를 비롯해 아래로는 친일 주구(走狗)들이 광분하는 도가니 속에서 나는 1940년 봄에 경기도 학무과 과장 인솔하에 사립 중등학교 교원 학사 시찰로 일본에 가게 되었다.

창씨개명, 조선어 폐지, 동아·조선 두 신문의 폐간…… 참으로 하늘이 돌아가는 암흑의 순간이 계속되었다. 교무실 한구석 일본어 교사 옆 나의 자리에 묵묵히 앉았다가 종을 치면 출석부에 교과서를 겹쳐들고 들어갔다가 종을 치면 나오는 일본 제국주의 정책을 합리화하며 월말에 월급이나 받는 로봇 되기에는 타국의 속박 속에서 민족을 사랑한 세계의 많은 시인들과 나는 너무 많이 사귀었다. 그 항거의 소리에는 국적이 다를 바 없이 보편적인 호소력이 있었다. 나는 학생들에게 이야기하면서도 이런 이야기는 해서 안 될 것이 아닐까 하면서도 일단 꺼낸 이야기를 도로 집어넣기가 너무 비겁하지 않느냐? 이렇게 나는 10년 동안 교단에 서서 나를 보면 민족을 생각케 하는 의식전염(意識傳染)의 교육을 하다가 시집 『동경』의 출판에 대한 호평(好評)에 힘입어 시를 쓸 신념이 겨우 생긴 1941년 2월 21일 새벽 종로경찰서 조선인 형사들에게 피검되었다.

종로경찰서 유치장은 그 때가 처음이 아니었다. 나는 한때 관철동 서정희(徐廷禧)선생 댁에 유숙하게 되었다. 민족주의자인 서정희 선생은 그때 가난해서 다른 집에 하숙비를 내는 바에는 우리 집에다 그 하숙비를 내면 자기에게도 도움이 되겠다기에 쾌히 동의하고 간 것인데, 선생은 몽양(夢陽) 여운형(呂運亨)씨와도 친교가 있어서 몽양도 혹시 그 집에 오는 것을 좋은 기회로서 친하게 되었으나 그것이 자주 있은 일은 아니었다.

하루는 외출했다가 저녁때 돌아와 대문에 들어서려는데 종로서에 있다면서 좀 가자는 것이었다. 따라갔다. 유치장 앞에 세우고 다짜고짜 벌거벗기는 것이었다. 마구 때리는 줄만 알고 나는 벌거벗긴 채 유치장 앞에서 노랗게 되었다. 벗은 옷을 다 뒤지고 나서 철걱하더니 유치장 무거운 큰 쇠가 열리자 들어가라는 것이었다. 이런 것이 바로 '조선인(朝鮮人)'이라는 죄였다. 유치장에서 나는 첫날 목구멍이 메었다. 그렇게 먹지 못한 밥을 소매치기 애들이 서로 먹겠다고 뻘건 손을 내밀었다. 그 밥을 먹은 애가 나의 팬티에서 이를 잡아주는 것이었다. 나는 어느 날 가만히 앉았다가 갑자기 소리를 질러서 유치장 수위에게 꾸중을 들었다.

열흘 있는 동안 꼭 한 번 취조를 당했는데, 내가 환경이 나쁘다는 것이었다. 열흘 되는 이른 아침 고등계 주임 앞에 끌려나갔다. 다 좋

은데 환경이 좋지 않으니 조심하라라면서 미안하게 됐다고 하면서 훈방
(訓放)했다. 고맙기는 한데 별로 답사할 말이 없어 일본 사람들이 갈
라질 때 보통 많이 쓰는 "오까게 사마데 이로이로 오세와니 나리마시
다(덕택에 여러 가지로 폐를 끼쳤습니다)"라고 말했다. 형사들의 눈치
가 달라졌다. 비꼬는 줄로 안 고등계 주임 옆에 있던 조선 형사의 눈짓
한번에 나는 꼼짝 못하고 유치장에 다시 처박혀 한 주일 유치장 신세를
더 입고 풀려나올 때에는 아무 말도 하지 않고 도망질치듯 집에 온 일
이 있었다.

그때로부터 나는 선천적으로 그렇게 된 듯이 대체로 말하기 싫어하
는 제2의 천성이 생겨서 같이 한 좌석에 앉은 사람이 무언가 말하라면
괜찮다는 것으로 일관하기 때문에 '괜찮다'가 나의 별명같이 되기도
했다.

죄가 분명치 않으니 공연히 조서(調書)만 많아져서 종로경찰서 유
치장에 석 달 열흘 있다가 1941년 5월 31일 유치장 벽에 짤막한 시 하
나를 써놓고 시간의 둥이에 쓸쓸히 앉아서 수위가 부르는 운명의 시간
이나 기다리는 듯했다.

그 시가 「이별의 노래」다.

　　나는야 간다
　　나의 사랑하는
　　나라를 잃어버리고
　　깊은 산 뫼ㅅ골 속에
　　숨어서 우는
　　작은 새와도 같이

　　나는야 간다

푸른 하늘을

눈물로 적시며

아지 못하는

어둠 속으로

나는야 간다

녹음과 방초가 우거지고 훈풍이 부는 날 수위가 학생과 나— 우리 일행을 불러냈을 때 나는 구두를 잃어버리고 양말 바람으로 자동차에 오르는데 어떻게 알고 왔는지 아이들이 길 옆에 우두커니 서 있었다. 형무소 구내에 들어서자 비둘기집이라는 판잣집 같은 데 처넣고 마치 이승에서 저승 갈 때 이승의 옷을 벗기고 수의를 입히듯 벌거벗기고 옥의(獄衣)를 갈아입혀 독방에 철꺽 집어넣었을 때 나는 물매미처럼 뱅뱅 돌았다. 웬일이냐? 광섭! 그 첫마디에 눈물이 목구멍을 메웠다. 나는 인간이 비참하다는 것을 여러 번 체험했지만 자유를 완전히 잃은 때처럼 비참한 것은 없었다. 검사의 심문과 예심 판사의 심문에 거의 1년 반이 걸리니 1941년 2월 21일부터 출감하던 1944년 9월 어느 날까지 꼭 3년 8개월 — 이방인(異邦人)처럼 서투른 걸음으로 운니동 집에 오니 마당 방공호 빗물에는 올챙이 새끼들이 꼬리를 저었다. 내 방 책상 앞에 앉으니 형무소 감방보다 더 언짢았다. 나를 따라온 내 소지품들이 정다웠다. 그 속에 1년 반이 걸려 완결(完結)된 예심 판사의 다음과 같은 예심종결서가 있었다. 이것이 인간이 하는 일일까.

예심종결서

우 피고인은 소화(昭和) 7년(1932년) 3월 조도전(早稻田)대학 영문과를 졸업, 다음 해 4월 중동학교(中東學校) 영어교사로 봉직한 자로서 일찍부터 민족의식을 포회(抱懷)하여 조선독립을 의도한 바 교직을 이용하여 학생들을 사주함으로써 목적달성을 기획하다.

1. 소화 14년(1939년) 3월 제3학년 교실에서 영어 수업시간에 내선인 (內鮮人)은 같은 일본인이란 허위정책으로, 일본인은 조선에 자유로 오지만 조선인은 허가 없이 일본에 갈 수 없는 차별대우는 용인될 수 없음을 역설 선동하다.

2. 조선어 과목 폐지는 조선어의 말살을 목표로 한 정책이므로 조선 민족이 존속하는 한 조선어의 절멸을 할 수 없도록 강조 선동하다.

3. 이광수(李光洙), 이태준(李泰俊)을 민족주의자로 그 인물을 소개함과 동시에 그 작품에 접하는 데 필요한 담화로써 전기와 같이 선동하다.

4. 소화 15년(1940년) 9월 제4학년 갑조(甲組) 교실에서 조선일보 및 동아일보가 조선 총독부의 탄압으로 폐간된 것은 조선 문자를 근절시킬 목적으로 한 것이니 이는 조선인을 문맹케 하는 제1보임을 예지(豫知)하지 않을 수 없다.

우 피고인의 소위는 어느 것이나 치안유지법 개정법률 제5조, 형법 제55조·제6조·제10조에 해당하며 공판에 회부함에 충분한 범죄의 피의가 있으므로 형사소송법 제312조에 의하여 언도할 것. 따라서 주문 (主文)과 같이 결정함.

소화 17년 5월 31일

조선총독부 판사(朝鮮總督府 判事)

소전기형(小田基衡)

어느 날 권오익(權五翼)씨의 안내로 술 마시러 일본 오뎅집에 갔다. 나는 조선 옷을 입고 권선생의 뒤에 따라 들어갔다. 그때에는 소위 대동아전쟁 중이라 일본인밖에 술집을 경영하지 못할 뿐 아니라 한 사람에 한 '도꾸리'씩밖에 팔지 않았다. 권선생도 한 '도꾸리' 받고 나도 한 '도꾸리' 받았다.

권선생이 시험 삼아 한 도꾸리 더 받은 뒤에 나에게 눈짓으로 한 병 더 받으라기에 한 도꾸리 더 달라 한 즉 일본 마담이 쓱 가토보더니 "당신이나 아까 한 도꾸리 받지 않았소?" 했다. 나의 손은 빨개지면서 옷 속에 쑥 들어오고 말았다. 그런 세월 속에서 지내면서 그 해방이란 말이 처음에는 유언비어나 아닌가, 나는 조심스러웠다. 시국이 혼란하니까 일본인들이 미군이 들어올 때까지는 자기네가 치안을 맡아 그대로 한다고 으르렁댄 것은 조선 사람들이 혹시 일본인에게 폭행이나 하지 않을까 하는 기우에서였을 것이다. 아무튼 저녁이면 대문을 꽁꽁 걸었다.

시국이 수습되지 않고 혼란한 틈을 타서 임화(林和), 김남천(金南天) 등이 조선문화건설 중앙협회를 조직하여 종로 한청빌딩에 크고 기다란 현수막을 걸어놓고 문화계가 모두 좌익인 것처럼 어서 모이라는 듯 선동했다.

우리 민족진영에서 중앙문화협회를 결성한 것은 우익진영 문화도 있다는 것을 과시(誇示)하고자 했기 때문이었다.

1945년 9월 29일 기독교청년회관에서 해방기념 문예강연회가 있었다. 이것은 해방 후 문단의 첫 총화였고 동시에 마지막 총화였다.

나는 이 강연회에서 「해방」이란 긴 시(詩)를 낭독했다. 이렇게 정치·문화가 차츰 가열돼가는 중에 신탁통치(信託統治)가 모스크바 3상회의(三相會議)에서 결정되자 처음에 좌익에서도 반대하더니 12월에서 정월로 넘어가는 하룻밤 사이에 좌익에서 찬동하게 되자, 우선은 국민 전체가 반탁을 하는 것이 당면과제요, 투쟁이었다.

나는 앓고 고민만 하고 있을 때가 아니라는 것을 직감하게 되었다. 신탁은 국제정치에서 빚어진 것이지만 반탁은 정치적인 것이 아니고 국민적인 것이요, 역사적인 것이라는 신념에서 중앙문화협회 이름으로 많은 삐라를 썼다.

1949년, 10년에 한 권 정도 내는 제2시집 『마음』을 간행했다.

이 시집 『마음』에는 형무소에서의 옥고(獄苦)의 시 「독방 62호실의 겨울」이 실려 있다.

하이한 성에 낀
유리창 너머로
바람은 불고 불고
까치들 우는 저녁

해를 등진
북향(北向) 옥창(獄窓) 위로
검은 창막(窓幕)을
추근히 내리면

외론 등불 아래
붉은 옷을 걸치고
움직이는 그림자
슬픔을 깨우치나니

한숨에 젖음인가
때 묻은 차디찬 벽
내일 물러갈 벽이로되
방은 모두 무덤의 열(列)

여기 삶이 깃들어
정은 오고 가고
그리운 길
고요히 열리면

가슴속 깊이
숨은 구슬들
흘러서 흘러서
눈물이 되나니

낮이나 밤이나
북향 철창은 어둡고
검은 창막 너머로
바람은 불고 불고……

이런 옥고의 낮과 밤이 너무 길었다.
그 고달픔을 나는 다음 「벌(罰)」이라는 시 한 편으로 말끔히 가셔버리고 밝음을 찾았다.

나는 2천2백23번
죄인의 옷을 걸치고
가슴에 패를 차고

이름 높은 서대문형무소
제3동 62호실
북편 독방에 홀로 앉아

"네가 광섭이냐"고
혼잣말로 물어보았다.

3년하고도 8개월
1천3백여 일
그 어느 하루도 빠짐없이
나는 시간을 헤고 손꼽으면서
똥통과 세수대와 걸레
젓가락과 양재기와 더불어
추기 냄새 나는 어두운 방
널판 위에서 살아왔다

여름이 길고 무더우면
나는 바다를 부르고 산을 그리며
파김치같이 추근한 마음
지치고 울분한 한숨에
불을 지르고 나도 같이 타고 싶었다

겨울 긴긴 밤 추위에 몰려
등이 시리고 허리가 꼬부라지면
나는 슬픔보다도 주림보다도
뒷머리칼이 하나씩하나씩
서리같이 하얗게 세어짐을 느꼈다

나는 지금 광섭이로 살고 있으나
나는 지금 잃은 것도 모르고

나는 지금 얻은 것도 모르고 살 뿐이다
그러나 푸른 하늘 아래로 거닐다가도
아지 못할 어둠이 왈칵 달려들어
내게는 이보다 더 암담한 일은 없었다

어느덧 눈시울이 촉촉해지면
어디서 오는 눈물인지 몰라도
나의 눈물은 이제 드디어
사랑보다도 운명에 속하게 되었다

인권이 유린되고 자유가 처벌된
이 어둠의 보상으로
일본아 너는 물러갔느냐
나는 너의 나라를 주어도 싫다

이 시(詩) 한 편으로 나는 일본에 대한 적개심을 씻어버리고 조국 재건에 열의(熱意)를 다했다. 이 시집『마음』은 정부 수립 후에 발간되었다. 이 시집에 특기할 것은 감옥에서의 시와「나의 사랑하는 나라」「독립의 길」「민족의 제전(祭典)」「새나라」 등이며 또 시집 이름과 같이「마음」이라는 짧은 시가 있다. 마음은 간단히 말하자면 '느낌'이다.

시의 소지(素地)는 이 마음이라 할 수 있다. 이 마음의 순수는 가난한 데 있다. 예수의 산상수훈(山上垂訓)에도 가난한 자에게 복이 있으리라고 했다. 나는 이 마음을 그대로 지키기 위해 제3자를 시켜 비판하게 하는 것을 내심 게을리하지 않았다. 물욕(物慾)을 버리자는 것이 내 일생의 양심이었다.

일생 동안 나에게서 변하지 않는 진리(眞理)는 이 한 가지뿐이다. 물욕을 버리고 내 마음을 순수하게 지키는 것이 이 풍파 많은 세상에 나를 오래 살게 한 데 대한 보은(報恩)이라 생각하고 있다. 그만큼 이 시「마음」은 내게 중요한 작품이다.

　　나의 마음은 고요한 물결
　　바람이 불어도 흔들리고
　　구름이 지나도 그림자 지는 곳

　　돌을 던지는 사람
　　고기를 낚는 사람
　　노래를 부르는 사람

　　이 물ㅅ가 외로운 밤이면
　　별은 고요히 물 위에 내리고
　　숲은 말없이 잠드나니

　　행여 백조가 오는 날
　　이 물ㅅ가 어지러울까
　　나는 밤마다 꿈을 덮노라

나는 자초에 그렇게 계획한 것은 아니지만 시집을 내는 과정에서 나타난 결과를 보면 10년에 한 권 정도의 시집을 낸 셈이 된다.

이것은 의식적인 것은 아니지만 사람이 일하는 데 연대(年代)를 우연히나마 성찰(省察)한다는 것은 해로운 일은 아니다. 그래서 시집 『마음』을 낸 해로부터 약 10년 되는 1958년 시집을 하나 꾸며본 것이

112

시집 『해바라기』다.

6·25전란을 겪고 환도한 이후 나는 의지(意志)라는 데 대한 특별한 관심을 가지게 되어 서울 중구 주교동(舟橋洞) 나의 집 앞마당에 해바라기 한 송이가 둥그렇게 핀 그 둘레를 아침마다 지구의 주위를 산책하듯 몇 바퀴씩 돌며 해바라기의 향일성(向日性)을 인간의 향일성과 같이 공감(共感)하게 되었다.

일찍 독일의 철학자 쇼펜하우어가 이 세계를 의지(意志)의 표상(表象)이라고 한 데 공감한 나는 어느덧 그러한 관점에서 세계를 보려고 했다. 시인에게도 그 단명(短命)한 서정과 영탄(詠嘆)만이 아니라 근본적인 철학이 있어야 함을 나는 부단히 느껴왔기 때문에 철학의 중요성을 그와 같이 인정했다.

이 의지는 인간에게만 있는 것이 아니라 모든 생물에도 해바라기에 나타난 것처럼 내재(內在)하는데, 인간에게 있는 것은 지적 의지(知的意志)요, 생물에게 있는 것은 맹목적 의지일 뿐이다. 맹목적이라 해서 지적(知的)인 것보다 반드시 무가치한 것은 아니다. 해바라기에서 그것은 신성하게 나타나고 있다. 그것이 의지 그 자체의 내재적 본성(內在的本性) 다시 말하면 영원(永遠)인 것이다. 시「해바라기」는 다음과 같다.

바람결보다 더 부드러운
은빛 날리는 가을 하늘
현란한 광채(光彩)가 흘러
양양한 대기(大氣)에 바다의
무늬가 인다

한 마음에 담을 수 없는 천지의 감동 속에

　　찬연히 피어난 백일(白日)의 환상(幻想)을 따라
　　달음치는 하루의 분주한 정념(情念)에
　　헌신(獻身)된 모습

　　생(生)의 근원을 향한
　　아폴로의 호탕한 눈동자같이
　　황색 꽃잎 금빛 가루로 겹겹이 단장한
　　아 의욕의 씨 원광(圓光)에 묻히듯
　　향기에 익어가니

　　한 줄기로 지향한 높다란 꼭대기의 환희에서
　　순간마다 이룩하는 태양의 축복을 받는 자
　　늠름한 잎사귀들
　　경이(驚異)를 담아들고 찬양한다

　이 시집 『해바라기』에는 시집 『마음』에 이어 통일에의 근원의식(根源意識)이 시 「차를 타고」에 나타나고 있으니—

　　차는 달린다
　　푸른 산맥을 따라
　　차는 간다
　　서는 곳마다 제 마을이요
　　가는 곳마다 내 고향이다
　　아침 하늘에 빛나고
　　저녁 노을에 물든다

산 너머 첩첩한 광음(光陰) 사이에
창세(創世)의 향수(鄕愁)가 흐르고
강 건너 벌판에 자라는
미래(未來)의 꿈을 자랑삼는 곳
돌아서 천리 길 하루의 거울에 비친다

창공에 빛나는 방초(芳草) 우거진
천만년 정든 흙에 뿌리박고 이어 선
나무를 변용(變容)하여
하늘 아래 한 집을 이루니
백운(白雲)과 함께
강토(疆土) 부풀어 고동하고
남북 산천과 경개가 한 자리에 모이어
전개된 마음 위에 불멸의 나라가 선다

오 차야 달리라, 산맥이 뻗친 대로 가라
서는 곳마다 네 마을이요
가는 곳마다 내 고향이다
아침 하늘에 빛나고
저녁 노을에 길이 물들라   (1953. 9. 6.)

5. 『자유문학(自由文學)』과 후기 시집(後期詩集)들

아마 그게 1954년께일 거다. 모윤숙(毛允淑)씨가 미국 갔다 오던
길 영국 런던에서 국제 펜클럽 본부에 들러 당시 사무국장인 데이비드

카버 씨를 만나 자기가 돌아가는 대로 우리도 펜클럽을 조직하여 국제 펜클럽 본부에 정식 가입신청을 내겠다는 사전 양해를 받고 왔다기에 그때 모여사의 주재하에 이헌구(李軒求), 이하윤(異河潤), 변영로(卞榮魯), 필자 등등이 문예빌딩 지하실 문예싸롱에서 모여 국제 펜클럽 한국본부 창립준비위원회를 곧 갖기로 하고 발기 취지문은 내가 쓰기로 했다.

나도 대학 시절부터 소설가·시인·수필·평론·극작가로 구성된 P·E·N클럽이라는 국제문화기구(機構)가 있는 데 큰 관심을 가졌으나 일제하에서는 피안시(彼岸視)되었다가 늦게나마 신생 국가인 우리나라에도 세계 문화 교류상 반드시 있어야 할 기관으로 마치 숙원(宿願)이나 성취된 듯한 기분이었다.

문학인이나 예술가들이 외국에 나갔다가 자기 나라 문화 예술에 기여할 수 있는 것을 착안(着眼)해 가지고 온다는 것은 뜻 깊은 사람이 아니고서는 어려운 일이니 누구를 시켜서 하려면 사실 쉬운 일이 아니고 또 경비도 드는데 뜻밖에도 쉽게 되는구나 하는 생각, 그러나 그때에는 국제 펜클럽에 대한 관심이 별로 없어서 창립총회가 엉성했다. 위원장에 변영로씨, 부위원장에 김팔봉(金八峰)씨, 사무국장에 주요섭(朱耀燮)씨였다.

다음 해 1955년 국제 펜클럽 연차총회가 음악의 수도로 이름 높은 오스트리아의 비엔나에서 열리게 되어 한국 펜클럽에도 정식 초청장이 왔다.

변영로씨와 모윤숙씨, 나까지 세 사람이 선출되어 비엔나에 가게 되었다. 구라파에 간다는 것은 왜정시대에는 엄두도 못 낸 일이지만 영문학을 전공했기 때문에 외국 문학에 많이 접해온 나로서는 참으로 영광스러운 일이었다. 짧기는 하지만 그래도 세계 여행인데 그것을 뜻있는 눈으로 보기 위해 무슨 뜻 하나 품고 가야 되지 않겠는가. 이것저것

뒤적거리는 중에 동부전선에서 전사한 용사들을 추모하는 비가 서 있는데 그 비문에,

"우리는 겨레가 불러서 여기 누워 있노라."

이것이 팔봉(八峰)의 동부전선 기행문 속에 들어 있었다. 나는 이 비문을 쓴 사람을 알고 싶었다. 국방부 당국에 말하여 그를 표창하고 그 애국심을 널리 알리고 싶었다. 옳지, 이 한마디면 세계 어디를 보아도 주마간산(走馬看山)은 되지 않으리라. 빠리를 거쳐 비엔나에 갔다. 그때까지 비엔나는 영국·미국·불란서·소련 4국 공동 관리하에 있었다.

그해의 논제는 '시대와 극장'이었다. 세계 각국의 저명한 극작가와 연극 전문가들…… 책에서 본 이름들이 실제로 눈앞에 나타났다. 나는 감격한 마음으로 그들이 제출한 유인물을 빼놓지 않고 모아 번역하여 우리나라의 부진한 연극계의 발전을 위하여 조선일보에 연재하기로 했다.

돌아오는 길에 영국 런던에 들러 주영 한국공사관에서 신문을 보니 문총(文總) 산하의 한국문학가협회에 대립하여 한국자유문학자협회가 결성된 것이 보도되었다. 돌아와 보니 한국자유문학자협회는 『자유문학』이라는 기관지를 발간키로 되어 있었다. 기금으로는 중앙위원 한 사람이 5만 환씩 찬조금을 얻어오기로 되어 있었으나 그 성적이 양호치 못하여 잡지 발행이 한없이 늦어졌다. 총회를 열어 여러 가지로 토의한 결과 나를 위원장으로 선정한 것은 『자유문학』을 속히 발간하라는 위촉이었던 것으로, 나로서는 감당키 어려운 중책을 지면서 회에서 재정면에 대한 협조가 있기를 거듭 바랐던 것이다. 『자유문학』이 재정이 튼튼한 『현대문학』과 맞서게 된 데서 처음부터 내가 짊어지기엔 너무도 무거웠다.

어느 해 여름이었다. 내가 잠깐 부산에 다녀오는 동안 다 된 잡지인

데 밀린 인쇄비 때문에 선광인쇄소의 차압을 맞게 되었고, 이무영(李無影)씨의 미망인 고일청 여사가 이를 보고 빌려준 돈 십만 환으로 겨우 차압이 풀려 책이 서점에 나가게 됐던 일까지도 있었다.

환도 후 문단에 발표기관이 없었을 때『현대문학』과 함께 폐허에 놓인 문단에서 일익적(一翼的) 임무나마 다하려고 했지만 환도 후 일반 경제 사정은 잡지 운영을 더욱 어렵게 했다. 내가 직접 광고 얻으러 나가기까지 하다가 한번은 어느 공업회사 사장을 어떤 회석에서 만났던 얼굴로 찾아가 뒤표지 광고에 구화로 5천 환을 청했는데 그쪽 사정이 이쪽 사정보다 더 딱하게 설명되는 바람에 눈을 뜨지 못하고 나온 후, 잡지사 내에도 불미한 일이 생겨 격분한 끝에 10년 가까이 73호까지 속간된『자유문학』을 한 호를 애써 더 내더라도 또 다음 호가 마찬가지 문제라는 결론으로 공보처에 휴간계를 제출하고 나니 그처럼 허전한 일이 있을 수 없었다.

그런 일을 당하고 난 후 나는 우연히 충북 단양선(丹陽線) 열차에서 장발족 비슷한 한 신사가 내 앞에 반석같이 앉아 있는 것을 목격했다. 그가 바로 내가『자유문학』뒤표지 광고 얻으러 갔던 그 사장님임에 나는 깜짝 놀랐다. 서로 어설픈 인사말이 오고간 다음 묻지도 않는 말로 그는 나에게 지금 자기는 신과 대화한다는 그 대사에 다시금 놀랐다. 그는 다른 기업가와는 달리 자기는 철학 한다, 나는 이렇게 깊다는 자랑으로 그런 대사를 했는데 "죄지은 사람이고야 신을 안다"고 그 허를 찔러주려다 가치 없는 것으로 판단, 나는 내 입을 막았다. 짧은 시간이 그에겐 무척 지루했던지 내 앞에서 자리를 떠가지고 사라졌다.

그로부터 여러 해 지난 뒤 그에 대한 신문 보도―기업을 빙자하여 막대한 사채를 쓰고 줄행랑을 쳐서 한국 자본주의 세계에 '기업은 망해도 기업주는 망하지 않는다'는 금언(金言)을 남게 한 장본인이 바로 그였다. 나는 실패한 것도 많지만 실패와 같이 부끄러움이 떠오르는

것이 그것이었다. 사람은 부끄러움을 얼마나 느끼느냐 하는 데서 그것
이 오래 교훈이 되는 것이다. 공교롭게도 『자유문학』이 휴간된 후 1년
도 다 못 되어 나에게 발병되었다.

　1965년 4월 22일 봄볕이 짙은 날, 나는 대학야구 응원의 거센 물결
속에 나도 모르게 빠져 들어갔다. 그것이 어느 순간인지 고통이 얼마
나 되었는지 메디칼센터 응급실에서 생사불명(生死不明)의 혼수상태
가 계속되다가 혈압이 조금씩 오르면서 눈을 떴다는 것이다. 팔다리는
물론이요, 몸을 어느 한 부분도 기동할 수 없었다. 뇌출혈이라는 말에
눈알이 뒤집혀질 지경이었다. 뇌출혈이란 머리 속에서 뇌혈관이 터져
그 정밀한 뇌신경이 잘못되기 때문에 열에 한 사람도 살아남지 못하는
무서운 결과가 후유증으로 남는 병인 데다가 혈압병이란 혈압이 정상
으로 올라가도 통증이 없으니 어느 순간에 다시 쓰러질지 모르는, 살
았어도 바람 앞에 촛불 같은 생명이 되고 말았다.
　아이들이 정원에서 꺾어온 라일락꽃 향기에 집에 오고 싶었다. 전신
불수의 몸으로 앰뷸런스에 실려 나는 퇴원했다. 앞을 가늠할 수 없는
불안한 상태였지만 집에서는 구정(舊情)이 흘렀고 나만 죽는 사람이
었다. 그런 세월 한 해가 흘렀다. 한국일보 문화부에서 시 청탁서가 왔
다. 그것이 나를 깨우치는 무슨 계시(啓示)가 되었던지 잔인한 봄을
원망스럽게 내다보는 중에 시나 한 편 써볼까 하는 생각에서 제목을
「봄」이라 잡아놓고 방 안에서 유리창을 비쳐들며 마당에서 꽃을 피우
는 봄……, 얼음을 등에 지고 어서 이 차디찬 얼음을 녹여줬으면 하는
애절한 마음이 이틀 동안에 한 편의 시가 되었다. 나를 찾는 첫걸음 같
아서 앉아서도 읽고 누워서도 읽어보고 감상도 해 보고 비평도 해 보았
으나 예상보다는 잘 짜여진 작품이었다. 이 '병든 건강'으로 얼마나 계
속될 수 있을까가 문제일 뿐 착상(着想)되는 대로 천천히 구상(構想)

하여 시가 되면 머리맡에 놓거나 가슴에 품고 한숨 자다가 깨어나면…… 그렇게 3년이 지나는 동안에 베갯머리에 쌓인 것이 도합 34편이었다.

　그중「황혼이 울고 있다」는 모윤숙씨, 박진(朴珍)씨, 이헌구씨가 함께 문병 와서 되풀이해 읽어도 주고「황혼이 울고 있다」와「생의 감각」은 김수영(金洙暎)씨가 편지로 칭찬해 주었으며 시「성북동 비둘기」에는 신석정(辛夕汀)씨가 그렇게 중병인데 어떻게 이런 시를 쓸 수 있을까 하고 감탄까지 했다.

성북동 비둘기

성북동 산에 번지가 새로 생기면서
본래 살던 성북동 비둘기만이 번지가 없어졌다
새벽부터 돌 깨는 산울림에 떨다가
가슴에 금이 갔다
그래도 성북동 비둘기는
하느님의 광장 같은 새파란 아침 하늘에
성북동 주민에게 축복의 메시지나 전하듯
성북동 하늘을 한 바퀴 휘 돈다
성북동 메마른 골짜기에는
조용히 앉아 콩알 하나 찍어먹을
널찍한 마당은커녕 가는 데마다
채석장 포성이 메아리쳐서
피난하듯 지붕에 올라앉아
아침 구공탄 굴뚝연기에서 향수를 느끼다가
산1번지 채석장에 도루 가서

금방 따낸 돌 온기(溫氣)에 입을 닦는다

예전에는 사람을 성자(聖者)처럼 보고
사람 가까이
사람과 같이 사랑하고
사람과 같이 평화를 즐기던
사랑과 평화의 새 비둘기는
이제 산도 잃고 사람도 잃고
사랑과 평화의 사상까지도
낳지 못하는 쫓기는 새가 되었다

나는 아침마다 정원에 앉아 명상하다가도 전쟁 같은 포성에 깜짝 놀라면서 물질문명에 쫓기는 비둘기의 비애를 가슴에 느꼈다.
「성북동 비둘기」에 보낸 김현승(金顯承)씨의 글월을 소개한다.

〔……〕 자주 만나 뵙지는 못하여도 언제나 마음으로 존경하는 선생님의 시집 『마음』에 기쁨이 넘칩니다.
병고에도 불구하시고 최근 선생님의 시작은 더욱 빛을 얻어간다는 것이 제가 듣는 한 정평인 줄 압니다.
근년의 우리 시단의 가장 소중한 수확의 하나인 「성북동 비둘기」—그중에서도 "피난하듯 지붕에 올라앉아 아침 구공탄 굴뚝연기에서 향수를 느끼다가 산 1번지의 채석장에 도루 가서 금방 따낸 돌 온기에 입을 닦는다"를 읽으면 눈물이 핑 돌만큼 잃어버린 아름답고 따뜻한 문화들이 그리워집니다.
금방 따낸 돌의 온기가 따뜻하면 얼마나 따뜻하기에 서글픈 비둘기는 그 온기에나마 주둥이를 비비겠습니까. 저는 학생들에게 이 시를 가르칠 때 이곳에 힘을 주어 가르칩니다.

1969년 12월 3일 김현승 배(金顯承 拜)

우정(友情)
— 산과 구름과 돌과 샘

구름은 봉우리에 둥둥 떠서
나무와 새와 벌레와 짐승들에게
비바람을 일러주고는
딴 봉우리로 갔다가도 다시 온다

샘은 돌 밑에서 솟아서
돌을 씻으며
졸졸 흐르다가도
돌 밑으로 도로 들어갔다가
다시 솟아서 졸졸 흐른다

이 이상의 말이 없고
이 이상의 사이도 없다
만물은 모두 이런 정에서 산다

이 시는 이산(怡山), 영운(嶺雲), 우석(愚石), 소천(宵泉) 그 아호
(雅號)에서 한 자씩 떼어 산운석천(山雲石泉)의 한 이름으로 우정을
노래한 것이다.

저녁에

저렇게 많은 중에서
별 하나가 나를 내려다본다
이렇게 많은 사람 중에서
그 별 하나를 쳐다본다

밤이 깊을수록
별은 밝음 속에 사라지고
나는 어둠 속에 사라진다

이렇게 정다운
너 하나 나 하나는
어디서 무엇이 되어 다시 만나랴

나는 날마다 저녁이면 뜰에 나앉아 하늘의 별을 쳐다보면 나에게 가까워지는 별 하나가 있었다. 새벽 되기 전에 나는 어둠 속에…… 새벽이 되면 별은 밝음 속에 사라지는 너 하나 나 하나는 어디서 무엇이 되어 다시 만나랴, 사랑하다가 세상을 떠난 사람들은 무엇이 되어 어디서 다시 만나는가.

이 시는 수만리 창공을 날아 미국에 있는 수화 김환기(樹話 金煥基) 화백(畵伯)에게 가서 한 폭의 큰 그림이 되어 고국에 돌아와 한국일보의 미술 대상을 받았다.

시작(詩作)은 나의 정신의 건강이 어느 정도 견딜 수 있는가를 측정해주었다. 나는 비록 절름발이 걸음을 할망정 정신의 건강으로 아무런 불편도 느끼지 않고 정신의 건강이 창작의 능력임을 실증(實證)했다. 지나간 것은 전세(前世)의 일처럼 희미했지만 그리워서 정이 흘렀다.

그리하여 시를 쓰며 산다는 것은 사랑한다는 것이었다. 애상(哀傷)에 흐르지 않기 위하여 고전주의(古典主義) 시정신인 명지(明智)를 닦기에 힘썼다. 내게는 이루지 못한 하나의 이미지가 있었다. 그것이 「시인」이었다. 30년 동안이나 마음속에서 나이 먹은 것을 함부로 드러낼 수는 없고 고금(古今)의 시인들이 한 몸에 내포된 그런 이미지를 구상해야 했다.

시인(詩人)

꽃은 피는 대로 보고
사랑은 주신 대로 부르다가
세상에 가득한 물건조차
한아름 꽉 안아보지 못해서
전신(全身)을 다 담아도
한 편에 2천원 아니면 3천원
가치(價値)와 값이 다르건만
더 손을 내밀지 못하는 천직(天職)

늙어서까지 아껴서
어릿궂은 눈물의 사랑을 노래하는
젊음에서 늙음까지 장거리(長距離)의 고독(孤獨)
컬컬하면 술 한잔 더 마시고
터덜터덜 가는 사람
신이 안 나면 보는 척도 안 하다가
쌀알만 한 빛이라도 영원처럼 품고

나무와 같이 서면 나무가 되고
돌과 같이 앉으면 돌이 되고
흐르는 냇물에 흘러서
자국은 있는데
타는 노을에 가고 없다

동아일보사의 강인섭(姜仁燮) 시인이 동아일보 창간 50주년 기념시를 써달라고 청탁 왔다가 응접세트 상위에 몇 편의 원고가 있는 중에서 이 시를 보고 동아일보에 싣겠다 하기에 그렇게 하라고 했더니, 이틀 후엔가 공교롭게도 그날 저녁에 화양동 모윤숙씨 댁에 문학 모임이 있는데 저녁 신문에 그 시가 실린 것을 모여사가 먼저 보고 여러 번 낭독하는 것을 일동이 박수했다.

그뒤에 시조의 대가이신 조종현(趙宗玄) 선생으로부터 편지 한 장이 날아든 것을 여기에 간추려보겠다.

—어제 동아일보를 보고서 불현듯 펜을 들었습니다. 어서 빨리 쾌차하시어 종로를 같이 걷고 싶은 마음 간절합니다. 모시고 맛좋은 곡차(穀茶)도 권하고 싶습니다. 엊저녁 동아일보에서 「시인(詩人)」을 읽을 때 "나무와 같이 서면 나무가 되고 돌과 같이 앉으면 돌이 되고" 하는 구절에 감탄 자못 깊습니다.

"그렇지! 그렇지!" 하면서 고개가 끄덕끄덕하였을 뿐입니다. 이 구절이야말로 천고(千古)에 한번 얻을 수 있을 둥 말 둥 한 언사를 초월한 명작이 아닐 수 없습니다. 속자(俗子)들이 침을 흘릴 수 있는 기교(技巧)! 피부는 탈락되고 오직 진단(眞檀)만이 남았기 때문입니다. 지금 또 낭독하여보아도 "그렇지! 그렇지!" 할 뿐입니다. 과연 그렇습니다. 시인이라면 이쯤 되어야 바야흐로 시인이 아니겠습니까.

이산(怡山) 선생, 어서 건강이 완쾌하시면 『자유문학』이 복간되어야 겠습니다. 빌고 있습니다. 조금만 기다려주옵소서. 동아일보에서 뵈온 얼굴(사진)을 직접 가서 뵈옵고 싶습니다. 관세음보살!

우리 이산(怡山) 선생이여, 어서 쾌차 보옵소서. 관세음보살.

1969년 5월 4일

"나무와 같이 서면 나무가 되고 돌과 같이 앉으면 돌이 되고"

이 구절은 이 시를 쓸 때 처음부터 내게 있은 것은 아니었다. 숲 속을 배회하다가 발길을 멈추고 나무처럼 나무와 같이 선 사람, 시냇가에 돌처럼 돌과 같이 앉은 사람— 그가 시인이 아니던가, 아, 바로 그것이다. 이것이 어떻게 나에게 왔는가. 눈에 보이는 전시사(全時史)에서다. 술잔 대신 차 한잔 마시고 시행(詩行)으로 다듬었다. 이것이 조종현 선생에게 지적되어 과분한 찬사가 된 것이 아닐까. 한 권의 시집에 바로 창작된 시가 몇 편만 있으면 그 시집은 존재 가치가 있는 것이다.

나는 병석에서 씌어진 시 34편을 원고지에 정서하여 당시 문공부에서 창작기금 신청 마감 날까지 겨우 신청한 것이 다행히 합격되어 이 시집 『성북동 비둘기』가 1969년 11월 15일 발간되었다.

이 시집 『성북동 비둘기』의 출판 기념회가 호수 그릴에서 열렸을 때 나는 「시 된장론」이란 우스꽝스러운 시론(詩論)을 제창했다. 현대의 산업 사회에서 시는 과연 필요한가, 누가 시를 필요로 하는가.

더욱 현대 한국 시는 난해하게 되어 시를 모르겠다는 소리가 높아졌다. 어렵게 되어 읽어도 모르게 된 데도 이유가 있고, 한국 시는 한번은 난해의 과정을 거쳐야 세계 속의 한국 시로서 발전되리라 믿으면서도 시를 사랑하는 전통의 나라 한국에서 독서 대중이 몰라서 읽지 않는 시를 생각하기에 너무도 한심스러워 시를 정신의 양식으로 삼게 하기

위해서 반만년 동안 가난에 시달리면서도 우리를 살게 한 주요한 식품
이 된장이었다는 점에서, 된장처럼 콩만 있으면 무식한 부녀자들 손밭
에서 메주가 되어 간장을 짜내고 된장을 만들어 빈부를 막론하고 아침
저녁 식탁에 우리의 구미를 돋구어주는 그 된장 같은 시를 쓰면 선진국
가의 어려운 시론과 까다로운 기교가 아니더라도 시란 원래 알기 쉬운
것이 아니지만 쉽지 않더라도 읽으면 읽을수록 그 내용에서 맛이 나는
시가 될 것이 아니냐, 좋은 시고 아니고는 차치하고 우선 아는 시가 되
어야 하겠다는 것이다. 현대시의 난해는 T. S. 엘리어트의 그 『황무지
(荒蕪地)』 이후 세계적인 현상이지만 시인도 먹어야 살 것이니까 유
럽의 여러 나라에서는 시인들이 직접 자기의 시집을 들고 대중 속에 뛰
어 들어가 내 시는 이렇다고 대중에게 이해시키는데, 우리는 가만히
앉아 독자가 따라오기를 기다리는 데서 시와 독자가 유리되어 실로 시
인은 고고(孤高)하게 되었기 때문에, 시가 적어도 생활을 사랑하는 사
람들에게나마 양식이 되자는 뜻에서 내가 「시 된장론」을 시단에 제창
했던 것이다.

　이 지구상의 어느 시대의 것이고 모든 민족 가운데 미국인은 아마도
가장 풍부한 시적 성격을 가지고 있다. 합중국 그 자체가 본질적으로
하나의 위대한 시편이다. 이 나라에서 인간의 활동 가운데서 낮과 밤
의 광대한 우주의 활동이 상통하는 것이 있다.
　다수의 대중을 향해 당당히 나아가는 행위가 있다. 거기에는 영혼이
사랑하는 야인(野人)들과 텁석부리와 막막한 공간과 조야(粗野)한 털
털이들이 있다. 거기에는 군중과 집단에서 보는 놀라운 불손과 투철과
강렬함, 위대한 행위들이 자질구레한 것에는 눈도 돌리지 않는 흐르는
듯한 광대함이 있다. 다른 나라 같으면 그들의 대표자에 의해서 그들
의 존재를 표시하려고 하지만…… 그러나 합중국의 진가를 가장 명백

하게 보여주는 것은 그 행정관이나 입법부도, 대사나 작가나 교회나 사교인의 회장도, 신문이나 발명가도 아니며 항상 가장 많은 민중 가운데 존재한다. 그들의 태도, 언사, 의복, 우정, 그 신선함과 솔직함, 그 우아한 몸가짐…… 자유에 대한 결사적인 애착…… 무례하고 나약하며 비열함에 대한 혐오…… 신기한 것에 대한 그들의 호기심, 그들의 자존심과 더구나 타인에 대한 놀라운 동정심.

거기에 그들의 언어의 유창, 음악에 대한 그들의 희열, 영혼주의의 단아함과 선량한 기질, 선거의 중대한 의의…… 모자를 벗고 그들에게 인사하는 것은 대통령이며 그들이 대통령에게 탈모하는 것은 아니다. 그러한 모든 것이 무운(無韻)의 시다. 자연의 웅대함과 나라의 광대함은 거기에 사는 시민의 정신의 크기와 관대함에 비등한다.

미국 시인들은 미국이라는 선택된 민족에게서 성립된 것이므로 그 신구(新舊)를 불문하고 노래해야 한다. 시인들 가운데서도 국민 시인은 실로 그 국민과 견줄 수 있다. 이 시인의 정신은 국가의 정신에 상응한다. 그는 국토와 자연의 만상(萬象), 하천, 호수 그대로를 구현한다.

위대한 거장들이 나는 데는 정치적 자유의 이념이 절대 필요하다.

시인은 자유의 음성 그 자체이다. 몇 세대를 통하여 존재한 시인들은 그것을 어디까지나 지지했고 거기에 우선하는 것은 아무것도 없다. 그것을 왜곡하거나 그 품위를 떨어뜨릴 것은 아무것도 없다. 위대한 시인의 취하는 태도는 폭군에 대해서는 위험천만이지만 노예에게는 희망이 된다.

시집 『성북동 비둘기』에 이어 전례 없이 그 3년 후인 1971년 12월 그동안 발표한 사회에서 반응된 32편을 추려서 한 권의 시집 『반응(反應)』을 엮었다. 나는 해방 후 문화의 집단 활동으로 문필적인 손실을 보았다. '사회시집'이라고 한 것은 사회성을 띤 미소의 시가 절반 이상이 된 것을 고려해서였다. 시인은 누구나 인생의 고독을 느낀다. 사회의 고독도 만인에 앞서 느낀다. 시인의 시대의식은 그도 동시대의 인간이라는 데서 시작된다. 사회의 고독을 시인 자신의 고독으로 느낄 때 시인은 만인의 시를 쓰며 시인의 개인적 착상이 사회적 경험의 기초 위에 있게 되며 시가 보편성을 가지게 된다.

시는 노래하는 언어만이 아니고 현실 속에서 난다. 현실과의 접촉에서 시인의 창조적 미가 순수해지지 못하는 것은 아니다.

괴테는 "모든 시는 상황에서 태어난다. 그것이 영원의 시"라고 했고 "생활의 광경은 무한한 변화에 차 있고 이 우주는 크고 풍부하다"고 했다. 이 시집에서 나는 인간의 새 얼굴을 보았고 아기의 순수성을 소재로도 찾았다.

새얼굴

아기가 들어와
아침 하늘을
얼굴로 연다

아기는
울고나도 새얼굴
먹고나도 새얼굴
자고나도 새얼굴

하늘에서 금방 내려온
새얼굴

아기

우리 아기 얼굴은
부처님 손바닥
무엇으로 씻는지
날마다 보아도
천진 그대롤세

아그그 아기가 웃는다
하이한 웃음
하늘도 같이 웃네

누가 손을 드는가
만지면 물이 되는
야들야들한 손

무한을 쥐고
만물 중에
혼자 누운 새 얼굴

이 「새 얼굴」, 이 「아기」는 자라서 TV 앞에서 춤을 춘다.

그리하여 나는 날마다 아기처럼 사는 것이 생활의 신조다. 장난감 달라는 대로, 먹을 것 달라는 대로 골라주며 아기 생활의 한 부분으로 산다.

6. 시(詩)와 인생(人生)

　나의 시 작업(詩作業)은 1938년 첫시집 『동경(憧憬)』으로부터 죽을
병에 들었어도 멎지 않고 계속되어 시집 다섯 권이 『시전집(詩全集)』
이라는 이름으로 망라되어 대충 끝났지만, 10년 전 뇌출혈로 쓰러졌던
그 10년의 병고에서 나는 나를 세웠다. 의식하며 사상하며 탐구하며
감정(感情)하는 작업으로서의 시는 전집이 나왔다고 끝나는 것은 아
니고 병도 끝난 것은 아니다.

　어찌 보면 앓기 때문에 이 시전집이 빨리 또 잘 나오지 않았나 생각
된다. 나는 항상 괴테의 「호부(護符)」〔본서 59쪽 참조: 편집자 주〕를
생각한다.

　시와 인생 — 이것은 두 가지가 다 알기 어려운 것이다. 간단히 말해
도 알기 어렵고 길게 말한다고 알기 쉬운 것도 아니다. 그러면 인생의
주인공이 되는 인간은 어떻게 시작되고 어디서 끝나는가.

　생리적으로는 어머니의 뱃속에서 몇억 마리의 눈에 보이지 않는 정
충 가운데서 최후에 남은 한 마리, 눈도 귀도 코도 의식조차 없는 그
한 마리가 태중에서 열 달 동안 자라서 우주의 창창한 공간, 넓고 큰
대지를 주어진 세상으로 하여 태어난다.

태아(胎兒)를 위한 노래__앤 리들러

　　겨울날 촛불처럼 팔을 쳐들고
　　편안한 여름 냇물같이 부드럽게
　　사랑하는 이들은 한 자리에 누워
　　남몰래 새로운 생명을 위해 하는 일을 즐긴다

그 촛불이 불멸과 그 흐름의 영원을 생각하며
알고 있기보다 더 잘 행동한다
그리하여 최초의 움직임을 태내에 느낀다

그 조그마한 징조와 풍부한 장래의 약속이
아버지의 이름에 나타났다
그 생명은 아버지의 육신과 그의 애무처럼
처음에는 미묘하고 이상하다가도 습관이 되면
더욱 정답고 귀중해진다

우리 아이는 우리 기쁨의 산 표시였고
서로 잃어버린 요람기를 소생시켜주었다

화가의 빼앗는 듯한 눈과
시인이 사리고 있는 귀에

사랑으로 해서 얻을 수 있는 가슴을 더하여
우리 정열이 가져오는 모든 것을
우리 아기의 계획에 기울였다

우리가 좋아하고 택하는
온갖 세계가 흘러들었다
산책을 할 때면 길ㅅ가에
십일월 떡갈나무의
금빛 머리가 굽이치고

수풀 속에 은하수를 이루는 계수나무의
부드러운 손
얼어붙은 고요한 냇물을 보면
어린 시절을 생각하기도 했다

그러나
출산이란 참을 수 없는 영광
희망으로 엮는 실뜨기는
조용하기는 할지언정
정말 아이를 오래 눕혀 둘 수 없는 장난이고
우리 아기가 태동하며 낳으려 싸울 때면
꼼짝 못하고 순종해야 한다
우리가 시작한 일은
이제 그대로 시작인 것이다

태양이 유리창을 통해서 빛나듯이
예수는 '주의 어머니' 태중에서 빛났었다

그러므로 모든 인간은
주를 본받은 것이니

타는 촛불의 금빛 정열로
혹은 희고 예리한 별빛에
자신이 빛날 수 있는 길을 보여야 한다
어버이의 공포나 꿈이

우리 아기의 새벽빛을
흐리게 하지 않도록
우리 욕심 때문에
그 빛이 제대로
자라지 못하게 하지 않도록—　　　　　　　—고원 역(高遠 譯)

인간이 즐겨 하는 그 일로부터 잉태에서 출산까지의 고통을 참을 수 없는 영광으로 삼고 태아가 좁은 문으로 나오는 대로 꼼짝 못하고 순종해야 한다. 우리가 시작한 일은 이제 그대로 시작인 것이다. 예수는 주의 어머니 태중에서 빛났었다.

그러므로 모든 인간은 주를 본받은 것이니, 타는 촛불의 금빛 정열로 자신이 빛날 수 있는 길을 보여야 한다.

어버이의 공포나 꿈이 아기의 새벽빛을 흐리게 하지 않도록 우리의 욕심 때문에 그 빛이 제대로 자라지 못하게 하지 않도록…….

영국의 여류 시인 리들러의 이 태아의 시를 여기 인용한 것은, 어버이들의 공포와 꿈이 아기의 새벽빛을 흐리게 하며 그 욕심 때문에 그 빛이 제대로 자라지 못한다는 이 사실들을 얘기하고 싶어서다. 모든 인간은 주를 본받은 것이니, 타는 촛불의 금빛 정열로 자신이 빛날 수 있는 길을 보여야 한다. 인간의 모든 공포와 꿈 또는 그 욕심 때문에 주를 본받은 인간의 태아지만 그가 빛날 수 있는 길이 막히는 것은 이 여류 시인이 사랑과 지성으로 아름답게 표현했기 때문이다.

시성(詩聖) 괴테는 그의 저서 『시와 진실』 속에서 사람이 처음 날 때에는 모두 천재로 태어난다고 했다.

어떤 심리학자가 사람은 태어나서부터 음악을 듣는다고 했다. 실제로 음악을 듣는 것이 아니라 어머니의 기원(祈願)이 태아에게 미친다는 말일지도 모르겠다. 나는 인간의 육체가 음악적으로 되지 않았는가 생각할 때도 있었고, 어머니의 뱃속에서 태아가 움직인 것은 뱃속에 있는 여러 가지 기관이 움직이는 데 따라 오케스트라의 한 부분처럼 움직이는 것이 율동적이 아니었던가! 나는 돌날 음악에 따라 몸짓하는 것을 나의 손주 두 아기에게서 보고 놀란 일이 있다.

불란서의 수필문학 창시자인 몽테뉴는 그 부모의 각별한 주의로 잘 때에 아름다운 음악으로 포근한 잠이 들고 깰 때에도 놀라지 않도록 고요한 음악으로써 소음(騷音)의 세계에 눈을 뜨게 했다는 것을 그의 전기(傳記)에서 감명 깊게 읽은 일이 있다.

만물의 영장인 인간의 탄생과 성장에 대해 이만큼 한 사랑과 정성을 기울인다고 몽테뉴처럼 위대한 문호가 되는 것은 아니지만 그것이 인간과 그 생명을 존중하는 근원이 될 것이 아닌가.

모든 인간은 천재로 태어나지 않는다 하더라도 천사 같다는 것은 아기를 사랑한 사람이면 누구나 수긍할 것이다. 이리하여 인간의 케케묵고 낡은 얼굴이 천사의 얼굴 '새 얼굴'로 바꿔지는 것은 위에서 한번 인용되었음에도 여기 다시 인용하게 되는 것이다.

새얼굴

아기가 들어와
아침 하늘을
얼굴로 연다

아기는
울고나도 새얼굴
먹고나도 새얼굴

자고나도 새얼굴
하늘에서
금방 내려온
새얼굴

불과 열 줄밖에 안 되는 시지만 나는 이 시를 지어놓고 하늘로 승화
돼서 올라갔다가 다시 내려오는 아기가 된 것 같은 기쁨을 느꼈고 이것
이야말로 희랍 비극에 있어서의 카타르시스처럼 인간을 청정(淸淨)케
하는 카타르시스의 얼굴이었다. 이 '새 얼굴'이야말로 인간을 영원히
있게 하는 것이다.

인간은 영원히 있다. 새벽에 죽는 꿈을 꾸고 아침에 산다. 죽은 아
내가 와서 새벽에 서서 보다가 갔다. 그뒤에 나는 죽는다. 죽은 사람
은 새벽에 나고 산 사람은 새벽에 죽는다. 죽음도 삶도 옆에 있는 것이
지만 가서 만날 곳이 없는 것이 죽음일 뿐이다. 사람은 그 죽음을 품에
안고 참으며 닭의 알처럼 삶을 낳는다. 그러니 죽음이 있어도 인간은
영원히 있는 것이다. 영혼은 인간의 육체를 떠나서는 남아 있을 수 없
는 것이지만, 인간의 영혼은 이 새 얼굴에 의하여 계승되므로 영혼불
멸도 그러한 의미에서 긍정되리라고 나는 생각한다.

이 새 얼굴은 무의식 상태에서 이 지구상에 태어났다. 이 광대무변
한 우주 가운데는 헤아릴 수 없는 억천만 개의 천체(天體)가 있으나
그 거대한 천체들이 대우주 속에서는 겨자씨 한 알만큼에 지나지 않는
다는 것으로 미루어 보아 우주가 얼마나 큰가를 알 수 있다. 그렇게 무
수한 천체(天體)들이 별의 이름으로 맑은 날 바라볼 때 어느 별 하나
라도 떨어지면 우리가 사는 이 지구가 어찌 될 것인가. 혹시 혜성(彗
星)이 지구와 충돌할는지 모른다는 천문학적 추측이 있을 때 우리는
공포감과 황홀함에 사로잡힌다. 그렇게 많은 천체 중에서 지구와 같이

인간이 있고 생물이 있다는 것은 아직 발견하지 못하고 있다. 화성은 몰라도 달까지 갔어도 계수나무와 토끼는커녕 균 하나 없어서 돌 몇 개만 우주인들이 주워 가지고 왔다.

우주의 과학적 정복보다 독일의 시인 횔더린이 그 애인과의 대화에서 창공은 우주의 정원(庭園)이라 했고 대지를 창공의 하나의 초화(草花)라고 했다. 이 대지에는 태고로부터 놀라운 생물들이 살아서 태양과 대지가 친한 사이였다.

하늘과 땅이 서로 사랑해서 이 두 결합에서 모든 생명이 지상에 태어났다. 이러한 전설이 시인들에게서 생겨나 하나의 신앙에 이르게 된 중에서도 메마른 대지가 불모(不毛)의 고갈에 허덕일 때, 하늘은 사랑의 마음으로 대지에 비를 준대서 하늘과 땅이 사랑으로 결합되어 만물이 자라서 인간을 살리고 또 번영케 한 것이다.

그렇게 억천만 개의 별들이 뿌려진 듯 흩어진 것이 쳐다보는 사람에게 황홀할 뿐 아니라 그 아름다운 광경 속에 또 견고한 질서가 옛 희랍인의 소박한 눈에 비쳐서 많은 성좌(星座)의 로맨스가 창조된 것은 '하늘에 사는 현실'처럼 인류의 지적(知的) 상상에 전해 내려와서 희랍의 성좌를 통해 우리는 태고의 행복을 느낀다. 지금 우리가 사는 대지는 오염되고 있으나 그 행복은 오염되지 않는다. 그러나 우리에게 인식된 이 세상은 어떠한가?

세상

오래 살고 죽거나 젊어서 죽거나
흰 구름 한점 더 하지 않기는 마찬가질세
다만 착하게 사는 것이 문제지—
미신이라도 진심이면 종교가 되네

천사를 기다리거든 천의(天意)에 닿도록
대문 앞이나 고이 쓸게
장미가 아니라도 꽃의 정신을 사랑하면
첫새벽 신의(神意), 꽃잎에 머문 자국이 보이네
슬픔이 있는 곳이 성지(聖地)가 된다네
억이 아니면 측량할 수 없는 배금(拜金)
어느새 돈과 인간과 그 주체가 바뀌졌네
같이 살 세상으로 알고 세운 것이지만
그저 산처럼 보고 지나세
산은 자유요 바람이요 고율세
커서 좋고 깊어서 더욱 좋네

　이 산업지상주의 시대에, 더욱 황금만능의 풍조 속에서 누가 시를 필요로 하며 시가 없이 사는 것이 무의미함을 느끼는 사람이 과연 몇이나 될까. 사계의 원로인 노산(鷺山) 이은상(李殷相) 선생은 이우종씨의 시집 『모국의 소리』 서문에서 "시는 마음의 소리다. 마음의 가락이다. '시언지 가영언(詩言志 歌永言)'이란 말이 바로 그것이다. 시를 통해서 그의 마음에 접하고 그의 뜻을 듣는 것이다. 그것이 내 심금(心琴)을 울릴 적에 나는 거기에 감동한다. 그 순간 나는 그 시인과 하나가 된다. 그것이 시의 극치다. 나는 언제나 뜻의 시를 기다린다. 단순한 기교나 가락만 가지고는 가벼운 흥취를 줄 수 있을지 모르나 감동을 주기는 어려운 것이다. 나는 이 메마른 현실 속에서 진실로 감동받는 순간을 갖고 싶어, 문학 중에서도 시(詩), 시 중에서도 뜻의 시를 귀히 여기는 것이다"라는 말도 인용할 만한 문구다.

나도 그것을 싫어한다.
이 모든 쓸데없는 소리보다
훨씬 중요한 일들이 있다
그러나 완전히 멸시하면서도
그것을 읽으면 결국 그 속에
진실을 위한 장소를 발견한다

쥘 수 있는 손, 부릅뜰 수 있는 눈, 꼭 그래야 할 때면 쭈볏할 수 있는 머리카락, 이러한 것들이 중요한 까닭에 그 위에 큰소리로 해석을 붙일 수 있기 때문이 아니라 유용하기 때문이다.

시에 대해서는 본래부터 특정한 소재가 있는 것은 아니고 시대상이나 시대의 사상에 따라 변하는 것이다. 그렇지만 시란 무엇이냐. 쉽게 말하자면 이 천지간에 태어나서 시인의 심미적 감각(審美的感覺)이나 정서를 통하여 시인에게서 표현된다면 잘되고 못 된 것은 차치하고 다 시인 것이다. 그것을 극단적으로 말한다면 시인 즉 시라 할 스 있고 시인이 말하는 것은 다 시일 수도 있다.

위에서도 잠깐 말한 바 있지만 메마른 대지에 하늘이 비를 주어 만물이 창생할 때 천지의 사랑에서 태어난 것이므로 다 시의 의미를 띠는 것이다.

누군가 유명한 시인이 이른 봄을 표현하는데 장황하게 말할 필요 없이 눈앞에 보이는 풀의 새싹을 보고 "지상(地上)에 청초출(靑草出)"이라 한 것이 그의 조춘(早春)에 대한 시였던 것이다. 생각해보라.

검고 어두운 땅속에 무슨 생명인가 묻혀 있던 것이 봄기운을 만나 이 광활한 대지 위에 큰 나무들과 살겠다고 태어난 것, 그것이 곧 시가 아니고 무엇이랴. 고대 희랍인들이 여름밤 한가로이 마당에 앉아 하늘에 별을 몇 개씩 연결시켜 저것은 오리온좌(座)다, 백조좌(白鳥座)다, 오리온은 개를 데리고 지금 사냥을 간다, 저것은 페가수스— 하늘에 있는 시의 말(馬), 그 발자국에 괸 물을 먹으면 좋은 시를 쓴다— 좌(座)다, 이처럼 잠꼬대 같은 이야기가 고대 희랍인의 소박한 마음의 눈에 비친 하늘의 이야기로서, 땅에만 로맨스가 있는 것이 아니라 하늘에도 지상의 현실과 같은 로맨스가 있다는 복음을 우리에게 전해주고 있다.

우리의 경우를 보더라도 견우직녀(牽牛織女) 이야기는 얼마나 영원히 애절한 이야기냐, 저 삼태성만 하더라도 거기 반달을 그려 넣으면 마음 심 자(字)가 되기에 옛 선비들은 네게 내 마음이 간다는 것을 삼태성(三台星)이 반월(半月)이라 했다. 요사이 천한 윙크보다 얼마나 지적(知的)이고 은은한가.

이리하여 시는 일찍 사랑과 미의 복음이었다. 낭만주의 시인들에게는 시는 감정의 자발적 발로였고 더 순수한 경지에 들어가는 시인들에게는 천상(天上 · 천사들이 사는 영역)의 미를 동경하는 것이 시의 세계였다. 그 극치를 이루기 위하여 천사에게 세 송이의 백합꽃을 들게 하고 노래했으며 장미가 또한 그 아름다움의 정상(頂上)이었다.

비너스가 바다 물거품에서 태어나서 연잎 같은 잎사귀를 타고 둥둥 떠서 육지에 다가올 때 이 미의 여신을 환영하기 위해 대지는 장미를 창조해서 비너스를 맞이했다는 것이 장미꽃의 이야기이니 이것이 얼마나 영원한 시이냐! 월터 페이터는 시는 음악의 상태를 동경한다고 했다. 그러나 시는 음악이 아니고 언어의 예술이다. 더 아름답기 위하여 음악의 가락에 의탁할 뿐이다.

1966년 겨울밤 나는 「병실의 정경」이라는 시를 썼다. 이것은 나의

『시전집』에도 실리지 못한 시지만 그중의 한 구절 중에서,

> 사람이 한번 생각하고
> 한번 사랑한 물건은 유령이 된다
> 우리는 한번 생각하고
> 한번 사랑한 정물(靜物) 속에
> 첫마음으로 시집가고 장가를 든다
> 우리는 순진한 만물 앞에서
> 처녀도 되고 총각도 된다

만일 시가 없다면 가뜩이나 세상이 얼마나 공허하며 인생은 얼마나 허전할까. 우리는 그렇게 의식하지 않음에도 불구하고 우리는 항상 시의 감각과 미적 쾌감에서 살고 있다.

장미

> 못 다 피고 질까봐
> 너의 고향에서
> 네 바람을 보내어
> 지루한 장마를 밀어내고
> 너를 피우니
>
> 갑자기 천지가 변하면서
> 물거품에서
> 비너스가 나던 날이 돌아왔다
> 오 사랑의 날이여

기억해줘요_크리스티나 로제티

날 기억해줘요 내 가고 없을 때

머나멀리 침묵의 나라로 영 가버렸을 때

당신이 그 품 안에 날 다시는 안지 못하고

내 목숨 더 몸부림치지도 못하게 될 때

우리 장래에 대한 당신 계획을 날마다 나한테

더 얘기하지 못할 때 날 기억해줘요

그때엔 의논도 기도도 이미 늦을 것을

당신은 알아요 오직 기억해주기만 해요

그러나 행여 나를 잠시나마 잊어야 할 때가 있을지라도

그후에 곧 기억해줘요

가슴 아파하질랑 말고—

잊지 않고 괴로워하느니보다

잊고서 웃는 편이 물론 더 좋은

일찍이 내가 가졌던

그러한 생각의 흔적에서

어둠과 부패가 사라지게 되거들랑

　시인이며 화가인 단테 가브리엘 로제티의 누이동생인 크리스티나 로제티— 현세(現世)의 덧없음을 가장 애절하게 노래한 영국의 여류 시인. 이 애절함이 로제티 한 사람의 현세에 대한 비통한 목소리일까! 시인의 소리는 인간의 목소리다. 로제티의 시는 그 자신의 슬픔을 넘어서 왜정하에서는 서울 대포집에 앉아서 약주를 마시던 우리를 슬프게 했고 우리를 흐느끼게 했던 것이다.

해방 후 북한에서 어찌 되었는지 소식조차 듣지 못하지만 저 신의주 (新義州)의 불행한 친구 장기제(張起悌)의, 이 시는 아니지만 로제티 의 어느 시에서든가 한구절을 외면서 비통한 표정이던 북방 십리벌을 헤매던 모습이 로제티의 시와 함께 불현듯 떠오른다.

7. 시전집(詩全集)을 내고

이미 간행된 다섯 권과 사회시집 『반응 이후』를 한 권 더 내려던 차 에 전집을 내게 되어 도합 여섯 권의 시집을 전집이라는 총체 속에 묶 어 넣으니 절판되어 구하기 어렵던 사정을 극복한 것 같아 홀가분한 생 각도 들었지만 한편 서운한 생각도 없지 않았다.

그러나 전집이란 작품의 전체를 총괄하는 것이기는 해도 시 작업의 완결이라는 의미는 아니다.

그러므로 전집 간행 이후에도 적지 않은 시편을 써냈고 또 쓰고 있 는 중이다. 어쨌든 시 작업의 일단은 끝난 것으로 보아도 무방할 것 이다.

그러나 옥중의 굶주림과 그 박해에서 온 쇠약보다 늙었다는 것은 자 연이니까 그보다 더한 괴로움은 아닌 것 같다.

나는 4년의 기나긴 감옥의 가혹한 세월 중에서도 시를 쓴 것은 시가 자연히 흘러나온 것이 아니고 나의 정신의 강인한 데서였다. 첫 시집 『동경』이 1937, 8년 일제하에서 민족의 생존의 가장 약한 여건에서 자 칫하면 검열에 걸리어 유산될 뻔했던 것은 금지된 민족의식이 잠재되 었던 탓이었다.

시에 있어서 관념성은 배제되어야 하지만 나에게 있어서는 그때나 지금이나 어찌할 수 없는 원소(元素)적인 것이었다. 나의 시에 대한 근본적인 생각이 잘못된 것이라 하기 전에 일본 제국주의에 침략되어 성을 갈고 이름을 고쳐도 내놓고 말할 수 없었던 그런 민족으로 전락된 것을 먼저 느끼고 생각한 시인으로 하여금 창작의 절대 조건인 표현의 자유가 없었으니 그렇게밖에 표현할 수 없게 된 것이다. 민족적인 의미에서만이 아니라 인간적인 의미에서도 가장 가치 있는 소재(素材)로부터 차단되어야 했다. 그것은 시인의 민감한 적응 정신에서 그 중요한 민족적 생명의 소재가 말살되는 것이기도 했다.

민족의식이나 민족의 생명에서 오는 것을 빼놓고 그 가혹한 고생을 하면서 시를 쓸 필요가 무엇이었을까?

I. A. 리챠즈는 "시가 중요한 의미를 가지는 것은 그 시인이 그 시대의 다른 일반인보다 더 강한 생명력에 넘치고 있기 때문인 것이다. 말하자면 시인은 그 시대 민족의 가장 예민한 의식점(意識點)이다. 시인은 시대정신이 싹트고 자라는 지점이다"고 했다.

어떠한 시대에도 잠재한 인간 경험이 구현되는 것은 극히 소수의 인간에 의해서이다. 시인은 그 소수 인간의 한 사람이기 때문에 중요한 것이다. 그가 감각으로 느낀 것을 언어로써 표현하는 능력과 그 감각으로 느낀 것을 지각(知覺)으로 포착하는 능력과는 떨어질 수 없는 관계에 있다. 그는 감각이 극히 예민하고 또 지각 의식이 예민해서 보통 사람이 할 수 있는 이상으로 자기에게 충실해야 한다. 그는 감각한 것을 지성으로 의식하며 그 의식한 것에 열중한다.

이것은 『현대시의 혁신』의 저자 F. R. 리비스의 말이지만 오래 전부터 나는 그의 시에 대한 견해와 나의 시에 대한 견해가 일치됨을 공감하고 이 구절들을 애용함으로써 나의 시정신에 대한 근거의식으로 삼고 있다.

시대의 극악한 역경 속에서 태어난 이 첫 시집 『동경』의 첫 면지(面

紙)에는 영국 낭만주의 시인 P. B. 셸리의 「종달새에게 부친 노래」에서 다음의 구절을 옮겨 실어서 내어놓고 말 못하는 이 첫 시집의 상징적 고민으로 삼았다.

앞을 보고 뒤를 보니
없어진 것이 그립다
마음놓고 웃은 웃음에도
아픔이 들어찬다
가장 아름다운 노래건만
가장 슬픈 생각이다   ──「종달새에게 부친 노래」에서

남자의 옷을 입은 소녀라는 평이 있는 셸리…… 대학 영시 교실에서 애상(哀傷)이 아닌 정신미와 이상주의에 대한 철학의 시인…… 「무신론의 필요」라는 조그마한 팜플렛을 내서 배부하다가 발각되어 옥스퍼드 대학에서 추방되어 이탈리아 스페치피아만(灣)에서 요트를 타다가 물에 빠져 죽었다. 옥스퍼드 대학 교정에는 물 속에서 헤매는 시인 셸리의 조각이 있는데, 시인은 쫓아내지 못한다는 만세의 교훈처럼 그 앞에 선 사람들에게 다시금 슬픔을 새겨준다.

이 시집에는 앞을 보나 뒤를 보나 압제 속에 신음하고 있는 민족의 비애가 관념적이건 생동적이건 어느 시편에도 투영되고 있다. 또 이 시집에는 시의 가장 중요한 단순성이 몇 편의 짧은 시에 들어 있어서 그때로부터 40년 후인 지금 늙어서 세상에 지친 오늘날까지 나의 짧은 시에 나타나고 있다.

비 개인 여름 아침

비가 개인 날
맑은 하늘이 못 속에 내려와서
여름 아침을 이루었으니
녹음이 종이가 되어
금붕어가 시를 쓴다

나는 그때 가회동 1번지의 48, 유석동씨 집 뒤채 사랑에 살고 있었
다. 조그마한 마당에 장난감 못(池)같은 것이 개나리에 한 절반쯤 가
리어 있었다. 술을 먹고 난 다음날이면 아침마다 이 작은 못에서 꼬리
를 저으며 쫑쫑 쏘다니는 금붕어는 그대로 신의(神意)였다. 이 신의에
접하면 물구덩이 같은 이 못은 큰 호수로 변용된다.

늘 보는 못이지만 여름비가 짖궂게 오던 어느 날 아침 이 못에서 한
편의 시가 생겼다. 금년 미국에서 작고한 화백 김환기(金煥基)씨가 그
때에 이 시를 격찬한 것은 그 단순성 때문이었으리라. 『성북동 비둘
기』에 있는 시 「저녁」에 있는 끝구절인 "어디서 무엇이 되어 다시 만
나랴"에 감동됐던지 그는 그 짧은 시를 소재로 하여 대작을 남겼다. 별
과 나와 수화(樹話)로 이루어진 사랑의 감각은 무정하게도 일각(一
角)이 무너져 어디론가 사라졌으니, 그는 영혼이 묻힌 흙이 되어 이
지상 어느 곳에서 아름다운 꽃나무를 가꾸리라.

바다의 소곡(小曲)

구름 날고 섬 뜨고 하늘 푸른데
청옥빛 깊은 바다 산호당 속에

아름다운 비밀이 숨어 있으니

하얀 조개 꿈꾸는 금모랫가에

끝없이 밀려 있는 물결 우으로

나도 가고 배도 가고 바람도 간다

— 1939. 9. 22. 원산 송도원에서

외롭고 슬프고 한 많던 1930년대, 그 시절 여름이면 많은 낡녀들이 동해안 명소인 원산 송도원에 몰렸다. 나는 송전(松田)에 갔다가 바닷가를 혼자 걷는데 어디선가 지금은 고인이 된 오시영(吳時泳)씨가 나타났다. 왜 송도에 안 가느냐, 거기 가면 영운, 김수임 등 일당이 있는데…… 하기에 그 집을 아느냐 하니까 이렇게 이렇게 가면 찾기 쉽다고 하면서 번지까지 소상히 가르쳐주고 그는 갔다.

나는 여자들만 많이 모인 데는 좋아하지 않는 성품이지만 영운과 수임이라는 말에 다른 여자들은 다 보이지 않았다. 그때 연모파(戀慕派)의 한 사람인 방인근(方仁根)씨가 있다고도 했으나 그때 방씨는 나의 안중에는 별로 없었다.

차를 타고 그 집에 다다르니 이게 웬일이냐, 어떻게 여기를 알았느냐고 야단이지만 나는 시침을 딱 떼고 주피터가 비너스 있는 곳까지 데려다 주고 갔다면서 식탁에 같이 앉았다.

그 명랑하고 활달한 여성들과 같이 나는 불타는 모래 위에서 놀았다. 물속에 뛰어들어갔다 나오면 모두들 집에 올라가고 나는 모라 위에 혼자 남았다.

그때 고급 담배로 '카이다'라는 것이 있었다. 나는 무엇이나 착상되면 메모하려고 담뱃갑과 연필꽁지를 항상 손에 쥐고 다녔다.

뜨거운 모래 위에 혼자 엎드려 바다와 하늘·섬·배를 바라보는 중에 불과 6행밖에 안되는 소곡 같은 시 한편이 담뱃갑 위에 적혀지게 되었다. 처음에는 제목을 안 붙였다.

나는 그대로 조선일보사에 있는 소천 이헌구(宵泉 李軒求)씨에게 시로서가 아니고 편지의 한 부분처럼 써넣었더니 소천이 「해수(海愁)」라는 제목을 붙여 조선일보 문화면에 실었다.

그후에 나는 '수'자가 싫어서, 그리고 소곡 같은 기분이 도는 시이기 때문에 「바다의 소곡」으로 고친 것이다.

백지(白紙)

양은 흰 종이에 입술을 댄다
어느 날 흰 종이에 시를 쓰다가
우연히 흰 종이에 입술을 댄 나는
나도 흰 종이에 입술로 시를 쓰고 싶었다

저녁에

저렇게 많은 중에서
별 하나가 나를 내려다본다
이렇게 많은 사람 중에서
그 별 하나를 쳐다본다

밤이 깊을수록
별은 밝음 속에 사라지고
나는 어둠 속에 사라진다

이렇게 정다운
너 하나 나 하나는
어디서 무엇이 되어
다시 만나랴

(이 시를 여기 다시 인용한 것은 그 단순성 때문이다)

구슬

어디서 온 거뇨
마음에 담아 두니
가슴 아늑히 깊어진다

그 자리 비어도
빛깔 남아서
여운이 풍긴다

한 바다에 모여
몸을 씻고 돌아오는가
줄지어 영롱코나

담배

나의 담배는
그대들 만나고 싶은 얘기라우

아마 말없는 시간이 타나 보우

사과

뉴우턴의 사과
빨간 옷을 벗기고
여름의 육체를 먹었으되
나는 아직도
아담이 되지 못했다

이렇게 고된 세상에서 이런 순수성과 단순성을 지키기 위하여 나는
내 마음의 자성(自性)을 지키려고 우선은 물욕부터 버리기에 힘썼다.

마음

나의 마음은 고요한 물결
바람이 불어도 흔들리고
구름이 지나도 그림자 지는 곳

돌을 던지는 사람
고기를 낚는 사람
노래를 부르는 사람

이 물ㅅ가 외로운 밤이면
별은 고요히 물 위에 내리고

숲은 말없이 잠드나니

행여 백조가 오는 날
이 물ㅅ가 어지러울까
나는 밤마다 꿈을 덮노라   ─1939년

시에 있어서 진미(眞美)에 이르는 첩경은 단순성에 있다.

이 단순성에 이르는 길은 만물을 보는 눈이 마음에서 열려야 한다.
나는 항상 부족을 느끼고 남이 말하기 전에 말하지 않고 비록 물체라
하더라도 그것을 사랑하면 그 앞에서 겸손한다. 내가 거만해도 무방한
만큼 못난 사람은 하나도 없다는 듯 만인이 다 신의(神意) 있음을 느
낀다. 사람 가운데 가장 천진한 것이 아기인 까닭에 아기와 있는 것이
나의 생활의 큰 부분이다.

대통령
─트루만

집을 떠났다가
백악관에 들러
국민들에게
나라를 위한 일을
어떻게 한다는 것을 일러주다가

임기가 되니
옛 친구들과 이야기하고 싶어
고향 가는 길이다

나는 아기를 제일 좋아한다
나는 아기들에게서 새것을 배운다

이것은 미국 트루만 대통령의 전기에서 한 토막을 소재로 한 것이다.
임기가 되니 무엇도 못했고 무엇도 더하고 싶다는 욕망도 없이 대권
(大權)을 놓는 자리가 이렇게 담담하고 소박할 수 있을까. 그 얼마나
단순한 이야긴가.

죽어서

장군은 칼이 되고
제왕은 능이 되고
부자는 울타리 되고
가난은 돌이 되고 모래가 되고
나는 구름이 되어
좋은 바람 만나
천리길 가리
무덤에 타는 풀잎에 비나 되리

인생(人生)

너무 크고 많은 것을
혼자 가지려고 하면

인생은 불행과 무자비한
70년 전쟁입니다
이 세계가 있는 것은 그 때문이 아닙니다

신은 마음이 가난한 자에게
평화와 행복을 위하여

낮에는 해 뜨고
밤에는 별이 총총한
더 없이 큰
이 우주를 그냥 보라구
내주었습니다.

이 시들이 실린 나의 『시전집』에는 1932년 대학 문과를 졸업한 후 1974년까지 42년간 다섯 권의 시집과 미간행본 한 권으로 도합 236편의 시가 실렸다.

공자님은 그 당시의 시 3백 수를 골라 『시경(詩經)』을 편찬하고 "시 삼백 수 사무사(詩三百首 思無邪)"라고 평하여 시론의 대종을 세웠다. 모든 시가 그렇듯 나의 시라고 사(邪)가 있는 것은 아니겠지만 공자님이 말씀하신 그대로의 사무사(思無邪)이건 아니건 어쨌든 이 『시전집』에 수록된 234편의 시를 쓰는 그 시간과 그 날만은 악하지 않았으리라. 20세기의 이 험난하고 무자비한 세상 속에서 236시간. 236일 만이라도 악을 저지르지 않은 시인이 있었다면 나의 인생행로 중 시작(詩作)의 의의가 결과적으로 보아 전연 없었다고도 할 수 없을 것이다.

내가 한평생 시에 헌신한 데 대해 "너는 시인이란 것을 너 같은 사람으로 잘못 안 것이 아니냐"고 혹시 회의를 품을 때도 있지만, 그러면 "너는 시를 하지 않고 무엇을 했으면 현재 이상의 실패를 막고 턱밑에 여의주를 달고 청룡처럼 하늘을 맘대로 날았겠느냐?" 날지는 못할 망정 위의 시(詩)에서 보다시피 이 우주만은 비싼 관람료를 안 내고도 볼 수 있게 되었다.

이 우주에서 어느 항성(恒星)에 생물이 있고 우리와는 같지 않다 하더라도 지구에서처럼 인간이 산다는 천체는 아직 하나도 발견되지 못했으므로 이 지구는 쓰레기통에 버려지기는 했어도 우주의 공원임에는 틀림없다. 여기에만 사랑이 있고 눈물이 있고 시가 있다.

미국의 대표적인 국민시인 월트 휘트맨은 그의 시집 『풀잎』 서문에서 이렇게 말하고 있다.

'우리가 다 알고 있는 바 이 우주는 한 사람의 완성된 애인을 가지고 있다. 그 애인이 바로 최대의 시인인 것이다. 모든 사랑보다 우월한 시인의 사랑에는 풍요함과 관대함이 있고 또 굉장히 커서 하늘의 높이에서 흘러내리는 영감(靈感)과 융합한다.'

그러므로 휘트맨은 최고의 시인의 정신은 그 국민정신에 대응한다고까지 찬양했다.

그러나 지금은 시인의 사랑은 그리 클 사이도 없고 따라서 시인이 번영할 시대도 아니다. 장황하게 시인과 현대를 살펴볼 필요도 없이 시인은 번영의 현실에서 밀려나고 있다

이 현대를 잠깐 살펴보려는 것은 시와 시대의 관계 때문이다. 현대는 20세기의 정신병자 같은 것을 느끼게 한다. 파멸과, 불신과 분열, 부조리 그리고 불안과 위기의식 등등.

프랑스의 시인 뽈 발레리가 말하듯 십자가와 십자가가 서로 싸우는 현대—이런 현대 속에서 태어나는 현대시는 그 모태와 배경을 초월하고 2천여 년 전 공자님의 시 삼백 수 사무사(思無邪) 석 자만의 테두

리 안에서 변하지 않을 수 있을까?

맛(味)까지도 변하기 시작했다. 변화는 발전이라 할 만큼 변화는 외부의 현실에서 내부까지 변하게 하였다. 그렇다고 그 변화는 즐겁기만 한 것도 아니다. 괴테는 신은 인류에 대한 즐거움을 조금도 느끼지 않는다고 말했다.

『시전집』에 관해서는 여러 분들이 분에 넘치는 평을 해주었다. 그중 고려대학 김우창(金禹昌) 교수와 이화대학 이헌구(李軒求) 교수의 두 평론은 나와 나의『전집』에 관하여 내가 쓸 수 없는 권위 있고 독자의 이해를 위하여 유익한 것이라고 믿어서 여기에 다시 수록해본다.

〈이 달의 시(詩)〉
특기(特記)할 60년대의 시 자산(詩資産)
──『김광섭시집(金珖燮詩集)』

이 달의 시들과 시집 가운데 우리는 특히『김광섭시전집(金珖燮詩全集)』을 골라 기념하지 않을 수 없다. 이 시전집은 한 오랜 시적(詩的) 작업에 의미 있는 매듭을 지어준다. 김광섭 씨는 시를 발표하기 시작한 30년대 이래 늘 중요한 시인이었다. 그러나 그의 시가 좁은 의미에 있어서 역사적인 위치만을 차지하는 것은 아니다. 오히려 근년에 있어서 그는 보다 활발하고 새로워지는 당대의 시인으로 활약하였다. 그의 노년(老年)의 지혜 가운데 포용된 넓은 인간적 관심은 60년대 이후 우리 시단의 중요한 자산을 이루어 왔던 것이다.

그의 인간미 풍부한 시의 열매는 보다 낭만적이고 추상적인 관심에서부터 시작하였다. 첫 시집『동경』(1938년)이 표현한 것은 제목 자체가 말하여주듯이 낭만적인 동경과 그러한 동경에 따르게 마련인 깊은 좌절감이 있다. 여기에 특징을 이루는 것은 낭만적인 충동이 서정적인 감정의 표출에로 그치지 않고 '이상의 아름다움'으로 추상화된다는 것이 있다. 시인 자신이 인정하듯이 셸리의 이상주의는 이때 가장 강력한 영향을 미쳤던 것 같다. 현상계(現象界)는 어떤 이상적 존재의 발현장으로 생각되어 시인은 그러한 이상의 모습을 자연의 여러 모습과 자신의 시적 충동 속에서 찾으려 한다. 그러나 이상은 암시의 순간에 명멸(明滅)할 뿐 시인은 오히려 이상 없는 세계의 고통(벨트슈메르쯔)과 홀로 이상을 사유하는 자의 고독을 더욱 통절하게 깨달을 뿐이다. 초기의 김광섭씨의 시는 그 언어의 일률적인 고고성에도 불구하고 초월적인 이상을 기리는 자의 고민과 기다림과 적막의 공간을 성공적으로 창조해 내었다. 『동경』은 그 나름의 제한된 테두리에서 한국 현대시에 매우 특이한 한 세계를 열었다고 할 것이다.

두번째 시집 『마음』(1949년)은 대체로 첫 시집과 같은 세계에 머물러 있으나 또 동시에 스타일과 주제에 새로운 변화를 보여 주었다. 『동경』의 세계는 젊은 날의 이상주의와 고민에서 배태된 것이지만 다른 한편으로 그것은 일제 치하의 민족적 상황을 반영하고 있는 것이기도 하였다. 따라서 해방은 새로운 적응을 불가피하게 한 것이었다. 그리하여 초기 시의 추상성은 해방후의 일련의 시에서 정치구호의 추상으로 바뀌게 된다. 구호시(口號詩)는 『해바라기』(1957년)에서 더욱 많아지고 최근까지도 김광섭씨의 레파토리의 상당 부분을 차지한다. 어떻게 보면 구호시는 '이상의 아름다움'에서 보다 자유롭고 현실적인 언어로 옮겨가는 궤적의 한 국면이었다고 할 수 있을는지 모른다.

시집 『성북동 비둘기』에서 시인은 이상과 허무의 고독한 사유자(思惟者)도 아니고 대한민국의 목소리 드높은 계관시인(桂冠詩人)도 아니다. 그는 자연과 인생의 가장 근원적인 진실에 있으면서 또 가장 일상적인 삶을 사는 평상인(平常人) 사이에 있다. 그는 여기에서 우리가 사람과 산과 비둘기가 날로 번창하는 인조물(人造物)에 밀려 헛벗은 고지대(高地帶)로 쫓겨가는 시대에 살고 있음을 잘 알고 있다. 그러나 그가 고난의 현실을 이야기하는 것은 원초적(原初的)인 모습의 인간의 삶이 고귀한 것임을 믿고 있기 때문이다. 그 자신이 말하듯이 "고난의 잔에 얼음을 녹이며 찾는 것은/그 슬픔이 아니요 겨울 하늘에 푸른빛을 띤 봄이다." 이 푸른빛의 봄은 만물이 정(情)으로 관계를 맺으며 공존한다는 사실로 하여 가능하다. 사람과 사람은 이웃으로 같이 살며 또 자연 만물(自然萬物)도 그런 유대 속에 있다. 「우정(友情)」이 표현하듯이 "구름은 봉우리에 둥둥 떠서/나무와 벌레와 짐승들에게/비바람을 일러주고는/딴 봉우리에 갔다가도 다시 온다."

그리하여 이런 너무 강하지도 약하지도 않은 공존(共存)의 상관관계는 만물의 근원이 된다.

"이 이상의 말이 없고 이 이상의 사이도 없다/만물은 이런 정에서 산다."

친구와 친구, 남편과 아내, 할아버지와 손자, 꽃과 사람, 도두 다 이런 자연스러운 정 속에 있는 것이다. 나아가 이런 관계는 살아 있는 사람과 죽은 사람을 다같이 대지(大地)의 영속성(永續性)과 살고 죽는 것의 신비(神秘)에 연결시켜 주는 것이기도 하다. 시 「사자(死者)의 대지(大地)」는 가장 단순한 언어로써 인간생존에 대한 가장 깊은 진실을 읊고 있다.

"지구의 저 끝에서도//할아버지가 살고 할머니가 살고/아들이 살고/딸이 살고/조카가 살고 친구가 살다가 죽는다//눈물이 천리에 흐르고/울음이 만리에 뻗는다//눈물 끝에서 목숨이 붐비다가/나중에 대지(大地)는 사자(死者)의 것으로 돌아간다//죽음을 묻고 돌아선 민중의 슬픔에 안겨/자라는 무덤은/봉우리보다도 높고/궁궐보다도 커서/산 사람의 키 위에 선다."

김광섭씨의 근년의 시에 있어서 가장 빛나는 것은 인간이 하나의 공간적·시간적 공동체를 이루며 대지에 산다는 인간의 운명의 고귀함과 신비함에 대한 감각이다. 어쩌면 최근에까지도 발견되는 그의 구호시(口號詩)까지도 어떤 독자는 그 생경함과 소박함에 놀라워할는지 모르지만 인간이 가져서 마땅할 자기 사는 고장과 그 고장의 풍습에 대한 근원적인 사랑의 표현일는지 모를 일이다.

김우창(金禹昌)(동아일보, 1974. 12. 18.)

김광섭시선집(金珖燮詩選集)

"저렇게 많은 중에서/별 하나가 나를 내려다본다/이렇게 많은 사람 중에서/그 별 하나를 쳐다본다//밤이 깊을수록/별은 밝음속에 사라지고/나는 어둠 속에 사라진다//이렇게 정다운/너 하나 나 하나는/어디서 무엇이 되어/다시만나랴"

이상의 시는 1970년대에 쓴 이산(怡山) 김광섭(金珖燮)의 「저녁에」라는 시의 전문(全文)이다. 이 시가 굴러 굴러 미국으로까지 전해져서 지금은 고인이 된 수화(樹話) 김환기(金煥基)의 화제(畵題)가 되어 「어디서 무엇이 되어 다시 만나랴」로 그 그림은 한국에서 미술대상(美術大賞)을 받게 되었다. 우리가 인생 칠십이라고 생각할 때 그리고 그가 시와 더불어 반세기를 살았다고 할 때 그 자체만으로도 훌륭한 문화적 존재 이상의 어떤 가치를 가질 수도 있다. 문학 내지 예술이 아직도 이 나라에서는 충분한 평가와 시대의 여론(輿論)에 의해 그 광망(光芒)을 발하지 못하는 이 현실에서는 스스로 어디서 무엇이 될 것인지도 예측할 수 없는 운명에 놓여진 기구한 존재인 것이다.

이산(怡山)의 시작(詩作) 50년은 거의 정상적으로 인색되지 못했다.

시인 자체가 고고(孤苦)하다는 것을 자랑할 것은 못된다. 그러나 이산도 그 고고한 범주 속에서 오래 유폐되었다.

그의 첫 시집 『동경(憧憬)』도 그 간행 당시(1938) 일종 난해(難解)의 시 정도로 알려졌었다. 동경이 아니라 절망의 소리로서의 그 시 — 시인 자신의 강렬한 저항과 몸부림이 피부로 느껴지지 못했다. 기껏 "신경(神經)도 없는 밤/시계(時計)야 기이(奇異)타/너마저 자려무나"로 알려졌을 정도였다. "세기(世紀)가 자아붕괴(自我崩壞)의 계기(契機)가 되어 시(詩)의 세계는 드디어 허무(虛無)의 화원(花園)에 조용히 우는 새소리…… 시인은 영원히" 슬픔을 잊을 수 없게 마련된 종족(種族)이라(시집 『동경(憧憬)』의 발문(跋文))고 자신의 영원하는 실재(實在)임을 통감하며 사념(思念)과 직관(直觀)의 젊은 수기(手記)로 변용(變容)되거나 올빼미의 표상(表象)으로 때로는 태만의 언어가 된다고 이산은 자기 자신의 시 세계를 대담하게 고백하는 자였다.

말하자면 이산은 당초부터 동양적인 또는 서구적인 낭만을 노래하는 시인이기를 강렬히 거부한 시인이었다. 한 마디로 일제시대는 땅의 향기도 태양의 붉은 빛깔도 한 가지로 실색(失色)한 차디찬 지표(地表) 위에 사는 한 젊은이의 몸부림이었다. 그러나 이러한 상황은 드디어 이산을 오랫동안 일제의 감방 속에 가두어 두었고 그 3년 8개월은 드디어 해방의 자유천지에서 우리들의 시대를 맞고 그 시대의 역사를 꾸며 나가는 밝은 나날을 갖게도 했다.

"흰빛 누르러 가는 것 슬픈 나의 동료(同僚)들아/진리(眞理)에 잠긴 지나친 우수(憂愁)가 아니었던가/인제는 광명(光明)과 열(熱)을 태양(太陽)에게서 직선(直線)으로/그리고 시간(時間)을 모아 새 역사를 열자."

시인은 새 하늘을 여는 희망과 앞날에 부풀은 가슴을 헤쳐 대기(大氣)와 호흡하는 것이었다.

그러나 밖으로 변모되는 상황에서보다 크게 죽음이라는 차가운 현실이 시인의 육체에 도전해 왔다. 마치 악마와 싸우는 의로운 용사처럼 이 시인은 이 싸움에서 그 악마 — 병마(病魔)를 물리쳤다. 그럼으로써 회생(回生)의 승리를 노래하는 개선곡(凱旋曲)이 울려 나옴직도 했다.

그러나 그 회생이 부딪쳐진 상황은 너무도 어둡고 추악하고 불의(不義)로 가득 차 있었다. 평화로운 비둘기마저 편히 쉴 자리를 잃어버린 세멘트 문화에서의 추방자가 되어 있었다.

"사람과 같이 평화를 즐기던/사랑과 평화의 새 비둘기는/이제 산도 잃고 사람도 잃고/사랑과 평화의 사상까지/낳지 못하는 쫓기는 새가 되었다/서러운 세월이 가고서도/서러운 세월이 겹쳐서/인간 천년(千年)의 꿈이/한 마리 새만도 못하다"

불행하고 불우한 빼앗긴 인간군상(人間群像) 속에서 있는 그 자신을 발견한 것이다. 이승만(李承晩) · 안익태(安益泰) · 고희동(高羲東) 등 평소 그가 존경하고 또 무진 아끼던 이의 앞서가는 모습을 뼈를 가는 아픔으로 노래하기도 한다. 그리고 다시 살아서 가보기 어려운 그곳 그 고장 그 지역 그 사연들을 회상하면서 산과 구름과 돌과 샘으로 우정(友情)에 부치는 한 노래를 짓기도 했다. 대지(大地)와 자연(自然)과 그것들의 연속성과 그리고 지옥으로 통하는 무(無)를 노래한다.

"여긴 세월도 없고 계산이란 것도 없어요/서울서는 교통사고로 오시는 분은 많지만/제가 알 만한 분은 별로 없어서/고국 소식을 몰라 궁금 중인데/지금도 황금만이 행복하신가요……"

이산(怡山)은 놀라울 만큼 시니컬하고 독설적(毒舌的)이기도 한 풍자정신의 시인이다. 그의 시에 일관하는 이 강인한 상황풍자(狀況諷刺)의 이해 없이 이산의 시는 충분히 감지(感知)할 수 없을 것이다.

이헌구(李軒求)

(이대학보사 발행(梨大學報社 發行)『책소식』, 1974년 겨울)

어떻든 45년간의 시 2백 4, 50편이 한 묶음이 되어 이『시전집』은
이루어진 것이다. 끝으로 내가 이『전집』의 발문(跋文)에 썼던 말을
되풀이함으로써 이글을 맺을까 한다.

낮과 밤 두 고독 사이에 긴 노래가 있은 것은 대망(大望)을 위해서
도 태양의 영광을 위해서도 아니요, 생(生)의 신성(神聖)을 다하고자
함에서이다.

나는 시문(詩文)에 뛰어난 재주가 있은 것도 아니고 다만 시문이 좋
아서 다른 업(業)을 가질 수 없었을 뿐이다.

나는 바다와 모래 벌판과 바위와 바람과 물새들…… 그런 원츠적(原
初的)인 작은 어촌(漁村)에서 태어났다. 그 오염(汚染) 없이 평화한
마을에서 처음 미움이 생긴 것이 일본 헌병이었다.

나는 대학에서 시를 배우는 강의에서 낭만주의 시에 심취되면서, 시
의 나라 영국의 화려한 상아탑을 박차고 낭만주의 시정신(詩精神)의
고향인 희랍이 터키에 짓밟히는 것에 분개한 나머지 희랍 독립 전에 참
가하여 전야(戰野)에서 36세로 이슬이 된 바이런과, 셸리의 영원한 반
역아 '결박된 프로메테우스'에 경도되었다.

시는 나에게는 단순한 감정이나 서정(抒情)이 아니었다. 시인은 민
족의식(民族意識)의 첨단에 선다. 우리의 상황의식이 곧 민족의식이
되었다. 그런 관념이 나의 모든 감정의 저변(底邊)이 되고 정신의 지
주(支柱)가 되어 그 관념이 동력화(動力化)하여 옥고(獄苦)까지 겪게
되었다.

『시전집』을 내면서 나는 인생은 짧고 무상(無常)하지만 아무 일도
못할 정도로 짧은 것은 아니라는 것을 느꼈다. 이『전집』으로 하여
나의 시 생활(詩生活)의 새로운 이정표(里程標)가 되면 얼마나 다행
스러우랴만 나의 시 생활은 거의 마치게 된다. 13년 전 뇌출혈로 쓰

러졌던 그 10여년의 병고(病苦)에서 나는 나를 세웠다. 조만간 나는
가리라.

"네게 남는 것은 네 아들에겐 남지 않는다"고 누군가가 말했다. 나
는 내 아들이 누군지 모른다.

냇물에 이름 없이 흘러가라
단막극(單幕劇)의 잔영(殘影)들

추기(追記)

잡지에 연재됐던 이 글이 책으로 나오게 되는 기회를 타서 특별히
기억을 되새기고 싶은 사람들이 있다. 나의 할머니와 아버지, 어머니,
그리고 아내 — 내게는 가장 가깝고 가장 많은 은혜를 준 사람들 이다.

그날 새벽 한 벌거숭이 아기의 울음소리에 손자를 본다는 기쁨에 넘
쳐 일어난 나의 할아버지가 할머니 저고리를 위에 걸치고 산실에 들어
섰던 이튿날 아침부터 핏덩이 같은 아기는 할아버지 방에서 어머니 젖
을 먹으며 백일 동안 해도 안 보이고 바깥 사람들에게 보이지도 않았
다. 두 살 세 살 되면서 할머니는 친척집에 손자 자랑을 가서는 누구나
고놈 고 자식 잘 생겼다 하면 놈이나 자식이란 말이 그렇게도 노여워서
금방 그 자리에서 일어나서 나왔다는 것이다.
고운 말 쓰기를 의식한 것은 아니지만 손자에 대한 사랑과 희망에서
더러운 것이 보이면 눈을 가리어주고 아기에게 보통 잘 쓰는 놈 · 자식
이지만 이름을 꼭 부르셨다는 것이다. 과장해서 말한다면 어린이들에
게 고운 말 쓰기 선구자라고도 할 수 있다. 무식한 노인이지만 그 유훈

(遺訓)이 사랑의 정신으로 남아 지금 나는 여섯 살짜리 두 살짜리 손자들에게 아직까지 한번도 놈이라거나 자식이란 부조리한 말을 써본 일이 없다.

나는 열네 살에 장가가던 전날 밤까지 이 할머니 품에서 잤다.

6·25 때까지 그 선명한 로마 코의 할머니가 나의 앨범에 있는 것을 사진 한 장 바로 지키지 못했음이 어찌 죄스러운지 모르겠다.

가난해서 자손들이 사공이 될까봐 북간도에까지 이주했던 우리 집을 중흥기(中興期)에 올려놓은 것이 나의 어머님이시다. 건설적인 것이라면 무슨 일이든지 사양치 않았다. 여인숙을 하면서 경찰서 유치장 밥도 해서 그들이 풀려나올 때면 꼭 들러 어머니에게 잘 먹었노라고 치하했다. 그런가 하면 감자도 심고 몇 마리 안 되지만 양돈도 하고 양조(釀造)도 했다. 동해의 명산인 명태를 받아서는 알은 명란으로 파는데 빛깔과 맛이 좋아서 국내 각지로 팔려 나갔다. 또 애는 등유(燈油)로 하여 농촌의 옥수수와 호박, 기타 잡곡, 콩·팥·원두와 바뀌어져서 마치 산업전사 같은 분이시었다. 가을이면 콩을 몇 가마니씩 사들여 메주를 쒀서는 된장을 구차한 형제들과 이웃에 나눠주었고, 산에 과목을 심어 과수원을 만들어 우리는 사과·배·복숭아를 풍족하게 먹었다.

아침 일찍 일어나 마당을 쓸고 바닷가에 나가면 싱싱한 생선을 얻어 가지고 와서는, 일찍 돌아다니면 이렇게 생선국 거리가 절로 생긴다고 하시며 웃으셨다. 일자무식이라도 법당에 다녀 귀가 열려 들어가는 것이 불심(佛心)이 되었던 모양이다. 요새 새마을을 일으키는 근면·자조의 정신으로 하여 선영 재산도 없이 자녀 6남매를 전부 서울과 일본 동경까지 유학시킨 것은 마을에서는 실로 자랑스러운 어머니시었다. 해방 전 내가 옥중에 있는 3년 8개월 동안 그 지루한 세월 어느 날 밤도 내가 마당에 들어서서 부를 것 같아 치마끈을 풀지 못하고 누우셨다는 이야기에 민족을 위한 감옥살이였지만 어머님께 어찌 송구스러웠는지 모른다.

나의 옆에 앉으셔서 쓰지 못하는 팔다리를 주무르시며, 자네 태몽이 파아란 구렁이 담을 넘어 들어오는 것이기에 자네가 잘 되리고 거지가 오면 밥 한 공기 후하게 떠주고 중이 동냥 오면 쌀독에서 쌀을 공기 푹 떠주며 객지에서 배고픈 날이 없기를 빌었는데 내가 죽으면 이 아픈 팔다리를 내 팔다리에 문지르며 병을 싹싹 가지고 가달라하게…… 하셨다. 나는 눈시울이 뜨거워지며 신체발부(身體髮膚)는 수지부모(受之父母)라는 것을 실감하면서, 가슴에 매달려 마른 젖이라도 만지고 싶었다. 가시고 나니 못 만진 것이 한이로다!

어머님이 돌아가신 뒤 얼마 안 되어 아내도 죽었다. 나의 아내는 열일곱 살에 나에게 시집을 왔다. 일자무식이어서 일체로 얼굴을 내들지 못하도록 수줍었다. 열일곱 살 결혼 당시나 마찬가지였다. 손이 제일 더럽다고 씻고는 안방 아랫구석에 앉아 한 집을 세워나가기에 여념이 없었다. 글자로 사는 것이 아니고 듣는 것으로 생활철학을 터득했으니 그의 지혜의 원천은 속담이었다. '열길 물속은 알아도 한길 사람 속은 모른다.' '돈을 앞에 놓고는 웃지 못해도 아기를 앞에 놓고는 웃는다.' '호랑이도 새끼 털은 내리 쑻는다(쓰다듬는다).' '호랑이도 새끼 있는 골은 자주 돌아본다.' '돈 간 데 자식 간 데.'……

나는 내가 중병에 걸렸으니 먼저 죽을 줄 알았는데 뜻밖에도 아내가 먼저 죽었다. 죽기 얼마 전에 "내가 죽은 뒤에 아버지는 나를 알게 될 거요. 자식들이 있으니 저희가 먹는 만큼이야 안 먹일라구. 내가 없어진 후에 지내봐야 알 거요." 아내의 예견은 그가 죽은 5년 뒤에야 맞아들어섰다. 며느리도 나 혼자서는 잡히지 않는다. 아내가 소중한 것을 알 만한 나이에 아내는 일찍 죽었다. 불경(佛經)에는 불타가 그 제자에게 말하기를 아내에 일곱 가지 종류가 있는데,

① 딴 사람에게 마음을 두고 남편을 소홀히 다루고 금은을 주고 사들
  인 것을 지니지 않는 그런 아내는 '살해(殺害)의 아내'
② 그 남편이 아내를 위해 애써 재산을 얻었는데 그중 얼마를 얻어 가
  기를 바라는 그런 아내는 '투도(偸盜)의 아내'
③ 힘써 일하는 것을 좋아하지 않고 태만하여 먹을 욕심만 많고 거동
  은 노골적으로, 말은 정중치 못한 그런 아내는 '태만의 아내'
④ 어머니가 아들을 대하듯 언제나 보살피며 남편의 재산을 잘 지키
  는 그런 아내는 '어머니 같은 아내'
⑤ 누이가 동생을 대하듯 스스로 남편을 공경하고 겸양하는 아내는
  '누이 같은 아내'
⑥ 오래 헤어져 있던 벗이 온 듯 희열에 가득 차 품위 있게 남편을 섬
  기는 아내는 '친구 같은 아내'
⑦ 매도(罵倒)를 당하건 매를 맞건 참으며 마음을 바로잡고 남편이
  시키는 대로 하는 그런 아내는 '종 같은 아내'

이 일곱 가지 중 나의 아내는 일곱번째인 순종의 아내, 종 같은 아
내였다. 우리는 사랑하거나 잘 산 것은 아니지만 서로 속을 태우지는
않았다. 내가 여기 무식한 할머니로부터 어머니, 아내 이야기를 쓴 것
은 사람 하나가 나면 그 조부모로부터 그 부모·아내에 이르기까지 그
에 바치는 사랑과 정성과 헌신이 그만큼 순진하고 또 크기 때문이다.

그리하여 나는 감사하며 지금 살고 있다. 6·25전에 이미 고인이 된
나의 막역하던 친구의 동생을 평양서 불러 나를 살해하라는 지령이 내
린 일도 있다. 그러나 나의 동생 같은 그 친구의 동생인 C군은 지령은
받았으나 차마 할 수 없어서 여관에 돌아와 혈관을 끊고 목욕탕에 들어
가 그 자신이 죽었다는 것이다. 그후 6·25때에 밤늦게까지 정화수를
떠놓고 불경을 읽던 나의 아버님이 공산군에게 붙잡혀 가서 동대문구
중랑교 교각(橋脚) 옆에서 살해된 것은 당시 대통령 비서의 아비라는

죄목이었다.

지금부터 15, 6년 전 이북에서는 나와 모윤숙씨와 이헌구씨 등 세 사람을 부재자(不在者)로서 사형에 처했다는 방송이 있었다. 그러니 나의 국적은 저승, 참 살기 어려운 세상을 아직도 서울서 살고 있다.

(1976. 3.)

비참한 의식을 안고……
──내가 살아온 광복 30년(光復 30年)

(일제 36년＋옥고 4년＋분단 30년＝70년＝나의 인생 70. 70－70＝0인생)

이제 나는 해방 30년도 덧없이 다 보내고 이 지상에서 그 한 많은 평생을 청산하고 영원히 떠날, 실로 다시 있지 못할 그곳 긴박한 시간에 처해서 해방 30년등이 산수 하나를 제하(題下)에 써놓았다.

이 70년이 생기기 전 어머니의 뱃속 10개월만이 평안한 날이고 그 외에는 나대로의 내가 아니었다.

"얼마 남지 않았어요." 그는 용하게도 장님이 속으로 길을 짐작하듯 태평양전쟁의 전국을 가리켜 "지금 니미츠(태평양 함대 사령관)가 어디까지 왔으니 오래지 않았어요" 했다.

그래도 나는 간수에게 들킬까봐 오히려 냉담한 표정을 했다.

나는 형기(刑期)가 얼마 남지 않았지만 그 현산(玄山, 구로야마)은 무기수(無期囚)로 10여년 살았어도 아직 몇 핸가 남았으니 태평양 함대 사령관 니미츠의 전진이 그에게 오는 면회인처럼 기다려졌다. 그렇게 기다리는 것이 그뿐만이 아니라 사상범들의 대부분이었다.

그때는 일본의 패전이 곧 조선의 독립인 것이었다.

그런데 그것이 아니고 같은 의미겠지만 해방이라는 딴전이 벌어져서 해방은 곧 독립이 아니었다. 해방에서 독립까지 많은 삐라가 뿌려졌다. 지금 이 지경이 되고 보니 해방이 무슨 기념이랴. 일본 제국주의가 패전한 것뿐이지 일본은 망하지 않았다. 기업은 망해도 기업주는 망하지 않았다는 한국식 표현으로 본다면 융성하던 일본 제국주의는 망했어도 기업주인 일본인은 다시 서서 30년 만에 세계 4대강국에 드니 그 패전이 우리에게 무엇을 의미하는가. 그래도 우리는 그 해방을 지나온 30년 동안 해마다 꼬박꼬박 헤어서 울부짖고 찬양하며 조국찬가를 부르며 야단법석을 하지 않고는 배기지 못했다. 망국민의 설움에 화약을 짊어지고 직접 몸을 바치다가 붙잡힌 그 아득한 무기 사상범들이 옥문을 나설 때의 그 감격 그 환호가 어떠했던가.

해방 바로 얼마 전에 옥문에서 풀려나온 나도 그랬고, 나와서 주마염(走馬痰)이라는 고약한 병에 걸려 독립만세 소리에 놀라 지팡이 신세로 거리에 나선 나에게도 그것은 울먹거리는 큰 감격이 아닐 수 없었다. 나의 감격을 되살리기 위해 그때 해방기념 문인강연회에서 나의 시 「해방」은 이렇게 외쳤던 것을 여기 다시 옮겨보겠다.

해방

압박과 유린 속에 36년
피를 흘리며 신음하며
자유를 찾으며 해방을 원하며
얼마나 움직이는 파동 속에

뛰어들려 했던가
어데서 하고 싶은 일을 하고
어데서 읽고 싶은 책을 읽고
어데서 가고 싶은 길을 갈 수 있었던가

어데로 가도 나라없는 망국민
어데로 가도 이름없는 조선사람
아지 못할 무거운 죄와 벌
조선은 속박과 눈물의 땅
헐벗은 나그네
아 한많고 원많은 이곳에서
세계의 관(冠)을 쓰랴던
침략 일본

잘 가거라
고달픈 옷자락에
눈물을 씻으며
길이 가거라
흉몽을 안고
심연(深淵)에 누워 잠자거라
자장가는
우리의 행진으로 하리라

이제 고문의 시대는 가고
열화의 분화구는 터진다
만물이 우리와 같이

노래하고 춤춘다

아 하늘이여
더 높고 푸르러라
그 가슴에 뛰어들어
일하고 배우고 건설하리니
영광스러운 헌신
하늘을 받들고
지상(地上)에 우뚝 섰다
이 해방된 민족
공동의 환희
자유의 기원이 되어
조국에 바치는
한 줄기 피!
누가 우리의 길을 막으랴

아 조선의 의지와 지혜와 생명(生命)
대 우주의 창조에 의연히 서라
무한한 미래에 계속된
이십세기의 파동 많은 산맥
높은 봉우리에
영원한 자유와 독립의 탑을 세우라

　나는 해방 30년 1945년 8·15의 감격의 시 앞에 부끄러운 얼굴로 고개를 숙인다. 나는 그때 38선을 걱정하는 친구들과의 자리에서 욕먹을 각오를 하고, 설마 36년이야 걸리겠소? 했지만 그 36년이 앞으로 얼마 남지 않은 금년으로 30년이다.

일본의 안보에 한국의 안보가 긴요하다고 한다. 노일전쟁(露日戰爭) 때의 을사보호조약은 극동 평화에 한국의 희생이 긴요했다. 한국은 일본의 안보를 위해서 또 긴요하게 되었다.

공산 침략에 앞서 우리는 형제의 사이인가, 그렇다 해도 일체감(一體感)을 가질 수야 있는가. 역사가 되풀이되는 것이 사실로 증명되려면 오랜 시일 걸린다. 흙은 영원히 있겠으나 국토는 흙과 같이 꼭 영원히 있는 것은 아니다. 의식이 비참하지만 긍지가 좌절되지 말기를……

이산(怡山)

중학교 시절에 시험공부를 하면서도 가끔 시니 소설이라는 것을 읽을 때마다 문인들의 이름 위에 놓는 아호라는 것을 보고 운치 있는 특권같이 느껴졌다.

그러다가 일본 건너가서 와세다(早稻田) 제일고등학원 영문과에 들자, 나도 인제는 문학을 하니까 호가 있었으면 했다. 때마침 불문학과에 다니는 선배 이헌구(李軒求)씨가 여러 가지 감상적 아호(雅號)를 혼자서 지어 쓰는 취미가 있어 혹은 '한가람'이라 혹은 이구(里鳩)라 그 밖에도 여러 가지가 있는 듯했다. 때로는 암호같이 편하기도 해서 나도 그럴 듯한 호를 하나 지어볼까 했지만 머리에 떠오르는 생각에 알맞은 글자를 찾지 못해서 아호다운 호를 가져 보지 못한 채 학창 시대를 마치고 말았다. 꼭 있어야 하거나 없어서는 안 될 것도 아니지만 그래도 그때는 낭만주의의 물결이 치는 때라 호를 지으면 성(星)·효(曉)·연(淵)·영(影) — 그런 글자에 무슨 자를 붙여서, 부르기도 좋고 혹시는 뜻도 있으면 더 좋으리라 그런 궁리를 했다. 그러나 한문

실력이 시원치 않은 탓인지 글자 사이에 궁합(宮合)이 맞지 않는 탓이었던지 쉽게 좋은 글자가 붙지 않았다.

아호란 어찌 보면 대수롭지 않은 일종의 펜네임인데 우리나라에서는 자연물을 많이 빌어 쓴다. 대개 강(江)·해(海)·산(山)·도(島)·천(泉)·석(石)·운(雲)·월(月) 같은 글자들이 애용되는데 그러한 것으로써 상징·표상(表象), 혹은 성격 혹은 이상 같은 것을 나타낸다. 그러한 점을 떠나 아무 의미도 없이 좋은 것도 있다.

나의 친구에게 일정(一丁)이란 분이 있다. 춘곡(春谷) 선생이 지어준 아호인데 그분의 이름은 아무렇지도 않은데 이 일정은 가장 단순한 두 글자의 적절한 배합으로서 일정(一丁)하면 그분의 성격·모습·생활 모두가 직관적으로 떠오른다. 의미 없는 데서 오는 표상성(表象性)이 정말 좋은 아호가 아닌가 싶어서 나도 그런 호를 지어 보았으면 하기도 했다.

나의 친구 중에는, 벌써 작고했지만 함대훈(咸大勳)씨 아호가 일보(一步)였다. 함경북도에서 아내를 정답게 부를 때 '여보' 하지 않고 '이르보' 하는 때가 있다. 한잔 마실 때면 일보가 그 '이르보!'와 통하는 것 같았다. 시인 오희병(吳熙秉)씨도 고인이 되었지만 그 아호가 일도(一島)였다. 그 일도가 술을 몹시 좋아해서 취한 것을 보면 일도(一桃) 같고 경상도 사투리로 우길 때에는 일도(一道) 같고, 사랑으로 직행할 때에는 일도(一到) 같고 애처롭게 외로울 때면 고해(苦海)의 일도(一島) 같아서 내면적 변화의 표상성이 퍽 다양스러웠다.

또 이헌구씨 같은 분도 학생 시절의 기호에 따라 많이 쓰던 여러 가지 아호가 학교를 마치고 나서 소천(宵泉)으로 정착했는데 '소'는 아마 낭만주의의 황혼 같은 것일 것이다. 거기서 솟는 샘은 생명의 원천이겠지만 어떨 때에는 그 소천이 소천(素天)이 되기도 하고 소천(小川)이 되었다가 소천(笑泉)이 되기도 하는 것 같다. 또 모윤숙씨 같은

분은 영운(嶺雲)인데 박목월씨의 "구름에 달가듯이" 하는 허무감도
있지만 영운이 '여운(餘韻)' 같은 일면이 있어서 속에 리듬이 있고, 박
진(朴珍)씨의 우석(禹石)——돌에 현우(賢愚)가 있는 것은 아니지만
박진씨의 우가 현에 통해서 마음에 흐뭇한 감이 든다.

그래서 호란 대단치 않은 글자들이지만 지어 놓고 보면 아호가 되는
것 같은데 또 그것이 동양의 아취로서 나도 그런 것을 하나 가지고 싶
었어도, 그런 일이 쉽게 성취되지 않았다. 또 누구에게 지어 달라기도
귀찮고 어떤 순간에 누가 장난삼아 인상적으로 지어주면 가장 이상적
이겠으나 그런 혜택조차 오랫동안 없었다.

그러다가 교편 10년 끝에 사상범으로 몰려 그만 형무소에 끌려갔다.
유치장에서 미결감을 거쳐 정식으로 감옥에 갇혔을 때 나는 서대문 형
무소, 3동 2층 62호실 독방에서 그물을 뜨고 있었다. 한 주일에 한 번
쯤 10분가량 운동장에 나가는 외에는 해를 볼 수 없었다. 이 62호실에
는 조그만 북창 하나밖에 없었다. 집을 지은 뒤에 한 번도 열어 보지
못한 쇠사슬이 씌워진 창에는 거미줄이 너울거렸을 뿐, 게다가 검은
커튼이 내려져 있었다. 맘대로 일어서지도 못하는 감방 규칙이지만 하
도 답답해서 키보다 더 높은 그 북창에 가만히 가서 창천(蒼天)의 일
편이나마 내다보는 것이었다. 붉은 담 저쪽에 산봉우리가 보였다. 북
풍한설(北風寒雪)에 깎일 듯한 큰 바위가 우뚝 서 있었다. 운동 나갈
때 간수에게 물으니 금계산(金鷄山)이라고 했지만 지금도 확실치는
않다. 그러나 아직까지도 금계산으로 알고 있다. 그 산——그 봉우
리——그 바위를 보는 것이 나의 마음의 동향(動向)이요, 정을 붙이는
일과였다. 거기는 신선한 바람이 있고 새가 울고 초목이 자라고 그 위
에 떠다니는 구름——그것이 통틀어 산의 자세로 영상 되었으니 어찌
보면 호중천지(壺中天地)의 격이었다.

그러던 중 하루는 옥중거사(獄中居士)의 고애 속에도 여유가 생겼

던지 금계산을 생각하는 심정에서 호를 회산(懷山)이라고 해보았다. 회 자를 회향(懷鄕) · 회포(懷抱) · 회고(懷古) ─ 그런 것이 나의 가슴에 있는 염원 같아서 마음에 들었다. 그렇지만 부르기가 어떨까 했다. 그러나 어디 갔다가도 돌아오는 ─ 영영 가지 않는 우념(愚念) ─ 가슴의 중앙에 뿌리박은 글자가 아닌가. 게다가 산은 흙이요, 거죽에는 만물이 무성하고 속에는 한 줄기의 금맥(金脈), 온갖 결정, 그리고 한 알의 보석을 감추기 위해서 수천 수만의 세월을 성숙시키는 신비로운 작용이 계속되는 그것은 또한 동부동(動不動)의 자세이기도 한 것이다.

그래 나의 자작 '회산(懷山)'은 산을 생각한다, 산으로 간다, 산을 안는다, 산 속으로 들어가서 산에 안긴다, 흙의 향기, 흙의 빛깔, 흙의 맛 ─ 포근한 근원(根源) ─ 그렇게 제멋대로 공상하고 불러주는 사람 하나 없는 호─그것이 나의 옥중 회산이었다.

그 후 출옥한 뒤에도 나는 남에게 내가 회산이라고 해본 적이 없었다. 또 써본 일도 없어 수줍은 불출세의 암호에 지나지 않았다.

해방 후 소천(宵泉), 연포(蓮圃), 석천(昔泉), 시영(詩泳)과 함께 한동안 연일장취(連日長醉)였다. 안국동에 있는 '거창(居昌)집'에서 그 유명하던 동동주를 간혹 마실 때 어떤 날 우연히 아호 이야기가 나왔다. 나도 한몫 끼여서 회산에 대해 취담(醉談)겸 그 연유를 이야기했다. 석천(昔泉)이 한참 있더니 회산보다 '이산(怡山)'이 좋겠다는 것이다. 무슨 자냐 했더니 남이장군(南怡將軍)의 이(怡)자라고 했다. 그 즉석에서는 대체로 괜찮다는 정도로 들어 두고 다시 혼자 생각하는 성미로서 얼마 후 자전을 펴놓고 이 자를 찾아보니 열(悅), 낙(樂), 화(和)의 뜻으로 해석했고『당서(唐書)』에도 "해내개흔흔 붕우절절시시 형제이이(海內皆欣欣 朋友切切偲偲 兄弟怡怡)"라 했으므로 태도를 잘 가지면 태연할 것이요, 모습이 화평스러우면 이이(怡怡)할 것이

라, 그만 하면 과히 평범치도 않고 어렵지도 않은 좋은 글자라고 자신
했다. 다시 분석해 보아도 심사구〔心厶口: '怠'자를 풀어 쓴 것으로
'厶'는 '私'의 옛 글자이며『한비자(韓非子)』에 "자영위사(自營爲私)"라
는 말이 있기 때문에 자신의 호를 그렇게 풀이한 것임: 편집자 주〕— 마
음과 자영(自營), 그만하면 구덕(口德)도 있을 테니 글자의 구성도
괜찮았다.

그나저나 내가 정하기 전에 소천·석천·연포가 나를 결정적으로
이산이라 불렀고 다른 사람들도 따라서 부르니 저절로 이산이 되어 버
렸다. 아호란 별명처럼 남이 불러주면 그대로 되는 데 특징이 있는 것
같다.

게다가 부르기 쉬워서 그 당시 내가 술 마시러 다니던 마담들이 '이
산 저산' 하면서 나를 애들처럼 놀리며 귀엽게 불러 주어서 애칭처럼
되기도 했다. 그래 이산보다 '저산'에 더 뜻있는 감도 있었다. 하루는
그러면서 '저산'에는 그럴 듯한 내용이 없나 해서 또 자전을 찾아보았
더니 아니나 다를까 '저산(佇山, 우두커니 서 있는 산)' '저산(岇山, 우
뚝 선산)' '추산(萩山, 갈대산)'— 그것도 그럴 듯했다. 그뿐인가. 이
산 저 산은 2산도 되고 네 산 내 산도 되기 때문에 이산(爾山)은 너의
산이니 술집에서 이 산 저 산 부르는 아가씨들을 나의 속된 아호로써
무심히 가깝게 하고서는 담담히 물러서니 나는 다소간 아호의 덕을 보
기도 한 셈이었다.

그보다도 더 중요한 것은 이 아호가 나의 성격이나 표정과 상반되는
데 또 약간의 의의가 있다. 나는 말을 하면 실수하기 쉽고 실수하면 수
습을 잘 못해서 후회하는 때가 있지만 후회도 남처럼 심각하게 하는 것
을 그리 좋아하지 않는다. 그래, 말을 많이 못하는 것을 교양으로 한
다. 그 부자연한 교양이 침묵을 웅변이나 황금처럼 밑천으로 삼는 것
은 아니지만 어쨌든 부족한 사람에게는 침묵은 실수 없는 표현이다.

그것을 선의로 보는 대소의 친구들은 나를 우대하기에 점잖다고 한다. 심하면 점잖은 걸 빼면 보잘 것 있습니까 하는 식의 유머에까지 발전할 때도 있다.

사실 침묵으로 점잖다는 것은 행동으로 점잖다는 것보다 훨씬 쉬운 과업이지만, 거기 비하면 나의 아호는 점잖은 것 없는 극히 속된 것이다. 그렇지만 점잖다는 데서 나를 풀어주고 굳은 데서 해방시켜 주는 것이 나의 아호다.

그래서 이산(怡山) 하면 나는 무언의 덩어리에서 해빙되듯이 풀린다. 그런 점에서 이산은 세인과 다른 나의 부자연한 성격에 이상적 반동을 항상 꾀한다.

그런 이산에게 하루는 어떤 수수한 과객(過客)이 '자유문학사'에서 마주 앉았다. 나의 아호를 묻기에 별로 없다고 해도 선비 같으신데 없을 리 없으니—꼭 가르쳐 달라는 것이었다. 손금이니 관상(觀相)이니 하는 데 대해서 소크라테스나 플라톤 같은 분이 보자면 몰라도 나는 나의 인생이나 팔자를 남의 해석이나 발견에 맡기고 싶어 하지 않는다. 그러나 이 친절한 과객의 호의를 불쾌하게 대할 수 없어 마지못해 이산(怡山)이라 했더니 책을 펴놓고 손가락을 꼽으며 글자풀이를 하더니 급기야 좋지 않다는 것이다.

남의 일을 해주어도 배신을 당하고, 일은 될 듯 안 되고 득보다 손이 더 많으니 지산(志山)으로 하면 이산으로 안 되는 것이 다 될 것같이 자신 있게 말한다.

언젠가 어떤 사람이 김(金)자, 광(珖)자, 섭(燮)자 세 글자가 다 빛이 되어 이름이 세다고 했으나 꼭 한자의 자수만 따질 게 아니라 사내답게 '꽝' 하고 조심스럽게 '섭' 하면 오히려 유종의 미가 있고 또 '섭' 하고 입을 다물면 피리어드 같아서 개명(改名)을 하지 않았는데 지금 이산·지산론(志山論)도 한글로 따지고 보면 아 행(行)과 자 행 차이

뿐으로 다행히 '이'와 '지'는 아래 서열이 같다.

그렇지만 그분의 설에 의하면 지산 때문에 이산이 의외의 추방을 당하게 되는 것 같았다.

그나저나 그렇게 인연이나 있는 듯이 찾아와서 열렬한 충고로 길흉화복(吉凶禍福)을 판가름해 주는 경우에 처해 나는 일모(一毛)의 타당성보다 일호의 이유라도 거절할 수 없는 성품에다가 남자의 존칭이요, 직업의 으뜸인 '선비'의 대우를 받고 나니 거만하게 할 수도 없고 해서 이산(怡山)이라는 것이 만인에게 통하는데 무슨 방법으로 고치느냐고 한즉 문패(門牌)에 쓰거나 명함에 박아도 그것으로 족하다는 것이다.

그후 어떤 친구에게 지산(志山)이 어떠냐고 물은 즉 자기가 아는 유명한 분에게 편지로써 물어보겠다 한 것이 수년이 지나도 아직 회신이 없고 또 해외에 있는 친구에게 심심풀이로 어떨까 해서 그 사연을 썼더니 회신에도 그 이야기는 일언반구도 없었다. 또 소천(宵泉)·우석(愚石)과 동석한 자리에서 지산(志山) 이야기를 좀 창피하지만 농담 삼아 했더니 반응은커녕 그대로 여전히 이산(怡山)이라고 불렀다.

그래서 아호라는 것이 나의 경우에는 내 것이 아니라 친구의 것이라는 것으로 판단했다. 다시 말하면 내게도 편하고 남에게도 기분 좋아야 한다. 더욱 보통 때에는 몰라도 초라한 술집에서 술을 마시거나 뒷골목 같은 델 다닐 때 김광섭씨 하면 자기도 깜짝 놀랄 경우가 있는데 그런 때라도 이산 하면 장본인은 없고 호만 둥둥 뜬 듯, 표리(表裏)를 가리지 않고 다니는 사람에겐 아호란 은신처와 같은 것이 아닌가 싶다.

제2부
옥창일기

옥창일기(獄窓日記)

머리말 (I)

이 일기(日記)는 슬픔의 자유도 없고 눈물의 자유도 없이 서대문형무소 독방(獨房)에 수감되었던 날로 인하여 생기게 된 것이요, 출옥한 지 17년 4·19 이후 답답한 시간에 나오게 되는 것이다.

잊지도 못할 1941년 2월 21일 이른 아침 한인(韓人) 형사들에게 온 집 안을 수색당하며 끌려나온 후 세월 없이 깊어가는 고난과 비애의 도중 1943년 11월, 죄인에 대한 형가(刑家)의 처우로 4급에서 3급 승진으로, 바로소 영치(領置)된 펜과 잉크와 공책 두 권이 돌처럼 눈을 감고 앉아 있는 죄수 앞에 던져진 그날부터 이 일기는 시작된다.

3년 만에 만난 붓대요, 그 용도에 제한은 붙지 않았으나 기록에는 의미와 목적이 생기는 것이니 자칫하다간 심증(心證)에 걸려 필화(筆禍)가 생기지나 않을까, 허가를 얻자면 일기라 해서 수시로 보자 할 것이며 차라리 독방에서 혼자 어정거리는 낙서로써 편편(片片) 그대로 적되 어떻게 가지고 나가느냐는 그때 그날의 사정에 맡길 수밖에 없는 것으로 했다.

난(亂)을 만난 자에 난(亂)이 있듯이 6·25로 30년 모은 7, 8천 권의 책과 종로경찰서의 압수 중에서 겨우 살린 문예창작 일기 다섯 권, 유치장에서 '지리가미〔화장실에서 쓰는 두루마리 휴지: 편집자 주〕'에 연필 꽁지로 써서 외투 밑자락 속에 감췄다가 나와서 정리한 원고지 백 매(枚)의 단시(短詩), 잠언초고(箴言草稿) 등, 하나 남김없이 잃었는데 이 노트 두 권만이 어인 일로 보따리 속에 끼여 있었음일까.

전후 17년 동안 건사하기에 귀찮기도 했으나 옥사(屋舍) 어두운 거미줄에 목메어 숨 쉬던 날을 생각하여 일어(日語)에서 다시 옮기자니 약기(略記)한 것, 은유(隱喩)와 반어(反語)로 쓴 것, 이모저모에 암시한 것 등 바로잡기에 이럭저럭 옥수(獄愁)에 잠긴 듯 3개월여 7백 매 길이가 되었다.

물건이 되는지 안 되는지도 모르고 큰일을 치른 듯도 하나 별로 문학적 의도가 있는 것도 아니고 다만 인간이 죄지은 동물보다도 더 못하게 취급되는 비인도적 박해와 그에 따른 제도를 별로 타의(他意) 없고 악의 없이 실태 그대로 보고 느낀 몸에 스며들고 뼈에 사무친 옥중신변잡기(獄中身邊雜記)일 뿐이다. 행여 왜정하 독립운동자들이 매 맞고 가두어졌던 집, 병들어 죽던 모습——그 편린(片鱗)이나마 간혹 보인다면 이 노예의 서(書)가 팔렸던 땅에 사는 형제와 형무행정자(形務行政者)에게 일고(一考)가 되리라 믿는다.

다행일까, 대동아전쟁 말기에 간수 부족으로 훈련시켜 '보수(補守)'라는 것을 10여 명 임시로 두어 손쉬운 일을 돕는데, 사상범이지만 징역하는 태도가 점잖았던지 그중에 뽑혔으니 사실은 앉은 대로 채찍에 맞음이 강직(剛直)하겠으되 징역은 쉽게 살아야 한다는 옥중 동창(獄中同窓)들의 말에 따라 또다시 서야 함을 느끼고 쾌(快)치는 못하나 응하여 출감 얼마 전부터 다소 쉬운 길로 복역케 되며 보기 어려운 데까지 본 것 그리고 그 집이 또한 수도(首都) 서편 일우(一隅)에 서울의 행복을 위하여 있되 일찍이 침략자가 한국의 얼을 잡던 도장(屠場)이었음을 잊지 않고 알려두고자 한다.

머리말 (II)

죄란 원래 없는 것 같은데, 나라가 없으니 죄 아닌 것이 또 죄가 되더라.

어렸을 적에 누런 복색에 긴 칼을 찬 일본 헌병이 서당 아저씨들을 쫓아내고 내가 고모님 댁으로 가는 길을 막고 서 있었다. 그때 그 헌병이 내게 무엇을 주었는지 나는 그때부터 어딘가 달라졌고, 지금도 그 헌병을 나는 본다.

나를 취조하던 이토오 기요시(伊藤淸) 검사는 내가 일본 유학 당시에 쓴— 곡간 속 낡은 상자 속에 버린 헌 일기책을 주워다 검토하는 중 일본인은 조선 사람의 피를 짜서 소다수(水)에 넣어 먹으라는 어리궂은 구절을 찾아 가지고, 너 같은 자를 놔두었다간 대일본제국이 성립되지 않을 게라고 매서운 눈초리로 극언했다. 먹는 사람이 먹히는 사람을 보고 눈총을 쏘고 입칼질하는 것이었다. 그때 나는 그를 바로 보는 것이 불경스러운 것 같아서 고개를 수그리고 있었다.

나의 중동(中東) 교단 10년은 나의 민족정신의 단상(壇上)이었다. 내게는 조직력도 투쟁력도 없고 다만 민족에게서 씨가 앉고 일본이 북돋워주는 의식이 있을 뿐이었다. 그것은 누를수록 치솟으며 열을 띠고 열리려는 세계였다. 그 당시에 압박하고 착취하고 고문하던 일인들이 지금 싫어서 황국신민서사(皇國臣民誓詞), 궁성요배(宮城遙拜), 일어전용(日語專用)을 시키는 대로 하지 않았다고 우리를 무엄한 놈이라 할까. 이토오(伊藤) 검사는 나의 그런 등속의 죄를 추궁하다가 펜을 놓고 나를 다시 쳐다보았다. 그 눈초리가 지금도 나를 못된 놈이라고 하는지 모르겠다.

나는 내가 교단에 서면 조선인이라는 것을 학생들에게 직감케 하였다. 감정은 처벌할 증거가 아니다. 이 조선인의 교실에서는 조선인의 슬픔이 감정과 안색(顏色)으로 배워졌다. 나의 조선인의 형성은 그런 것이었다. 그것이 자신을 지킬 당면한 역사의 형자(形姿)였다. 그것은 침범되지 않고 조직하리라 믿었다. 나의 죄가 있다면 그것뿐이었다. 나의 가르침을 받는 학생들은 처음에는 본능적인 조선인이요, 다음에는 양식(良識)의 조선인이 되었다. 그러므로 그들은 나를 고발하지 않는 나의 핏줄이었다.

형사실에서 시뻘건 부젓가락을 달궈 가지고 발길로 차며 지지겠다고 달려드는 그들에게 나는 독립을 희망한다는 것을 결사적으로 부인할 수가 없었다. 독립을 희망한다는 한마디! 그때부터 과거 나의 일체의 언행은 거기 결부되어 나에게는 치안유지법이 적용되었다.

예심판결서(豫審判決書: 日文譯)

우(右) 피고인(被告人)은 소화(昭和) 칠년(七年)(주(註): 서기 1932년) 삼월(三月) 조도전대학(早稻田大學) 영문과(英文科)를 졸업하고 소화(昭和) 팔년(八年) 사월(四月) 이후(以來) 중동학교(中東學校) 영어(英語) 담당 교사로 봉직한 자로서 일찍부터 민족의식(民族意識)을 포회(抱懷)하고 조선 독립(朝鮮獨立)을 의도(意圖)하여 오던 바 우(右) 교직(敎職)을 이용하여 학생을 사주(使嗾)함으로써 소기(所期)의 목적 실현(目的實現)에 자(資)할 것을 기획(企劃)하고,

(一) 소화(昭和) 십사년(十四年 : 주(註) : 서기 1939년) 삼월(三月) 중동학교(中東學校) 제3학년(第三學年) 을조교실(乙組教室)에서 동조(同組) 삼학년(三學年) 약(約) 칠십명(七十名)에 대하여 담당한 영어 수업시간에 내선인(內鮮人)은 공(共)히 일본인(日本人)이라는 허위정책(虛僞政策)에 차별(差別)을 두어 일본인(日本人)이 조선(朝鮮)에 오는 데는 자유(自由)지만 조선인(朝鮮人)은 허가(許可) 없이 일본(日本)에 도항(渡航)할 수 없는 차별대우(差別待遇)는 조선인(朝鮮人)에게 자유(自由)를 주지 않을 증거(證據)로서 조선인(朝鮮人)으로서는 용인(容認)할 수 없음을 역설(力說)하여 조선(朝鮮)의 독립(獨立)을 기도(企圖)할 것을 선동(煽動)하고,

(二) 소화(昭和) 십오년(十五年 : 주(註) : 서기 1940년) 유월(六月) 동교(同校) 제4학년(第四學年) 갑조(甲組) 교실(教室)에서 동조(同組)의 학생(學生) 약(約) 칠십명(七十名)에게 담당한 영어 수업시간에 중등학교(中等學校)에 있어서의 조선어 과목 폐지(朝鮮語科目廢止)는 조선어(朝鮮語)의 말살(抹殺)을 목표(目標)로 하는 정책(政策)이므로 조선 민족(朝鮮民族)이 존속(存續)하는 한(限) 조선어(朝鮮語)의 절멸(絶滅)을 할 수 없도록 강조(强調)하는 담화(談話)를 함으로써 전기(前記)와 같이 선동(煽動)하고,

(三) 동년(同年) 구월경(九月頃) 동교(同校) 제4학년(第四學年) 갑조(甲組) 교실(教室)에서 동조(同組)의 생도(生徒) 약(約) 칠십명(七十名)에게 대하여 영어 수업시간에 이광수(李光洙) 및 이태준(李泰俊)을 조선(朝鮮)에 있어서의 민족주의자(民族主義者)로 그 인물(人物)을 소개(紹介)하고 조선인(朝鮮人) 된 자(者)는 우양인(右兩人)의 인물(人物)을 알고 동시(同時)에 그 작품(作品)에 접(接)하는 데 필요한 담화(談話)를 하여 전기(前期)와 같이 선동(煽動)하고,

(四) 소화(昭和) 십오년(十五年) 구월경(九月頃) 동교(同校) 생도

(生徒) 약(約) 칠십명(七十名)에게 대하여 영어 수업시간을 이용하여 이번 한글 신문인 조선일보(朝鮮日報) 및 동아일보(東亞日報)가 조선총독부(朝鮮總督府)의 탄압(彈壓)에 의(依)하여 폐간(廢刊)된 것인바 이 양 신문(兩新聞)의 폐간(廢刊)은 조선 문자(朝鮮文字)를 근절(根絶)시킬 목적(目的)으로 한 것이니 이는 조선인(朝鮮人)을 문맹(文盲)케 하는 제일보(第一步)임을 예지(豫知)하지 않을 수 없다는 취지(趣旨)의 담화(談話)를 하여 전기(前記)와 같이 선동(煽動)한 자(者)로서,

우(右) 피고인등(被告人等 : 주(註) : 학생(學生) 등 포함)의 소위(所爲)는 어느 것이나 치안유지법(治安維持法) 제3조(第三條), 치안유지법(治安維持法) 개정법률(改正法律) 제5조(第五條), 형법(刑法) 제50조(第五十條) 제6조(第六條) 제10조(第十條)에 해당(該當)하며 공판(公判)에 회부(回附)함에 족(足)한 범죄(犯罪)의 피의(被疑)가 있으므로 형사소송법(刑事訴訟法) 제212조(第二百十二條)에 의(依)하여 언도(言渡)할 것임.

의(依)하여 주문(主文)같이 결정(決定)함.

소화(昭和) 17년(十七年) 5월(五月) 31일(三十一日)

경성지방법원 예심계(京城地方法院 豫審係)

조선총독부 판사(朝鮮總督府 判事) 소전기형(小田基衡) ㊞

우(右) 등본야(謄本也)

동일(同日) 어동청(於同廳)

조선총독부재판소서기(朝鮮總督府裁判所書記)

청산욱주(靑山旭周) ㊞

내가 투옥되기에 그렇게 많고 모를 조문(條文)이 적용되면서 내가 4년 구형에 2년 언도를 받기까지 그 수속절차에 1년 10개월이 걸렸다.

독방에서 그물을 뜨면서 한 달 두 달 한 해…… 내 가슴에는 많은 무덤이 패여졌다. 나는 그때 내가 나갈 날짜에 못이 박혀졌었지만 그 날짜를 늘상 취소했다. 어머니가 나를 거기서 낳고 거기서 죽으라거니 했다. 나는 그때 대일본제국의 무운(武運)이 장구(長久)할수록 체념할 수밖에 없었다. 나는 무신(無神)과 허무에 매달려 내 방에서부터 어둠이 시작하라고도 했다. 지금 사는 것은 그러다가 살아나온 뒷치닥거리일 뿐이다.

단기 4294년 3월

일기(日記)

아 붓인가 오래간만일세
네 자리에 티눈이 박혔었건만
지금은 다 없어지고
손가락만 가늘어졌다
너는 무슨 증거로 와서
나를 구하는가

* *

벌거벗고 눈물 어린 그림자
바람에 몰려 수은주(水銀柱) 앞 차게 지나다

여기는 인생의 어디쯤 될까

동물적인 고독 — 불행한 5척 5촌
두 자(尺)로 줄이고……

헌데처럼 내놓인 신경
한기(寒氣) 가시처럼 닷치다

아 일체의 인간적인 것이여
여기 마련된 자리에 넘어지면
그때부터 완전히 허무(虛無)일 테지

북창(北窓)에 하늘은 내용 없는
나의 오늘의 궁극(窮極) — 측은함이여!

1943년 11월 10일 (水)

간수가 오더니 시찰구(視察口)로 들여다보며 지난 10월 15일자로 3급으로 승진되었다 한다. 그리고 영치(領置)된 펜과 잉크와 공책을 식통구(食通口)로 넣어주면서 대학 출신 교원이요, 문인이니 무얼 쓰나 하여 관심과 흥미를 가지는 눈치였다.

벌써 집을 떠난 지 어언간 2년 9개월, 미결감에서 기결감(旣決監)에 온 지도 1년 유여(有餘) — 이 독방에서 저 독방으로 옮겨질 뿐 정신에 자극이 있거나 마음에 변화가 있을 리 없다. 다만 붓과 종이를 오래간만에 만났으니 지루한 시간을 잊어버릴 겸 심신의 청우한난(晴雨寒暖)이나마 적어 날짜를 붙여 두고자 한다.

그러나 굶주려 얼굴이 희멀쑥하게 부은 것 같은데 무슨 기맥(氣脈)에 글자가 살아날까! 아침 먹고 점심 먹고 저녁 먹기까지 나는 종일토록 그물을 뜬다. 손가락이 아프거나 시리면 눈물 어린 눈으로 책을 들여다본다. 그러다가 밤이면 글을 쓴다.

감옥이 동물원과 다른 것은 처우법(處遇法)이 있는 것이다. 형기(刑期)를 4분 해서 성적에 따라 진급한다.

처음 입소(入所)하는 자는 얼마 동안인지는 몰라도 무급(無給)이다. 다음 4급에서부터 1급까지 있다는데 4급에서 3급까지 24점, 3급에서 2급까지 36점, 2급에서 1급까지 48점, 매월 득점 최고 표준이 12점—이 12점은 행장(行狀) 3점, 작업 3점, 책임 3점, 근면 3점으로 누범(累犯)이나 장기수(長期囚)는 여간해서 점수를 주지 않는다. 10년형이면 7년가량 되어야 2급이 될까 말까다.

3급 특전은 한 주일에 목욕 두 번이요, 영치된 공책과 연필을 준다.

2급 특전은 적색에서 청색 수의로 갈아주고 차입된 내의를 입을 수 있으며 상장(賞狀)과 상여(賞與)를 받을 수 있다. 상장을 타면 어깨에 붙이고 상여는 작업비에 따라 붙는다. 그리고 공장에 나갈 때 발가벗지 않고 또 가석방(假釋放) 자격이 2급부터 생긴다.

진급은 담당 간수에게 달리는데 계호과(戒護課)에 보고하면 부장회의에 제출되어 심사 결정한다.

나는 무급(無給)에서 4급으로, 4급에서 3급으로 어떻게 구분되어 어떤 성적으로 어떻게 되었는지는 모르나 간수가 하는 말이 특진(特進)이라고 했다. 1급은 장기수에게나 있을 뿐 2년 정도의 죄수로는 바랄 수도 없고 잘하면 3, 4개월 후에 2급으로 특진할 수 있다는 것이 간수의 나에 대한 호의인 것 같았다.

이곳 통념에는 6개월이나 1년 같은 것은 오줌 누러 왔다는 것이다. 그런 걸 가지고 꾸역꾸역 하다간 창피나 당한다는 것이다. 징역은 쳐다보고 살라는 것이 감옥 사회의 신조다. 까마득한 출옥 일자를 잊어버리고 사는 장기수 앞에서는 감히 말도 못한다. 그저 그 사람을 쳐다보고 살면 가까운 날짜는 저절로 온다. 그러니 나갈 날짜가 가깝다고 조잘대다간 경을 치기도 한다. 또 동숙자(同宿者)나 동범자(東犯者)에 대한 의리도 아니다.

기상나팔 소리에 뛰어 일어나 단벌 이불을 개고 수건에 물을 짜서 몸을 훔친다. 이렇게 냉수마찰이나 해야만 엄동(嚴冬)을 넘기리라.

뻘건 수의(囚衣)를 다시 걸치고 서성거리다가 아무 생각 없이 눈을 감으며 찬 벽에 팔짱을 끼고 기대 앉는다. 초가을인데 벌써 발가락이 꼬부라진다. 간수의 구둣소리가 빨라지면서 철컥철컥 문들이 열린다. 마음속으로 나갈 차비를 단단히 하는데도 몸이 벌써 오그라진다. 그러나 망설이다간 야단이다. 후려갈기우기도 하고 차이기도 한다. 나의 독방에도 차츰 가까워진다. 후딱 벗고 문 앞에 선다. 무명 수건 하나를 들고 문이 열리자 고개를 끄덕 하고는 복도를 달려 층계를 내려와 큰문에 나서면 겨울물에 풍덩 뛰어드는 듯 찬바람을 흑 느끼며 창창한 대한천(大寒天) 속에 뛰어든다. 정신없이 달리다가 중가운데 놓인 허들을 훌쩍 뛰면서 입을 하― 벌려야 한다. 뛰는 것은 항문에 감춘 것이 없다는 표시요, 하― 하는 것은 입에 문 것도 없다는 증거다. 감방과 공장 사이로 조그마한 것이라도 가지고 다니다간 벼락이 떨어진다. 이렇게 무시무시한 관문을 넘어서 내가 독방에서 요새 나가게 된 15공장 어귀에 이르면 나체의 행렬…… 굶은 입에서지만 단김이 훅훅 빠진다. 두 손 엄지손가락과 둘째손가락으로 수건을 반듯하게 펴서 앞이 실례(失禮) 안 되도록 가리고 간수님에게 공손히 인사를 드린 다음 발바닥을 가마니에 닦고 나서야 비로소 공장에 들어가 자기의 작업석(作業席)에 간다. 새파랗게 질려 오들오들 떨리는 몸을 손바닥으로 쫙쫙 문지르고 하룻밤 새도록 꽁꽁 언 뻘건 작업복을 주워 입고 궤짝만 한 작업상(作業床)에 앉으면 이것이 아침에 시작되는 제일 고된 징역이다.

다음은 식사다. 썩은 콩깻묵에 좁쌀알이 섞이고 틀에 박힌 둥근 밥덩이—그 위에 3자가 찍혔다. 3등이다. 목공이나 철공같이 중노동이 아니니 등수가 낮다. 소금물에 파랑이가 둥둥 뜬 퍼런 국 한 양저기를 훅훅 마시면서 밤에 얼고 아침에 언 속을 가볍게 푼다.

추우니까 그게 맛이다.

이렇게 고될 줄 알았으면 공장에 나오지 말걸…… 너무 오그라졌다 풀리니 혼미(混迷)해진다. —나는 언제 태양을 예찬하고 인생을 노래했던가. 모진 추위의 세례를 받고 취한 듯 허전할 뿐 먹은 것이 덕이랄까, 나는 그저 2223번일 뿐이다.

간수가 대(臺) 위에서 쏜살같이 "23번! 무얼 생각해?"

나는 대답 대신에 고개를 푹 숙이고 일을 시작한다. 궤짝만 한 상(床)에 붙인 유리 위에 도안을 놓고 조개껍질에 그대로 그려놓은 선을 따라 톱질해서는 반지(半紙)에 붙인다. 벼루집 뚜껑에 붙일 모란꽃이다. 이것이 초보자인 내가 종일 하는 일이다. 강철로 만든 실낱 같은 톱으로 지정된 자리에 앉아 종일토록 켜면 엄지손가락 손톱 끝이 가루가 되면서 다 해진다. 졸다가 그만 손톱을 켠다. 면도칼처럼 산뜻하면서 베어지면 빨간 피가 솟는다. 이것이 생명이구나 하고는 조개 가루를 바른다.

옆에 앉은 사람은 숙련공이라 청사진을 상에 놓고 열심히 또 척척 잘 켠다. 오래간만에 보는 흰 곡선들이 바람에 휘몰린 바다의 기상도(氣象圖) 같다.

이렇게 하다가 해질 무렵 또 한 덩어리 3등밥을 먹고는 발가벗은 채 각오를 하다가 냉수같이 찬 저녁 산바람에 맞서 달음박질로 감방에 돌아온다. 간수가 문을 쾅 닫고 가면 할딱거리는 숨결이 제대로 돌아설 때까지 무릎을 꿇고 눈을 감은 채 가만히 앉아 있는다.

11월 11일 (木)

아침에 서리가 하얗게 깔렸다. 앞에 간 사람들이 뛰어가서 흰 마당에 길이 까맣게 났다. 한참 뛰고 나니 내 몸인데 남의 살이 되었다. 예전 같으면 하얀 서리는 첫가을의 시상(詩想)일 것이다. 갈대 같은 알몸으로 공장 문 어귀에 펴놓은 가마니에 발바닥을 닦고 작업복을 입은 뒤에 라디오 체조를 시킨다기에 일동 기립하여 마당에 나갔다. 나는 큰 소리로 힘차게 했다. 간수와 나의 목소리가 컸다. 다른 사람들은 팔다리를 활활 놀리지를 못한다. 사람이니까 굶고도 체조하는 식이었다. 틈만 있으면 손을 훅훅 불면서 비벼댔다. 춥지 말라고 마당에서 줄지어 체조를 시키는데, 어서 들어가서 밥이나 기다려 먹자는 것 같았다. 마지막 심호흡은 가슴이 펴지지 않아서 하는 척만 했다.

목조공장—3면은 유리창인데도 아침이 일러서 컴컴했다. 모두들 빨간 원숭이같이 정좌를 하고 있었다.

웬일인가, 열심히 기다리는데 밥은 좀 늦어졌다. 바깥 나뭇가지에는 서리가 희고 빛났다. 이윽해서야 동쪽 창 한 귀퉁이에 가느다란 광선이 비쳐 들었다. 저게 언제 내게 올까 하는데 하늘에서는 두터운 구름이 떠서 빛은 쫓겨갔다. 눈이 스르르 감겼다. 눈물이 핑 돌았다. 여기는 내가 울 곳이 아니라 다른 사람들이 나를 울어주어야 할 곳인데…… 눈물은 잦아들었다. 간수가 보면 야단이니까…… 이런 곳에서 벌을 받는 사람들—가차 없이 격리된 사회 속에서 고질(痼疾) 하나씩 다 가지고 있는 낙인 찍힌 무리들—나도 그 한가운데 자리 잡고 무릎을 꿇고 있다. 인간 사회의 모든 죄가 구체적인 인간의 모습으로 한자리에 모여 있는 곳이다.

공장 앞 은행나무가 높다랗게 잎은 져도 의연(毅然)하였다. 가지가 섬세하게 뻗쳐서 하늘에 올라갈수록 가늘고 부드러워진 것 같았다. 뒷공간이 투명한 얼음처럼 유형(有形)하게 푸르렀다. 하늘은 올바르고

서 있는 그 자세는 내가 가지는 일과였다.

문득 문군(文君)이 생각났다. 그는 내가 가르쳐 불행하게도 나도 모르게 나와 공범자(共犯者)가 되었다. 그의 아버지와 어머니가 나를 얼마나 원망했을까, 재판 당일에 그의 얼굴은 더 길쭉해졌던데…… 지금은 어떨까, 나갔는지 있는 건지 이감(移監)됐는지 나는 그의 형기(刑期)조차 잊어버렸다. 나갔을 것 같기도 하지만…… 한번 들어오면 여기서는 다시 알 도리가 없다. 알던 것도 다 몰라진다.

은행나무에 몰려와 울던 새들은 어찌된 셈인지 오늘은 어디 한군데 가서 붙잡혔는지 재잴거리는 소리조차 끊어지고 없다. 나는 붙잡아 매어놓은 한 개의 '자리' — 움직이지 못하는 좌석이었다. 누군가 앉았다 간 자리요, 그 다음에 지금 내가 앉은 자리일 뿐이었다. 그 운명에도 아무 다를 바 없다.

변소엘 갈 텐데 일어서서 허가를 맡아야 한다. 젊은 애들이 오줌 핑계로 자주 일어서다간 참으라는 바람에 힐끗 쳐다보고 도로 앉는다. 다음번엔 내 차례였다. 일어서려니 펴고 앉은 허리가 꼬부라진 줄 알았다. 허리가 시큰하고 다리가 저렸다. 슬픔에 잠기고 괴로움에 마비된 중에서 가슴과 머릿속 통로까지 모두 잘못된 것 같았다.

배고플 때가 지나서야 점심이 오고 또 그렇게 저녁이 왔다. 밖에서 밥통 소리가 허덕일 때면 목젖이 야단들이었다. 말도 웃음도 다 금물이지만 간수가 봐도 좋다는 듯이 먹이 앞에 희색이 만면했다.

해가 성외(城外)에 떨어질 무렵이면
빨가벗고 나는 또 차디찬 미혼(未婚)의 방(房)으로 가는구나!

이렇게 돌아온 방에 간수는 육중한 문을 쾅 닫고 쇠를 덜컥 잠그고 갔다. 독방에서 그물을 뜰 때에는 죽음의 집에 이제야 사람들이 돌아오는구나! 하고 그 소리조차 위로가 되었건만 지금은 내가 빈방에 돌아오는 다른 공허(空虛)에 맞서게 되었다. 앉아야 하지…… 서는 것도 규칙엔 위반이니까…… 창고같이 두터운 시멘트 벽에서 찬기가 서서히 몸에 스며든다.

이 방은 돗자리 한 장보다 조금 더 큰 북쪽 귀퉁이의 55호실이다. 복도 양편은 독방의 거리이다. 셋씩 있는 방도 있다. 하나 아니면 셋씩 가둬놓은 개굴 같다. 그래도 사상범이나 중류 계급범들이 칩거하는 바로 지붕 밑이다. 낮에는 텅 비는데 남은 자는 그 속에서 독방 작업 그물을 뜬다. 그것이 견딜 수 없어 나는 지금 공장에 나갔다가 돌아오는 길이다. 변기통, 타구, 양재기, 젓가락, 세숫대야, 걸레— 이것이 나의 생존상 없어서는 안 될 세간으로 갖춰진 가구 일식(一式)이다. 천장은 사정없이 높다. 두 키나 되는데 두 방 사이 네모진 구멍에 5촉인가 전등 하나가 어슴프레 켜져 있다. 차라리 어두웠으면 몰려드는 벽의 압력이나 안 받을 텐데…… 나는 지금 귀신이다. 어떤 심령학자(心靈學者)가 귀신이 드나드는 방에 가루를 뿌려놓고 발이 있는가 없는가 시험해보았다는데 이 방에는 내 발자취도 없고 먼저 왔다 간 자의 발자취도 없다. 어찌 보면 이 방에 왔다 간 자는 전부가 나다. 또 나도 그들일 게다. 누구나 같은 생각을 하고 울고 간 것이다. 과거를 그리워하고 서러워하는 유령(幽靈)들…… 이 유령들이 밤마다 집에 가고 친구한테로 간다. 그것을 벽은 감시하고 있다.

'생각하지 말라!' 그렇지, 나는 생각해서는 안 된다. 나는 잊어버려야 한다. 망각은 내가 사는 유일한 공지(空地)이다.

오늘은 말 한마디 못해봤구나. 금계산(金鷄山) 바람이 바깥 벽에 부딪쳐 벽돌 모에서 베어지는 듯 잉잉 소리친다. 북창(北窓) 철망에 거미줄이 한숨에 흔들리듯 한다. 또 좀 일어서봐야지…… 필요 없이 변기에 걸터앉는다. 의미 없는 합법적 동작이다. 그것은 나의 무위(無

爲)의 공원(公園)이다. 무의미한 것을 성취한 셈이다. 거기 앉아 산책한다. 조금만 옮겨 앉으면 법도 극복된다.

고독하구나! 이렇게 딴전을 부리는 것이 이 세계의 고독이다. 그러나 아니다. 고독이란 아무것도 아니다. 안 나오는 오줌똥을 기다리는 사실이야 힘드는 일이지만 고독이란 등불에 갓을 씌워놓은 그림자 같은 것이기도 하다. 그것은 확실히 밖에서나 향유되는 것이다. 술 먹을 때에 하던 소리밖에 아닐 게다. 잠깐 느껴진 것일수록 진짠데 내게는 너무 길구나! 나는 지금 고독과는 다른 형태다. 우물에 떨어져 잠긴 돌처럼…… 막다른 조건…….

눈을 다시 떠도 똑같은 조건이다. 어떤 의식과 어떤 기원(祈願)도 이 자리와 이 벽만은 움직이지 못한다. 나는 그 조건에 하품을 한다.

아, '취침!' 소리가 날 텐데…… 간수의 발자취 소리가 났다. 언제 앞에 펴놓은 건지 『라스킨전(傳)』 유년편(幼年編)을 보는 체하면서 감방규칙에 따라 나가지 못할 문을 정면으로 향해 앉아서 시찰구로 들여다보는 시선을 피했다.

이윽해서 "취침!" 하는 소리가 났다. 방마다 이불을 펴고 변기 뚜껑을 여는 소리가 소란하게 들렸다.

또 하룻밤 잘 죽었다 나자!

11월 12일 (金)

아침 공장 앞 물에 얼음이 얼었다.

"다나까(田中) 상이 개전(改悛)할 때 왔군!" 어느 빨간 옷이 손을 비벼대며 옆에서 그렇게 말했다.

점심시간 전에 공장에서 범칙(犯則)이 생겼다. 아교를 구워먹다가 들켰다. 작업에 쓰기보다 구워 먹어치우는 게 더 많으니까…… 거의 다 하는 범칙인데, 호되게 굴지 않고는 간수의 두 눈으로 8, 90명을 막아낼 수 없다는 것이다. 간수대(看守臺) 옆에는 바를 꼰 것이 걸려 있다. 영리한 놈인데 걸렸다. 새파랗게 질려서 붙잡혀 간수대 앞에 나갔다. 양해성(諒解性)이 있다지만 손을 대면 무섭다는 별명의 담당 간수였다. 나까지 속이 달았다. 잡역(간수 밑에서 일하는 죄수)이 잘 사정해서 마침 무사했다. 이렇게 아교를 먹고는 종일 설사를 한다. 어떤 잡방(雜房)에서는 밤에 변기가 넘어서 야단들이라 한다.

저녁 내 방 왼쪽 구석 풍경—

릴케, 프란시스 잼, 우에다 빈(上田敏), 플루타크, 몽테뉴, 공자(孔子), 괴테, 매리 파스키르체프, 우나무노, 스트린트베르히, 오시에 히로마쓰(吉江喬松), 폴 볼, 부르제, 기타 영시선집(英詩選集) 등등…….

자기들도 모르게 그들은 여기 나와 함께 있다. 적광(寂光)이랄까 수연(愁然)할 뿐이다.

11월 13일 (土)

기상 나팔소리! 오늘이 토요일이다. 옥중이라 하지 말고 오늘을 즐기자. 한 주일이 가기는 가는구나! 옥중 세월인들 다르랴. 누가 붙잡아 맬 건가.

큰집 지어서 한번도 열어 보지 못한—또 열게 돼먹지도 않은 컴컴한 창에서부터 두 폭으로 축 처진 검은 커텐을 양쪽으로 제쳐놓다. 금계산(金鷄山) 꼭대기에 지지 못한 달이 창연(蒼然)히 보인다. 북창에 처음 보는 달이다. 꿈에 따라가다가 어디선가 자는데 누가 문에 쇠를 잠그고 갔구나! 한숨이 나서 더 바라볼 수 없다. 이 토요일 아침 밖에서는 어떨까.

낮은 평일처럼 가고 밤에는 수의(囚衣)를 걸치고 팔짱을 꼈지만 아랫도리는 허망이다. 콧등과 발가락이 벌써 시리다. 이 겨울을 어떻게 갈망하고 넘나? 같은 살인데 왜 얼굴보다 더 시릴까.

이 붉은 옷하고는 언제나 친해질까.

자꾸 창백해지는 얼굴도 부은 것 같다.

벽도 죄스러운지 진땀이 흐른다.

운명의 이불이나마 덮고 온감(溫感)이야 있건 없건 포근히 잠들고 싶다.

성령이 있으면 오늘밤에야 이 몸에 악몽이 안 오겠지.

팔다리를 뻗다가 하마터면 큰 소릴 지를 뻔했다. 손에 닿는 건 아무 것도 없다.

무슨 손길이나 한번 쥐어주지!

아, 자자, 거침없이 떨어진 자처럼…… 낮은 베개 높이 베고…….

11월 14일 (제2日曜日)

나팔 소리가 멀리 시골 닭소리처럼 꽁지를 빼고 사라진다. 미명(未明) 같은데 아침이었다. 밤 추위에 다리가 부실한데 가슴 언저리만 훈훈하다. 좀더 눕고 싶지만 나팔은 군대다. 일어나 몸을 말끔히 훔치니 죄수의 살 같지 않게 깨끗하고 보들보들했다. 벗고 뛰어 사장(砂場)으로 간다! 가정하고 달려가니 공장이었다. 수인들이 아니고 휴일의 직공들 같은 감상(感想)이 났다.

오전 중 몇 사람이 지명되어 종이를 오려 ×자로 유리창에 붙였다. 사람은 얼어도 유리창은 깨져서는 안 되니만큼 굳건히 붙였다. 그중에 만주에서 온 장기수가 있었다. 이 사상범은 독립운동을 하다가 왔다. 나는 그를 유심하게 보지만 말해본 일이 없다. 체대(體大)도 작고 약하게 생겼는데 어떻게 그런 일을 했을까? 바싹 말라서 뼈뿐이었다. 5년인가 된다는데 면회 한번 없어서 가족들이 어떻게 됐는지 모른다고 했다. 얼굴에 핏기 하나 없는 데다가 얼기까지 해서 늘쌍 보기에 송구스러웠다. 형무소에서는 여간해서는 안경을 주지 않지만 아주 근시가 돼서 두터운 렌즈의 안경을 썼다. 말은 해서 안 되지만 할 말도 없었다.

오후에는 정신대(挺身隊)의 희망자를 모집했다. 장내가 갑자기 뒤숭숭해졌다. 남양 쪽으로 간다지만 이번은 수원 쪽으로 가는 모양이었다. 희망에 찬 듯이 갈까 말까 어쩔까 떠들썩했다. 어쩌다 서로 물어볼 기회가 생겼으니까…… 많지 않을 줄 알았더니 80여 명 공장에서 40명이 넘는 대열성이었다. 간수도 좋게 됐다.

하루 종일 엄한 규율 밑에서 일정한 자세로 일을 하기보다는 널찍한 데 가서 배나 곯지 않고 맘대로 활동해보고 싶은 충동이 큰 것 같았다. 또 앉아서 세월을 기다리기보다 시간도 빨리 가고 잘되면 가출옥(假出獄)도 할 수 있고…….

내 옆에 앉은 전과(前科) 3범이 날더러 23번 상은 안 가시느냐고 물었다. 사상범이 돼서 안 된다고 했더니 자기는 누범(累犯)이니까 못 간다는 어설픈 표정을 하며 담당대(臺)에 오늘 관대히 서 있는 간수를 쳐다보았다. 말해서는 안 되는데 말했고 누범인데 잘못 보이면 큰일이니까 눈치를 본 것이었다.

그러나 그는 혹시 물을 게 있으면 23번 상에 물었다. 그 23번 상이란 나였다. 여기서는 이름을 못 부른다. 그러니까 이름을 모르고 이름은 없다. 이 번호의 사회에서는 번호가 길면 끝엣 것만 부른다. 나는 2,223번, 그래서 23번이 나다. 내 이름이요, 내 전체다. 그 패를 왼쪽 가슴에 꼭 붙여야 한다.

석양 짙은 회색 하늘이 부은 듯 무거워서 눈이 올 기세다. 첫눈이 보고 싶었다.

독방—나의 평화는 무감(無感)한 데 있다. 나는 가만히 앉았다가 산란해졌다. 그 증세는 갑자기 가슴속이 뒤집어지고 목이 메이며 눈이 뜨거워지는 것이다. 독방에 쇠를 잠그고 있다는 사실…… 속에서 컴컴한 덩어리가 인간의 본질적인 것을 무의(無意)에 뒤집어놓는다. 그러나 그 속에 빠져서는 안 된다. 여기서도 더 빠지면 무엇을 붙잡고 솟아날 것인가. 나는 반야심경(般若心經)을 읽는다. 소리를 냈으면 내 음성이나마 들릴 텐데 소리조차 금물이다. 아직도 식어지지 않는 눈으로 나는 무(無)를 내다본다. 어딘지 모를 무망(無望)한 것 — 수상(受想)도 없고 고집(苦集)도 없는 곳…….

특기(特記)

낮에 간수장(看守長) 안내로 공장 참관자들 일행이 사회에서 들어오시다. 가느다란 톱 소리밖에 없는 곳인데 먼지에 물을 뿌린 듯 더 조용했다. 애비를 죽인 자, 소매치기, 사기, 횡령, 간통, 사상범, 경제범…… 기이하게도 다같이 고개를 숙이고 숙연해졌다. 일행이 내 옆으로도 지났다. 얼굴 더욱 화끈한 채 자개만 켰다. 으리으리한 짧은 행렬…… 길게 지나가는 듯 나가는 것만 보였다.

11월 15일 (月)

공장에서 돌아와 세수하고 정좌(正坐)하여 비감한 생각이 들기 전에 얼른 입속으로 심경(心經)을 외다. 마음의 안정책이다. 다시 좌선(坐禪)하다. 단전(丹田)에 기해(氣海) 없어도 무거운 것 좀 덜어진 듯…… 머리가 그냥 남았지만 무계(無界)의 초입(初入)에나마 잠깐 다녀온 듯…….

눈을 감으니 벽은 없고
휜해서 아무데나 열반이지……

전신(轉身) 전신(轉身) 전신(轉身)…… 무(無)……

생각으로 돌아와 생각지 않는다는 것이 또 생각이로구나!

11월 16일 (火)

하늘에 습기가 차서 눈이 올 듯 마음이 젖은 위에 한기(寒氣) 더욱 도는데 갑자기 면회 간수가 들어와 종이에 적은 것을 보고 이름을 불렀다. 쭉 내세운 것이 일곱 명…… 무슨 영문인지 몰라서 이상하다는 듯 안색들이 달라졌다. 바지춤을 추켜올리면서 간수의 앞에 서서 나갔다. 나중에 들으니 청주형무소에의 이감(移監)이었다. 가기 전에 하루나 이틀 따로 가두어 둔다. 그것이 이송격리(移送隔離)다. 여기서는 앉았다가도 자리를 옮기는 법이 이렇다. 알고 만난 것도 아니지만 기약 없이 갈라진다. 그동안 얼굴이라도 익었건만 다시 돌아보지도 못하고 간다. 무슨 불순한 동기나 연락이 있나 해서 돌아봐도 안 된다. 상종이 없으니 특별히 섭섭할 것도 없지만 가는 길 뒷모습이 쓸쓸했다. 이것이 형무소의 무정(無情)이다. 나도 어느 시각에 자리를 뜰는지 모른다.

방에 돌아오니 큰 바위에 마주앉은 개구리 같다. 누가 나를 들여다보면 어쩔까, 아마 나는 벽에 돌아앉으리라…… 이 밤에…….

그런데 또 잊었던 얼굴들이 보인다. 그럴 때마다 숨이 가빠지고 눈이 뜨거워진다. 예전에 아름답다 착하다 한 것이 나를 괴롭히는 과거다. 밤에는 여러 가지 고독이 있구나! 그렇다, 생각할 수 있다는 것이 고독이다. 한 사람이지만 여러 개의 형장(刑場)이 있다. 몸을 두고 넘지 못할 담들이 쌓여 있다. 그 너머 있는 사람들— 얼굴이라는 하나의 사실— 오랜 봉사와 사랑이 새겨진 것— 깎지 못한 손톱으로 저 회색 굳은 벽에…… 가면 모르는 사람인데…… 그를 그려 놓고…….

— 생각한 것이 환상(幻想)이고 현실(現實)일 때 —

파멸은 불멸의 길로 못 가리라.

공장에서 가지고 들어온 감기약을 먹고 단애(斷崖)에 붙어 사는 새처럼 둥이에 드러눕다.

열이 났던지 밤중에 속으로 잠이 깨었다.

아, 저 불을 꺼줄 수 없을까.

밤에도 잠을 감시하는 저 불을…….

눈을 뜨니 벽이 왈칵 달려들었다.

나는 도로 눈을 감아버렸다.

중학생 같은데 고등학교생 같은데 대학 시절 같은데, 나는 어느새 커서 이렇게 되었을까.

11월 17일 (水)

하느님이 이 어두운 감방을 내게 남겨 두신 채 날이 밝았다. 어제 태양이 가신 뒤 밤은 나의 아픔에 검고 긴 포장이었다. 나는 그 속에 통째로 묻혔다가 일어났다. 원인도 결과도 아무것도 없었다. 인간에게 허락될 수 없는 마비된 조건에 있었을 뿐이다. 그래서 나는 또 오늘의 붕괴(崩壞) 앞에 섰다.

아침 날씨가 좀 누그러져서 벗고 뛰기에 과히 힘들지는 않았다.

공장에서 지난달 작업 상황 보고가 있었다.

나의 작업상여금——69전 2리

나의 득점수—— 행장(行狀) 2, 책임 3, 작업 2점

담당 간수가 나의 인격점(人格點)이 최고라 했다. 말하지 않고 가만히 앉아 일하는 것이 나의 평가된 인격이었다.

작업 성적 발표일이라 이 댁에서도 한턱 쓰는 모양인지 점심은 스끼야끼였다. 그래서 고기 냄새가 전례 없이 장내에 풍겼다. 차례로 점심을 받아 놓고 합장묵도(合掌默禱) 한 다음 범칙이나 없나 해서 간수님이 정색하고 한번 쭉 둘러본 뒤에 식사 시작 명령이 내렸다. 일제히 규

율 있게 참다가 사전통고(事前通告)처럼 침을 꿀꺽 삼키고 규율이 무
너지듯 밥덩어리에 달라붙는 기침 소리 젓가락 소리 씹는 소리 합쳐서
동물처럼 식성이 소란했다.

"오늘 한턱 썼군…… 잘들 먹었겠군……." 내게도 고기가 두어 점
왔는데 오래간만에 보고 먹는 고기라 옆에 누범짜리 눈치를 보며 우선
밥만 먹고 남겨 두었다가 물이 되도록 꽁꽁 씹어 먹었다.

여기서도 으레 1년에 몇 번씩은 소도 잡고 돼지도 잡아서 죄수들에
게 먹이기로 되어 있지만, 국에 뜬 기름기뿐이요, 진짜 고기는 구경조
차 할 수 없다는 것이 죄수들의 불평이다. 오늘도 고깃점이 안 왔다는
사람들이 몇몇 있었다. 잡는 데서 없어지고 운반할 때 감추고 간수 식
당에 가고 취사장에서 떼니, 기름기만 떠올 수밖에 없다. 불평하다간
공연히 매나 맞고 고깃점이 도로 떨어질 테니 아예 가만 있는 게 여기
선 상수다.

오늘은 고깃점이나 얻어먹었으니 기왕 벗는 바에 쾌히 벗고 용감하
게 뛰리라 결심했는데, 저녁 찬 바람이 산기슭에서 호되게 불어왔다.
아침에 머리가 훈훈하더니 저녁에 발이 시린 격으로 하루 날씨의 상하
(上下)가 이렇게 달라져서 몸살이 더 심했지만 죽어라! 하고 죽을 데
서 집에 가듯이 뛰었다. 벌써 몇 달 동안 하루 두 번씩 아침저녁으로
훨훨 벗고 뛰는데도 갈수록 견딜 수 없어 투신전(投信前)의 순간을 계
속 질주하는 것 같았다. 방에 돌아와 뻘건 '하오리'를 걸치고서도 흐느
끼며 떨며 앉지도 못하고 서성거리다가 팔짱을 끼고 발등을 비비며 눈
을 감고 포기(抛棄)의 자세로 돌아갔다.

저절로 무릎이 꿇리고 저절로 무심(無心)에 잠겨 한참 있다가야 피
가 식은 숨결이 겨우 돌아섰다.

독방 구석에 쌓인 책무지에서 할 수 없이 아무거나 잡으니 『세계통속
전사(世界通俗全史)』 제13권 — 앞에 놓고도 펼 기운이 나질 않았다.

시간도 안 가고 "취침!" 하여 누워도 잠이 오지 않아서 책이라도 보는 척하며 마음을 달래보고도 싶었지만 그것조차 위법이요, 잘 대에는 자는 것이 감방 규칙이라 불면조차 무형(無形)한 범칙이다.

그런데도 귀찮은 인간성 때문에 무용(無用)한 생각들이 흩어지며 더욱 불면을 조장했다.

이불 속에서 병든 꽃처럼 얼굴에 열이 나고 바깥 소리가 무향(無鄕)의 소식처럼 귀에 잉잉거려서 상체가 뜨는 것 같았다.

11월 18일 (木)

맹목(盲目)한 의지(意志)의 법칙대로 날이 밝았구나! 낮이나 밤이나 똑같은 전등이 켜져 있어 밝으나 마나지만 날이 밝았다는 판단은 어딘가 달랐다.

뒷벽에 달린 조그마한 유리창 하나가 이 방에 광맥(鑛脈)이 비쳐들어올 수 있는 네모난 유일한 구멍이다. 앞 시찰구로는 간수의 두 눈이 들여다볼 수 있지만 그늘진 뒷창으로는 태양조차 바로 엿볼 수 없게 되었으니 신이 인간에게 그 죄를 보시고 엄벌하라 하신 곳, 내가 바로 그 속에 있다.

이 돗자리 한 장만 한 넓이를 3분지 1로 줄이고 천장을 낮추어 두 자쯤 하면 곧 관(棺)이 될 것이요, 그 위에 흙을 덮으면 바로 한간 무덤이 될 것이다. 죽음이란 먼 것이 아니고 가까이 그런 것이리라, 나는 벌써 여러 번 그러한 가상적(假想的)인 체험을 했다. 눈을 뜨고 보면 관보다 커서 방이라 할 뿐이었다.

왜 오늘 아침엔 나팔 소리가 나지 않을까? 이상한 생각이 들었다. 탈옥 사건이 났나, 사형 집행이 있는가? 그런 불길한 생각이 형무소의 상식에서 예감되었다.

기상 명령이 없어서 일어날 수도 없고 이것도 잠자리라 늑장을 피니 제법 무슨 귀족 같구나! 누가 찾아올 사람도 없고 와서 방해할 자도 없을 격리된 지역—필경 무슨 사고가 난 모양인데 하여튼 벗지 않고 지나갈 하루가 다행하여 우선 살 것 같았다.

무엇으로 어떻게 된 일인지 이불 속이 오늘따라 포근해서 오래간만에 아침 애수(哀愁)에 젖어 뺨에 무엇인가 감촉되는 듯 놀라서 눈을 뜨니 형체 없이 사라지고 말았다. 아까워서 다시 보려고 제대로 눈을 감아도 돌아오지 않고 환각(幻覺)만 어렴풋이 남았을 뿐 그리워도 단 한 걸음 찾아갈 수 없었다. 측은하여 더욱 허전한 마음 오늘을 어찌하려고 이 애수의 강가에 내가 섰을까!

나팔은 어디로 따라갔는지 "기상!" 하는 소리가 저 끝에서 아스라이 들려왔다. 미궁(迷宮)에 든 몸이지만 갈앉은 자리에서 혼자 꾸지람하듯 벌떡 일어나 세수하고 팔다리를 조용히 놀렸다. 추운데 아침밥은 왜 이렇듯 늦을까? 누우런 바탕에 드문드문 흰 쌀알이 박힌 콩깻묵덩이에 무 쪽을 달게 씹어먹고 휴일의 학생처럼 영시선집을 과외(課外)의 취미로 뒤적거려보았으나 그것은 모두 나와는 다른 시요, 다른 딴 세계였다. 그러나 이 소수의 정선(精選)된 시인들—이 세상에서 제일 작은 방에 갇히어 그들의 꿈을 내가 읽을 줄이야…… 집에서 함께 살다가 지금은 여기 왔구나! 오직 번데기 속에서 가끔 한줄 느낌이 있다 마다 할 뿐…….

밖에서 모진 바람 소리가 전선(前線)을 울리고 유리창을 흔들어 행인도 드물 텐데 까치가 울어 어느 집이 길(吉)할까? 도망하고 추격하는 살풍경이 눈에 선하였다. 옷을 빼앗아 갈아입고 정신없이 뛰다가 넘어져 죽지나 않았을까? 간수들은 밤새 헤맸을 게고……. 대개는 잡히지만 어제 저녁 작업을 파했을 때 어느 공장에서일까? 상당한 놈이로구나, 오늘도 안 잡힌 걸 보니…….

답답한 중 이렇게 생각할 꺼리가 생겼고 작업도 없이 게다가 조침

(무침(無寢)이라 한결 나았다. 물을 끼얹은 듯 조용한데 한숨을 길게 쉬고 이불 속에 드러누웠으나 두텁기만 하고 폭이 좁은데 길이가 짧아서 요 같은 이불—솜이 연년세세(年年歲歲) 굳어서 몸이 붙질 않는다. 속에 죄수의 냄새가 밴 데다가 호떡 장수의 옷 같은 퍼어런 빛—이놈의 이불! 그래도 고맙기야 하지만 발가락이 내놓여서 무릎을 꾸부리면 궁둥이가 들리고 발에 끌어다 덮으면 어깨가 허망이어서 상하를 맞출 수가 없다. 될 수만 있으면 사람에게 붙지 않으려는—달랠 수도 없고 만질 수도 없는 묘한 결과가 된 이불…… 개어놓으면 배가 불러서 똥똥하지요, 그런 성격이니까 엄동이 닥치면 양쪽 몇 군데를 돗자리에 꿰매서 우선 범칙을 해놓고 위에서부터 다리를 들이밀고 차츰 몸이 들어가서 콧김과 입김으로 겨우 온기가 돈다.

이렇게 몰래 신고하다가 혼자 드는 잠이니 그 사이에 몸이 저절로 이불에 들도록 틀이 잡혀진다.

11월 19일 (金)

오늘도 역시 아침 늦게 기상시켰다. 무슨 일인지 모를 일을 완전히 차단된 독방에서 탈옥사건이라 혼자 가상해놓고 이놈 꽤 줄기차게 뛰었구나! 얼마나 인간적이요 정열적이냐, 비록 파렴치(破廉恥)라 하더라도 이 가혹한 제한 속에서 벗어나려는 생명의 욕망과 충동…… 양심은 죄에서 쉽게 벗어날 수 없는 것이지만 탈주(脫走)로써 그는 생명에 불을 질렀다. 결과를 하늘에 맡기고 생명을 다하여 그는 모험했다. 그 긴장이 부럽기도 했다. 앉아서 고민하고 기도하는 것보다도 그는 용감하게 뛰어넘는 인간이었다. 뛰다가 죽더라도 그 비극은 구속 중에 잔존한 자를 초월하여 충족된 욕망이었다. 그를 무지(無知)라 할지라도 하늘의 신(神)들은 교육을 받지 않고 우주의지(宇宙意志)를 생명으로 하여 자기를 세우고 그 집을 짓지 않았던가! 인간이 죽는다는 것은 아무 문제도 아닌 것이다. 다만 문제되는 것은 순간적이건 그 순간의 긴 연장(延長)이건 어떻게 살았던가 하는 정신적인 체득뿐인 것이다. 열린 곳이 있다고 관념한 자는 막힌 데를 뚫고 구체적으로 나가라, 산 자는 항상 탈주한다.

그런데 나는 지금 어떻게 되었는가. 문을 열고 날더러 도주하라 한다면 나는 어디로 갈 것인가 아무 데도 갈 데가 없다. 나는 역사를 뚫고 나갈 수가 없다. 바로 이 방 밑에 심연(深淵)이 패어져서 나는 그리로 떨어져 들어가고 있다. 눈을 뜨면 나의 육신이 영원히 어두운 그 어귀에 버려진 송장처럼 발견된다. 진정한 것은 현실에서 탈주하지만, 지금 나는 무력하고 괴로운 육체뿐이다. 이 육체를 버려두고 나의 영혼은 어디로도 갈 수가 없다. 간다 하더라도 그것은 더욱 큰 고통에 부딪칠 것이다. 그러므로 함께 있어 오직 무감(無感)한 것만이—마비된 상태만이 나의 정신과 육체의 동시적인 도피인 것이다.

그러나 그것을 얼마나 계속할 것인가, 또 얼마나 계속될 것인가, 아 그런 계속! 아니다. 나는 살아야 한다. 무엇인가가 나를 살라고 한다. 그러려면 이 어둠을 헤치는 새로운 질서가 있어야 할 것이다. 거기에 아마 의미의 고민이 있는 것 같다.

그러나 지금 이 위대한 감옥—이 어두운 독방은 나를 변경하고 나를 개조하고자 하고 있다. 나는 거기에 순응해볼까 한다. 그래서 의식(意識) 없이 살고 그 저변에 자리하고 있다. 거기에 있는 것이 내가 더 붙잡히지 않는 상태이다.

여기는 그 구체적 상태다!

그러는 동안에 '여기'는 벽으로 바뀌어진다. 그래서 벽과 여기는 내게 동의어(同義語)가 된다. 이렇게 나는 오전 중을 '여기'란 곳에서 보냈다. 과연 시간은 쉽게 갔는가. 한 시간에 두 시간을, 하루에 이틀을 보내는 법은 없는 것 같다. 그제 저녁부터 어제 저녁 또 오늘 저녁까지 그 기다란 48시간을 나는 말 한마디 없이 홀로 지냈다.

사람이 만든 문이지만 법이 잠그니 그만이다! …… 책도 볼 수 없고……, 아 어떻게 해야 하나…… 모든 의욕을 눌러 죽이고 사는 일…… 미결감(未決監)에서 1년 이상 또 여기 처음 와서 1년 가까이 낮이나 밤이나 독방 속에서 한 주일에 10분쯤 밖에 나가서 운동하는 것뿐으로 참고 견디었는데 지금은 그 죽은 인내력조차 줄어들고 말았다! 캄캄한 뒤 머나먼 앞…… 그 숨막히는 사이에 끼여 시간마다 내게는 고비였다. 어서 공장에나 나갔으면 내용 없는 얼굴들이나마 보련만…….

오후, 갑자기 동내(棟內)가 소란해졌다. 구두들이 오락가락하며 마치 사냥꾼들이나 돌아온 듯 떠드는 소리가 벽으로 울려왔다.

끝내 잡혔구나, 저 고초를 어떻게 당하나…… 당장 뒷짐해서 고랑을 채워 벌방(罰房) 암흑 속에 집어넣겠지…….

나는 마치 감방의 자유민(自由民)처럼 그를 걱정했다. 누군지 몰라도 그는 인간이었다. 나갔던 간수들이 돌아오자 이번에는 대낮에 옷을 벗고 공장에 뛰어가서 하오의 작업을 시작했다. 모두들 말없이 뒤숭숭했다. 사건에 대한 호기심이 묵살된 데서 오는 일종의 호흡이었다. 말도 금지요, 아는 것도 금물이었다.

기온이 내려가 저녁에 영하 8도! 최초의 혹한이었다. 몸이 아슬거려서 면도하는 날이지만 수염 난 대로 방임했다.

다행히 목욕탕 순번이 돌아왔다. 늦번이어서 물소가 들어앉은 수조(水槽)처럼 걸쭉한 땟물 속에 서슴지 않고 들어갔다. 때를 못 씻도록 두 손을 들고 총총 배겨 앉은 것이 꼭 고구마 대가리 같았다. 때를 씻거나 떠들면 간수님의 들고 섰던 긴 작대기가 그 가엾은 꼭대기에 툭 떨어지거나 그렇지 않으면 밖으로 쫓겨난다. 한 공장을 두 반으로 나누어 한꺼번에 450명씩 들어가 인간이 오물(汚物)로서 처리되는 이 엄격한 청소 작업도 불과 2, 30분으로 깨끗이 끝났다.

돌아올 때엔 느질느질 걸어서 길바닥에 행여 떨어진 거나 없나 그렇게 눈을 팔다가 줄이 흩어져 경을 친 자들이 있었다. 나는 게다짝을 끌고 맨 끝에서 오다가 우연히 돌을 집어 공장 앞 얼음 위에 던져보았다. 깨지지 않아 굳게 언 줄 알았다. 작업이 끝날 무렵 눈이 내렸다. 황무지 같은 하늘에서 오는 경이(驚異)였다. 운치 있게 보였지만 결사적으로 뛰었다. 앞이 급한데 절름발이 때문에 막혀 화를 내고 되는 대로 추월(追越)했다. 이렇게 촌보를 다투고 방에 돌아왔지만 이 기류지(寄留地)에서는 한 걸음도 더 나갈 수 없고 물러설 수도 없다.

“아이! 추운데요……."

“벌써 그렇게 춥군, 어떻게 해……."

이것이 숨가쁜 시간에 나와 감방담당 간수님과의 촌화(寸話)였다. 어찌 보면 영하 8도와 나의 나체와의 첫 주례사(主禮辭) 같기도 했다. 식이 끝나자 붙잡혀온 신랑처럼 눈을 감고 앉아서 나는 허무의 시계종처럼 상체만 끄덕끄덕하였다. 그러다가도 발가락이 시려서 무릎 안쪽에 번갈아 끼워넣었다.

내가 눈을 감고 있는 것을 제일 먼저 아는 것이 눈물이었다!

서러운 채 촉등(燭燈)을 높이 달고 목마른 두꺼비처럼 엎디어 보는 책—이 글자 저 글자 이 줄 저 줄 한데 붙어서…… 빙하(氷下)의 일념(一念)—비원(悲願)이고 무상(無常)이러라!

11월 20일 (土)

죄가 크건 작건 형무소 그 자체가 중형(重刑)인데 추위는 그 위에 가해진 자연형(自然刑)이다. 이 막을 수 없는 자연의 가형(加刑)이 마음속에 든 상념들을 한꺼번에 죽이고 만다. 손을 돌려 등골을 어루만지며 시리고 저림을 참아야 했다. 공장 안이 새파랗게 질리는데 추위는 차츰 더해갔다.

공습경보! 모두들 갑자기 놀라서 실색하고 당황했다. 간수만 쳐다보며 어쩔 셈인가, 방공호에라도 들어가는가? 내 눈에도 집과 친구들이 얼른 보였다. 못 만나고 죽는구나 했다. 누구나 그랬을 것이다. 버려진 사람들—격리된 시간—바로 그들에게 파국의 순간이 엄습해 왔구나!

지시가 있을 때까지 그냥 작업하라는 간수님의 엄명이었다. 어디로 피하거나 무슨 요행이라도 있을까 하던 기대가 완전히 좌절되었다. 한참 있다가 이노우에(井上) 과장이 들어와 순시하고 나서 15공장이 만점(滿點)이라는 찬사—이로써 경보는 끝나고 변화에 대한 기대도 사라졌다.

눈이 팍팍 쏟아졌다. 솜같이 송이같이 흰 구름같이 죄인의 소원같이 함박눈이 쏟아졌다. 이 메마른 사람들…… 지붕을 벗기고 눈 속에 앉은 채로 평화스럽게 묻어나주시지…….

저녁때 모란꽃 도안을 들고 중도실(中塗室)로 들어갔다. 그 방은 작업의 중간실—벽장에 제품이 들어 있고 밑에 물을 뿌려 옻이 마르면서 수분을 흡수해야 하기 때문에 늘상 더워야 하는 행운의 방이었다.

거기에는 장기수 중에서도 숙련공들이 있다. 그들 중에 키가 크고 허리 굽은 중년 노인 하나가 있었다. 함경도에서 온 사상범이었다. 광대뼈가 쑥 나온 데다 입도 나왔다. 충실하고 선량하며 말이 없으나 어딘가 뼈가 살아 있었다. 그는 나의 번호를 부르지 않고 선생이라고 했다. 그는 나를 그 부러운 방 풍로 옆에 앉혔다. 그 방에는 제품을 들고 들어갔다가도 곧 나와야 하고 또 곧 내려보내야 했다. 나는 3년 만에 처음으로 불에 손을 쬐면서 인도의 왕녀가 눈이 그리워 눈 속으로 하염없이 달아난 동화의 세계를 연상했다.

그 부럽고 더운 방에 내가 그렇게 앉아 있어도 감히 나가라고 하지

못한 것은 내가 얼마 아니면 잡역(雜役)이 되고 잡역이 되면 그들이
내 지도를 받아야 하며 또 잡역과 친하면 여러 가지로 편리하고 의지가
되기 때문이었으리라.

저녁을 먹은 후에 역시 빨가벗고 포근한 눈 속으로 신선하게 뛰었으
나 방에 돌아와서는 전과 같이 추워서 엎디어 있었다.

11월 21일 (日)

오늘 면업일(免業日)이라 평일보다 늦게 재워주었다. 차라리 일어
나고 싶었지만 기상나팔 전에는 일어나지 못한다.

감방의 휴일— 오늘 마음의 동요를 느끼지 말라.

성자(聖者)의 샘터에 앉은 것처럼 고요히 명상하고 지내자.

성경을 읽다.

"어려서는 네 손으로 띠를 묶고 임의로 다녔거니와 늙으면 네 손을
펴리니 남이 너를 묶어 원치 아니 하난 곳으로 잡아가리라."— 요한복
음 제21장 18절.

"원하지 아니 하난 곳으로 잡아가리라." 원하는 곳은 어디고 원치
않는 곳은 어딜까.

상승(上昇)에 가는 길 여기서부턴가, 사지가 오그라지는 줄도 모르
고…… 눈을 감고 손도 펴지 못하고 졸은 듯 운 것 같기도 하고…….

휴일의 만가(輓歌)— 옥(玉)에게서 온 편지…….

"「니벨룽겐의 노래」를 샀습니다. 밀튼의 「실락원(失樂園)」 상권은
구하고 하권은 찾는 중입니다.

사랑하는 책을 읽으시면서 외로운 방 찬 공기를 덥히십시오…… 아
버님 생각을 하면 새삼스레 피나는 고통을 오체(五體)에 느낍니다. 병
에 걸리지 않도록 요 담 면회까지 건강하시기 빕니다.

저는 지금 한 소녀입니다. 운명은 저에게 어디까지나 반항하지만 언

젠가는 굴복할 때가 올 겁니다. 운명이 복종할 날이 하루 빨리 오기를 기다리며 강한 정신과 튼튼한 몸을 가지려고 노력합니다. 지금은 점심 시간입니다. 종이 울립니다. 2, 3일 후에 다시 글월 올리겠습니다.

한중(寒中)에 피는 매화처럼 괴로움에 지지 마시기를……."

외투 주머니에 함께 손을 넣고 학교 어귀에 데려다주던 나의 소녀…… 생각하며 뜻이 서는구나!

교대시간에 15공장 오하라(大原) 간수가 나의 감방을 들여다보아 주었다. 종일 방 안에서 고달프리라 생각했던지 일찍 재워주었다.

11월 22일 (月)

어제 휴일의 감금을 치르고 오늘 공장에 나가니 풀린 동물처럼 싱싱해 보였다. 담당 간수의 지시로 편지를 나눠주었다. 80여 명 중 몇 장 안 되는 편지지만 혹시 자기에게도 오나 해서 모두들 쳐다보았다. 편지에는 도장이 수두룩히 박혔다. 커다란 형무소인(刑務所印) 위에 '검(檢)'자가 있고 또 '허가(許可)'라는 붉은 도장이 찍힌 데다가 소속 공장 수형자(受刑者)의 번호가 적혔다.

내가 오늘 이 편지들을 처음 돌리게 된 것은 잡역 견습을 시키는 셈이었다. 내가 나전(螺鈿)공장에 나가게 된 것은 이 기술공장에는 도안에 대한 지능이 필요하므로 공장 담당 간수의 요청 때문이었고 또 나로서는 미결에서 기결까지 이미 2년 이상 독방에 갇혀 있었기 때문에 머리가 잘못되지나 않을까 하는 데서였다. 나는 어려서 옷을 올려 고생했고 또 벗고 뛰는 것도 못할 일이었지만 우선 살기 위해서 아무 변화라도 있어야 하겠고 또 간수를 잘 만나야 하겠기 때문이었다. 그때 간수의 말로는 사상범이니까 계호과(戒護課)에서 꼭 허가할는지 모르겠으나 잘 얘기하면 될 것이라고 했다.

그러한 경위로 공장에 나가긴 했으나 곧 옻이 옮았다. 감방 작업으로 다시 돌아오겠단 말도 못하고 치료하는 중 다행히 쉽게 나아서 면역성까지 생겼다. 내가 벗는 것을 볼 때마다 점잖은 사람이 벗는다 해서 그런지 어서 2급이 돼야 할 텐데 하고 담당 간수가 걱정해주었다. 한마디의 말이지만 위로가 되었다.

오늘 편지 쓰는 날인데 엽서가 떨어졌다. 면회나 왔으면 했다. 여기서 기다리는 것은 밥과 면회와 편지뿐이다.

전에는 면회나 편지가 늦으면 불평도 했지만 지금은 수년(囚年)이 차서 그런지, 망각을 일삼은 때문인지 한숨 한번이면 만사휴(萬事休)다.

내일은 신상제(神賞祭) — 추계운동회(秋季運動會)가 열린다 해서 벌써부터 기다린 날이다. 릴레이, 토낭(土囊) 운반, 수류탄 던지기, 단거리, 맹인경주, 줄다리기, 2인 3각 등등…… 선수를 뽑느라고 옥창 동료들과 함께 화재터에 갔다 추워서 푸른 하늘 시원한 맛이 나질 않았다. 운동회 날에는 홍백(紅白) 떡을 받거나 오등식 한 개를 더 주는 것이 항례(恒例)라 해서 며칠 전부터 모두들 기다리는 태세였다. 공장에 화재가 있은 후 아직까지 다비〔足袋〕를 주지 않아서 맨발로 다니기 때문에 선수용 다비와 등에 붙일 공장 마크를 만들었다. 오늘에 한하여 선수들만 벗지 않았다. 나는 선수가 아니지만 덩달아 작업복 그대로 입방 허가되었다.

여기 와서 처음 보는 운동회니만큼 호기심이 컸고 날씨가 따뜻하기를 바랐다.

개구리

그림자야 어둡다.

물을 덮지 마라.

주(主)의 집에 머무는데

등이 시려서

눈이 붓는다.

11월 23일 (火)

오전 중 몽테뉴『수상록(隨想錄)』을 읽는데 점심을 일찍 주면서 빵 하나를 특배(特配)했다. 두었다 밤에 먹고 싶었지만 방에 먹는 것을 두면 범칙이다. 조금씩 떼어서 책을 보며 과자처럼 먹으니 마음이 유해졌다. 문이 열리자 준비했다가 나왔다. 2층 계단을 유유히 내려와서 출문(出門) 어귀에 마련된 큰 다관(茶罐)에서 더운 맥차(麥茶) 2, 3배(杯)를 마음대로 오래간만에 마셨다.

광장은 붉은 수의(囚衣) 일색의 신상제(神賞祭)였다. 높은 하늘 쾌청하고 공장별로 입장식 없이 타원형으로 정렬된 회장― 우선 라디오 체조로 시작되고 응원은 박수로 제한…… 그러나 가끔 고성대규(高聲大叫)…… 석회로 그어놓은 백선(白線)…… 유난히 청신하지만 여위어 균형 잃고 조절 없는 죄수들…… 우두커니 서 있는 부분과 오락가락하며 환성을 지르는 무리들…… 범칙이나 혹시 무슨 연락이ㄴ 없나 해서 은근히 감시하고 순회하지만 죄는 죄대로 만나고 기술은 기술대로 통해서 서로 눈짓하며 새어서 찾아다닌다. 공범자는 반드시 분리시키기 때문에 오늘이야말로 절호의 기회였다. 나도 혹시 알 만한 사람이 없나 해서 이방인 같은 쓸쓸한 기분으로 이 운동회의 동물적 진행에 약간의 쾌감을 가져보았다.

종합 성적 일 등에 취사반, 릴레이 일 등은 계돈사반(鷄豚舍班).

영국 포로— 인천포로수용소 파괴 탈주범— 입소 당시부터 통역도 해주고 운동하러 데리고 다니기도 했기 때문에 그들은 나를 유일한 친구로 대했다. 별로 흥미 없는 듯이 한군데 쭈그리고 앉아 해만 쪼이고 있었다. 뻘건 수의도 입고 훈장 달린 군복도 맘대로 입었다. 누렇게 마르고 길다란 다리에 게다를 끌고 엉기적거리는 것을 보면 실례지만 괴상한 동물 같기도 했다. 문명도 굶주리면 동물처럼 비참한 것이었다.

고성(高城)에 낙일(落日)될 무렵 운동회는 작정 시간보다 일찍 가호하(加護下)에 끝났다. 어두우면 탈옥자가 있을까 우려하기 때문일 것이리라.

산만하게 줄지어 돌아오는데 어느 틈엔가 동(棟) 어귀 쌓아놓은 무, 배추를 훔쳐 먹어서 못 먹은 자들이 배를 앓았다. 입장하자 곧 간수부장의 점검이 있었다. 다소 피로했지만 건강한 피로! 오늘이 처음이었다. 게다가 일찍 재워주었다. 검은 커튼을 길게 내려놓으니 나의 유일한 창에 흑포(黑布)가 씌워져서 오늘 하루가 완성되었다.

11월 24일 (水)

집에 가서 어머니 옆에서 무엇인가 열심히 마시다가 나팔 소리에 들켜 그만 깨어났다. 아까워서 다시 눈을 감았으나 꿈은 재현되지 않았고 입맛만 이상했다.

공장에 나가니 어제 하루 휴일의 태양이 사람들 얼굴에 남아 있었다.

아우 춘(瑃)에게서 편지가 왔다. 두 번 세 번 읽었다. 바깥 얘기는 쓰지 못하고 집안 소식 걱정 없이 적혀 있을 뿐이었다.

중도실(中途室)과 상도실(上途室) 난로가 오늘부터 피워졌다. 누구도 마음 놓고 쪼일 수 없는 불길이었다.

감방에 돌아와 하도 답답한 김에 이를 닦으라는 소금을 집어 훌쩍 먹었다. 짠물이 목젖을 놀래며 넘어갔다. 시간을 기다려 이불을 쓰고 누웠으나 잠은 오지 않고 불빛만 귀찮았다.

11월 25일 (木)

날씨가 훈훈했다. 오후의 세우(細雨) 눈으로 변할 듯 추워질 것 같았다. 차가운 마음으로 감상(感傷)을 철회했다.

누진 점수(累進點數)의 보고——무관심할 뿐 30분 일찍 입방.

『통보(通報)』를 읽었다.

조선출판물통계규정(朝鮮出版物統計規程)

극단제2차연극경연대회 어 부민관(劇團第二次演劇競演大會 於 府民館)

일시(日時) 9월 16일~12월 26일(九月十六日~十二月二十六日)

현대극장연출실 장치(現代劇場演出室 裝置) Y氏와 X氏

청춘좌(靑春座) 이 서 향(李 曙 鄕)

밤중에 잠이 깼다. 다시 잠들까 해서 신고하다가 그동안 읽은 책을 기억나는 대로 세어보니 80여 권…….

어제는 면도까지 하고 기다렸는데도 면회가 없었다. 아, 두엇이나 없나? 생이란 이런 건가? 눈을 감고 견디다 못해 책을 집었다.『산(山)』——이 책은 나의 평소의 건강이었다. 한참 있다가 책이 떨어지는 소리가 어슴푸레 들렸다.

11월 26일 (金)

날이 채 밝기도 전인데 일어나서 냉수로 마찰했다. 방을 훔치고 상하지(上下肢) 굴곡운동을 하니 약간 체온을 느꼈다. 호흡을 조절하고 단좌했다.

아래층 나뭇가지에서 새들이 지저귄다.

　　유무불명(有無不明)의 하늘 유리창에 접한 듯

　　십방(十方)이 열리는가 일양(一陽)에 다시 앉아 전심(全心) 일심(一
心) 무심(無心)…….

배고파서 빨리 뛰어넘어야 할 저쪽에 있는 밥덩이를 생각했다. 먹고
나서도 배고픈 그 밥을…….

그러니까 죄수들은 종일토록 배고파서 먹고 싶은 것 그것뿐이다. 아
교, 무, 썩은 배추꽁지, 고깃뼬, 복알 할 것 없이 닥치는 대로 먹고는
설사하고 중독까지 된다. 굶는 데는 정심(正心)을 가질 재주가 없다.
게다가 15공장은 자개공장이기 때문에 철공소나 목공소의 중노동보다
는 밥이 한 등급 낮다. 고된 일이라도 하고 큰 밥덩어리를 차지하는 것
이 상책인데 그 직장 이전이란 여간해서 되는 일이 아니다. 오래 있어
기술공이 될수록 더 어렵다. 그래서 모든 기능이 굶주림에 모여 마비
된 중에서 쥐처럼 먹을 구멍만 찾게 된다.

일난(日暖)하여 동문(同門)들에게 종이 주머니 40개를 만들게 하고
속에 방화용(防火用) 모래를 넣게 했다.

저녁 밥덩이에 무국을 앞에 놓고 명령이 내리지 않아 먹지 못하고
있는데 수건에 밥을 뭉개어 떡을 만들다가 들켜서 압수되었다.

그 사람 매 맞고 한 끼 굶고…….

남들은 열심히 먹는데 그에게서는 콩알 같은 눈물이 떨어졌다.

방에 오니 정말 징역하고 온 것 같았다. 묵좌(默坐)하여 만사를 잊
으려 했는데 면회를 기다린 지가 37일.

님 없이 떠난 배런가.

2동 쪽에서 연성(練成)하는 소리가 들렸다. 또 범칙이구나. 감방에서 발각된 모양이었다. 복도 시멘트 바닥에 꿇앉히거나 엎디어 놓고 훈련성인(訓練成人)시키는 것이 바로 이 연성법이다.

나이를 먹고 슬피 돌아보는 뒷길처럼 앞도 바로 보이지 않는다
여기 님 없이 기다리는 깊은 곳인데 맨발로 가는 스님처럼 피가 나도 가기야 가는 길일세
새벽 이슬 찬서리 되어 머리마저 흴 때 달고 쓴 것 한 맛이리라

11월 27일 (土)

아침마다 일과처럼 위로삼아 쳐다보는 금계산정(金鷄山頂)이 거미줄 쓴 창으로 꼭대기만 넣은 듯 그림처럼 밑 없이 떠 있다. 장엄하지도 않지만 안정된 모습이 찬바람에 맞서 하늘과 교감(交感)하는 풍채다.

홀로 산정을 보고 그대로 정좌하니 산에 가서 산을 안고 산속에 들어가서 산에 포옹된다. 나는 내 호(號)를 회산(懷山)이라고 불러보았다.

내 가슴에 산의 형자(刑姿)가 조용히 생겼다.

생명의 내재력(內在力)으로서의 의지의 표상(表象).

답답한 보석(寶石)들이여.

산을 뒤집으라.

봄 같은 안개 속에서 금계산록에 잔몽(殘夢)이 서렸는데 일찍 공장에 출역했다가 10여 명 함께 광장에 불려나가 훈련을 받았다. 육군 기본체조 다음에 복창(復唱) 등이었다. 몇몇 사상범도 끼어 있었다. 나보다 젊고 속에 든 것을 얌전히 감추고 건강을 자랑하며 사는 세 청년— 그들은 나를 선생이라 하며 내가 쓴 글을 많이 읽었다고도 했다. 틈만 있으면 서로 명심해서 보았다. 훈련은 장차 우리에게 편한 일과 대우를 한다고 약속되어 있어서 때를 서로 기다리고 있었다.

한참 훈련을 받은 뒤에야 성 위에 해가 솟고 경이가 하늘에 차서 토인들이 보는 오로라 같았다.

산기슭 오막살이에서 아침 연기가 서서히 올랐다. 안에서야 밥상을 차리겠지만 그 연기에 죄인의 정회(情懷)가 돌았다.

점심—어쩌다 증채(增菜)라 하여 다꾸앙이 더 붙어 왔다.

저녁 먹고 돌아올 때 하늘에 흐르는 구름을 보고 인생의 가는 길 그런갑다 했다.

감기에 걸린 듯 콧구멍이 수상해서 사유를 말하고 조침 허가(早寢許可)를 얻어 일찍 누웠다.

꿈결에 흰옷 입으신 어머님을 만나 뵈었다.

11월 28일 (日)

종일 침울하고 몸이 아팠다. 내 세상 이렇거니 여기서 난 셈치면서도 무거운 짐과 땀에 젖은 옷을 입고 앉은 것처럼 몸이 추근했다. 잊으라 불행한 자여, 잊고 살라. 10년, 20년, 그리고 저 무기(無期)의 죄수들을 쳐다보라. 말만 들어도 놀랍던 선배들을 모시고 사는데 괴롭다 그립다 누구에게도 말하지 말자!

밤, 플루타크의 『영웅전(英雄傳)』 시이저 편(篇) 피 흘리는 장면을 벽 위에 연상했다.

궁금해서 가끔 소금을 집어 혓바닥에 놓으면서…….

취침 소리!

머리까지 푹 쓰고 드러누웠는데 간수가 들여다보고 머리를 내놓고 자라 했다. 쓰고 자면 자살해도 모르니까…….

11월 29일 (月)

작업 중에 면회 간수가 들어와서 번호를 부르자 장내가 돌연 긴장해졌다. 2223번 그리고 몇 명…….

전원 80여 명인데 면회하러 오는 사람은 극히 적은 수였다. 가족도 없고 주소도 불명하여 전혀 면회가 없는 자도 있지만 만주(滿洲)가 되어서 가족의 안위(安危)와 행방조차 모르는 천애(天涯)의 단신(單身)들도 있었다.

줄지어 나가고 줄지어 면회실에 앉아서 면목 없는 자들과 차례를 기다리고 있었다.

누가 왔을까?

2223번!

창구에 나가 서니 조고마한 널빤지가 올라가면서 네모진 구멍으로 계수씨의 얼굴이 보였다. 등에서 어린애가 자고 있었다. 기다리던 면회지만 막상 만나고 보니 어색하고 할 얘기가 없을 뿐 아니라 전할 말도 없었다.

몇 마디 주고 받는 동안에 시간이 되어 폐쇄판(閉鎖板)이 무심히 닫혀졌다. 대개는 눈물로 만나서 눈물로 갈라지는 통에 얘기를 다하지 못하는 것이 면회자들의 상례요, 얼굴이나마 더 보고 가려고 창구에 붙어 통곡하는 부인네들도 있다. 그것을 떼느라고 간수들이 진땀을 뺀다는 것이다.

리노모도(李本) 간수부장이 나를 보며, 23번은 가족이 어떻길래 울지 않느냐고 물었다.

울 사람이 안 와서 그렇죠 했더니, 함경도 여자가 제일이야, 울지도 않고 할 얘기를 또박또박 다 하거든…… 난 며느리는 함경도야…… 좋은 사람 소개해줘…….

그런 칭찬은 처음 들었다. 그는 경상도였다. 면회를 끝마친 후 그런 얘기가 오고 가는 동안에 엉킨 심정이 다소 풀렸다. 공장에 돌아오니 옆엣 사람들이 누가 왔더냐고 소리 없이 물었다. 고운 아내가 온 줄 알

왔던 모양이었다.

11월 30일 (火)

작년 이날! 미결감에서 형무소로 넘어온 날이다. 생명의 집을 떠난 지는 3년인데 기년(朞年)으로는 1주기다.

마지막 고비의 미결감에서는 간수 부족으로 독방이 줄었기 때문에 셋이 있었다. 미신을 따라 금강산에 갔다가 비밀결사의 혐의를 받고 잡혀왔던 강원도 산촌의 무식한 노인—나를 꼭 한번 집으로 오라 하면서 내가 보따리를 쌀 때 눈물을 쭉쭉 흘렸다. 한 놈은 구로기(黑木)—조선 여자를 모욕하는 언사 때문에 한 달 이상 한 방에서 그와 절교했다.

나는 용수를 쓰고 너절한 보따리를 들고 맨발로 미결과 기결 사이에 있는 성보다 높은 붉은 담 좁은 문을 지나서 갱의실(更衣室)에 들러 사복을 벗고 수의에 2223번이라는 번호를 받았다. 다음 훈시실로 들어가는 첫간에서 소꼬리 같은 것, 밧줄, 곤봉, 세죽(細竹), 가죽조끼, 투구 같은 것, 수두룩히 걸려 있는 고랑…… 그 밖에 아지 못할 형구(形具)들이 놓이고 걸리고 기대어 있는 것을 보고 가슴이 뭉클했다. 간수의 안내지만 죄수들 틈에 끼어 잘못할까 두려워 조심했다. 간수장으로부터 부드러운 훈시를 받고 3동에 끌려갔다. 비둘기장같이 잠가서 인기척 없는 3동가(棟街) 복도에서 지문을 박고 절차를 밟은 뒤에 어떻게 왔는지 모를 곳에 앉아 있었다. 그것이 내가 들어가게 된 3동 2층 69호실 독방 앞이었다.

미결감과 똑같은 규격의 방인데 내 것이라고는 내 얼굴 하나밖에는 없는 방—어느 날 어느 밤이고 문이 열리지 않는 곳이었다.

책도 없는데 일거리라도 주었으면…… 그러나 여기서는 일하는 것도 벌로 하는 것이지만 일 없는 것도 벌이었다. 한 달 후에야 명주실로 투망(投網)을 뜨기 시작했다. 한 코 두 코…… 손가락이 아프고 마르도록 한숨으로 이어 떠가던 투망—누가 갖다 시원한 강물에 치고 고기를 잡을까.

다음은 지금 복역하는 15공장—진주패(眞珠貝) 하와이패(貝) 색패(貝) 등 해수(海水)의 무늬처럼 만지며 그것을 종일토록 톱으로 켰다. 현대의 피라밋 속에서 한 제국(帝國)을 위하여 나는 일하는 죄수였다.

오늘로써 여기 온 지 만 1년! 이제 남은 것이 또 만 1년! 그 금에는 무기(無期)의 사회수(社會囚)!

이로써 연(年) 단위는 없어지는가.

하루로써 열흘을 깨고 하루로써 보름을 무너뜨리며 집으로 가는 것인데 시간의 완행을 타고 고개에 올라서 지각(地角)을 내려다보니 '카이다'(담배 이름)곽 같은 파아란 하늘이 지나간 밤—그것이 무기의 상태였다.

나는 명년 오늘 예방구금(豫防拘禁)이 있을지도 모를 그 밤을 보았다.

아 누가 나를 볼까. 나를 알까. 나는 내 얼굴과 갈라진 지 오래다. 형가(刑家)의 때가 콱 뱄겠지…… 내 가슴에는 많은 죽음과 무덤이 체험되었다.

4년간의 세월…… 나의 연령의 중요한 시기에서 이 4년은 어떻게 될 것인가. 그 흑점(黑點)! 그것이 전신에 퍼질 때 나는 어떻게 될까. 각반을 치고 전투모를 쓰고 미쳐야 하지…….

하루에 이틀을 보낼 수 없는 앞에 놓인 365일이여!

그러나 11월이여 잘 가라!

그리고 손톱으로 금을 그으며 내가 새살을 기다린다. 전하라.

12월 1일 (水)

5월 같은 날씨다. 따스해서 더욱 옥수(獄愁)에 잠기다.

새해로 건너가는 12월의 다리…… 뛸 수도 없지만 괴롭다 상심 말고…… 땀 나는 굳은 벽으로 둘렀어도 담담히 자성(自性)을 지키자.

감방 속이건만 연말 기분 마음에 도는 듯 세모(歲暮)에 짙은 정 눈물겹다 할까 애조(哀調) 삼가 흐름을 어이하리.

이제부터는 추위도 더하겠지만 마지막 해의 추위를 뜻 깊게 하고자 더욱 벗고 가볍게 뛰어야 하리라. 높고 맑고 찬 하늘에 여기 주민들밖에야 깨끗이 벗고 흰 살결로 대자연의 위세에 맞설 자 또 어디 있으랴. 원시의 건강 은혜로움이 남으리라.

옷보다 더 강한 피부로 하루를 잡기 위해서 한파(寒波) 속에 쾌히 덤벼들어야겠다.

태연하고 의젓하게 벗고 종전대로 공장에 뛰어갔다.

중도실(中途室)에 들어가니 어디선가 『토정비결(土亭秘訣)』이 들어왔다.

나의 팔자를 산(算)하니 운명에 가로되

　화소원중(花笑園中)
　봉접래희(蜂蝶來戱)

라 해(解)한 것을 보매 더 좋고 묘하였다.

　꽃피는 동산에 나비 와서 노는데
　달 없는 동방(東方)에 화촉(華燭) 또 있다.

12월 한 달에서 하루를 무너뜨리기 위해서 용감하게 뛰어 훈련된 노예처럼 감방 속에 돌아왔다. 문은 닫혀 잠겨지고 달 없는 밤, 저 등불이 화촉인가.

12월 2일 (木)

참새들이 창 아래 나뭇가지에서 지저귀는 아침.

분명치 않은 꿈이 왔다 간 듯 가슴에 자취 남았건만 어디 갔을까, 그를 찾아 소허(少許)의 시간이나마 보내다.

리얼리티란 나타난 사상(事象) 이상의 근거에 영혼 혹은 영각(靈覺)이라는 것이 거기 이르러 즐거이 결합될 때 창조가 시작되는 것이리라.

지금 나의 주제는 어디까지나 나다, 나뿐이다. 그러나 현실이 없는데 과연 나는 무엇일까? 종로에서 지나가는 사람을 불러 나를 구경시킨다면 나는 뻘건 옷에 부은 얼굴 팔짱을 낀 인간류(人間類)의 일물(一物)에 지나지 않을 것이다. 그 속에서 먹는 것이 생각되고 있다. 굶주리는 것은 인간을 비굴하게 하고 다스리기에 편케 한다. 힘이 없고 머리를 쓰지 못하니까…… 나는 약간의 정신을 돌려 허기에 대항해왔다. 나의 육체 속 어느 부분이 굶지 않고 흐르는 눈물이 있었던가. 시를 지은 사람들이 아름다운 시 속에 눈물을 남겼으되 굶주린 자취는 없었던 것이다. 그러나 나는 지금 동물화되고 있다. 이 엎디고 있는 것을 보라. 나는 개가 되나 보다. 사람이 시키는 대로 하고 하라는 대로 생각해야 하는 개다. 나는 얼굴이 무거워서 들 수가 없다. 신(神)은 스스로 앉는 자리일지 모르나 여기는 신은 불러도 앉을 자리가 없다…… 얼마 후에 밖에 있을 하늘을 향하여 나는 턱을 치켜들고 막연하게 앉아 있었다.

절대자(絕對者)는 없어지는 것을 묵인하는 자일까.

아, 자자 앉은 대로 누워
편히 쉴 것을 염원(念願)하며
하로ㅅ밤을 죽자
빛을 찾는 아들에게
저 감시(監視)하는 불을 끄라.

12월 3일 (金)

독신(獨愼) — 왕양명(王陽明)

눈을 감으면 주위에 잡념이 모여드는 것이 알린다. 전 인류가 하나의 고동(鼓動)에 살지 못하는 운명의 바람 소리가 귀에 잉잉거린다. 한 제국(帝國)의 큰 목적에 위배되고 또 거역한 자로서 나는 많은 사람들이 가는 길에서 떨어져 여기 삼가 징역하러 왔다.

독신!

거죽으로 버티고 속으로 구하지 않는 자성(自性)의 세계—무심(無心)한 구도(求道)…… 있을 것이요, 얻으면 기쁘리라!

기래끽음(饑來喫飮) 권래면(倦來眠)
지조수행(只且修行) 현편현(玄更玄)
설여세인(說與世人) 불신종(不信從)
각종신외(却從身外) 멱신선(覓神仙) — 왕양명(王陽明)

나는 이 구도의 시 첫줄에 놀라서 한참 눈을 감았다. 몇 순간이 지나는 동안에 나의 지나온 전생(全生)을 요약해보았다.

밥을 먹는 것 잠을 자는 것…….

그것이 나에게서 온전하였던가, 나는 자문해보았다. 누구에게나 본

224

능적으로 있는 것이지만 구도의 정신을 거쳐서 현실관을 이루었다. 도
야지 잠에 개 꿈을 꾼다는 말이 있다. 어떤 고승(高僧)이 뒷간 널빤지
에 떨어진 밥알을 집어 고이 닦아서 정히 먹었다는 얘기가 떠올랐다.
바로 육체의 양식(糧食)을 정신화시킨 것이라 하겠다. 그리고 한 육신
을 대지처럼 잠들게 하는 그것이 아마 수도자(修道者)의 수면완성(睡
眠完成)일 것이다. 또한 입명(立命)의 길이리라.

저녁 바람이 모질게 불었다. 북풍인가 모를 바람이 산을 넘어 까치
우는 소리 내 눈에 눈물을 모았다. 먼지 낀 유리창에 하늘이 흐린 물처
럼 뿌옇다. 이 시간을 넘기에 나의 생명은 쇠잔하고 있다. 나는 단전
(丹田)에 기해(氣海)를 넣기에 힘썼다.

그러나 나의 숨결마다 누선(淚腺)에 닿는 것 같았다. 나는 너무 인
내하고 억제함으로써 다른 나를 만들고 있다. 눈이 감겨진다. 숨을 쉬
고 눈을 감는 것밖에 나의 할 일은 없다. 눈을 뜨면 벽이 무의(無意)
에 달려들 뿐이다. 이 방에서 혼자 초월할 것도 없지만 천지유수(天地
幽邃)에 둔 마음 설레어 어찌할 수 없다. 벌은 더욱 중해가고!

12월 4일 (土) 영하 9도

뒷산 바위에서 바람이 일고 천지가 희다.

어둠 속에서 피어오르는 창공…… 심안(心眼)에 비치건만 신문지
반쪽만큼 그것조차 흐리게 창으로 겨우 허용될 뿐이다.

밖에서 참새들이 다른 아침처럼 지저귄다. 이불을 개는데 코끝에 한
기가 감촉된다. 찬물로 힘차게 마찰하고 문이 열리자 미친 듯이 뛰어
아래로 내려갔다. 바깥 큰 문이 열리지 않아 벌거숭이로 한참 서서 난
색을 보이지 않으려고 애썼다. 야음(夜陰)이 그대로 남은 공장에 들어
가 찬 옷을 주워 입으니 그로써 다시 노고는 시작되고 달력 한 장이 떨
이질 서곡(序曲)이 된다.

하루만큼 집으로 갈 길이 다가진 해질 무렵 옆에 있는 제2공장 아래 위층에서도 부들부들 떨고 나오는 나체 군상들이 흑흑 느끼며 찬바람에 맞서는 혼성(混聲)이 내게로 밀려왔다. 뛰어넘는 대(臺)가 하나만더 있어도 진행이 빠를 텐데 내통이나 범칙이 있을까 해서 줄지어 앉혀두는 일이 기막혔지만 차례를 기다리며 찬 손으로 언 몸을 문지를 수밖에 없었다. 3동 층계에 오니 다리가 마비되고 숨은 마치 콧구멍에서만 할딱거리는 것 같았다.

떨려도 할 수 없지, 천천히 가자…….

여기서는 누구에게도 '아버지'없다.

누구도 신(神)을 요구하지 않는다.

방에 들어서니 5촉광에 고영(孤影)마저 떠는 것 같았다.

팔짱을 끼고 고개를 숙이는 감방 자세…… 뒤통수에 성에가 끼는 듯 바늘처럼 쏙쏙 찌른다.

널빤 위지만 어서 눕고 싶다.

눈을 감고…… 상습처럼 한숨 쉬고…… 날마다 같은 어둠…… 눈시울만 뜨겁다.

무지(無智)할지어다, 무감(無感)할지어다, 화(化)할지어다.

12월 5일 (日)

컴컴한 영하 2도의 허연 태양…… 다시 쳐다볼 새도 없이 공장에가야 하는 길.

나뭇가지에 서리는 그림같이 되었다.

뛰다가 앞서 가던 자의 사고로 문득 서니 발가락이 저려들었다.

공장 유리창에는 물을 끼얹은 듯 꽁꽁 얼어서 국화꽃 무늬처럼 화려했다.

오늘 제1 일요일이어서 면업일(免業日)인데 모레가 8일 대소봉대일

(大詔奉戴日)이라 휴일을 그날에 겹쳐놓고 오늘은 전시(戰時)하의 특
별 봉사였다. 죄인들은 벌써부터 그날의 떡을 기다렸다.

병실 같은 감방에 돌아오니 봉합엽서 한 장이 홀로 차입되어 있었다.
어찌할 수 없는 방…… 엽서를 들고 만져보았다. 편지나 쓸까 하다가
쓸쓸해서 생각할 거리로 남겨 두었다.

12월 6일 (月)

혹한이 지나가는 듯 천혜온화(天惠溫和)했다. 부디 따스하여라, 고
난이 성숙하리니…….

일원옥생인(日暖玉生烟)

한시(漢詩) 1행이 온상(溫床) 같구나.

점심에 정어리국이 들어왔다. 고향 바닷가에 너무도 많고 천하던
것, 궁지(窮地)의 일미(一味)였다. 형가(刑家)의 오찬(午餐) 짜서 물
난리가 났다.

목이 타는 것을 참고 열심히 자개를 켜다가 마음의 틈에 불란서 루이
16세의 탈주가 떠올랐다. 하늘이 음산해지며 흉금에 구름이 끼었다.

간수가 불러 일어서 갔더니 자개 붙이는 것을 보라기에 동료들의 옆
을 오락가락하다가 중도실에 슬쩍 들어가 난로에 손도 쪼이고 뺨에 화
기(火氣)도 접하면서 몇 해 동안 나도 보지 못한 내 얼굴 기이하리라
그런 생각이 났다.

밖에서 눈이 펄펄 내렸다. 성외(城外)를 넘어다보는 마음 한계 없이
막막히 흐렸다.

칼소리를 철걱철걱 내면서 간수가 들어왔다. 무얼 생각하느냐고 웃
으면서 물었다.

눈을 보지요…….

나는 눈 오는 거리에 친구들과 함께 다니던 것을 생각하고 있었다는

것을 비로소 깨달았다. 눈이 땅에 내리는 것이 아니라 눈 언저리에서 녹으며 속이 젖어 들었다. 내게는 아무것도 없는데…… 옆에 있는 사람들도 의미 없고…… 나 자신도 희미했다. 나는 목적 없이 죽고 있다.

밤…… 손에 잡히는 대로 이 책 저 책 뒤적거려 보았다. 집에서 읽던 책인데 죄의 번호가 붙어서 나와 같이 독방에 있다. 그 대부분이 이미 죽은 작가요 시인들이지만 사랑과 영혼과 신비가 그들 속에 살아서 한없이 전개되는데 나는 출구도 입구도 없이 고갈되고 있다. 그래서 내가 외형상 아침저녁으로 드나드는 통로에서까지 나는 죽고 있다. 내게는 지금 산 글자가 없다.

갑자기 라디오 소리가 터져 나왔다. 소란하다가 잔잔한 음악이 되었다. 시찰구를 열고 간수가 음악이 들리느냐고 물었다. 쇠를 잠갔지만 말해주는 것만도 큰 우대였는데 미처 대꾸를 못했다. 간수라도 필요 없이 죄수에게 말을 못하는 법이다. 나는 책을 든 채로 있었다. 나는 그때 신의 나라를 명상하고 있었다. 군가를 부르다가 라디오는 끊어졌다.

허탈(虛脫)해서 높은 곳에 가다가
군가(軍歌)에 부딪쳐 낙양(落傷)했다.

황국(皇國)의 감옥(監獄)에서 치료(治療)를 받아야지.
신(神)은 미지(未知)의 곳에서 동의(同意)하실까!

12월 7일 (火)

밤중 폭풍이 감방을 흔들었다. 잠을 깨었다. 까치둥지가 걱정되었다. 나는 굴러떨어지다가 마치 냉혹한 조건에 걸린 것 같았다. 얼굴이 시리고 어깨가 시리고 발이 시렸다. 허리가 새우등이 되었다. 다시 잠들 수가 없었다. 아침 추위가 예감되었다.

저녁, 공장에서 돌아오니 북쪽 62호실에서 동쪽 42호실로 전방(轉房)되었다. 소제부가 먼저 그것을 알려주었다. 책과 감방의(監房衣)도 옮겨져 있었다. 지는 해지만 밝고 따스한 동편 기분이 돌았다. 음지에서 양지 골짜기에 나선 것 같았다. 이것저것 정돈하고 소제하였다. 마치 타향 하숙의 의지할 데 없는 첫날이었다. 어디로 가나 독방 하나는 있는 셈이요, 또 저절로 된 것이 신통하다. 어느 방이나 똑같은 도구의 간단한 생활의 규격이지만 이번 이사만은 변기가 새것이고 이쁘장해서 좋다. 벽은 더럽지 않게 희다.

창으로는 반달이 보이는 것이 첫날밤의 풍치요, 새 인상이었다. 일찍 북창에서는 볼 수 없던 일이다. 오래간만에 찾은 달이건만 실각(失覺)한 자처럼 무감하게 앉아 있으니 애수(哀愁)도 없고 수상(隨想)도 없다. 별도 보이건만 허망한 공간으로 유형(流刑)의 토선(土船)에 실려 나는 가고 있다. 어찌하랴. 이 답답한 정상(情狀)을! 어디로 가나? 문득 변기에 올라서니 남산 정상이 보였다. 대제국(大帝國)을 수호하시는 신이 안주하시는 곳! 여기 그 성지(聖地)가 있었구나. 아침저녁으로 많은 사람들이 참배하여 조국이 같음을 실현하고자 협력하는데, 나는 잘못 가다가 빨리 뒷걸음질 못해서 동지들을 잃고 여기 잡혀왔다. 나는 나에게서 벗어나질 못했다. 또 역사에서 피하지도 못했다. 사람들은 성공했는데 나는 실패했다. 어떻게 해야 그 실패가 참회될 것인가. 나는 다만 절망된 상황 밑에 있을 뿐이다. 나를 어서 변경시키라. 엄한 벌과 더 좁은 방에서 나를 개조하라. 오! 전능한 자여!

울지도 않았는데 온 얼굴이 추근해졌다. 어디로 가려다가 여기 왔을까.

옆방 41호실에서 사람 소리가 났다. 그것이 들렸다. 귀가 들은 것인가 사람이 들은 것인가 살았다는 사실인가, 살아서도 의미는 없다. 벽에 기대어 벽에 마주앉은 사람—그는 포기되었다. 의식이나 심정이 작용할 필요 없는 상태에서 나는 마른 가지처럼 말라가고 있다.

아 머리가 아프다! 이 머리가 아플 줄 아는가. 아프기 때문에 난가? 이 독방의 죄수! 이상한 범죄자—신민(臣民)이 되지 못한 불충(不忠)한 자…… 좀 움직여보았으면…… 어떻게 하면 변화가 있을까, 목적은 없어도 좋다. 공기나 좀 흔들어보자, 그렇다, 내일은 휴일이지! 밥을 담을 그릇을 닦자, 저 달이 창에 비낀 밤, 나는 양재기를 닦는다. 어디선가 눈물을 담아 들고 양재기는 달로 갔다.

12월 8일 (水) 면업일(免業日)

오늘은 2주년을 기념하는 대소봉대일(大詔奉戴日)이다. 대일본제국이 전 세계를 우렁차게 진동시켰고 세계 사상에 자기의 승리를 결정한 날로서 청명온화(清明溫和)한 가운데 대승(大勝)을 명증(明證)하는 국민의례가 정숙히 거행되었다.

교회사(教誨師)는 강당 높은 단상에 올라서 그것을 가리켜 지구의 중심이 바뀌는 만세일계(萬歲一系)의 황통(皇統)이라 하면서 죄수들에게 감격을 고무했다.

긴 식사(式辭)가 끝난 후 차례로 방에 돌아와 아침밥을 달게 먹고 간수장에게 불리어 갔다. 무슨 일인가 했으나 간수부장이 아니고 간수장이라는 데서 다소 안도되었다. 여기서는 칭찬받는 일이란 거의 없으니까…… 의외에도 관용부(官傭夫)로 쓸 것 같은 얘기였다. 수의(囚衣)를 바꿔 입는 것은 아니지만 아마 개전의 정을 본 모양이었다.

돌아와서 창을 열고 고개를 기울인 해바라기처럼 햇빛을 반겼지만 무위! 견디기 어려워, 매리 파스키르체프의 일기를 읽었다.

"나는 거울을 깼다. 죽음이냐, 그렇지 않으면 큰 불행이 오리라. 이 미신이 나를 동결시킨다. 창으로 밖을 내다보니 눈에 보이는 한 모든 것이 더욱 나를 동결시킨다. 만물이 회색 진줏빛 하늘 아래 창백하다.
나는 오랫동안 이런 광경을 보지 못했다."

나는 어떤 광경일까, 생각하다가 졸았다. 문득 식도구(食道口)가
열려서 놀랐다. 잊어버린 홍백(紅白)의 떡 두 개가 대소봉대일 오후의
선물로 들어왔다. 신병(神餠)! 고맙게 받아놓고 오래 보다가 달게 먹
었다. 입 안 상황이 달라졌다.

12월 9일 (木)

공장이 뒤숭숭한 날이었다. 해남도행(海南島行) 보국대원들이 출전
전 휴식을 위하여 격리감방에 들어가기 때문이었다. 나도 그들이 가는
곳을 생각해보았다. 그들은 장도에 오를 것이다. 그들 앞에 전개될 대
자연이 그들의 궁전일는지 모른다. 그들은 미지(未知)에 애착을 가지
고 넓은 곳으로 간다. 그러나 예측할 수 없는 곳에 공포도 있고 불안도
있을 것이다. 어떤 사람은 영웅심에 불타고 어떤 사람은 회의에 빠지
기도 할 것이다. 그러나 그들에게는 확실히 변화가 올 것이다. 혹시는
돌아오지 못할 죽음도 생각하리라. 그러나 죽음은 생각할 문제가 아니
다. 그것은 죽음이기 때문이다. 또 여기 있다 해서 살아 있다는 확증
도 될 수 없기 때문이다.

그들은 자유스럽게 넓어진 천지를 향하여 간다는 사실을 동경하여
갈 뿐이다. 그들은 장기수들이 아니요, 건장한 청년들로서 자원(自願)
에 의하여 울적한 감옥을 떠나고자 호명하는 대로 앉았던 자리에서 핀
셋을 놓고 조개 가루를 털며 천천히 일어서서 한 군데에 모여 앉았다.
죄의 집을 떠나서 미지의 타향으로 꿈 같은 것을 따라가는 그들에게서
나는 갑자기 용기와 부러움을 느꼈다. 그러나 그들의 장래는 과연 어
찌 될까. 그들이 지금 생각한 것 같은 꿈은 아마 없으리라. 그들에게
는 취소할 수 없는 비극이 뒤따르지나 않을까. 집도 없고 고향도 없는,

그리고 있다 해도 지우지 못할 낙인이 찍힌 사람들, 전야(戰野)에서 자유를 누리고 태양을 우러러보고자 그들은 나갔다. 나간 뒤에 장내는 더욱 말없이 허전했고 숙연한 듯 그 자리에는 곧 다른 죄수들이 들어와 그 운명을 계속하였다.

오늘은 인상에 남은 날이었다. 방에 돌아오니 방은 잡거(雜居)가 되었다. 임시라도 내 방인데 나도 모르게 두 사람이 이미 들어와 있었다. 동거 생활이요, 오래간만에 공동 생활이 시작되었다. 독방 생활에 지쳐서 날마다 깔앉아 혼자 헤매던 차에 귀인(貴人)이나 만난 듯이 반가웠다. 나는 벽 대신에 얼굴을 쳐다보게 되었고 무언(無言) 대신에 나의 음성을 듣게 되었다. 그것은 또 다른 사람의 음성이기도 했다. 그러나 이 제한 속에서는 말도 또한 고독이었다. 사람은 인간성의 깊은 고독에서 진실하게 사귀어지는 것이지만 여기서는 고독은 검은 덩어리가 되어 밑에 묻혀서 말은 그 거품이다. 그러기 때문에 말하다가도 말은 그냥 끊어져버린다. 할 말도 없지만 너무도 오랫동안 하고 싶던 말들은 외계(外界)와의 접촉이 없으면서 굳어져버린 것이다. 게다가 여기서는 무엇 때문에 왔다는 전신(前身)을 밝히지 않는다. 장기수일수록 묻기가 어렵다. 그래서 잘못 묻다간 핀잔을 받기 쉽다. 고생하는 것이 다 '같은 날'인데 사실 묻는다는 것이 점잖지도 못하고 또 속이 엿보이는 것 같기도 하다. 그래서 거죽에 뜬 얘기로써 친해 들어갈 수밖에 없다. 웬일인지 나도 더욱 더 서먹서먹했다. 나는 인사한 뒤에 그들이 먼저 말하기를 기다렸다. 또 끊어진 말을 내가 다시 이어가기도 했다. 그러다가도 무엇을 생각하는 듯이 서로 묵중(重默)했다. 어떤 죄와 무슨 벌인가? 죄와 벌이 그렇게 만든 것 같기도 했다. 또 그들로서는 나는 아직 진짜 맛을 모르는 자이기도 했으리라. 그럴 것이다. 나는 독방에서 혼자만 중얼거렸다. 그래선가 무언(無言)과 무감(無感)이 정중하게 달랐다. 서로 만났건만 ― 내가 기다린 것처럼 만났건만 그립던 사람들이 너무 고생하고 와서 아마 얘기가 없는가 보다.

이 동(棟) 안에서는 내가 누군지 어떤 범죄인지 형무소 특유의 속삭임에 의하여 대체로 저명한 자로서 알려져 있지만…… 그래서 벌거벗고 뛸 때에도 주목거리가 되지만 나는 누가 누구인 것을 알지 못한다. 따라서 독방자의 숙소에 들어온 이 여객들에 대해서도 전연 아는 바 없다. 그들은 각각 자기의 있던 방에 들러보지도 못하고 여기 와서 나와 마찬가지로 서로 몽외(夢外)의 사람을 만난 것이다.

그래서 같은 운명의 배에 탄 사람이면서 서로 이방인(異邦人) 같았다. 그러나 곧 무엇인가 통해져서 그 다음에야 한 분은 무기에서 오고 한 분은 15년에서 왔다는 것을 알았다. 무기는 평안도였고 15년은 만주에서였다. 무서운 고초를 당했으리라 직감되었으나 속에 대〔竹〕가 서 있는 것이 보였다. 그래서 이 형(刑)의 연장자(年長者)들이 더욱 어려웠다. 사람이면 누구든지 간에 만나고 싶던 그가 그렇게 '어려웠다'는 이 새로운 사실이 내게는 오히려 외로웠다. 형벌이 그들의 성격에 미친 음영(陰影)이 그들의 전생(全生)을 어둡게 덮었을 때 그들의 경력을 묻지 않고서도 나는 그들을 알았다. 여기서는 잡범들은 자기를 과장하지만 사상범들은 자기의 과거를 말하지 않는다.

운명은 자기의 것이지만 남의 손에 달려 있으므로 불평을 말하다가 그것이 새어 나가는 날, 실로 예측할 수 없는 큰 재화(災禍)가 언제 닥쳐올지 모르기 때문이다. 그래서 중형일수록 말하지 않고 믿지 않는 데서부터 출발한다. 어려운 것은 그 때문이다. 미결감에서는 잠깐 셋이 동거한 일이 있었다. 그때에는 많이 웃었다. 늙은 사람이 옷을 벗고 강을 건너가 외도하던 일, 술 먹던 얘기, 집안 자랑 등 신통한 화제가 많았지만 지금 나는 인생을 잊어버린 투사들과 마주앉아 있다. 그러니까 서로 피부가 닿을 때 비로소 그들을 알 수밖에 없다.

나는 그들에게서 형무소의 제일 어려운 고비를 알고 싶었다. 남양 토인처럼 검고 크고 무뚝뚝한 평안도는 이런 얘기를 했다.

하도 오랫동안 감방에 갇혀 있어서 하루는 난데없이 파리가 들어왔기에 붙잡아서 날개를 떼고 그 뒤를 따라 기었다는 것이다. 나는 천지신명(天地神明)께 이 이야기를 올리고 싶었다. 거부된 생존…… 그는 퇴화하여 미물(微物)에서 자위를 구했다. 언젠가는 그도 기도를 했을 것이다. 그러나 그는 인간을 버리고 불구의 파리와 함께 기었다. 아침과 저녁 몇 달 몇 해 그는 독방에 감금되어 기어가는 벌레가 되었던 것이다.

이렇게 삼인동거의 첫날밤은 억울하게 날개를 떼인 파리와 함께 울적했다.

그들은 온갖 묵종(默從)의 비밀을 감추고 지금은 무심하게 공장에 나가고 있다. 만주는 골상이 뺏뺏했다. 얼굴은 일단 창백했다가 속까지 탄 빛깔이었다. 그는 한의서(漢醫書)를 연구하고 있었다. 그와 반대로 평안도는 키가 후리후리하고 검데데해서 지금도 독립군(獨立軍) 같은 데가 있었다. 입술에는 백점풍 같은 것이 생겨서 그의 평시의 의지가 벌거벗고 나앉은 듯한 데다가 대머리였다. 그러니까 나는 그 앞에서 약점일 수밖에 없었다. 취침시간이 되자 셋은 가슴에 번호를 붙인 채 한 이불 속에 1대 2로 거꾸로 드러누웠다. 이로써 일만 시름 끝났다.

12월 10일 (金)

수류만학(水流萬壑) 심무경(心無競)

월낙천산(月落天山) 영자손(影自孤) — 소동파(蘇東坡)

어디 다툴 것이 있으며 외롭지 않은 그림자 또 있으랴. 자고(自孤) — 자성(自性) — 나는 저 등불의 그림자러라.

시안—최고의 인간—그는 일견(一見)하여 본연(本然)에 들다.

그러나 밝은 달 높은 산을 넘어 고요한 그림자 이렇게 길고 무거울 줄이야…….

12월 11일 (土)

지난 8월 이후 궁금스럽던 관용부(官傭夫) 건은 틀어졌다. 담당 간수의 말에 의하면 사상범이기 때문에 과장이 도장을 찍지 않는다는 것이다.

12월 15일 (水)

어머님이 면회를 오셨다. 멀리 함경북도에서 옥에 갇힌 아들을 찾아오신 노안(老眼)에 눈물이 가득 고이셨다. 집안 얘기를 물었으나 붉은 수의를 걸친 아들을 앞에 놓고 밖에 있는 사람들의 안부에 마음 하실 리 없다. 네모난 널쪽 미닫이 구멍으로 내다보고 들여다보는 모자의 얼굴— 한 분신(分身)이면서 서로 갈라져서 1년에 한두 번 그것조차 몇 분밖에 허락되지 않는 구슬픈 면회! 오늘 내게는 그 시간조차 채울 얘기가 없었다. 가슴이 터지지 않을 만큼 목구멍이 메었다. 눈물! 어머님에게 보여서는 안 된다. 나의 한 방울이 어머님이 운니동(雲泥洞) 집에 가실 때까지의 낙루가 될 것이다.

"집에는 아무 일도 없으니 조곰두 걱정 말구 몸만……."

언제 가시느냐, 묻고 면회는 끝났다.

돌아서서 면회의 차례를 기다리는 사람들의 틈에 끼어 앉아 고개를 숙이고 있다가 컴컴 심정에 묻혀 공장에 돌아왔다. 5명의 범칙자가 생겨 팔에 작업상을 올려놓고 눈물을 뚝뚝 떨어뜨리고 있었다. 콜타르 같은 아교를 훔쳐먹다가 들켰다는 것이다.

12월 17일 (金)

오늘은 추근한 5월 같았다. 나무에 움이 틀 것도 같고…… 산에라
도 가고 싶은 마음 하늘에 유혹되었다.

지난밤에 꾼 여러 가지 꿈이 연상되었다.

첫째 꿈은 기제(起悌) 형의 결혼식에 이불 한 채를 선사했고, 둘째
꿈은 옥(玉)에게서 싸인한 사진 한 장을 받았고, 셋째 꿈은 얼굴인데
아무리 생각해도 떠오르지 않았다.

두터운 벽인데 옆방에서 겨울밤 웬놈의 떡 애기가 들려왔다. 나는
술집을 생각했다.

12월 18일 (土)

동거하는 만주의 2,892번이 공장에서 풀과 종이를 얻어가지고 와서
문틈 창틈 할 것 없이 알뜰히 바르고 있어서 한편 미안한 생각도 들었
다. 그는 언제나 말없는 것이 생활이었다. 대체 무엇을 생각하고 있을
까, 궁금하기도 했다. 그는 습격했거나 발포했거나 살인미수였거나 아
마 그런 것이었으리라. 애초에 그가 기획한 것은 그와 반대로 멀리 사
라졌고 지금은 무거운 형벌만이 앞이 어딘지 모르도록 길게 남았다.
그러나 그것을 괘념치 않고 그들은 살고 있다. 너무도 태연하였다. 그
것이 내게 번뇌의 여유를 주지 않았다.

메마른 손가락으로 풀칠하다가 공장에서 잡범들이 풀을 훔쳐 먹는
애기를 하고 웃었다. 며칠 동안 한 방에 있으면서 이렇게 웃어보기 처
음이었다. 그러나 웃은 뒤가 더욱 적막했다.

12월 19일 (日)

오늘, 면업일이다. 셋이 우두커니 앉아 있었다. 아, 말없는 사람
들―혼자보다도 더 외롭구나!

나로 하여금 저 지구의 일각에나마 나서게 하라.

그래서 나로 하여금 무엇이든 느끼게 하라.

날마다 막힌 시간을 죽이기에 나는 이 생명이 없는 일기를 쓰고 있다.

매리의 일기에는 세 사람의 애인이 있으나 내 일기에는 단 한 사람의 애인도 없다.

내 속에서 나와 함께 내 애인은 죽고 있다.

신은 왜 나의 참회를 듣지 않을까.

나는 내가 난 것을 참회하고 있다.

죽고 싶은 날이여, 나에게 자살의 연습이라도 시키라.

아나톨 프랑스를 만져보다. 보들레르를 읽어 보다. 『방송문예(放送文藝)』와 『국민아동극(國民兒童劇』을 펼쳐 보다.

그것이 나에게 무엇일까? 죽는 자에게…….

아 오늘이여! 오늘이여! 오늘이여!

신이 불허하신 죄의 저서 나의 '오늘이여!'

어떻게 하면 그 속에서 죽음의 노래를 부르며 무덤의 춤을 출까.

12월 20일 (月)

연말이 다가와서 공장도 바쁘고 마음도 들떴다. 세모용 자개, 벼루집, 책상, 주인상 등 주문이 쇄도하여 해낼 것 같지 못했다.

게다가 죄수들은 죄수대로 선물용의 담배곽, 그 밖에 다른 공장에서의 여러 가지 비밀 주문을 맡아서 범칙하기에 여념이 없었다. 사실 범칙이란 재미나는 일이요, 유일한 취미며 마음의 위안이었다. 어지간히 친하면 자개를 곱게 박아서 간수님께 선사할 수도 있다. 곽은 어떻게 해서라도 목공소에서 온다. 그러면 그 답례가 극비로 가게 된다.

오늘 간수님에게 특별발신(特別發信)을 청구했다. 우권(郵券)이 없어서 꽤 오랫동안 집에 발신도 못했고 또 청할 것도 생각나서…….

혼자 있다가 세 사람이 이불 한 채를 덮는 탓인지 요새는 날마다 배가 아프고 설사가 잦다. 마대처럼 두텁고 꽛꽛한 이불 속에서 체면상 서로 끌어당길 수도 없고, 쪼그리고 자다가 아침에 일어나면 동여매였다가 풀린 것처럼 몸이 뿌듯하고 사지가 시큰거린다. 유치장보다 형무소가 편한 것은 방 하나뿐인데, 셋이 있으니 이불이 좁다. 공장에 가서도 종시 배가 낫지 않았다. 우리 셋은 벌거벗고 각각 다른 공장에서 같은 시간에 떨면서 한 방에 돌아온다. 그러고 나서 감방 담당 간수와 당번부장의 점검을 맡는다. 나는 패통(탁 치면 밖으로 기다란 막대기가 쑥 나가는 신호봉)을 쳤다. 배가 아프니 좀 일찍 눕게 해달라는 청원이다. 꾀병인가 해서 잘 들어주지 않지만 정말 아프니까 부득이 자신이 생겼다. 곧 간수가 와서 통정(通情)이 되었던지 취침시간 전에 눕는다는 어려운 일이 허가되었다. 널바닥에 돗자리 한 장을 깔고 배에 손바닥을 대고 누으니 눈이 시르르 감겼다. 귓전으로 눈물이 추근히 흘렀다. 자살할 우려가 있다고 금하는 일이지만 나는 이불을 푹 썼다. 여윈 얼굴에 흐르는 눈물을 나는 나의 계통의 두 수형자(受刑者)에게 보이고 싶지 않았다. 나의 잔형(殘刑)은 1년도 못 되지만 그들의 나갈 마지막 시간은 어느 미궁 속에 있는지 그들은 기다리는 기색조차 없었다. 그것이 더욱 슬펐다. 그들은 인생과 청춘을 어딘지 자기도 모를 곳에 바치고 말았다. 사랑도 잃고 부모도 형제도 한꺼번에 다 잃었다. 얼마나 괴로워하고 번민했을까. 그러다가 다 파묻고 말았다. 눈물조차 막혀버린 것 같았다. 아무 말도 없고 죄수라는 생각도 없이 어쩌면 저렇게 태연할 수 있을까. 나도 종말엔 저렇게 될까. 혼자서 자기의 운명만 들여다보던 독방의 괴로움보다 더 외롭고 다른 고독이 더 첨부되었다.

깊은 가슴을 굳게 닫고 하늘 아래 은혜로운 일 하나 없는 듯 시간과 멀리 떨어져 말없이 앉아 있는 사람들—얼마 있다가 취침 소리가 나면 나와 거꾸로 누울 것이요, 나는 그들 다리 틈에 끼여 셋이 이불 한 채에 송장처럼 덮일 것이다.

그리하여 나는 두터운 벽— 단애(斷崖)에 붙은 동굴 속에서 말없는 동지들에게 12월의 술 한잔 없이 안녕을 빌며 검은 바다로 떠나간다. 갈 데를 정하지도 않고 또 방향을 알지도 못하고 가는 슬픈 이행(移行)! 이 배는 가다가 가라앉아서 세상 사람들이 길이 누워 자는 곳으로 가리라.

어렸을 때 바다에서 밀려드는 물결 속에 숨어 무엇인가 오기를 기다리던 타블로! 그것을 오늘밤 보았다.

12월 21일 (火)

비 올 듯 음침한 날이 계속했다. 또 배가 아팠다. 지난밤 설사 때문에 두 분에게는 미안하고 몸은 더욱 고달팠다. 담당 간수에게 사유를 말하고 허가를 얻어 혼자 누워 있었다. 널바닥에 미온(微溫)이나마 있는 것은 내 몸에서 난 아픈 열 때문이었으리라. 눈을 감으면 어느덧 눈물이 줄지어 옆으로 베개에 흘러내렸다.

아, 여기가 어딜까? 그렇게 생각될 때마다 가슴이 녹아서 무너지는 듯 사지가 축 늘어졌다. 눈물은 솟아올랐지만, 그러나 하늘로 가는 것은 없고 어두운 데 떨어질 뿐이었다.

나는 누워서 이 지루한 시간을 견딜 수가 없었다. 일어나서 님을 기다리거나 하는 것처럼 소제하고 변기에도 걸레질했다. 또 무슨 할 일이 없나? 그러나 아무 할 일도 없다. 문을 열지 못하니 먼지는 떴다 앉아서 아마 어떤 놈은 이 집이 생긴 이후 오늘까지 이 방에 갇혀 있으리라.

나는 다시 누웠다. 어떻게 하면 이불 속이 좀 더워질까 애썼다. 몸을 비틀고 다리질해서 열도 내 보았다. 입김도 넣었다. 배에 손을 대고 약손처럼 문지르기도 했다.

어서 자자, 아프다 하지 말고……
널판도 더운데 이불과 친하라.
여기는 눈물을 흘릴 데가 아니다.
괴로워 말라 너는 끝까지 못 가리라.
생명은 죽을지언정 상하지는 않는다.
잠들라 잊어버리는 것이 모두다.

"점심이오!" 하며 식도구가 열리는 소리에 놀라 깨었다. 큰 접시에 무너지기 쉬운 콩깻묵밥 한 덩이를 받고 다시 누우렇게 썩은 빛깔 같은 무쪽을 양재기에 받았다. 흰 쌀알이 누우런 바탕에 산 것처럼 윤기가 났다. 죽은 콩깻묵부터 먼저 먹어야지…… 굶주린 것이 누적되어서 배고픈 것이 긴 세월인데 오늘은 그 밥이 들어갈 배가 아파서 물이 되어 넘어가도록 곰곰이 씹었다.

오후, 우쓰노미야(宇都官) 간수장에게 불리어갔다.

무슨 일인가 했더니 경력을 묻고 정신대원(挺身隊員)이 되면 어떠냐는 것이었다. 설마 나의 심정을 떠보려는 것은 아니었지만 몸이 약해서 어떨는지 모르겠다고…… 그저 좋게 대답하고, 가라기에 돌아왔다. 다시 누워 시간을 보내는 공작을 했다. 우선 환상이나 붙잡을까 했다.

하늘이 맑아도 컴컴한 방인데
얼굴을 숙이고 고운 눈으로
붉은 입술을 다물고 왔구나.
여기 오셔서…… 그래도 마주보니
천년 전(千年前)에도 살고, 천년 후(千年後)에도 살리…….

이 병든 회상(回想)의 순간(瞬間)에

너는 나를 찾아 미혼(未婚)의 탑(塔) 속에 왔다.

아무것도 없이 너를 기다린 사람

그를 버리고 너는 또 가리라.

달빛에 머리를 빗으며 생각하리라.

나의 눈속에 사는 환영(幻影) 같은 사람아!

다 일터로 가고 아무도 없는 이 큰 집…… 소리가 나고 요란해진다. 문이 차례로 열리고 쾅쾅 닫혀진다. 벌거벗고 두 분 동지가 들어오셨다. 정신없이 섰다가 옷을 주워입고 어떠냐고 묻는다. "괜찮다"고 하면서 역사가 증언할 '우리'를 생각했다. 운명은 침묵하였다. 그들은 책을 들고 앉았다.

12월 23일 (水)

꿈에 춘(瑃)을 만났다. 면회를 올 건가.

또 한 꿈에서는 옥(玉)이를 보았다. 서재에 찾아왔다. 귀여운 얼굴! 눈에서 떠나지 않았다. 오늘 책을 넣는가, 그렇게 해몽(解夢)해 보았다.

공장에 가서도 꿈의 얼굴이 계속 연상되었다. 밖을 내다보니 어제 앓고 오늘 벗고 다니는 길이 기막혔다.

제1공장에서는 절식(窃食)사건으로 93명이 모조리 밖에 나서서 조사를 받고 있었다. 입김이 호소(呼訴)처럼 찬 하늘에 엉키었다.

밤! 셋이 다 말 없었다. 책을 들고 앉았다. 나는 몽테뉴의 『수상록(隨想錄)』을 읽었다.

"아주 나체(裸體)된 나 자신의 초상(肖像)…… 나는 바로 나의 책의 제목이다."

내가 몽테뉴를 읽으면서 생각하는 제목은 나다. 힘없이 한 제국(帝國)에 거역한 나 자신이었다. 그러나 나는 대체 누굴까. 사실 나도 모르는 죄인이다. 누구의 죄로 처벌되었을까, 나의 운명을 점지어놓은 것은 역사밖에 없다. 그래서 나는 막혔다. 나의 이 글자들은 뚫고 나갈 길이 없다. 글자가 철(鐵)을 끊는 시대는 지나갔다. 그런데 나는 지금 애매한 습자(習字)를 하고 있다. 글자에서 꽃이 피는 것은 태양에서의 감각인데, 나는 지금 실감(實感)된 사장(死藏)이다. 나는 사물이 아닌 것을 증명할 수도 없고 어떤 형태로 구현될 수도 없다.

나는 함께 있는 분들이 답답해 죽겠다. 불쾌한 때도 있다. 무거운 짐을 지고 그늘 없이 먼 길을 가는데 옆에서 참새처럼 조잘댈 수도 없다. 마침 만주씨가 한의(漢醫) 공부를 하시는데 한방(韓方)이 앞으로 세계적 연구 대상이라는 말을 끄집어냈다. 그는 저서에 기록된 묘방·비방에 대한 여러 가지를 자랑했다. 그래서 세 사람의 얘기가 차츰 연결되어 갔다. 그러는 동안에 취침 시간이 심심치 않게 왔다.

12월 23일 (木) 동지

팥죽처럼 느긋한 날 비가 오신다. 5월 같으나 음산했다. 30분 일찍 종업— 방에 돌아오자 「숲 속의 아이」를 읽었다. 아이는 분방했다.

창밖에 빗소리가 가슴을 적셨다. 책을 읽다가 가끔 행간에서 멈췄다. 글이 백지가 되기도 했고, 의미가 무색하기도 했다. 무(無)에 갔다 온 것처럼 벽에 마주치기도 했다. 삼각형으로 세 죄인은 높은 천장 좁은 방에 말구지(말뚝)처럼 박혀 있었다.

12월 24일 (金)

동지에 오신 비가 출출하더니 오늘 영하 7도로 급히 내려갔다. 무슨 훈련을 받는다 하여 일찍인 중에도 더욱 일찍 광장에 소집되었다. 우선 추워서 구보(驅步)를 시켰다. 손등이 시려서 불끈 쥐고 힘껏 뛰었다. 숨이 막혀도 단김이 확확 뿜어졌다. 동쪽 하늘에 구름이 맥(脈)을 지었는데 간간이 수정 같은 호수가 보였다. 태양이 허옇게 솟아올랐다. 원시의 골방에서 나온 것처럼 경이에 허달된 감이 없지 않았다.

그러나 영하의 대기에 태양도 빛을 펴지 못했다. 해는 있을 뿐이었다.

난데없이 무슨 꿈이 연상되었다. 아침 일어나서도 생각지 못한 것인데…… 무얼 정신없이 마시다가 목을 찔리어 죽을 뻔했다. 몹쓸 꿈인데 흉몽대길(凶夢大吉)할지어다. 저녁, 방에 돌아가면 잊지 말고 벽에 새겨놓을까 했다.

오전에 불리어 나가 또 훈련을 받았다. 고되지만 이것이 바로 정신대(挺身隊)의 훈련이었다. 끝까지 견딜 수 있을까 걱정도 되었고 앞으로의 훈련 내용이 궁금스럽기도 했지만, 어쨌든 명령대로 하는 것이었다. 첫날이라 육군 기본체조에 복창을 했다. 대학 시절의 군사훈련이 도움되리라 자신했다. 어쨌든 시들시들한 사지를 펴기만 해도 좋고 또 지루한 작업 시간이 줄어들어서 다행했다.

12월 25일 (土)

크리스마슨데 여기는 천사가 못 온다. 오다간 총에 맞는다. 그 대신 나는 몇 편의 동화를 읽었다. 어떤 작가가 아들에게 보낸 것이다. 동안(童眼)에 감수(感受)되는 세계─비현실적인데 현실적인 감도(感度)가 깊다. 모든 것은 한 개 이상의 내용을 가지고 있어서 다양한 표현을 누릴 수 있다.

오늘 훈련을 받다가 울타리 밑에 내민 돌멩이가 책같이 착각되었다. 멍든 것 같아서 간수가 나를 보기 전에 곧 취소해버렸다. 정신까지라도 감옥의 규칙에 맞아야 한다. 나의 규범! 그러는 동안에 아마 나는 평범한 괴물로 화하고 말 것이다.

한번 웃어보고 싶었다. 웃으면 어떻게 될까, 굳어진 살결로 웃을 수 있을까, 속으로 우스운 사건을 하나 만들어볼까. 우물에 떨어진 돌멩이의 사건…… 실의상태(失意狀態)에 사는 동요(動搖)…….

내일은 어디로 가며 크는가

오늘을 버리고 가는 내일……

그리고 나는 따라 못 간 유해(遺骸)!

12월 26일 (日)

정오경 미무네(三宗) 간수장이 불렀다. 지금 소장실에 포로들이 있으니 통역하라는 것이었다. 나는 놀란 빛도 없이 얼굴에 평장(平裝)을 했다. 영어를 잘 못한다고 사양했으나 그냥 가서 하라는 것이었다. 영국 포로들인데 9명이었다. 알고 보니 인천포로수용소를 파괴하고 도주했기 때문에 형을 받고 왔다. 대영제국이 초라해 보였다. 잊어버린 단어를 생각하며 조심스런 태도로 의사소통을 시키는데 시종일관하여 냉담한 표정을 썼다. 앞으로 좀 친하리라 생각되는—확실히 흥미 있는 일건(一件)이었다.

12월 27일 (月)

유리창에 성에가 껴서 짙은 화장을 한 듯 꽃무늬가 바람처럼 번졌다. 땅은 하얗고 홀딱 벗은 알몸은 영하 13도를 기록적으로 질주했다. 견디기 마련이지만 나는 용하게 견딘다. 손에 붙을 리 없는 일을 시간으로 마쳤다. 돌아오는 길 찬 하늘에 독수리 세 마리 선회하고 있었다. 아마 탐욕한 눈에 벌거벗은 것이 고깃덩이로 그렇게 비쳤으리라.

12월 28일 (火)

연말 기분이 더욱 농후해갔다. 어찌할 수 없는 세상에 나온 것이 전과(前科)였을 뿐이다. 몹시 어수선한 표정이 바로 그런 것이었다. 마음이 들떠서 집이 어떻고 거리가 어떻고…… 바깥에서 먹던 일을 생각하고…… 손을 비비는 것이 춥다는 표정, 인사의 표정! 통근 시간이 다가오면 뻔질나게 변소 출입이다.

12월 30일 (木)

오늘 연말 면회가 있었다. 그믐 때라 죄수들에게 면회는 간절한 것이었다. 여기서 한 가지 기대가 있다면 그것은 면회뿐이다. 면회는 또 수형자(受刑者)의 신분이기도 하다. 집이 서울이나 서울 주변에 있는 사람들은 면회를 자랑으로 선전한다. 집에서 자기를 잊어버리지 않은 증거로 삼을 뿐 아니라 가정이라는 확실한 근거가 있다는 것을 상기시켜준다. 집 없는 자의 마지막 기류지(寄留地) 같은 이곳을 생각할 때 당연한 행복이라 하지 않을 수도 없다. 부모형제가 없는 사람, 저 만주 벌판에서 떠온 사람들을 생각하면 목이 메이고 가슴이 터지는 처절한 비애를 느끼지 않을 수 없다. 허공에 나앉은 사람들—괴로워도 낙(樂)이 올 리 없고 다만 마비(痲痺)에의 전락(轉落)이 그들의 일반적 운명인 것이다. 비애의 무늬라는 것이 있으려면 있을 수도 있는 것이지만, 여기에는 그것이 예상될 수 있는 소허(少許)의 여지도 없다. 그래서 이렇게 한 해가 가기는 가는 것이지만 한 해에서 십 년의 고름이 흐르는 것 같다.

인간의 형제로 태어나서 사랑을 받으며 자란 사람들인데 산에서 들에서 바다에서 숱한 별들을 깜박이는 눈에 흐림 없이 받아들인 그 가슴들이 죄라 하여 채찍에 맞아 부서지는구나!

두 줄로 서서 목욕탕에 갔다. 벗기 어려운 옷을 집어던지고 욕탕에 들어가 일제히 손을 들고 앉았다. 한 해의 묵은 때를 마지막으로 씻었다. 시원해서 '으으!' 하면서 땀을 흘렸다. 몸이 푹 녹아서 거뜬했다. 돌아올 때, 그들은 잃은 것을 찾는 것처럼 길바닥을 살폈다. 요전 어느 공장에서는 복어알을 주워먹고 중독돼서 야단났다. 목욕을 하고 나면 식욕이 더욱 심해서 간수의 눈이 두렵기도 하지만 무엇이든지 있기만 하면 주우려 한다. 떨어진 구두 밑창 하나만 주워도 큰 횡재다. 깡통에 넣어서 아교를 달이는 척하고 끓이면 바로 쇠고기국이 된다. 구두 밑창은 본래의 우피(牛皮)로 돌아가 설렁탕 맛이요, 아교를 구워먹기보다 고급이다. 게다가 마시기 쉽고 삼키면 증거가 없어지기 때문에 결과가 매우 깨끗하다. 형무소에서 만족한 일이란 먹는 데밖에는 없다.

그렇게 왕성한 욕망과 민활한 공작을 억압하는 데는 가혹한 처벌밖에 없다. 형무소의 매가 지독한 것은 그 때문인 것 같다.

게다가 오늘은 1공장 앞을 지나는데 막(幕)에서 김이 무럭무럭 나며 떡 치는 소리가 들렸다. 걸음이 제대로 될 리가 없었다. 전 신경이 그리로 쏠렸다. 발을 밟았다고 눈을 부릅뜨고 싸우기도 했다. 사소한 일에도 곧 보복 감정이 일기 때문에 죄수들의 싸움은 무섭다. 간수까지도 방심하지 못한다.

공장에 들어가 작업장에 앉았다. 거뿐한 김에 일할 생각도 없지만 오늘만은 간수도 동정적이었다. 연말인데 여기 와서 죄수를 지키는 동고(同苦)의 정이 아마 그럼 심정을 도발시킨 것 같았다.

그러나 답답해서도 일하지 않을 수 없다. 실낱 같은 톱으로 자개를 켜는 소리……. 밖에서는 눈송이가 날렸다. 마음이 푹 잠겼다.

장내의 대소제가 시작됐다. 목욕하기 전에 해야 할 일인데 목욕 순서가 먼저 왔다. 수건으로 입을 동여매고 연륜(年輪) 있는 먼지 소동이 벌어졌다. 범칙의 호기(好機)도 되었다. 물걸레로 널장판까지 말끔히 치운 다음 좌석을 정돈시키고 간수님은 빈손으로 망년회를 차렸다.
빈 입에 명령 하나로 여흥이 시작되었다.

> 옛일을 생각코 보람없이
> 흥겨워 구슬픈 곡조 길게 빼고
> 홍당무처럼 달아 들어가네

그래서 오래간만에 마음 놓고 웃었다, 죄를 잊고 함께 놀았다. 술잔
이나 있으면 공장이 떠나갔을 것이다.
간수님으로부터 결전하(決戰下)의 각오와 각자 건강에 대한 훈화가
있은 다음 망년은 끝났다.
양재기에 접시 등을 가지고 평일보다 일찍 방에 돌아왔다.
아! 이 사람, 전방(轉房)되었구나! 이렇게 허전할 수가 있을까. 자
취하나 없다. 다시 만날 길 없이 갈라졌구나! 오늘은 할 얘기도 많은
데…… 따로따로 떨어져 갔을 게다. 뇌수(牢囚)의 정! 처량코나! 나
는 유령 같기도 하고 무서운 생각도 들었다. 나는 오래도록 눈을 감고
앉아 있었다. 무거운 생각에 여러 가지 후회가 났다. 아무 할 말도 없
는 죄인들이었지만 세 사람의 사상범을 한 방에 둔 것이 잘못된 배정이
었던가, 만나지 않은 것만 같지 못한 일이었다. 나는 슬픈 잔을 환영
(幻影)에게 내밀 뿐이었다. 그리고 한참 동안 상처를 다스려야 했다!
그러면서 유령 같은 교분(交分) 속에 졸고 있었다.

12월 31일 (金)

이불 속에서 섣달 그믐날을 곰곰이 생각했다. 반침(半寢)하던 자를
잃고 홀로 깨인 아침 허전함이 계속되었다. 평일보다 나팔 소리가 늦
게 났다. 자리에서 일어나며 잡념을 버리려고 애썼다. 맑은 공기를 마

시며 밖에서 호흡하고 싶었다. 그만 동요가 생겼다. 무골(無骨)처럼
벽에 기대었다.

  아침밥이 올 때까지 나는 누워 있었다. 그리고 낮에도 정신을 차릴
수가 없었다. 나는 폐물상태(廢物狀態)였다. 때때로 한숨이 지나갈
뿐이었다.

  점심을 먹으며 나는 오늘 하루를 이길 결심을 했다. 나는 단좌(端
坐)하기 시작했다. 이것은 내가 깎아 세울 자세였다. 등을 바로 세우
고 비명(碑銘)을 쓸 곳이었다. 나는 내가 여기서 죽고 있다는 사실을
알고 있다.

  그러나 붙잡혀 있지 않고 머물러 있으며 소멸될 것이지만 나는 현재
에 있다. 있을 때까지 나는 잊지 않는다. 그것이 사는 것이다. 그래서
나는 한 양식(糧食)을 밖에서 받고 한 양식을 안에서 섬긴다.

  섣달 그믐날의 만찬!

  삼등식 하나에 우동이 든 희멀건 된장국—그 속에 쇠고기가 몇 점
들었다. 나의 유일한 먹는 운동이 시작되었다. 나는 자연이 시키는 대
로 침을 꿀꺽 삼키고 침착하게 식사에 매달린다. 고대의 승려처럼 삼
가 밥을 씹고 국을 절약해서 마신다. 한번도 만족하게— 배불리 먹어
보지 못한 식사…… 굶주림의 누적— 애욕은 가지만 식욕은 지나가지
않는다.

  탄볼탑(塔) 속에서 혁명의회(革命議會)에 불리어 나오는 루이 16세
도 굶주림을 이기지 못해 사환꾼의 손에서 빵 한 조각을 빌어먹었다.

  오늘따라 전기가 오지 않아서 취침 시간까지 눈을 감고 앉아 있기에
편했다. 염원(念願)— 무념(無念)의 자세— 불경을 외고 있었다.

  누가 노래하느냐고 복도에서 갑자기 모진 소리가 났다. 속으로 처량
하게 왼 불경 소리가 들렸을 리 없고 아마 어느 방에서 콧노래라도 한
모양이었다.

나는 혼자다. 혼자 있을 운명을 지니고 능히 혼자 견딜 수 있는 자가 되어가고 있다.

늦게야 불이 왔다.

이제 이 밤이 가면 한 해가 가는구나! 지루한 밤, 무거운 짐이 벗겨진다. 얼리고 만지며 무던히 견디었구나! 채찍 같은 날들이—가시 돋친 날들이—포장 같은 날들이 하루에 뭉쳐 한 밤으로 가는구나! 형가(刑家)에 보내는 나의 충실한 행례(行禮)여! 신께도 감사하느라, 그 은혜 베푸셔서 무사하였도다, 마지막 그믐 고개를 이 밤에 또 넘네, 보상(報償)의 준령(峻嶺)이여! 내려가다가 절간에 들러서 맑은 물에 새 밥을 지어 먹고 어두운 날을 회상하여 곳곳에 말뚝을 박으리라.

> 1941년 섣달 그믐날— 옥창 제1년말
> 1942년 섣달 그믐날— 옥창 제2년말
> 1943년 섣달 그믐날— 옥창 제3년말

> 첫해에는 앞이 보이지 않아서 울었다.
> 둘째해에도 앞이 보이지 않아서 울었다.
> 셋째해에는 앞이 내다보여서 울었다.

> 나는 나를 미워해서도 못 살았을 것이다.
> 나는 나를 사랑해서도 못 살았을 것이다.
> 나는 있다. 그것으로써 나는 살았다.

> 앞길을 헤치고 갈 발가락이 얼더라도
> 오늘밤만은 다리를 뻗고 호연(浩然)히 자리라!

오늘 정(珽)에게 발신하다— 금년 마지막 편지로서······ 인제 나도
공을 쌓고 너희들이 볼 수 있는 고개에 올라선다고—

1944년

1월 1일 (土)

눈을 뜨니 컴컴한 이른 아침이 마치 새벽 같았다. 마음 놓고 새해를
맞이하느라고 어젯밤에는 사지를 쭉 뻗고 잤는데 새우 등처럼 도사리
고 있었다. 감옥살이지만 새날의 기분을 내야 하겠다는 이 생각 저 생
각을 이불 속에서 하고 있는 중에 동방에서 여명(黎明)이랄까 희슥하
게 유리창에 비쳤다. 감방에야 무슨 변화가 있으랴만 성외(城外)는 희
망의 아침이리라.

신년인데 퀴퀴한 이불 속이 하도 군색스러워서 기상나팔도 불기 전
에 벌떡 일어나서 냉수마찰을 했다. 한 줄기의 명맥에서나마 정신이
났다. 방을 싹 훔치고 앉아서 무무명(無無明)! 동방으로 향했다.

아래층에서 이상한 소리가 났다. 첫날부터 범칙일까? 그것만은 쉬
지 않는구나! 집 없는 사람들의 신년 원단(元旦)을 생각했다. 그리고
심난하지 않도록 오늘의 마음을 단속했다.

평일보다 좀 늦게 일정한 규격의 콩밥을 유심히 먹고 한참 있다가
국민의례가 시작되었다. 평소대로 붉은 옷을 걸치고 맨발로 2층 강당
에 모였다. 소장전(所長殿)으로부터 반도인의 황국(皇國)에 대한 충
성이 지극해서 내선일체(內鮮一體)의 결실을 갖게 되었고 또 세계 대
세에 역사적인 신기축(新機軸)을 이루게 되었으니 신년을 맞이함이
전과 다르다, 제군의 각성과 분투를 바라며 더욱 필승의 태세를 촉구
한다는 열정적인 훈화가 있었다.

작업과 또는 이러한 회합으로 말미암아 죄수끼리 인사 없는 친면이 어느덧 생기지만 말하다가 들키면 큰일이 난다. 그러니 강당이 가득 차도록 모여도 눈치가 통정(通情)일 뿐 복도의 삼엄한 경계 속에서 조용히 퇴장하여 감방에 돌아온다.

이런 기회에도 사상범만은 전염체(傳染體)라 하여 대체로 참석시키지 않는다. 쓸쓸한 기분으로 방에 돌아오니 자강총서(自彊叢書)『빛에의 인도(引導)』가 넣어져 있었다. 나는 그것을 들고 흐릿한 유리창에 비낀 사광(斜光)을 물끄러미 내다보았다. 외계(外界)가 생각되었지만 고의로 무의미하다고 단념해버렸다. 그러고 보니 갈 데 없는 휴일이요, 밀폐된 명절이었다. 괴롭고 답답한 것을 질서 있게 차근차근 쌓아놓고 입명(立命)을 가장한 나의 새해다.

이렇게 홀로 앉아서 들여보내 주는 점심을 먹고 또 저녁을 평소보다 더욱 달게 먹었다. 그리고 집이건 친구건 일절 생각지 말자. 아! 담배나 한 대 피웠으면…… 그 대신 맘대로 눕기나 했으면…….

저녁 먹은 후 이윽해서 흰떡 한 개가 배급되었다. 노오란 속이 들어 있었다. 물처럼 부드러운 빛이었다. 바깥 문명인가 보다, 그렇게 생각하며 떡 한 개를 장시간 먹고서도 입에 단맛이 남아 있었다.

밤— 정월 초하루 밤인데
제일 오래 묵은 밤!

화촉(華燭)! 곰의 가죽을 쓰고
속으로 질질 타는구나.

하객(賀客) 하나 없이
만인(萬人)의 설날에 이 집에서

나는 혼자 장례(葬禮)를 치른다.

금년 겨울이면 나는 4년상(喪)을 벗고 집으로 간다! 이역(異域)에
서 방학을 기다리는 것처럼 생각하자, 그렇다 기다리는 것! 온갖 비밀
이 그 속에 있다. 덧없는 것일랑 다 무시해버리자.

　고독(孤獨)이 무너지며
　내일(來日)이 온다
　외로운 자(者)여
　너의 숙소(宿所)에
　깊은 내용(內容)이 있다.

간수가 쓱 들여다보고 갔다. 우수(雨水)가 내린 탓인가 경칩(驚蟄)
도 되기 전에 놀랐다.

옆방에서 벽을 뚝뚝 치는 소리가 났다. 처음에는 무슨 암혼가 했다.
형무소에는 특히 사상범들이 '가나다……'로 만든 특용암호(特用暗
號)가 있다. 미결감 때에 그런 얘기를 듣고 혼자 만들어보기도 했지만
머리를 쓰기가 싫어서 걷어치운 일이 있다. 답답한 김에 벽을 마주쳐
서 응해보았다.
그랬더니 낮지만 은성(殷盛) 같은 목소리로 배고프지 않으냐고 묻
는 것이었다. 간단히 배고프다고 했다. 빨리 양재기를 넘겨 보내라 한
다. 가슴이 뭉클했다. 몸이 오싹하며 땀이 났지만 곧 변기통을 옮겨 놓
고 올라서서 전등 구멍으로 양재기를 넘겨 보냈다. 다시 넘어온 것을
보니 판에 찍은 정규의 것이 아닌 흩어진 콩밥이었다. 다른 그릇을 또
하나 넘겨 보내라 한다. 그 다음엔 '오뎅'이 넘어왔다. 참 희한한 일이

252

지만 들키면 나는 없다! 얼른 이불 뒤에 감춰 놓았다. 잠깐 숨을 돌린 뒤에 간수가 어디쯤 있나, 발소리를 엿듣고 나서 생전 처음으로 도적 밥을 먹기 시작했는데 난데없이 무슨 소리가 났다. 아차! 할 새도 없이 시찰구에서 두 눈이 번쩍거렸다.

어디서 난 밥이냐?

배가 아파서 저녁을 두었다가 지금 막 먹는 중입니다.

무어? 이리 가져와…… 부서진 밥인데 웬 소리야? 바른 대로 말해…….

먹다가 흩어진 겁니다.

할 수 없이 우겨댈 수밖에 없었지만 초면의 내지인(內地人) 교대 간수는 사정없이 밥을 증거물로 가지고 갔다.

아, 어떻게 하나! 대학을 나오고 교원까지 한 자식이 뻔뻔스럽다고 두들겨패고 고랑을 채워 오늘밤은 저 시커먼 벌방(罰房)으로 가는구나! 더 먹는다고 사는 것도 아닌데…… 벌도 벌이지만 옆방에서 보내 준 호의가 더 기막혔다. 어떻게 눈치 없이 먹다가 들켜 가지고 남까지 못살게 만드느냐고 오죽할 것인가. 그들은 관용(官傭) 이발부, 관용 식당부였다. 형무소 내에서 얻기 어려운 제일 좋은 일자리였다. 어떻게 하나? 붙들려 나가면 대지 않을 수는 없고…… 그런데 저 '오뎅'은 또 어떻게 하나? 벌은 더 중해진다. 오뎅을 보면 더 기겁을 할 게다. 얼른 끄집어내어 꿀꺽 삼키듯이 바로 씹지도 못한 채 넘겨버리고 물까지 깡그리 마셨다. 목구멍이 얼얼했다. 그리고 그릇을 걸레로 싹 닦아 놓았다. 이로써 산 증거 오뎅은 감쪽같이 뱃속으로 들어갔지만 목전의 벌을 어찌할 것인가. 눈치를 챘는지 옆방에서는 인기척 하나 없다.

나는 가만히 앉아 눈을 감고 지하에서 벌을 기다리고 있었다. 얼굴이 화끈거리고 허리까지 시큰거렸다. 심장이 툭 떨어진 것 같았다.

한참 있다가 터걱터걱 발자취 소리가 났다. 인제 오는구나! 이 방을 떠날 시간이…… 누굴까…… 아 담당 간수님이다!

그러나 사상범의 범칙이라 내지인 간수님에 의하여 보고된 것을 그도 함부로 처리하기는 어려울 것이다.

그게 무어야…… 점잖지 못하게…….

나는 아무 대답도 못했다. 그러나 '점잖지 못하게'라는 바람에 속으로 약간의 안도감은 가졌다.

하마터면 죽을 뻔한 사람처럼 위기에서 한 발짝 물러서니 다시 자신을 버리고 자고만 싶었다. 눈곱처럼 눈물이 엉킨 것 같았다. 차디찬 벽만이 나의 등을 받쳐주고 있었다.

1월 2일 (日)

어젯밤 악역(惡疫)을 치른 듯 오늘은 플로베르나 읽으며 모든 것을 잊을까 했다. 너무 오래 썩어서 독서가 될 리도 없지만 나의 독서는 시간에 대한 망각과 무심(無心)하는 데 목적이 있었을 뿐 몇 줄 읽지도 못하고 그만 잡념에 잡혔다. 그래서 바깥만 멍하니 내다보는데 점심이 왔고 한참 있다가 샛노란 굴 두 개가 신년의 선물로 들어왔다. 하느님이 마련하신 것같이 신미(新味)가 돌았다. 그리고 잊어버린 미각에서 신경이 살아났다. 이런 것이 있었던가 하고 먹기가 아까우면서도 그렇다고 두고 볼 수도 없고…….

남(南)쪽 향일성(向日性)의 열매
푸른 하늘에서 누른 빛을 띠고
맛을 모르는 제국(帝國)에 왔구나
나의 축과(祝果)여!

정히 벗겨 입맛을 다시고 껍질로 손을 닦은 뒤에도 향기가 남아서

254

베개 옆에 놓아 두었다. 곰팡내 나는 방에 향취가 돌았다. 잊어버렸는데 귤은 그대로 있었구나! 사시행언(四時行焉) 백물생언(百物生焉)이니 자연은 그대로 밖에서 운행되고 만물은 제대로 생(生)하는도다.

　　모든 것은 눈앞에 있고 생각한 것은 모두 한 곳에 모인다.
　　착즉재방촌(捉則在方寸) 연즉일체처(延則一切處)
　　도사(道士)의 비의(秘義)에 이르고자 합장했다.

1월 3일 (月)

지아자(知我者) 기천호(其天乎)

　나를 안다는 것 — 그것은 무엇으로 이루어지는가. 하늘이 변하면 사람도 달라지는데…… 지금 하늘은 밖에 있고 내 안에 있는 것은 그 하늘이 아니다. 나는 하늘에 대한 공명(共鳴)을 잃고 있다. 인류의 역사 가운데서 하늘은 몇 번이나 붕괴되었던가. 푸른 하늘이라 해서 무료로 얻는 법은 없다. 그렇게 얻은 자는 어둡게 갈 뿐이리라. 오늘을 덮은 하늘이여, 이 세계를 어떻게 보존할 것인가, 허(虛) 속에 무(無)인가.

　오늘까지 나흘 동안 나는 촌보도 밖에 내놓지 못했다. 척산척수(尺山尺水)도 볼 수 없는 나의 방은 연립방정식처럼 째인 공방(空房) 사이에 끼여 있다. 무의(無意)에 팔굽으로 벽을 쳤다. 흉벽(胸壁)처럼 속으로 울렸다. 갈 데 없이 사라지는 메아리 같았다. 그런 음향들이 얼마나 이 벽 속에 묻혀 있을까. 그것을 느낀 것만이 나의 증명이다! 무수한 아버지들의 파편에 맞아 감방이라는 액면 속에 드러누워 숨쉬는 물체 — 멍든 자리에 성유(聖油)를 바르며 졸고 깨고 또 존다. 몸에서 눈물이 나는 때가 있었다. 누구든지 여기 와서 나의 원(願)대로 하늘한 조각을 내 품에 안겨서 썩지 않도록 피라밋 속에 묻어주려무나! 내가 어떻게 됐나 해서 파수꾼이 시간의 종처럼 나를 들여다보았다. 그 발자취 소리에 이정표도 없는 사(死)의 경내에서 필요 없이 어슴푸레 눈을 뜬 왕자(王子)!

'오! 신이여 세상에서 세상으로 유전(流轉)하여 그대의 영원한 심연(深淵)에 사라지는 이 길고 깊은 한숨 소리.'

보들레르 「등대(燈臺)님」에서 이런 한숨 소리를 들으며 신춘(新春) 3일— 걱정스러운 돌멩이 세 개를 등에서 내려놓았다. 아직도 남은 3백여 개…….

오늘로 지루한 설도 다 가는구나. 세 시에 주는 저녁을 먹고 내일 아침까지 어떻게 견디나? 한참 있다가 특혜로 죽 한 그릇이 들어왔다. 적지만 자주 먹게 되는 것이 신년감(新年感)이었다. 흰죽에 팥을 섞고 또 설탕까지 넣었다. 양재기가 뜨거워서 들 수 없기 때문에 마룻바닥에 놓은 채로 훅훅 불며 고개를 숙이고 젓가락으로 집어 먹는데 단김이 얼굴에 화끈거렸다. 곰곰이 오래 먹었다. 설에 먹는 죽이라 먹고 나니 전신이 날씬해졌다. 평시에도 이렇게 조금만 더 주었으면 허기나 면할 텐데…….

먹고 나니 허리가 좀 펴진 것 같았다. 어디 배부른 얼굴이나 한번 볼까 했다. 양재기에 물을 떠 놓고 어슴푸레한 윤곽을 들여다보았다. 아직까지 남에게 예속되지 않은 나의 대외적인 기관…… 콩밥을 먹어도 다 썩지는 않았구나! 어머니의 정화수(井華水) 속에서 자란 얼굴이여! 나는 오랫동안 때 묻은 것을 씻어버렸다. 영혼을 정화(淨化)하는 물…… 어디도 있고 누가 떠도 그것은 저 깊은 곳에서 온 것이다.

오직 정려(靜慮)할 따름이다, 이제부터는…… 그 물에서처럼 이 방에서 나의 표상이여, 떠오르라, 무(無)에서처럼 어둠에서처럼…….

전신(轉身)하는 순간마다 팻말을 박고, 아! 미래여 가능하라 광명이어 비치라.

　　완강(頑强)하게 잠근 방(房)

　　좋다 변(變)하지 말라

　　그대로 나는 입원(入院)한다── '밤'에……

1월 4일 (火)

닷새 만에야 겨우 문이 열렸다. 신년에 새로 벗고 간수에게 세배를 드리고 뛰어나가 옥중 큰 문에 나서는데 가슴이 무너지는 듯한 찬바람 속에 투신했다. 산 위에 흰 바위가 펀뜻 보였으나 친교할 겨를도 없이 공장에 달려가서 매달린 것이 마치 풍파 중의 목선(木船) 같았다. 이 운명의 배에 올라 벌거벗고 하는 신년인사! 떨면서 오고 가고 했다. 그들은 감방에 있는 것을 썩는다고들 한다. 썩다가 나오니 기운이 나는 모양이었다. 또 한 해의 고역을 치렀다는 것이 위로도 되고 업적이기도 했다. 더욱 금년을 기다려 나갈 사람들에게야…….

곧 새해의 첫 작업이 시작됐는데 모두들 들뜬 듯이 손에 일이 잡히지 않았다. 내 마음 속에서도 고기새끼 같은 것들이 놀고 있었다. 그 가없은 정을 참작하는지 오늘은 간수님의 독려도 별반 없었다.

며칠 묵은 편지들이 연하장처럼 몇몇 죄수들에게 돌려졌다. 받은 자는 즐겁고 못 받은 자는 알고 싶은 눈치뿐이었다.

그럭저럭 하루를 지내고 방에 돌아올 무렵 눈이 내렸다. 눈 속을 벗고 뛰어서 방에 돌아오니 종전대로 무용한 인간의 태(態)였다.

"무선(無善) 무악(無惡) 심지태(心之態) 유선(有善) 유악(有惡) 의지동(意之動)" ── 왕양명(王陽明)

로댕의 「코가 없는 사나이」를 보았다. 코 있는 얼굴을 보지 못했으면 코 없는 것이 자연이리라.

그러나 시간이 없는 사나이는 어떻게 그려야 하나? 로댕 씨여! 나를 그려보라!

1월 5일 (水)

밤에 또 오신 눈을 내가 알 리 있으랴. 공장에 나가는데 아침해에 눈이 부시었다. 세계가 큰 착각 같았다. 나는 나의 활주로를 달린 앙 기적거리는 병든 점(點)이었다. 정착한 뒤에는 나의 조건에 봉사하며 계산해서 하루를 끝냈다. 꼭 맞아떨어지는 측량판 위에 놓였다가 돌아 올 때 아침 눈인 줄 알았더니 질벅거려서 발가락에 물이 올라왔다. 물이 새는 구두 밑창 같은 것을 느꼈다. 나도 모르게 이맛살을 찌푸렸더니 나체의 연도(沿道)를 감시하는 간수의 굳은 표정이 나를 불온하게 보는 것 같았다.

방에 앉아 무슨 생각이라도 해볼까 했다. 고의적으로 또 시간을 보내기 위해서—회상이라면 너무 고상하지만…….

메주콩을 실에 꿰서 눈 속에 파묻고 뜨뜻한 방에서 호랑이와 총각과 정승의 딸 얘기를 듣다가 나는 어려서부터 시골 술을 마셨다. 그리고 숨어서 담배도— 만주에서 넘어온 칼표를 피웠다. 그러다가 책보를 끼고 먼 길을 떠난 것이 여기까지 왔다.

강물에 빠져 죽은 여자여, 왜 나하곤 단 한마디도 얘기가 없었던가.

해당화 핀 바닷가에서 불러도 오지 않던 사람— 오해만 하고 갔구려.

가까이 오라는데도 미처 가지 못해서 잃어버린 비겁한 미수(未遂)! 그리고 유형(流刑)된 잔무(殘務)의 회상이여, 아 성냥을 다우, 저 책이나 다 태워버리게…….

"아름다운 머리를 놓는데 부드러운 베개를……" ——빅토르 지로르

몸에 맞는 베개, 머리에 맞는 베개, 생각에 맞는 베개, 꿈에 맞는 베개! 한 군데만 잘 괴어도 잘 잘 수 있는데 나는 그 한 군데가 괴어지질

않는다. 아, 자지 않는 이 죄수의 목침을 보라! 나의 어디를 괴고 있는 가. 말라붙은 신주가 속에 들었는지 나는 지긋지긋 아프기만 하다!

아! 이상타, 저 설의장군(雪衣將軍) 뚱뚱하게 팔자수염을 달고 마 당에 혼자 뻗치고 서서 군로 찻새를 시켜 어서 나오라는데, 이늠의 손 발 보아라, 꽁꽁 묶였구나!

1월 6일 (木)

한기(寒氣) 급해져서 유리창이 얼음강판이 되었다. 엄습한 추위 속 에 나체로 돌진하니 피부가 마비되고 숨이 막혔다.

야! 정말 징역이구나!

이런 기막힌 비명들이 터졌다. 입술까지 들이 언 사람들…… 눈에 서 푸른 하늘은 어디로 갔을까. 모두들 서성거리며 떨고 있는데 마침 목욕 차례가 첫번에 왔다. 뜨거워도 들어가라 하면 들어가고 나오라 하면 나오는, 맘대로 못하는 목욕이지만 몸이 푹 녹았다. 녹기는 했지 만 엄동에 입은 겹옷…… 솜 든 것이라고는 조끼 한 벌밖에는 없다. 그것으로 영하 17도를 막고 견디어야 했다. 녹았던 몸이 다시 얼었다. 자개를 켜서 붙이는 정교한 일인데, 손이 곱아서 해낼 수가 없었다. 거 저 사타구니에 손을 끼워 넣고 허리를 꾸부린 채 흔들거리그 앉았을 뿐……. 게다가 바라크 공장이 되어서 외풍 때문에 전원이 한 몸뚱이 처럼 떨었다. 얼굴색이 제대로 있는 자는 하나도 없다. 감방이지만 어 서 돌아갈 시간만을 고대하고 있었다.

그렇게 기다리기 어려운 저녁밥 한덩이를 얻어먹고 혹한 속에 또 벗 고 달려들었다. 엎으러지지 않을 만큼 기를 쓰고 달렸다. 그때 어린 초 생달이 누엿한 공간에 무연(憮然)히 떠 있었다. 못 본 체 버리고 돌아 왔는데 문이 쾅 닫히며 쇠가 덜컥 잠기자 나는 막다른 골목에 다시 섰 다. 수의를 걸치고 떨며 오줌을 누고 검은 포장을 치다가 달을 다시 생각했다. 무료(無聊)할 뿐 나중에 추억될 인상이었다. 별이야 구슬처럼 영롱하겠지…….

　나의 일과는 모든 것을 잊어버리고 동물의 상태로 돌아가는 것인데 언제던가 옥에게서 온 편지가 문득 생각났다. 책무지를 찬 손으로 더듬어 그것을 찾아내어 나에게 별을 청한 글을 다시 읽었다.

　"저는 자기 전에 꼭 마당에 나가서 하늘을 쳐다봅니다. 달과 별빛이 너무도 맑고 아름다워서 지상의 모든 빛을 무색케 합니다. 모래알 같이 사방에 흩어져 빛나는 무수한 별 가운데서 가장 눈에 뜨이는 큰 별을 보고서는 우주를 연구하는 천문학자야 얼마나 유쾌할까, 더욱 지구가 좁은 것을 통감합니다. 너무 굉장한 얘기를 해서 웃으실는지 모르겠습니다만 아까 말한 큰 별을 나의 별이라 부릅니다.

　밤 주무시기 전에 하늘을 보시고 별의 시 한편 지어 보내실 수 없으실까요."

　내가 있는 이곳을 너무 소녀답게 보는구나! 나를 부르는 듯이 나는 그대로 창가에 갔다. 어느 것이 너의 큰 별인지 나가지 못하는 밤하늘에서 찾을 수가 없다. 나는 밖에 있는 모든 것과 법으로 차단되었다. 더욱 이 방에는 천문학도 없고 그 창으로는 별도 바로 들어오지 못한다. 네가 너의 별을 찾아 하늘을 높이 쳐다볼 때 나는 너와 달리 눈을 감고 자는 형식을 취해야 한다.

　그래서 나는 별의 시를 아름답게 공상해본 일도 그 공간을 가져본 일도 없었다. 벌(罰)은 나의 상상의 밑뿌리를 말리고 있다. 오늘밤은 이렇게 우연히 창가에 갔을 뿐이다. 몇 시나 되었는지 닭이 울지나 않을까. 울면 별은 사라지리라. 사라지기 전에 그 시를 마음에 받아서 너에게 보냈으면…… 과연 별에는 시가 있을까. 그 대답을 들을 비밀이 내 영혼 속에 마련되어 있어야 될 텐데…… 네가 오늘밤 이 험상궂은 창 아래서 나를 불러 내가 섰을 뿐이다.

언제던가, 내가 붙잡히던 이른 아침, 겁에 질려서 너도 말 못하고 나도 말없이 갈라진 여러 해 뒤에 내가 상실한 하늘에서 네가 별을 찾고 있구나!

그래서 네가 보는 너의 별을 향하여 너는 마당에 서고 나는 창가에 서서 같은 것을 생각하고 있다. 지금 저 별의 고향으로 가는 우리들의 마음이야 누가 붙잡을 수 있으랴…… 잘 가거라 내가 다 못 꾼 꿈까지 합쳐서 고이 꿈꾸라!

1월 7일 (金)

깨기 싫은 잠을 더욱 일찍 깨었다. 체온이 영하로 떨어진 것 같았다. 얼른 일어났으나 감히 냉수마찰할 용기가 나지 않았다. 삼한사온은커녕 더욱 도를 가해서 추위가 형내(刑內)를 엄습했다. 밖에서 모진 바람이 강물처럼 흐르는 소리를 냈다. 간수가 차례로 문을 따는 소리에 격동해서 나는 나의 인내력과 용단성을 바람과 맞서 과감하게 시험해 볼 적극적인 기회로 삼고 나체의 사절처럼 한파 속에 뛰어들었다. 정신없이 달렸다. 뼈가 저렸다. 공장에 들어가 작업복을 걸칠 때 우리는 칼자루가 아니라 손가락 하나로도 다스릴 수 있는 무력한 인간군이었다.

검푸른 아침 너무도 일러서 아침을 먹고 점심을 기다리는데도 아침 같았다. 네 명의 신입생이 부들부들 떨면서 들어왔다. 유치장에서 미결감을 거쳐 기결수가 되기까지 그 중간에서 그들은 이미 녹초가 되었다. 간수가 날더러 그들에게 체조를 시켜 사지를 펴주라고 했다. 그 뿌리 빠진 사람들을 데리고 나는 밖에 나갔다. 그중 하나는 말조차 알아듣지 못했다. 한참 하다가 "왼편으롯!" 하는데 그는 쓰러졌다. 체조를 못해본 사람에게 체조는 앉은 일보다 더 힘드는 것이었다. 나는 그를 일으켜 앉혀 두었다가 담당 간수에게 사유를 말하고 저녁때에 그를 휴역방(休役房)으로 가게 했다. 거기서는 일을 시키지 않기 때문에 밥이 적다. 문득 그 얼굴에서 죽음이 예감되었다. 무지한 사람들에겐 체력이 지력(知力)에서 고립해 있기 때문에 쉬이 시들어버리고 걷잡을 수 없이 쓰러진다. 나는 지력이라는 것이 머리에만 있는 것이 아니고 몸뚱이에도 배어 있다는 것을 여기 와서 비로소 알게 되었다. 그러기 때문에 지력으로 다듬어진 자는 쉽게 졸도하거나 사망하지 않는다.

저녁 방에 돌아와 보니 아침 나갈 때에 가졌던 호연한 태도와 결의가 완전히 몰락해버렸다. 마침 방에 누런 담요 한 장과 짧은 수반(襦袢: 안에 입는 일본 옷) 한 벌이 공급되어 있었다. 그것을 속에 입고 등에 담요를 쓴 채 동면하는 개구리처럼 웅크리고 앉았다.

허리가 시려들고 다리가 저린 것밖에 존재가 없다. 나중에는 머리까지 띵했다. 어서 눕혀나 주었으면 했다. 날마다 그랬지만 오늘밤은 그 요구가 더욱 애절했다. 자실(自失) 무감(無感)할 때까지 견딜 수밖에 없는데 취침 소리가 났다. 허리를 펴지 못해서 엉기적거리며 이불을 폈다. 그리고 어두운 골짜기에 버려진 아이처럼 누웠다.

1월 8일 (土)

오늘이 신년 첫 대소봉대일(大昭奉戴日)이다. 옥중에 황은(皇恩)이여 내리시라, 황통(皇統)이 연면한 대일본제국의 신민이 되지 못하고 불복하여 죄 크도다, 신심의 도 닦기에 피땀 나도다, 이제 허영불매(虛榮不昧)하여 신위(神位)에 절하는 날이로다!

오후 작업 중 우쓰노미야(宇都官) 간수장전(看守長殿)으로부터 호출되어 마음을 바로잡고서도 무슨 일인가 했다. 만나니 몇 번 불리어 갔는지라 과히 낯설지 않았다. 다짜고짜로 정신대(挺身隊)에서 5명, 원예반(園藝班)에서 1명, 나까지 7명에게 특별훈련을 시켜 모종의 임무에 당케 한다는 것이었다. 특별이라는 데 몸이 견딜까, 일말의 불안조차 없지 않았다.

오후에 계호과장(戒護課長)이 결근한 탓으로 후루까와(吉川) 부장이 교관 대리로 우리를 훈련시켰다. 대학 시절에 싫어하면서 받던 군사훈련이 생각났다. 무익한 것이란 없다. 지금 이곳에서 그것이 나를 돕는구나 했다. 추위 속에서 오래간만에 땀이라는 것을 흘리니 허전도 하고 이상도 했다.

훈련을 마치고 와서 나른한 채 앉아 있노라니 면회라 한다. 누군가 하고 기다려 만나니 정(珽)이었다. 몸이 좀 비대해서 딴 사람 같았다. 집안 형편 등…… 오고 가는 말 그저 담담한 형제간의 얘기로 끝났다.

영시 30분부터 공사장 광장에서 대소봉대일의 국민의례가 엄숙하게 거행되었다. 간수장전으로부터 내선일체가 실현된 이 역사적 순간에 처한 황국식민으로서의 철저한 각오를 강조하였으며 현재 교육·문화·사회 등 각 방면에서 선인(鮮人) 지도자들이 헌신 보국한다는 것을 역설하였을 뿐 아니라 문인은 붓으로, 학생은 병력으로, 근로자는 보국대로, 여성은 애국반으로, 청년은 경방단(警防團)으로…… 이렇게 결전 태세를 갖추어 팔굉일우(八紘一宇)의 이상을 실현하고자 함에는 실로 황은(皇恩)에 감복하여 숙루(熟淚)를 금할 수 없다는 훈화가 있었다.

오후에 또 다시 한 시간의 훈련이 있었다. 몹시 피곤했다. 배가 고파서 허리를 더욱 졸라맸다. 걸신이나 면하기를 바라며 공장에 돌아오니 아교를 구워 먹다가 들킨 절식사건(竊食事件)이 또 벌어졌다. 중년의 전과자였다. 실컷 맞고 벌방으로 끌려갔다. 저 유명한 벌방! 손을 뒤에 묶고 고랑을 채워 밥도 엎디어 입을 대고 먹어야 하며 잠도 엎디어 자는 방— 전등도 없다. 초범자는 대개 한 주일이다. 누군지 그 방에 못을 넣어두었다는 전설이 있다. 그 못을 찾으면 고랑을 풀고 밥도 손으로 먹고 잘 때도 편히 잘 수 있다 한다. 그러다가 들키면 호되게 맞을 뿐 아니라 3, 4일 혹은 한 주일 이상의 가형(加刑)을 받는다. 옥중옥(獄中獄)이니 가공할 참상 더 말할 나위가 없다.

밤『불란서문학(佛蘭西文學)』이란 책을 읽다가 이런 것을 찾았다. 1918년 8월 1일호『메르큐르』의 '에코'란(欄)에 게재된 요일 계산법이다.

예 : 1882년 5월 6일은 무슨 요일인가?

(1) ········천의 수··································1882

(2) ········천의 수의 4분지 1 ··················1882÷4 = 470

(3) ········천의 수의 18의 4분지 1·············18÷4 = 4

(4) ········1월부터 5월 6일까지의 일수··········126

　　　이상 소수를 버리고 4개수를 가산·········2464

　　　상기 합산에서 1882의 첫 수 18을 감한 수·····2442

(5) ········2464를 7로 제한 수·················352

완전히 제(除)가 되면 토요일, 1이 남으면 일요일, 2가 남으면 월요일, 3이 남으면 화요일…… 이렇게 요일 순서가 결정된다.

윤년일 경우에는 간단한 방법이 있으나 여기서 설명할 것까지는 없다고 했다.

그래서 취미 있는 일거리나 생긴 것처럼 1000년으로부터 1900년까지의 매 44년 1월 8일의 요일을 산출하기에 몰두했다.

그 결과 화요일이 셋, 목요일이 하나, 토요일이 셋, 일요일이 둘이었다. 윤년 계산법 발견은 달력이 없어서 할 수 없다. 여기 와서 수학 공부나 했더면 하는 생각이 났다.

1월 9일 (日)

날씨가 따뜻했다. 오늘 훈련은 경례와 행진 중의 방향 전환이었다. 방향에 대해서 머리가 잘 돌지 않았다. 그동안 방향 관념이 필요치 않았기 때문인가 했다.

훈련이 헛되지 않도록 정신과 육체의 균형을 바로잡기에 힘썼다.

저녁밥이 올 땐데 자칭 대학 출신이라는 자가 풀을 훔쳐 먹다가 옷을 입은 채 바께쓰로 냉수 세례를 흠뻑 입었다. 두번째 범칙인데 뻔뻔스럽다 해서 지독을 안기는 셈이다.

저녁, 무인지경처럼 앉아 있는데 소제부가 식통 구멍을 열고 만기가 돼서 오늘밤 만기방에 들어갔다가 모레 나간다는 인사를 하며 잘 있다가 나오시라는 것이었다. 간수도 함부로 죄수와 말하지 말라는 것인데 아마 특별 양해를 구하고 작별인사로 온 것 같았다. 고맙고 섭섭했다.

밤에 이불을 펴는데 뒤에서 밥 한 덩어리가 나왔다. 소제할 때 집어넣은 것 같다. 누가 보지나 않나 해서 속이 뜨끔했다. 배고파도 범칙만은 하지 말자는데, 차마 변기에 버릴 수도 없고 이미 가버린 소제부에게 돌릴 수도 없고…… 이불 속에서 그 밥 한 덩어리를 목이 메도록 무사히 먹었다.

언젠가 독방에서 투망(投網)을 뜰 때였다. 점심시간이 지났는데도 밥이 오지 않았다. 배고파서 현기증이 났다. 그래도 참다 못해서 패통을 쳤다. 넣은 줄 알고 빼먹었다고 한다. 그는 몹시 당황했다. 간수에게 보고 되면 그 행방이 큰일이다. 나는 점잖게 그 한 덩어리를 잃고 그 대신 인격자가 되었다. 다른 죄수 같으면 그 한 덩어리를 미끼로 늘상 밥타령을 한다는 것이다. 그후 면업일 같은 때 방에서 식사하게 되면 김치쪽도 후하게 주고 혹시는 반 덩어리쯤 더 주기도 하고 그렇지 못한 때라도 부서진 찌꺼기나마 모아서 넣어 주었다. 큰 덕을 입는 셈인데 혹시 내가 은연중에라도 그런 걸 바라지나 않는가 해서 자신을 경계해왔다. 굶주리더라도 불성(不省)해서는 안 되니까……

1월 10일 (月)

오늘은 특별훈련

1. 보고의 방법——사전·중간·사후의 3단계로.

2. 전령(傳令)에 대한 것.

3. 실내 출입에 관한 제반 동작과 예의작법(禮儀作法).

4. 부복(腑伏) 등.

이런 훈련이 높은 성하(城下) 사광(斜光)이 비치는 곳에서 행하여졌다.

공장에 오니 옷을 훔치다가 탄로되어 팔에 상을 올려놓고 눈물을 뚝뚝 떨어뜨리며 얼굴이 비뚤어지도록 벌을 받는 자가 있었다.

보기 싫은 수의지만 이렇게 갖춰두는 이유는 대체로 동성연(同姓戀) 관계에 있다. 특히 장기수 중에 애인의 옷 마련을 끔찍하게 해두는 자들이 있다. 그렇게 굶주리면서도 제 밥까지 두었다가 먹인다. 날더러 용서를 빌어주라는 동지가 있었다. 참 어려운 일이지만 간수의 기색을 살펴 평소에 작업 상황도 좋으니 한번만 용서하시라고 부탁했다. 알아듣고 고개를 끄덕였다.

집에서 차입품이 들어왔다. 2급이 되면 입으려고 청해둔 것들이었다. 담요 한 장, 털내의 상하 사루마다 한 벌……

1월 11일 (火)

오전의 훈련——

전령 실습——발령자 후루까와(吉川) 소대장, 수령자 미무네(三宗) 간수장.

내용—— 본소 북문에서 변사반(便捨班) 1명 우각부상(右脚負傷). 병실로 운반, 작업 불능 요보충(要補充) 1명.

이상 후루까와 소대장으로부터의 전령임.

평(評) ― ① 출입시의 예의동작에 원기 부족하다.

② 수령자에 너무 근접했다.

③ 소리가 낮아서 듣기에 시간이 걸린다.

④ 총괄적으로 좋은 편이다.

오후의 훈련 ―

정지경례(停止敬禮), 구호 연습, 예령(豫令), 동령(動令) 등.

속이 불편해서 여러 번 설사를 했다. 병감(病監)에 가서 설사약을 얻어먹었다. 오늘은 몹시 바빴다. 여러 해 만에 바쁜 것이 처음이었다. 밤에는 난데없이 밤참 생각이 났다.

1월 13일 (木)

온화한 일기. 반장 결근. 반 통제 부조(不調).

어머님과 함께 시냇가에서 배추를 씻었다. 작업 중에 문득 꿈 생각이 났다.

오후, 훈련이 없기 때문에 공장 중도실에 들어가서 가만히 앉아서 한참 쉬었다. 내가 훈련 관계로 잡역의 역할을 충분히 하지 못하기 때문에 능률에 지장이 있다고 수업사(授業師)가 불평을 했다. 그러나 공장 동지들은 내가 훈련을 받고 보수(補守)가 되면 자기들에게 여러 가지로 편하리라 믿고 나에게 극진했다.

1월 14일 (金)

하늘빛 가일(佳日)인가 싶었다. 훈련은 주로 공장 내외와 구(構) 내외에 대한 계호상의 주의사항이었다.

낮에는 배식상의 부주의가 있어 네 명을 불러 주의를 환기시켰다. 과거의 교원 생활이 상기되었다.

주식(晝食)—3급자와 2급이 상자에게 특대—특채(特採)와 생선 그리고 국도 좋은 편이었다.

1월 15일 (土)

오전의 훈련—육군 기본체조.

오후의 훈련—정지, 행진, 방향 변환 등.

하늘의 아들처럼 땅에 서도다.

넓은 데 안겨 푸른 빛에 잠기도다.

하거늘 내 비명(碑銘) 같은 것이기도 하여라.

바람이 세차다만 넘어지지 말지어다.

1월 16일 (日)

영하 15도의 면업일.

지난밤 아이를 데리고 거닐다가 시골 가게에서 과자를 사주었다. 어디 근거를 둔 꿈일까. 아이가 따르니 아직도 사람인가 하노매라. 또한 인가가 가까워짐인가.

「밤의 노래」를 읽다.

"모든 것을 잃었을 때 신(神)을 발견한다." — 잠

모든 것을 잃었는데 왜 신은 보이지 않을까, 나는 딴 생각을 해도 무방할까.

모든 것을 얻고자 신은 예찬된다. 시절이 하 수상하니 부동(不動)의 응시(凝視)를 시작해야겠다. 죽어서라도 뼈 하늘에 서고져…….

1월 19일 (水)

훈련 중 소대장 인솔하에 형무소의 여기저기를 살폈다. 성외의 석산(石山)에 가서 거위를 보고 그 자연스러움에 놀랐다. 눈이 석방되었기 때문이리라. 계돈사(鷄豚舍)에 가서는 난로를 쬐었다. 얼굴이 확 달았다. 부은 것 같았다. 물체가 더워진 셈이었다. 오늘은 돌아다니고 나니 좀 살 것 같다!

저녁 감방에 돌아와 보니 전방자(轉房者)가 있었다. 하나는 60세가량 돼 보이는 늙은 '누범'인데 다리를 주무르며 사기(詐欺)에 대한 변명조(辨明調)가 시원치 않았다. 다른 하나는 얌전히 보이는 이발사였다. 첫날 밤부터 이 두 사람 사이가 신통치 않았다. 노인은 존경하지 접근할 것이 아니라는 느낌이 들었다.

1월 20일 (木)

또 영하 17도. 훈련원 일동 욕실에 갔다. 뒤이어 영선반(營繕班)이 와서 혼잡했다. 어느 틈에 나의 모자와 흰 장갑이 없어졌다.

훈련 시간에 모자 때문에 굉장히 닦이었다. 끝내 공장에 가서 다른 모자를 빌어 쓰고 와야 했다.

점심 후 서무과장이 공장에 와서 중간식(中間食)에 대한 얘기를 했다. 그런데 왜 주지 않는가 해서 이상스럽게들 생각했다. 저녁때에야 죽이 왔다. 화색이 돌았다. 근일 사망자가 너무 많아서 간부회담에서 오늘부터 중간식을 주기로 결정했다는 것이다. 휴역자에게도 2등식 육즙(肉汁) 두유(豆油) 등을 준다 했다. 병을 탓하고 휴역자 대량 속출될 우려 있다 하여 일동 웃었다. 휴역방에 들어가기 싫어하는 것은 밥이 적기 때문인데…… 어쩌다 웃어보니 좀더 먹기보다 나았다.

1월 21일 (金)

오전 중 마쓰다이라(松平) 교회사(教會師)로부터 호출되었다. 꽤
오랫동안 간담했다.

문 요새 어떤 책을 읽는가?

답 주로 불교 서적을 읽지요. 대장경도 좀 읽어 보고…… 마음의 안
     정을 위해서…….

문 불교를 믿을 생각은 없는가?

답 아직 종교에 귀의할 생각은 없고 교양으로 성경도 좀 읽지요. 나
     는 열반의 세계가 천당보다 거추장스럽지 않고 훤해서 좋은 것 같
     아요.

문 집에서 면회를 자주 오는가?

답 가끔 오지만 마음에 동요를 느껴 더 괴로운 때도 있고 나 때문에
     가정이 파탄이지요.

문 언젠가 따님에게서 파일럿이 되겠다는 편지가 왔던데 왜 거절 했
     던가?

답 여자에게는 여자의 직분이 있고 또 가족들도 반대할 거예요. 여
     류 비행사란 결국 여자의 체질상 그 직에 못 견딜 게 아니에요?

문 시국에 대한 감상은…….

답 지난번 대소봉대일 훈화를 감명 깊게 들었고 또 곧 승전으로 끝나
     리라 봅니다. 모르긴 하지만 반도인의 역사적 체험도 깊어질 거
     지요. 더욱 문필보국(文筆報國)은 놀랍지요…….

문 앞으로도 문필생활을 계속할 텐가?

답 산업전사(産業戰士)가 되렵니다. 집에서 광산도 하고 해산업(海
     産業)도 하니까…… 인제는 머리를 쓸 것 같지 않아요. 벌써 3년
     이나 되니까…….

문 2984번 후미노 야스오(文野泰雄)가 얼마 전 죽었는데 그 사람
(사상범) 잘 아는가?

답 잘 모르지만 죽었다는 얘기는 들었지요.

문 3678 히라노 산스께(平野贊助)의 얘기는 들었는가?

답 남녀 관계라는 얘기가 떠돌지만 잘 모릅니다. 또 알고 싶지도 않
고…….

이렇게 별로 판단을 요치 않는 얘기를 한 시간 가까이 했다. 담배라
도 피우면서 했더라면 좋았겠다만 차 한잔 없었다. 이것이 다른 점이
리라.

밤에 교회사와 만난 것을 이모저모 생각해보았다. 심리적 강요는 없
었지만 내 속을 들여다보는 것 같기도 했다. 대체로 타의 없이 듣는 듯
도 했다.

지금 천지간에는 제국들만 서 있는데 각각 신의 분가(分家)로서 싸
우고 있다. 누구를 위하여 신을 믿어야 할까.

그는 대일본제국의 신민으로 태어났고 나는 그것이 못 돼서 여기 이
자리에 갇혀 있을 뿐 그 밖에 무엇이 다른 인간일까. 국민복을 입고 각
반을 친 것으로 지금 새 인간이 만들어진다 할까.

3678번 히라노 산스께(平野贊助)!

졸지에 영웅이 되었구나! 말 못하는 여론의 주인이 되었다. 같은 죄
수지만 관용부(官傭夫)로서 얼굴에 홍조를 띤 미모의 청년이었다. 간
수실에서 차를 나르고 점심도 가져오고 소제도 하는 급사 같은 일을 했
다. 충실하기 때문에 신망을 얻어 소내를 자의로 다닐 수 있었다. 어
느덧 전화교환양과의 로맨스가 벌어져 그것이 발각되었을 때는 이미
육체관계가 맺어진 후였다. 엄한 감시를 피해서 지하실에서 밀통하다
가 들킨 모양이었다. 이 자극적인 사건이 형무소를 뒤집어놓았다. 표

면은 평온한 것 같지만 속에서 성(性)에 대한 혁명이 일었다. 모두 여자를 생각케 되었다. 불쌍한 정충들을 한없이 동요시켜 놓고 그 사건은 조용히 처리되었다. 그는 관용부에서 쫓겨났지만 부러운 죄수같이 되었다.

취침 전에 잘못하다간 수습하기 어려운 그 긴장된 사건을 잊어버리기 위해서 나는 정좌하고 무념(無念)했으나 육체의 풍랑이 쉽게 가시질 않았다.

1월 22일 (土)

광산에서 춘(瑃)으로부터 편지가 왔다. 잘될 듯한 소린데 실로 잘되는 건지 모르겠다. 내가 광석이라는 결정(結晶)에 도취되어 저질러 놓은 일! 그거라도 잘되었으면 잘된다는 것으로 앞이 보일 텐데…….

옥이 면회를 왔다. 전번 편지가 중간에서 막힌 것 같다고 했다. 검열에서 통과되지 못했는가. 무슨 불온한 얘기가 있으랴, 부녀간의 편지에……. 금옥(金玉)이가 나남여고(羅南女高)에 지망할 것 같다기에 서울에서 공부하도록 연구해보라 했다. 그런 정도의 면담으로 끝난 것은 슬퍼하지 말자는 무언의 약속 같았다.

1월 24일 (月)

오늘이 음력으로 섣달 그믐날이다. 안 것이 잘못이지만 달력도 없는데 어디서 어떻게 용하게들 알고 있다. 천외(天外)의 일각도 아닌 시궁창에 빠진 3인 1조의 감방 — 적막하기 혼자보다 더했다. 팔짱을 끼고 고개를 툭 떨어뜨리고 자는지 우는지 모를 신세들…….

여보들, 얘기나 합시다.

한다는 게 듣기 싫어서 옥에게 편지를 썼다.

1월 27일 (木)

훈련을 받다가 소대장 인솔하에 성외를 일주했다. 큰 유람 같았다.
초가집들이 그대로 부드러운데 사람들이 전보다 굳어져 보였다.

누진처우실(累進處遇室)에 견학 갔다가 부주의한 탓으로 소대장에
게 견책을 받았다. 좀 무안했다.

다음에는 철봉과 전주 오르기를 했다. 전신주에는 못 오르고 철봉에
매달리니 내가 꼭 여윈 돼지 같았다. 가슴을 약간 다친 자가 있어서 더
욱 주의했다.

1월 28일 (金)

이제 훈련이 거의 끝나간다. 30일부터 보수(補守) 실습 예정이라
한다. 뼛속에서 곰팡이가 좀 빠진 듯해서 몸이 가벼워졌다.

동거 노인이 휴역방에 들어갔고 이발사와 둘뿐…… 누구 한 사람이
오거나 이 사람이 가거나 할 것이다. 거동을 조심하지만 오리 동거할
사람은 못 되고, 갈 것이라 생각하니 한편 섭섭키도 했다.

아버님께서 오래간만에 편지다.

첫줄에 "나의 생각에는 세월도 오래 가난 듯허나" 했고 끝에 가서
"내가 항상 독송(讀誦)하난 관세음보살을 잊지 말고 외우세" 하셨다.
이 편지를 책처럼 앞에 놓고 밤을 보냈다. 아무것도 구하는 것 없이 마
련하는 자처럼 앉아 있었다. 무엇이 빈 그릇에 담기는지 한숨이 후——
나왔다.

1월 30일 (日)

깨우지 않아도 그 시간에 깨나는 죄수의 아침에 다름이 없었다. 도
사리고 누운 것을 생각하니 꼭 큰 벌레 같았다. 죄는 죽지 않고 사람만
벌레가 되었다.

드디어 보수 실습이었다. 당분간 출신처인 15공장에 배치되었다. 식사는 공장에서 하지 않고 제1취장(炊場)이다. 빵 문제 일단 해결되는 셈이다. 이제로부터 죄수 반 간수 반이다.

용무로 취장에 가다가 학생을 만났다. 그는 전문학교생이었다. 학병에 나가라니 격했던지 기계에 손을 들이밀어 바른 손가락 넷이 몽땅 잘라졌다. 총을 메고 병정으로 못 가는 대신 1년 형을 받고 와서 복역하고 있다. 키가 호리호리하고 눈에 광채 나는 이 청년은 시인 같은 인상이었다. 옆을 지나며 잘 있느냐고 한마디 물을 뿐이었다. 그는 나를 생각케 하는 예감(銳感)한 사람이었다.

1월 31일 (月)

아, 정월아! 잘 가거라. 너의 고개에 벗고 서서 너에게 인사한다. 2월에는 입춘도 들고 28척 키가 작아서 좋다. 아홉 달 남았구나!

2월 1일 (火)

어젯밤 정월 한 달을 고요히 생각해 보내면서 다리를 쭉 뻗고 잤는데 아침 깨니 허리가 널마루 위에서 굳어졌다. 주먹을 받치고 이리 틀고 저리 틀고 해서 아프고 시큰거리고 시원도 했다. 이러다가 척추염이나 되면 옥중에서 얻은 병 죽을 때까지 함께 가지 않을까 걱정되었다. 그래서 발과 머리 사이에 있는 허리로써 오늘 아침엔 전신을 느꼈다. 이때까지 어떻게 산 목숨이냐, 나의 내부는 누구도 고칠 수 없으나 여기서 병들면 그 목숨이 깃든 몸이 죽는다. 나는 살아야 한다. 사는 것만이 역사다. 그러자 칼들이 나의 앞에 달려들었다. 나는 놀라서 눈을 떴다. 칼은 벽 속으로 칼집처럼 들어갔다. 나는 오늘에야 나를 둘러싼 이 벽의 정체를 알았다. 나는 벌떡 뛰어 일어났다. 몰각(沒却)과 무아(無我)를 위하여 찬물로 마찰을 했다. 그리고 정좌했다. 뼈여! 보이지 않게 마음에 서라! 아픈 허리를 더욱 꼿꼿이 세우고 다시 참선의 자세를 취했다. 일각(一刻)의 기풍(氣風)이나마 얻고자 함이라……이로써 죄수의 하루를 예비한 셈이다. 아무리 몰려도 남아의 기품을 잃지 말자.

일로 시작하여 일로 끝나는 하루! 가고 오는 길에 잠깐 키를 높여 성을 넘어다보니 독립문 저편이라 생각되는 산기슭에 군거(群居)한 초가들! 나가고 싶던 곳 같질 않았다.

제국을 밝히는 등불 아래 홀로 앉아 무념무념하다가 어느덧 막아버린 긴 한숨이 터졌다. 이달로써 집을 떠난 지 만 3년이구나! 마구간에 앉은 무던히 긴 세월이었다. 어떻게 하면 벌을 받고 영생(永生)할 것인가. 불현듯 일어나 창가에 서는데 간수가 들여다보고 나직한 소리로 앉으라 한다. 어둠과나 친할까 하다가 들켜서 도로 자리에 돌아와 앉았다. 이런 시간이 또 있을까. 후일 밖에 나가 살아도 무하(無何)의 증(症)이 되리라. 길이 남기면 의롭지 못하리라.

공당(空堂)에 취침 소리가 울리자 밤마다 듣는 소리지만 고마워서 잠자리에 경의를 표하고 태연히 눕다.

2월 2일 (水)

아침―오늘의 양식을 얻고자 성경의 아무데나 열었다.

"그때에 천국은 열 처녀가 등불을 들고 신랑을 맞으러 나감과 같았으니 그중에 다섯은 미련하고 다섯은 슬기 있는지라 미련한 자는 등불을 가지되 그릇에 기름을 가지지 아니하고 슬기 있는 자는 그릇에 기름을 예비하고 등불을 가졌으나 신랑이 더디 오거늘 졸며 잘 새 밤중에 소리를 질러 가로되 신랑이 오니 나와서 맞으라 하매 그 처녀들이 다 일어나 등불을 준비할 새 미련한 자가 슬기 있는 자에게 우리 등불이 꺼지겠으니 너의 기름을 좀 나누어달라 하거늘 슬기 있는 자가 대답하

되 우리와 너희가 쓰기에 다 부족할까 하니 차라리 파는 자에게 가서
사라 하매 사러 간 동안에 신랑이 왔거늘 예비하였던 자들은 함께 혼인
잔치에 들어가고 문을 닫았는지라 그후에 다른 처녀들이 와서 주여 주
여 우리에게 열어주소서 대답하여 가로되 진실로 너희에게 이르노니
내가 너희를 아지 못하노라 그런고로 깰지어다 너희는 그날과 그 시를
아지 못하나니라" —— 마태복음 제25장

그날과 그 시를 모르되 예비하고 기다리는 자는 아지 못한다 함이
없으리라. 오늘도 그날이요, 그 시가 있음을 잊지 말자.

"이 세상 창조할 때부터 너희를 위하여 예비하였던 나라를 유업으로
받으라" —— 동 25장

신부처럼 예비하고 기다리는데 옥리가 와서 문을 열고 나서니 벌판
같은 하늘이 뉘엿하여 천국이 아니라 지옥에 선 듯한 제국(帝國)에서
하늘이 마르도다!

2월 3일 (木)

2급 특진. 보수(補守) 선서식. 기념 촬영.

이상한 식이었지만 그래도 인제 살았구나 하는 안도감이 서로 보였
다. 보수 11명 중에는 수원농고 출신이 2명, 일본 유학생 1명(朴豪淵)
그리고 독립운동자로 장기수 1명, 나까지 5명의 사상범이 끼었다. 5명
중의 장기수는 현(玄)이라는 사람뿐인데 '구로야마(玄山)'라고 창씨
(創氏)를 시켜놓았다. 그러나 '구로야마'도 좋고 현산도 좋아서 나와
함께 서면 난(蘭)이 선 검은 바위 같아서 나는 그를 존장(尊長)같이
대했다. 그는 벌써 10년 가까이 옥중에 있어서 옥식(玉食)을 잊어버린
지 오래지만 죽도(竹刀) 같은 사람이었다. 눈에는 가끔 추상 같은 섬
광이 돌았다. 그것이 증오로 나타날 때는 무서웠다. 옹졸한 생각에 주
름이 잡히다가도 그를 만나면 잔을 나누는 듯했다. 그는 이미 2급이었

지만 나는 오늘로써 2급이 되어 빨간 수의에서 퍼런 수의로 갈아입을 뿐 아니라 아침저녁 옷을 벗고 나체로 다니지 않게 되었다. 그 밖에 다른 처우도 달라진다. 앞으로 갈 길도 멀지 않거니와 고된 징역만은 약간 면하게 되어 산다는 자신이 더욱 생겼다. 살아서 옥중 4년의 세월을 나의 연령에서 회복시켜야 하리라.

오늘부터 나의 손에는 칼 대신에 목도(木刀)가 쥐어졌다. 전에 이 목도는 무엇 때문에 만들어졌고 무엇에 쓰였는지 모르겠으나 선서식에서 그것은 충성을 표하는 것이라 했다. 식이 끝나고 서로 축하한 뒤에 나는 나의 출신 15공장에 가서 담당 간수에게 고마운 인사를 하고 방에 돌아와 이 보수의 일이 나의 일생에 오점이 되지 않도록 명기(銘記)했다.

"형제 사랑하기를 그치지 말고 손님 대접하기를 잊지 말라. 혹 이같이 함으로써 부지중에 천사를 대접하였나니라. 갇힌 자에게는 자기가 함께 갇힌 것으로 생각하고 고생받는 자에게는 자기가 또한 몸에 있는 것으로 생각하라" — 히브리 제13장

2월 5일 (土) 입춘 (음 1월 12일)

잠을 깨고도 눈을 지그시 감고 있는데 기상나팔소리가 여명을 고하는 닭소리처럼 꼬리를 길게 뽑다가 감췄다. 경쾌한 기분으로 뛰어 일어났다.

이것이 전방된 제4동 41호실의 첫날 아침이다. 유리창으로 눈에 덮인 지붕과 산등이 보여서 오래간만의 선물 같은 인상이었다 같은 규격의 독방이지만 벽이 좀더 희고 밝았다. 그리고 하늘이 잘 보이는 좌향(座向)이었다.

냉수로 마찰하고 각반을 치고 모자를 쓰고 목도(木刀)를 든 2223번! 나는 이상한 차림으로 조형되었다.

취장(炊場)에 가서 보수끼리 인사하고 둘러앉아 콩밥이지만 맘대로 먹고 정각에 임시로 배치된 15공장에 갔다. 들어가기 어렵던 중도실에서 입춘대길(立春大吉) 만사형통(萬事亨通)이라 했더니 옆에서 개문만복래(開門萬福來) 소지황금출(掃地黃金出)이라 했다. 옛사람은 가난해도 한자(漢字)에 기대어 빈집을 지키고 살았다는 생각이 들었다.

종업 후 보수 11명 전원 변사반(便捨班)에 집합하라는 명령이 내렸다. 마치 바깥 사회에서 만난 듯한 첫 기분이었다. 맘대로 웃지도 못하고 말도 못해서 일거일동이 간수의 허가제였는데 지금은 간수장이나 간수부장의 지휘하에 있기 때문에 처우가 달라져서 간수들은 별로 간여하지 않는다.

누구에게나 왕자(王者)의 하루가 있고 영웅의 한 시간이 있고 성현의 한 순간이 있을 수 있듯이 죄수가 미소하는 시간이 있게 되었다.

간수장의 점검과 간단한 훈시— 금후 휴대품 검사가 수시로 있으니 명기하고 범칙 없도록 주의하라는 것이었다.

방에 돌아와 스트린드베르히의 『청서(靑書)』를 읽었다. 훈련이 시작된 이후 거의 공백 상태에 있는 독서를 보충해야겠다.

그리고 고이 잠들려고 한 것인데 어느 부분을 다쳤는지 잠이 오질 않았다. 여러 가지가 질서 없이 돌아와 정신에 엉키었다. 전보다 상황이 좀 달라진 탓인가, 수면에 이상한 작용이 생긴 것 같다. 신경을 늦추고 육체를 포기시키려고 애썼다.

2월 6일 (日)

유리창이 고요히 어둠에 물들었다. 별들이 성 안에는 없고 성 밖에서 하나씩 둘씩 나온다. 높은 꼭대기에 등잔처럼 달아매 놓은 것 같이 보이는 것도 있다. 친구들은 다 가고 나 혼자 여기서 이렇게 단좌하는가. 춘소일각(春宵一刻)이 이 모양 이 꼴이로구나!

어디선가 고양이 우는 소리가 들린다. 이 금기(禁忌)의 구역에 월경
(越境)해 왔는가.

　　지붕을 넘고 대문 옆을 달려

　　형체없이 지나가는 고양이들

　　귀를 기울이니 그리운 그림자 같다.

　　하염없이 나를 데리고 가네. ── 보들레르

이것은 아마 빠리의 월광(月光)에 잠긴 봄밤의 환영(幻影)이었을
것이다.

오늘은 음력으로 13일, 달이 어디쯤 있는지 몰라도 형창(刑窓)이 밝
아지며 마치 승원(僧院) 처마 끝에서 고양이 우는 소릴 듣는 것 같다.

2월 8일 (火)

아침 영하 11도, 낮 0도 내외. 한 시부터 국민의례. 팔굉일우(八紘
一宇)의 역사적 해석 길었다.

정(珽)의 면회── 비애의 정 일절 버리고 여기도 생존의 지역이라는
태도를 보이다. 그리고 차츰 건강이 회복된다는 것을 알려주어 안심토
록 했다.

몇 가지 얘기 중 K가 R로부터 차용한 일금 2천 원 건(件)에 보증을
섰는가 묻기에 사실도 아니거니와 불쾌하기도 했다. 미결감 당시 차용
금 때문에 양재리(良才里)에 있는 논을 떼인 것까지 겹쳐 연상되었다.
그리고 무용한 것처럼 태워버렸다.

2월 13일 (日)

46호실로 또 전방되었다. 흰 벽에 풍경화 한 장이 걸려 있다. 호숫

가에 버들이 푸르고 가지가 늘어진 건너편에 탑이 있고 그림자가 호면 (湖面)에 떠 있는데 바로 옆에 다리가 있다. 대단치 않지만 생각만은 들어 있는 그림이었다.

다른 한 장에는 상투를 틀고 피둥피둥한 준나체(準裸體)의 씨름꾼이 버티고 서 있다. 이만 하면 형무소 구내로서는 좋은 호텔이다.

내일은 새로운 한 주일을 맞이하는 첫 월요일이다! 강기(剛氣)있게 새 주일로 출발하면 비뚤어진 하늘을 이길 수 있지 않을까.

2월 14일 (月)

아침 영하 14도. 지시대로 심부름을 다니기 때문에 행동에서 체온이 10도.

차입된 털 셔츠 상하, 봄 메리야스 상하, 족대(足袋) 2족, 사루마다 하나, 담요 한 장. 낮에 신청했다가 저녁에 찾아 가지고 왔다. 이로 말미암아 거죽은 수의지만 속은 비로소 집에서 보낸 옷이다. 오래간만에 담요도 깔고 사루마다도 입고…… 견마(犬馬)보다 한결 나았다.

담요를 깔고 점잖게 책을 읽었다. 잡념이 좋아서 속세를 버리지 못하는 도련님! 쇠를 잠그지 않아 방문이 열렸는데도 오시는 분 하나 없고 묘공(猫公)이 전하는 춘신(春信)조차 없도다!

옥수(獄愁) 짙어서 창을 넘어다보니 오죽이나 로맨틱한가, 육체만이 구애(拘碍)로다!

『독일전쟁시집(獨逸戰爭詩集)』. 그 속에 연애가 많다.

새로운 사랑 행복하니
낡은 사랑 더워진다.
누구나 정답고 깊은 곳에
한 사람 애인이 살고 있다.

그래서 가끔 입술을……

바로 앉아 점검을 마치고 또다시 어쩔 수 없는 심사로 천장 높은 귀
퉁이를 쳐다보니 으질거리는 다리 긴 거미가 눈에 띄어 불출(不出)의
운명 검은 영상 같았다. 이 방에서 할 일이라곤 슬픈 것밖에 없는데,
거미가 오늘밤 동거하고 있다.

오늘 정(珽)에게 발신하다.

2월 21일 (火)

지난 밤 방 안에서 물이 얼었다. 내의를 입었는데도 추우니 전에 견
딘 것이 얼마나 억지였을까.

꿈에 주석(酒席)이 벌어졌는데 나는 끼이지 못했다. 애들 장난감을
산 것은 무슨 의미일까.

오늘은 집을 떠난 지 만 3주년 자도(自悼)의 날이다. 누구도 잠을
깨지 않은 그날 아침 내 머리맡에는 학예사(學藝社)의 문고판 상허(尙
虛)의 단편소설집에 대한 신간평(新刊評)을 쓴 원고지가 흩어져 있었
다. 책이 가득한 두 칸 방! 형사들이 안에 들어오고 마루에 서고 부엌
에까지 지켜 섰다. 나는 나도 모르는 중대범으로 취급되었다. 애들하
고 말도 못하고 두 사람의 형사에게 연행되어 돈화문파출소에 맡겨진
후 리어카에 책 두 상자가 증거품으로 실려왔다. 다시 안국동파출소에
끌려와 앉아 있노라니 등교 중의 중동생(中東生)들이 웬일인가 하고
인사하며 지나갔다. 받아야 할지 의심스럽고 불안하고 한편 부끄럽기
도 했다. 형사들은 어디 가서 범인을 찾다가 돌아온 것 같았다. 얼마
전에 중동의 문군 등이 붙잡혀 갔는데 무슨 말을 어떻게 했기에 나는
대체로 그렇게 생각하며 다시 본정서(本町署) 지하실 유치장에 예치
되었다. 이제부터 나에게 무엇이 시작될 것인가? 전에도 몇 번 들어와

본 일은 있었지만 이번에는 다루는 법이 수상하다.

거기 며칠 있다가 도(道) 경찰부 유치장으로 이감되었다. 며칠에 한 번씩 출장가듯이 종로서 형사실 혹은 그 뒤에 있는 석탄창고에서 무서운 취조를 받았다. 이번에는 코에 물을 먹는구나, 그렇잖으면 비행기(팔을 뒤로 묶어 공중에 다는 것)를 타는구나 하며 매에 못 이겨 몇 번 쓰러질 뻔했다. 난로 옆에서 부저를 달궈 가지고 발길로 차며 구르며 주먹으로 박으며 맹수처럼 달려들었다. 나는 얼빠진 쥐새끼였다.

거의 3개월이 지나 취조가 끝날 무렵 두 칸에 한 줄씩 굵직하게 쓴 형사 독특한 필치로 된 조서(調書)가 몇 권의 책처럼 되었다. 그 밖에 조대(早大) 고등학부 동창회지(同窓會誌)에 실린 시와 또 나의 시집 『동경(憧憬)』에서 몇 편의 시를 번역하며 나는 창백해졌다.

그러는 동안에도 경찰부에서 종로서 유치장으로 옮겨졌다. 옆방에는 나의 제자가 있었다. 전에도 몇 번 들어가본 조고마한 유치장에는 14, 5명 되는 불행한 사람들이 다리도 펼 수 없이 쭈그리고 있었다. 어린애들은 어른들의 내의에서 이를 잡아주고 얻어먹기도 하고 소일도 했다. 유치장 담당 순사는 낮에 집에 연락해서 돈을 갖다가 절반은 떼먹고 절반으로는 빵을 한 중태씩 넣어주었다.

그때에 어머님이 시골서 상경하셨다. 동생들은 내가 출장 갔다고 속였다. 한 달이 지나고 두 달이 지나도 돌아오지 않아서 드디어 아버님까지 올라오시게 되어 고향에서 야단나고 서울서는 초상이나 난 듯했다.

유치장 생활이 꼭 백 날 되던 날 형사실에 불리어 나가 마지막으로 설렁탕 한 그릇을 알지도 못하는 연루범(連累犯)들과 갈라 앉아 먹었다.

구두는 유치장에서 잃어져서 양말 바람으로 일건서류와 함께 형무소에 온 것이 지금까지 있다. 떠날 때 어떻게 알았던지 동생들이 경찰서 어귀에서 전송해주었다. 5월의 가로수는 다시 못 볼 것처럼 푸르렀고 눈물은 눈곱처럼 엉키었다. 그러는 동안에 서울은 없어졌다. 그 대신 미결감 정문 안 비둘기장에 들어앉았다가 홀딱 벗고 푸른 관복(官服)을 갈아입은 뒤에 용수를 쓰고 간수에게 끌려 계단을 올라가 문을 열고, 들어가! 하더니 열쇠가 덜컥 잠겨졌다. 아! 이게 어딘가, 어떻게 된 일인가, 신경이 회색 종이로 화해버렸다. 앨리스의 모험일가? 그것이 나의 첫 의식(意識)이었다.

이것이 전설처럼 들리던 구치감(미결감) ── 한번 들어가니 문은 다시 열리지 않았다. 아침에 한 번 변기통이 나갔다 들어오고 어쩌다 운동장이라는 하늘만 보이는 칸 속에 잠깐 나갔다 올 뿐이었다. 두 달에 한번씩 구류 기간이 갱신된다는 통고가 오는데 통고 여섯 번에 1년이 간다.

하루는 이토오(伊藤) 검사가 취조하다가 붓을 놓고 날카로운 눈초리로 쳐다보며 너같은 자를 그냥 두다간 대일본제국이 성립되지 못할 거라고 극언했다.

그래서 미결감에서 1년 7개월 있은 다음 4년 구형에 2년 언도가 내렸다. 통산(通算) 하나 없이 경찰에서 통처럼 굴려 가지고 다니던 석 달 열흘까지 합치면 아 3년 10개월여……. 미결에서 기결로 넘어오는 최후의 수속은 홀딱 벗고 진짜 수의를 입는 것이었다. 그날이여, 그날에 온 이 자리! 와일드의 경구(驚句)처럼 "인생은 긴 고난의 순간"이로구나! 오늘 이 3주기(三周忌)가 삼가 하늘을 내다볼 뿐, 그리고 불감(不感)하려는 것뿐이었다.

3년 ── 1천95일 ── 2만 6천여 시간…… 그중에서 경찰서에 온 시간은 견딜 수 없었고 구치감에 온 시간은 불안했고 형무서에 온 시간은 추근했다. 시간이란 맞이하는 자의 상태일 뿐이다. 그래서 나는 부정되고 무용한 것이었다. 대일본제국의 성립에 유해한 자로 규정된 자—나의 상태를 시간은 한 번도 믿지 않았다. 미지근히 내민 창자를 끌고 가는데 해와 날과 시간들은 초상난 집 식구들 같았다. 송장은 관 속에서 생각할 뿐이다! 그것을 산 인생의 어느 구석에 포함시켜야 할 것인가, 비참한 것이 생존의 한 조건이라면 나의 3년은 그 속에나 집 어넣어 둘까. 이 시간은 내가 길이 생각하며 풀지 못할 숙제이리라.

2월 27일 (月)

공장에서 만기 출감자 세 명을 만기방에 데리고 갔다. 출감 3일 전 에 들어가서 과거를 반성하고 사회에 나갈 마음의 준비를 하라는 곳이 다. 기다리던 만기지만 이 방에 가는 고민이 크다 한다. 대개는 갈 데 없는 사람들이요, 전과자라는 누명이 붙어서 나가는 날부터 다시 죄를 짓기 쉬운 신세들이다. 아차! 하는 순간에 벌써 고랑이 채워진단다.

그래서 여기서 상투적으로 하는 말이란 '아이구 그 자식 벌써 들어 왔더구나' 하는 것이요, 만나서 물으면 '야! 그전이 무어야, 더 살 수 없다'라는 것이다.

그래도 5년이고 10년이고 사는 사람들은 쥐꼬리만도 못한 작업비지 만 저절로 쌓여서 나가도 얼마간은 견딜 수 있고 또 일정한 작업을 배 워서 직공 노릇도 할 수 있지만 어쨌든 만기가 다가오면 소위 만기병 (滿期病)에 걸려 살이 더 빠지고 창백해지는 것이 역력히 보인다.

3월 1일 (水)

2월달은 이틀이나 없어서 3월로 훌쩍 건너뛴 것 같다. 하루가 1년 같은 세월인데 뛰고 보니 피 흘린 피안(彼岸)이다. 조선 사람들이 맨 손에 기만 들고 독립운동한 날이다. 밖에선 경계가 심할 것이다. 모여 앉아 수군거리기도 하리라. 제국의 영토에 오는 날 중에서 가장 큰 단 죄(斷罪)의 날이다. 나는 생각지 않기로 했다. 그저 산으로나 훨훨 가고 싶다. 그 한끝에 머리 흰 높은 산이 있다. 신(神)의 지고(至高)한 논의가 계속되고 있는가. 이 방이 그 산속에 있거니 해보았다.

그 높은 봉우리에는 무엇인가 항상 내리고 있다. 거기서 신령이 오신다. 잠깐이나마 나와 함께 있으라. 당신이 전하는 말 이외에 나는 아무것도 듣지 않고 믿지 않으리라.

눈을 뜨고 보니 다시 종말에 앉은 것 같다.

3월 3일 (金)

어머님이 면회를 오셨다. 보수(補守)라 해서 전보다 대우가 달라졌다. 어머님도 의자에 앉으시고 나도 따라 앉았다. 하룻밤에도 몇 번씩 일어나신다는 말씀—그리고 얼굴이 늘상 눈물에 잠겨 있는 듯싶었다. 손을 만지려 하매 내가 군인장갑을 끼고 있는 것을 알고 벗었다. 옥중에 아들을 두고 가시는 모습—잊혀지지 않았다. 무엇이든지 잊어버리려는 나의 일과—얼마나 이기적이냐?

3월 4일 (土) 0도

발진티푸스가 발생해서 오늘부터 일체의 면회가 중지됐다. 구내를 전부 소독하고 환자는 한 군데로 모았다. 전염이지만 영양 부족 치료 부족 냉방 관계 등으로 더 빨리 퍼진 것 같다. 두려워졌다. 마스크로 얼굴을 절반쯤 가리고 격리병동(隔離病棟)에서 일하며 간병부(看病夫)들과 같이 환자를 운반도 했다. 처음엔 위험하다 했지만 나중엔 아무렇지도 않게 열심히 봉사했다. 중학교 때에 서울서 동숙하다가 장질부사에 걸려 죽은 봉우(鳳祐)가 생각났다. 이 전염병이 밖에 알려지면 죄인이 돌아오기를 기다리는 집에서들 얼마나 야단들일까. 죽음의 집에 병마(病魔)까지 들어와 더 못살게 구는구나! ……방에 돌아올 때, '오늘밤에라도 열이 나면 어쩌나?' 했다.

3월 5일 (日) 면업일

아침, 머리에 열이 좀 났다. 어제 일을 생각코 불안했다. 오후에 병동에 가서 형세를 살필까 했으나 한 시부터 자리에 누웠다. 수건에 찬물로 머리를 식혔다. 가수(假睡)인지 허수(虛睡)인지 알 수 없는 상태에서 깨니 세 시 반…… 너무 이르다 하면서 동료 몇 사람과 함께 취장(炊場)에 가서 저녁밥을 먹었다.

아, 놀랍다 눈이 오시네! 함박눈이 꽉꽉 쏟아지면서 철철 녹는다. 산에 쌓이고 지붕을 덮고 가지에 걸쳐 천지 혼연(渾然)히 은빛 일색에 도취되는데 파스칼의 말처럼 비참한 것은 인간뿐이로구나! 저 나무 한 가지만 되어도 그만인데 나는 왜 비참한 것을 의식하는가? 파스칼은 한 죄수가 그 말을 인용할 줄은 몰랐을 것이다.

정신대에서 밥을 훔쳐서 주물러 떡을 만들다가 들켜서 볼기짝을 맞는다고 한다. 비명인지 개를 달아매는 소린지 분간할 수 없지만 가까이 갈 수도 없었다.

방에 오니 옥(玉)에게서 편지가 왔다. 선 채로 쭉 읽고 누워서 행간(行間)과 지배(紙背)를 들여다보면서 다시 읽었다.

인제 졸업…… 요 담에는 최후의 제복(制服)으로…… 그 담에는 최초의 신장(新裝)으로 면회하러 와서 아버님을 기쁘게 하겠다고…….

나는 그 성장을 끝내 도와주지 못하고 말았다. 시집 속에 끼워둔 사진을 꺼내 보았다. 경기고녀에 들었을 때 멋진 보넷을 쓰고 싶다고 하던 귀여운 소녀에게 나는 그것이 사치스럽다고 사주지 않았다. 지금은 그 시절을 지나 너무 커버렸구나!

세수하고 창밖의 설경(雪景)을 바라보다가 남은 시간을 어찌할 수 없어 펄 벅의 『어머니의 초상』을 읽었다. 케아리는 은혜로운 천성을 가진 착한 사람이요, 또한 어머니다.

3월 7일 (火)

아침, 풍설(風雪)이 심했다. 어제 탈옥 사건이 있은 것을 뒤늦게야 알고 일대 소동이 일어났다. 작업은 중지되고 수인들은 일단 감방에 넣고…… 소내를 일제히 수색했지만 종적이 묘연했다. 보수들도 함께 나서서 창고니 작업장이니 할 것 없이 샅샅이 들췄다. 사람이 있는 데나 창고나 다 같았지만 소내에는 잠복해 있지 않아서 잡기가 어려워졌다. 간수들은 뒷산 일대에 총동원되었다. 벽돌 쌓는 데서 일하다가 뺑소니친 모양이었다.

제9공장에 갔다. 입학 시험문제 인쇄 중이므로 경계가 자못 삼엄했다.

3월 10일 (金)

날마다 심부름하는 같은 일을 무사히 마치고 저녁 돌아올 때면 각동 문 앞에 소제부들이 하루의 일을 끝내고 무심히 서서 황혼을 바라보는 것이 한가로웠다. 생각이야 많겠지만 뒷짐을 지고 산이나 바라볼 수밖에 없을 것이다. 지날 때면 은근히 목례나 하는 격이다. 무욕(無慾)한 시가(市街) 같기도 하고 문 닫힌 부락 같기도 하다. 그 문마저 닫고 쇠를 잠그면 완전히 무인촌이다. 그 담부터는 경비원이 소정의 시간에 순시할 뿐 친면이 있어 순찰 상황을 물으면 밤에는 무섭다는 것이다.

문을 걸고 혼자 있으니 이 무욕한 방 주인은 마치 사증(邪症)에 걸린 듯 하늘에 은거(隱居)를 구하며 파멸을 향하여 조을고 있다. 어느 날 밤 그대로 떨어져 파편이 되어도 알 길 없으리라. 그저 어디론가 내려가는데도 제약을 벗지 못한다. 전능(全能)한 것 — 한갓 무지한 급지(急志)일 뿐이다.

　　뒤에 무엇인가 있는 줄 알고
　　돌아누웠더니 벽이었다.

　　그럴 바에는 무신론(無神論)으로 모든 신과 친하고 싶다.
　　신은 자기를 먼저 추앙한 자에게 사랑도 주고 힘도 더 주었던가.
　　권태(倦怠)가 전체다 — 벼룩이라도 뛰어와 물어라, 나의 권태의 송가(頌歌)여!

3월 14일 (土)

집에 나가는 꿈을 꾸었다. 첫날은 반가우리라. 둘쨋날도 반가우리라. 셋쨋날까지도 반가우리라. 그 담부터는 귀찮을지 모르겠다. 방 안에 들어박혀 있으면 죄가 안 되리라. 밖에 나가도 사람을 만나지 않으면 죄가 안 되리라. 그러면 내가 죄인이 아닐까? 이 땅의 천(天), 신(神), 인(人) — 다 죄인인데…….

3월 15일 (日)

오늘은 세계의 휴일인데 지쳐서 돌아와 창각(窓角)에 기대 앉으니 곱새와 같다. 너무 형무화(刑務化)해서 두운(頭韻)도 없다.

　　연 기
　　마님! 구미(口味)가 돌아 고맙구려.

작업과(作業課) 앞 제1하공장(第一下工場) 제품을 형무소 정문 어귀에서 간수와 함께 계호했다.

어떤 시골 노파가 손수건에서 종이쪽을 꺼내서 정문 간수에게 보이고 있었다. 가까이 가서 보니 딸의 사망 통지서였다. 시체를 눈앞에 보듯이 눈물이 글썽거리며 간수의 대답을 기다렸다. 한참 얘기하다가 간수는,

"벌써 죽었으니 사위한테 얘기해서 파 가는 도리밖에 없지 않느냐?"고 했다.

노파는 주름살 잡힌 얼굴에 원망스러운 표정으로 아무 말도 못하고 눈물을 씻은 수건에 통지서를 다시 싸며 그 산이 어디냐고 물었다.

노인은 못 가요, 사내를 데리고 와서 파 가라니까…….

간수는 제자리에 가서 파수를 서고 노파는 밀려서 종이쪽을 수건에 싸 쥔 채로 성외로 나가 면회를 기다리는 사람들 틈에 사라졌다. 아마 성외에 보따리처럼 주저앉았을는지 모르리라.

차츰 해가 길어져서 저녁 성외에서 늦게까지 애들이 떠들며 노는 소리가 길어졌다.

어찌하여 애들이 이 성을 보고 자랄까. 어머니 품속에 가거든 본 체 말고 고이 잠들라!

우주의 중심에서 이 변두리는 얼마나 멀까. 우리에게만은 이 변두리마저 소굴이 되었구나.

3월 29일 (水)

변사반(便捨班) 앞을 지나다가 인왕산을 쳐다보니 그 모습 하늘 앞에 완강하고 뚜렷하다.

갈 길 불편하여

새소리 들으며

뜬구름 소식인 양

쳐다본다

오늘은 내가 병감(病監) 사환 역할이다. 몇몇 공장에 다니며 이름을 불러 환자들을 데리고 병감에 갔다. 치료를 받는 동안에 잠깐 병실로 갔다. 거기에는 수원 태생의 아는 환자가 있었다. 얼마 전까지 그는 나에게 좀 편한 일자리를 부탁한 일이 있었다. 나로서 될 수 있는 일도 아니지만 얼굴이 넓적하고 둥그스름한 유복스럽게 생긴 청년이었다. 그도 장기수 사상범이었다. 청동빛에 누른 빛깔을 타는 것처럼 얼굴이 차츰 썩어 들어가고 있었다. 이 25, 6세의 청년은 복막염으로 통증에 못 견디어 두 무릎을 끌어안고 팽이처럼 다다미 위에서 돌고 있었다. 죽더라도 진통제나 놓아서 아픔을 잊게 했으면…… 하고 나는 병감에 들어가 의사에게 지금 본 참경을 얘기하고 환자들을 소속 공장에 데려다주었다. 이 시각에도 얼마나 많은 사람들이 이 지구상에서 고통을 당하랴만 저 얼굴이야 또 있을 수 있을까. 아마 그는 죽을 것이다. 그런 예감이 들었다. 이제는 그의 생에 반대할 사람도 없고 그의 죽음에 곡할 사람도 없을 것 같다.

오전 중의 일을 마치고 외소반(外所班) 벤치에 앉아 구름을 쳐다보며 한참 쉬었다. 형무소에서 살고 형무소로 가는 나그네였다. 햇빛이 쌀쌀하면서 다사롭게 비쳤다. 앞에 있는 진달래가 곧 필 것 같고 살구꽃도 벚꽃도 따라 피리라. 많은 분(盆)들이 가지런히 햇발을 붙잡고 있다. 광장에서 라디오 체조 소리가 들려왔다. 어디선지 흰 나비가 펄펄 날아서 계절을 급히 알리는 듯 먼저 왔다. 물을 주던 늙은 죄수가 이상한 눈초리로 나비를 보고 있었다. 그렇게 생각하니 흰 나비는 상복(喪服)을 의미한다는 어렸을 적 얘기가 떠올랐다. 여기서 또 상복이야? 그러다가 아까 사상범의 생사가 염려되었다.

저 나비는 오늘 어디까지 날아가서 하루의 일정을 완수할 것인가.

3월 31일 (金)

비가 올 듯했는데 눈이 왔다. 오늘도 요진단자(要診斷者) 호출을 다녔다. 외출하고 싶은 꾀병도 있지만 열을 지어 다 데리고 갔다. 그들은 나의 말에 간수와는 달리 잘 순종했다.

"갇힌 자에게는 자기가 함께 갇힌 것으로 생각하고 고생받는 자에게는 자기가 또한 몸에 있는 것으로 생각하라."

신약전서 히브리 제13장 구절이 다시 연상되었다.

피골이 상접한 그들의 괴로움을 그들과 함께 하고 그들의 아픔을 그들과 함께 느끼지 않을 수 없다. 괴로울 때 아플 때 그들의 마음속에 천사가 있을지 모르나 나의 대접이 천사에게 미치리라고는 생각지 않았다.

이날로써 3월이 또 간다. 꽃봉오리 같은 천사가 있었으리라. 그러나 나는 3월의 천사를 꿈에도 보지 못했다. 또 4월로 간다. 4월까지 보내면 나의 형기는 6개월이 남는다.

4월 1日 (土)

어제 생각한 대로 오늘은 '에이프릴 풀'이다. 이불 속에서 눈을 뜨지 않고 집이라 생각했다. 이것은 확실히 부자유스럽고 고독한 때의 나의 집이다. 나는 지금 눈을 뜨지 않는 장님이다. 장님의 자유를 남몰래 누리고 있다.

에이프릴 풀!

우자 4월(愚者四月)에 꽃이 피고 나비가 날 것이다. 말을 타고 오는가, 학을 타고 오는가, 우자여! 그러나 여기는 아마 개를 타고 오리라.

기상나팔 소리가 눈을 거뜬 뜨게 했다. 역시 옥중이로구나! 두음(頭

音)이 사라진 뒤에 잔음(殘音)이 처량하게 길다. 취장에 가니 간수님의 자세가 굳고 엄해서 보수들끼리 씩 웃고 아침을 처먹었다.

감방 작업자의 운동과 외역수(外役囚)의 진단호출이 바꿔져서 설영중대(設營中隊)에 배치되었다. 이 작업대의 일에는 익숙치 못해서 더욱 바빴다. 저녁때에 땅을 촉촉이 축이는 봄비가 눈언저리에 떨어졌다.

방에 돌아와 혼자 앉았다. 벽에 기댄 것이 밀려서 절반 누웠다. 불온한 자세였다. 나는 계속해서 눈을 감았다. 나의 애인이 왔다. 여러 해 동안 그와 나 사이에는 사랑한다는 단 한마디도 없었다. 나는 확실히 그를 사랑했다. 그러나 그가 나를 사랑하는지 몰랐다. 나처럼 사랑하는 줄 알았더라면 그냥 갈라지지는 않았을 것이다. 그는 내가 온 뒤에 말없이 갔다.

너도 에리프릴 풀이냐? 그때는 네가 온다고 누가 전보를 쳐서 너를 찾아 방황했다.

아, 땅이라도 꺼지려무나―사형수의 발판처럼…… 옆에 갈 수 없어 깊은 바다에 빠질 수도 없고…… 자살하는 물소리나마 한번 들었으면…… 이 압축되는 정적! 돌멩이는 다 어디 갔느냐…… 나는 무엇인가 던졌다. 벽에서 책이 털썩 했다.

나는 깜짝 눈을 떴다. 아직도 인간과 생활을 아름답게 하려는 시가 있고 책이 있구나!

이제 기다릴 것은 죽으라는 순한 호령과 같은 취침 명령이다. 자면 되기는 된다. 누구도 만날 수 있고 또 내일 아침 나갈 수도 있다. 제한 없는 나다…… 때 묻은 땅에서 벗어나는 꿈이여! 모두 에이프릴 풀이구나.

4월 2일 (日)

　4월의 첫 면업일이다. 남풍이 부르는 듯한데 고역(苦役)에서 감금되어 쉰다. 보수들만 가공장(假工場) 앞에 모여 과장의 엄한 점검을 받았다. 그리고 오늘 처음으로 열리는 영사회(映寫會)의 간단한 취지 설명이 있었다. 오래간만에 영화를 보게 되는 영사막이 눈앞을 스쳐 지나갔다. 만당(滿堂)에 들어가니 죄수의 냄새가 코를 찔렀다. 이것은 한 나라의 정취랄까.

　① 대형소이탄(大型燒夷彈) 뉴스 198호

　② 전투 상황─ 바렌판 낙하산부대

　③ 대규모의 금광 실사(實寫)

　영화를 보고 방에 돌아오니 더욱 심심했다. 외로운 자에게는 밥만 주고 아무것도 보여주지 않는 것이 더 좋을 것 같다. 나는 안정을 얻기 위해서 반야심경(般若心經)을 나지막이 외었다. 간수가 시찰 구멍으로 들여다보고 소리를 내지 말라고 일러주었다. 내 소리는 안으로 들어가고 말았다. 고개를 뒤로 제꼈다. 목구멍으로 침이 넘어가는 것만 알렸다.

4월 3일 (月)

　아침, 젓가락을 놓은 다음부터는 노예처럼 종일 일했다. 저녁, 고달파서 머리가 부딪친 것처럼 탁 막혔다. 아홉 시면 자는 취침 시간까지 서서 기다리기보다 더 멀었다. 나는 그 시간을 무의식중에 소비하려고 관세음보살을 수백 번 불렀다. 이 자비의 부처님께서는 손이 천 개라 한다. 내게 닿지 않는 그 손길…… 그렇지만 그 이름을 부르는 중에 눈 속이 축여졌다. 전에 할머니가 돌아가셨을 때에 시골 할머니들과 부인들이 관에 둘러앉아 하염없이 부르던 구슬픈 음향이 내게서도 나왔다.

　관세음보살…… 관세음보살…… 저절로 몸이 시계종처럼 좌우로 흔들렸다. 검은— 그리고 두터운 그림자가 따라서 움직였다. 나는 그림자가 살고 있는 것을 느꼈다.

　그래도 시간을 다 보낼 수 없어 나는 「이별의 노래」를 손가락을 꼽으며 곡조를 붙여서 열 번이 넘으면 스무 번, 스무 번이 넘으면 서른 번, 그렇게 읊었다.

　　나는야 간다.
　　나의 사랑하는
　　나라를 잃어버리고
　　깊은 산 뫼ㅅ골 속에
　　숨어서 우는
　　작은 새와도 같이

　　나는야 간다.
　　푸른 하늘을
　　눈물로 적시며
　　아지 못하는
　　어둠 속으로
　　나는야 간다.

　이것은 종로경찰서 유치장 속에서 드디어 서대문형무소 미결감으로 가게 되는 5월 31일 아침 손톱으로 벽에 새겨 놓고 온 나의 시다. 구속보다도 굶주려서 감퇴된 기억력 속에 제대로 남은 자연상(自然像) 같은 시다. 나는 슬픔을 넘어서기 위해서 될 수 있는 대로 이 시를 피해 왔는데 오늘밤에는 더 정면으로 이 시가 달려들었다.

4월 4일 (火)

오후, 과장으로부터의 호출— 보수 취급은 앞으로 배치부장(配置部長)의 직속으로 한다는 지시였다.

날마다 되풀이되는 옥고지만 나는 나를 위하여 나에게 맡겨진 일을 성실하게 거짓 없이 했다. 그래서 공수래(空手來)의 심경을 얻는 때도 있다. 오늘 저녁 돌아오는 길이 바로 그것이었다.

방에 사과 한 개가 배급되어 혼자 둥글게 타는 듯했다. 홍조(紅潮) 옛 모습 그대로였다.

시골 색시! 사람도 못 보고 몰래 향기만 피우는 것 같다. 하도 기특해서 만져보았다. 먹고 싶었다. 이걸 먹어? ……하룻밤이나마 베개맡에 두고 싶었다. 나는 큰 자연을 벗하는 셈이었다. 고달파도 들리는 얘기가 있다. 선민(先民)들의 전설도 있고 또 허다한 너와 나 사이의 비화(秘話)도 있다. 그러나 이러한 향유(享有)는 내일 아침 기상나팔 소리가 날 때까지밖에 나에게 허락되지 않는다. 그냥 두면 이 사과 한 알이 어디로 갈지도 모른다. 아 먹어야지…… 그런데 나는 이 사과 하나를 먹을 용기조차 없다. 그만큼 무력해졌다. 그러나 어서 먹자! 아니다, 옆에 두고 잘 자야 하는데…… 그러나 무슨 작용인지 잠을 이룰 수 없다. 나는 새벽녘에 물질적 감각이 원하는 대로 사과를 먹고 영혼에 바쳤다. 그렇게 나의 결론은 좋은 곳에 이르렀지만 이 기이한 역경 속에서 무엇에든 관계를 맺어보자는 하나의 공리(功利)에 지나지 않았다. 아무것도 아닌 것을 먹기에 힘들었을 뿐이었다. 그후에 충족은 갔다.

4월 5일 (水)

오늘은 채석반(採石班)에 들렀다. 석수들을 감시하는 판이었다. 나에게 이런 일이 맞을는지 알 수 없었다. 바위를 뚫고 돌을 깨고 파내며 죄수들은 강제로 땀을 뻘뻘 흘렸다. 그런가 하면 한쪽에서는 가마니에 담아서 좁은 길로 영치기영치기 하며 조심스럽게 돌을 날랐다. 조심스러운 것인지 비틀거리는 것인지 분간할 수가 없다. 한참씩 가다가도 뼈다귀들이 한숨 쉬고 쉰다. 간수들이 앞에 서고 뒤에서 채찍질하는데도 목도채에 목덜미가 눌리고 허리가 꼬부라져서 간수에게 애원해서 쉬는 것이었다. 나는 그들 역군들을 물끄러미 바라보았다. 바위가 다 없어지면 또 다른 바위를 헐 것이다. 그들이 기다리는 것은 밥뿐이다. 중노동이라 밥의 등급은 일등이지만 아무 영양도 없는 콩깻묵…… 멍에를 메고 가는 죄지은 시시포스! 어떤 자는 모래를 쌓아올린 기슭에 죽은 듯이 눈을 감고 비스듬히 누워 있다. 헐벗은 육체를 겨우 받쳐주던 힘의 뿌리가 말라버린 모양이었다. 나는 간수의 명에 의하여 그중 네 명을 데리고 진단시키러 갔다. 그들이 바라는 것은 제발 휴역(休役)케 해달라는 것이었다. 나는 의사에게 그들의 일과 육체의 상황을 이야기해서 휴역케 했다. 돌아서는데 두세 번 절하다시피 허리를 굽혀 인사했다. 내가 도리어 미안할 지경으로 민망했다. 그중에서도 소년수 하나는 어제 전치출역(全治出役)되었는데 출역하자마자 다시 악화되었다. 또 하나는 늑막염인데 때가 늦었고 나머지 두 사람은 영양장애라고 의사 혼다(本多) 선생이 말했다. 그중 두 사람은 죽을 때까지 내 은혜를 잊지 않겠다고 했다. 내가 무엇을 대접했기에? 나는 그것을 생각했다. 여기서는 친절이라는 것이 없다. 나도 아무것도 한 일 없다. 다만 그 추근한 태도는 자기들의 고통을 이해해주는 자가 얼마나 없는가 하는 것을 보여줄 뿐이었다. 요새는 '에피오스〔맥주 효모로 만든 소화 영양제: 편집자 주〕'도 없으니 '호렌소〔시금치: 편집자 주〕'나 심어서 환자들에게 주고 싶다는 혼다 선생의 말을 깊게 들었다. 그는 사람을 살리는 것을 천직으로 아는 의사였지만 약이 없었다.

오늘 처음으로 멀리 향수처럼 바라보던 산에서 흙을 밟는 시간을 가졌다. 마른 풀 위에 잠깐 앉아 먼 산도 보고 하늘에 뜬 구름도 보았다. 하늘은 바다 같고 구름은 물결 같기도 했다. 나는 하늘이 흔들리는 것을 느꼈다.

구름 날고 섬 뜨고 하늘 푸른데
청옥(靑玉)빛 깊은 바다 산호당(珊瑚堂) 속에
아름다운 비밀(秘密)이 숨어 있으니
하얀 조개 꿈꾸는 금모랫가에
끝없이 밀려오는 물결 우으로
나도 가고 배도 가고 바람도 간다.

어느 해 여름 송도원(松濤園) 바닷가에서 사랑스러운 여성들을 따라 갔다가 담배곽에 적어 가지고 온 시다. 소천(宵泉)이 처음에「해수(海愁)」라고 제(題)하여 조선일보에 실었다. 이 바다의 소곡(小曲)을 나는 속으로 몇 번 노래처럼 외웠다. 독방에서 여름마다 혼자 맘대로 곡조를 붙여서 노래하던 이 소곡을 나는 형가(刑家)의 뒷산 기슭에서 소리 없이 읊었다. 슬프기도 했지만 동경(憧憬)이 새로워서 나는 이런 사람이다, 나를 보라는 듯이 쾌하기도 했다. 그것이 또 나에게 생의 용기를 주기도 했다. 나는 바위틈에서 나오는 샘물을 몇 잔 들이켰다. 목구멍에서 가슴으로 시원하게 한 줄기 흐르는 것이 알렸다. 나는 고행의 순례자처럼 먼 하늘을 가슴을 헤치고 바라보았다. 잃어버린 것을 회복한 듯했다. 그것이 오늘 내가 있는 것이다. 끊임없는 존속이었다. 산기슭에 일찍 비낀 그림자를 밟으며 정하게 가지라던 목도를 지팡이처럼 짚고 내려왔다.

4월 6일 (木)

오늘은 욕탕에의 배치였다. 소년수들을 데리고 욕탕에 가서 목욕을 시켰다. 대부분이 옴인 데 놀랐다. 성한 놈과 헌 놈이 한군데서 한 물을 썼다. 더 옮을 것도 없고 안 옮을 것도 없는 판이지만 시간이나 넉넉히 주고 싶었다. 불쌍한 아이들…… 소매치기가 많다. 경찰서 유치장에 있을 때의 일이지만 형사들이 그달 책임 수량을 다 채우지 못하면 그 부족한 양을 채우는 것이 이 소매치기 아이들이었다. 방임해 두었다가도 모자랄 때에 써먹기 좋은 동물(童物)들이었다. 그 나머지는 절도…… 아이들 모양이 제대로 된 것이 별로 없어 그런 것이 아마 범죄형인가 했다. 게다가 소매치기 아이들은 눈을 치켜뜨지 못하고 아래로만 내리뜬다. 형사의 눈을 피하기 위한 상습에서 온 것이라고 들었다. 세상을 정면으로 보지 못하는 가련한 아이들…….

저녁 보수점검이 있었다. 이노우에(井上) 과장이 용산 제22연대에 입대한다는 고별인사가 있었다. 비가 촉촉이 내렸다. 황혼에 가는 자의 뒷모습이 쓸쓸했다.

보수들과 함께 얘기하면서 독방을 향하여 걸어갔다. 그들은 그들 방에, 나는 나의 방에 왔다. 방에서 냄새가 나는 것 같아서 창을 열었다. 그 뒤에 철조망이 붙었다. '이놈!' 하는 것 같았다. 그런데도 흙냄새가 휙 풍겼다. 토착(土着)한 자의 감회랄까, 모자를 벗고 세수하고 담요 위에 꿇앉았다. 밤이 어디선가 밀려들었다. 무릎 위에 두 손을 놓고 또 눈이 감겨졌다. 높은 담 너머지만 귓전에 인성(人聲)이 들렸다. 찾는 소리, 부르는 소리, 생각는 소리, 서러워하는 소리…… 나에게 교섭하거나 교감(交感)되는 것은 아니지만 또 가까이 오려는 것도 아니지만…… 나는 이상해지는 것 같아서 불경을 속으로 외웠다. 일체의 고액(苦厄)을 넘어서…… 유(有)의 경지를 무(無)에까지 넓히며…… 나는 아직도 이 소내(所內)에 있구나!

4월 10일 (月)

　아침 여섯 시 조기(早期)의 집합 명령이 내렸다. 눈을 다 못 뜨고 군대식으로 일어났다. 취장에 달려가서 식사를 했다. 배가 아파서 무국에 죽을 먹었다. 너무 빨리 먹어서 빈속에 물건이 들어찬 것 같았다. 신지(神祇) 앞에서 점검을 받았다. 32명을 계호해서 구외작업을 시작했다. 청소를 끝마치고 병감 앞에 갔다. 이름 모를 꽃들이 언덕에 피어서 아침에 자색(紫色)이 더욱 부드러웠다. 바이올렛! 어쩌면 저렇게도 귀여울까. 어느 눈물에서 피어났을까! 함께 있고 싶지만 마음을 두고 죄수로서 가는 동안에 뒷문에 이르렀다. 다시 낮은 언덕을 올라가니 바른편 벚나무에 물끼가 돌아서 해를 맞는 꽃봉오리가 도톰해졌다. 약속할 수 없으니 다시 오기 전에 만개했다가 아마 지리라, 그러면서 다시 돌아볼 겨를도 없이 간수의 앞에 서서 앞일을 생각하며 무심히 지나갔다.

　조그마한 늪처럼 물이 질벅하게 고인 작업장에 갔다. 감독하는 자세로 마음이 사방에 흩어졌다. 그래서 이 산 저 산이 다 나의 얘기였다. 저 계곡 엷은 아지랑이 속에서는 진달래가 꿈처럼 풀리리라.

　석산(石山) 고인 물에 봄은 혼잔가? 백마(白馬)가 없구나! 이끼 긴 돌 밑에 고기는 숨고 수면에 적광(寂光) 같은 것이 허옇게 떴다.

　서대문 뒷산 기슭이 부옇다. 오막살이들이 한데 붙었다. 사람 사는 일이 서글펐다. 애들이 노는 것이 또 보였다. 막연한 심정이 융화되는 순간에 '꽥!' 지르는 소리가 났다. 나의 태만한 심정이 놀랐는데 죄수의 등을 회초리로 갈기는 소리가 났다.

　"이 자식들 빨리빨리 일 안 할 테야……" 나는 보수지만 바로 옆에 나와 같은 죄인이 비틀거리고 있었다. "어서들 일하시오. 점심시간도 가까운데……" 나는 이렇게밖에 말할 수가 없었다. 그 다음부터 그들

은 몸에서 비린내가 나도록 일했다. 그것은 아무 미래도 없는 일이었
다. 원죄(原罪)의 고역이라면 신문(神門)이 거기서부터 열려야 할 것
이어늘…… 신이여 이 사람들을 보시라, 광대뼈가 불쑥 나오고 가슴
이 졸아들고 눈이 패어 들어가고 허리가 구부러진, 그리고 아무것도
이겨낼 수 없는 누으런 사람들을…….

그러나 그들에게도 내용을 주면 그들에게서도 인간 최초의 비의(非
義)가 비쳐 나오지 않을가?

오후, 성 북쪽 구외의 지하수관이 터진 것을 여섯 사람을 데리고 가
서 명령대로 개수작업(改修作業)에 착수했다. 뒷문 근처에는 면회를
신청하고 기다리는 여인들이 수심을 끼고 오락가락했다. 아이를 업고
성 밑에 앉아 하염없이 먼 데를 쳐다보는 부인도 있었다. 웬 보따리를
저렇게 들고 있을까? 저 과일과 계란은 아마 병감 입원자에게 가지고
온 것일 게다. 또 언덕바지에는 흰 두루마기를 헤벌어지게 입고 성에
눌려서 기막히다는 표정으로 앉아 담배를 빨고 있는 노인도 있다. 누
구나 이 성 근방에 오면 저렇게 초라해 보이는가. 나야 더 말할 나위도
없지만…….

우선 위에 가서 배수작업(排水作業)부터 했다. 굶주린 사람들에게
이 작업은 다소 위험했다. 흙이 무너지고 바위가 떨어지기 쉽기 때문
이었다. 잘못하다간 나의 책임도 있으리라 생각했다. 서무과장이 오더
니 붕괴에 주의하라고 하면서 작업 상황이 대체로 좋다고 했다. 또 용
도과장이 오더니 어려운 일인데 잘 진행되었다고 희색이 만면했다. 일
을 많이 했다는 말에 죄수들은 대뜸 증채(增菜)가 없느냐고 나에게 물
었다. 찬이라도 더 달라는 의미다. 형무소에서는 칭찬을 받으면 꼭 반
찬이라도 더 달라는 것이 문책받지 않는 유일한 요구다!

일을 마치고 터벅터벅 내려오는데 이 수형가(受刑街)에 관(棺)이

지나가고 있었다. 네 명의 죄수가 들고 간수가 따라가고 있었다. 엷은 판때기로 대강 짜서 걸체에 놓아 가지고 가는 중이었다. 옥문으로 나가는 통과가 이렇구나! 간수의 양해를 얻고 나도 따라갔다. 성뇌의 뒤 언덕으로 올라가면서 무상(無常)한 길임을 느꼈다. 묘지에는 디미 간 사람들의 목비(木碑) 조각이 가지런히 서 있었다. 먹으로 성명과 사망 연월일과 몇 호지(號地)라는 것이 적혀 있었다. 한 자쯤이나 될까, 대강 파고 아무 눈물도 없이 묻어 놓으면 그 다음에 팻말이 생명 대신에 서서 그립던 바깥 세계를— 또 서울을 멀리 내려다본다. 눈을 감았으니 죽음의 평등한 세계로 갔건만…… 나는 그가 누군지 몰라도 죽던 마지막 순간을 얼핏 연상하고 큰길로 지나가는 사람들을 물끄러미 바라보다가 잘못 디디어서 하마터면 무덤에 발이 빠질 뻔했다. 관처럼 기다란 무덤! 나는 조심해서 굳은 땅을 골라서 밟았다.

이 조고마한 가묘지(假墓地)에는 시체를 찾아가지 않는 자만 일정한 기한 동안 누워 있다. 소정 기간이 지나면 그 아래에 파놓은 깊은 굴속에 '합장지묘(合掌之墓)'라는 패가 붙은 곳으로 옮겨진다. 그래서 아무리 죽더라도 이 작은 묘지는 차지 않는다. 또 죽어서도 반드시 합숙소로 이사해 가는 임시 거처로 되어 있다. 마치 독방에 살다가 잡방에 가는 형식이다. 어머니의 무릎 위에서 자라다가 젖가슴에 안겨서 꿈을 꾸던 인간! 그가 사람과 사람 사이의 마찰 때문에 마지막까지 뻘건 수의를 걸친 채로 간다. 가는 그 자리도 우리가 영탄(咏嘆)하는 청산(靑山)임에는 틀림없다.

어슬어슬해서 내려오는데 남산 기슭이 일찍 등불을 켜고 백악(白嶽)의 건물들이 서울 안으로 퍼지며 황혼에 어수룩해 보였다. 전체로서의, 또 하나하나의 집 속에는 꿈과 생각과 현실! 충충히 걸으며 바라보며 내게는 어느덧 병색(病色)이 짙어갔다.

나는 방에 와서 몸이 불편했다. 배도 아프고…… 탁 쓰러지고 싶었다. 내가 이 방 속의 창자요 심장이라면 벽도 필경 아프리라! 억지로 토해볼까 하고 변기 뚜껑을 열고 엄지손가락으로 구역질이 나도록 목구멍을 쑤셨으나 누런 물만 나왔다. 나는 손으로 눈물이 울렁거린 눈을 씻었다. 허가도 받지 않고 그냥 드러누웠다. 묘지처럼…… 문패는 2223번이라고 붙겠지……. 왜, 졸리지 않나? 집에 편지 쓸 생각이 떠올랐다. 사람은 마지막에 무슨 말을 하고 죽어야 하나? 친구에게 애인에게 자녀에게 또 자연에 대해서…… 한 달 이상 면회가 없었다. 집에 사고가 있었는가. 그런 걱정이 나의 어디서 나오는가. 그 출처가 난가? 생각하기 때문에 살아 있다. 이렇게 사는 것도 살아 있는 것이다. 나는 지금 산 것과 죽은 것을 한 몸에 지니고 있다.

잠이 들었다가 깨었다. 눈이 잘 보이지 않았다. 눈시울에 염분이 끼인 것 같았다. 눈에서 큰 물줄기가 흘렀나? 창에 달빛이 처량했다. 방이 공중에 걸려 있었다. 쇠를 잠가서 유형(流刑)을 보낸 방! 한 걸음도 도망칠 수 없는 공간! 나는 팔을 쩍 벌리고 누구도 더 차지할 수 없을이만큼 커다란 콩 태(太) 자 사지를 뻗었다. 달은 정원(庭園) 없는 나의 현등(懸燈)이었다. 그 빛을 내다보며 나는 자는 것이요 못 자는 것이다. 한 팔을 베고 한 손을 배에 대고 푸른 무명 이불을 덮고…… 방 안에 청산처럼…… 아, 나를 보고 시나 쓰렴! 나는 생각하기 싫다. 그런데야 누가 나를 먹으랴. 아무리 감시해도 좋다…… 이 밤중까지라도…….

4월 11일 (火)

시골서 계수씨가 올라와서 면회를 왔다. 결혼했다는 말만 들었는데 벌써 애기가 나서 안고 왔다. 귀여워서 손을 만져보았다. 아이를 낳을 수 없는 이곳에서 젖 냄새가 풍겼다. 아무것도 모르는 애기지만 집에 가서 말할 수 있다면 큰아부지는 굉장히 큰 집에서 살더라고 하리라.

면회를 대강 마치고 나는 석산에 돌아가서 돌 운반에 대한 감독인지 감시인지 모를 일을 하고 있었다. 바위 옆에 병든 것처럼 서 있었다. 봄바람이 가벼워서 바람에 얼굴을 맞댔다.

밤에 정(珽)에게 집에 대한 걱정과 내가 잘 지낸다는 편지를 썼다.

4월 13일 (木)

취장에서 점심을 먹고 허전하게 작업장으로 걸어가다가 우연히 청복 (靑服) 2급 사나이를 만났다. 그는 얼굴이 넓적하고 풍채가 좋은 쾌한 남아였다. 그가 바로 여기 붙잡혀온 소매치기 대장이다. 언젠가 나는 그와 함께 잡방에 잠깐 있은 일이 있다. 그래서 오늘도 만나자마자 "벌써 무얼 가져갔어?" 하고 농담하는 처지였다. 나는 그에게서 여러 가지 재미있는 얘기와 소매치기 하는 법을 배웠다.

일본 여자의 오비(허리띠)에서 돈지갑 빼기가 제일 쉽다고 했다. 지나가다가 탁 부딪치며 발을 밟으면 화가 나서 신경이 그리로 쏠리는 틈에 벌써 돈지갑은 '사요나라'란다.

서울서 부산까지의 여행을 몇이 짝을 지어 떠나면 어떻게든지 반지 낀 여자 옆에 앉는다. 그렇지 못하면 그 뒤에 진을 치고 앉아 손가락에서 반지를 빼갔다는 얘기를 한바탕 털어놓으면 여자가 새파랗게 질려서 핸드백을 들고 변소에 가서 그 속에 집어넣고 온다. 그러면 반지 낀 손가락에 손 한번 대지 않고 먹게 된다는 것이다.

부산에 도착하면 일류 여관에 들어서 우선 도청이나 경찰에 전화를 걸어 무슨 과장 무슨 계장하고 만날 시간을 약속한다. 전화 꼭지를 눌러서 가지 못하는 전화지만 여관집에서는 손님 대접으로 급하면 돈도 취해준다고 한다.

저녁에는 요릿집에 들어앉아 술 한잔 잘 마시는데 한 패는 거리에 나가 남의 주머니에 든 돈을 벌어온다는 것이다.

이 사람 전에 내가 잃어버린 돈지갑도 자네들 장난이었구만…… 그렇게 농담하면서 나의 짐이 무거워서 그런지 싱글벙글하는 그가 좋았다. 그래서 쓱 지나갈 때에도 농을 한마디 꼭 걸 수 있는 사람은 수천 명 죄수 속에서 이 한 사람뿐이었다. 양심 없이 걷어들이고 아낌없이 쓰던 자…… 그렇게 휜하고 번했다.

4월 15일 (土)

오늘은 세탁반에 가서 종사했다. 관리들의 옷도 빨았지만 죄수들의 옷을 대량으로 쪄내고 있었다. 중학생 시대부터 세탁소 앞을 지나려면 깨끗해 보였지만 여기서는 질식할 것 같았다. 다리미질 냄새도 그렇고 썩은 것을 쪄내는 증기는 더욱 숨 가빴다. 그러나 저러나 코가 막히도록 바쁘게 지냈다. 계호실 앞에 철쭉꽃이 피었다. 한 가지 꺾어다가 방에 꽂을까 했으나 벌이 무서웠다.

영치계(領置係)에 갔다. 2층이었다. 벗어두고 들어온 옷들이 몇 해씩 썩고 곰팡내가 물큰히 나는 곳이었다. 낡은 옷 냄새가 장마철에 공동변소처럼 코를 콱 찔렀다. 꽁꽁 묶어서 패만 달고 여름에 벗어놓은 것을 겨울에 주워입고 나가게 되는 수가 있는 철없는 사회복들이었다. 나는 내 보따리 위에 새로 영치된 메리야스 상하 두 벌을 찾아 들고 나왔다. 담당 간수가 "오늘 기분이 좋겠군!" 했다.

저녁, 나는 먼 곳에서 옷 두 벌이 온 것을 생각했다. 마음이 들떴던지 약간 읽던 책도 읽혀지지 않았다. 또 읽고 싶지도 않았다. 제3자가 보면 싱거운 병에 걸린 것 같았을 게다. 차라리 좋은 상태랄까, 등불도 보기가 싱거워서 오래오래 눈을 감고 있었다. 소리 없는 시계종처럼 호들호들하다가 한숨을 막을 수 없는 질고(疾苦)가 터졌다.

4월 16일 (日)

의외에 3동 2층에 배치되었다. 시체를 운반할 일이 생겼다. 나는 서 슴다가 못할 일이 어디 있으랴, 태연하게 임했다. 간병부(看病夫)들 에게 들켜 가지고 시체 안치소에 갔다. 컴컴한데 습기가 찼다. 그놈의 냄새가 언제나 빠질까, 몇 해나 묵은 것인지 한 냄새에 다른 냄새가 썩 고 있었다.

밤에 보수 임호연(林豪淵)군이 연화(蓮華) 한 송이를 갖다 주었다. 받아서 병에 꽂고 상에 놓았다. 보수라는 특전으로…… 또 형가의 감 사로…….

4월 18일 (火)

아침 일어나 꽃을 보았다. 꽃을 보고 싶어 눈을 뜬 것 같았다. 내 방 에 나를 맞아줄 귀한 것이 있구나 하면서 각반을 치고 빨리 나섰다. 세 탁반에 배치되었다가 오전 10시 변경되어 또 석산(石山)에 갔다. 석산 은 나의 채석장 같았다. 그리고 외소반(外掃班)에서 이발했다. 시간 이 없어 면도질은 못했다. 수염이 터분했다.

4월이 차츰 더워지는구나! 진달래가 만개하고 벚꽃도 필 듯…… 꽃 피는 하루 속에 기꺼운 변화도 많으련만 내 마음 홀로 변치 않고 육중 할 뿐…….

방에 돌아오니 아침에 본 꽃이 반기는 듯, 그러나 그저 그렇다 할 뿐이었다. 어느 동(棟)에선가 라디오 소리 같은 것이 들리는데 타계 (他界)의 일이라 분명치 않았다.

저녁 점검 후 계호실 일대에 무슨 변이 일어난 것 같았다. 보수 임 군과 함께 불리어 갔다. 무슨 일일까 했더니 설영대(設營隊)에서 1298 번이 없어졌다는 것이다. 그러더니 곧 돌아가라는 것이었다. 용도계 창고 속에서 잡혔다고 했다. 벌방에 가서 두더지가 되었으리라.

금옥(金玉)에게서 편지가 왔다. 4년 만에 처음 받는 편지! 버리고 온 아이의 정 간절하여 여기 한 줄 적어둔다.

4월 24일 (月)

흐리다가 비가 와서 잠깐 서서 꽃을 보다가 배치부장에게 주의를 들었다. 오늘은 세탁반과 외소반 두 군데를 다니며 일하라는 것이었다. 활발하게 대답하고 늘씬해지도록 일했다. 끝난 뒤에 목욕했다.

오늘 포로 한 명이 드디어 사망했다. 그들은 영국에서도 오고 호주에서도 왔다. 멜번 대학 교수도 한 명 있었다. 끝내 고국에 가지 못하고 죽었구나!

시체를 시체실로 옮겨갔다. 명복을 빌며 그의 처자와 부모를 생각했다. 부룩크의 시 「병사(兵士)」가 연상되었다.

다시 연무장(練武場)에 가서 발진티푸스 소독을 했다.

한참 일기를 쓰지 않아서 손꼽아 헤어보니 그동안 닷새가 갔다 — 고마워라!

4월 26일 (水)

아침, 취장으로 가는데 마음이 인왕산 기슭을 헤매고 있었다. 엷은 아지랑이가 껴서 아늑하고 무슨 기품이 있어 보였다. 나는 천혜(天惠)의 빛을 구하고 있었다.

취장 벽을 끼고 기다란 때 묻은 목상(木床)에 두 줄로 앉아 보수들끼리 얘기도 하고 웃으며 또 국도 더 청하는데 갑자기 나에게 경운반(耕耘班)에 가라는 명령이 내렸다. 더운 밥을 바삐 먹는데도 두 번이나 가따야마(片山) 부장으로부터 호출이 왔다. 대강 먹고 급히 갔다. 형무소 뒷문으로 나가서 밭과 둑에 호박씨를 심고 다까하라(高原) 부장과 함께 배식 4명을 데리고 홍제동 농장으로 가게 되었다. 여러 가지 준비 때문에 구내에 다시 들어와 식기, 국그릇, 젓가락 등을 가지고 홍제동 길에 나섰다. 점심시간이 늦어진다 해서 땀을 흘리며 속보로 갔다. 사회인이 다니는 고개를 넘는 것이 몇 해만에 처음이었다. 보행하는 사람들이 우리 일행의 죄인들을 슬금슬금 보면서 서로 지났다. 어른들에게는 진경(珍景)이요, 어린애들에게는 공포였다. 우리가 지나가는 사람을 보는 것도 범칙이었고 그들이 우리를 보는 것도 불온한 것이었다. 혹시 아는 사람이나 있을까도 했지만 그러다가도 부끄러운 생각이 문득 들었다. 그러나 불쌍히 여기는 듯 사람들은 못 보는 척하며 지나갔다. 길바닥에서 담배나 줍지 않을까 해서 간수는 긴장한 표정이었다. 또 엄했다. 감방으로 돌아갈 때 몸 조사도 하지만 혹시 사고가 나면 책임이 크기 때문이었다. 홍제동 큰길을 지나 골짜기에 들어서니 비교적 보행인이 적어 구차스런 마음이 차츰 펴졌다. 좁은 길을 걸어 굽이를 도니 죄수의 밭이 나왔다. 거기 기울어진 초가집이 한 채 있었다. 마당은 그냥 뜰이었다. 사람이 사는 것이 금지된 집이었다. 쥐가 나와서 달아났다. 그 마당에 굉장히 큰 무쇠 가마가 걸려 있었다. 몇만 평 되는 듯이 넓고 긴 밭에서는 벌써 죄수들이 일하고 있었다. 나는 식사반을 데리고 점심 준비에 착수했다. 가지고 간 콩깻묵밥에 부추국을 끓이는 일이었다. 밭에는 부추가 얼마든지 있다. 몇 아름씩 안아다가 대강 씻어서 쇠죽을 끓이듯이 맨물에 끓여서 오늘이야말로 부추국만은 배 터지게 맘대로 먹을 수 있는 날이었다. 일은 하는 척하면서 벌써 날부추를 소처럼 뜯어 먹었지만 그것은 간수의 눈을 피해서 훔쳐 먹은 것이요, 점심에 먹는 것이야말로 주는 것을 정식으로 먹는 것이었다. 다른 죄수들이 경운반에 나오고 싶어 하는 것은 이 풀이나마 한번 배불리 먹어보자는 것이지만, 거기는 도주의 우려가 적은 단기수나 또는 형기가 얼마 남지 않은 그리고 비교적 온순한 자들을 골라 보내는 데였다. 인가도 볼 수 있고 경작물도 훔쳐 먹을 수 있는 이 죄수들은 적은 밥에 부추국만은 배가 터지도록 먹는다. 부춧국에 취하는 자도 있지만 설사가 나서 달아다니는 자도 있었다. 그들에게는 종이가 큰 문제였다. 원만히 해결될 수 없는 중대사였다. 나는 그 해결책을 끝내 알지 못했다. 게다가 묘한 것은 밭 군데군데에 두 치쯤 되는 각목 네 개가 평방형으로 섰는데 삼면에만 가마니를 쳐놓았다. 그것이 얼마 있다가는 걸어가고 있었다. 나는 그것이 어찌된 일인가 했다. 점심을 먹고 부추가 무성한 밭 속에 어정어정 들어가 봤더니 그것이 바로 변소였다. 뒤를 본 뒤에 안에서 가름대를 어깨에 척 메면 변소는 한 작업지에서 다른 작업지로 죄수가 이동되는 대로 움직여 가는 것이었다. 그 속에 한번 들어가면 여간해서 나오지 않았다. 일하기 싫으니까…… 간수가 저놈! 빨리 나오라고 고함을 치면 느릿한 대답을 길게 해놓고서도 한참 있다가야 으질으질 바지춤을 올리며 배가 아픈 듯이 상을 찌푸리고 나온다. 이것이 죄수들이 휴식 없는 시간을 단 1분간이라도 죽이는 방법이다. 그렇게 하면서도 이 농장은 정원을 갑절 이상 초과한 2천 수백 명의 서대문형무소 죄수들에게 부추와 그 밖에 야채를 부족한 대로 제공하고 있다.

　나는 또 이 밭 기슭에서 신기한 것을 보았다. 굉장히 큰 나무가 서 있는데 20척이 훨씬 넘는 높이에 네모난 둥이가 달려 있었다. 판자로 만든 것인데 이것이 죄수를 감시하는 망대(望臺)였다. 쇠줄로 얽어매놓았지만 바람이 불면 흔들거렸다. 이 망대에 간수가 총을 들고 선다. 간수들이 교대하는 틈에 나는 양해를 얻어 올라섰다. 사다리를 올라가는 데도 그랬지만 올라가서도 나의 빈약한 죄수의 다리는 처음에는 떨렸고 나중에는 무력해졌다. 그러나 이 망대의 스릴이 신선해서 몸에 배도록 고의적으로나마 오래 있었다. 간수들은 이 망대에 올라서는 것을 좋아하지 않기 때문에 나를 내려오라고 하지 않았다. 나는 새

보다 더 높은 데 앉은 것 같았다. 불과 지상에서 20척 되는 높이가 잠시 나의 조건을 변경시켰다. 밭은 끝까지 보이고 구름도 나직했고 어떤 산은 산을 넘어서 보였다. 걸상에 앉으니 졸렸다. 그러나 눈을 오래 감을 수는 없었다. 겁도 나고 또 둥이가 흔들리다가 떨어질 것 같기도 했다. 잠은 잠시나마 안정된 상태가 아니고서는 오지 않는 것이라 싶었다.

멀리 떨어진 곳에 오막살이들이 보였다. 그것도 격리된 지역 같았다. 사람이라곤 없었다. 우리의 농원 저쪽 둑에 부인네들이 서성거리고 있었다. 어린애를 업고 있는 이도 있었다. 이 근방에 있는 죄수의 아내나 가족들이 혹시 그가 이 경운반에나 행여 나오지 않았나 해서 저 변두리에 와서 얼굴이나마 한번 보고 가려는 사람들이었다. 천만다행으로 서로 알아채게 되면 그날 밤에라도 그 근처에 먹을 것을 몰래 갖다 두기도 한다. 그들은 형무소에 갈 줄도 모르고 면회를 어떻게 하는 것인지도 모르는 사람들이었다. 가까이서도 알아채기 어려운 죄수들을 예전 모습대로의 남편이요 자식이려니 하고 그들은 멀리서 소박한 슬픔 속에 잠겨 있는 듯했다.

나는 먼 산에 낀 봄 아지랑이를 보다가 새뜩이 말라붙은 그 둥이에서 사다리를 단단히 붙들고 조심스럽게 내려왔다. 내려오고 보니 호젓한 높이였다. 그러나 '역시 땅이 제일이구나!' 하는 지상의 안전감이 전신을 확립시켰다. 간수와는 떨리고 무서웠다는 얘기를 하고 나는 잠깐 쉬다가 둑에 피마자 씨를 심는 일을 감독했다. 이 씨가 나서 가을에 기름이 되어 대동아전쟁의 승리에 봉사하게 되도록 성심성의를 다하라는 것인데 수형자들이 그런 신성한 의도를 알아줄 리는 없었다. 더욱 그들에게는 음성적인 성질이 생겨서 그런지 어지간한 말에는 대꾸도 하지 않았다. 그런가 하면 다나까(田中) 상인뎁쇼 하고 톡톡 쏘거나 그렇지 않으면 물어선 무얼 하느냐는 식이었다.

망대에 올라갔다 온 탓인지 저녁편이 되자 다리가 더욱 휘청거렸다. 시들한 다리를 끌고 이 밭끝에서 저 밭끝으로, 저 밭끝에서 이 밭끝으로 다니는 동안에 해는 서쪽으로 기울어졌다. 경사된 빛에 슬픈 그늘들이 졌다. 다섯 시에 일을 끝내고 도구를 조사하여 정돈시킨 다음 한참 쉬다가 다시 형가에의 귀로에 섰다. 맨 뒤에 식사 도구 등을 실은 구루마가 따랐다. 엄격한 점검을 한 뒤에도 물 샐 틈 없는 감시의 길이었다. 그래도 사고가 나려면 나는 것이지만 오래간만에 야외에서 고단한 품이 마치 원족 갔다 오는 기분 같기도 했다. 보통학교와 여자상업학생들이 하학해서 가는 시간이라 이 수의의 행렬은 더욱 진기한 구경거리였다. 이런 경우가 간수들이 감독하기 제일 어려운 때다. 32명의 죄수에 번쩍거리는 기다란 칼을 찬 간수 세 명, 그리고 목도를 든 보수인 나 한 사람까지 네 명으로서 눈을 파는 죄수와 비료차 · 식사차 · 도구차까지 감시해야 했다. 내가 맨 선두에 섰다. 가끔 뒤를 돌아보았다. 그것이 정면으로 나를 보는 행인의 시선을 피하는 방법이기도 했다. 맨 뒤에 간수 한 사람, 양옆에 또 한 사람씩— 이렇게 죄수들은 호위되었다. 거기서 부정한 일이 생기면 그는 야외로 나오는 이 행운의 경운반에서 다른 데로 쫓겨간다. 나는 근시인데 안경을 쓰지 못해서 멀리를 보지 못한다. 사이사이에 구루마가 끼어서 많지 않은 인원수지만 열은 길었다. 모자를 푹 눌러쓰고 먼지 때문에 입에는 간수들처럼 얼굴 절반쯤 가리는 마스크를 쳤다. 이 모양이 오늘의 나의 가면(假面)이었다. 홍제동 고개를 넘어서 벽돌 높은 담이 보였을 때 나는 좀 상기되었다. 하루의 세상이 귀찮은 것 같아서 저 붉은 울타리 속 나의 감방에 가서 혼자 있고 싶었다. 구내에 들어와서 다시 점검을 받고 밥을 먹었다. 그들이 감방에 가는 것을 보며 나도 감방에 돌아왔다. 사고 없이 무딘 신경이 피로했다. 4월 남풍에 멀리 갔다 온 기분이 없지도 않았으나 어두워지면서 생고기를 처음 먹은 날 밤같이 속이 이상스러웠다.

그것을 어쩌면 해소시킬까 해서 장갑과 사루마다를 찬물에 빨았다.

4월 27일 (木)

세우(細雨)가 안개처럼 내리는데 성외에 피마자를 심었다. 감독하면서 슬슬 묘지 쪽으로 향했다. 웬일인지 심정이 그리로 쏠렸다. 얕게 묻은 탓인지 흙이 내려앉은 데도 있었다. 검은 토질에 붉은 옷이 드러누운 토탄(土炭)의 집들이었다. 밭고랑 같은 거기 들어서 잘못 딛다가 발이 빠지면 나의 발바닥에 한평생 지울 수 없는 기억이 남을까 두려워졌다. 여기 이 주인 없는 무덤이 있음을 서울 시민 중에 누구 한 사람인들 알랴. 명절도 없고 분향(焚香)도 없이 돌아간 사람들! 하늘은 처음에 그들에게도 신성함을 넣어주었으리니 이제 돌아간 그 자리에 정화(淨化)된 최초의 상태가 되었을까?

어느덧 눈언저리가 뜨거워졌다. 아래서는 그동안에 피마자 씨를 다 심었다. 다시 경운반 훈련장으로 내려가면서 붉은 옷을 걸친 동지들과 묘지와 그리고 그들의 운명을 생각하였다. 내려오는 도중에 인분(人糞)을 쏟아 넣는 무시무시한 굴에서 썩는 냄새가 코를 푹 찔렀다. 빠지면 당장 죽을 것인데 뚜껑이 없었다.

조고마한 밭고랑에 다시 칸나, 시금치 등 씨를 심었다. 길가에서는 헐벗은 애들이 철없이 놀고 있었다. 나의 수정(囚情)이랄까 그런 것이 애들한테 부질없이 뻗어갔다. 비가 제법 내렸다. 지까다비에 매달리는 진흙이 귀찮았다. 걷기가 힘들었다. 점검을 마치고 구내에 돌아와서 방에 들어가 세수했다. 얼굴에 묻은 지저분한 생각들이 씻어버려진 것 같았다. 배고파서 못 견딘 때가 많았는데 점심 먹은 것이 언짢았던지 다 토해버리고야 말았다. 옥중에서 평생 살듯이 체념을 쌓기로 했지만 드디어 위장까지 체해버린 것 같았다. 불치의 병만 되지 말아라!

4월 28일 (金)

오늘도 구외에 나가서 작업했다. 길에 통행인들이 많았다. 여학생들이 빠른 걸음으로 등교하고 있었다. 몸뻬로 국방 체제를 갖추었다. 전에는 여성에게 선(線)이라는 것이 리듬이기도 했는데 지금은 그것이 없어졌다. 사내들도 굳건한 국방인이 되었다. 길이 대일본제국의 품 안에 살겠다는 체제가 날로 강화된 것 같았다.

나는 죄인이었다. 그들이 나를 볼 때…… 더욱 내일은 천장절(天長節)인데…….

4월 29일 (土)

오늘은 천장절, 대일본제국 폐하께서 나신 날, 하늘이 길다! 그 끝에서 국민의례가 이루어져서 우리들도 비록 죄수일망정 적자(赤子)라 하여 멀리 궁성에 요배했다.

그리고 경운반에서 각종 화초를 온상에 이식하고 또 손질했다.

11시경 이다꾸라(板倉) 과장과 니노미야(二官) 간수장 임석하에 보수 일동의 간담회가 있었다. 간담회 때도 주로 두 분의 황민화(皇民化)에 대한 얘기요, 우리들 신상에 대해서 가끔 묻는 것뿐이었다.

홍권(興權) 보수 가석방.

천장절 떡! 3, 4급에는 하나, 2급 이상 보수에게는 둘, 그래서 평화스러웠다.

4월 30일 (日)

4月

나비 등에
짐을 싣고 가다가
쉬는데

꽃을 주려고
왔다가
시체(屍體)를 보고 가는가

옥창(獄窓)에 손을 내밀어
4월아
편지를 주마

잊지 말고
아는 이마다
년년(年年)이 전하라

5월 1일 (月)

아 5월! 즐거운 달이여! 옥중에서 먼지를 털지 못하고 코가 막혔건만 밖에는 라일락이 피리라, 향기 가득하여 맑은 하늘에서 서로 영상(影像)을 보고 사람을 찾으리라, 사랑하는 사람을 통하여 인간을 보리라, 그리고 사랑이 소개하여 조용한 곳으로 가면 단 한 마디에도 아름다운 변화도 오리라.

모든 사람들이여, 누구나 다른 사람의 애인이라는 걸 명기(銘記)할지어다.

사랑이 오거든 벌써 갔다 하세요. 사랑도 못하고…… 나는 나를 가

두고…….

5월 4일 (木)

오늘도 먼지투성이의 홍제동 길을 걸어 농장에 가서 일했다. 한 번두 번 거리를 걷는 동안에 죄수의 무안스러움이 줄어들었다. 세상은 영광스러운 제국인데 홍제동 먼지는 쓸어지지 않고 화장장(火葬場) 굴뚝에서 취기(臭氣) 찬 연기만 토해졌다. 비가 방울질해서 약간 일찍이 고개를 넘는 시간——그때가 네 시 오 분이었다. 바로 내 옆에서 환자가 생겨서 간수에게 보고하고 네번째 구루마에 그를 실었다. 불쌍했던지 행인들이 더욱 눈여겨보는 것도 같았다.

나는 눈을 둘 곳이 없었다. 이 괴로운 심사의 인간산맥 속에 왜 지금까지 살았는가 했다. 나는 몸이 무거웠다. 종처럼 간다. 지나가는 사람들까지 네가 살 곳은 없다고 했다. 나는 어서 형무소에 가서 내 방에서 안식하고 싶었다. 그것이 나의 역사 같았다.

방에 돌아와서 젖은 옷을 벗고 세수를 하고 나니 오늘은 생각에 고달픈 날이었다.

집에서 책 여섯 권이 차입되었다. 『세계문예사전(世界文藝辭典)』 『파르퓌공부인(公夫人)』 『마녀(魔女)』 『지식인의 반역』 『영시선집(英詩選集)』 등이었다. 보지도 않고 읽지도 않으면서 정들었던 세계에서 보낸 것이라 뒤적거렸다. 나의 집 나의 서재에서 나와 같이 살던 것들이었다. 전에 들어온 책무지에 정하게 올려놓고 어제 저녁부터 읽던 『한산시 강화(寒山詩講話)』를 읽었다. 정신이 나올 때까지 도를 닦은 한산이 좋았고 또 그 이름이 마음에 들었다.

책을 읽어도 몰입되지 않는다. 그저 친구들도 보이고 기억도 살아나고…… 그러다가도 다 없어지고 허허벌판 같은 데 앉아서 안구(眼球)가 빠진 것처럼 무엇을 보는지 나도 모른다. 벽이 다가설 때 나는 내게로 회복된다. 내가 내게로 보내는 신호는 한숨뿐이었다.

5월 5일 (金)

오전 중 거름을 싣고 소천(笑泉)이라고 부르는 델 갔다. 소천! 웃는
샘…… 듣고 보니 옛날 유서 깊은 곳 같은데 지금 형무소로 들어왔구
나 하는 생각이 났다. 일하다가 볏짚가리에 기대 앉아 벼이삭에서 떨
어진 쌀알을 주워서 씹고 있는 자가 있었다. 주워 먹어도 범칙이지만
못 본 체하는 수밖에는 없었다.

점심 먹은 것이 언짢았던지 또 속이 불편했다. 간수의 허가를 받고
먹은 것을 값없이 토해버렸다. 설사도 했다. 참고 견디었으니 저녁은
더욱 먹을 수 없었다. 당장에 죽도 안 주고…… 그래서 니시자끼(西
崎) 부장으로부터 약 2일분, 죽 3일간의 전표(傳票)를 얻었다. 죽표는
취장 담당 간수에게 주고 앞으로 3일간 흰죽을 먹게 되었다. 요새는
늘 속이 불편한데 얻기 어려운 약보다 의지로 고쳐야겠다는 생각이 들
었다. 우선 밤부터 잘 자리라 했다.

5월 6일 (土)

오늘도 경운반에 나갔다. 몹시 추웠다. 이런 때에는 구내에 있기만
못했다. 정(情)도 더럽구나!

간수의 명령대로 망대에 올라가 한 시부터 세 시 반까지 바람에 흔
들리는 집─둥이 속에 있었다. 다리가 시들해지고 발까지 시려서 봄
바람에 나는 얼었다. 그러면서 이 농원의 경계선을 넘는 자가 있지 않
을까 멀리를 보이는 데까지 감시했다. 사실은 나도 거기를 가고 있었
는데…… 나는 나를 속이고 있었다.

내가 내려온 뒤에 까치새끼들이 다른 가지에 앉아 있었다. 국민학교
애들인가 서넛이 와서 고무줄에 돌을 재워가지고 쏘았다. 죄수들에게

가까워질까 해서 쫓지만 슬금슬금 갔다가도 다시 왔다. 간수가 뛰어가서 따귀를 후려갈겼다. 이놈이 눈을 딱 부릅뜨고 섰다가 주머니에 손을 넣고 슬슬 가버린 뒤에는 애들이 근처에 오지 않았다.

또 어떤 노인 한 분이 길을 가다가 쉬는 듯이 둑에 앉아 담배를 피우고 있었다. 보기에 따라서는 거기서 쉬는 것도 안됐는데 죄수들이 제일 부러워하는 담배까지 피우니 말썽이 아니 될 수 없었다. 간수가 어서 가라고 여러 번 손짓을 했다. 자식을 볼까 해서 온 것인지는 몰라도 그도 어슬렁어슬렁 기막힌 듯이 가고 있었다.

그런 일로 오늘 하루도 무사히 갔다.

5월 7일 (日)

5월의 첫 면업일이다. 따스한 날씨에 즐거운 일요일이 되어야 할 텐데 방 안에서 무엇을 하면 혼자 즐거우랴. 『세계문예사전』을 펴놓고 시인과 작가들의 얼굴을 생각나는 대로 찾아보고 있는데 경운반 담당 간수가 와서 무엇을 보느냐, 답답하지 않은가 하면서 얌전한 애들 몇 명 붙여줄 테니 햇빛에 나가서 토마토나 이식해보라고 했다. 나는 책을 펴놓은 대로 방에 시인들을 두고 나갔다. 특별출역하는 셈이었다. 감금된 휴일보다 감시 없는 일이 좋았다. 햇빛이 얼굴에서 가슴으로 스며들었다. 자연으로 돌아가라던 루소의 말이 떠올랐다. 처음 내가 이 감옥에 꼴문에 들어가는 뿔처럼 채워 들어왔을 때에 비하면 오늘은 감옥의 시민이요 농민 같았다. 수의에는 구애될 필요가 없었다. 배율적(排律的)인 것이지만 내적인 평화를 얻는 시간이면 그만이었다. 이런 시간은 어디 있어도 마찬가지로 좋다는 생각이 들었다.

오늘은 특별히 처우해주는 외역(外役)이니까 특별증채(特別增菜; 밥은 일정형의 것이지만 반찬을 더 주는 것)가 있을 터인데 재료가 없어 내일 준다고 했다. 나는 동물이 아니지만 기다리는 자를 무시할 수는

316

없었다.

오늘은 독촉도 감시도 없이 자유스럽게 일했기 때문에 노는 것보다 더 편했다.

다 같이 죄수의 이름 아래 살지만 불행이 서로 통했던지 인간동지(人間同志)의 하루였다. 그리고 5월 햇빛에 실컷 부드러워지고 풀린 것 같기도 했다.

5월 8일 (月)

꽤 무더운 날이었다. 흐린 하늘에서 비가 오지 않는 탓이었을까? 음력으론 16일 밤이다. 밤이 될수록 하늘이 맑아져서 달이 밝은데는 이상이 없었으나 내가 처량해져서 유형(流刑)의 설움에 그만 잠겼다. 담이 없으면 만상(萬相)이 좀더 너그러워지고 지붕들도 부드럽게 보일 텐데 사방이 막혀서 창이 무엇 때문에 달렸는지 모르겠다. 이렇게 여지없을 법이 있을까. 몸에는 옷이 아니라 붕대를 감은 것 같다. 나는 갑자기 환자가 되었다. 심장이 잘못됐는데 달빛을 쪼이고 있었다. 주위에 무엇이 있나 해서 머리를 흔들어도 보았다. 귀가 먹먹했다. 저 구름 속으로 달이 뚫고 들어가는데 왜 소리도 안 날까. 우주의 적막 속으로 무심히 달은 떠 갔다—— 나의 적(敵)아! 감상(感傷)의 달이여 지붕을 넘느냐!

5월 9일 (火)

어젯밤 달빛에 지붕이 젖은 듯이 오늘 아침까지 가슴이 추근했다. 무엇인가 계속된 느낌이었다. 게다가 안개가 자욱이 꼈다. 그런 길을 걸어서 농장에 갔다. 비가 쭉쭉 쏟아졌다. 아낄 것 없이 푹 젖었다. 속까지 젖었지만 길에 내왕하는 사람이 별로 없어서 좋았다.

옷을 갈아입고 오래간만에 나의 첫 공장인 15공장에 갔다. 낯모를 신입생들도 있었지만 모두들 나를 반가이 쳐다보아주었다. 담당 간수인 하라오까(原岡: 조선인) 반장과 그동안 지낸 형편들을 얘기했다. 어젯밤 달이 밝았는데도 오늘 비는 쉬지 않고 몹시 내렸다. 비 오자는 달이었을까. 밤에는 방에서 추깃내가 났다. 빈대가 한 마리 기어 나왔다. 내일 밤에는 풀과 종이를 얻어다가 틈마다 꽁꽁 바르고 여름을 나리라 했다.

5월 13일 (土)

아침, 면회 통고가 왔다. 어머님이 앞에 서시고 셋째 아우가 뒤에 섰다. 천리길 멀다 하시지 않고 불과 몇 분 동안의 면접 때문에 오신 일 더욱 송구스러웠다. 흰옷을 입고 머리가 허옇게 세신 어머니의 모습을 여기서 다시 보지 않도록 인제 나갈 날이 멀지 않으니 걱정도 마시고, 오시지도 말라고 당부했다. 슬픔도 고비를 지나는 듯 면회가 끝나자 평일과 다름없이 일했으나 기운이 무척 빠졌다. 어머님이 보시기에 내가 얼마나 변하고 초라해졌을까…….

처음에 영광을 보고 자라기를 기다리셨겠는데 사회에서 잊어버린 자식을 찾아오신 심정 어떠했으랴.

5월 14일 (日)

영선반 앞을 지나는데 라일락꽃 향기가 코에 닿았다. 화분에도 꽃이 피었다. 나는 향기란 눈에 보이는 빛처럼 코에 닿는 실재한 감촉이라 생각했다. 둘 다 봄의 큰 세도 같았다. 나비는 아니지만 그래도 그 옆으로 생각이 스쳐갔다.

지나가는데 흑흑 느끼는 소리가 들렸다. 놀라지 않고 고개를 돌렸더니 죄수가 엎디어 두 팔을 짚고 벌을 받고 있었다.

꽃 피며 눈물 짓는 감옥의 계절이여! 저녁에 보수 임호연군이 잎사귀가 싱싱한 가지에 흰 꽃이 가득 핀 이름 모를 나무를 갖다 주었다. 어디서 가져온 것인지 묻지도 않고 받아서 병에 꽂고 물을 주었다. 더욱 고이 피기를 바라며 마음을 의탁했다.

각반도 풀지 않고 임군은 방에 들렀다가 그의 쾌보(快報)르 웃고 갔다.

나는 벽에 기대어 오늘밤은 태연했다. 그리고 자기라는 것, 아! 이 것은 확실히 하나의 문제요 마지막까지 남았다가 사라질 문제다. 그러면서 더 이상 생각지 못했다.

오늘 나의 실무초(實務抄)

① 오전 6시 출방.

② 신사 앞에서 점검 참배.

③ 공장 점검 보조 6시 30분.

④ 취장과 공장 사이의 급식 운반.

⑤ 구치감(미결감) · 여감(女監)에의 식사 운반.

특히 밥 개수에 주의하고 또 국통 속에 밥을 훔쳐 넣어가지고 가는 가를 경계해야 한다. 밥을 가져가면 벌써 배식들이 문밖에 나서서 기다린다. 더욱 여감에는 발끝도 들여놓을 수 없이 엄했다.

⑥ 밥통 국통 빈 것 회수.

⑦ 점심 운반(12시 7, 8분 전까지).

⑧ 빈 통 회수.

⑨ 저녁 운반(구치소, 여감, 5동 병사), 빈 통 회수.

⑩ 공장 점검 보조(6시 50분).

⑪ 보수 점검.

이것이 취장 배역의 하루다. 거리가 멀어서 꽤 힘들었다. 운반자들만은 비대했지만 목도하기에 땀을 뻘뻘 흘렸다. 취장에 나가면 하루가

참 분주하게 간다.

그런 중에 들리는 말에 의하면 3274번이 죽었다 한다. 그도 사상에 관계된 죄수였다. 원래 몹쓸 고초를 당해서 허약했다. 얼마 전에 병감에 들어갔다. 창씨론 니시하라(西原)인데 본명은 동희(東熙)였다. 15공장에 함께 있어서 말은 없어도 정이 가고 기억에 남는 사람이었다. 죽었다 해도 조상(弔喪)갈 수도 없고 벌써 시체실에 갔을 것이요, 집이 어딘지도 모른다. 그저 그렇게 죽었을 뿐이다. 우리들 속에 있는 죽음을 먼저 타 가지고 간 셈이었다. 그의 죽음은 그의 죄를 끝내 밝히지 못하고 그를 데리고 갔다. 혼자 초혼(招魂)이나 하고 갔을까?

밤에— 살아 있고 또 무사하다는 증거로 집에 편지를 쓰려고 붓을 들었지만 무슨 말로 봉함엽서 한 장을 채울 수가 없었다. 그러나 편지는 나보다도 집안 식구들에게 더 중요하기 때문에 부질없는 글자로 겨우 지면을 메웠다.

5월 15일 (月)

요사이 취장(炊場)이 문란할 뿐 아니라 밥에 대한 범칙이 많다 해서 아베(阿部) 간수장이 보수들의 임무에 대한 주의를 보수들에게 다시 강조했다. 보수도 수감자(收監者)이므로 죄수들에 대한 동정도 있으리라 생각되지만 동정할 길이 없어 보수를 둔 것이 아닐 뿐 아니라 소내의 질서가 어지러워지면 보수 제도를 재고할 수밖에 없을 것이라고 경고까지 하였다. 주의를 달게 받고 흩어지면서 침묵으로 보수들끼리 서로 쳐다보았다. 사실은 불성실하다기보다 같은 신분으로 간수처럼 죄수를 다룰 수는 없어서 서로 가슴에 찔리는 훈시였다.

일을 마치고 보수에게 준 특전으로 차입된 양말, 칫솔·치분을 찾고 3동 이발부에게 가서 얼른 면도를 했다. 얼굴이 산뜻해진 김에 양말과 내의를 빨래할까 하는데 임군이 지나가다 안부했다.

그리고 오늘 봉투고(封套庫)에 갔는데 점심시간에 밥을 앞에 놓고 '레이(禮)빵' 하기 전에 허기증에 못 이겨 그만 밥을 집어먹다가 간수에게 붙들려 나가서 물통 속에 쳐박혔는데 대가리가 다시 솟아올라 오는 것을 간수가 몽둥이로 꼭대기를 쳐서 피가 터졌다는 얘기를 하고 갔다. 일벌백계(一罰百戒)리라! 나는 빨래할 여념조차 잃었다.

한참 동안 꽃을 보다가 꽃 같지도 않고 해서 보수의 특전이랄까, 취침 시간 전에 누워버렸다.

빈대가 나와서 발목을 뜯겼다. 흰 고약을 바르면서 벌써 방을 바를 걸 그랬구나 했다. 잡방처럼 심하지는 않지만 잠을 깨고 보니 어찌할 수 없는 심사였다. 이런 심사는 사람 아닌 것에는 없으리라. 다시 누우니 기다란 몸이 축 늘어져서 무거웠다. 낮은 짓밟아도 밤은 죽일 수 없는 것 같았다. 이런 때에는 하루 밤에 열 낮을 달아도 밤 쪽이 더 기울어질 것이다.

시계를 보니 열두 시였다. 두 바늘이 한 몸처럼 완전히 겹쳐 있었다.

이제부터 또 갈라져 가겠지…….

벽에 비스듬히 쌓아 놓은 책무지 속에서 「밤의 노래」 소리가 들리는 것 같았다. 그리고 또 한 아들을 앞세우고 한 아들이 찾아 옥문에 와서 손을 만지고 가신 어머니! 그리고 또 영감쟁이와 불구자와 아편쟁이 같은 것들만 모아서 종이봉지와 봉투를 붙이며 등수(等數) 낮은 밥을— 훔친 것도 아니고 주는 것을 명령하기 전에 먹다가 물속에 처박힌 그의 어머니…… 살았거나 죽었거나 여기 오거나 말거나…… 자식을 낳은 어머니들…….

그 심정을 나 혼자만이 알 배 아니련만 집은 커도 여기서는 추호도 용납되지 않아서 밤새도록 켜주는 저 등불조차 어머니가 켜주던 불빛과는 너무도 다르다. 나는 수건을 겹쳐 눈을 덮고 여기서 잔다!

5월 19일 (金)

흐리고 비가 오다가 개인 날씨 섭씨 18도였다. 수은주가 오르락내리락할 뿐 나는 내 외부가 유리 같음을 느꼈다. 넓은 하늘에서 흰 구름이 거뜬히 달아가는데 그 밑에 목도(木刀)를 들고 가는 게 바로 나였다. 어디서 떨어진 것인지 모르는 한줌 한줌의 흙에 나라는 관념을 집어넣으며 사슬된 발자취를 나는 옮겨갔다. 흙이야 배신할 수 있을까? 그러면서 나는 오늘도 복역을 땀나도록 충실히 하고자 했다. 그렇다, 나는 징역을 내 몸에 배도록 해야겠다. 뼈에 사무치도록 눈치도 없고 회피도 없이 해야겠다고 생각했다. 그래야만 조상도 알고 제국도 알리라! 나는 오늘 나에게 배정된 일과를 맡았다. 세탁반으로 위생반으로 외소반(外掃班)으로 자전거처럼 돌아다니며 복무했다. 일하는 데 별로 규정이 있는 것이 아니지만 쉬지 말아야 한다. 그리고 남문에 가서 삼교대로 입초(立哨)도 했다.

이 입초는 오늘 처음 하는 일인데 간수와 간수의 교대하는 중간 30분을 내가 서는 것이었다. 앞은 길이었다. 인가(隣家)가 바로 접해 있지는 않았으나 혹간 사람들이 지나갔다. 죄수이지만 목도를 바른쪽 어깨에 치켜 올리고 나 딴은 손색없이 서노라고 했다. 그러나 행인이 수상하게 보면 제법 무안해졌다.

멀리서 두견새 우는 소리가 들려왔다. 형무소 뒷산이지만 내게는 앞산— 그 봉우리 여기저기서 울림하며 아지랑이 속에 사라졌다. 청산을 그렇게 바라보며 거기 열린 문을 나는 지키고 있었다. 침묵할 뿐이었고 침묵으로써도 나의 어딘가 성립되기는 했다.

오후에는 포로들을 데리고 그들이 가는 데를 나도 따라 산책하다시피 갔다. 의젓하게 견장(肩章)을 연합국의 위세처럼 붙이기도 했고 붉은 '하오리'에 허리띠를 매고 서투른 게다를 끌며 엉기적거리기도 했다. 인천에서 포로수용소를 파괴하고 도주한 죄로 상당히 무겁게 형을 받고 온 뒤에 그들이 제일 중대시하는 것이 체중이었다. 체중이 줄면 그러한 객관적인 사실을 들어 당국에 엄숙한 항의를 했다. 그런 뒤로는 밥을 약간 더 주기는 했지만 콩깻묵으로 된 밥덩어리는 그들의 칼로리가 될 수 없었다. 이미 마르기 시작했고 또 시든 얼굴에 5월의 태양조차 면목이 없었다. 양지쪽 벽에 의지해서 그들은 키다리 외국 아저씨처럼 서성거렸다. 야채밭 머리에 가서는 잎사귀를 뜯어서 여윈 손가락 끝으로 싹싹 닦아서 입에 넣었다. 비타민이 모자라는 때문이었다.

그중에서 '뽀스워스' 라는 청년 장교가 농담도 좋아하고 장난도 잘해서 내 손을 잡고 밀기도 하고 당기기도 했다. 밖에 나와 한 곳에 모였건만 별 할 얘기는 없었다.

나중 군부에서 와서 그들에게 무슨 얘긴가 하고 갔다.

저녁 시간이 되어 나는 그들을 데리고 그들의 감방에 갔다. 외국인의 체취가 코를 찔렀다. 위생이 없으면 인간은 그 원시적 체취를 막아낼 수가 없는 **것이라** 생각했다.

뽀스워스는 내가 빌려준 『영시선집』을 좀더 두고 읽어도 좋으냐고 물었다. 나는 좋다고 곧 동의했다. 이 키다리 청년은 호남아였다. 내게 영국에 있는 자기의 집과 그 정원을 그린 연필화(鉛筆畵)를 주었다. 그리고 아내에게서 온 편지도 읽어보라고 주었다. 나는 문 옆에 기대어 그것을 읽었다. 전에 편지 담당 간수와 같이 그들의 편지를 검문할 때에도 느낀 것이지만 이 사람들의 편지에는 나라니 민족이니 하는 얘기는 거의 없었다. 사랑과 키스 다음에 자녀들, 그 다음에 부모와 친척이 온다. 일본 군인은 죽을 때에 폐하의 만세나 제국의 만세를 부르지만 그들은 아마 아내를 부를 것이다. 그것이 개인주의의 약점이기도 하겠지만 그들은 개인이 잘살고 행복하면 그것으로써 국가 관념이 되는 것 같다.

뽀스워스는 나에게 본국에서 온 위문대 속에서 초콜릿을 몇 개 꺼내 주었다. 나는 사양하다 못해 한 개만 받아 얼른 먹었다. 멜번대학 교수는 침체해 보였다. 문을 닫으며 굿빠이! 하는데 뽀스워스가 어느덧 내 손을 잡았다. 나는 어찌할 줄을 몰랐다. 무엇인가 얼굴을 화끈하게 했다.

날더러 전쟁이 끝나면 영국으로 오라는 것이었다. 돌아가면 여기서 지낸 일을 영국 국회의 의정단상(議政壇上)에서 보고한다고도 했다. 날더러 공사(公使)로 오라고까지 했다. 내가 영어를 못한다 한즉 내 영어가 나이스라고 했다. 아마 여기를 매우 저급하게 본 모양이었다.

오늘 해군기념일 국방헌금으로 일금 5원야를 영치금 속에서 바쳤다.

"지옥은 마음의 상태 또는 어떤 상황하에 있어서의 현세의 생활과 같다." ── 스에덴보리

자다가 깨니 고양이 소리가 불길하게 들렸다. 누가 죽지나 않았나, 다른 수인들도 아마 그렇게 생각할 수 있으리라! 지금은 새벽 3시 45분 ── 바로 사람이 잘 죽는 시각이다.

5월 25일 (木)

그동안 여러 날이 지나갔다. 헤어 보니 닷새가 오래간만에 짧은 듯 지나가서 이 일기에 닷새의 말뚝이 빠졌다. 돌아볼 필요도 없이 값없는 날들이지만 적지 않으면 전혀 없는 날 같고 이(齒) 빠진 자국 같다.

이 5월 25일을 적고 나니까 어느 아이의 생일 같다. 내가 생일을 지정해준 것은 아니지만 한 아이는 확실히 이 날에 난 것 같은데 어느 아이라고 단정하기에 몽롱했다. 이 땅의 인구를 평균 치면 하루가 거의 십만 명의 생일은 되니까…….

밤에 앉아 고요히 이 하루의 끝장을 보기 위해서 척추를 기둥처럼

바로 세우고 앉았다가 우선 하루를 씻어버릴 양으로 냉수마찰을 했다. 수자(囚者) 3년이지만 아직도 몸은 썩지 않고 깨끗하다는 생각이 들었다. 긴 거울이 있으면 혼자 전신을 비쳐 보고도 싶었다. 혈색이야 틀렸지만 살은 거칠지 않았다. 빈혈이 가색(佳色)이라 말쑥한 것이 자위(自慰)되었다. 줄 곳은 없지만 잘 보관하고 유지해야 되겠다는 자만스런 생각조차 들었다. 그러나 바램도 없고 기다림도 없이 씻은 몸에 때 묻은 옷을 걸치고 고등(孤燈) 아래에서 한산(寒山) 시를 속으로 읽었다. 그러다가 그림자를 담요처럼 깔고 누우면서 하소연하는 말씀— 존체(尊體)여! 주무시라!

5월 27일 (土)

특별히 내보낼 만한 기념일 같은 것도 아닌데 보수 한 명이 가석방되었다. 오매불망하던 집엘 겨우 찾는데 제 설움인가 서글퍼졌다.

그래도 외역(外役)에서 일하고 진단호출을 다니며 싫지 않게 오늘도 징역살이를 했다.

특기할 것—홍삼애 갔다가 과장의 특별한 호의로 커피 한 잔을 얻어먹으니 4년 만에 그 맛 서툴다가 다시 돌아섰다.

5월 28일 (日)

잠을 자는 데 도(道)와 덕(德)을 상당히 닦노라고 했지만 지난밤 잘 자지 못해서 몹시 피곤했다. 어제 얻어먹은 커피 때문일까. 오전 중 내내 머리가 아팠지만 징역은 기계적으로 되는 것이기 때문에 그때그때를 잘 견디어 나갔다.

별로 의향도 없는 일이었지만 우연히 간수가 1동 위 망대에 올라가 보라기에 잠깐 올라가서 성곽 내외를 이국(異國)처럼 두루 살폈으나 조망에 무감했다. 남의 집도 내 집이 있어야 제 집 같은데 이렇게 낯설은 시간이 어디 있으랴!

비둘기들만 마당에서 썩은 콩알을 사이좋게 주워 먹고 있었다.

나중에 다리가 비틀거리는데도 진단호명(診斷呼名)으로 오후를 보냈다. 공장문을 열고 간수에게 예를 붙이고 종이에 적은 이름을 불러서는 환자들을 데리고 진찰실에 가서 목도를 놓고 잠깐 앉아 쉬었다. 의사의 호의가 아니면 앉을 수도 없는 휴식인 줄 알면서도 걸상에 주저앉았다. 나를 보고 의사가 어디 불편한가 했지만 나는 피로할 뿐이라고 했다. 밖에서는 불에 타버린 복구공사의 기초공사를 하느라고 줄에 돌을 매 가지고 에—헤…… 에헤야…… 하는 장송곡 같은 굵은 소리가 좀더 있으면 통곡이 될지도 모를 무덤을 파는 것 같았다.

"슬픔은 인간을 위해서 만들어진 것이지만 너무 지나치면 짐승이 된다." —니체 서한집(書翰集)

5월 29일 (月)

아침 다섯 시에 기상했다. 이불을 펴놓은 채로…… 잡몽(雜夢)이 머릿속에 가득 차서 혼란했다. 시골, 집, 기차, 여자 등…… 성 밖에서는 물 긷는 소리가 삐걱삐걱 나고 도시의 소음도 흐르기 시작했다. 그리고 참새들이 모여들어 지절거렸다. 그런 서막(序幕)에서 감방문이 열리며 현저동(峴底洞) 1번지의 1호의 생활이 전개되었다. 밥 먹는 것으로부터 일하고 잠자는 것까지 날마다 징역은 꼭같은 것이다.

오늘 밤부터 특별야근이었다. 일은 승격되었으나 잠을 두 시간씩 끊어 가지고 잘할는지 모를 일이라 생각되었다. 그러나 확실히 흥미 있는 일이었다. 감방에는 들어가면 쇠를 잠그기 때문에 옆방을 몰랐는데 나는 야근을 통해서 간수처럼 시찰구를 가만히 열고 그 모르던 옆방들을 들여다보게 되었다. 그래서 나는 죄수면서 죄수의 감금 생활을 밖에서 안으로 보게 되었다. 나는 낮부터 밤의 시간을 기다렸다.

드디어 저녁밥을 먹고 야근실로 갔다. 감방 골목에서 좀 떨어진 곳에 있었다. 간수 양성소도 마치지 않은 내 귀에 벨이 높게 울렸다. 귀에 충격이 생겼다.

선번 6시 45분∼7시 20분

후번 7시 20분∼8시 00분

8시 20분── 감방 내의 정좌(正坐)

8시 30분── 취침 호령 및 감방 내 감시.

생소한 일이라 나는 침착해졌다. 어서 동내(棟內)에 들어가보고도 싶었다. 나는 한 사람의 간수와 한 동을 맡았다. 기다란 복도에 양쪽으로 잠겨진 감방들이 꼭같은 창고 같았다. 바른편마다 까만 목패어 희게 번호가 씌어 있었다. 속에서 가만가만 얘기하는 소리가 쥐새끼들이 설레는 것 같기도 했다. 죽음이 지하에서 속삭인다면 그런 것이리라.

내가 동에 들어간 뒤에 입구에 큰 문이 잠겨졌다. 다음 시간이 될 때 교체 간수가 열고 들어왔다. 그러니까 죄수들은 닭장 같은 작은 감방에 있고 나는 좀 큰 감방에 있는 셈이었다. 그래서 똑똑한 간수들은 자기들도 절반은 싱역살이를 하고 있다는 것이었다.

내가 그 속에 들어오기 전에 함께 야근하는 담당 간수가 근무 중에 죄수들과 얘기하거나 졸거나 앉거나 하지 말라고 당부했다. 간수부장이 수시로 다니며 근무 상황을 감시하기 때문에 명심해야 한다고 거듭 일러주었다.

그리고 내가 그 속에서 하는 일은 부정한 일을 하지 않는가, 혹은 싸우거나 음모를 하지 않는가, 잘 때에 자살을 도모하지나 않는가? 승석을 기다랗게 깔아논 복도를 살살 걸어다니며 그런 종류의 동정을 살펴서 불상사가 있으면 곧 보고해야 하는 것이었다.

내가 진짜 간수가 아니니까 떠드는 방도 있으나 그렇다고 죄수의 같은 신분으로서 간수처럼 냉혹하게 대할 수도 없고 너무 고요한 방은 오히려 무서웠다. 가끔 시찰구를 열고 들여다보면 눈을 뚝 부릅뜨는 자도 있고 친하게 말을 붙이려는 자도 있었다. 그러나 사담(私談)은 금물이었다.

그러다가도 어디선가 패통을 탁 치는 소리가 들린다. 안에서 치면 막대기가 쑥 내미는데 간수를 부르는 신호봉(信號棒)이라 나는 황급히 간다. 물을 달라는 것이다. 들어서면서부터 물 심부름이다. 배고프니 물을 먹는데 수십 개의 감방 백여 명에게 이 물 심부름은 혼자 견디기 어려웠다. 그러나 나로서 그들과 정(情)을 같이 하며 봉사할 일은 짜증을 내지 말고 물이나마 정성으로 주는 일이었다. 나는 충실한 물 심부름꾼이었다. 패통을 치는 대로 탁한 냄새 속에서 오락가락하며 저 변두리의 파수꾼을 연상했다. 너무 정숙해서 차츰 다리가 뻐근했고 몸도 무거워졌다.

시간이 되자 나는 '취침' 하는 호령을 했다. 처음이라 좀 이상했다. 내가 기다리던 간수의 그 소리가 내 목구멍에서 나왔다. 시간에 지쳐서 조용하던 감방 안이 이불을 펴는 소리와 자리 다툼에 갑자기 소란해졌다. 드러누운 담에도 소곤거렸지만 맥없이 자버렸다. 일생의 첫 경험으로 죄수들이 자는 것을 보고 싶었다. 시찰구로 들여다보는 것이 직무이기도 했기 때문에 놀라지 않도록 가만가만 보았다. 서로 거꾸로 누워서 입을 벌리고 해골 같은 다리를 남의 목에 가슴에 배에 올려놓기도 하고 코를 골며 신음하기도 하며 서로 차다가 깨어서 주먹으로 박기도 했다. 더 볼 수 없는 참경(慘景)이었다. 실로 산 지옥도(地獄圖) 그대로였다. 그 많은 관세음보살의 손길은 다 어디 갔을까?

나는 또 2층으로 올라갔다. 공장에서 일하는 죄수들의 방은 그래도 나은 편이었다. 허약하거나 신병 때문에 공장에서 쫓겨 들어온 휴역방(休役房)은 마치 입을 벌린 해골실 같았다. 더욱 소년수의 감방은 누워서 말타기하듯 지렁이처럼 덩어리로 엉킨 것 같았다. 그래서 인간은 처우를 잘못하면 동물에서 왔다는 증거가 명백했다. 그런데도 자면서까지 무슨 범행이나 하지 않나 해서 나는 명령대로 감시하는 것이었다. 그러면서 두 시간에 한 번씩 달게 자다가도 깨우면 놀란 사슴처럼 뛰어 일어났다. 그러고는 감시를 또 들어가는 것이었다.

신이여, 이 밤에 그대를 표명하시라!

5월 30일 (火)

누이동생 려(麗)가 면회를 왔다. 3년 만이요, 결혼 후 처음으로 왔다. 입회 간수가 그렇게 먼 데서 면회를 왔는가 하고 웃었다. 서울 데려다 학교에 보내서 키우다시피 한 동생과 의자에 마주 앉으니 목이 메이는 것 같았다. 별 이야기도 없지만 남의 입회하에서 하는 얘기라 더욱 그랬다. 보수지만 간수가 그만하고 나가라는 눈치였다. 갈라질 때 한 주일 후에 다시 오겠다고 했다.

낮은 차츰 더워져서 그늘에 가고 싶었다. 나무도 있기는 하고 생각도 옛대로지만 형무소의 시간에는 녹음(綠陰)의 휴식이 없다. 나뭇가지에서 푸른 빛 하늘거림이 마치 손짓하는 것 같기도 했다. 더욱 백양나무 새로 난 잎사귀가 햇빛에 간들거리며 반짝이는 것에 눈길이 열렸다.

저녁에는 소년수들에게 주는 반찬 때문에 배식들에게 주의를 시켰다. 애들이라 해서 반찬이 골고루 가지 않기 때문이었다. 확실히 낯익은 데는 더 갔다. 그렇기 때문에 영리한 애들은 배식하는 소제부들에게 아첨하기가 일쑤였다. 그런 데는 애들이 어른보다 더 더러웠다.

밤 A. E. 하우스맨의 『최후의 시편Last Poems』을 좀 읽다가 지난밤 야근 때문에 피곤해서 조침(早寢) 허가를 얻고 일찍 잤다.

5월 31일 (水)

쾌청했다. 정오에 화씨 80도였다. 2동과 3동에 있는 소년수 60여 명을 데리고 운동을 시켰다. 좀 먹은 양떼 같은 것에 뻘건 하오리를 입혀 가지고 나는 맨 뒤에 서서 따라갔다. 떠들지 못하게 하는 것이 나의 중요한 직책이었지만 며칠씩 감금되었던 애들이 풀려나온 것은 입을 풀어놓은 거와 같았다.

하늘에는 5월의 햇빛이 가득 찼다. 이 애들을 데리고 어느 바닷가에 나가고 싶었다. 그러면 내 머리도 열리고 마음도 펴졌으리라.

줄을 바로 세우느라고 애들 옆에 가면 날씨가 더워서 냄새가 뭉클했다. 구내의 길옆— 좀 널찍한 곳에 멀리 가지 못하도록 하고 나는 그들을 풀어놓았다.

간수부장이 순시를 왔다. 손을 들어 예를 붙이고 이상 없다고 보고했다. 부장은 나에게 너무 흩어놓지 말라고 주의시키고 갔다. 그래서 가까이 한데 모아놓았다. 사실 사고가 나면 책임 문제가 크니까…….
그리고 웃통을 벗겼다. 옴투성이였다. 고약도 바르고 종기도 나고 닭살처럼 허옇게 번진 놈도 있었다. 장난도 하고 자빠져서 해도 쬐고 옷을 햇볕에 벗어 놓기도 했다. 얼굴이 비뚤어진 놈, 귀가 한쪽이 깨진 놈, 주둥이가 쑥 나온 놈, 앉으면 턱이 무릎에 닿는 놈, 빌기(비루)먹은 것처럼 희멀쑥한 놈…… 닮은 것은 모두 불행의 애비였다. 서울이 건강한가 아닌가를 가장 쉽게 알 수 있는 통계표가 바로 그들이었다. 좀도둑이거나 소매치기거나 그중 어느 한 놈만 치켜들어도 서울의 걱정이요, 사회의 불안이었다.

이름이 운동이지만 운동이란 원래 규율이 있는 것이기 때문에 그런 것은 집어치우고 나는 이 아이들에게 일광욕을 푹 시켰다. 그러는 동안에 나도 해를 즐겼다. 그렇게 가만히 앉아서 또는 마음대로의 자세로 왔다 갔다 하며 해를 받아들인 것은 오늘이 처음이었다.

일광욕이 끝난 뒤에 저쪽에서 역시 해를 쬐이던 포로의 한 사람이 상 앞에 놓아 두었던 책이 없어졌다고 나에게 호소했다. 찾느라고 아무리 애써도 나오지 않았다. 내가 데리고 간 애들한테 죄를 씌울 수도 없고 증거 없는 일을 가지고 60여 명의 이이들을 전부 범행의 대상으로 가혹한 조사를 받게 할 수도 없었다. 그러나 외국인들 앞에서 얼굴이 붉어짐을 감출 수 없었다.

그러나 포로들에게는 무심한 듯 그애들을 몰고 감방에 다시 집어넣는 것으로 일은 끝냈다.

방에 돌아와 세수도 않고 조고마한 특전의 책상과 책과 변기와 함께 묵묵히 앉아 있었다. 없어졌다는 책…… 그들의 친구요 위로요 또 기념이 될 책! 그 책이 지금 어디 숨어 있을까, 손목시계 소리밖엔 들리지 않는다. 그것이 대답이 될 수는 없었다. 무언의 시간…… 조금 있으면 점심, 조금 있으면 저녁, 조금 있으면 취침! 시간은 그런 일밖에 못했다. 이렇게 짧은 인생을 지루하게 조곰조곰 하면서 나는 살아간다. 오늘로써 5월이 끝나는가. 잘 가라!

잡상(雜想)

태양은 아무것도 두려워하지 않고 피하지도 않고 헌더데기와 종기와 콧물을 말리었다. 어디를 막아놓아서 진물이 흐르지 않는지? 그러나 애들이 엷은 속은 형제같이 굽실거렸다. 그들을 낳은 사랑과 가난이 이(?)처럼 속에 기어들어서…….

나는 5월의 망초(忘草)를 먹고 애들을 버렸는데도 용하게 길을 찾아 나의 감방에 혼자 왔다. 나는 그놈들과 포로와 잃어버린 책을 다시 생각했다. 책장에 이를 잡아 죽이고 진물을 씻으며 뒤를 보리라. 그들에게는 뒤를 닦을 종이가 언제나 모자랐다.

저 어른들 방에서는 애들이 뒤를 열렬히 구하는데…… 나도 이런 데서 한번 흥분해보았으면…… 이 조용한 방에서…… 그렇게 되면 아마 둘 다 죽을 테지…… 이 무덤 같은 방에서…… 그렇게 되면 사랑의 진

고개에서 까마귀가 울 테지…… 지금은 개구리들이 들어붙어 떨어지지 않을 때구나…….

지난 가을 낙엽 지던 소리가 들린 연후에 아직도 잎사귀가 올라붙는 소리를 듣지 못했는데 나무는 푸르러 속에서 매미가 꿈틀거려도 벽에 귀가 막혀서 저 춘향(春香)의 단순한 울음조차 안 들린다. 저 여감(女監)에서 사내 발끝도 넣지 못하는…… 아 발조차 감동한다고…….

그렇다. 바로 내 옆방이로구나. 벽이다. 등이다. 좀 돌아눕게 해라. 얼굴이라도 돌리게 하라. 오! 하나님이시여, 실오리에 약이나마 한 방울 내려보내시지! 저것들을— 이 방을— 다 잊어버리고 자게…… 가만히 목을 눌러봅니다. 세상이 얼마나 노오랗게 되나…… 죽어도 나지요!

6월 1일 (木)

6월! 이 6월까지 보내면 만기까지 4개월 반…… 그 담 7월을 보내면 3개월 반이 남는구나! 그렇게 되면 기다릴 것이 아니라 나가게 되는 고민이 오리라. 앞길이 없이 기로(岐路)의 시점(始點)에 섰던 그 첫날을 생각하면 그동안에 꽤 견디고 나갈 구멍도 무던히 찾은 셈이다. 그러나 있었을 뿐이고 마련된 것도 하나도 없다. 무소득(無所得)이랄까 그것조차도 없다. 증언할 자 없는 고생으로 나를 생각한 사람들을 고생시켰을 뿐이다. 그렇다고 어느 피 한 방울로 그 밑바닥에서 보답한 것도 없다. 그리고 긴 세월은 찾을 길 없이 흐르고 말았다. 나는 무릎을 꿇고 벽에 마주 앉아 내일을 무(無)로써 예비하고 허전하지만 6월의 만물 속에 끼이지 않기로 했다.

보수 임군과 또 한 사람이 가석방되었다. 퍼뜩 인사를 하고 받았을 뿐이었다. 친한 사람이 갈라지는 것 같지 않았다. 옥중 이별이란 그런 것이었다.

가되 복음을 들고 가는가, 묵시를 받고 가는가. 어려운 곳으로 나가는구나!

예수까지도 "너희는 허물과 죄로 죽었던 자라"(신약 에베소 제2장)고 하셨나니라!

밤— 책을 약간 정리했다. 교무과에서 감방 안에 있는 책들을 내놓으라는 명령이 전달되었기 때문에…… 나는 수형자들 중에서 책권이나 보는 사람이요, 또 수위 보수라는 명목으로 아직 읽지 않은 책은 내놓지 않기로 했지만 일단 정리는 해야 했다. 그래서 나갈 책들만 골라 한데 놓았다. 책 속에 무엇이 끼이거나 적히거나 해서는 안 된다. 남은 책들만 정하게 다시 쌓아 놓았다. 일기책은 그 속에…….

6월 2일 (金)

화재 공장 복구 공사장에서 졸도자가 한 명 생겼다. 그는 중노동을 했다. 남루한 적색 작업복에 각반을 치고 조리(일본짚신)를 신은 채 당장 숨이 떨어지는 것 같았다. 마르고 여위고 핏기 없는 얼굴…… 걸채에 들어서 의무과에 가져갔다. 병감에 넣었는데 치료야 받았겠지만 워낙 약이 결핍 중이니까…….

오후에는 3동 상·하 가공장(假工場) 영선반에 돌아다니며 옴쟁이들을 불러내어 치료를 받게 했다. 코에 마스크를 치고 싶었다. 오관(五官) 중에 어느 하나도 편할 수가 없다. 그 일이 끝난 뒤에 분무기로써 옷 입은 사람채로 한 줄에 세워놓고 대가리부터 발끝까지 소독했다. 모두 눈만 꾹 감고 견디었다. 여름이라 시원도 하리라만 사람의 대우는 아니었다. 소독 냄새에 두통이 나서 더 피로했다. 마치고 방에 오니 여름 홑이불과 감방의(監房衣)를 새로 넣어주고 낡은 것은 가져갔다. 소위 푸른 계절의 위생이었다. 새 냄새가 났다. 누가 입고 덮던 것인지는 몰라도…… 그 수의를 입고 이제부터 무슨 비화(秘話)가 시작될지 모를 방 한구석에 정좌했다. 그러고는…….

6월 3일 (土)

밤중에 깨우는 사람도 없이 잠을 깨었다. 하늘은 흐린 것 같고 창은 입 없는 독백 같다. 이것이 방인가. 팔에 달린 허우적거리는 손길로 더듬어 책을 만지며 내가 읽던 글이여! 네 옆에 내가 무슨 율법을 믿고 살아서 지금은 이 막힌 곳에서 병들어 누웠는가.

여기서 탁 꺼져 들어가면 지옥(地獄)과 연옥(煉獄)과 천국(天國)! 닭이 우는 소리에 새벽의 계모님이시여, 이 얄궂은 자식에게 어느 문을 여시려나? 그렇지 않으면 하명(下命)하여 간음한 귀신들을 보내시구려.

저 창에 흰 것이 아침일까, 하느님의 터전에서 수천 하늘을 잃고 사는데도 예비하신 곳이런가?

　　○ 욕된 것을 알아도 욕되지 말라.

　　○ 정신조차 바로 갈 수 없다.

　　○ 보는 자로 하여금 많이 보게 하라. 나는 보지 않아도 알 수 있다.

　　○ 혼잔데도 지껄여보고 싶구나, 입에 곰팡이가 끼지 않았다는 증거로.

　　○ 침묵으로 받아들인 것을 장벽으로 돌린다.

　　○ 무한(無限)은 의욕이었다, 지금은 허욕(虛慾)이고.

6월 4일 (日)

"나이를 먹는다는 것과 고독하게 된다는 것은 같은 것이라 생각됩니다. 드디어 최후에 가서는 인간은 다시 외로워져서 우리들의 죽음에 의하여 타인까지도 고독하게 되는 것입니다. 자기의 내부에 지주(支柱)를 가지고 있다는 것, 거기에서 니체라는 종족의 특질을 찾게 되며

334

그것을 나도 가지고 있기 때문에 기쁩니다." —— 니체, 서간집(書簡集)

아침, 일어나서 오늘의 일과로서 읽고 싶은 책에서 글 몇 줄 마음에 새겨놓고 지시된 순서에 따라 공장에 다니며 "치료!" 하고 또 외쳤다. 일하기도 싫고 또 소풍 삼아 간수의 눈치를 살피면서 그들은 일어서 나왔다. 꾀병도 있지만 대체로 복통·두통·위통·설사·각기 등이었다.

너, 너 이리 좀 와! 하더니 간수의 두터운 손바닥이 그들의 따귀를 무의(無意)에 후려갈겼다. 두말없이 고개를 숙이고 뺨을 어루만지며 들어가 제자리에 앉았다. 맞기 전에 미리 들어가는 자도 있었다. 이것이 능숙한 간수가 한 놈을 때려서 열 놈을 다스리는 법이었다.

열을 세워 가지고 내가 그들을 데리고 나올 때에는 기가 다 죽었다가 밖에 나서면서부터야 활기를 띠고 떠들어댔다.

의무과 앞에 세워놓고 하나씩 불러들이며 나는 제발 떠들지간 말라고 사정했다. 불리어 들어가면 대개는 간병부(죄수)가 고약도 발라주고 가루약도 준다. 병 없는 자도 없지만 바람을 쏘이고 약을 타 가지고 와서는 작업상 서랍 속에 굳건히 넣어두었다가 친구들끼리 나누어 먹는 자도 있다. 그래서 치료가 없는 날에도 공장 안에서 약을 구해 먹을 수 있지만 갑자기 서랍 조사가 나서 상당한 분량의 약을 모아두었다가 압수당하는 경우도 있다.

6월 7일 (水)

이틀 동안 일기를 쓰지 않았으니 그동안 세월이 무사히 잘 간 모양이구나! 무슨 일을 했던지 돌아보고 싶지도 않았으나 그냥 잃어버린 날들이었다.

오늘은 아침부터 명쾌했다. 간수는 칼을 차고 나는 목도를 들었다. 칼집이 없으니 들어갈 데도 없지만 밤낮 빼들었자 벌레 하나 다칠 수 없는 것. 결국 너를 지키는 건가. 쥐고 다니던 펜으로는 문패를 지우고…… 허(許)하신다면 여기를 내 주소로 하라.

처음에는 어려웠고 무서웠고 몸살이 나서 떨렸는데 지금은 아무렇지도 않고 쳐다보는 하늘만이 더 높구나. 다만 내 피부가 저 벽돌담처럼 두터워져서 해도 달도 느끼지 못할 뿐…… 그런 대로 바로 옆에 있는 교수대(絞首臺)에까지만 가면 나는 그만 완성이다.

누구든 내가 놓고 온 펜을 들거든 그는 밖에서 살다 갔다 해라.

여의치 못하신가 하느님이시여, 그 자녀들로 하여금 벽돌을 구워서 날마다 더 높게 이 담을 쌓게 하시니…… 밖에서는 몰라도 나는 안에서 그것을 알았다. 그래서 오늘은 더 기쁜가. 한 군데밖에 더 갈 데 없는 나를 더욱 보이고 있다.

6월 9일 (金)

교회사(教誨師)가 부른다고 간수가 와서 전했다. 또 무슨 일인가 했다. 갔더니 최근 감상이 어떤가 했다. 무념무상(無念無想) 열반의 세계에 인연을 찾으며 산다고 했다.

그 밖에 여러 가지 얘기를 물었으나 결론으로 대동아전쟁이 어서 승리로 끝나서 대일본제국의 공영권(共榮圈)이 확립되어야 한다는 것으로 그의 의견이 강조된 셈이었다. 그리고 나가라기에 인사하고 나오는데 신경에서 한숨이 풀렸다.

6월 10일 (土)

왜 이렇게 추운 날인가. 겨울에 그렇게 훈련을 심하게 받았는데도 못 견딜 정도로 몸이 아슬거린다. 머리가 아프고 또 고달팠다.

장의사(葬儀社)처럼 오늘도 죽은 자를 가매장(假埋葬)했다. 발진티푸스에 자꾸 죽는구나! 형가에 있어야 할 관(棺) 널이 부족했다. 대강

못질해서 짠 것이 얇아서 뚜껑을 덮어 들고 가는 관 속에서 머리가 흔들거리고 코가 상하는 것 같았다. 아직도 아픈가, 원한의 수의를 입고 가는 자여!

묘지에서는 파리들이 놀라서 윙 하고 날아갔다가 또 다른 자리에 모여 앉았다. 죽은 냄새를 종시 떠나지 못했다. 여기 새 냄새를 바치고자 한 시체를 내가 가지고 왔다. 그가 다 못 먹고 간 밥 한 덩이면 너희들을 실컷 먹일 것을…… 끝내 시체를 제공하는구나! 허술하게 묻고 간 애기는 너희들이 다 하라, 걸을 때마다 발 앞에서 윙윙거리는 것이 바로 그 애긴가? 사람은 말할 줄 모른다.

해질 무렵에 방에 돌아오니 창밖에서 비둘기들이 까불고 있었다. 그릇에 남은 밥알을 사양(斜陽)에 던지니 적은 것이나마 다투어가며 주워 먹었다. 한적한 절간에서 데리고 노는 느낌이 났다. 콩밥을 먹어도 사랑의 새요, 그 아양거림에 나는 국가의 피고(被告)인 줄도 모르고 비록 콩밥이지만 더 있으면 더 주고 싶었다.

이런 시간에 친구들은 밖에서 무얼 하고 지낼까, 아마 모두들 시골 가서 서울에는 없겠지…… 문학은 서울을 비워놓고…….

6월 12일 (月)

청소반원과 함께 비질하며 다니다가 벗나무 아래 앉아서 잠깐 쉬었다. 참새들이 가지에서 조잘댔다. 잎사귀 속에서 빨간 열매가 떨어졌다. 주워서 한두 알 입에 넣었다. 신 듯 달았다. 그것이 의미였을까, 다시 생각할 사이도 없이 또 다른 일자리로 옮아갔다. 반원들은 흥청거리며 간수의 눈치만 슬금슬금 훔쳐보았다.

오늘도 가매장 1구.

시체실에는 관이 여러 개가 겹겹 쌓여 있었다. 냄새에 코를 찔릴까

봐 마스크를 두텁게 했다. 묘지로 가는 길도 그렇거니와 시체실에 드나드는 것도 차츰 익숙해졌다. 기념으로 후일에 장의사라도 해볼까. 무슨 소질이 있는 것이 아니다. 그 방면에 가서 그 일을 하면 그 소질이 생기는 모양이다.

천리길에 숙부 면회 오시다. 옥중 조카를 한번 얼굴이나 보려고 낯선 수고를 하셨다.

6월 13일 (火)

밤비가 아침에 개었으나 구름이 꽉 차서 하늘이 더욱 우중충했다.

오늘도 가매장 3구.

진탕 같은 검은 흙이 신발에 찰떡같이 들어붙는 것이 무겁고 불쾌했다. 사람 같지 않게 파묻고 무심히 내려오는데 빗방울만 이슬처럼 맺혀서 풀잎이 고개를 숙인 듯했다.

뒤에서 뺨을 후려갈기는 소리에 놀랐다. 내려오면서 그렇게 말리는 벚나무 열매를 끝내 의무과 뒤에서 따먹다가 봉변을 당하는 것이었다. 그러나 그까짓 건 파리가 앉았다 간 셈치고, '저절로 떨어지는 것조차 못 먹어?' 하는 식이었다.

그렇다, 먹고 싶은 걸 여럿이 주워 먹다가 한 사람이 따귀 하나 맞는 것쯤이야…….

둑에는 인간애사(人間哀史)에 상관할 것 없이 철을 따라 꽃들이 피었다. 더욱 의무과 뒤 시체실 근방에는 들장미가 향기롭고 탐스럽게 송이송이 달려 있었다. 한 송이 꺾어 독방에 꽂아 놓고 사랑이라 삼고 싶기도 했지만 본 체 만 체 그냥 지나버렸다.

밤에 깨니 꿈에 배설된 것이 축축했다. 몇 해 동안 먹은 콩밥에서 떨어진 정수(精水)가 잠결에도 흐리멍텅하고 또 머리가 아프고 전신이 시들했다.

6월 16일 (金)

새벽녘에 공습경보가 났다. 속이 후두두한 데다 비상소집이 있었다. 허둥지둥 어찌할 바를 몰랐다. 여기서 죽나 하니 겁도 나고 불안도 하고 집일도 생각나고…… 이러다가 식구들이나 친구 하나 만나지 못하고 버림받은 곳에서 죽나 했다.

밖에서는 야단법석이었다. 빨리 창에 검정막을 치라고 간수가 소래기를 쳤다. 얼른 변기에 올라서 전등에 커버를 씌웠다. 소등(消燈)하라는 소리 성외에서 더욱 요란했다. 방 안은 모두 죽은 듯 밖은 캄캄했다. 수형자들의 불안과 또 무슨 기회를 엿보는 것이 가히 짐작되었다. 이런 때에 여기서 제일 경계되는 것은 죄수들의 소동이었다. 보수들까지 4동에 집합시켰다. 감방 담당 간수들은 구내의 단속에 전심부심하는 것 같았다. 돌발한 전시 기분이었다. 보수들에 대한 과장의 훈시는 비상시니까 덤비지 말고 시종 침착하라는 극히 간단한 것이었다. 혹시 서울 어디서 폭탄이 터지지나 않는가 해서 하품하면서도 뒤숭숭했다. 그러나 이상은 없는 것 같았다. 적기(敵機)가 지나간 듯싶었다. 이제부터 이런 일이 자주 있지 않을까, 긴장이 풀리면서도 불안이 가시질 않았다.

얼마 있다가 방에 가서 옷을 입은 채 각반 친 채 자라는 명령이 내렸다. 그것으로 큰일을 면한 듯 치른 듯 잠자리에 돌아가 누웠으나 놀란 가슴으로 쉬이 잘 수가 없었다.

알거나 모르거나 폭탄이 떨어지면 죽기는 매일반이니 사지를 천지에 뻗고 전신에 잠이 오도록 하자. 언제나 그렇게 체념하고 나는 잔다. 자는 데 필요한 체념을 나는 이렇게 자는 데 쓰고 있다.

아침에 잠을 깨니 제사를 지낸 새벽처럼 고달팠다. 어느 먼 하늘에서 폭탄이 터졌는지도 모르겠는데 여기서는 역시 훤해서 여전히 작업을 했다.

오후 한 시쯤 탈주사건이 벌어졌다. 긴급 작업 중지령이 내리고 수형자들은 도로 감방에 집어넣었다. 수사본부가 만들어지고 총동원으로 우선 구내부터 샅샅이 뒤지기 시작했다. 그 담에는 어찌 되었는지 알 길이 없었다.

6월 17일 (土)

오후 네 시쯤 해서 탈옥수가 체포되었다 한다. 아마 중벌이 가형(加刑)되리라.

벌거벗은 죄수들이 다시 공장으로 향하여 천천히 행진하면서 수선거렸지만 도주 경위야 알 수도 없고 또 여기서는 그런 걸 전하는 법도 아니다.

밤에 또 경계경보가 났다. 연속되는 심리전 신경고(神經苦)였다. 어젯밤보다 더 순서 있게 빨리 하고 커튼 틈으로 하늘을 내다보았다. 별이 총총해서 어느 것이 적기의 불인지 알 수 없었다. 방 안에서 커버를 쓴 전등은 밑으로 조그마한 둥근 빛을 던지고 있었다. 모든 것에 포장을 치고 그 동그란 빛 속에 도사린 것은 무엇인가. 나의 어둠에 그는 무엇인지 아무 대답 없이, 그 앞에서 옅은 가수(假睡)에 나는 야릇한 생을 느꼈을 뿐이다.

오래지 않아서 경보가 해제되었다. 침묵 속에서 버리둥이가 터지는 소리가 멀리서 들리는 것 같았다. 공허에 빠졌던 사람처럼 일어서서 허우적거리며 나는 등에서 상장(喪章) 같은 검은 커버를 벗겼다. 관에 켜놓은 불이 다시 이상스럽게 밝았다!

나는 니체의 서간집을 계속해서 읽었다.

"일을 끝내고 자기에게 돌아오면 우울(憂鬱)의 포로가 된다. 어찌

할 수 없다. 나는 나의 고독이 얼마나 큰가를 잘 알고 있다. 그래서 이
불행한 사건이 나를 인간에게서 격리시킨다."

"나의 길을 버리는 위험— '지금 고독에 견딜 수 없다'는 이 순간 나
는 나 자신 앞에 형언할 수 없는 타락을 느낀다— 그러면 나는 나의
내부에 있는 가장 높은 것에 대해서 불충실해지고 만다."

"빛, 빛, 빛— 나는 빛에 살도록 만들어졌다."

"근육의 경쾌(輕快)는 창조력이 가장 풍부하게 유동할 때 가장 현
저하다. 그리고 육체가 영화(靈化)된다."

"나는 잘 잤다. 나는 잘 웃었다. 나는 완전히 건강하고 인내력이 강
했다."

"나는 무엇보다도 강한 자와 약한 자를 구별한다. 지배하라고 불리
어온 사람과 귀의(歸依)하라고 불리어온 사람…… 현대가 나를 화나
게 하는 것은 말할 수 없이 약하고 계집애 같고 격(格)이 없고 변하기
쉽고 물럭거리는— 간단히 말하자면 '자기'라는 욕망의 허약성이다.
그러나 나를 즐겁게 하는 것은 장구한 의지의 인간을 보는 것이다—
10년도 침묵할 수 있고 그 때문에 무엇보다도 쾌하게 자기를, 무엇보
다도 그 자기와 동일한 것을 영구히 인간에게 인상(印象)시키려는 의
지를 가장 굳게 믿을 만큼 진실한 인간을 보는 것이다.

바그너의 인력(引力)이 그것이다. 마찬가지로 쇼펜하우워가 그와
같은 감정 속에서 살았다."

오늘은 니체의 말을 듣고 영원히 우리에게 강한 인상을 주는 새벽을
향하여 자야겠다.

6월 18일 (日)

오늘은 면업일이라 오전에는 무위(無爲)랄까 정양(靜養)한 셈이
었다.

오후에는 제1동— 전시기 때문에 제1병사라고 개칭했는데 이 죄수의 병사(兵舍) — 으로부터 제4동까지 유리를 깐 지붕의 부분을 덮기에 땀을 흘렸다. 그 대신 탈옥을 감시하는 망대에 잠깐 올라가 담도 보고 서울도 내려다보았다.

병감에 갔다가 시체실 뒤 둑에서 전부터 탐나던 들장미 한 송이를 꺾어다가 내 방에서 피라고 병에 꽂아 놓았다.

방에서 곧 향기가 돌았다는 것은 거짓말 같은 얘기지만 벽에 기대어 꽃을 보니 울적한 회포가 풀리는 것 같기도 했다.

새로 선발된 보수가 지나가다가 문 어귀에 서서 어제 송장 면회가 있었다는 얘기를 했다. 나는 놀라서 송장 면회라니? 하고 반문했더니 집에서 면회를 왔다가 죽었다기에 기어코 얼굴이라도 보겠다고 애원해서 할 수 없이 뒷문으로 시체실에 넣어 관 뚜껑을 열고 보았으니 송장 면회가 아닌가고 했다. 소리를 내서 울지 못한다는 조건부로 들어갔기 때문에 흐느끼고 있는 참상은 죽은 사람보다 더 비통했다는 것이다. 간수 입회하에 간병부와 함께 밑에 깔린 관을 뽑아내기에 혼이 났다고 했다. 이 송장 면회는 할 수 없는 경우에 한해서 밤에 한다는 것이었다.

시체실 뒤에서 꺾어온 장미꽃에 귀신이 붙어서 이런 얘기가 따라온 건가? 이놈의 꽃 때문에 오늘밤 잘 잘까?

6월 19일 (月)

니체의 서간집에서 그의 여성관을 읽었다. 그 때문에 여자라는 것이 구체적으로 떠올랐다. 여기서 여자를 생각한다는 것은 탈옥하기보다 더 어려운 일이다. 지금 내가 생각하는 것은 여자란 내가 아는 이성(異性)의 이름이다. 다른 면으로는 여자란 사람과 사람 사이에 가장 강렬한 본능을 작용케 하는 대상인데 오늘은 관념상으로나마 무형(無

形)에 대한 애착의 여유를 즐겼을 뿐이다.

6월 20일 (火)

날씨가 가물어서 야단난 것 같다. 바깥 인심도 흉흉하리라. 흐려도 한 방울 비조차 오지 않는다. 구름이 가득 꼈다가도 훌훌 벗어지는 원망스런 푸른 하늘이라 할까.

변사반(便捨班)에 열심히 따라다녔다. 그들은 무거운 똥통을 메고도 나보다 더 빨리 걸었다. 빨리 걸을수록 무게가 박자를 맞추는 모양이었다. 감방에서 변기를 복도에 내놓으면 소제부가 각 동 정둔 앞에 그것을 다시 내놓는다. 잡방의 변기는 큰 데다가 15, 6명의 똥오줌이 넘도록 가득 차서 소제부가 나르기에 숨이 가빴다. 그것을 변사반원이 따라서 메고 간다.

활동적이고 밥도 1등식을 주기 때문에 그 일을 원하는 자가 많으나 처음에는 아무리 장정이라 하더라도 어깨가 팅팅 붓고 똥물을 흘려서 훈련되기까지는 발길에도 차이고 매도 얻어맞는다. 심지어 우는 자까지도 있다. 똥굴이 담 밖에 있기 때문에 앞뒤에 간수가 선 그 행렬에서 낙오가 되지 않으려고 허리를 꼬부리고 기다시피 하다가도 옷에 똥물이 튀어서 야단맞는 자도 있고 끝내 못 견디어 밥이 커서 온 이 변사반에서 쫓겨 다른 데로 굴러가는 자도 있다.

나는 늘 앞에 서기 때문에 뒷일을 모르고 빨리 걸으면 됐다.

오후에 목욕 차례가 와서 똥 냄새를 씻어버렸다.

그런데 오후에 또 가매장 4구가 있었다. 이 구내의 인구에 비해서 너무도 율이 높았다. 시체는 보고서 한 장과 같다. 거기에 널조각 네 개만 붙이면 들고 가서 파묻는다. 죄 때문에 사람값은 한 푼어치도 없다.

나는 뒤에 서서 죽은 사람을 따라가는지 산 사람의 심부름을 가는지 알 수가 없었다.

방에 돌아오니 날마다 같은 구내에서 같은 일이지만 오전의 똥과 오후의 시체에 골치가 아팠다. 아픈 탓인지 장미에도 병색이 들었다.

배가 아파서 죽 5일분 전표를 얻어 오래간만에 쌀죽을 먹고 저녁 잔잔한 바람에 창을 반쯤 열어놓았다. 석양에 심정을 드러내놓고 꽃에 가탁(假托)하여 한가히 벽에 기대었다. 고독도 주위가 없으니 사람과 친해지질 않았다.

어느 부분에서 잠이 깨었는지 깨고 보니 배가 더욱 아팠다. 게다가 머리 쪽이 낮아서 꺼져 들어가는 것 같았다.

창을 가만히 열고 하늘을 내다보니 몇 개의 별인지 반짝였다. 성 밖에서 다듬이 소리도 나고 전차 소리도 들려왔다.

우권(郵卷) 청구를 미처 못해서 집에 편지를 못한 것이 후회였었다. 발진티푸스가 수그러져서 모든 금지가 해제되었으니 면회나 왔으면 차입하도록 할 텐데…….

밤이 깊은 줄 알았더니 겨우 열한 시다.

이제부터 잘하면 내가 자고 잘못하면 밤만 혼자 자리라!

6월 21일 (水)

오늘도 야근을 했다. 나는 그것을 충실히 했다. 첫째는 죄수들에게 봉사하고, 둘째는 인간이 동물처럼 취급될 때 어떻게 되는가를 선의(善意)로써 살피고, 셋째는 내가 과거에 독방에 갇혀 있을 때의 나를 보는 것이었다.

나는 간수처럼 야근했지만 사실은 죄수보다 좀 큰 방에 감금된 셈이었다. 우두커니 한쪽 구석에 기대어 섰다가도 슬슬 걸어서 시찰구의 구리 뚜껑을 열고 그 속을 들여다보았다. 그들은 정돈되지 않은 평소 그대로의 죄수의 자태였다. 그들의 내용은 곧 고독한 동물을 연상케 하였다. 혼자 있거나 셋이 있거나 10여 명씩 잡거해 있거나 그것은 마찬가지였다. 말은 못하고 무엇인가 그리워하는 동물의 상태—그것이 그들과 나 사이에 공통된 것이었다. 그러나 그것을 찾아줄 사람은 없다. 다만 문밖의 동물이 문안의 동물을 들여다보면서 한 방 한 방 지났을 뿐이었다. 복무에 관한 것 이외에는 말은 금지되었다. 만일 의심을 받게 되면 그것이 이유가 되어 나는 내일의 운명이 어디로 굴러떨어질지 모른다.

교대 되기까지 두 시간 동안은 꼬박 물심부름이었다. 바께쓰에 물을 들고 가서는 달라는 대로 푹푹 떠서 주는 것이 내가 그들에게 줄 수 있는 유일한 것이었다. 그것은 간수에게서 쉬이 받을 수 없는 것이기도 했다. 게다가 차례로 달라는 것도 아니고 이 끝에서 저 끝에 가야 하고 또 중가운데로 와야 하는 것이었다. 그것을 여러 번 되풀이하는 동안에 짜증도 나지만 나는 그것을 회피하려고 하지 않았다. 허리가 꼬부러지고 다리가 뻐근하기도 했지만 영어(囹圄) 4년 중 나의 최상의 해에 나는 물심부름하기에 취미를 붙었다. 그러는 중에 적막 속에 빠지기도 했다.

갑자기 한쪽 끝에서 패통을 치기에 바께쓰를 들고 또 그리로 갔다.
'저 할배가 죽을 것 같은데요.'
속에서 그런 소리가 들렸다. 전신이 오싹하며 머리가 치솟는 것 같았다. 그러고 나서는 졸다가 간수부장에게 들킨 것처럼 멍했다.

병동(病棟)이 차서 감방 몇을 병실로 대용하고 있는데 비교적 경환자로서 온 것이지만 온 뒤에는 다 중환자가 된 모양이었다. 더욱 나로서는 경중을 가릴 수 없이 모두 뻘건 하오리를 걸친 백골들이었다.

밤중이지만 보고에 따라 숙직 의사와 간병부가 마스크를 하고 왔다. 주사는 없어서 못 놓고 약만 주고 갔다. 문을 닫기까지 병들어 마르고 썩는 냄새가 코를 푹푹 찔렀다. 나는 나의 야근이 내일 아침 끝날 때까지만이라도 그가 연명해주기를 바랐다.

이튿날 아침 배식될 때까지도 할배는 일어나지 못했다. 누구도 일어
나지 않는다는 말을 안 했다. 식사가 끝난 뒤에 그 방에서 또 패통을
쳤다. 그가 죽었다는 구두 사망신고였다. 그들은 시체와 함께 잤고 시
체 앞에 차려진 아침밥까지 나눠 먹었다. 그러기 위하여 감시하는 자
앞에서 죽음을 감췄다. 그리고 죽은 자의 밥을 훔쳐 먹고 옥중에 앉아
있는 것이었다. 얼마 후에 말 한마디 남겨놓지 않고 죽은 자는 걸채에
실려 나갔다. 형무소의 기록에는 밥 한 덩어리가 줄었을 뿐이다. 누구
에게 남은 눈물이 있어 떨어졌을까. 다만 그 방에서는 병든 자들의 비
운(悲運)의 사(史)가 계속될 뿐이었다. 저승이 그 방에 같이 있어서
굶어서 앓는 자와 앓아서 죽는 자가 일관작업처럼 그렇게 운반되어 가
는 것이었다.

그때에 못을 박은 구두 뒤축 소리와 철걱철걱하는 칼 소리가 내게로
다가왔다. 나는 이 제도가 당연하고 그 제도에 충실하게 서 있었다. 그
리고 한 사람이 죽어 나간 것을 순시부장에게 보고했다. 그는 한 죄수
가 감원되었다는 것을 적어 가지고 갔다.

아마 오후가 되면 그 감원된 자리에 죽음을 승계할 환자가 와서 누
우리라! 그렇게 됨으로써 자리는 비지 않을 것이다.

6월 22일 (木)

날씨가 더워져서 화씨 91도까지 올라갔다. 땀이 물처럼 등에 찐득거
리지만 모두들 다나까(田中)상 이들이 살 때가 왔다는 것이었다.

나무는 푸른 잎을 입고 윤기 있게 서 있는데 죄수들은 뻘건 옷을 벗
고 알몸으로 천천히 감방으로 들어갔다.

내 책상은 마치 제단 같았다. 조그마한 책상 위에서 붉은 장미가 시
들었다. 병에 물을 새로 넣고 흰 장미를 갈아 꽂았다. 색감(色感)을

넘어서 마음을 환하게 해주는 것 같았다. 영혼이란 자기가 확대될 때에 느끼는 순간의 세계지만 나는 그런 아무것도 없이 잠깐 어디라도 갈 수 있게 마련된 상태에 우연히 놓여 있었다. 그로써 나는 회복된 셈이었다. 그래서 멀지만 깊은 것—인간의 손길이 나에게 닿는 것을 느꼈다. 인간! 인간!

그 인간에게 내일 소장님의 사열(査閱)이 있고 그것이 끝난 다음부터는 보수(補守)라는 이름을 경비원이라고 고친다는 것이다. 그러면 그는 조선 반도에서 제국을 지키는 경비원이 된다! 내일은 그날이다!

그런데 이 형가(刑家)에 오기까지 그는 제국에 병합된 영토 내에서 조선인임을 의식하고 살았다. 그것은 인간성의 전면에서 얼마나 편협하고 구속된 성격이었을까?

그가 지금 여기 와서는 제국의 신민이 될 것을 전제로 복역하고 있다. 그 때문에 그는 더욱 편협한 조선인이고 비굴한 일본의 신민화(臣民化)가 되었다. 그래서 되라는 대로 비굴한 역사의 과정에 봉사하고 있다. 비굴하다는 것은 실로 약자에게 가장 편리한 기술이기도 하다. 한 시대를 덮은 그 기술을 뚜껑처럼 쓰고서 그는 명령하는 대로 비굴하여진다. 그리고 노예처럼 산다. 그것이 우리를 위하여 진행형(進行刑) 중에 있는데 그는 지금 노예의 가슴으로 인간을 느끼고 있다.

6월 23일 (金)

소장님의 특별 사열이기 때문에 교관은 더욱 엄숙했고 그 때문에 우리는 더욱 긴장했다.

국민의례 중 황국신민(皇國臣民)의 서사(誓詞)를 읽을 때에는 배꼽에 힘을 넣어 가지고 우렁차게 읽으라 했다.

우리들은 1, 2, 3을 붙여가며 높이높이 읽었다. 한 시대의 명령 같은 소리— 영원히 잊지 않고 읽을 것인가, 어디서도 읽는 것이지만 오늘 여기에 그 서사를 옮겨 둔다.

황국신민의 서사

1. 우리들은 황국신민이다. 충성을 다하여 군국(君國)에 봉(奉)한다.
2. 우리들 황국신민은 서로 신애(信愛)하고 협력함으로써 단결을 굳게 한다.
3. 우리들 황국신민은 인고단련(忍苦鍛鍊) 힘을 합하여서 황도(皇道)를 선양한다.

황국신민이 되기 위하여, 또 되겠다는 맹서로서 우리는 이 서사를 읽어야 하고 또 허망으로 외워야 한다. 국어를 모른다면 이상하게 들리지만 국어(일본어)를 모르는 농촌 노인들이나 농부들 또는 부녀자들은 이 서사를 배우기에 눈물겨운 노력을 한다. 혹시 잘못된 일이 있어 경찰에게 걸리면 우선 이 서사를 먼저 읽으라고 한다. 못 읽으면 비국민이라는 낙인이 찍힌다. 그것이 조선 사람이 제일 무서워하는 도장이다. 나도 그것을 잘 읽지 않아서 비국민적이라는 것이 죄명에 덧붙여졌다. 그러나 나는 원래 무엇이든지 소리를 내어 읽는 것을 싫어했을 뿐이었다.

고종황제의 덕수궁 안에는 이완용(李完用)이라는 분이 한일합병을 기념하여 — '양가지 — 태평춘(兩家地 — 太平春)'이라는 비를 세웠다. 그것은 나를 언제나 생각케 한 것이었다. 역사가 다른 두 땅을 한데 이어놓고 거기서 잘 살기를 꿈꾼 것이지만 이 집에서 술을 먹고 파출소 앞을 지나다가 여자의 가슴에 부딪쳤다는 고의 아닌 실수로 나는 뺨을 얻어맞았다. 나의 친구는 밤새도록 술을 마시고도 풀리지 않는 것이 있었다. 서울을 흘러가는 한강으로 세수하러 나갔던 것이다. 그리고 지금 모든 친구들은 낙향하여 어디로 갔는지 모르겠고 나는 또 여기 와 있다. 오늘 훈련을 받으면서 내게로 이런 사연이 쭉 흘렀다.

6월 24일 (土)

정(珽)이 면회를 왔다. 기다리던 차였다. 마주 보며 집안 애기는 얼마간 했으나 사회가 돌아가는 형편은 묻고 싶지도 않았고 허용되지도 않았다.

갈라질 때에는 잘 계시오, 잘 가거라 했지만 형제로서 한 온돌에 모였다가 헤어지는 인사는 아니었다.

외소반원(外掃班員) 셋을 데리고 아베(阿部) 간수장 관사에 물 길러 가라는 지시가 왔다. 새로운 일이어서 좋았다.

여름날 성외에 가인(佳人)들이 많이 오고 가는데 수의를 걸쳤다고 아니 볼 수는 없고 쳐다보다가 명모(明眸)에 마주칠까 봐 두려웠다. 귀한 사람들! 죄수가 보니 얼마나 불쾌할까!

6월 26일 (月)

가는 비 안개처럼 내려서 산처럼 큰 것도 잘 보이지 않았다. 우중충해서 몸이 무거운데 북문 입초(立哨)가 더욱 귀찮았다. 사람이 지나다가 나를 보면 또 반영이 나빴다. 죄수의 열등감이었을까? 하기야 뉘집 뒷문을 지키고 있으니…… 뒷문이 아니고 감옥인데…….

보이지 않는 산속에서 두견새가 울었다. '방황하는 소리!' 저 새는 왜 저렇게 울도록 됐을까? 부르는지 찾는지 신령이 시키신 읱이니 알 배 아니나 가만 있는 사람도 듣기에 슬펐다. 가슴에 메아리지니 골짜기 깊은 듯도 했다.

지금 누가 지나다가,

"자네 왜 거기 섰는가?" 했다.

누굴까…… 이런 시간에…… 그리고 나는 눈을 닦았다.

저녁에 돌아오니 다리가 부었다. 피가 내려왔다가 올라가지 못한 모양이었다. 고달픈 것이 이렇게 외로울 줄은 몰랐다. 일본 땅에 유학했을 때 학교에서 시험을 치르고 하숙에 돌아오면 외롭던 그런 심정이다.

사랑! 그런 것이 있을까?

시간! 아무리 죽여도 다 못 죽일 시간!

무얼 주고 그를 속일까?

몽테뉴의 『수상록』을 펼쳤다. 우정론(友情論)이 나왔다. 읽다가 엎드려 졸았다. 어렸을 때는 눈동자처럼 사라졌고 친구들은 희미하였을 뿐이다. 희미했지만 감격에서 깬 것처럼 머리가 아팠다. 나는 언제나 아픈 데 없기를 바랐다. 여기서 슬픈 옷보따리가 돼서는 안 되니까…… 되면 어떻고 안 되면 어떤가? 내가 지금 왕자의 도를 닦는가, 역경의 품위를 세우는 건가? 곡할 노릇이구나!

어서 자자! 이 침실에서…… 위대한 꿈을 꾸면서…… 로마의 어느 수학자의 서재처럼 천장만 높구나! 나는 딱딱한 널마루에 누워서 귀인이 자는 천장을 보았다. 그러나 선 밖에는 없다. 별과 별 사이에 그어 놓은 직선인데 모두 혼자였다. 유(有)와 무(無)가 상통하는 것일까? 그러다가 먼저 유가 떨어져 없어질 것이다. 지금 이렇게 생각하는 나의 두개골이여, 언젠가는 장미꽃이 피었는데 언젠가 해골바가지가 되면 네가 나라를 생각했다는 흔적이 어디 남을 것인가. 그런데 그 흔적이 바로 나의 범행이다. 나라가 없어진다, 민족이 망한다고 개개가 격정할 정도의 그것이 내 나라 내 민족이고 내 세계였던가. 나는 그것을 통치했던 폐하와 함께 오늘 밤은 고요히 잠들리라!

6월 27일 (火)

오늘 아침엔 나팔 소리가 신경을 건드렸다. 시계를 보니 다섯 시였다. 죄수들은 벌써 벌거벗고 공장으로 뛰고 있었다. 나는 지시대로 또 북문에 가서 입초했다.

누가 형무소에 가만히 들어오리라고 내가 여기서 입초를 서는 가…….

지나가는 사람조차 없는데 나는 장난감 같은 목도를 들고 졸았던 모양이었다.

"시말서(始末書)야!"

그 소리에 깜짝 놀랐는데 순시 간수가 싱글벙글 웃으며 지나갔다.

제6공장 연통에서 석탄 연기가 쏠려와서 숨이 막혔으나 초사(哨舍)에서 피할 수는 없었다. 머리가 찌긋찌긋 아팠다.

밤— 독방에서 할 일도 없고 심심해서 죄수의 성격을 오늘밤 과제로 삼아보았다.

대개는 눈치 빠르고 성급해서 싸우기 쉽다. 비이성적(非理性的)이랄까, 그보다도 저급한 감정에 치우치며 조금이라도 유리한 편에 붙는다. 서로 동정도 하며 의리도 있는데 판단력이 부족하고 도의심이 약하다. 자율(自律)과 인내력이 없기 때문에 압제에 순종하는 근성이 만들어진다.

몸을 보면 생김생김이 고르지 못해서 그러한 비정상형(非正常形)을 범죄형이라고 할까, 범행한 사람들을 보면 균형이라는 것이 얼마나 어려운 것이라는 것을 알게 된다. 대개는 눈이 적거나 우묵하게 꺼져 들어갔거나 눈썹이 많다. 광대뼈가 이유 없이 내밀었거나 입이 쑥 나왔다. 그리고 코는 낮거나 넓은데 콧등이 바로 서지 못한다. 귀도 제대로 붙지 못했거나 귓구멍이 어수룩하게 크다. 이(齒)가 고르지 못할뿐더러 입술이 번져져서 대체로 언어가 분명치 못하다. 머리는 꼭대가 치솟았거나 이마가 삐여졌거나 턱이 쑥 나왔다. 게다가 눈동자는 늘 불안하고 앞이 아니면 뒤통수에라도 악의(惡意)가 있다. 그래서 전체적으로 사람에게 호감을 줄 수 없을 뿐 아니라 타성(惰性)이 냄새처럼 풍긴다. 이렇게 보면 범죄형이란 불균형·부조화다. 거기서 순식간에 불쑥 튀어나오는 것이 죄가 아닌가 싶다.

그런 풍채로 한 달에 겨우 두 번 있는 면업일에 강당에 가서 설교를 듣는다.

붉은 하오리에 맨발로 소곤거리며 지껄이며 잃어버린 것을 찾듯이 눈알을 굴린다. 강당에 들어가서는 간수의 눈치를 보다가 어떻게든지 아는 사람 옆에 앉으려고 한다. 들키면 맞기 일쑤지만 하고 싶은 일에는 견디지 못하고 수단을 가리지 않는다. 설교보다는 범행이 그들에게는 속이 시원하다. 사면에 간수들이 쭉 둘러섰지만 이 휴일의 속삭임만은 막을 수 없다. 냄새는 여름에도 나고 겨울에도 나지만 여름 것은 썩은 것을 찌는 냄새다.

감방에는 독방과 잡방이 있는데 잡방은 3평 3작— 거기에는 15명까지 들어간다. 수는 언제나 기수(奇數)다. 들어갈 때는 어둡다가 들어가면 좀 밝은 것 같다. 왕돗자리를 깐 데도 있지만 대체로 널마루다. 큰 변기와 물통과 세수 그릇이 있고 벽에 무명 수건과 걸레가 걸려 있다. 뒷벽 철창에 거미줄이 슬고 그 아래 널마루 가까이에 조고마한 공기구멍이 있을 뿐이다. 점검할 때에는 뼈만 남은 무릎을 꿇고 3열 혹은 4열로 앉아 담당 간수와 부장 간수가 철컥 문을 열자 고개를 끄떡 경례하고 하낫 둘 셋…… 번호를 붙여 수를 확인한 뒤에 다시 문을 잠근다.

독방은 한 평 남짓한데 하나 아니면 셋을 둔다. 대개가 사상범이다. 그것은 사상의 전염을 예방하기 때문이다. 독방 작업은 투망을 뜨는 일이다. 운동은 명목뿐으로 밖에 나가는 시간이란 한 주일에 한두 번 있을까 말까다. 그것도 한 번에 10분가량이나 될까. 방 안에서는 원칙으로 정좌해야 한다. 어디서 새 사람이 들어오는 것 같으면 그가 무슨 죄로 누구인가를 알고 싶은 것이 독방자의 열망이다.

어느덧 "취침!" 하는 소리가 났다. 옆방에서 현(玄)보수의 하품과 한숨 소리가 겹쳐 나왔다. 그에게는 장기의 징역에서 닦은 특이한 윤 갈이 얼굴에 돌았다. 그는 세계지도에 태평양지구의 전투 상황을 날마 다 그려 넣고 있었다. 그는 시간의 지루함과 고통스러움을 의지로써 억누르고 있다. 그러므로 그는 나 같은 운명이면서 나와 같은 형등(形 燈) 아래 있는 것은 아니었다. 그는 출옥할 날을 생각지 않았다. 그보 다도 미래의 날을 예비하고 있는 것 같았다. 같은 미래를 그는 낙관하 는데 나는 비관하는 셈이었다. 그런 그의 모습이 얼른 나에게 비쳤다.

6월 28일 (水)

새벽 한 시 십 분, 경계경보가 났다. 놀라서 어쩔 줄을 몰랐다. 눈을 비비며 각반을 치고 대기했다. 당장에 지붕에 폭탄이라도 떨어질 것 같아서 초조했다. 옆방에서 현보수가 벽을 탁탁 쳤다. 그것으로나마 다소 안심이 되었다. 믿는 사람이 옆에 있다는 것이 그렇게 중요했다. 그뿐만 아니라 나는 그의 징역을 쳐다보고 나의 징역을 사는 처지였다. 그가 나가기 전에 내가 나가기 때문이었다. 보수 소집명령이 내렸다. 몹시 긴장되었다. 한 시 사십 분 보수 일동은 경비원으로서 휴게실에 모였다. 두 시 십오 분 과장으로부터 간단한 훈시를 듣고 해산되었다. 현과 함께 얘기하며 돌아와서 책상에 한 발을 올려놓고 각반을 풀었다. 상이 흔들려서 장미 꽃잎이 떨어졌다. 나는 꽃이 무너지나 했다. 불길 한 예감이 들었다. 그것이 생의 붕괴가 아닌가도 했다. 그러나 그것이 라도 느꼈다는 사실―그것이 살아 있다는 증거 같기도 했다.

다시 어슴푸레 잠이 들었다가 깬 것은 아마 꿈에 어머님이 계신 곳 에 갔기 때문이었을까, 아니면 마녀(魔女)의 불길에 놀란 탓이었을까.

자다가 또 깨었다. 제삿날 밤처럼 조상이 힐끗 보였다. 형두소의 주 보(週報) 『길』을 읽었다. 그리고 황민일보(皇民日報)에 실린 학생동원이라는 커다란 제목에 뒤이어 '팔굉일우(八紘一宇) 전시보국(戰時報國)'이라는 특호 활자들이 눈을 막 덮었다.

나는 또 잤다. 그리고 또 깨었다. 드디어 아침이 되었다. 상에 꽃들이 소복이 떨어져 있었다. 어지럽다 할까 두려워 쓸어서 변기 속에 넣었다. 그리고 그 위에 소변을 보았다. 이런 것이 실내에서 동작하는 나의 자연이었다.

나는 내일을 팔아서는 안 되리라고 생각했다. 새벽 경계경보 때문에 머리가 아프다. 그러나 오늘에 져서는 안 된다.

6월 29일 (木)

개이고 흐리고 비 오고 바람 불고…… 나의 심정과 같은 날씨였다. 비는 오전에 멎었다가 오후에 다시 왔다. 나만 우중충한 것이 아니라 전 죄수가 다 침울해 보였다. 그런 중에도 나는 나대로 평일보다 더 죄수였다.

방에 돌아와서 교무과에서 넣어준 『방공전선(防共戰線) 승리에의 필연성』이라는 김두진 저(金斗鎭著)의 일서(日書)를 읽었다. 교회사가 물으면 곧 대답할 수 있도록…….

옥에게서 온 편지를 다시 읽었다. 서울에 있을 수 없어 시골 가서 보통학교 여교원 노릇을 한다고…… 멀지 않아서 만나리라…… 회답하고 싶었지만 봉함엽서가 떨어졌다.

오늘 시간이 있어 이발했더면 얼굴이 좀 가뿐했을걸…… 3동까지 가서 이발부를 만나 면도라도 좀 하고 싶었으나 시간이 늦을까 두려워 거칠거칠한 수염을 만지며 그냥 일터로 갔다.

6월 30일 (金)

아침 다섯 시 전에 일어났는데도 세수할 사이가 없었다. 보수들이 낭하에 모여서 나를 기다리고 있었다. 아침에 만나고는 서로 뿔뿔이 헤어지는 것이었다. 오늘은 목공소엘 갔다. 거기는 장정들이 억세게 일하기 때문에 간수도 눈을 부릅뜨고 단 위에서 칼자루를 쥐고 서 있었다. 다른 공장에서는 앉아서 여자처럼 일하지만 거기서는 정말 근육이 움직이고 있었다. 밥도 1등이지만 얼굴도 홍당무처럼 1등이었다.

오후에는 또 북문에서 입초했다. 날씨가 싸늘해졌다. 다리가 아파서 틈을 보아 초사(哨舍)의 걸상에 잠시 앉았다. 제비가 나는 것이 신기했다. 하늘에는 구름이 뭉게뭉게 흩어졌다. 마음이 갈 길은 거기밖에 없었다. 문득 건너편에서 노파의 울음소리가 났다. 오늘도 가매장 3구가 있었는데 그 때문이었을까. 늙은 것이 죽지 않고 왜 이 꼴을 보는가. 이중으로 애통하게 들렸다. 그래도 나는 이국(異國)의 옥문(獄門) 같은 것을 지키고 있었다. 일곱 시가 되자 종소리가 아득히 울렸다. 이상이 없음을 고하고 나는 숙소로 지정된 감방으로 돌아왔다.

황민일보(皇民日報) 26일자를 읽어 보았다. 형양(衡陽) · 싸이판 · 대궁도(大宮島) · 윗세도(島)의 전황, 그리고 적기습래(敵機襲來)의 기사들이 실려 있었다. 그러나 그것은 모두 승리로 책정된 필법이요, 기록이며 불패의 확신에서였다. 그리하여 피는 흐르는가…… 미래를 모르는 승리의 피가……?

아, 지금 사람들은 어디로 갔을까, 친구들은 산으로 가고 물가로 갔을까, 그리고 나는 추방도 아니요, 도피도 아닌 곳에 머물러 불행한 결과로 만들어진 벌의 함정에 있다. 나는 생각할 자유조차 없어 다만 운명이란 말을 나에게 붙여놓고 있다. 나는 나빈데 거의 딱지를 쓰고 있다. 그래서 벌레가 되는 중에 있다. 나는 이해를 요구하지 않는 그런 속에 묻혀 있다. 만화 같기도 하지만 사로(邪路)에 빠진 시간의 처절한 기형(畸形) 같은 존재— 그러나 부디 너를 전하라! 그리고 말이 있을 때까지 살라! ……지금은 역사가 가리키는 것을 우리는 모르고 산다.

그 소리를 듣지 못하는 데 암흑이 있다.

아, 6월이여! 나의 6월! 너는 옥중에서 가는구나. 나는 항아리다. 또 한 달을 꾸겨서 그 속에서 오래오래 묵으면서 성당이나 지으렴!

7월 1일 (土)

밤중에 옆방에서 낑낑하다가 벽을 탁탁 치는 소리에 놀라 깨었다. 옆방에 있는 독립운동자 현(玄)의 신음하는 소리였다. 고문을 받던 때를 재현하는 것 같았다.

나는 멍하니 눈을 뜨고 있었다. 눈꺼풀이 굳어졌는지 내려가지 않았다. 실명한 자의 눈동자처럼 아마 그의 눈도 그럴 것이리라. 누구도 증명할 수 없는 우리들의 증세였다. 밤에 어둠을 주지 않는——밤새도록 켜져 있는 등불이 그것을 더욱 조장했다.

그래서 어떤 이유로든지 한번 깨면 잠은 다시 오지 않는다. 노력할수록 더욱 멀리 간다. 그렇게 되면 누워서 감방 속에서 방황하게 된다. 언제나 정확하고 확실하게 잘 것을 공부하며 또 기원(祈願)하면서도…… 오늘밤에 또 나의 심령 위에 불면(不眠)의 상처들이 살아나고 있다. 그것은 지금 서로 애기할 수도 없고 다만 역사가 견디며 나중에 묵시(默示)할 것이다. 그런데 사람들은 있던 자리를 비우고 다른 세계로 도피하고 있다. 멀리 품을 떠나고 있다. 나도 가고 있다. 이 시간에 누가 자기를 믿고 있을까? 확신하는 자에게만 창건자(創建者)여, 그대의 청동판(靑銅板)을 내주며 '너를 표상(表象)하라'고 하라. 네게 그 신념이 있는가? 신화를 잃어버리고 자기에게서 이탈되는 시대! 다만 땅만이 자기를 믿고 있을 것이다. 거기에 신도(信徒) 없이 혼자 남아 있는 것이 있지 않을까? 그런데 우리는 성을 갈고 이름 없이 간다. 우리를 이해할 수 없는 그런 곳으로 가고 있다.

저 담 너머에는 지금 해가 떠오르리라. 대일본제국의 해가…… 그와 같이 서울의 감옥에서 기상나팔 소리가 전선(全鮮)에 울릴 것이다. 그 소리에 따라 일어나도록 나의 탄생이 마련되었다! 머리 아픈 자리에 누워서. 아! 7월 초하루여, 나를 시냇가에 가서 매미 소리나마 듣게 하라!

나는 지금 인간이 아닌 한 미생물을 갈망하고 있다! 이 몰락 속에서…… 갑자기 옆방에서 캑 하는 소리가 났다.

현이 목에서 가래를 떼는 큰기침이었다. 그의 방울 같은 눈이 휙 지나갔다. 나는 그의 담력에 펄떡 일어나서 작업복을 주워 입고 벽에 기대어 창을 내다보고 있었다. 저쪽 끝으로부터 감방 문이 철컥 열리고 쾅쾅 닫히면서 벽이 울렸다. 그 울림이 파상(波狀)으로 나를 다시 구속했다. 그래서 어느덧 기능은 마비된 듯 사고력은 정지되었다. 그래서 문이 열렸을 때 나는 기계적으로 죄인의 행렬 속에 들어섰다. 그리하여 나는 자기가 없는 일본 나라로 가고 있었다. 조약과 선언에 의하여…… 나의 앞뒤에는 조선인 간수들이 서 있었다. 그 밖에도 많은 조선인들이 대일본제국을 위하여 우리를 감시하고 있다. 그 제국을 위하여 육지와 바다에서…… 그런가 하면 칼을 차고 나를 동정하는 간수들도 있었다. 나는 그들을 아무 말 없이 오늘도 보았다. 사람과 사람사이에는 살았기 때문에 움직이기 때문에 관계가 있구나.

그러나 같은 정(情)을 가졌기 때문에 관계는 묵살되었다. ㅇ 묵살은 붙어서 살려는 그들의 것이기도 하고 떨어져 살려는 나의 것이기도 했다. 그리하여 끝은 감옥이다. 나는 현의 뒤에 서서 미운 밥을 달게 먹기 위하여 취장에 갔다. 황천에 걸어 놓은 가마처럼 콩밥을 찌며 흰 연기 같은 김이 무럭무럭 났다. 들어가 앉아서 밥그릇과 국그릇을 찾아 먹었다. 빨리 먹고, 빨리 가야만 처벌의 공장 속에 빨리 동화되는 것이었다.

오전 중에는 역시 북문 입초였다. 하늘을 보는 연습 같은 것이었으나 변화가 없어 더 고달팠다. 햇빛이 찐득거릴 만큼 옷 속에 스며들었다. 소장님이 간수님과 간수부장님을 대동하고 순시하러 왔다.

"자네가 김군인가?"

점잖게 취급하는 셈이었다.

"몇 번째 교댄가?" 묻고 "이 선에서 저 창고 옆 신축(新築) 선까지 잘 보라"고 했다.

정오가 가까워지매 「우미유까바(바다에 가면)」라는 충혼곡(忠魂曲)이 들려왔다. 그리고 애국행진곡이 뒤를 이어 흘렀다.

점심시간에 땀내 나는 작업복을 갈아입고 오래간만에 공장에 진단 호출을 다녔다. 고단해서 눈을 감고 한 절반씩 졸며 다녔다. 그래도 종이 조각에 쓰인 것을 들고 정확하게 공장을 찾았다. 워낙 엄하기 때문에 틀릴 수가 없었다.

15공장(자개 박는)에 갔더니 잡역이 옆에 와서 저것이 오늘 죄수들에게 맞았다고 하며 애비를 죽인 녀석을 가리켰다. 잘못이 없어도 잘못 보이면 간수에게서도 얻어맞고 미우면 같은 죄수에게서도 얻어맞을 수 있는 곳이 형무소다. 더욱 그는 애비를 죽였다는 죄가 죄니만큼 언제고 꼼짝할 수가 없었다. 그와는 말하려는 자도 없었고 또 그가 말하려는 자도 없었다. 입을 벌리면 재앙이 터질 것처럼 사람들은 경멸로써 그의 입을 막았고 그도 또한 입을 벌리려고 하지 않았다. 죽은 애비가 그의 혀를 완전히 동결시켜버렸다. 내가 전에 그 공장에 있을 때에도 그는 언제나 고개를 숙이고 자기 때문에 숨이 막혀 죽은 애비를 보는 것 같았다.

애비는 낮이나 밤이나 술을 먹었다. 밤에는 늦게 달려들어서 식구들과 싸워서 잠을 자지 못하게 했다. 이웃에서까지도 잘 수가 없었다. 새 날이 밝아도 집안 식구들은 아침 해를 떳떳이 볼 수가 없었다.

358

어이가 없어서 하룻밤에는 급한 김에 동여매놓고 고함을 치지 못하도록 입에 솜을 틀어막았다. 그리고 잠깐 자느라고 한 것이 그동안에 애비는 눈을 뜬 채 숨막혔다는 것이다. 싱(아일랜드의 극작가)의 『서쪽 나라의 장난꾸러기』 같으면 애비같이 대단한 것을 죽였다는 소문을 퍼뜨리고 다니면서 아일랜드 시골 처녀들에게 대인기였겠지만, 그러나 동쪽 나라에서는 장난꾸러기가 아니라 여하한 자에게도 있을 수 없는 큰 죄였다. 그래서 그의 얼굴은 마른 귤껍질처럼 시들어서 40 미만에 50이 넘어 보였다.

나는 또 철공소에 갔다가 진경(珍景)을 보았다. 한 녀석이 매달려 있었다. 축 늘어진 것이 얼굴만 없으면 큰 개라 했을 것이다. 범칙을 상습으로 하는데 병아리도 깨물어 씹는다는 표독한 놈이라고 했다. 어느 공장에나 이런 자들이 한둘씩은 있다. 볼기짝에서 피가 터져서 붉은 작업복이 피에 젖었다. 잘못하면 간수가 봉변을 당하기 때문에 죄수가 공장에 넘어올 때 신분조서(身分調書)를 깡그리 조사해가지고 표독한 놈일수록 노렸다가 기회만 있는 대로 한 절반 죽여서 버릇을 떼는 것이 공장을 능히 담당할 수 있는 간수들의 솜씨였다.

오늘은 맞는 자와 때리는 자가 다 같은 인간임을 잘 목도했다. 때리는 자에게 맞는 자를 골라 보냈다 할까, 보기에만도 진땀 나는 하루였다. 그렇다고 별로 더러워진 것 같지는 않았다. 그래서 저녁 햇빛이 바람에 너울거릴 때 죄인답지 않게 황혼의 유정(有情)을 느꼈다. 그때 누가 나에게 무슨 생각을 하사(下賜)하셨는지 나는 혼자 중얼거리며 독방으로 향하였다. 그러면서도 일본도 아니고 조선도 아닌 땅을 잠깐 걷고 있었다.

빈대약을 얻어다가 또 한 번 방에 뿌렸다. 나를 물더라도 독한 약을 먹이는 것이 안 됐지만 빈대에게까지 물려선 살 수가 없기 때문에 차라리 물지 못하는 약이라도 있으면 그들로 하여금 맘대로 방황케 할 텐데…… 드디어 잘 시간이 되어 혼자 '축 안면(祝安眠)!'하고 뼈 같은 자리에 누웠다. 눈을 감았는데 내일 아침 참배 갈 조선신궁(朝鮮神宮)이 훌쩍 떠올랐다! 정신대와 함께 5시 50분에…… 그러니 3년 반 만에 처음으로 서울의 번화가 남대문통을 지나 남산으로 간다! 종로경찰서에서 서대문형무소로 오던 눈물 어린 그날엔 언제 서울 거리를 다시 걸을까 했는데 수의지만 걸치고 그래도 살아서 서울로 가기는 가는구나! 신민(臣民)이 되어 가라지만 정말일까 싶어서 남산을 차지하고 있는 신궁을 지금부터 쳐다보았다. 형로(形路)지만 걸어서 신역(神域)에 가기 전날인데 이불에서 죄의 냄새가 나서…….

7월 2일 (日)

남산 간다는 바람에 전신이 이상해졌다. 천당이 아니라 천당 가는 길 때문이었을까? 게다가 너무 일찍 깨어서 시간을 어찌할 수가 없었다. 퀴퀴한 이불 속까지 뒤숭숭했다. 반역을 허(許)하시어 신전(神殿)에 나아가 서게 하는 일— 비단옷에 황마(皇馬)라도 있으면 타고 갈 일이로다.

참배자들 중에서 혹시 아는 사람이라도 만나면…… 경기여고에서 왔으면 옥이도 있을 텐데…… 그런 생각에 그만 얼굴이 화끈해졌다. 말도 못하고 가까이 갈 수도 없고…….

그래서 이불 속에 엎드려 봉함엽서에 이 시간을 기록하여 편지를 썼다. 서울에 가지만 만나지도 못하고 돌아올 그런 사연 같은 것이었다. 이 세상에서는 모두들 기다리지만 원하는 대로 서로 만난다는 것은 극히 드문 일이어서 기다리는 시간만은 잘 맞지 않는다. 오늘의 시계가 바로 그런 운명의 것이 아닌가 싶다.

7월 2일! 오늘은 7월 2일이 두 개다. 그래서 두 군데서 7월 2일이 출발한다.

하나는 너에게 편지 쓰는 7월 2일이요, 다른 하나는 신궁에 참배 가는 7월 2일이다. 그것은 오전 다섯 시의 출발 전과 그 후다. 다음은 후자의 경우다.

오전 다섯 시 삼십 분! 그때는 해가 솟는 것이 담 안에서 보였다. 일러서 그런지 거죽이 덜 익은 해 같았다. 구름을 뚫기도 하고 구름에 막히기도 했다. 그쪽이 앞으로 배례(拜禮)할 방향이었다. 여섯 시까지 점검을 마치고 여섯 시 십 분, 구보로 조선신궁을 향하여 떠났다. 사람들은 드문드문 다녔다. 어정어정 문을 여는 가게도 있었다. 어떤 골목에서는 해장국 냄새가 풍겼다. 그럴 때면 침이 꿀꺽거리는지 행렬에서 야단들이었다. 어떤 사람들은 죄수를 보았기 때문에 재수가 없다고 했으리라. 또 어떤 사람들은 못 볼 것을 본 것처럼 집에 가서 몸서리치는 얘기를 하기도 했으리라. 어쨌든 자유스러운 집들이 문을 열고 있는 넓은 길로 뛰어가니 땀이 흐르고 숨이 찼지만 계속해서 상쾌했다.

손으로 무릎을 짚고 신궁 계단을 올라가 광장에서 일제히 땀을 식혔다. 사방이 훤히 틔어서 속이 말쑥해진 것 같았다. 선착한 소장님, 과장님들 신역(神域)에 오시니 더 한층 근엄해졌고 그 때문에 죄수들은 외축(畏縮)됐으나 감옥의 사절처럼 신궁 앞에 5열 횡대로 나란히 섰다. 경건하게 나팔을 불자 일제히 참배하고 돌아설 때까지는 감옥에 가서 다시 갇힐 것을 잊고 있었다.

계단을 밟고 내려오는데 그제야 올라가는 참배객들이 우리들의 양옆에서 땀을 씻었다. 내려와서 1분 동안 숨을 돌려 가지고 다시 구보로 남대문 옆을 지났다. 남대문 앞에 파란 캡을 쓴 듯이 서 있는 지하도의 출입구가 귀엽게도 인상적이었다. 오고 가는 여성들이 눈을 찌푸리는데도 적십자병원과 함께 이채(異彩)였다.

다시 형무소 구내에 들어서니 일곱 시 십 분…… 있던 집이지만 체온이 내려갔다. 술을 마시고 값없이 몰려다니던 그 서울이라 더욱 정을 가늘 수가 없었다. 게다가 내일 소장님의 특별 사열이 있다 해서 또 훈련을 받았다. 열한 시 반에야 끝나니 고달플 대로 고달팠다. 하품하면서 밥을 먹고 취한 기분이었으나 계속하여 오후의 복역을 했다.

오늘은 남산신궁까지 나의 형로(形路)를 끌고 갔다 온 셈이다. 밖에 나갔다 와서는 징역은 더 못할 것이었다. 그러나 제법 사람답게 피곤해졌다. 그래서 널마루지만 건강한 수면을 하리가고 의욕했다. 그러나 그것은 내일 아침 일어나기까지의 예측에 지나지 않았다. 사실은 자리에 누워 눈을 감자 하루가 어리둥절하게 떠올랐다. 저 아롱진 산속에서 옛길 그대로 굽이굽이 돌아서 흐르는 한강을 내려다보며 남산 위에 소나무들은 공손스럽게 굳어졌다.
아 서울은 동방을 잃었구나! 눈은 모두 거기 있는데…….
밤에 어둠을 주지 않는 등불! 꺼질 수는 없는가, 밝은 것에 암살되는 것 같구나!

7월 3일 (月)
아침 일곱 시 삼십일 분 구치과(拘置課) 앞에서 소장님의 사열을 받았다. 엄격했지만 무사했다. 그리고 최근 시국의 중대성과 아울러 황국(皇國)의 운명이 차일기(此一機)에 있음을 강조하고 수형자들의 봉공심(奉公心)을 고무하기 위해서 사법성(司法省) 오오모리(大森) 사법차관이 아사히신문(朝日新聞)에 게재한 글을 낭독해주었다.
오후 입초 중에 다리가 아파서 초사 옆 돌 위에 앉았다가 마쓰자끼(松崎) 부장에게 톡톡히 당했다. 그는 나에게 "자기를 필요로 하는 봉사에 헌신하라"고 했다. 나는 애국자도 아닌데…… 어떻게 하면 그가 헌신하는 곳에 내가 헌신할 수 있을까. 애국지사의 말이라 해서 어떤 사람에게나 통하는 것은 아니리라.

지난 목요일 일요일에 주지 않은 증채(增菜)가 오늘 저녁에야 나왔다.

호박, 가지, 다꾸앙, 야채…… 만족은 아니지만 부족에 대한 약간의 충족은 되었다.

7월 4일 (火)

고이 자다가 나팔 소리에 선뜻 깨니 어머님이 오셨다 간 꿈이었다. 언젠가 아버님이 흰 옷을 입고 거기 오셨기에 흉몽(凶夢)이나 아닌가 했지만 그때에는 흰 것을 길하다고 생각했다. 그런데 어머님의 옷 빛은 생각나지 않았다. 가자고 했던지 모르겠다. 그렇다면 너무 현실적이고…… 그러나 모든 어머니들은 현실적인 데 자녀들을 찾고 있다. 그렇게 찾는 것이 아마 영원한 비전이리라. 그것은 항상 젖고 있다. 밖에서 비 오는 소리가 들렸다. 창쪽으로 눈을 돌렸다. 성 위에 별들이 반짝이던 밤이 가고 이런 흐릿한 아침이 온 것이 침울했다. 거기서 비가 오는데 그 비전이 서서 비를 맞고 있다.

오래전부터 춥거나 덥거나 나의 창가에 서 있었을 것을 나는 이제야 보았다. 그러나 그는 자초(自初)의 축원(祝願)에서 밀려난 것이었다.

비가 와서 삼십 분을 일찍 종업해주었다. 배가 아팠지만 꾹 참는 것이 치료였다. 엎드려서 어떻게 잠이나 들까 했는데 아침에 본 비전을 다시 만났다. 출감의 길일까. 그러나 막상 나간댔다…… 금수강산 형로삼천리(形路三千里)인데…….

7월 5일 (水)

세탁반에서 일했다. 맑고 더운 날이었다. 구루마에 작업복을 싣고 다니며 공장별로 바꿔주었다. 크거나 작거나 대체로 나눠주는 대로 입어야 한다. 그런데 문제는 동성연애패들이다. 어떻게든지 맞는 것을 훔쳐 다락에라도 두었다가 애인에게 주어서 땀 냄새가 안 나도록 갈아 입혀야 한다.

잡방 같은 데서는 이 동성연애 때문에 감방에 들어갈 때 사람을 바꿔치기도 한다. 수만 맞춰놓았다가 들켜서 야단나는 일까지도 가끔 있다.

동성애의 대상은 대개 소매치기로 큰 애들이다. 이곳 출입이 잦아서 얼굴에 복 붙은 데는 없으나 맷맷한 애들이다. 그렇게 자란 염치없는 애들이 한 공장에 몇씩은 반드시 있어서 정평(定評)에 오른다. 그뿐만 아니라 그들에게는 때때로 그 귀한 양식조차 음으로 제공된다. 제가 덜 먹더라도 밥덩이를 뒀다 주거나 수건에 뭉개서 떡을 만들어주기도 한다. 그러려면 간수의 눈을 속일 만큼 사랑의 눈치가 약아야 한다. 형무소에서는 밥이 제일이요 제일 기다리는 것이 밥인데, 그 밥을 주는 정도로 사랑이 표시되고 또 헌신된다. 그것은 벌로써도 뗄 수 없는 결사적인 것처럼 되어 있다.

작업복을 배급하고 돌아오니 빨랫비누 도난 사건이 벌어졌다. 두 개가 감쪽같이 없어졌다는 것이다. 그것이 곧 다른 공장과의 물물교환이 되는데 이것이 바로 암거래(暗去來)다. 이 비밀 루트를 통해서만 서로 자기에게 필요한 물건이 내왕된다.

또 한 건(件)은 가공장(假工場) 앞에 심은 토마토를 누가 훔쳐 먹었다는 것이다. 이런 일은 죄수들의 마음속에서 항상 만들어지고 있기 때문에 언제든지 무시로 일어날 수 있는 일이다. 근본적인 결핍 속에 있기 때문이다. 그러나 절대로 밝혀져야 하고 밝혀진 다음엔 벌이 무섭지만 결국 본능대로 하고야 마는 것이었다.

밤의 근황— 언제나 머리를 짚고 있다. 시간이라는 게 없다. 굴 속에 앉아 있다. 시간을 깨달아야 할 근거가 없다. 무너졌는지 깔렸는지? 어서 죽어버렸으면…… 죽지 않아서 죽고 싶을까? 인간은 완성이 아니므로 죽는다, 그 완성은 불사(不死)다. 인간과 신의 차이랄까-, 죽는 인간을 부정하게 죽이는 자와 죽지 않는 신을 불의(不義)로 섬기는 자…… 그로 말미암아 집집마다 시간은 시계 속에 가두어져 있다. 그래서 인생은 시계추처럼 매달려 흔들거린다. 그러다가 죽음처럼 잔다.

7월 6일 (木)

어제 비누 사건으로 감방 검사가 대대적으로 있었다. 그러나 결국 세탁반 천장에 달아 맨 모형비행기(模型飛行機) 속에서 비누 두 개가 고스란히 발견되었다. 위생반 앞을 지나는데 토마토가 흐뭇하게 익어서 손이 갈 뻔했다.

저녁에는 어쩌다 두부 1/6, 오이, 비지, 생선을 주었다. 증채(增采)였다. 족하게 먹었다. 배불리 십육야(十六夜) 둥근 달을 보았다. 어쩌다 저렇게 밝고 둥근 것이 이 어두운 땅에서 똑바로 솟아 있을까?

7월 7일 (金)

휴게소 흑판에 '7월 7일 청(晴) 지나사변 기념일(支那事變記念日)'이라고 써 있었다. 그럴 거라고 그저 고개를 끄덕였다.

오늘은 화재복구 현장에서 일했다. 우선 2층에 올라가는 중이었다. 걸어가는 데 받침대가 바로 코앞에 떨어져서 얻어맞은 것처럼 눈이 핑 돌았다. 머리에 맞았더면 졸도했거나 즉사했을 것이다. 소름이 쭉 끼치고 진땀이 났지만 그것은 혼자 그랬을 뿐…… 죽었어도 말이 없고 살았어도 말이 없는 도장(道場)…….

앞을 쳐다보고 걸을 걸…….

그렇게 중얼거리며 계속해서 일하다가 머리가 아파서 간수의 양해를 얻고 의무과에 갔더니 영선반 누범(累犯)과 간병부(看病夫)가 말다툼을 하고 있었다.

"이 자식아 네가 간병부지만 요 담 오면 네나 내나 마찬가지 아냐?"

그것이 형무소에서 누범이 초범을 공갈하는 상투 수단이었다. 간수 앞에서야 누범이 꼼짝도 못하지만…….

간수장의 호출이었다. 소장과 포로 사이의 통역을 하라는 것이었다. 잊어버린 영어지만 명령이 통역이었다.

대강 뜯어 들으니 밥과 운동시간을 더 달라는 것이었다. 우리와는 달리 그들에게는 고려한다는 것으로 낙착되었다.

미무네(三宗) 간수장이 소집에서 돌아온 첫 훈시가 있었다. 쓸쓸하게 넘어가는 여름 해였다.

그는 시국이 중대하다고 연거푸 외쳤다. 그것이 무엇을 의미하는지 조심해 들었다. 과다르카나르 전황(戰況)으로부터 최근 사이판의 전투 상황 그리고 국민들이 가져야 할 총후(銃後)의 신념과 또 우리들의 손으로 이 형무소를 지켜야 한다는 충성심을 강조하였다. 그러는 동안에 신지(神祇) 앞에는 황혼이 지나가고 어둠이 가리워졌다. 끝난 뒤 현(玄)과 함께 감방 쪽으로 걸어가면서 이 세월이 끝날 것을 그에게서 들었다. 나는 그가 고역(苦役)에서 형안(炯眼)을 갖춘 사람이라고 오늘도 생각했다.

7월 8일 (土)

새벽 한 시 삼십오 분에 경계경보가 났다. 오늘이 대소봉대일인 줄 알고 기억했다가 온 것 같았다. 꼭 어디서 터지는 것처럼 무섭기도 했다. 일어도 못 나고 이불 속에서 어떡하나? 이 밤중에…… 형무소도 폭격 목표라는데…… 그러자 집합 명령이 나면서 급히 보수들끼리 한

군데 모였다. 모두 불안한 탓인지 얼굴이 파리했다. 놀랐기 때문에 비슷해진 공동의 표정이기도 했다. 현(玄)만은 경악할 변화에도 놀라지 않을 무엇인가 굳은 것을 뚜렷이 가지고 있었다.

그렇지만 당장 터질 것만 같은데…… 시민들은 모두 어떻게 하고 있을까…… 초조한 생각으로 밤을 새웠다.

새벽 네 시 사십 분에야 해제되었다. 감방에 와서 약간 눈을 감았으나 잘 수가 없었다.

아침에 다시 일어나니 적기 한 대가 침입했다가 동진(東進)했다는 것이다.

미무네(三宗) 간수장의 훈시가 또 있었다. 불안한 죄수들에게 결사 보국을 강조했다. 1억 황민이 다 같이 멸사봉공하면 미영격멸(米英擊滅) 따위는 아무것도 아니라는 것이었다.

7월 9일 (日)

지난밤에 야근을 했다. 미나미까와(南川) 간수가 선번이었고 내가 후번이었다.

환자 감방에서 사망자가 생겼다. 숨이 끊어질 듯한 환자도 둘이나 있었다. 밤에 동숙자들이 일어나 사지를 주무르고 있었다. 그중 한 사람은 경상도 사람으로 나이는 40세가량, 형은 4년인데 겨우 6개월이 지났다.

의사가 와서 주사를 놓기는 했으나 밤중이라 사망자를 어찌할 수 없이 감방에 그냥 두지 않을 수 없었다. 의사 간 뒤에 그들은 지옥에 드러누웠다. 시찰구로 다시 들여다보니 어느 것이 죽은 것이고 어느 것이 산 것인지 분간할 수가 없었다. 살았다는 것보다 모두 죽음 앞에서 연명하고 있는 상태였다.

아침, 그 제4감방에서 끝내 또 하나가 죽었다. 창에서 들어오는 광선까지 황량했다.

그런 것이 죽음과 함께 온 처량한 빛일 것이다. 나는 숙박계(宿泊屆) 같은 종이에 사망신고서 두 장을 썼다.

7월 11일 (火)

비가 와서 삼십 분 일찍 돌아왔으나 삼십 분 일찍 독방에 돌아온 것이 오히려 더 지루했다. 그래서 처음에는 무위(無爲)의 사도(使徒)처럼 앉았다가 나는 인간의 운명에서 와해되어가고 있었다. 어찌 보면 잘못된 그대로였다. 그로써 나의 배역(配役)은 회전되지 못한 채 끝나는가. 나는 지금 관중이 없는 심연의 변두리를 기고 있다. 그래서 나는 위축되고 또 경화된다. 나의 동공(瞳孔)은 힘없이 늘어나고 있었다. 쉬파리가 잉잉거렸다. 숨이 가쁘다. 바로 그젯밤 신고한 그 사체(死體)랄까. 나는 나도 모르게 세 번 벽에 기대어 있었다. 그러다가 일어나서 고개를 흔들었다. 내가 산 것을 증명하는 것이었다.

모든 것은 생각하는 데 있다. 중세기(中世紀)도 생각하는 데 있었다. 죽음도 생각하는 데 있을 뿐이다. 인간은 아직까지 죽은 일이 없다. 간 사람들은 도피했거나 휴식하러 간 것뿐이다. 일어서지 못하는 자는 간 것이요, 일어선 자는 있다. 나도 있다, 부정(否定)하면서 있다. 부정하기에 알맞은 자리에 있다. 예정보다 더 호되다 할까. 그러나 나와 우리는 제자리에 있다. 또 이 자리에 있다. 나는 수염을 쓰다듬어 보았다. 3년 6개월 1천3백 날…… 그냥 자랐다면…… 지금은 짧아서 옥수(獄愁)가 아직도 매달리지 못했다.

비가 온다. 밖에서만 오는 것이 아니라 안에서도 온다. 어디로 떨어지는지 안에서 더 처량하다. 땅이 질어서 오늘 밤 내 마음 원초(原初) 같구나! 그 길로 비를 맞으며 걸어오는 것이 있다. 또 그 '비전'이구나! 그리하여 비는 통한다! 밤비는 더욱 통한다!

창가에서 물러설 때 뒤에 방이 있는 것을 알았다. 나를 허용하자 곧 나를 잡았다. 그러나 나는 갈 수가 없었다. 그것은 나의 흐르는 피였다. 순교(殉敎)하는 것이었다.

············.

단 한 발자국도 물러설 수 없는데 나는 괴테의 시집을 들었다. 무뚝뚝하게 생긴 사나이의 얼굴이 떠올랐다. 「예술가의 저녁의 노래」——죄수의 밤노래이기도 했다.

이내 맘속에 살고 있는

그대의 모든 힘을

그대는 즐겁고 힘차게 하며

나의 좁은 것을

넓게 펴 주고 있다.

영원성(永遠性)에 이르기까지

······각각 제 나라를 가지고 제 나라만을 위하는 신들이여, 그대들이 주신 이 자리를 굽어보시라. 이 어질고 착한 방을…… 그러면 별한 것쯤이야…… 무념무념(無念無念).

7월 13일 (木)

아침 땅이 부드러웠다. 그래서 땅이 부푼다고 하는가. 봄 향기가 땅에 묻힌 탓인지도 모른다. 구름이 흘러 하늘이 고요히 흔들거렸다. 나는 의무과 앞에서 환자들의 시중을 했다.

신의창천(神意蒼天)이면 저 회색 초가지붕에 글씨나 써볼까. 하늘이 흐리면서 비가 올지도 모를 오전 열한 시, 드디어 비는 방울지어 오도다.

간수장으로부터 포로들에게 온 편지를 보고 그 개요를 쓰라는 분부가 전하여 왔다.

편지 105통, 제일 긴 것이 15매, 제일 짧은 것이 5매였다. 작년 6, 7월경으로부터 금년 정월까지의 일부인(日附印)이 찍혀 있었다.

대체로 일상생활에 관한 것인데 파티에 혼자 갔다는 얘기, 정원이 혼자 보기에 너무 아름답다는 것, 그리고 지금은 어디 있는지, 춥지나 않은가, 소포는 적십자사를 통해 보내고 위문대와 잠바도 짓고 있다는 것, 그 밖에 결혼, 스포츠, 자녀의 성장, 친척들의 주택 이전, 크리스마스 등등이 씌어져 있었다.

그런데 어는 편지에나 꼭 같은 것은 love와 kiss다. 모두 개인적인데 입술을 그려놓기도 하고 빨간 칠까지 해놓은 것도 있었다. 단어 가운데 많이 눈에 띄는 것은 worry, fit, OK, well 등이었다.

한 여성은— 전쟁은 영속하지 않을 것이니 시간이 흘러서 어서 만나되 크리스마스까지는 꼭 만나자고 했다.

또 한 여성은— 돌아오면 행복할 테니 착한 생활을 하라 하면서 '절대로 내 맘 밖에 나가서는 안 되는 당신을 영원히 그립게 생각하면서'라고 정성스럽게 썼다.

또 한 여성은— 싱가폴에서 보낸 편지를 읽고 깜짝 놀랐죠, 일본 책을 보내서 재미있게 보았지만 지금은 어디서 어떻게 지내는지, 상하지나 않았는가, 돈 걱정은 없는가고 물었다.

그러한 문구 중에 여성들이 몹시 바쁘게 지내는 모습도 엿보였다.

지금 몹시 바쁜데 누가 왔기에 약을 먹으면서 당신 얘기만 하죠. 모두들 당신 안부만 물었어요.

그리고 편지 속에 병에 대한 것이 상당히 있는데 대개는 복통, 류마티스, 관절염 등이었다.

그리고 놀랍게도 전쟁적(戰爭的)이요 애국적인 것은 거의 없었다.

대략 이상과 같은 것을 요약해서 문서로써 제출하고 나니 오늘 일은 문화적인 일로 끝났다. 돌아오는 길에 3동 아랫층에 들렀다가 의외에도 전에 잃어버린 릴케의 시집을 찾았다. 어느 잡방에서 나왔는지 꽤 더러워졌다. 그러나 릴케였다. 누가 읽었을까……?

밤에는 시간이 좀 달라졌다. 남의 것이지만 간절한 애정의 편지들을 낮에 많이 읽었기 때문일까……? 부질없는 고민이 올까 봐 잘 때에는 아예 벽 쪽으로 돌아누웠다.

7월 14일 (金)

낮에 건축 현장에서 몹시 고달팠다.

점심을 빨리 먹고 남은 20분 동안을 벽돌에 기대어 졸았다. 혼수상태에 빠졌다 난 것 같기도 했다 밤이나 아침 깰 때마다 여기가 어딘가? 싶었는데 오늘은 눈을 뜨니 높은 하늘이었다. 그래도 놀란 것처럼 머리가 띵했다. 결국 수면의 변두리를 돌았겠지…….

7월 15일 (土)

세수를 못했지만 오늘은 바람이 좋았다. 하늘에 뜬 흰 구름— 아마 바람의 모습이 그런 것인가 싶었다. 밥을 먹고 조금 틈이 있기 때문에 3동에서 얼른 면도를 했다. 턱이 거뜬해서 만져보니 옛 촉감이었다.

현장에서는 벽돌이 타고 있었다. 때리고 독촉하는 것도 일이었다. 땀을 철철 흘리며 벽돌을 나르다가도 손까지 화끈거리는지 고인 물에 씻다가 회초리에 얻어맞기도 하고, 벌써 더위를 먹었는지 일어나지 못하는 자도 있었다.

……죄수는 항상 맞는 태도를 견지해야 한다. 끽 소리도 말고…… 나는 독립문 저쪽 산기슭에 웅크리고 있는 지붕을 건너다보았다. 지붕

도 범행이었다. 하루 속에 여러 가지 유폐(幽閉)가 있다.

잠깐 쉬는 틈에 샘터에서 물을 먹고 얼굴을 씻으니 일에 녹고 해에 타선가 시원했다. 그리고 죄수들 옆에 앉았다. 어느덧 그들과 나의 피는 같이 녹았다. 그래서 하나의 비존(非存)과 같은 것이었다.

이럭저럭 하루를 마치고 작업대 뒤에 서서 오는데 병감실 담당간수를 만나 오늘은 시체가 몇이나 됩니까? 한즉 넷이라고 했다.

"예년보다 어떕니까?"

"아마 서대문형무소가 생긴 이후 처음일걸…… 우선 약이 태반 부족이니까……."

"그런데 죽는 거야 초범이지…… 누범부터는 체질이 돼먹어서 견디기 마련이죠……."

밤에 책을 읽다가 카롯사의말—

'영원한 것이란 핏속 깊은 데서 작용하며 성숙한다.'

'네가 찾은 것 하나하나 모아서 정화시켜 마음 고요히 어머님의 나라로 돌려보내라.'

'인간의 주위를 걷는 데는 몇 초 동안도 족하다. 그렇지만 사랑에 사는 한 사람의 영혼의 주위를 돌려면 전생애의 모든 세월의 길이를 다 해도 부족하다.'

7월 16일 (日)

일찍 잠을 깼으나 면업일이라 눈을 감고 늦게 자는 시늉을 했다. 복도에서 칼 소리가 났지만 안에서는 귀족처럼 뒹굴고 있었다. 좀 뽐내는 아침이었다. 여덟 시 교회(敎誨)에 가는 도중 뻐꾹새 우는 소리가 들렸다.

교회(敎誨)는 육체적 개인주의와 정신적 개인주의, 나중엔 국가와

전승(戰勝)이었다.

오후에는 위생반에 놀러간 셈이었다.

7월 오후에 더 무르녹았다. 일없이 앉았으니 공원 같았다. 포플러 잎사귀가 가는 바람에 떨며 햇빛에 하느적거렸다. 매미 소리가 요란스러웠다. 인왕산 위에는 흰 구름이 솜처럼 가볍게 뜨고 있었다. 기봉(奇峰) 같지는 않지만 흰 꽃송이 같았다. 땅에서는 토마토가 익어서 살이 물렁거렸다. 하나 뜯어 먹고도 싶었고 또 훔쳐 먹는 맛도 알지만 신뢰에 관계되는 일이었다. 여기 와서는 굶주리는 데서 시작했고 영혼은 저 담으로도 가둘 수 없는 것이라 자처했다. 죄인 가운데 한 사람이 나에게 저 토마토가 먹고 싶지 않은가 물었다. 나는 그저 태연하게 웃고 말았다.

자기들은 먹고 싶어도 나는 아마 먹고 싶지 않으리라고 생각했을 것이다. 그것은 아마 내가 정숙하게 보인 때문이었을지도 모른다. 형무소 생활을 하는 동안에 정숙한 것이 나의 규율처럼 되었으니까…… 바로 앞에 해바라기가 속을 드러내놓고 여지없이 활짝 피었다. 저렇게까지 필 필요가 있을까.

나는 해를 피하여 그늘에 들어섰다. 붉은 벽돌담이 유난히 엄해 보였다. 몇십 척이나 되는지? 높다기보다 넘지 못한다는 위세가 너무도 강했다. 할 말은 그 담이 다 하고 있었다. 그렇기 때문에 수감자들은 할 말이 없었다. 휴일이라 그들은 식기를 닦아서 기다란 걸상에 가지런히 놓고 있었다. 알루미늄이 햇볕에 반짝였다. 너무 닦아서 긁은 것처럼 종횡으로 무늬가 갔다. 젓가락도 함께 쪼이고 있었다. 앉아서 조는 친구도 있었다. 내가 본 여러 가지 오후 중에 이것도 한 오후였다. 어느덧 휴일의 해가 뉘엿해졌다. 성 밖에서보다 성 안에서 빨리 지는 해! 발을 같이 떼면서 그림자는 황혼에 누워 가고 나는 서서 제4동 감방으로……

7월 17일 (月)

지난밤 더운 데다가 파리가 달려들어 자지 못했다. 불을 끄지 못하니 파리도 신경질이 났는지 더 덤벼들었다. 골치가 아파 종일 혼났다.

저녁에나 좀 잘까 했는데 1상(一上) 공장에서 죄인 한 명이 행방불명이라 야단법석이 터졌다. 여섯 시 사십오 분부터 아홉 시 삼십 분까지 색출작업이 계속됐다. 바로 1하(一下) 공장 구멍 속에 들어가 있었다는 것이다. 앞에 물건이 꽉 가려졌고 밀가루 포대 때문에 흰 가루를 푹 쓰고 있어서 보고도 모를 뻔했다는 것이다. 간수가 와서 어슥한데 사형장(死刑場)을 뒤지기가 제일 싫었다는 것이다.

7월 19일 (水)

비가 몹시 왔다. 심란할 여지(餘地)였다. 우중충한 방에서 『사회와 감옥』이란 책을 읽었다. 감옥살이를 잘못 하지나 않는가 해서 반성하면서 읽으려 했으나 좋은 독서는 아니었다. 그래서 오늘로 하직하고자 했다.

다만 오스본의 말만은 적어 두고 싶었다.

'소수파(小數派)일 때 나는 꼭 자기가 옳다고 생각한다. 오직 한 사람일 때 나는 자기가 확실히 옳다는 것을 안다. 소수나 한 사람이라는 것은 반드시 좋은 것은 아니지만 다수에 대해서 그만큼 성찰력의 심도를 가진다. 인성(人性)은 선한 것인데 환경이 그것을 악으로 인도할 뿐 날 때부터 악한 것은 아니다.'

소수론(小數論)에 한 관점이 있다. 그렇다면 지금의 나보다 더한 소수는 없으리라. 귀중한 환경이니 나빠지지는 않겠지만 심도(深度)가 문제지…….

저녁때 비가 멈췄다. 포로들이 돌아오고 있었다. 계돈사반(鷄豚舍班)에 배치했는데 아무것도 하지 못하면서 먹을 것만 탐하고 냄비 소리만 나도 곧 기웃거린다고 리노모도(李本) 간수부장이 웃으면서 말했다. 키다리 멜번대학 교수가 제일 말랐다. 그래도 그들은 나만 보면 윙크도 하고 손짓도 했다.

저녁 점검을 마친 뒤에 미무네(三宗) 간수장으로부터 보수들을 모아 놓고 17일 싸이판 전투에서 황군이 옥쇄(玉碎)했다는 것을 발표해 주었다. 그리고 보수 17명으로 하여금 서대문형무소를 대표하여 그의 인솔하에 신궁을 참배시켰다. 묵묵한 행진으로 여섯 시 십오 분에 떠나 일곱 시 십오 분에 돌아왔다. 남산 조선 신궁은 녹음 속에 깊이 들어앉아 있었다. 비에 젖고 황혼에 덮인 경성(京城)—멀리 보이는 한강은 증수되어 흐린 해협 같았다. 거리의 등불은 그림자를 비쳐주고 있었다.

자기를 위하여 그렇게 서러운 등불의 거리를 지나 형무소로 오는 심정— 야릇하고 측은했다.

방에는 다음과 같은 감방 주의서가 들어와 있었다. 이것은 세계 감옥사상에 가장 남아 있을 기록적인 것이기 때문에 다음 페이지에 적어둔다.

7월 21일 (金)

오늘 오전 5시 정신대(挺身隊)의 신궁 참배가 또 있었다. 나는 외역 환자들을 의과에 데려가고 또 공장에 배약(配藥)하기에 바빴다. 그렇게 돌아다니는 동안에 구내 각처에 대피호(待避壕)가 상당히 많이 만들어진 것을 보았다. 폭격이 있으면 과연 그 속에 들어가서 살 수가 있을까 그런 생각도 났다.

○ 병사(兵舍)는 국가(國家)의 시설(施設)이며 또 자기(自己)의 가가(假家)로 생각해야 한다.

○ 병사(兵舍)는 하루의 피로(疲勞)를 위양(慰養)하는 극락경(極樂境)이어야 한다.

○ 심신(心身)의 수련(修鍊)은 주위(周圍)의 정화(淨化)에서부터 시작(始作)된다.

○ 일실(一室)의 정돈(整頓)이 되지 않으면 일생(一生)의 갱생(更生)을 생각할 수 없다.

○ 일사불란(一絲不亂)한 주위(周圍)의 정리정돈(整理整頓)은 심신(心身)의 경쾌(輕快)·명랑감(明朗感)을 증가(增加)한다.

○ 위생관념(衛生觀念)은 반드시 자기(自己)의 보건(保健)뿐 아니라 신민(臣民)된 자(者)의 표식(標識)으로서의 보은사상(報恩思想)에 입각(立脚)하여야 한다.

○ 일상(日常)의 소제(掃除)와 정돈(整頓)에도 창의공부(創意工夫)를 요(要)한다.

○ 병사(兵舍)는 옛날 감옥(監獄)이 아니요 나의 각출(角出)을 고치는 연성도장(鍊成道場)으로 생각해야 한다.

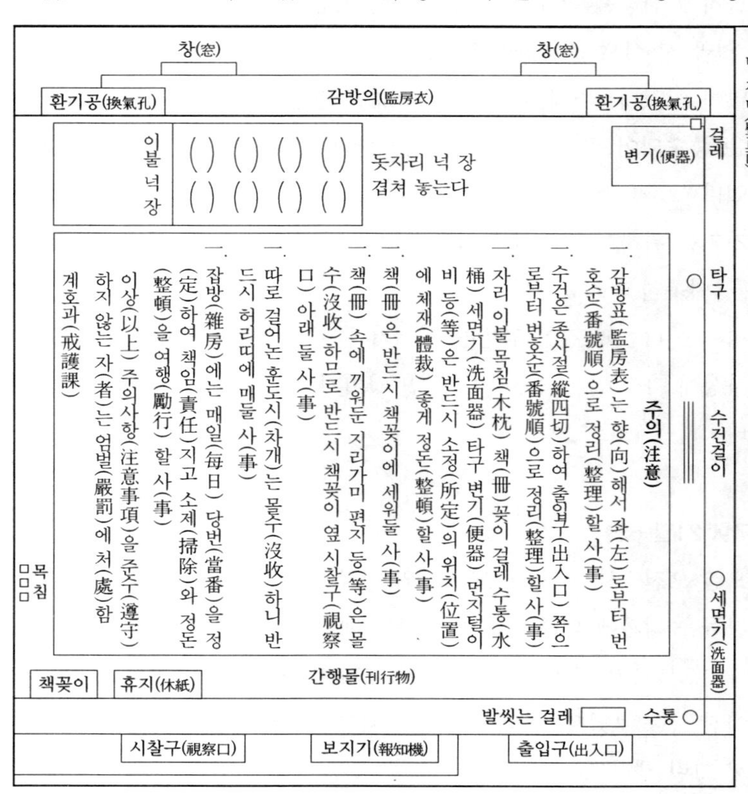

376

웬일인지 오늘은 간수들이 더 긴장했다. 화재복구 공사에도 마력을
더 냈다. 형련반(形鍊班)도 대열성이고 영선반(營繕班)·고공반(藁
工班)도 이상하게 채석장에서 돌을 운반했다.

"몇 시나 됐어요? 죽겠는데— 증채나 좀 더 먹게 해주세요— 밥이
또 준다는데? 일은 자꾸 더하고—"

그렇게 묻지만 그것은 나로서 대답할 일이 아니었다. 밥이 준다니까
아마 시국이 그만큼 나빠지는 것 같다고 했다.

저녁 점검 때에 교관으로부터 일장훈화가 있었다. 도오죠 내각(東條
內閣)이 총사직하고 요나이(米內) 대장 고이소(小磯) 대장 양 각하에
게 대명(大命)이 내려졌다는 것이다. 그리고 내각이 변동되어도 일본
제국의 국체(國體)에는 추호의 변함도 없이 언제나 우리 천황 폐하께
일귀(歸一)하며 신민(臣民) 또한 있을 곳에 있고 행할 것을 행함으로
써 팔굉일우(八紘一宇)를 이룬다고 했다.

시국이 급한 듯한 예감을 받고 서서히 걸어서 돌아오니 부채가 들어
와 있었다. 신선처럼 혼자 앉아 부채질하며 제대로 돼가는구나 하는
생각— 그러면서 모기도 쫓고 파리도 잡고—

7월 22일 (土)

화씨 93도까지 올라갔다. 추울 때에 더 입지 못한 것처럼 더울 때에
벗지 못하는 신세.

오늘의 상황

○ 가공장(假工場)에서 옴 때문에 가려워 나무에 몸을 비벼대는 자
가 있었다.

○ 경운반(耕耘班)에서는 환자가 생겨 휴역방으로 들어가라는데 들
어가지 않겠다고 비는 자가 있었다. 들어가지 못해서 성화질하는

자도 있지만 밥이 적고 또 여러 가지 병자들 때문에 도로 죽게 되기 때문이었다.

○ 의무과 병감 도처에 영구차가 와 있었다. 우는 소리 처량하게 들렸다.

○ 복구공사장에서 지까다비(足袋) 도난 사건이 벌어졌다.

○ 일하기 싫어서 설사를 빙자하고 휴역방에 들어가려고 병을 꾀하는 자가 있었다.

○ 여감(女監)에 애들 셋이 어머니를 찾아 면회를 왔다가 종시 멀어지지 않고 울어서 간수장이 데려다가 달래 보냈다는 얘기— 목격자의 말만 들어도 눈시울이 뜨거워지는 일이었다.

7월 23일 (日)

화씨 93도의 더위에 또 도주사건이 벌어졌다. 구내에 잠복한 것을 오후 네 시간 걸려서야 체포했다는 것이다. 도주사건이 나면 늘상 뒤숭숭해진다. 나도 도주하는 자이기 때문에— 형무소는 아니고 나 자신에게서—

7월 24일 (月)

오늘은 물 긷는 일에 종사했다. 발을 벗고 얼굴도 씻으며 때도 벗기며— 죄치고는 시원한 일이었다. 큰누님께서 면회를 오셨다. 역시 천리길을 멀다 하지 않고— 면회를 마치고 돌아오며 싱(아일랜드의 극작가)의 『옥문(獄門)』이 연상되었다. 그러면서 채석장에 갔다. 돌 깨는 소리가 골짜기에서 멍든 울음처럼 울림했다. 죽음의 문에 부딪치는 것인지 신(神)의 문을 두드리는 것인지…… 하루를 살기에 필사적인 신음 소리였다. 위에 하늘이 있고 아래 땅이 있는데도 그 굶주린 눈과 비겁한 손— 비나 오시렴! 그리하여 노예의 때를 벗겨주시고 바람이라도 불어서 그 먼지나마 털어주시지, 신이여, 당신의 아들들이 죄를 이렇게 고역으로 치르게 할 줄이야. 힘없는 마치가 떨어질 듯 높이 올라갔다가 급히 떨어지는 소리— 그리고 또 울리면서 땀을 흘리는 인간— 그가 죄인이니 법정치고는 너무나 무천무심(舞天無心) 같은 골짜기구나!

7월 27일 (木)

아침에 비가 쏟아졌기 때문에 더위에 서기(瑞氣)가 돌았다. 아버님이 넣어주신 염주를 쥐고 엄지손가락으로 한 알씩 세계를 굴리듯 우주를 돌리듯 또한 무념하고자 만지고 있었다.

밤에는 더워서 잘 수가 없었다. 몇 번 깨었다. 나중에는 일어나 앉았다. 무슨 주문(呪文)에 물린 것 같기도 했다. 파리가 윙윙거렸다. 땀 냄새를 맡았는가. 부채로 식혔다. 또 비가 쫙쫙 쏟아지며 번개질했다. 이런 데서 당하니 꼭 말세 같았다. 수건을 축여 얼굴을 씻었다. 유리창 뒤에 검은 표지의 책을 대고 얼굴을 비춰 보았다. 거울이 없이 오래간만에 어슴푸레하게나마 제 얼굴을 본 셈이었다.

있는 줄이야 알지만 본 것은 근년에 처음인 것 같았다. 탄 듯 부은 듯 그리고 갑자기 슬퍼지는—그러나 얼굴로서 유지는 되었으니 미소는 비웃는 표정이었다.

돌아서서 나는 천장 귀퉁이에 줄을 치고 엎드려 있는 거미의 얼굴은 대체 어떤 것인가 보려고 했다. 이런 밤에는 그것이 또 무서워졌다. 얼굴을 감춰 두고 그는 독(毒)으로 보는 자였다. 그 거미의 즙(汁) 같은 잉크가 나의 방에서 거의 없어져서 인제 붓을 놓을 때가 가깝구나 하는 딴 생각이 들었다.

7월 29일 (土)

오늘은 취장(炊場)—거기가 온갖 수단이 오락가락하는 데였다. 나도 그렇지만 교대간수가 더욱 좋은 사람이어서 취장이 활기를 띠었다. 밥 개수도 더 가고 국통 속에 밥이 들어가기도 하고—더군다나 그 큰 가마에서 솟는 김 때문에—그 김 속에서 밥이 창고로 들어가기도 하는데 지나가던 청소반원들이 증기를 타고 들어가서 그 뜨거운 밥을 눈깔이 나오고 목구멍이 메도록 입에 쑤셔넣고 있었다. 그래도 그들은 물을 안 먹는다. 물배가 부른다고 해서…….

저녁에 땀이 흐르며 얼굴이 아팠다. 단전(丹田)에 기해(氣海)를 넣고 대공(大空)에 앉아 열을 잊어보려 했다.

7월 31일 (月)

화씨 89도의 더윈데 오늘이 7월의 마지막 날, 만기가 몇 달 안 남았으니 병에 걸리더라도 나가서 죽을 만큼은 견디겠지…… 세월이 가면 생명이 준다는데 나는 세월이 가는데서 생명을 찾으려 하고 있다. 썩은 달 7월은 가고 8월이여 오시라.

오늘은 감방 시찰구에 붙은 놋쇠를 떼서 감는 일이었다. 정신대원들을 데리고…… 편지 한 장 들어갈 만한 우체통 같은 구멍인데 그 구멍으로 들여다보면 빨간 하오리를 입고 머리를 깎은 그도 사람이긴 하였다. 인간이란 별것이 아니다. 그렇게 취급하면 그렇게 되는 것이다. 하나씩 닦고 검사를 마치고서는 다음 방으로 간다. 그 유명한 벌방도 그 차례 속에 들어 있었다. 다른 독방과 같은 방인데 다른 방에는 낮이나 밤이나 전등을 켜서 성화지만 이 방에는 그와 반대로 낮이나 밤이나 어둡고 캄캄하다. 거기에 탈옥수(脫獄囚)가 고랑을 차고 신음하고 있었다. 발광하면 매로 다스려 숨을 죽여 놓는다. 그 옆에서 다른 죄인은 평민처럼 시찰구의 놋쇠를 무표정하게 닦고 있었다.

오늘 7월 31일 모범수 2명이 서대문형무소를 대표하여 수형자들의 눈물나는 돈을 모아 국방헌금으로 헌납하고자 군부에 파견되었다.

8월 1일 (火)

나도 살려고 이 대지(大地)에 왔을 것인데 흙을 잘못 밟고 옥중에 와서 가슴이 시리도록 누워 잠이라고 자다가 새벽에 깨니 뜻은 가는 곳 없으니 등불이 도로 어두움만 같지 못하다. 사람들은 다 자겠지…… 자유를 위해서…… 그러나 내게는 자는 것이나 자지 못하는 것이나 아무 다름이 없다.

갇혀서 보내는 세월 하루도 열 번 스무 번 더딘 것 같더니만 지나간 것은 뉘엿한 강가에서 물소리도 없이 건너편을 보는 것만 같다. 그러면서 나는 보람 없이 무각(無覺)한 존재 속으로 유실(流失)되어가고 있다.

군호(軍號) 같은 기상 명령에 나는 자리에서 일어났다. 세탁반에 갔다. 사람이 입는 옷 중에서 제일 더러운 옷들이 누더기처럼 새로 쌓여 있었다. 끓는 가마 속에 넣어 푹푹 찌는데 이(?)들이 헤매고 있어 문득 옴쟁이처럼 궁둥이를 긁었다. 감각 속에 기고 있는가, 그처럼 감각에 전염되는 가마 옆에서 얼른 피하고 싶어 누가 부르거나 찾기를 기다렸으나 나를 찾는 사람은 아무도 없었다. 그렇게 신경을 물린 것이 육체를 물린 것보다 더 징그러웠다.

'기간(其間) 몸은 건강한지 면대(面對) 못하니 원처(遠處)에서 근심뿐이다. 아무려나 선한 마음으로 속히 환가(還家)하기를 바란다. 종종 편지할 생각은 유(有)하나 그것이 너에게 불행일까 하여 근심하다가 이제야 소식을 전한다. 집에 대한 걱정은 일절 하지 말고 몸이 건강하게 지낸다면 부모에게 근심 더는 일이니 그리 알고 널리 생각하여라.'

아버님의 편지신데 '선한 마음'과 '너에게 불행일까' 하는 구절에 각별히 유심(留心)하였다.

8월 4일 (金)

오늘도 장의사(葬儀社)처럼 시체 넷이나 파묻었다. 비온 뒤라 땅이 질벅거려서 조심스럽게 디뎠다. 그들 중에는 히라야마(平山, 2966번 황병율) 군의 시체도 있었다. 어제 아침 잠깐 병석을 들여다볼 때 이 젊은 독립운동자는 정신이 말뚱말뚱해서 간병부도 괜찮다고 했는데 그때 그것이 그에게 마지막 돌아온 지상의 정신이었는지도 모른다. 만주에서 여러 해 동안 면회 한번 없이 살아온 그였다. 그러한 사람이 그 한 사람만이 아니지만 실성(失性)한 땅에 태어났기 때문에 성(姓)까지 갈고서도 오늘 무덤으로 가는구나! 그에게 아내가 있으면 망부석(望夫石)이 되리라. 우리의 마음속에 서 있는 심상(心象)이 모두 그러할 것이니 허무한 곳에 눈이 감기랴.

우두커니 앉았다가 세숫물에 양말을 씻고 변기통에 부어넣었다.

8월 5일 (土)

왼쪽 눈이 아픈데 약을 얻을 수가 없다. 게다가 무덥다. 겨울 일을 생각하면 덥다 하지 말아야 할 텐데 속이 타고 젖어들어 짜증이 났다.

교무과장으로부터 '수형자훈(受刑者訓)'을 가지고 오라기에 갔다. 가출옥(假出獄) 수속에도 쓰는 모양이지만 선의(善意)일 뿐 알지 못할 일이었다.

자네 수원 정신대에 가지 않겠는가?

가도 좋지만 만기도 가깝고 또 집에서 면회하기가 힘들어서 여기 있겠다고 했다.

수형자훈(受刑者訓)

1. 우리, 황도(皇道)를 우러러 충성을 다함.

2. 우리, 작업에 힘쓰며 규율을 준수함.

3. 우리, 마음을 닦고 일억일념(一億一念) 매진함.

8월 6일 (日)

작년 이날 밤 대화재가 난 일주기(一週期)라 30분 일찍 종업했다. 문을 열라고 발을 구르며 벽을 치던 그 아우성이 들린다. 그때 우리들은 사상범의 불안까지를 느꼈다. 화재 근방의 죄수들만 밖에다 내세웠다. 그 불 때문에 지금 벽돌공장이 유혈(流血)로써 급히 서고 있다.

8월 8일 (火)

오늘이 입추(立秋). 정오, 화씨 105도 속에 가을이 선다. 왼 눈에 붕대를 처매니 오른 눈이 보는 데 힘든 줄 알았다. 그런데 더위는 왼 눈에 몰렸다.

의무과 앞 못에서 붕어새끼 세 마리를 얻어 방에 갖다 놓았다. 특혜로 해바라기 한 송이까지…… 감방이지만 중학 때의 하숙 같다. 벼랑에 등이 치는 새처럼 감방에 정을 붙이고 살려는 심정…… 그리고 한참 있다가 나는 외양간에 누웠다.

8월 11일 (金)

비가 오다가 멈췄는데도 흐릿했다. 그것이 좋은지 제비가 커브를 돌며 신나게 솟았다. 그 자리에 잠자리들이 모여 섰다가 날아갔다. 성 밖에서 애들한테 쫓겨서 여기 와 노는 건지…… 하늘이 파아란 틈새로 날아가는 듯했다. 어디 갔다가도 곧 내 앞에 모여들었다. 그 복안(複眼)에 따로 보이는 것이 있는 모양인가, 나의 참상(慘狀)까지…… 관세음보살처럼 손이 천 개가 아니고 발이 천 개라면 나도 여기 섰는 듯 따라갈 텐데…….

그런데 딴 일로 나는 계호과에 불리어 갔다. 포로들의 선서문을 번역하라는 명령이었다.

'오등(吾等)이 외역(外役)함에 있어 재소자의 규율을 엄수하며 소정의 장소에서 이탈함이 없이 관원의 명령에 절대 복종할 것을 이에 선서함.'

그 아래 포로 전원이 기명하고 싸인했다.

시키는 대로 듣지 않기 때문에 이 유례없는 서약이 만들어져서 나의 역문이 붙은 모양이었다.

밤에는 염주를 팔목에 걸고 잤다.

8월 15일 (火)

변사반(便捨班)을 따라 여감(女監)에 갔다. 전에 한 번 본 일이 있는 이 금남(禁男)의 지구는 비록 똥 푸는 데 따라갔지만 호기심이 끌리는 순례지(巡禮地)다. 남자 간수도 못 들어가는 곳이지만 똥을 푸는 일이니 남자 죄수밖에는 할 수 없었다. 차개를 거두느니, 일거리를 들고 외면하며 돌아서느니, 보면서 뒷걸음치다가 넘어지느니, 야단법석이었다. 남자들 것보다 구린내가 더 난다고 피피 하면서 사내들은 더욱 익살을 부렸다. 그리움이 역겨운 모양이었다.

8월 17일 (木)

구 내외를 빗자국만 나도록 슬슬 쓸고 지하실 변소까지 소제시켰다. 캄캄한 스릴이 느껴졌다. 죄수들에게 방임하면 이 지하실 변소는 여러 가지 모로 쓰여질 것이다. 감방에서 변기통에 불편스럽게 앉아 똥을 누다가 오래간만에 변소에 들어가니 신기했던지 여간해서 나오지 않는 것이 질색이었다.

오후에는 또 가매장(假埋葬) 넷! 차츰 사무화해져서 쉽게 묻었다. 녹음방초에 묻혀 천당으로 가는지 지옥으로 가는지 일본으로 가는지 알 수 없는 일이지만…….

8월 18일 (金)

어젯밤 안개에 아침이 흐렸는가, 또 오후에 가매장 다섯! 잘도 죽는 구나! 수원 갔던 정신대원 중 17명이 뼈다귀로 돌아왔다. 어쩌다 한 명은 형집행정지(形執行停止)되고…… 가는 길도 죽는 길인 양…….

8월 19일 (土)

수원서 돌아온 정신대원 1명 사망. 정말 죽는 시간까지 일했구나! 나머지 치료받을 자들은 대체로 옴인데 꽁무니가 미지근히 나와서 수 치심까지 잃었다. 승전이 얼마나 고된 일일까 미리 짐작되었지 만…….

저녁을 먹는데 현(玄)이 국에서 고기 한 점을 내 국에 털썩 넣었다. 당황해서 쳐다보니 씩 웃었다. 너무들 열심히 먹기에 웃으려고 한 장 난인 줄 알고 나도 씩 웃었다.

방에 돌아와 붕어에게 물을 갈아주었다. 꼬리를 치고 맘대로 노는 것이 신기했다. 물이라는 제한을 모르고…… 감방에서 파리가 맘대로 날 듯이…… 슬픔을 주어 은어(銀魚)를 기르는 사람!

밤— 마음에 끼인 곰팡이에 녹이 슨 듯 여독(餘毒)을 풀어 하늘에 보내다. 별이 골목에 켜지듯 그런 골목의 나로다!

8월 20일 (日)

아침에 찬 기운이 돌았다. 여기서는 차다는 것은 쓸쓸하다는 것이다. 제비가 나는 것도 달랐다.

오후에 제품을 구루마에 실어 죄수들이 끌고 창고에 갔다. 속에 들어가면 웬일인지 한참씩 나오지 않았다. 그 속이 요지경이었다. 풀 쑤는 찹쌀가루가 반죽이 되고 떡이 되어 눈알이 나오고 목구멍이 메도록 넘어갔다. 그리고는 입에 가루를 씻으며 나오는 것이었다. 간 데마다 요술이다! 내게도 넌지시 권했지만 모른 척할 수는 있어도 같이 범하기는 싫었다. 결국 범행과 동행이지만…….

8월 21일 (月)

점심시간에 나의 출신 자개공장에 갔더니 나에게 땅콩만 한 짚세기를 선사하는 이가 있었다. 몸에 지니고 있다가 가지고 나가면 기념도되고 길하다는 것이 그들의 신념이요 우정이었다.

속으로 가지고 싶기도 했지만 태연히 사양했다. 일본 마메조오리(콩알만 한 일본 짚세기)와 자개 박은 담배곽은 죄수들이 범칙하는 귀중품이요, 연말연시의 비밀 선물이었다. 그리고 진귀한 것이기도 했다.

8월 22일 (火)

규슈(九州) 지방에 적기 70대가 습격해왔다고 하면서 간수장의 시국적 훈화가 있었다. 저녁, 한 보수가 지나다가 해바라기 씨를 주었다. 어릴 때처럼 까먹으면서 『독일시집』을 읽다가 노발리스의 「단상(斷想)」을 읽었다.

'여자는 선(善)과 미(美)의 상징이요 남자는 정의와 진리의 상징이다.'

'인생은 강요될수록 더욱 고양된다.'

루벤스의 「벌받은 지옥도(地獄道)」를 보았다. 저주받은 자의 육체에 벌어진 참경 — 검은 구름에 가렸으나 그 속에 광선이 비쳐들고 있었다. 건너편에 천사의 얼굴이 보였다. 영원히 계속되는 것일까?

8월 25일 (金)

계사반(鷄舍班)에서 포로들이 서성거리고 있었다. 나를 보더니 동향 사람처럼 환영했다. 인간을 만났던 모양이었다. 전쟁만 끝나면 고향으로 간다는 것이었지만 그들의 고향은 어디고 나의 고향은 어딘가 했다. 그들은 나더러 영국으로 오라면서 일본은 아직도 폭탄을 모르고 싸움을 계속하고 있다는 것이었다.

못에서 거위가 헤엄치며 물 위에서 무늬를 놓았다. 언덕에서는 박, 옥수수를 보며 닭과 돼지들이 운동하고 있었다. 그것을 보며 그들은 자연이 아름답다고 찬양했다.

저녁 보수 고태봉(高泰奉) 군이 내가 가출옥할 꿈을 꾸었다고 했다. 환상에 불행한 의식이 떠올랐다. 그가 간 뒤에 나는 어디로 나간다는 말일까 했다.

한 남자와 한 여자가 나의 아버지와 어머니로서 배필이 되지 않았더라도 이런 나와 이런 시간은 없었을 것인데…… 그러나 났으니까…… 살아야지…… '사불포론(死不布論)'을 생각하며 벽에 무심히 기대었다.

8월 31일 (木)

잠을 깨니 밤 열두 시, 깬 것밖에는 살았다는 증거가 없다. 흘딱이는 숨소리가 끊일 듯이 잘도 계속되어 왔다. 간절한 노력의 결과여! 허위이기도 했고 기만이기도 했지만 그만큼 애절한 것이었다. 서글픈 베일을 쓰고 용도 없이 산 것이나 아닐까.

아! 8월이 갔다.

갈 날이 어리둥절하게 오는구나! 뛰어넘고 싶던 성을 걸어서 나가게 된 셈이다. 기제(起悌) 형! 그날 나의 재판을 보았지…… 내가 어디로 가는지 모를 일이 그날 형에게 생겼지…… 그뒤는 전부 허경(虛景)일 거요.

소천(宵泉) 형! 언제 한번 면회를 오셨지! 죽을 줄 알았는데 죽었더면 빨리 나갔을 건데…… 몽테뉴가 친구의 무릎에서 죽었고 셸리의 시체가 친구의 손으로 키츠의 무덤가에 옮겨졌지요…… 갈 날이 다가옵니다. 지금부터 앓더라도 그날까지 이 정기수(定期囚)는 죽지 않을 거요. 이쯤 하면 자신이 있지요…… 이 사람을 보라고 할 날이…… 아, 이 사람이 그때 사귀던 그 사람일까요?

9월 1일 (金)

입초를 섰는데 각반을 친 사나이, 몸뻬를 입은 여자…… 왜 이렇게 어수선하고 지저분할까, 산기슭에 앉은 집들…… 어깨가 저렇게 찌그러졌나? 하늘은 후(厚)한가…… 내용 없이 사람만이 엷구나?

비가 오니 해바라기가 추탕집 할멈처럼 늘씬하게 서 있다.
『채근담(菜根譚)』을 읽는데 이런 구절이 있다.
　옥온주장(玉韞珠藏)
　영청옥결(氷淸玉潔)
나는 그 어느 한 자(字)만도 못한 9월 초하루의 하수도 같다.

9월 2일 (土)

취장에서 점심을 먹고 현(玄)을 만나 사형장 쪽을 향해 산책했다. 전에도 보기는 했지만 나는 교수대를 늘상 생각하고 또 보고 싶었다. 음침한 사형실로 들어섰다. 나는 관세음보살을 쳐다보았다. 손을 들고 벽에 붙어 있었다. 느룬한 흰 막을 양쪽으로 제꼈다. 바로 교수대였다.

앞에는 검사가 입회하고 교회사가 염불하게 되어 있다. 뒤에서 브레이크를 당기면 줄이 내려와 목을 걸고 앉았던 네모진 널판이 아래로 떨어지면서 몸뚱이가 지하실에 개처럼 매달리게 된다. 생(生)과 사(死)는 다만 널 한쪽 사이이다. 십 분 동안에 안 죽으면 살린다지만 십 분이 되면 곧 주사를 놓아 완전사(完全死)가 된다. 그 지하실에 지하도가 있다는데 차마 내려갈 수가 없었다. 미결감 운동장에서 사형수 백백교도(百百敎徒)를 만난 일과 하루 아침 나간 것이 다시 돌아오지 않은 그 사실이 바로 여기서 생겼다는 생각이 떠올랐다. 그날 아침 일찍 변기통을 내고 밥을 먹은 뒤 죽은 듯이 고요하던 미결감의 복도…… 얼마 후에 그 소지품은 그의 공방(空房)에서 나갔다.

3천만을 다스리는 그 사형장을 나설 때 바깥 형무소는 사회같이 훤했다.

"사형할 때는 먹고 싶은 걸 다 준다는데?"

"주기는 뭘 줘요, 지랄할까 봐 벌벌 떠는데……"

서울은 여기 이런 교수대가 있는 것을 모르고 살고 있다. 그리고 나는 그 옆에서 4년을 살았다. 한 대로써 천만인의 비애를 잠재우기에 족할까.

작업을 마치고 저녁, 방으로 돌아오는 길에 또 현(玄)을 만났다. 방울 같은 눈에 주름진 미소를 띠며 반가워했다. 손에 꽃을 들었다. '며느리 밥 먹는 꽃'이라는 기다란 이름을 대주면서 웃었다. 나도 웃으면서 시어미한테 몰리다가 인제 밥 먹는 꽃 같은데 무슨 전설이 얽힌 꽃이 아닌가 했다. 복도에 들어서서 방에 들어가려는데 현이 그 꽃을 나에게 주면서 점검한 뒤에 틈을 보아 놀러 오라고 했다. 보수들의 방에는 취침 시간까지 쇠를 잠그지 않는 경우가 많았다. 나는 조용히 감방에 앉아서 그가 꼭 할 얘기가 있다던 그것을 생각하며 그 시간이 오기를 기다렸다. 점검이 끝난 후에 이방 저방을 들여다보며 몇 마디씩 말을 붙이다가 자연스럽게 나는 현의 방에 들어갔다. 그의 감방에는 조고마한 화분에 나팔꽃이 피었다.

넝쿨과 같이 꽃이 노끈을 타고 벽에 기어 올라갔다. 꽃도 곱거니와 생명의 현상이 기이하기도 했다. 그 대쪽 같은 사나이에게 그런 정취가 있는가 새삼 느껴졌다. 고독과 독방이 그렇게 시킨 것이리라 해서 나는 도로 외로워졌다.

그는 조용한 말소리로 김선생은 문학을 하시니까 내 얘기를 들어 두었다가 언젠가 꼭 전해달라고 당부했다. 투쟁만을 아는 이 사나이에게 혹시 불안이 그의 눈을 스치는 것은 보았으나 오늘밤처럼 그의 눈에 애수가 깃든 것은 처음이었다. 어느덧 나의 눈도 그의 애수에 동감되었다. 그러면서 그가 '꼭 할 얘기'라고 할 때 내게는 본능처럼 주위를 경계하는 용의가 생겼다. 스파이는 언제나 있다. 미행(尾行)은 발에 발꿈치와 같은 것이었다. 없다고 생각한 것은 다 있었다. 보이지 않는 것이 먼저 가서 밀고를 했다. 그렇기 때문에 사상범들조차 여기서는 서로 얘기하기를 꺼린다.

그러나 현은 나를 믿었다. 그의 강직한 성격에 비하면 갈대와 같이 나약한 나를 믿어주었다. 그리고 어떤 사건에 직면하는 듯한 결의의 빛을 보였다. 언제나 태연하게 형무소의 생활자처럼 지내던 그의 얼굴이 약간 상기되었다. 그동안에 사건과 동지들이 그의 눈앞에 모여들었다. 나는 보수복(補守服)에 달린 유일한 포켓에서 메모를 끄집어냈다. 잠깐 마음을 가다듬고 그는 말했다.

이 사건은 처음에 극히 사소한 일에서 시작된 것입니다. 밥 문제에서 발단된 것인데 밥을 더 달라는 이유로 발가벗기고 어떻게 때렸던지 수형자 세 명이 죽고 다섯 명이 뼈가 부러지고 또 몇 명인가 맞아서 피골이 상접하게 되었습니다. 그래서 치료를 받아도 살 것 같지 못했고 더욱 죽은 자들에 대해서는 병사(病死)로 허위신고를 했던 것입니다. 그래서 마포형무소에 일대 소동이 일어났던 것입니다.

그때 서대문형무소에는 비교적 단기수가 많았고 마포형무소에는 장기수가 많았는데 그렇게 소동이 일어나자 드디어 법무당국과 신문사에서까지 알게 되어 도저히 묵살할 수가 없었던 것입니다. 그래서 그해 8월 7일 결국 치사사건(致死事件)으로 기소되어 소장은 파면되고 간수장 1명은 면직, 1명은 2년 언도, 과장은 3년 언도를 받았는데 그것이 바로 1936년(소화(昭和) 11년) 마포형무소 동지살해(同志殺害) 사건이란 것입니다. 그 결과로 새로 소장과 과장이 부임하게 되었고 따라서 형무당국자들의 태도도 일변하였습니다. 그래서 그 사건에 대하여 사과하고 또 밥도 요구하는 대로 주겠다는 성명까지 발표했던 것입니다. 그래 놓고는 70여 명을 투쟁분자로 규정해서 암암리에 대전형무소로 이감시키기 시작했던 것입니다. 이것이 소위 그들의 대중분리정책(大衆分離政策)인데 우선 소극적인 분자와 사상범들만을 남겨 두었지요.

그 결과로 그해 연말에 조선형무소 식량규정이 개정되어 9등식까지 있던 것을 8등식까지로 줄여 피의자, 작업미정자, 사고자에게 주던 9등을 8등으로 올렸던 것입니다. 그렇게 거죽으로 등수는 올렸지만 속으로 양을 줄인 것이 차츰 알려지게 되자 소장은 감언이설로 식량 문제는 전체적인 문제이므로 전국적으로 해결될 때까지 잠시 참아달라고 했던 것입니다.

그런 중에 제3동에 있는 동지들이 당국의 대중분리 정책에 대해서 오히려 대중연락 운동을 전개했던 것입니다. 일대 공포가 지나간 뒤라 처음에는 거기에 응하는 자가 적었습니다.

다음해인 1937년(소화(昭和) 12년)에 일지사변(日支事變)이 터지자 그것을 빙자하여 (사실상 식량 사정도 곤란했지만) 작업이 양호한 자들에게 한 주일에 한 개씩 주던 개량(改良)떡과 돼지고기를 없애버렸지요.

그러자 1937년과 38년 양년에 걸쳐 거기 대한 적극적 투쟁론자와 소극적 논자의 양파가 대립되어 장기간 논의되다가 결국 대다수가 적극파에 기울어지게 되었는데, 그때에 마침 계호과장이 새로 부임해 가지고 그것을 수형자의 횡포라 하면서 다시 고문과 구타로 다스리기 시작했습니다. 그러자 그것이 도화선이 되어 과거에도 세 사람이나 고문치사(拷問致死)를 했는데 이번에는 구타 절대반대, 식량감소 절대반대를 목표로 투쟁이 다시 벌어지게 되었던 것입니다.

그렇게 투쟁이 검은 물줄기처럼 흘러오다가 1939년(소화(昭和) 12년) 7월 24일 석양에 목공소인 제 5공장에서 15년의 장기수 사상범이 형정(刑政)의 불합리를 호소하려고 소장에게 면회를 청했던 것입니다. 그것이 불허되자 면회 간수를 단도로 찌르려고 했습니다. 그러자 간수가 칼로 수형자를 쳤습니다. 다시 달려들어 간수를 찌르려다가 자살하려고 자기를 찔렀습니다. 그래서 간수는 수호(守護)해 가고 죄수를 걸채에 실어갔습니다. 이 사실이 간수자들에게 타살된 것처럼 전파되어 다시 소동이 일어날까 두려워서 수형자들을 모조리 감방에 집어넣었지요. 사건은 법무당국에 의하여 일단 해결되었고 따라서 전선적(全鮮的)으로 처우가 개선되기는 하였으나 그가 무엇 때문에 여기서 희생되었느냐 하는 문제가 남았던 것입니다.

그래서 제3동에 비밀본부를 두고 각동에서 지도자를 선정하되 집행부를 3명, 그중에서 1명을 책임자로 하였던 것입니다. 그래서 제1동·2동·4동에 걸쳐 단식 투쟁으로 투쟁방식을 정하였으나 당분간 보류하기로 하고 그 결정권은 전기(前記) 집행부 3명에게 일임하고 긴급시에는 최고 책임자의 지령으로 시행케 했던 것입니다.

사실상 단식 투쟁은 2일 이상 계속하기 어렵기 때문에 일반투쟁을 강화하기로 했던 것입니다.

어떻게 이 사실을 알아낸 당국자들은 급히 지도자를 분리시키려 했던 것입니다. 거기 대해서 분리반대 투쟁을 결사적으로 강행할 것을 각 동에 전달함으로써 각 방에서는 동거자들이 절대 분리하지 않도록 결속을 했던 것입니다.

그러기 위해서는 우선 원시적인 무기나마 없을 수 없어 변기통 넣는 궤짝을 뜯어 곤봉을 만들게 했지요. 이로써 투쟁은 힘으로 대결케 되었던 것입니다.

동시에 투쟁 목표를 선언하였지요.

1. 구타금지, 2. 식량개량, 3. 처우개선, 특히 언어, 면회, 편지 등에 대한 자유보장, 4. 의무시설의 확충 — 여기 대해서 행형국장(行刑局長)이 출두하여 전기 조건을 승인하라는 것이었습니다. 형무 당국자의 승인은 무력할 뿐 아니라 언제나 기만적이었기 때문에 행형당국의 언명이 있어야 한다는 것이었습니다. 그것이 완전히 승인될 때까지 투쟁을 계속하기로 결의했던 것입니다.

이에 대한 당국의 태도는 1936년 살상사건에 자기들이 실형을 받았기 때문에 회유적(懷柔的)으로 나갔지요. 그래서 소장은 수형자에게 손을 대지 말고 계호만 하라고 명령했습니다.

그때 수형자 측으로서는 전번에도 간수가 수형자를 먼저 때렸고 또 이번 사건만 하더라도 수형자가 간수를 먼저 찔렀다는 것은 사실상 왜곡한 것이므로 간수가 감방에 접근하기만 하면 발을 구르며 고함을 치고 환기(換氣) 구멍으로 물을 끼얹으며 분뇨(糞尿)를 떠서 던지는 자까지 있었지요.

이렇게 증오심에 불타는 직접 행동을 위하게 되자 형무당국으로서는 수형자들에게 양해를 구하는밖에 다른 도리가 없었고 소장은 과거의 불상사에 비추어 그 해결책을 사법당국에 의뢰했던 것입니다. 그 결과 어디까지나 회유책으로 나왔으나 수형자들이 절대 불응했을 뿐 아니라 도리어 부문별로 나누어 3개 동에서 선동 연설을 하며 식통구에 머리를 내밀고,

"때려 죽이라!"

"우리들을 굶겨 죽이라!"

"대한독립만세!"

드디어 문제는 정치적인 데까지 미치게 되었습니다. 그 소리가 밖으로 들리자 형무소 주위에 살던 사람들이 모여들어 그것을 제지하려고 용산서(龍山署)에서 무장출동까지 하였으나 모였던 사람들이 흩어졌다가도 다시 모여들어 그 일대가 큰 소동이 벌어졌습니다.

그러자 감방 안에서는 더욱 흥분되었고 나중에는 목이 말라 교대로 연설했습니다. 그러다가도 일제히 세숫대야를 들고 두드리기까지 했던 것입니다.

그것이 6일간 주야로 계속되었지요. 말로는 듣지 않으므로 드디어 당국자들은 최후책으로 밥을 주지 않기로 했던 것입니다. 저절로 단식되었지만 이번에는 밥을 주지 않는다는 투쟁을 전개했지요. 밥을 주지 않으니 감옥을 부숴야 한다고 외쳤습니다. 이까짓 것은 능히 부술 수 있다는 것이었습니다.

이렇게 극도로 악화되던 다음날 아침 사법당국과 행형 당국자들이 와서 소장명의로 삐라를 돌렸습니다.

간수도 살고 수형자도 죽지 않았으니 안심하고 모든 요구는 사태가 진정되는 대로 합법적으로 진정해서 해결토록 하자는 것이었습니다.

거기 대한 회답을 삐라 뒤에 적으라고 연필까지 넣어 주었지요.

그 삐라를 여러 가지로 검토한 결과 그것이 그들의 회유책이요, 우리의 투항(投降)이니 절대 거부키로 결정하고 곧 회답했습니다. 처음

교섭이 그렇게 실패되자 제2의 공문이 왔습니다. 즉 감방 안에 가지고 있는 곤봉 등속을 전부 내놓으라, 그러면 순종으로 인정하고 선처하겠다는 것이었습니다.

그러나 그것은 무기니까 내놓을 수 없다고 재차 거절했습니다. 이 제2의 거절에는 요구조건이 붙었습니다. 즉 당국에서 우리의 요구를 듣겠다는 것을 서명 날인하면 곧 무기를 버리겠다는 것이었습니다.

그러자 행정당국은 드디어 계호과 내에 참모 본부를 두고 무조건 무장해제를 단행키로 하고 서대문형무소에 응원 부대를 청하여 간수들이 소방복 소방모에 총을 들고 제2동으로부터 우리를 체포하기 시작했던 것입니다.

손을 들라니 손을 들고 한 손목에 하나씩 고랑을 채우니 그것이 바로 무장해제지요. 사법당국의 입회하에 감옥에서 다시 구속되는 셈이었지요. 간수들 중에는 미워서 때리려고 하는 자도 있었지만 상부에서 절대로 금했습니다. 그렇게 모조리 체포한 뒤에 한 차에 세 명 혹은 네 명씩 실어 서대문형무소 미결감(구치감)에 이송해서 처음으로 수의를 입은 기결수가 집단적으로 미결감에 있게 되었습니다.

서대문형무소장은 기결수요 피의자인 우리들에게 고랑과 포승을 풀게 하고 일장훈시를 했습니다.

법무당국의 명령으로 제군은 서대문형무소 구치감에 이송된 것이며 오늘까지의 투쟁은 마포형무소요 본형무소가 아니니 여기서 다시 투쟁하지 않는다면 고랑을 채우지 않겠으나 그렇지 않다면 부득이 채울 수밖에 없다는 것입니다(감방에서는 사형수밖에 고랑을 채우지 않는다).

소내의 규정에 복종할 것을 약속하고 고랑을 차지 않게 되었지요. 그래서 1939년(소화(昭和) 14년) 7월 24일 발생한 불법(不法)에 대한 항쟁은 동 7월 29일부로 70명이 이송됨으로써 일단락을 지어 관용부(官傭夫)를 제외한 전 수형자에게 비통한 일대 충격을 주었던 것입니다. 그러나 지도부를 잃은 경성(마포)형무소에서는 투쟁의 보복으로 3백 명이 고랑을 찼고 6백 명은 일종의 회유책으로 관대히 처분되었던 것입니다.

그러나 우리는 비밀리에 미결감에서 제2의 투쟁을 전개시켰던 것입니다.

　1. 금후의 대책

　2. 법정에서 취할 공동 태도

　3. 급식 및 처우에 대한 근본적 개선

다음에는 법정 투쟁에 관한 건으로서,

　1. 공개재판을 절대 요구할 것

　2. 분리공판이 아니고 합동공판을 절대 요구할 것

다음 투쟁에 대한 내용으로서는,

　1. 현 행형제도의 불합리와 비인도성의 폭로

　2. 수형자의 안전을 위한 요구 관철

　3. 전기의 조건이 해결될 때까지 투쟁할 것

이상의 목적을 달성하기 위하여 민첩하고 언론에 밝은 자 10명을 정해서 법정 투쟁을 지도하도록 하였던 것입니다.

한 주일 후부터 검사의 취조가 시작되어 전원이 기소되었습니다. 재판은 법정에서 열리지 않고 옥내에서 징벌적(懲罰的)으로 분리해서 행해졌는데 그런 중에서 소위 전향파(轉向派)는 사과했고 비전향파는 항전으로 초지를 굽히지 않았던 것입니다.

그러나 형의 결정은 징벌로써 끝났습니다.

　1. 7일, 5일 또는 3일간의 감식(減食)

　2. 상여금(작업임금) 전액 몰수

그렇게 벌을 받는 중에 8월 7일이 왔던 것입니다! 1936년(소화(昭和) 11년) 8월 7일! 3년 전의 그날은 마포형무소에서 동지 3명이 타살된 분노의 날이요, 동시에 항쟁이 시작되던 날이었습니다. 그리고 단식의 날이었습니다. 그래서 이날이 해마다 기념되어왔던 것입니다.

　　1. 동지가 맞아 죽은 날

　　2. 야만적이요 원시적인 행형에 반대한 날

　　3. 적극적 의사표시와 정신적인 시위의 날

　그러나 이번에는 단식 투쟁을 하지 않고 음식 투쟁을 했던 것입니다. 먹으면서 하는 투쟁입니다.

　　1. 단체로서 소장에 대한 면회 요구

　　2. 수형자에 대한 인도적인 처우 개선

　이 두 가지의 목적을 달성하기 위해서 9월 1일까지 전 수형자들을 조직화하여 새로운 투쟁을 일으키려 했던 것입니다.

　그러나 불행하게도 이 계획이 밀고자 때문에 사전에 탄로되어 그 결과 나와 지도자 네 명이 각각 벌방의 암흑 속에서 10일간 벌을 받았을 뿐 아니라 강제분리 정책으로 동지들이 분산되어 내가 여기 서대문형무소에 온 거지요.

　얘기가 여기까지 와서 그는 문득 한숨을 후— 쉬었다. 그때 나는 그의 얼굴을 쳐다보았다. 방울 같은 눈에 눈물이 뒹굴었다. 그 속에 또 정신의 빛이 비쳤다. 나는 그가 독립투사인 것은 알았지만 그의 정신력과 기억력과 그 조그만한 체구 속에 그러한 옥중투쟁기가 숨어 있는 것은 알지 못했다. 그래서 그는 그러한 유혈의 내부에서 고난의 성과로 형성된 사람이라는 것을 생각했다. 그러므로 그는 입으로만이 아니라 피부까지도 말하고 있었다. 나는 아무 할 말이 없었다. 취침 시간이 다가와서 메모를 집어넣고 나는 무엇인가 취했던 사람처럼 일어서려는데 그는 나의 손을 잡고 다시 당부했다.

　"언제든지 글로 써서 전해주십시오. 배고파서 밥을 달라다가 세 사람이 맞아 죽은 데서만 우리의 사건이 시작된 것이 아니고 우리의 동지들은 그 이전에도 무수히 굶주리며 매맞고 죽었던 것입니다. 나는 지금도 그 소리를 듣지요. 그 영혼의 소리가 나에게 힘을 주기 때문에 멀리 보며 사는 겁니다.”

나는 고개를 숙였다가 다시 그의 얼굴을 쳐다보며 그 어두운 심연에서 그와 다시 손을 잡았다. 그것은 영원히 잊지 못할 역사적 비극 앞에 선 인간의 한 그림자였다.

나는 방에 돌아와서 한참동안 우두커니 앉아 있었다. 그러는 중에 현이 다시 떠올랐다. 국가보다 인간이라는 것이 더 중한 것 같은데 그 국가 때문에 인간은 참상을 당하고 있다. 현은 그 속에서 살고 있다. 암흑과 광명을 품고…… 살기 위해서, 보복하기 위하여, 어찌 보면 그는 기고 있다. “취침!” 하는 소리가 변기에 오줌을 누고 자라는 듯이 어슴푸레 들려와서 변기 뚜껑을 열었다. 그리고 나는 또 누웠다.

9월 3일 (日)

무슨 충격 때문인지 지난밤을 잘 자지 못했다. 아침 창가에까지 안개가 자욱했다. 다시 현이 생각났다. 정의를 위하여 인도를 위하여 사상을 위하여 민족을 위하여 그는 있다. 거기에 치우쳤다 하더라도 그는 자기가 마련한 대로 안에 자기의 대〔竹〕를 세우고 사는 사람이다. 이 형무소에는 현 같은 사람들이 하루에 한두 마디의 말도 없이 여기저기에 있다. 그들의 하나하나를 대일본제국의 신민으로 만들기 위하여 온갖 방법이 실천되고 있다. 그러기 때문에 그들은 음폐(陰蔽)된 측면을 가지고 형무소를 한 규칙으로 삼으며 살고 있다. 이 규칙은 벽을 더욱 두텁게 하고 있다. 그러나 그들이 만날 때 이 음측(陰測)의 벽은 살아나고 있다. 다른 자가 가져볼 수 없는 심연 밑에 그것이 있다. 그러나 그들은 신에게까지도 그것이 있다는 것을 말하지 않는다.

저녁, 돌아오는 길에 15공장 앞을 지났다. 내가 맨 처음 나간 공장…… 옻이 올라 얼굴이 팅팅 부어가지고 자개를 켜며 빨간 수의로 앉아 있던 곳…… 거기 나의 사촌들이 있다. 절도·강간·사기·횡령·강도·살인…… 다 내게도 있는 것이다. 한 사람분을 여러 사람이 나눠 가지고 여러 사람이 불행하게 왔을 뿐이다. 들여다볼까 하다가 집 생각이 난 사람처럼 외면하고 훌쩍 지났다.

밤— 나의 감방— 나의 독방— 어디서 부음(訃音)이 들리는 것 같았다…… 내가 갈 세계에서…… 나는 그 때문에 4년 동안 상복을 입었던가? 뼈가 아프도록…… 제국의 번영을 위하여…… 이 지상에서…….

보수들이 은근히 모여 나를 청했다. 따라가니 흰 병에 물이 든 것을 가운데 놓고 있었다. 놀랍게도 알콜이었다. 어느 재간둥이 보수가 병감에서 일하다가 얻어온 모양이었다. 물에 타서 한두 잔씩 권하며 마시며 주며 했다. 맑은 물에 떨어진 물감처럼 내장에 쭉 퍼지는 것이 아렸다. 한 사람이 문 옆에 앉아 간수님께서 오시나 보았다. 한참 떠들다가 별 없는 골목 복도에 나서 한 사람씩 제 방으로 가는 것이었다. 취기에 빈집에 온 셈이었다. 나중 간수가 오면 열이 난다고 핑계할 셈치고 다리를 쭉 뻗고 드러누웠다. 멀리서 바람이 서로 부둥켜안는 소리가 들렸다.

9월 5일 (火)

옥(玉)에게서 편지가 왔다.

'그렇게 멀고 어둡던 시간도 흘러서 아버님이 나오실 날이 드디어 다가옵니다. 언젠가 아버님의 편지에 '한 칸 방에 하나의 자리를 만들어 놓고 인생은 하늘을 쳐다보는 것으로 족하다'고 하신 그 외로운 자리를 이제 저희들 가운데 옮겨놓을 때가 환상이 아니고 사실로서 오고 있습니다. 그만큼 더 간절하게 기다려집니다. 아버님이야 더 하시겠지요. 그래서 집안에서 모여 앉으면 아버지에 대한 얘기뿐입니다. 그러나 그 얘기는 아버지께서 그리로 가시기 전 얘기들입니다. 문득 생각나는 것은 그 무서운 곳에서 온갖 고초를 겪으시면서 살아오시는 동안에 아버지의 마음속에 무슨 큰 바위나 생기지 않았는가 두려워집니다. 그것이 무엇인지는 모르나 그런 것이 지금 막 눈앞을 지나갑니다.

인생이라는 것이 큰 형무소라면 아버지나 제가 4년 동안 그 속에 갇혀 있더라도 긴 것이야 아니겠지요. 그러나 다른 사람과 달리 아버지가 형무소에 갇혀 있다는 사실…… 아마 생각하는 것이 잘못 됐다고 처벌하는 거겠지요. 고장 난 기계처럼 눈감고 돌아가는 운명 앞에서 저는 아무 반항할 힘도 없이 학교에서 날마다 애들을 데리고 흑판 밑에서 지정된 장소까지 끌리어 원족 가는 셈입니다.'

옥의 편지는 이런 얘기를 중간에 끼워넣은 기다란 두루마리에 정하게 쓴 것이었다. 불행과 역경에서도 생각은 자라는구나! 하면서 '내 마음속에 바위 같은' 것이 암(癌)처럼 커지지 않는가 하는 불길한 생각이 들었다. 확실히 이 형무소에서 생긴 것이 있으리라, 그러나 아무 거라도 좋다.

몇 시간 동안 피고 질 꽃을 여러 해 동안 가시를 돋우며 꿈꾸는 사보텐 같은 것이라도…….

후기(後記)

이로써 나의 일기는 끝났다. 그러나 끝난 것이 아니다. 아무것도 끝난 것은 없으니까. 다만 형무소에서의 예정되지 않은 한 시점에서 잉크와 종이가 떨어진 한 시점까지의 일일 뿐이다.

나는 아직도 현(玄)이라는 사람을 만나지 못했다. 일본신민(日本臣民)을 만들기 위하여 일본이 많은 노력을 낭비한 그를…… 그리고 나는 그때의 대일본제국도 만나지 못했다. 그러나 지금은 어느 일본 사람도 황국신민서사(皇國臣民誓詞)를 외며 동경에 있는 궁성요배(宮城遙拜)를 하지 않는다고 그를 가리켜 '너 같은 놈을 그냥 두고는 대일본제국이 성립되지 않는다'고 할 사람은 없을 것이다. 또 대일본제국에 융화하고 아부하던 어느 한국 사람도 자기가 그때 일본신민이었다고 할 사람은 없을 것이다.
해방이 되자 나는 「속박과 해방」이라는 시에서,
'일본(日本)아 잘 가거라/돌아가서 심연(深淵)에 누우라'고 했다.
나는 그때 일본을 증오했다. 그러나 그뒤 나는 그 존재에 무감각해졌다.
나는 이상하게도 한국 사람으로서 일본에 있는 와세다대학(早稻田大學)에서 영국 문학을 전공했다.
그 어느 것도 나에게는 하나다.
지금은 박해한 나라 사람과 박해받는 나라 사람이 다 같이 '인간'으로 회복되는 시기인 줄로만 믿는다.

사상범(思想犯)

넬마루요, 비좁지도 않은데 편히 앉지도 못하고, 고개를 숙이고 슬퍼만 해도 "무엇 때문에 슬퍼하는 거냐, 이 자식아, 그 생각이 틀렸단 말이다," 더군다나 눈물이 나는 것을 보이면 "이 새끼 아직도 정신을 못 차린다," 무릎을 꿇고 정좌(正坐)하라면 그 딱딱한 넬마루 위의 육체적 고통은 더 무어라 말할 수 없으므로 거죽에 나오는 눈물은 막고 가슴속으로 슬퍼하고 우는 것 — 이것이 일제 식민지 치하에 그들이 붙여놓은 이름의 사상범인 것이다.

서울 서대문 큰길가, 독립문 옆 산기슭에 크게 자리 잡고 있는 서대문 형무소는 그런 의미에서 해방되기까지의 사로잡힌 조국을 눈으로 볼 수 있는 대표적인 것으로서 많은 독립운동의 애국지사들이 거의 빠짐없이 이 유명한 형무소를 거쳐서 다른 곳으로 이감(移監)되었던 것이다. 그러므로 서대문형무소 하면 민족의 애수(哀愁)가 짙은 안개처럼 서린다.

이렇게 유명한 서대문형무소 독방에 수감됨으로써 나는 민족 수난의 한복판에 앉게 되어 '죄없는 죄인'이라는 내가 하나 더 식민지 강압 정책 아래서 탄생하게 되었다.

영원히 잊지 못할 1941년 2월 21일, 이날이 월급날이었다. 나는 그때 학예사(學藝社)라는 출판사에서 새로 낸 이태준(李泰俊)씨의 문고판 단편 소설집에 대한 신간평(新刊評)을 부탁받아서 머리맡에 그 책과 원고지가 놓여 있었다.

그런 상태에 있는 — 아직 자리에서 일어나지도 않은 이른 아침, 마치 수배나 하고 있었던 것처럼 조선인 형사 3,4명이 무슨 흉악한 살인 강도나 잡으러 온 듯이 마루에 서 있고 그중 하나가 나의 방에 들어오니 삽시간에 아이들은 다 벙어리가 되고 집 안에는 그들이 풍긴 살기가 등등했다.

가장(家長)이요, 애비가 붙잡혀 가는데도 말 한마디 못하고 어안이 벙벙했는지 애들 눈에 눈물만 핑 도는 것을 보고 무의식중에 그만 "걱정 말고 있으라"는 말 한마디 했더니, "무슨 말이야 어서 나가지 않고." 나는 애들 앞에서 발길로 채일까 봐 두려워했다.

나는 한 형사에게 끌려 나오며 의지할 데 없는 애들과 집안을 나머지 형사들에게 버려둔 채 돈화문 옆 파출소에 예치(預置)되었다. 한 시간쯤 있으니 리어카에 책이 가득히 든 고리짝 두 개가 실려왔다. 즉각적으로 저걸 다 조사하는 데만도 한참 걸리겠다는 생각이 들었다. 나는 다시 안국동파출소에 가서 맡겨졌다.

중동학교 학생들이 책보를 끼고 지나가며 파출소 안 걸상에 앉아 우두커니 길을 내다보는 나에게 슬쩍 목례(目禮)하며 지나갔다.

나는 청해 주는 설렁탕을 먹은 뒤에 어디로 가는가 했더니 본정(本町)경찰서 유치장이었다.

그담에 거기서 또 숙소를 옮긴 것이 지금 중앙청 앞에 있는 경기도 경찰국 유치장이었다. 거기서 며칠 있는 동안에는 아침마다 형사에게 끌려 관할서(管轄署)인 종로경찰서에서 취조를 받았다. 그때 종로경찰서 유치장엔 내가 가르치던 중동학교 학생들이 유치되어 있었기 때문에 학생들이 내가 자기들 부주의로 붙잡혀온 기미를 알까 봐 그렇게 여러 날 동안 빙빙 돌려 가지고 다닌 것을 나중에야 알아채게 되었다.

내가 일본 동경에 있을 때, 조선인 학생들을 악질이라고 보면 경찰서 유치장마다 빙빙 돌려 가지고 다니는 것을 '통돌림'이라는 용어로 표시하던 것이 새삼 기억에 떠올랐다.

학생애들이 무어라고 했기에 나를 이렇게 중대범인으로 다루게 되었는가 하는 깊은 회의를 품고 취조 받으러 취조실로 드나들었다.

난로 옆에 앉혀놓고 형사들이 쭉 둘러서서 한 사람은 난로에다 부젓가락을 뻘겋게 달궈 가지고 지지기 전에 바른대로 대라면서 학생들이 다 얘기한 거니까 신사적으로 자백하라고 하고 한쪽에서는 주전자에 물을 넣고 팔목을 동여서 천장을 달아매는 소위 비행기 태우기 준비를 함으로써 공갈 협박하는 것이었다.

나는 그들이 나와 같은 동족이면서 나를 다루는 범죄 사실의 윤곽을 대략 짐작하게 되었다.

이렇게 유치장에 백날 있는 동안에 취조를 받고 들어오는 사람들에게서 고문에 대한 여러 가지 이야기를 들었다. 콧구멍에 물 넣기, 비행기 태우기, 전기 찜질……

그때 저 유명한 김두한씨가 당시 우미관(優美舘) 앞에 있는 크라운 카페에서 일본 정복군인들을 때린 죄로 붙잡혀와서 내가 있는 방에 며칠 동안 있게 되는 중 하루는 불려나가서 전기 찜질을 당하고 감방 옆에 놓인 지문을 찍고 손 씻은 물 한 대야를 그냥 든 채로 다 마셨던 것이 김두한씨의 이름과 같이 지금도 기억되고 있다.

그러니 앞으로 이 지독한 고문들을 버들가지처럼 가늘고 나약한 나의 체질로써 어떻게 감당하느냐 하는 것이 큰 걱정이었다. 그것도 죄가 있는 것을 대란다면 모르되 범죄 사실이 없는 것을 대라고 입이니 콧구멍이니 가리지 않고 찬 물을 마구 부어 넣어서 배가 딩딩 부어오르고 실신 상태에 이르면 발로 배를 꾹꾹 밟아서 입, 코에서 그 물이 다시 올라와 구역질한다. 미리부터 겁을 집어먹지 말고 대담하게 그때를 당해보자는 것이 나의 태도였다.

취조실에는 일본인 형사도 있었다. "당신들 인텔리 층에 있는 불만과 요구야 조선 사람이면 누구에게나 다 있는 것이 아니겠소? 당신은 그 한 사람으로 붙잡혀온 것만 불행이지만 그들도 나중에 다 붙잡혀오게 될 거요. 그러니 마음 푹 놓고, 있는 것은 순순히 있다 하시오. 없는 것이야 있다 할 수 없겠지만……"

때리는 일본 놈보다 그럴 듯하게 회유하며 구슬리는 조선 형사놈 새끼들이 더 밉고 그 말이 더 아팠다.

"창씨개명도 찬성 않겠지요?"

"찬성 안 합니다."

"문학을 하니까 조선어 과목 폐지, 신문사 폐지…… 이런 건 한 줄을 들면 다 따라가는 것이니까 물론 반대하시겠지……"

"……"

"황국신민서사 궁성요배에 대해서도 같겠지요……"

이런 것이 그들이 상투적으로 하는 유도 신문인 줄 뻔히 알면서도 그것을 부인하면 그들 앞에서 나 자신이 없어진다.

이런 건 뺨이나 몇 개 맞으면 될 거라 했는데 그러고 나서 그들은, "조선 독립을 희망하시지……" "그렇지만 직접 독립을 전취하려고 그러는 것은 아닙니다" "그게 독립을 희망하는 게 아니고 무엇인가?"

고문을 당하면서까지 독립을 희망 안 한다고 할 수는 없었다. 죄가 된다고 전 민족이 원하는 일을 부정한다는 것은 지식인의 취할 태도가 아니라는 것이 내 가슴을 찔렀고 또 희망이라는 것이 무슨 큰 죄가 될 것이냐 하는 순간적인 생각에서 죽일 테면 죽이라는 식으로 독립 희망을 당연하게 주장했던 것이다.

그러고 나니 나중에는 수갑을 차고 지옥으로 간다 하더라도 당장 그 자리에서는 속이 후련했다. 그리고 그들로서는 태도나 희망이라는 것이 죄가 된다는 법은 없지마는 죄질(罪質)이 안 되는 내용을 가지고 법조문에 맞도록 성문화해서 검사국에 일건 서류와 함께 넘기기 때문에 검사국에 가서 불기소 처분되는 것이 많다. 그러면 취조한 형사의 부실도(不實度)가 높아져서 그것이 성적에 관계된다.

그러한 일이 가끔 있게 되므로 경찰서 콩나물 유치장에서 오래 고통을 당하지 말고 형사들에게 호감을 주면서 대강대강 해 가지고 검사국에 빨리 넘어가기를 바라는 자들도 많다. 대체로 그런 것은 종신 사업처럼 형무소 출입을 하는 좀도둑이나 사기횡령으로 인생사회를 힘들이지 않고 지내려는 지능범 가운데 많다.

나는 2월 21일부터 5월 31일까지 꼭 백일 동안 경찰서 유치장 속에서 고통을 당했다. 경찰서 유치장 신세는 일본 동경에서도 잠깐이지만 한번 맛보았고 서울 와서도 그때가 처음은 아니어서 어느 정도 면역성은 생긴 셈이었다.

나와 학생들 사이에 통방이 되어 학생들도 부인하고 나도 부인하면 완전히 증거가 인멸(湮滅)되기 때문에 간격을 많이 두기 위해 유치장 저쪽 끝 편에 학생들을 두고 이쪽 끝 편에 나를 두어서 취조받으러 나가고 들어올 때만 엿보던 우리는 형무소로 넘어가던 날 인간 사회의 마지막 잔치처럼 한자리에 앉아 설렁탕 한 그릇씩 먹고 불길하게도 나는 유치장에서 구두를 잃고 맨발로 자동차에 실려 서대문형무소 구치감(미결감)에 호송되면서 5월의 태양에 나부끼는 푸른 가로수 그 밑으로 술이 거나해서 헤매던 추억! 인제 가면 언제 다시 오려나? 하는 아득한 생각에 눈물이 핑 돌아서 호송 순경의 눈에 띄지 않게 손등을 적셨다.

눈물이란 이상하게도 흐르는 것을 억지로 막고 참으려고 하면 더 슬프게 솟구쳐 오르는 것이다. 잘 씻지도 않은 손때가 눈에 묻은 것 같아 학생애들을 보기가 거북스러웠다.

드디어 그들이 꼭 보내야 될 것처럼 속이 환히 들여다보이는 온갖 수단을 다 써가며 조작한 서류상의 목적지에 실제로 도달하게 되었다.

처음에 빨가벗겨서 각각 분리시켜 공중전화소 같은 비둘기집 속에 넣어서 한참 두었다가 청색관복(靑色官服)이라 부르는 홑 겹옷을 입힌 뒤에 용수를 씌워 가지고 가서 문을 철걱 열고 탁 차듯 밀어넣으니 돗자리 한 장 깔려 있는 조고마한 독방이 황막하기 짝이 없는 벌판 같았다.

콩나물 유치장이었지만 거기서 하루 바삐 그 불쌍한 얼굴들을 피하고 싶었으나, 사람의 얼굴이 죄를 지은 것은 아니니까 사람의 얼굴은 사람에게 희망을 주는 것으로서 유치장에는 서로 보는 그 얼굴들이 있었는데, 이 독방에는 사람이건 짐승이건 얼굴이라는 것이 없고 누가 손톱으로 그린 여자의 얼굴 몇 개가 사람의 고통이 때가 되어 묻은 시멘트 벽 위에 가만히 그려져 있었다.

그 얼굴 앞에서 나의 눈은 화끈했다. 그러면서 다른 얼굴로 변해졌다. 나는 변기통을 열고 마렵지도 않은 오줌을 누는 척하다가 그 무실(無實)한 동작을 오래 할 수가 없어 철창 창살을 쥐고 흔들어보는데 깜짝이야! "왜 도망치려고 흔들어 보는 거야" 하는 소리가 감시(監視) 구멍을 통해 들어왔다.

나는 무안해서 아무 말도 못하고 눈으로 마룻바닥을 내려다볼 뿐이었다. 다음 순간 나는 특별히 내 자리라고 지정된 것도 없는데 내가 오랫동안 혼자 앉아 있을 자리라도 마련된 듯이 앉아 간수님에게 미안한 표정을 나타내 보였다. 그는 언제든지 이 감시구 쪽을 보고 앉아 있어야 한다고 상전처럼 점잖게 일러주고 갔다.

간 뒤에 나는 나의 거처를 살펴보았다. 천장은 격에 맞지 않게 높은 데다가 전등은 콩알만 한 것이 혼자 달려 있었다. 그것이 나의 달님이라 해놓고 그 달 아래 앉아 있는 나!

거기서 나는 두 개의 운명을 생각했다. 하나는 나의 내부(內部)요, 다른 하나는 그 내부의 외측(外側)에 있는 것이다. 내부는 자기의 개인적인 노력으로, 교양과 반성 또는 신앙으로 완전히 고치지는 못한다 하더라도 조절할 수는 있다. 그러나 외측에 자기를 둘러싸고 있는 것은 냉혹한 현실로서 개인의 노력으로 완화되는 것이 아니다. 나에게 있는 나 자신의 운명은 극단의 경우, 자살해버리면 나 자신은 그 운명에서 완전히 풀려나지만 민족이라는 또는 국가라는 운명은 그 속에 든 개개인의 운명을 이렇게 무참하게 한다.

그러므로 정말 좋은 운명을 타고난다는 것은, 훌륭한 성격이나 좋은 소질을 타고나는 것도 중요하지만 그것보다 좋은 민족, 훌륭한 국가에 태어나는 것이 더 중요하다.

지금 나는 반드시 나의 성격이 악하거나 소질이 나쁜 것도 아닌데 이 허무한 독방에 구금되어 저 비천한 자들의 감시에 굴종해야 하는 민족적 운명에 사로잡혀 죄의 십자가를 짊어지게 되었다. 이 십자가는 민족이기 때문에 나는 그것을 거부하거나 벗어버릴 수가 없다. 그렇다면 나 혼자 마음속으로라도 우선 나를 일본에 주어버리면 그만이 아닌가. 그러면 이런 죄 아닌 죄는 없어지고 말 것이다.

기독교에는 아담과 이브의 원죄(原罪)라는 것이 있지만 사람은 죄와 같이 난 것은 아니다. 인간이 사회생활을 영위하는 데 어떤 규범(規範)이라든지 제도에 위배(違背)될 때 그것을 제재하려는 데서 죄라는 이름이 생겼을 것이다.

어렸을 적에 누우런 복색에 긴 칼을 찬 일본 헌병들이 평화스럽던 우리 동네에 오더니 갑자기 서당 아저씨들을 몰아내고 내가 다리 건너

고모님 댁으로 가는 길을 막고 서서 나를 불렀다. 나는 그 손이 내 몸에 닿을까 봐 징그러운 송충이같이 싫어했다. 그래서 올 때면 그 앞을 멀리 피해서 길을 돌아왔던 것이다.

그때 그 일본 헌병이 자기도 모르게 나에게 무엇을 주었는지, 그로부터 나는 조금씩 달라졌다. 사상(思想)의 씨앗이 그렇게 처음 내게 박힌 것이 차츰 커서 뿌리가 되고 이 옥창이 된 것이다. 바꾸어 말하자면 그 헌병이 사상의 씨앗이 된 셈인데 지금 그는 간수 복장을 하고 나의 옥창 앞에 가만히 서서 감시구멍[監視口]을 통하여 그 매서운 눈알을 흘기고 있다.

하느님 앞에서 둘이 같이 선다면 그를 처벌할 것이요, 따라서 그를 보낸 일본 제국주의도 벌받게 될 것이다.

나는 치안유지법이라는 법망에 걸렸어도 그 법에 대해선 아무것도 모르는 백면서생(白面書生)으로 독방 첫날밤을 맞으며 내게 최초의 사상의 씨앗이 된 그때의 누우런 복장에 긴 칼을 찬 일본 헌병이 따라와서 이 밤까지 감시하는 것을 본다.

사람을 죄인으로 보는 데에는 정의의 눈으로 보아야만 하느님도 그 죄 됨에 공감할 것이다. 사마리아 여인이 간통했다고 예수 앞에 끌고 온 그들에게 예수는 너희 중에 죄 없는 자가 있거든 이 여인에게 돌을 던지라 했다.

일본 제국주의는 조선 민족 2천만을 그 어린아이들까지 모조리 죄인으로 만들고 있다. 그 법망에 걸린 고기들이 다 죽으면 나중 그 법망은 바다 속에, 다시 추켜올릴 수 없는 정도로 깊은 바다 속에 침몰되고 말 것이다.

나는 앞으로 나에게 전개될 법 절차에 대해 간수 나으리를 붙잡고 물어볼까 하다가 에익 그까짓 놈들하고 말을 주고받기가 싫어서, 그것도 그렇지만 형사나 간수나 조선 사람이 더 무섭고 미워서…… 알면 내게 무슨 수가 나느냐, 모르고 되는 대로 따라가다가 나가라는 날 나가면 너희들 신세보다 나을 텐데 걱정될 게 무어냐, 그냥 인간 수업이라 여기고 난리를 피해 온 것처럼 숨이 붙은 데까지 살자, 굶겨서 죽이지는 못할 테니…… 하고 말았다.

취침하라는 구호에 따라 누울 차비를 하고 눕는데 신입생이 바로 눕나 해서 또 간수가 들여다본다. 눕는 것만이 제일이고 만사휴(萬事休)라는 위로가 되는 것은 경찰서 유치장에서부터였다.

나는 내가 장차 어떻게 될지, 징역이라는 것이 얼마나 무서운 것인지 어렸을 때부터 들어온 지옥 같은 것인 줄만 알았던 그 생지옥에 떨어진 데 대해 슬프거나 무섭거나 하는 생각할 틈을 주지 않기 위해서 첫째로 바깥일을 생각지 말자는 결심을 하고 누우니 잘 때에 불을 끄지 않는 높다란 천장에 매달린 십촉 전등이 너무도 야속해서 이불을 푹 쓰고 이렇게 자노라면 언젠가 끝은 있으리라, 어쨌든 살고 보자, 행복해서보다 불행해서 어디 살고 보자는 데 더 심장(深長)한 의미가 있는 것이었다.

사선(死線)을 극복하고 지배자들 앞에서 사는 것만이 희망이다. 그러기 위해 한 주먹 콩밥이지만 달게 배부르게 어느 한 알도 값없이 똥으로 내려가지 말게 꼭꼭 씹어서 영양이 되도록 하느님께 감사하며 먹을 일…… 잠은 하룻밤 죽은 듯 흙처럼 잘 것…… 해결되지 않을 일인데 고민하지 말라…… 공범의 패를 달고 온 식민지의 선생과 제자…… 어찌된 일인지 한 지붕 아래 왔으니 꿈에라도 봤으면 하고 있는데 이불을 쓰면 안 된다고 간수가 감시구로 들여다보며 일러주고 간다.

간수가 다니는 길에는 매트를 깔아놓아서 발소리가 나지 않는다. 그러니 어느 '지금'에 그 나으리님이 와서 서 있는지 항상 조심해야 한다. 유치장에서 들은 이야기지만 형무소에서는 점잖은 게 제일이요 간수에게서 꾸중을 듣지 않는 것이 대접을 받는 첫걸음이라는 것을 나는 명심하고 있다. 순사보다도 간수가 죄인에게 가지는 권력은 더 절대적이다.

이렇게 며칠이 지나도 감감무소식이었다.

하루는 어떻게 된 일이냐고 물었더니, 치안 유지법이 개정되면서 구류 기간이 10일이던 것이 20일이 되었으니 한 20일 지나야 검사의 취조가 시작될 것이라 한다. 아직도 나는 죄인이 아니고 피의자(被疑者)인데 사람을 가둬놓고 아무 말도 묻지 않고 처박아둔다…… 참 신기한 일이 아닐 수 없다.

세 번만 구류가 갱신되면 60일, 두 달이라는 세월이…… 아무 보상 없이 고통만 당하고 마는 것이다. 치안 유지법이란 조선 민족을 세계의 역사 속에서 아주 말살하자는 목적이요, 사상범이란 아무렇게라도 정신적인 고통을 주자는 것이니 그럴 바에는 나는 고통을 느끼지 않는 돌이 되어야 할 것이 아닌가. 거기에 대비해서 나는 속으로 화석(化石) 작업을 해야 할 결심으로 불교의 경전인 반야바라밀다심경(般若波羅密多心經)을 눈감고 정좌하여 입속으로 몇십 번이고 몇백 번이고 송독(誦讀)했다.

문득 간수가 무얼 그리 중얼거리느냐? 했다. 불경을 입속으로 왼다고 했더니 빙긋이 웃으며 갔다. 반야심경은 불교의 마지막 도달(到達)인 열반 가는 길을 닦는 것인데 네가 칼 찬 간수로 이 두어 평 되는 방은 감시할지언정 열반 가는 길이야 방해할 수 있나.

그리고 계속해서 나는 더욱 마음 든든히 읽었다.

도일체고액(度一切苦厄)이다. 색불이공 공불이색(色不異空 空不異色), 이렇게 읽어 내려가면 마지막에 사(死)의 승화인 열반의 세계가 열린다.

나는 열반으로 간다
너희들은
칼을 쥐고 어서 망해라

쉰 번이고 백 번이고 이 심경을 읽고 나면 심신이 환하게 트이고 괴로움이 다 삭아진다.

이것이 나의 정신요법 '화석작업'이다. 감옥이란 권선징악보다 인간에게서 태양의 권리를 박탈하고 정서의 샘을 고갈시키는 결과 메마른 인간을 만드는 기계의 작용하는 법으로써 행하는 곳이다. 나는 한 걸음 앞질러 나의 가죽을 벗기고 살점을 발라내는 작업을 함으로써 뼈만의 감옥 인간을 저들 앞에 드러내고자 한다. 그러면 아무리 제국주의라 하더라도 백골에다 대고 죄를 선고함이 무용할 일인 줄 알 것이다.

나는 더 나아가 반야심경에 있는 무노사역무노사진(無老死亦無老死盡)의 경지에 들어간다. 늙어서 죽는 것도 없고 늙어서 죽는 것으로 끝나는 것도 없다. 이것이 죽은 뒤에 있는 열반의 세계인 것이리라. 이렇게 되면 교수대에서 칼이 목에 들어가지 못할 것이요, 수중에서 물이 입이나 콧구멍으로 들어가지 못한다.

이것은 잔학한 박해에 대한 나의 정신적 항거가 종교의 신념을 빌어 결정(結晶)된 것이다. 일본의 우리에게 대한 이 무서운 죄악은 우리들의 손에 의하여 세계 역사에 기록되어야 할 것이다. 그러니 우리들이 더 견디는 것만큼 저들의 발악은 더 심해질 것이다. 어디 하늘이 있나 없나 대동아전쟁의 결과를 보자.

나는 그때까지 정의(正義)의 가호를 받으며 이 독방에서 생명에 상처 없이 살아야 할 것이다.

나는 기도하는 대신 마음과 정신 속에 나 자신을 세우는 공부를 계속한다. 그래서 이런 곳에서까지 기쁨을 느낄 때가 있다. 나에게 이 이

상의 고난은 없을 것이다. 이 같은 정신적·육체적 자세가 한번 세워
지면, 그럴 리는 없겠지만 이보다 더 역경이 오더라도 굴하지 않고 살
수 있을 단련이기 때문이다. 이것은 다른 데서 얻을 수 없는 것을 이
형무소에서 얻은 무형(無形)의 재산일 것이다.

　똥오줌과 먹는 것 외에 아무 다른 일 없는 것이 그러한 수양을 하는
것이 정신적 과업같이 싫증 없이 되풀이되는 동안에 몇 달의 세월이 흘
러갔다.

　언제 시작될 것인지 별로 기다리지도 않았는데 검사의 취조가 시작
되었다. 검사는 이등청(伊藤淸)이라는 야무지게 생긴 차돌 같은 인상
의 인물이었다.

　그는 나를 앞에 앉히고 그동안 고생이 어떠냐고 웃으며 물었다. 개
발질해놓은 것 같은 경찰 조서는 별로 보지도 않고 다만 미리 접어놓은
페이지만 골라 골자만 추려서 물었다. 그뿐만 아니라 학생들 경향도
묻고 학교 형편도 물었다. 처음 만난 친구처럼 부드럽게 대해주므로
나는 내가 넘어가지 않나 나 자신을 경계하면서도 형사 나부랭이들보다
오래간만에 맛보는 그 지적 인간미에 얼었던 몸이 풀리는 것 같았다.

　날마다 큰 죄를 문초하던 검사의 안목으로 보면 내가 범했다고 1미
터 높이나 되는 경찰의 방대한 조서는 머리 둔한 애들의 필기장같이 무
의미한 부피만 크게 함으로써 범인에 대해 치밀하게 했다는 자랑을 삼
음에 불과한 기록이란 듯, 써보낸 자의 정성을 초개같이 손가락에 침
을 발라 탁탁 넘겨버리며 혹시는 창밖을 내다보기도 했다. 도대체 이
게 검사의 취조냐 형사에 대한 무시냐 분간할 수 없을 만큼 소홀했다.

　검사의 첫날은 입학시험에 면접하여 구두로 묻고 인상 보기나 하는
그런 종류의 것인 것 같았다. 그로써 또한 구류 기간을 그냥 보내고 구
류 갱신한다는 서면 통고(書面通告)가 온다.

　나의 생각으로는 경찰조서는 대충 보고 내 방에서 가져간 책과 곳간 낡은 고리짝 속에서 일본 유학 시대의 문예 일기책까지 대강대강 보더라도 범행에 보충 재료가 될 만한 것을 찾아내야 할 테니 지나간 세월의 먼지 낀 것을 털며 보기란 그리 쉬운 일은 아닐 것이고 쉬며 쉬며 눈만이라도 한번 거치자면 여러 달이 걸리리라 생각하니 그의 노고에 동정이 가서 조사가 늦어지는 것을 탓할 생각조차 별로 나지 않았다.

　그리고 또 얼마나 불쌍한 노릇이냐, 빼앗긴 제 나라를 찾겠다는 사람들에게 죄를 씌우기 위해서 죄될 조목을 시간의 먼지를 털며 눈알에 피지도록 찾으며 월급푼이나 타먹는다는 사실의 주인공들…… 예수가 살았다면 다시 형틀에 못을 박을 자들…….

　그렇게 주요한 줄거리만 추려냈고 또 경찰의 조서를 대체로 긍정했기 때문에 검사의 심문은 예상한 것보다 비교적 빨리 끝났다. 끝나는 날 검사와 나 사이에는 이런 회화가 오고 갔다.

　"황국신민서사는 왜 반대했는가?"

　"조선 사람들은 일본말을 다 아는 것이 아닌데 일본말 모르는 사람도 붙잡아 세우고 황국신민서사를 읽으라니 감정적으로 반대하는 것이 당연하지 않겠습니까."

　"학교 교실에서도 학생들에게 아직도 일본말이라고 하는가?"

　"국어라고 하면 학생들이 웃습니다. 나를 비웃는 것 같아서 일본어라고 합니다."

　"조선어 폐지에 대하여는 조선어는 그 음이 가장 편하게 기록되는 글자들이지만 역사적으로 잘 정리되지 못해서 근대적 의미에 잘 발달되지 못했는데 지금 교육 과정에서 폐지해버리면 세계 어음학상 대단한 손실이고 또 조선 사람의 혓바닥엔 그것이 가장 자연스러운 어음인데 문화적으로도 폐지할 수 없다고 생각됩니다."

　"신문사 폐간은 조선을 일본이 가장 완전히 통치하려면 조선 사람의 의사와 요구가 무엇인 것을 알기 위해서만도 통치자의 입장에서도 필요 불가결한 존재일 뿐 아니라 우리의 의사와 요구를 일본 신문에 반영시킬 수도 없는 것이 아닐까 합니다."

"창씨개명만 하더라도 조선 사람에게 성은 씨족 제도상 가장 중요한 사회적 가치를 나타내는 것이기도 하고 또 종만이 천한 성을 쓰고 살며 또 좋은 성을 갈 수도 있기 때문에 성에 대한 전통적 관념은 조선인의 미덕의 하나인데 이것만은 조선인 모두가 반대하는 겁니다. 미국에 있는 일본 사람을 미국에서 창씨개명하라 한다고 윌리암이니 헨리니 존스니 존슨이니 하는 것을 찬성할 수 있겠어요? 이런 것은 나 혼자만의 그릇된 견해가 아니고 모든 조선 사람들이 가진 올바른 견해입니다. 이 견해를 표명하지 못하는 것은 나처럼 이렇게 형무소에 잡혀올까 봐 안 하는 것뿐이지 대일본제국의 식민지 정책을 지지하기 때문이 아닌 것을 일본의 지도급에 있는 분들도 알아야 할 것입니다."

"그리고 검사님, 끝으로 이 조서에 내가 경찰 진술 외에 한 가지 첨부하고 싶은 것은 독립을 희망한다는 진술의 내용인데 독립을 희망 안 한다고 주장하고 싶었지만 그것은 죄는 면할 수 있을 것이나 나의 양심이나 민족적 양심을 부정하는 것으로서 그 지독한—거짓말이라도 꾸며 낼 수밖에 없는 콧구멍에 물 넣기, 비행기 태우기 등등 고문까지 당하면서 독립을 희망조차 안 한다고 할 수 없어서 다만 희망을 부인하지 않은 것뿐입니다.

조선 독립이 한갓 희망한다는 것으로 달성될 것도 아니고 또 어떤 반대나 태도로써 이루어질 것이 아닌 것은 어느 누구보다도 잘 알고 있고 또 조선 학생들은 어느 누구보다도 현실의 사정을 목격하기 때문에 정치성이나 사상성이 매우 조숙해서 그들에게 교단에서 선생이 조선어 폐지를 찬성한다든지 창씨개명을 환영한다든지 신문 폐간은 당연하다든지 황국신민서사를 열심히 읽어 훌륭한 황국신민이 하루빨리 되라

한다든지 하면 고개를 숙이고 손으로 입을 막고 픽픽 웃어버리기 때문에 조선인 교육자의 고충이 거기에 있는 것입니다. 그러니까 문화적 각도에서 선의로 본다면 하나의 견해에 지나지 않는, 결국 지식인이 가질 민족의식의 반영입니다."

경찰 유치장이나 형무소에 자주 드나드는 사람들에게서 전해 내려오는 철학이 있다. 형사나 검사가 묻는 말에 대한 것 외에 묻지 않는 말을 섣불리 하다간 큰코다친다는 것이다. 자기로서는 자기에게 유리한 말이라고 생각하고 한 말이지만 형사나 검사의 그 지능적인 머리와 솜씨에 꽁지를 잘못 잡히면 돌이킬 수 없는 화를 당하니 애당초 묻는 말 이외에는 벙어리가 되는 것이 상수라는 것이다.

인간 대 인간으로 자유스럽게 의사를 표시한 것이지만 그가 어떻게 내가 생각한 대로 받아줄 것인지 갑자기 불안해졌다. 그는 인간이지만 나야 어디 인간인가. 그는 내가 범인이 아니고 자기와 같은 인간 대 인간이라는 비교적 자유스러운 태도에 돌연 안색이 변해지면서 시무룩해지더니 동경 유학시대의 문예일기책에 연필을 끼워서 표해 두었던 것을 펴며 여기를 한번 읽어보라고 했다.

일본놈들 조선 사람의 피를 짜서 소다수에 타 먹으라고 저주한 대목이었다. 나도 속이 섬뜩했다. 조선 학생들은 어디서나 형사들에게 때를 가리지 않고 수사를 당하기에 항상 일기 쓰는 데 주의하는데, 왜 이렇게 노골적인 욕을 썼을까? 어느 여름 방학 때의 일기였다.

이등 검사는 자기 앞에 앉아 있는 자에게서 바로 자신이 그런 욕을 들은 것처럼 얼굴이 새파랗게 질리면서 쥐었던 펜을 책상에 탁 집어던지며 너 같은 자를 그냥 두다간 대일본제국이 성립되지 않을 거라고 극언을 했다.

드디어 그는 약한 나라의 피로 이루어지는 대일본제국의 주구의 근성을 냉정한 태도로 임해야 할 법의 앞에서 드러냈던 것이다. 도리어

416

내 쪽이 담담해졌다. 그까짓 대일본제국은 성립돼 무얼 하나, 그 제국 때문에 나와 같이 너도 징역살이를 하는데, 이렇게 생각하며 나는 나의 독방으로 돌아왔다. 신경이 고달파서 오히려 독방이 좋았다.

미결감에 와서 그 지루한 구류 갱신을 여러 번 거쳐서 검사의 심문이 끝나기까지 거의 반 년이 걸렸었다. 바깥 같으면 아무리 걸려도 한두 달이면 끝날 걸 가지고…… 사상범이란 속에 정신이 든 사람들이니까 될 수 있는 한 고통을 주자는 것이 법에는 없지만 그 법을 다루는 인간 법관들의 심술이니 할 수 없지…… 그러나 뻔한 것이지만 말했다가 미움도 더 받고 벌도 더 받을까 봐 다물고 있던 입을 열고 조선 사람이면 모두 가진 그 이야기들을 하고 나니 인정 과세처럼 그들에게는 인정(認定)이라는 무기가 있어 붙잡힌 것만 불행이지 결국 마찬가지지만 그래도 어딘가 홀가분한 기분이었다.

검사놈이 취조 결과에 대해 어떤 견해를 조서 뒤끝에 달아 보낼는지 모르겠지만 치안 유지법에 걸린 사상범에 대해서는 변호사도 대나 마나니 조선인 변호사들은 사상범을 변론한다는 의심을 받기도 싫어 애당초 서려고도 하지 않고 또 일본인 변호사들도 그렇다. 자기네 국가 정책으로 사상범은 중벌을 주는 것이니 변론해도 소용없다.

그러나 내게는 일본인 변호사 하나가 붙었다. 이 변호사도 변론 무용론자지만 나의 선친께서 날마다 다니며 애원해서 서게 된 것이다. 어쨌든 변호사가 섰다는 것만 해도 변호사는 변론 때문에 오게 되니까 마음이 든든했다.

나를 데리고 오는 간수가 이제부터 예심에 회부되면 또 한참 걸릴 거라 하며 어떤 사상범은 예심에서 몇 해씩 썩는다고 한다. 사상범이 유치장에서부터 검사국 예심까지 거쳐 심판에 회부되어 징역 선고까지 받는 절차는 일본 동경제국대학에 입학하는 것에 못지 않은 예비 절차와 수속이 걸린다.

나는 속으로 중동학교에서 10년 동안이나 민족 교육을 했다고 징역을 더 주기보다 예심에서 실컷 짜낼 거다.

나의 중동학교 재직 10년간이란 조선 독립운동이 민족주의자와 공산주의자 양편으로 갈라져 굉장히 치열한 시기였다.

나는 약하디약한 인텔리로서 현실적으로 독립운동의 조직 속에 뛰어들 수는 없으나 현실적인 독립운동에 이바지되는 민족의식에 대한 기본적 토대만은 교단에서도 만들 수 있지 않느냐, 독립운동은 앞서서 몸을 바치는 애국자와, 뒤에서 밀어주는 숨은 노력이 필요하다. 이런 견지에서 나의 중동교단 10년은 나의 민족정신의 단상이었다. 거기서 민족의식의 씨앗, 사상의 씨앗이 더욱 심화되면서 내가 교단에 서면 '조선인'이라는 것을 설명이 없어도 학생들에게 직감케 했다. 감정은 처벌하려도 증거가 없는 것이다. 다만 슬픔을 전해주면 무언중에 그것은 의식화되면서 보이지 않는 민족의식의 뿌리가 앞으로 이 학생애들이 살아나갈 반세기 동안에 그들이 앉아 있는 가정이나 마당에서나 그들의 고향 느티나무 아래서나 논밭에서나 그 의식이 뻗쳐나가므로 이것이 직접운동보다 현실적 효과는 적지만 한 민족이 살아나가는 데 그 생명 그 의식이 연장될 뿐만 아니라 일본의 식민지 동화정책을 막는 데 근본 되는 잠재력이 되므로 나는 교단에서 그러한 힘의 상징이 되고자 했던 것이다. 다시 말하면 나 같은 것이 조선인이라는 것이었다. 이런 교육을 10년 했기 때문에 내가 교단에서 한마디하면 학생들은 그 암시력에 곧 동감하며 상응했던 것이다.

그러니 솔직한 말로 내가 민족을 위해 장기적으로 한 일이 현상적으로는 미미한 것 같지만 이 정도의 고통은 그리 억울한 것이 아니라고 자위하는 생각으로 다음 예심을 기다릴 수밖에 없다고 안도하는 마음을 가지니 차라리 밖에서 시달리기보다 누가 찾아오지도 않는 이 방이 비애의 성지(聖地)같이 변했다.

　　이등(伊쯤)검사는 법의 정신이 아니라 법관에게 가장 금물인 증오의 정으로 그가 법관으로서 쥐고 있던 냉철한 펜을 책상에 집어던짐으로써 나에 대한 취조를 끝냈고, 법관의 관(冠)까지도 내 앞에서 벗어놓은 것이나 다름없었다. 그는 마치 자기가 아니면 이 불온한 사상범들 앞에서 대일본제국을 지켜나갈 수 없는 것처럼 착각하는 것 같았다. 나는 그가 그 펜을 다시 집어서 나의 면상에 던지면 어쩌나 하는 생각이 문득 나서 불안했다. 어서 그의 앞에서 일어나야 할 텐데 벌벌 떨면서 일어나면 결례가 안 될까 좀 망설인 것은, 이번 법의 순례중(巡禮中) 한 곳에서 걸상에 그냥 앉았다가 누가 거기 앉으라 했느냐고 호통치는 바람에 앉는 데 대한 자신까지 잃은 일이 갑자기 상기되면서 그 표독스런 이등검사의 형사 소송법에서 누가 널더러 일어서라 했느냐 호통칠까 봐 겁이 났던 것이다. 그래서 겸손한 표정으로 정중한 인사로써 그의 분노를 풀고 출구로 향했다.

　　나의 독방에서는 나의 영혼이 정답게 나를 맞아주었다.

　　두 손바닥만 한 미닫이가 달린 유리에 어디서 본 듯한 야윈 얼굴이 지나가는 것이 퍼뜩 보였다.

　　누굴까?

　　형무소에서는 아는 사람이 들어오는 것을 환영하지 않지만 불행은 불행으로 위로되는 수도 있다.

　　그런 심리의 작용인지, 누굴까 알고 싶은 생각이 시간이 갈수록 절실해졌다.

　　그런데 이상하게도 복도를 간수들이 왔다 갔다 하며 그 독방에 새로 들어온 신입생과 무언가 대화를 하고 있었다. 나의 호기심도 옆방에 쏠렸다.

　　나와 친면 있는 한 조선인 간수가 오더니 김태준(金台俊)씨를 모르느냐 했다. 그래도 별로 아는 냄새를 풍기지 않고 반신반의하는데, 왜 경성제국대학 강사 김태준씨를 모르냐고 거듭 묻는다.

형무소의 풍속은 모른다는 것이 제일이요, 안다고 했다가는 크게 코를 다치는 경우가 있다. 집이 가난해서 국민학교도 졸업하나마나 한 그 간수들에게 경성제국대학도 까마득한데 더군다나 거기 선생이라면 이만저만한 일이 아니다. 그래서 마치 새 동물이나 들어온 것처럼 그 문전에 관광객이 그칠 사이가 없었고 그를 안다는 내 인기도 올라가는 듯했다.

다음부터 그에게서 내 방으로 벽을 뚫고 무전(無電)이 왔다. 그를 존경하는 간수는 우리 두 사상범의 통방을 묵허해주기도 했다.

그담부터는 두 독방의 시간이 그리 지루하지 않았다. 항상 나는 긴장했다.

그는 공산주의자였다.

자기를 존경함으로써 감시가 늦추어지는 어느 순간도 빼놓지 않고 이용했기 때문에 간수 교습소에서 금방 졸업하고 형무소에 와서 견습하는 신인(新人) 하나를 매수하여 집과의 연락에 성공한 것이 발각되어 멋도 모르고 존경하는 단순한 마음으로 심부름해드린 젊은 간수가 고랑을 차고 독방에 들어앉았다.

형무소 내에서 경성제국대학의 인기는 그만 폭락되고 말았다. 그와 나는 같은 문학도(文學徒)로 문학적 양식도 본질적으로는 비슷했고 시대의 고민에 대한 것도 같은 테두리 안에 있었는데, 다만 한 가지 그는 공산주의 신봉자요, 나는 민족주의자로서 정신적·사상적 차이가 있었을 뿐인데 판단하고 적응하는 데 있어 그는 기민하고 주의를 위하여서는 수단과 방법을 가리지 않았다.

그 긴박한 사태 중에 통방이 가능하더라도 극히 순간적인 통화와 암시적인 방법밖에 될 수 없는데도 대담하게 공산주의를 나에게 권고

했다.

형무소에서는 같은 방에 있다 하더라도 자기의 사상이나 주장을 결코 다른 사람에게 선포하지 않는 것이 수감자(收監者)의 상식으로 되어 있는 것은 형무소 당국에서 첩자(諜者)를 감방에 집어넣어서 사상범들의 동향을 내사(內査)하기 때문이다. 그러므로 한 방에 둘이 있건 셋이 있건 일절 침묵 부답(不答)이다.

형무소의 시간은 뱅뱅 돌지만 무엇인가 기다리는 동안에 흘러가서 그 지루한 예심도 끝나게 되었다. 예심 판사는 백발이 성성한 신사였다. 그 많은 조서(調書) 가운데서 요령만 뽑아낸 심문에 나는 거의 긍정적이었다. 범죄 사실이 아니고 민족적 양심에 관계되는 것들이기 때문이었다. 심문이 끝나고 할 말이 없느냐 하는 데 이르러 나는 대담한 진술을 시도했다.

"판사님 저는 법에 대해서만은 문외한이지만 독방에 종일 앉아서 이런 회의를 가집니다. 만일 대동아전쟁에 그럴 리는 만무하지만 대일본제국이 패해서 미국놈들이 일본 사람을 넬슨이니 워싱턴이니 링컨이니 피터니 존슨이니 이렇게 창씨개명을 하라면 일본 사람들이 반대하지 않을까요?"

판사님은 갑자기 얼굴을 붉히면서 "바가야로오……, 너 같은 불령(不逞)조선인들이나 그런 생각을 하지 대일본제국 신민 중에는 그런 생각을 하는 사람은 한 사람도 없다."

"판사님 황공하옵니다."

"예심은 이걸로 끝났어……."

개에게 쫓기던 닭이 지붕에 오르듯 시원했다.

얼마 후에 예심 판결서(豫審判決書)가 왔다.

이 예심 판결서를 받아들고 한 자 한 자 자세히 읽고 나서 나는 치솟는 분노를 금할 수 없었다. 동시에 앞에 닥쳐올 불안과 공포보다는 예상 외로 안도의 감을 느꼈다.

크게 요약하면 네 항목밖에 안 되는 것을 가지고 그것도 무죄를 주장하려면 얼마든지 주장할 수 있는 걸 가지고 경찰에서 3개월 반, 검찰에서 예심까지 1년 6개월…… 죄가 크거나 무거워 다루기 힘들어서가 아니라 죄가 바로 되지 않는 걸 치안 유지법이라는 악법 조문에 맞추느라고, 말하자면 법을 위해서 인간을 희생시키느라고 보상도 없는 애달픈 세월을 2년 가까이 옥중에서 강제로 구속한 것밖에는 아니었다.

민족은 근원이다. 그러므로 그 민족에 속한다는 가장 단순한 생각 하나만으로도 민족의식은 형성되는 것이다. 한 민족에 속하는, 더군다나 지식인, 그것도 저의 나라 최고 학부를 졸업한 데다가 민족의식이 가장 강렬한 시인(詩人)에 대하여 민족을 버리고 1년 10개월 만에 네 항목의 죄를 만든 놈들을 따르란 말이냐.

번뇌의 때가 묻은 이 독방의 시멘트 벽에서 무수한 눈이 나와서 나와 같이 예심 판결서를 보고 웃는다.

내가 투옥(投獄)되기에 전기(前記)의 어마어마한 조문들이 이의 없이 적용되면서 검사의 4년 구형에 변호사의 무죄 주장에도 불구하고 공판에서 징역 2년의 선고를 받기까지 그 수속 절차에 1년 10개월 걸렸으니 사상범이 일본 궁성에 들어가기보다 몇십 배나 더 어려우랴?

세상에 일본제국주의 치하에서밖에 징역하기가 이렇게 어려운 나라가 또 어디 있을까.

미결은 법관들의 형편과 사정에 따라 공판까지의 걸린 시간인데 피고만의 일방적 손실이 부당하다 하여 미결 통산이라는 것이 미결 기간의 절반 혹은 3분의 1쯤은 계산해서 피고인에게 주는 것이 통례인데도 이놈은 나타난 죄상은 크지도 않고 따라서 형(刑)을 많이 줄 수는 없으나 이놈의 민족주의 사상은 어찌할 수 없는 것이라 해서 그랬는지 검찰에서 예심, 예심에서 공판까지 1년 반이나 걸렸는데도 한 달은커녕

단 하루도 미결 통산에 넣어주지 않았다.

공판을 받고 난 뒤부터는 독방의 혜택이 없어져서 무식한 일본인 노인을 넣어주었다. 일본인은 구로자끼(黑綺)라는 깍쟁이 같은 놈인데 하루는 술 먹던 이야기 하다가 서울에는 처녀가 없다는 것이다. 그게 무슨 말이냐 즉각 반박하고 나서부터는 나는 그와 일절 말하지 않기로 했다.

그담 들어온 노인은 강원도 감자바윈데 무식하기로는 그냥 흙덩어리였다. 그가 또 사상범으로 구속되었다. 무슨 사상범이냐 해도 그것조차 모르고 불교 스님의 안내로 마을 사람들과 금강산에 기도 드리러 갔다가 돌아오는 길에 체포되었다는 것이다. 내 생각에 필경 스님이 부처님께 이 민족을 구해달라고 불공을 드렸던 것이 아닌가 했다. 사기한(詐欺漢)인 구로자끼하고 틀려서 무어라고 고자질할까봐 거죽으로 말은 못하고 나는 나 혼자 속으로 흙도 사상범이구나 생각했다.

일생을 농사로 지낸 부농(富農)인 듯한 이 노인은 감자바위를 명동에 갖다 커피를 먹이는 식으로 진짜로 아무것도 모르는 사상범이었다. 그때의 사상범의 의미는 조선인이었다. 무식해도 조선인이 일본인에게 대하여 가지는 악감만은 다 가지고 있었다. 그것이 그의 사상범의 내용이었다. 왜 형무소에 왔느냐, 형사들과 검사가 무얼 묻더냐? 해도 어디 사느냐와 이름을 묻고 왜 금강산에 따라갔느냐 불경은 무얼 읽고 빌기는 어떤 것을 빌더냐를 물었다는 것이다. 금강산이 좋다기에 한번 따라간 것이고 금강산을 잘못 구경한 것도 없는데 집에서는 어디 가서 산에서 굴러죽었는가 할 겁니다고 했다.

나는 그의 편지를 써주며 속으로 어떻게 웃었는지 간수가 지나가다가 왜 그러느냐고 묻기에 이런 흙도 사상범이 될 수 있는가고 반문할 수도 없고 진땀을 뺀 것은 머리에 종기가 났을 때였다.

2년 언도를 받고 미결감에서 기결감으로 진짜 징역하러 가느라고 그와 갈라질 때 그는 자기는 어떻게 해야 하느냐고 콩알 같은 눈물이 뚝 뚝 떨어지는 것을 웃소매로 씻었다. 미결에서 기결로 가는 사이에는 벽돌담 하나가 이승과 저승 사이란 듯이 높이 서 있었다. 미결에서는 사복(私服)이었는데 이 담을 경계로 감옥에서 입는 빨간 수의(囚衣)가 입혀져서 감옥 입문하기 전에 신입생처럼 간수장님의 훈시를 받게 된다.

그 도장(道場)에는 가지각색 고문 도구가 나열되어 공포감을 일으켰다. 나는 영국의 작가 앤드류 랭의 『미지(未知)의 나라에 간 앨리스』를 연상했다. 앨리스는 꿈속에서 이상한 나라를 구경한다.

나는 일본 식민지의 앨리스였다. 그때로부터 나는 진짜 감옥의 독방에서 이불을 앞에 놓고 밥 들어오는 시간 외에는 팔짱을 끼고 아무 할 일도 없이 자다가 깨다가 하품하며 빈집의 개처럼 지내다가 명주실로 투망을 뜨는 작업을 하게 되었다. 어떻게 하면 공장으로 나가 사람 구경을 할까 하는데 자개 공장 간수가 와서 자기 공장에 나오지 않겠느냐 하기에 사상범이 어떻게 나갈 수 있느냐 했더니 자기 공장 잡역(雜役)이 출감하게 되는데 자개 무늬의 도안을 죄수들에게 골라줄 만한 사람을 구하는 중 내가 하면 그걸 능히 할 수 있으리라 해서 이것은 사상이 아니라 작업상 필요로 작업 과장의 이해를 얻으면 되는 것이니 공장에 나올 생각이 있느냐는 것이었다. 거기에 한 가지 곤란은 아침저녁 공장에 나가고 돌아올 때에는 발가벗고 뛰어가고 뛰어오는 것인데 차츰 겨울이 되면 좀 견디기가 어렵지만 그래도 독방에 혼자 있기보다는 징역이란 조금이라도 쉽게 하라는 것이 형무소의 철학이니 보잘것없지만 그런 얼굴이라도 보는 것이 얼마나 위로가 될 것인가.

그래서 나는 제15공장 자개 무늬를 놓는 기술 공장 잡역으로 취임하게 되었다. 이 잡역이란 담당 간수 지휘를 받아 적당한 도안을 골라 죄수들에게 주고 그 작업을 감독하는 학교의 반장 비슷한 것이다.

424

사상범은 이래서 경계하는 건지 나는 그 15공장에 사상범의 분포를 파악하기로 했다. 아니나 다를까 장기수(長期囚) 세 사람이 있었다. 내가 취임하자 공장 내의 분위기가 날이 갈수록 부드러워졌고 죄수들의 나에 대한 관심도 컸다. 간수의 나에 대한 신임과 태도가 좋았기 때문이었다. 사상범들이 더욱 그랬다. 눈짓조차 못하는 감옥에서 동지를 만났으니 아니 그럴 수가 있겠는가.

그들은 셋이 다 만주 출신들이었다. 무기에서 유기로 잔기(殘期)가 아직도 7, 8년씩 남아 있는데 징역 하는 태도는 참으로 담담했다. 너무도 태연하니 인간 같지 않았다. 사람이 어찌 저럴 수가 있으랴 싶을 정도였다.

저 만주 벌판이나 국경 지대에서 일본놈의 순포막에 폭탄을 던지고 그놈들이 죽으면 그놈들의 것을 빼앗아가기 때문에 그들의 5척 단신(五尺短身)에는 백 척(白尺)의 길고 무시무시한 죄명이 씌워졌다. 대체로 독립군에다가 살인강도 절도강도죄가 붙어서 무기 징역이다.

독립운동이라는 것을 신문에서 많이 보았지만 중학교도 못 졸업한 청년들이 만주 벌판에서 제 몸이나 가족을 돌보지 않고 폭탄을 안고 일본군에게 뛰어든 것이 이 사람들이었구나 하며 단박 눈시울이 뜨거워졌다. 나와 같은 단기형(短期形)으로는 잔기가 얼마나 되느냐 하는 것을 묻기조차 송구했다. 집 소식은 좀 들었나요? 무얼요…… 다 죽은 것으로 체념할 뿐이지요. 한 주일이 멀다 하고 면회 오는 나의 처지는 너무 행복해서 그런 이야기조차 하기가 면구스러웠다.

그들에게는 열 몇 해 전 가족들의 얼굴만 눈에 선했을 뿐이리라. 그러는 중에 머리가 빠져 젊은 대머리가 되고 눈은 어두워 근시가 되고 얼굴은 백지장처럼 창백해서 몇십 년 동안 한번 맘놓고 웃어본 흔적조차 보이지 않았다. 나는 그때 우리가 상상조차 못한 진짜 독립군이 여기 이렇게 있구나! 무엇을 믿고 자기의 청춘과 정열과 가족을 몽땅 버리고 요원한 독립을 위해 폭탄을 짊어지었던가?

또 한 사람은 너무 여위어서 얼굴이 길어졌고 입술이 바로 다물어지지 않아 말에 바람 한 꼬치만 한 기운도 없었다. 지금은 해방됐지만 한국의 독립운동에는 이같이 서러운 망국의 비애가 숨어 있는 것을 약간의 민족의식 때문에 감옥에 갔던 길가에서 본 것이 지금 이 글을 쓰는 책상머리에서 다시 눈에 떠올라서 그들의 이름이라도 안다면 신문에 광고라도 내서 비록 술을 입에 대면 죽는 병이지만 내 방에서 만나 손을 잡고 술 한잔 나누고 싶은 마음이다. 해방 당시 내가 주마담이라는 못된 병에 걸려 신음하지 않았던들 그들의 거처나마 알 수 있었을 것인데 한번 그 기회를 잃으면 인간이란 그 생사(生死)를 모르는 경우가 태반이다.

그리고 내가 만난 사상범 중에서 가장 강직하고 투쟁적인 현산(玄山)이라는 사람이 있다. 15공장 담당 간수가 나에게 호의적이기도 하고 존경하기도 했기 때문에 공장 안에서나 밖에서나 그가 있는 곳에서는 나의 행동이 감시적이 아니었다.

현산(玄山)은 나를 보자 김선생은 문사(文士)니까 내가 꼭 민족에게 전해달라고 부탁할 것이 있다 해서, 현산이 그렇게 말할 때에는 반드시 민족적 항쟁에 값있는 이야기 아닐까, 항상 궁금하게 생각하며 기회를 노리고 있었다.

어느 날 작업을 마치고 방으로 돌아오는 길에서 현을 만났다. 무기징역에서 유기가 된 장기수지만 방울 같은 눈에 정기가 넘치는 미소를 띠며 반가워했다. 그때 우리는 둘이 다 보수(補守)로서, 전쟁 중이라 간수가 부족했기 때문에 사상범 중 가장 성적이 좋은 자들을 얼마 골라서 훈련시켜 보수라는 이름으로 간수의 보좌역을 시켰다. 죄수는 한 사람이라도 그 앞뒤에 간수가 서기 때문에 그 간수 한 사람의 실속 없는 역할을 이 보수가 하기 때문에 독방으로 방도 좀 편한 곳을 주고 감방 출입도 다소 자유스러웠고 내복도 집에서 넣을 수 있고 만년필 시계 등도 휴대할 수 있는 특전이 주어진 이 기회를 타서 나는 현산에게 한 걸음 다가서게 되었다.

그는 손에 들었던 '며느리 밥먹는 꽃'이라는 기다란 처음 듣는 꽃을 다시 보면서 싱긋 웃었다. 나도 따라 웃으면서 시어머니한테 몰리다가 겨우 밥 먹는 꽃 같은데 무슨 전설이 얽힌 꽃이 아닌가 했다. 복도에 들어서서 방에 들어가려는데 현이 그 꽃을 나에게 주면서 점검한 뒤에 틈을 보아 자기 방으로 잠깐 놀러오라고 했다. 보수들의 방에는 취침 시간까지 문을 잠그지 않는 경우가 많았다. 나는 섣불리 반칙을 하다 가 걸리지나 않을까 의심스런 생각을 하다가 그날 밤 우리 감방 복도의 담당 간수가 우리를 냉대하는 간수가 아니라는 것에 유의하자 나는 보 수들의 감방을 이방 저방 들여다보는 체하다가 자연스럽게 현산의 방 에 슬쩍 들어갔다. 어디서 가져왔는지 그의 방에는 조고마한 화분에 나팔꽃 넝쿨이 노끈을 타고 올라가 피고 있었다.

감방에 핀 꽃이라 꽃도 곱거니와 생명이 형태화(形態化)하는 것이 기이하기도 했다. 그 대쪽같이 곧은 사나이의 10년 이상 복역하는 중 에도 그런 정취(情趣)가 어떻게 살아 있었는가. 꽃의 아름다움과 함께 새삼 느껴졌다. 고독과 독방의 동경(憧憬)에서 그런 신비가 이루어진 것이 아닐까. 나는 그의 앞에서 도로 외로워졌다.

무슨 이야기인지 기다리고 있는 중 그는 조용한 말소리로 김선생은 문학을 하시니까 내 얘기를 잘 들어 두었다가 언젠가 꼭 글로 써서 전 해달라고 당부했다. 투쟁만을 생명으로 아는 이 사나이의 눈에 혹시 불안이 스치는 것은 보았으나 오늘 밤처럼 그의 눈에 애수(哀愁)가 깃 든 것은 처음이었다. 어느덧 나의 심안(心眼)도 그의 애수에 동감되었 다. 그러면서 그가 '꼭 할 이야기'라고 할 때 내게는 형무소의 본능처 럼 주위를 경계하는 조심성이 생겼다. 스파이의 눈은 언제나 있다. 사상범에게는 미행(尾行)은 발에 발꿈치와 같은 것이다. 없다고 생각한 것은 다 있었다. 보이지 않은 것이 먼저 가서 밀고를 했다. 그렇기 때문에 사상범일수록 형무소 안에서는 서로 속을 주고 이야기하기를 꺼린다. 그러나 현산은 나를 믿었다. 나의 개인적 인간이 아니라 문학 한다는, 그렇게 용의주도한 안광(眼光)을 가진 사람이지만 문학 한다는, 시인이라는 것을 믿었으리라. 그의 강철같이 강직한 성격에 비하면 갈대같이 나약한 나를 그는 믿어주었다.

그리고 어떤 중대 사건에 직면(直面)하는 듯한 결의(決意)의 빛을 보였다. 언제나 태연하게 형무소의 생활자처럼 지내던 그의 얼굴이 약간 상기되었다. 그러는 동안에 사건과 동지들이 그의 눈앞에 모여들었다.

그때 나는 보수복에 달린 포켓에서 메모지를 끄집어냈다. 그는 잠깐 마음을 가다듬고 나서 이야기의 실마리를 풀기 시작했다.

나의 펜이 달리는 대로 내 붓끝을 보며 그의 말은 속도를 가했다.

이 사건은 처음에 극히 사소한 데서 시작된 것입니다. 밥 문제에서 발단된 것인데 밥을 더 달라는 이유로 발가벗기고 어떻게 때렸던지 수형자(受刑者) 세 명이 죽고 다섯 명이 뼈가 부러지고 그 밖에 또 몇 명인가는 피골(皮骨)이 상접하게 되었습니다.

그래서 치료를 받아도 살 것 같지 못했고 더욱 죽은 자들에 대해서는 병사(病死)로 허위 신고했던 것입니다. 그래서 마포형무소(麻浦刑務所)에 일대 소동이 일어났던 것입니다.

그때 서대문형무소에는 비교적 단기수(短期囚)가 많았고 마포형무소에는 장기수(長期囚)가 많았는데 그렇게 소동이 일어나자 드디어 법무당국과 신문사에서까지 알게 되어 도저히 묵살할 수가 없게 되었습니다. 그래서 그해 8월 7일 결국 치사 사건(致死事件)으로 기소되

428

어 소장은 파면되고 간수장 1명은 면직, 1명은 공판에 회부되어 2년 언도를 받고 과장은 3년 언도를 받았는데 그것이 바로 1936년(소화 11년) 마포형무소의 '동지살해사건(同志殺害事件)'이라는 것입니다.

그 결과로 새 소장과 과장이 부임하게 되었고 따라서 형무당국자들의 태도도 일변하였지요. 그래서 그 사건에 대하여 사과하고 또 밥도 요구하는 대로 주겠다는 성명까지 발표했던 것입니다.

그래 놓고는 70여 명을 투쟁분자로 규정해서 암암리(暗暗裡)에 대전형무소로 이감시키기 시작했습니다. 이것이 그들의 소위 대중분리정책(大衆分離政策)인데 우선 소극적인 분자와 사상범들만을 남겨두었어요.

그 결과로 그해 연말에 조선형무소 식량에 관한 규정이 개정되어 9등식까지 있던 것을 8등식까지로 한 등급 줄여서 피의자(被疑者)·작업미정자(作業未定者)·사고자(事故者)에게 주던 9등을 8등으로 올렸던 것입니다. 그렇게 거죽으로 등급은 올렸지만 속으로 양을 줄인 것이 차츰 알려지자 소장은 감언이설로 식량 문제는 전체적인 문제이므로 전국적으로 해결될 때까지 잠시 참아달라고 했던 것입니다.

그런 중에 제1동에 있는 동지들이 당국의 대중분리정책에 대해서 그와는 정반대로 대중연락운동을 전개했던 것입니다. 일대공포가 지나간 뒤라 처음에는 거기에 응하는 자가 적었습니다. 다음 해인 1937년(소화 12년)에 일지(日支)사변이 터지자 그것을 빙자하여…… 사실상 식량 사정도 곤란했지만 작업이 양호한 자들에게 한 주일에 한 개씩 주던 개량떡과 돼지고기를 없애버렸어요. 그러자 1937년과 38년 양년(兩年)에 걸쳐 거기 대한 적극적 투쟁론자와 소극적 투쟁론자의 양파가 대립되어 장기간 논의되다가 결국 대다수가 적극파에 기울어지게 되었는데, 그때에 마침 계호과장(戒護課長)이 새로 부임해 가지고 그것을 수형자(受刑者)의 횡포라 하면서 다시 고문과 구타로 다스리기 시작했습니다. 그러자 그것이 도화선이 되어 과거에도 세 사람이나 고문치사(拷問致死) 했는데 이번에는 구타 절대반대, 식량감소 절대반대를 목표로 투쟁이 다시 벌어지게 되었던 것입니다.

그렇게 투쟁이 검은 물줄기처럼 흘러오다가 1939년 7월 24일 석양에 목공소인 제5공장에서 15년의 장기수 사상범이 형정(刑政)의 불합리를 호소하려고 소장에게 면회를 청했습니다. 그것이 불허되자 면회 담당 간수를 단도로 찌르려고 했습니다. 그러자 간수가 칼로 그 수형자를 쳤습니다. 다시 달려들어 간수를 찌르려다가 자살하려고 자기를 찔렀습니다. 그래서 간수는 수호해 가고 죄수는 걸채에 실어 갔습니다. 이 사실이 죄수가 간수들에게 타살된 것처럼 전파되어 다시 소동이 일어날까 두려워서 수형자들을 모조리 감방에 집어넣었지요. 사건은 법무당국에 의하여 일단 해결되었고 따라서 전반적으로 처우가 개선되기는 하였으나 그 수형자가 무엇 때문에 여기서 희생되었느냐 하는 문제가 남았던 것입니다.

그래서 제3동에 비밀 본부를 두고 각 동에서 지도자를 선정하되 집행부를 3명 — 그중에서 1명을 책임자로 하였습니다.

그래서 제1동 · 제2동 · 제4동에 걸쳐 단식 투쟁으로 투쟁 방식을 정했으나 그것은 당분간 보류하기로 하고 그 결정권은 전기 집행부 3명에게 일임하고 긴급 시에는 최고 책임자의 지령으로 단행케 했지요. 사실상 단식 투쟁은 2일 이상 계속하기 어렵기 때문에 일반 투쟁을 강화하기로 했던 것입니다.

어떻게 이 사실을 알아낸 당국자들은 급히 지도자를 분리시키려 했습니다. 거기 대해서 분리반대투쟁을 결사적으로 강행할 것을 각 동에 전달함으로써 각 방에서는 동거자들이 절대 분리되지 않도록 결속했던 것입니다. 그러기 위해서는 우선 원시적인 무기나마 없을 수 없어 변기통 넣는 궤짝을 뜯어 곤봉을 만들게 했지요.

이로써 투쟁은 힘으로 대결케 되었던 것입니다. 동시에 투쟁 목표를 선언하였지요.

1. 구타폐지
2. 식량개량
3. 처우개선 — 특히 언어, 면회, 편지 등에 대한 자유 보장
4. 의무시설 확충

여기 대해서 행형국장(行刑局長)이 출두하여 전기 조건을 승인하라는 것이었습니다.

형무당국자(刑務當局者)의 승인은 무력할 뿐 아니라 언제나 기만적이었기 때문에 행형당국의 언명(言明)이 있어야 한다는 것이었습니다.

그것이 완전히 승인될 때까지 투쟁을 계속하기로 결의했습니다.

이에 대한 당국의 태도는 1936년 살상사건(殺傷事件)에 자기들이 실형(實形)을 받았기 때문에 회유적으로 나갔지요. 그래서 소장은 수형자들에게 손을 대지 말고 계호(戒護)만 하라고 명령했습니다.

그때 수형자 측으로서는 전번에도 간수가 수형자를 먼저 찔렀고 또 이번 사건만 하더라도 수형자가 간수를 먼저 찔렀다는 것은 사실을 왜곡한 것이라고 주장하며, 간수가 감방에 접근하기만 하면 발을 구르며 고함을 치고 환기(換氣) 구멍으로 물을 끼얹으며 분뇨(糞尿)를 떠서 던지는 자까지 있었지요.

이렇게 증오심에 불타는 직접 행동을 취하게 되자 형무당국으로서는 수형자들에게 양해를 구하는 길밖에 다른 도리가 없었고 소장은 과거의 불상사에 비추어 그 해결책을 사법당국에 의뢰했던 것입니다. 그 결과 어디까지나 회유책으로 나왔으나 수형자들이 절대 불응했을 뿐

아니라 도리어 부문별로 나누어 3개 동에서 선동 연설을 하며 식통구에 머리를 내밀고,

"우리를 때려 죽이라!"

"우리를 굶겨 죽이라!"

"대한독립만세!"

하고 외쳐댔습니다.

드디어 문제는 정치적인 데까지 미치게 되었습니다. 그 소리가 밖에 들리자 마포형무소 주위에 살던 사람들이 모여들기 시작하매 그것을 제지하려고 용산경찰서에서 무장출동(武裝出動)까지 하였으나 모였던 사람들이 흩어졌다가도 다시 모여들어 그 일대에까지 큰 소동이 벌어졌습니다.

그러자 감방 안에서는 더욱 흥분되어 나중에는 목이 말라 교대로 연설했습니다. 그러다가도 일제히 세숫대야를 들고 두드리기까지 했던 것입니다.

그것이 6일간 주야로 계속되었지요. 말로는 듣지 않으므로 드디어 당국자들은 최후책으로 밥을 주지 않기로 했습니다. 저절로 단식된 셈이지만 이번에는 밥을 주지 않는다는 데 대한 투쟁을 전개했지요.

밥을 주지 않으니 형무소를 부숴야 한다고 외쳤습니다. 이까짓 것쯤은 굶으면서도 능히 부술 수가 있다는 것이었습니다.

이렇게 극도로 악화되던 다음날 아침 사법당국과 행형당국자들이 와서 소장 명의로 삐라를 돌렸습니다.

간수도 살고 수형자도 죽지 않았으니 모든 요구는 사태가 진정되는 대로 합리적으로 진정해서 해결하자는 것이었습니다. 그래도 듣지 않으면 제군에게 불리할 테니 깊이 고려해서 최후의 권고를 들으라는 것이었습니다. 거기 대한 회답을 삐라 뒤에 적으라고 연필까지 넣어주었지요. 그 삐라를 여러 가지로 검토한 결과 그것이 그들의 회유책이요

우리의 투항이니 절대 거부키로 결정하고 곧 회답했습니다.

처음 교섭이 그렇게 실패되자 제2의 공문이 왔습니다.

즉 감방 안에 가지고 있는 곤봉 등속을 전부 내놓으라는 것이었습니다. 그러나 그것은 우리의 무기(武器)니까 내놓을 수 없다고 재차 거절했습니다. 이 제2의 거부에는 요구 조건이 붙었지요. 즉 당국에서 우리의 요구를 듣겠다는 것을 서명 날인을 하면 곧 무기를 버리겠다는 것이었습니다.

그러자 행형당국은 드디어 계호과(戒護課) 안에 참모본부를 두고 무조건 무장 해제를 단행키로 하여 서대문형무소에 응원 부대를 청하여 간수들이 소방복에 소방모를 쓰고 총까지 들고 제2동으로부터 우리를 체포하기 시작했습니다.

손을 들라니 손을 들고 한 손목에 하나씩 고랑을 채우니 그것이 바로 무장 해제였지요.

사법당국의 입회 아래 감옥에서 다시 구속되는 셈이었지요.

간수들 중에는 우리를 미워서 때리려고 하는 자도 있었지만 상부에서 절대로 금했습니다. 그렇게 모조리 체포한 뒤에 한 차에 세 명 혹은 네 명씩 실어 서대문형무소 미결감(구치감)에 이송해서 처음으로 수의를 입은 기결수가 집단적으로 미결감에 있게 되었습니다.

서대문형무소 소장은 기결수지만 피의자인 우리들에게 고랑과 포승을 풀게 하고 일장 훈시를 했습니다. 법무당국의 명령으로 제군은 서대문형무소 미결감에 수용하게 된 것이며 오늘까지의 투쟁 대상은 마포형무소요, 본형무소가 아니니, 여기서 다시 투쟁하지 않는다면 고랑을 채우지 않겠으나 그렇지 않다면 부득이 채울 수밖에 없다는 것이었습니다(감방에서는 사형수밖에 고랑을 채우지 않는다).

본형무소 내의 규정에 복종할 것을 약속하고 고랑을 차지 않게 되었지요. 그래서 1939년(소화 14년) 7월 24일 발생한 불법에 대한 항쟁은 동년 7월 29일부로 70명이 이송됨으로써 일단락을 지어 관용부(官傭 夫)를 제외한 전수형자에게 비통한 일대 충격을 주었던 것입니다.

그러나 지도부를 잃은 경성(마포) 형무소에서는 투쟁의 보복으로 3 백 명이 고랑을 찼고 6백 명은 일종의 회유책으로 관대히 처분되었던 것입니다.

그러나 우리는 비밀리에 서대문형무소 미결감에서 제2의 투쟁을 전 개시켰던 것입니다.

1. 금후의 대책

2. 법정에서 취할 공동 태도

3. 급식 및 처우에 대한 근본적 개선

다음에는 법정투쟁에 관한 건으로서,

1. 공개 재판을 절대 요구할 것

2. 분리(分離) 공판이 아니고 합동(合同) 공판을 절대 요구할 것

그 다음 투쟁에 대한 내용으로서는,

1. 현재의 행형제도(行刑制度)의 불합리 · 비인도성 폭로

2. 수형자의 안전을 위한 요구 관철

3. 전기(前記)의 조건이 해결될 때까지 투쟁할 것

이상의 목적을 달성하기 위하여 민첩하고 언론에 밝은 10명을 선정 하여 법정 투쟁을 지도하도록 했던 것입니다.

한 주일 후부터 취조가 시작되어 전원이 기소되었습니다. 재판은 법 정에서 열리지 않고 감옥 안에서 징벌적(懲罰的)으로 분리해서 행해 졌는데, 그런 중에서 소위 전향파(轉向派)는 사과했고 비전향파는 항 쟁으로 초지를 굽히지 않았던 것입니다. 그러나 형(形)의 결정은 징벌 로써 끝났습니다.

1. 7일, 5일 또는 3일간의 감식(減食)

2. 상여금(賞與金 : 작업임금) 전액 몰수

그렇게 벌을 받는 중에 8월 7일이 왔던 것입니다!

1936년 8월 7일!

3년 전의 이날은 마포형무소에서 동지 3명이 타살된 분노의 날이요 동시에 항쟁이 시작되던 날이었습니다. 그래서 단식의 날이었습니다. 그래서 이 8월 7일이 해마다 기념되어 왔던 것입니다.

　1. 동지가 맞아 죽은 날

　2. 야만적이고 원시적인 행형에 반대한 날

　3. 적극적 의사표시와 정신적인 시위의 날

그러나 이번에는 단식 투쟁을 하지 않고 음식 투쟁을 하기로 했습니다. 먹으면서 하는 투쟁입니다.

　1. 단체로서 소장에 대한 면회 요구

　2. 수형자에 대한 인도적인 처우 개선

이 두 가지의 목적 달성을 위하여 9월 1일까지 전 수형자를 조직화하여 새로운 투쟁을 일으키려 했던 것입니다.

그러나 불행하게도 이 계획이 밀고자 때문에 사전에 탄로되어 그 결과 나와 지도자 네 명이 각각 벌방(罰房)의 암흑 속에서 10일간 벌을 받았을 뿐 아니라 강제분리정책으로 동지들이 분산되어 내가 여기 서대문형무소에 온 거지요.

이야기가 여기까지 오자 그는 문득 한숨을 후─쉬었다. 그때 나는 그의 얼굴을 다시 쳐다보았다.

방울 같은 눈에 눈물이 글썽거렸다. 그 속에 또 정신의 빛이 비쳤다.

나는 그가 독립투사인 줄은 알았지만 그의 정신력과 기억력과 그 자그마한 체구 속에 그 가혹한 옥중 투쟁기가 숨어 있는 것을 몰랐다. 그래서 그는 그러한 유혈(流血)의 내부에서 고난의 성과로 형성된 투사(鬪士)라는 것을 생각했다. 그러므로 그는 입으로만이 아니라 피부까지도 말하는 사람이었다. 나는 아무 할 말이 없었다.

취침 시간이 다가와서 메모를 집어넣고 나는 무엇엔가 취했던 사람처럼 일어서며 무엇엔가 쫓기듯 급했는데, 그는 나의 손을 다시 잡고 당부했다.

"나는 살아 있는 동지의 증거로서 이 투쟁기를 김 선생에게 전해드리는 것이니 부디 잊지 말고 동포들에게 전해주십시오, 그 맞아죽은 사람들에게 위령(慰靈)이나 되게…… 배고파서 밥을 달라다가 매를 맞아죽은 세 사람의 동지, 그 전에도 그렇게 죽은 동지들이 무수했을 것입니다…… 나는 지금도 그 애달픈 소리를 듣지요. 그 영혼의 소리가 나에게 힘을 주기 때문에 앞이 어두우나 멀리 보며 사는 것입니다."

그는 영원히 잊지 못할 역사적 비극 앞에 선 인간의 한 그림자였다.

나는 나의 독방에 돌아와서 지금 어디 갔다 왔는가 한참 동안 우두커니 앉아 있었다. 그러는 중에 내 눈에는 현(玄)이 다시 떠올랐다.

국가보다 인간이라는 것이 더 귀중한데 그 국가 때문에 인간은 온갖 참상(慘狀)을 다 당하고 있다. 현은 그 속에서 살고 있다. 암흑과 광명을 품고…… 살기 위해서 보복하기 위하여 어찌 보면 그는 기고 있다.

취침! 하는 소리에 변기에 오줌을 누고 자라는 듯 어슴푸레 들려와서 나는 변기 뚜껑을 열었다. 그리고 나는 누웠다.

다시 현을 생각했다. 정의를 위하여 인도(人道)를 위하여 사상을 위하여 민족을 위하여 그는 있다. 그 나름대로 투쟁하는 불덩어리다. 거기에 너무 치우쳤다 하더라도 자기가 된 대로 굽히지 않고 안에 자기의 대(竹)를 세우고 사는 사람이다. 이 형무소에는 현 같은 지사(志士)들이 하루 종일 한두 마디의 말도 없이 여기저기 앉으라는 자리에 쭈그리고 앉아 있다. 그들의 하나하나를 대일본제국 신민으로 만들기 위하여 온갖 교묘한 방법과 수단이 강구되고 또 실천에 옮겨지고 있다. 그러기 때문에 그들은 음폐된 측면을 덮고 형무소를 기계처럼 돌아가는 규칙으로 삼으며 강제로 살고 있다.

그 규칙은 벽을 더욱 두텁게 하고 있다. 그 벽은 그들이 생(生)의 의욕에 움직이려고 하면 살아나서 반작용(反作用)을 하고 있다. 그러므로 그 벽은 사람을 죽이면서 살고 있다.

밤…… 나의 감방, 나의 독방에는 어디선가 그 벽의 모래 눈 같은 구멍을 뚫고 부음(訃音)이 새어 들어오는 것 같았다. 내가 나가기를 기다리는 거기서 오는 부음일지도 모른다.

나는 과거에 독립투사도 만나보았고 민족주의자도 만난 일이 있지만, 자기가 불기둥이 되어 타는 현 같은 사람은 보지 못했다. 일본 신민을 만들기 위하여 일본 제국주의의 노력이 낭비된 그의 앞에 대일본 제국은 한시(時)도 서지 못했다.

내가 형무소에 갇혀 있는 동안 현을 만난 것은 나의 옥중 생활을 귀중하게 하는 잊을 수 없는 수확이었다. 그는 민족의 산 이미지였다.

여기서 수록된 현의 진술한 마포형무소의 '밥 더 달라'에서 발단된 투쟁기는 나의 형무소에서 얻은 가장 값진 것이다. 그러므로 나는 현에 대한 의리와 사명감으로 이 기록을 정성스럽게 현의 체취가 있도록 여기에 옮겨 그가 원한 대로 동포들에게 전하고자 한다.

제3부

시인과의 만남

시인 모윤숙(毛允淑)의 일단

영운(嶺雲) 모윤숙(毛允淑)의 시집 『정경(情景)』의 출판기념이 있을 전날 밤(5월 1일) 나는 과거 그의 시가 추려진 시집 『빛나는 지역(地域)』 『옥(玉)비녀』 『풍랑(風浪)』을 더듬어 보았습니다.

한 시인(詩人)의 30년간의 작품 생활 속에서 그의 초기의 시적 인상은 주로 시집 『빛나는 지역(地域)』과 『옥(玉)비녀』를 통해서 너무도 주관적이라는 것이 드러났던 것입니다. 한마디로 말하면 낭만주의의 고백인 것입니다. 어느 시편에도 그것이 주조가 되고 있어서 "내 시는 영운(嶺雲)이라"고 선언하는 듯합니다.

밤마다 나의 창문가에
밤새워 깨어 있는 나의 별아
너와 나 사이 길은 멀고도 멀어
저녁이면 내미는 이 팔이
오늘밤도 창문턱에 고달피 누웠다

이것은 『빛나는 지역』 속에 있는 「나의 별」이라는 시의 첫 구절입니다. 그 하염없이 그리운 3행 뒤에 끝 2행의 영운(嶺雲)이 드러나는 일례입니다.

내가 영운(嶺雲)의 시를 읽는 동안에 별안간 전기가 꺼졌습니다. 갑자기 주위가 캄캄해졌습니다. 마침 창이 열렸습니다. 동쪽 하늘에 켜놓은 불멸의 촛불같이 별이 반짝였습니다.

나는 그때 직각적으로 이것이 영운(嶺雲)이 일찍 따라가려던 시의 세계가 아닌가 그렇게 생각해보았습니다.

나는 때때로 칠빛나는 어둠에서
신음하는 내 혼의 소리를 듣습니다
막힌 골짜기 잠겨 있는 안개밑으로
빠져가는 내 발길을 봅니다.

이것은 「소망(所望)」의 첫 절입니다. 무한한 것이 곳 자신으로 감돌아오는 것입니다. 만일 영운(嶺雲)의 시풍에 상징주의적 영향이 미쳤더라면 그 신분보다 더 큰 비전에서 그 소리의 여운이 더 길고 더 깊어졌을지 모를 것입니다. 낭만주의의 기분이 전성하던 시기에 그가 낭만주의의 타고난 성정을 전폭적으로 받힌 것이 이십 년으로부터 삼십 년 전일 것입니다. 당시의 문학사조의 장점과 그의 기질상의 장점이 일치되면서도 영운(嶺雲)의 감상은 초기 작품에 단점이 되었다고 할 수 있는 것입니다.

그러나 그의 시에 공통적으로 흐르는 기원이 있는 것입니다. 바로 「그 음성」에 표시된 바와 같이,

마음에 감긴 그 리듬은

하늘에 닿은 나의 노래입니다

이런 꿈을 지닌 영운(嶺雲)에게 6·25의 ‘풍랑(風浪)’이 왔던 것입
니다.

언덕은 부서져 바다로 흘러가고

새들은 죽지를 다쳐 날지를 못합니다.   ——「깨어진 서울」

시체처럼 차고 어두운 지하실로

나는 달을 피해 들어가야 했다   ——「달밤」

이런 6·25가 삽시간에 처절하게 닥쳐왔던 것입니다. 시집『풍랑(風
浪)』은 영운(嶺雲)이 아니었더라면 우리가 다 알지 못했을 그런 부분
이 들어 있는 6·25의 기록이었던 것입니다. 장정과 용지와 제본은 허
름했지만 제2차 피난 중 부산에서 발간된 이 시집은 1951년 생명과 죽
음의 한 뿌리에서 체득된 귀중한 소산이었던 것이며 동시에 명암의 기
로에서 전환되는 영운(嶺雲)의 과도기적 일 이정표라고도 할 수 있었
던 것입니다.

그후 팔 년이 지나 여기서 기념되는 시집『정경(情景)』이 나오게 된
것입니다. 왜정 말기와 해방의 혼란과 6·25 전란으로 말미암아 오십대
의 작가와 시인들이 희귀한 중에서도 작품 활동이 저조하다는 것이 신
세대의 오늘날 평론인 것입니다. 나이가 무력하다는 것은 죽는다는 사
실이 증명하는 바이지만 우리들 작가와 시인의 연륜 속에는 작품이 원

숙해가는 시기가 사실상 빠지기 쉬웠던 것입니다.

그 시기에 영운(嶺雲)의 시집 『정경(情景)』이 나오게 된 것을 축하하는 이유를 여기 몇 가지 들고자 하는 것입니다.

『정경(情景)』의 서문을 보면 시는 신앙이요, 시의 형태는 신앙의 형태이기도 하다고 했습니다. 그리고 시형이나 시정신의 변화보다 자기라는 "인간의 사상이나 정신이 먼저 문제"라고 하면서 현재의 자기로부터 해탈해서 다시 한 번 자기의 소리를 들어보고 싶다는 것입니다.

일찍 시론상에 시가 신앙이라는 말은 별로 없는 듯합니다. 그러나 그가 시를 신앙이라고 할 때 그 신앙을 생명이라고 바꾸어볼 수 있을 것입니다. 그러므로 그는 그 신앙을 사상과 정신에 직결시켰던 것입니다. 그러기 때문에 자기의 독자적인 소리를 들어보고자 한 것입니다. 일찍 감상의 계절을 시에 반영시켰던 그가 6·25의 과도기를 거쳐 한마디로 요약하면 그의 휴머니티를 시에 반영시키려 한 것입니다. 그러므로 영운(嶺雲)은 시집 『정경(情景)』으로써 오십대(五十代)에 올라서려고 한 것입니다. 과거 어느 시론상의 의지(依支)보다도 그는 차라리 자기에의 신념을 찾으려고 한 것입니다. 그것이 지나치면 인생파의 시에 기울어지는 것이지만 그의 쉬지 않는 감수와 정열이 그것을 방지한다고 믿어지는 것입니다.

『정경(情景)』에 실린 작품은 그 태반이 미발표작인 듯합니다. 이미 발표되었거나 안 되었거나를 막론하고 이 시편들은 현대시에 들어온 이지의 박해를 받고 있지 않을 뿐 아니라 평이한 표현이 주목할 바 점입니다. 아무 구김살 없이 어떤 것은 감성을 어떤 것은 정신을 어떤 것은 사상을 바탕으로 오직 자기답게 자기 소리를 하고 있는 그대로인 것입니다. 그러므로 현대시가 마치 난해한 것을 특징으로 하는 듯한 오

늘에 있어서도,

> 멀리 오직 한줄에 들려오는
> 혼의 맑은 언어

를 캐려고 하는 것입니다.
  동시에 과거의 혼미한 정회(情懷)를 깎아버리고 앞으로도 남아야할
감성의 토대 위에 이상성 정신성의 빛을 내세우고 있는 것입니다.
  여기서 「자살자(自殺者)」를 한 편 들어보기로 합니다.

자살자(自殺者)

> 가난과 죽음에 함부로 달려가 봅니다.
> 수집고 호젓한 마음이지요.
> 강(江)물에 차바퀴에 산(山)등성에
> 고집스런 자아(自我)를 깨뜨려보는 것입니다.
>
> 색채스런 하늘들과 짖거리는 새들의 음성이
> 내일(來日)이 없는 자(者)에겐 오직 무서움뿐
> 이 도시(都市)엔 기도를 올릴 조용한 언덕이 없습니다.
> 잠시라도 신(神)을 만나야 할 처소 말입니다.
> 이 영혼(靈魂)이 고독자(孤獨者)
>
> 호탕한 주민(住民)들 사이에서 홀로 우는 자(者)
> 자유(自由)도 신(神)도 미래(未來)도 막을 닫힌 이 거리
> 죄(罪)에서 흐르는 피를 마시며

광상(狂想)의 나무에 기어오르는
생명(生命)의 분열자(分裂者)들!
태만스런 휴식(休息)과 마주치는
자살(自殺)! 자살자(自殺者)의 행진(行進)을 보십시오.

이것은 현대에 요구된 시정신에 의한 현실적 파악의 일단면인 것입니다. 한국현대시가 가질 강인한 정신성의 일면인 것입니다. 어찌 보면 W. H. 오든의 일면을 방불케 하는 바가 때로 연상되기도 하는 것입니다. 연마된 감성은 예지를 찾아 그 빛을 띠는 것입니다.

그 밖에 「사마리아 여인(女人)」 「정경(情景)」 「남대문(南大門)」 「아폴로 사원(寺院)」 등은 과거의 영운(嶺雲)을 털고 새로운 영운(嶺雲)으로 등장하는 시의 모습들인 것입니다.

그러한 시편과 달리 명기할 한 가지는 이 시집에 「건방진 방문객(訪問客)」 「오월(五月) 넥타이 씨(氏)」 「출근(出勤)」 같은 경쾌한 작품들이 들어 있는 것입니다. 특히 「건방진 방문객(訪問客)」은 간결한 쾌감을 주는 것입니다. 외로운 감성의 시기를 지나온 그가 지성의 빛을 내며 현실을 담담하게 다룬 작품들이라고 보여집니다.

인제 결론에 도달해야 하겠습니다. 『렌의 애가(哀歌)』가 국제적 출판물로 되어가고 있는 이 저명한 시인에 대해서 내가 받은 인상이 그의 시에 있는 것을 단적으로 밝혀볼까 하는 것입니다.

이밤엔 오직 한적하여
그리움은 마음에서 숨긴다

그리움이 마음에서까지 숨어서 어데 있는 것인지 모르겠으나 그것이

저 멀리 바다에 가서 산호바위가 되었을지도 모를 것입니다.

> 바다는 진달래 얼굴로
> 브로드웨이 등을 켜고 있다
> 고래의 검은 등이 행진(行進)하며
> 산호 바위 위에 성장을 하고 침묵(沈默)

이것은 영운(嶺雲)에게 이른 놀라운 이미지 「바다에 솟는 달」의 일절(一節)입니다.
그의 그리움은 산호바위가 되었고 성장을 했던 것이나 그것이 침묵으로 돌변했을 때 소리 없는 통곡이 이미지의 형태로 나타난 것같이 돌연한 느낌을 주는 것입니다.

> 성장을 하고 침묵(沈默)

나는 다시 한 번 이 시행을 되풀이함으로써 미비한 끝을 맺으려는 것입니다.

이헌구(李軒求)와 그 예술성

성년이라야 이헌구(李軒求)는 담배를 피우게 된 끽연자이다.

이헌구(李軒求)의 담배가 가지는 인생적 의미는 고독에 있고 환멸에 있고 명상에 있다. 어찌 보면 그는 외로이 담배를 피워서 그 인격을 완성하는 데가 있다.

칠 년 전 학모(學帽)를 벗는 송별의 석에서 그는 한 대의 담배를 피워 들고 물러가는 연기에서 감격을 얻었다.

"여러분과 한자리에서 피우는 이 마지막 담배 한 대를 나는……" 하면서 슬픈 정에서 시작하여 격려의 말로 끝을 맺었다.

이 첫 구가 나의 애착과 동감이 되어 나의 송별사의 첫마디를 인도하여주었다. 비현실적인 언어에 감흥됨이 나의 열등생인 탓인지는 몰라도 이헌구의 대사는 항상 자기의 감격에서 남의 감격을 깨우치는 성격을 띤다. 그러므로 그의 말에는 도취가 있다. 그가 가진 이 감격성 때문에 그는 현실적으로 희생되는 데가 많다. 그의 커다란 눈에 일시적이 아니었던 불안이 깃들이고 있는 것도 그 탓이다. 이 불안은 앞을 내다보는 데서 더 커지고, 뒤를 돌아다보는 데서 애수를 일으킨다. 그것은 자기가 걸어온 불행 때문이요, 또한 자기가 걸어올 길이란 항상 비애의 모태요, 실감의 본체인 까닭이었다.

이 불안한 그림자가 그의 수필에 나타나서 봄비도 되고, 가을비도 되고, 겨울 눈도 되고, 심지어 풍랑까지도 된다. 이것은 모두 다 기류의 불안에서 오는 것들이다. 그러므로 그는 날 밝기를 기다려 꽃구경 가서는 그 애수를 느끼고 비너스의 탄생을 환영하여 비극의 독본을 연다.

그러므로 그를 진실히 감상하는 자는 그에게서 꿈을 느끼고 고통을 맛볼 것이다. 이러한 슬픔과 외로움과 고민이 있어서 그는 인텔리의 피난소인 수면까지 향유하지 못하여 십 년 이상의 불면 상태를 계속하여왔다. 이 고통의 집성에서 그의 문학의 세계는 자연히 어떠한 성격을 가지게 되어 그의 주인공은 모두 다 비애의 주인공이거나 고통의 성격이거나 비극의 사태를 배경으로 한 것들이다. 이러한 암울한 기분에서의 반동으로 영화를 몹시 좋아하여 배우의 명부를 가슴에 가진 영화 감상의 제1인자가 되었고 가끔 영화관이 그의 상설 휴게소가 되기도 하여 거기에서 잠도 들고 꿈도 꾼다. 그러나 결국 디이트리히의 잔인한 적막의 호소와 「파리(巴里) 지붕 밑」의 애수를 따라다닌데 틀림없고 시몬, 시몬에의 찬사는 그의 동심적 발로임에 불외하였다. 이렇게 어떠한 본능의 요구에서 영화를 감상하는 현재는 그의 영화적 평론의 명일을 예약하여 놓았다고 나는 본다.

이제 방문 전의 음성(飮城)을 잠깐 빌면 이헌구의 키는 보기 좋은 사내다운 키나, 그 몸가짐이 흐물하다는 세평이 있어서, 그 정평이 그의 여성적 성격을 좌우하였던지 삼사 년래로 그 유동성이 응고되어 지금은 세인의 단조로운 굴신동작(屈伸動作)의 표준에 가까워졌다. 산술은 잘하지 못하나 체조의 훈련이 없는 탓은 아니겠고, 설명을 붙이려면 그의 문학정신을 계발한 요시오카 다카마쓰(吉岡喬松) 박사의 제스츄어에다가 그의 재주(才操)를 사서 시〔詩〕지 『애송(愛誦)』에 소개한 사이조 야소(西條八十) 교수의 파리식(巴里式) 취미에 있는 듯도 하며 내가 본 바에 의하더라도 확실히 불란서 문학과 이헌구의 성격이 결합한데서 오는 일종의 육체적 동작의 서정 같은 데가 있다.

그러나 「앵화원(櫻花園)」의 주인공(主人公)에서 그와 쪽팔이 육체의 이즘을 깨뜨렸다 하여 한 사람이 한 말이 사방으로 퍼져서 한동안 실패의 평판이 돌았다.

실상인즉 실패한 것은 연출가의 주의력에 있고 이헌구는 자기대로 성공하였다. 오직 세간의 취미가 의식의 동작에만 있었고 무의식의 동작에 없었을 뿐이었다.

이러한 동작의 소유자는 가끔 연극을 좋아할 수 있는 것이어서 이헌구는 율동에 취미 있고 히비야(日比谷) 공원 음악실(音樂室)에서 어느 날 밤은 몹시도 춘향을 상대로 이도령을 하고 싶어 했다. 몇 개(個)의 이도령은 보았어도 별로히 기억의 미(美)에 남지 않은 나로서는 그의 이도령은 반드시 어느 부분이나 좋은 데가 있지 않을까 싶다.

실제의 인물이나 무대의 인물이나 할 것 없이 자연이 인간을 만들 때에는 반드시 한 틀에 넣어서 십 전짜리 백동화(白銅貨) 같이 주조함이 아닐진데 인간성의 감정도 기계에서 나와서는 아니 될 것이다.

십오 년 전인가, 나는 이헌구와 처음 만나 어깨를 맞추어 다니면서 길가에서 혹은 들에서 그의 '말눈깔사탕'을 여간 많이 먹질 않았다. 그의 요구로 나도 적지 않게 샀다. 그는 모든 엽자류(葉子類) 중에서 특히 그것을 좋아하였다. 그것이 그의 동심이었고 그의 동시였다. 그것을 먹고, 그의 동심을 나눌 수 있는 것이 나의 행복이었다.

거진 십 년 전, 조선 최초의 '세계아동예술전람회'의 순회는 이헌구의 동심에서 발론되어 정인섭(鄭寅燮)씨가 결론을 지은 것이었다. 그의 노트에는 지금도 동화와 동시가 많거니와, 그때의 그는 이미 동경서 사계(斯界)의 전문가들에게 알려지고 있었다.

어느 날 그의 방에는 자기의 동리집 가난한 아이들이 그가 나눠준 엽자(葉子)를 잊어버리고 그 얘기에 취하고 있었다. 그는 항상 지금도 조선 아동 지도자에 대한 불쾌와 아동 자신의 생활에 대한 순백한 마음을 가지고 있다. 그가 지금까지 이러한 마음을 가지고 있다는 것은 세간에 대한 실례일지는 몰라도 그에게는 위고의 총호(總號)를 가질 수 있는 행복이 있는 것 같다.

이헌구는 시를 쓰지 않고, 주로 수필과 평론을 써왔다. 그리고 십오 년을 우애로 걸어온 나의 틀림없는 한마디가 있다면 그는 시인이라는 것이다. 시는 슬픔을 말하지 않을 수 없는 것이요, 사랑을 슬퍼하지 않을 수 없는 것이요, 적막을 노래하야 고독을 사랑하지 않을 수 없음이 소비에트 초기의 시를 제외한 세계시사의 십분칠(十分七)이요, 이헌구의 사분삼(四分三)일진대 그는 이외로운 하소연, 절망하는 소리 눈물겨운 노래를 사회에 던지기를 꺼려서(혹은 우려했는지도 모르나) 평론의 붓을 들었다. ‘신흥과학연구회(新興科學硏究會)’의 회원으로 신흥과학적 입장에서 문예이론의 시스템을 단거 가지고 나온 그는 마땅히 사회주의 문예비평가가 환영하였을 것이다. 사회주의 문예비평가들의 사이비(似而非)비평에 불만하여 채찍을 든 것이 이헌구의 불리한 점이 되어 그는 꽤 많은 공격의 대상이 되었다. 그러나 그는 악렬(惡劣)한 언사에 대하여 예술가의 입장에서 벗어나는 경우가 없었다.

그의 평론의 내용은 모두 다 문화에 대한 옹호요, 현실에 대한 암시였다. 이 암시는 문학적으로는 우수한 의미를 가졌음에도 현실적으로는 억세지 못한 데가 있었다. 이것은 감격(感激)하여 붓을 들고 시인으로서 투쟁하는 의지의 결함에서 왔다. 그러므로 그의 평론의 약점은 그의 감격성의 장점에 유인(由因)되었다고도 볼 수 있다. 따라서 이론의 구성에서 순수성을 찾고 신비를 따르는 데가 그의 사회비평적 산문을 혹시는 해치는 데가 있지는 않는가 싶다. 이것은 그가 어떤 영결성(永潔性)에 부딪치려는 포부에도 원인되는 듯하다. 그의 산문이 이채(異彩) 있는 점의 일부분도 또한 여기 있다.

무슨 결점이 있다든지 있기는 할지라도, 그의 사회에 대한 인식이나, 그의 문학에 대한 감수성이나, 또는 그의 문(文)의 윤채(潤彩)에 이르러서 그는 가장 하이 크리티시즘을 할 수 있는 평론가이다. 이것은 그의 외국문학의 광범한 섭취에서 오는 것이기도 하다. 그 우수한 점을 악평하여온 것은 앞으로 수정될 일이 아닐까. 망언다사(妄言多謝).

고민의 시대 · 인간 · 시

　오늘 저녁 작고 시인들을 추모하는 이 자리에 모인 여러분 중에는 시인 일도(一島)와 일도의 시를 아는 분은 적으리라고 생각됩니다.

　일도는 극히 시를 적게 쓰는 시인으로서 일도가 쓴 시는 불과 십 편으로부터 이십 편을 넘지 못할 것이요, 시 이외는 수필도 평론도 그 밖에 아무 산문도 쓰지 않았으므로 그가 육체의 인간으로 간 뒤에 정신의 인간으로 남은 것은 몇 편의 시를 살피는 외에 다른 길이 없을 것입니다.

　그러나 나는 지금 이 짧은 시간에 시인 일도를 말하기에 충분한 사람도 되지 못하고 또 고증할 자료도 정돈치 못했고 또 여유 있는 시간도 가지지 못하고 있습니다.

　일도의 시에 대해서는 나중에 잠깐 살펴보시지만 내가 일도를 말하기에 충분한 사람이 못 된다는 것은 내가 일도와 사귈 때에는 일도는 나와 같은 미성한 한 사람이었으나 일도가 이 세상을 떠날 때에는 일도는 완성된 한 사람으로서 세상을 초탈하고 열반으로 가는 적요(寂寥)

한 일 인격이었기 때문입니다.

그러나 내가 지금 이야기하고자 하는 일도는 초탈한 이후의 일도가 아니요, 현실의 도탄(塗炭) 속에서 자기를 구제하지 못하고 고뇌와 환멸 속에서 나와 같이 말하고 나와 같이 느끼고 나와 같이 생각하며 모색하던 일도입니다.

나는 지금도 당시 일도의 고달픈 체중과 울울(鬱鬱)한 체취를 나의 육신과 감정으로 추근히 느끼는 일도의 한 친우입니다.

이것은 지금으로부터 거진 이십 년 전 어느 날 저녁 내가 처음으로 일도와 만나서 취한 김에 소천(宵泉)과 함께 한강으로 드라이브한 그 날 밤부터 오늘에 이르기까지 오랫동안 계속되고 체득된 감회요, 또한 정서입니다.

만일 그 시대가 전제(專制)의 현실로서 제약되지 않았더라면 우리는 이러한 체취를 변질시켜서 우리의 육체 속에서 영원히 작용하는 동경의 화단을 꾸미고 우아한 휴식을 가졌을는지도 모를 것입니다.

그러나 혁명가들이 도피하는 때요, 시인들이 우는 때라 슬픔을 이기지 못하고 울적함을 피할 길 없어 방랑을 자유로 삼음이 또한 우리의 천성이요, 실의한 남아의 본령같이 되었던 것입니다.

일도도 역시 이 슬픈 현실과 우는 세계의 고독한 손님이 되어 그 고달픈 체중과 울울한 체취로서 무력한 곳에 몸을 두고 혹은 밤을 새워가며 술을 마시고 혹은 무한을 그리워하며 방랑을 꾀하고 혹은 현실을 피하여 촌락에 묻혀서 어찌 보면 자기의 파멸을 촉진하는 듯이, 무념하며 무상하는 몽환을 찾으려고도 하였던 것입니다.

그러한 중에서도 일도의 가슴에 맺히고 있는 것은 쉬지 않고 구하는 사랑이었으니 이 파묻힌 불길은 일도가 당면한 현실이 불우하면 불우할수록 더욱 순화되는 것이었고, 순화될수록 더욱 현실과 멀어졌던 것입니다.

그러므로 일도가 사랑을 찾은 길은 현명한 사람의 눈으로 보면 때로
는 어수룩하기도 하고, 때로는 유리되기도 하고 때로는 이해할 수 없
기도 하였으나 가정의 행복을 누리지 못한 일도로서는 그것이 내재적
현실로서 반드시 외계에 구현될 수 있고 또 현실과 결연될 수 있는 불
변의 것이었습니다.

그러나 이 끊임없는 불변의 사랑은 그 결과로 일도로 하여금 동환의
수풀 속에서 신화를 듣게 하였고 드디어 만성(慢性) 햄릿으로 만들어
놓았던 것입니다. 수송동(壽松洞) 천변가에서 홀로 살던 그 조그마한
집이 바로 일도가 그 몽환을 실현할 상아(象牙)의 오막살이였으니 사
랑이 실현되는 날 온 세계 다 닿는 곳마다 사랑이 차 있을 듯이 몽상되
었던 것이나, 그 몽상은 이 조그마한 오막살이조차 채울 수 없는 공허
한 것이었습니다. 새벽부터 해 뜨기까지 해가 떠서 황혼이 되기까지
하염없이 구상한 곳에서 그가 원하는 산 표상이 나타나지 않을 때 일도
에게는,

꿈 어렴풋한 꿈
추녀 끝에
백색 전등이 조은다

는 것이 있을 뿐이었습니다. 이것은 사랑의 긴장에서 풀린 해태(懈怠)
의 감정입니다. 정신적 최고의 것을 가졌다가 다 잃고 실의한 현실에
다시 돌아와 백색 전등만 내다보는 정회는 전등이 조으는 것이 아니라
눈물에 젖은 창백한 자기 자신이었던 것입니다. 모든 환희 속에서도
기필코 닥쳐드는 이 비애의 종결을 나는 항상 예견하는 듯이 느꼈던 것
입니다. 사랑과 애욕에 대한 의식과 무의식의 선(線)이 이와 같이 운
동하는 것은 확실히 일도의 비극이었습니다.

이러한 비극 속에 또한 일도의 커다란 비원이 있었으니 그것이 시였습니다. 이 시를 위하여 사재를 아끼지 않고 한 호 한 호 각고 편찬한 것이 『시원(詩苑)』이었습니다. 내가 일도의 시를 처음 본 것이 이 『시원(詩苑)』이었고 또 나의 시 「고독(孤獨)」을 실어준 것도 이 『시원(詩苑)』으로서 비록 많은 호는 거듭하지 못하였을망정 숨어서 깨끗이 시를 쓰려는 여러 시인들을 골라서 시단에 보내게 되었으니 여기에 일도와 『시원(詩苑)』의 공(功)이 남아 있고 또 『을해명지선(乙亥名誌選)』에 편찬함으로서 진정하고 아름다운 시의 꽃들을 한 권에 모아 상자하였는 바 출판 홍수 같은 오늘에 비추어 보아서는 이것이 적은 일같이 보일수도 있으나 당시의 강압과 또한 시의 순수를 찾고 따라서 아름다움을 동경하는 그 '에스프리'로 보아서는 시에 대한 일도의 근본정신과 태도를 알 수 있는 사업의 하나일 것입니다.

해방 후 병과 함께 서울 와서 역시 일도가 원한 것이 시였으니 일도는 자기의 할 일을 시와 『시원(詩苑)』에 국한된 운명적인 것으로 사유하고 또한 결정하였는지도 알 수 없었습니다.

그러나 현실의 전제(專制)속에서 꿈의 결정을 구슬같이 간직하고 이것을 피로 새긴 글자같이 표현하려고 끝까지 노력한 일도는 시의 원(願)을 다 버리고 운명의 명령에 따라 가고 말았습니다.

이제 남은 것이 현실을 잃고 생존한 일도의 시 몇 편뿐이니 「5월화단(五月花壇)」과 「노변(爐邊)의 애가(哀歌)」 두 편을 들어 고인 된 일도의 시의 모습을 간단히 보고자 합니다.

오월 화단(五月花壇)

오월(五月)의 더딘 해 고요히 나리는 화단(花壇).

하루의 정열(情熱)도
파김치같이 시들다

바람아, 네 이파리 하나 흔들 힘 없니!

어두운 풀 사이로
월계(月桂)의 꽃 조각이 환각(幻覺)에 가물거리다.

◇

내 소녀(少女)

뷘 가지에 바구니 걸어놓고
내 소녀(少女) 어디 갔느뇨

…………

박사(薄紗)의 아즈랑이
오늘도 가지 앞에 아른거리다

◇

꿈

꿈
어렴풋한 꿈.

추녀 끝에
백색(白色)의 전등(電燈)이 조은다.

노변(爐邊)의 애가(哀歌)

밤새껏 저 바람 하늘에 높으니
뒷산(山)에 우수수 감나무잎 하나도 안 남었다.

계절(季節)의 조락(凋落) 잎잎마다 새빨간 정열(情熱)의
피를 마을 아이 다 모여서 무난히 밟겠구나
'

시간(時間)조차 약속(約束)할 수 없는 오 나의 파종(破鍾)아 울적
(鬱寂)한 야공(夜空)을 이대로 묵수(默守)하려느냐
구름 끝 열규(熱叫)하던 기러기의 한줄기 울음도 멀리 사라졌다. 푸
른 나라로 푸른 나라로—
고요한 노변(爐邊)에 홀로 눈감으니
향수(鄕愁)의 안개비 자욱-히 앞을 적시네

꿈속같이 아득한 옛날 오— 나의 사랑아 너의 유방(乳房)에서 추방
(追放)된 지 내 이미 오래다.

거친 비바람 먼 사막(砂漠)의 길을
숨 가쁘게 허덕이며 내 심장(心臟)은 찢어졌다.

가슴에 안은 칼 녹슬은 대로
오— 노방(路傍)의 죽음을 어이 참을 것이냐

말없는 냉회(冷灰) 위에 질서(秩序) 없이 글자를 따라 모든 생각이
떴다— 잠겼다— 또 떴다

— 앞으로 흰눈이 펄펄 산야(山野)에 나리리다

앞으로 해는 또 저무리라

　모두 울지 못할 눈물의 길을 지나가는 고달픈 이야기요, 침울한 바
람 같은 정이요, 또한 울적한 인생의 하소연 같은 독백들입니다. 대륙
적 기질을 가진 하루의 정열이 파김치같이 시들 때 이것이 바로 일도
그대로의 현실이었고 그 현실에서 빚어낸 일도 그대로의 표현입니다.
어두운 풀 사이로 월계의 꽃 조각이 환각에 가물거릴 때, 기다리고 바
라던 이 꽃 조각이 소녀로 변용하였다가 빈 가지에 바구니를 걸어놓고
어느덧 사라진 이 환각의 바구니가 추녀 끝에 조으는 흰 전등으로 다시
변신하였을 때 이 침통한 사실은 일도의 생리적인 것 같은 느낌을 주지
않을 수 없었던 것입니다. 그리하여 자연과 인생과 사회에 대한 일도
의 정회는 항상 그 경지를 벗어나기 어려웠으니 가을을 택하여 인생의
노변에 앉아 묵상한 「노변애가」에 그 전모가 드러났다고 하여도 과언
이 아닐 것입니다.

　밤새껏 저바람 하늘에 높으니
　뒷산(山)에 우수수 감나무잎 하나도 안 남았겠다.
　계절(季節)의 조락(凋落) 새빨간 정열(情熱)의 피

　이 피 흐르는 밤 스스로 깨어진 종을 자화상으로 삼고 유방에서 추방된 것을 환상하며 황량한 사회의 골목에 섰을 때 그야말로

　　가슴에 안은 칼 녹슬은 대로

　　노방(路傍)의 주검을……

연상하였던 것입니다.

　이와 같이 인식된 현실적 사태는 일도에게 있어서는 사람을 살리는 것이 아니고 사람을 죽이는 것이었습니다. 한 개의 동일한 현실이 만인에게 공동으로 강요되었다 할지라도 그 현실이 개인의 의식과정을 어떻게 통과하느냐 함에 따라 그 사람의 인생이 형성되고 결정되는 것이니 일도는 칼의 용사보다도 의식의 비원 속에서 산 사람이었습니다.

　이러한 비원들이 보상을 얻어 해방이 왔을 때, 일도는 해방의 환희 속에 아픈 병을 가지고 왔습니다.

　나는 일도의 병석을 여러 번 찾았고 또 일도도 병이 조금 쾌하면 '중앙문화협회(中央文化協會)'에 찾아와서 『시원(詩苑)』을 다시 속간해서 시를 해방하고 건설해야 되겠는데 좀 생각해보아 달라고 몇 번 간청하다시피 했던 것입니다. 그러나 혼란에 혼란을 거듭하는 해방 후의 현실은 우리에게 시를 전문으로, 시를 자랑할 만한 일에 전념할, 조그만한 여유도 주지 않아서 급기야 시에 대한 일도의 정성에 보답할 길이 없게 되었던 것입니다.

　병의 최후는 주검으로 급히 가는 것으로서 시인 일도의 옆에는 친우와 문인 한 사람도 없이 세상을 떠나갔습니다. 영결식장에도 소천(宵泉)과 내가 있었고 나의 간단한 조사가 있었을 뿐으로 유언에 따라 지

극히 간소한 — 실로 일행객(一行客)의 죽음 같은 — 식이 있었을 뿐입니다. 일도는 마지막으로 사(死)의 삼 일 전 죽음을 앞에 놓고 즐기던 몇 잔의 술을 홀로 마시고 난 뒤에는 절식하고 깨끗한 몸과 마음으로 운명이 예정한 대로 사의 문전으로 향하여 갔던 것입니다.

나는 이 최후 순간의 일도를 영원히 바라보며 기억하며 적멸멸기(寂滅滅己)의 세계를 상념하는 것입니다.

이것이 고민한 일도의 영원한 생명이기 때문입니다.

* 단기 4283년 4월 20일 『문예』사(文藝社) 주최로 국립극장 중강당에서 '작고 시인 추모의 밤'이 열리어 고(故) 일도(一島) 오희병 형(吳熙秉兄)에 대한 이야기를 필자가 하게 되어 나와 일도 형과의 우정을 토대로 해서 이 글을 생각나는 대로 써 가지고 읽은 것입니다. 불비한 점이 많아 고인을 위해서 죄스러운 바 있으나 『문예』사의 요청에 따라 그대로 발표하는 것입니다.

사랑의 신도 오일도(吳一島)

　연말을 맞이하여 고인의, 순간을 얻어 조용히 앉아 분향을 올리는
듯한 심정 속에서 육체의 냄새 없이 한 가닥 사랑을 느끼게 하는 것이
시인 일도다.

　내가 알게 된 1930년대에 그의 육체는 낡은 인상이었다. 키가 후리
후리하고 얼굴이 귤껍질처럼 구멍이 숭숭한 그의 육체는 그의 아내의
것이요, 아들의 것이면서 그는 거기에 묶인 채 거기를 탈주하여 중학
동(中學洞) 개천변 조그마한 기와집에서 식모의 식객 노릇을 하거나
그렇지 않으면 쇠를 잠그고 혼자서 돌아다니다가 밤늦게 혼자서 돌아
와 문을 잠그고 빈집에 옷을 입은 채 쓰러지는 유령이었을는지도 모
른다.

　내가 아는 한 그는 그 집에서 우수에 잠긴 고객(孤客)이었다. 그가
거기서 생각하는 일념은 오직 사랑이 아니었던가 한다. 그는 구태에

462

묶인 육체로서 해방을 부르짖을 줄 모르고 고뇌 속에서 탄식하였다. 비탄이라 할까, 한국에 들어온 낭만주의의 가냘픈 사조 속에서 일도처럼 자기의 몸을 그 속에 묻어버린 사람도 드물 것이다. 거기서 요구된 것이 바로 술이었다. 민족도 슬프고 애인이 없는 것도 슬펐던지, 어느 여인이 남성으로서의 자기의 모습에 관심하는지 또 애착을 느끼는지도 모르고 그는 얼굴 속에 술을 담고 다니는 때도 적지 않았다. 달밤에 친구들과 함께 술을 마시다가 다시 술병을 들고 그 외로운 집에 들어가서 길게 술을 마시며 눈을 실오리처럼 가느다랗게 뜨고 무엇인가 응시할 때에는 그 저편에 있는 것이 사랑의 좁은 문이 아니었던가 하는 생각도 났다. 그는 선정해놓지도 않은 애인을 그렇게 보았다. 어찌 보면 도주해 가는 애인이었을지도 모른다. 그럴 때에도 그는 따라 가지 못했다. 그러한 것이 그의 체내에 누적되어서 그는 패닉처럼 자신을 태워버리고 싶기도 했던 것이다. 그러나 일도의 육체는 그렇게 타지도 않았다. 그래서 속으로 어두워지는 것이 그의 심연이었고 그 속에 컴컴하게 묻혀 있는 것이 그의 심원(心願)이었고 그의 사랑의 염불인 것이었다. 불경에 ‘염염종심기(念念從心起)’란 구절이 있다. 그것은 ‘아정(我淨)’의 경지로 가는 것이지만 일도는 오뇌(懊惱) 중에서 염염(念念) 하였다. 그래서 나와 일도가 마주 앉으면 서로 딱한 때가 많았다. 천한 계집애 하나 손에 넣을 용기조차 없이 일도는 저녁마다 같은 술집 계집 앞에 앉아서 술을 마시며 도대체 그는 여자의 사랑의 출처를 어디서 찾는지 알 수 없으리만큼 몽롱하였다. 그것이 현실에서 이탈하고 얻은 일도의 누구에게도 알려지지 않은 은밀성이기도 하고, 실의에 찬 애련이기도 하였으리라.

무릇 모든 선남선녀들은 에덴의 과일을 먹으며 어느덧 육체적인 결합을 통하여 사랑을 구현하는 것이다. 조만간 그 진위가 판명되어 비극에 빠진다 하더라도 사랑의 관계에 있어서 육체는 제외될 수 없는 유일한 기능인 것이다. 그러나 일도는 이 기능을 위축시키고 사랑의 순수성에 도달하려고 몽상한 것 같다. 이러한 비극을 일도 자신이 얼마나 자각했는지 또는 그것을 수긍하지 않을는지도 모르나 내가 자주 만나는 일도는 그 몸부림이었다. 그가 한 여성을 자기의 방에 뮤즈처럼 모셔다 놓았다 하더라도 그것은 곧 가버리는 여신이었다. 그러므로 두 개의 육체가 일치되는 그러한 즐거운 상황의 리듬 속에 일도는 한 번도 있어보지 못했다. 그러므로 일도에게는 감각이 없었다. 오직 그리워하는 것뿐이었다. 오월의 화려한 계절에도 파김치같이 시들었고 겨울 눈 오는 밤에도 다만 희원(希願)하였다. 인간을 민속(敏速)하게 움직이는 것은 아나톨 프랑스가 말한 것처럼 '본능과 감정'일 것인데 일도에게는 그것이 인간적인 의미에서 있다 하더라도 시인으로서의 감각에까지 떠오르지 못했다. 만일 있다면 그 어느 것도 환각 같은 것이었으리라.

오월(五月)의 화단(花壇)

오월(五月)의 더딘 해 고요히 나리는 화단(花壇).

하루의 정열(情熱)도
파김치같이 시들다.

바람아, 네 이파리 하나 흔들 힘이 없니!

어두운 풀 사이로
월계(月桂)의 꽃조각이 환각(幻覺)에 가물거리다.

내 소녀(少女)

빈 가지에 바구니 걸어놓고
내 소녀(少女) 어디 갔느뇨.

…………

박사(薄紗)의 아지랑이
오늘도 가지 앞에 아른거리다.

이 짧은 시들은 결코 일도의 대표작은 아니나 그 시편들이 일도화(一島化)된 점에서 특징적인 것이다. 사랑하는 사람들 사이에 사월의 라일락과 함께 오월의 화단은 화려하게 도취되는 것인데 일도의 화단은 일도처럼 마비되어 병상이 되어버렸고, 그렇게도 애인을 찾던 한 성년이 소녀에게로 돌아가는 실격자가 되었다. 그러나 이 소녀가 일도의 '시원(詩苑)'에서 자라는, 늙지 않고 변치 않고 영원성을 지닌 모습일는지 모른다. 남성과 여성 사이의 사랑이란 그러한 영원성에 의하여 번영한다는 극히 알기 쉬운 진리를 멀리하였기 때문에 일도는 지상의 사랑을 실현하지 못하고 빈 가지에 바구니를 걸어놓고 간 소녀처럼 자기의 비원의 시를 남겨놓고 갔다. 그는 결코 자기를 신성한 남자라고 생각한 일은 없었을 것이나 자기가 사랑하는 여성만은 신성하게 보았다. 그리하여 여성에게 혹시 섬광처럼 잠깐 지나가는 일편의 미질(美質)을 깊이 숭상하려 하였던 것이다. 자연주의에서 보면 일개 육괴(肉塊)에 지나지 않는 여성의 육체 속에서 시인들에 의하여 발견된 천사를 우러러 그는 종점 없는 난항의 구도자이기도 했다.

그 때문에 그에게 중대한 결과는 현실에 대한 무성의와 생활에 대한 무의미를 초래케 되었다. 그리하여 현실적인 실리를 구한 일도 없었고 생활적인 아무런 영위도 없었다. 그의 시에 있는 것처럼 '황막(荒漠)한 벌판'에 '무자비(無慈悲)한 바람'이 불고 '까마귀'가 울어서 "오 나의 사랑아 너의 유방(乳房)에서 추방(追放)된 지 이미 오래다" 할 뿐이었다. 그러므로 그는 현실에 있어서 또는 사랑을 통하여 일생에 한 번도 행복된 자리와 지위를 차지해보지 못했다.

지금 고요히 일도와의 교우를 생각하면 그와 함께 술을 마시던 가장 좋은 계절은 가을이 아니었던가 싶다. 그는 지주의 아들로서 그에게 상속된 흙은 그의 백씨(伯氏)에 의하여 관리되어 추수기가 되면 그의 무절제한 음주를 위하여 그에게 약간의 배당이 관용되었기 때문이었다. 그는 술을 마시면서도 시를 잊지 않았다. 1935년, 드디어 그는 월간지인 『시원(詩苑)』을 비정기적으로 내었다. 이 『시원(詩苑)』은 불과 몇 호나 나옴에 지나지 않았지만 시사상 남을 자취를 가졌으며 일도의 시는 손톱으로 파듯이 주로 거기에 남아 있게 되었다. 어찌 보면 그의 외로운 생애의 잔설 같은 것이기도 하다.

왜정 말기에 친구들은 다 흩어지고 어찌할 수 없는 운명자처럼 그는 낙향하였다가 해방이 되자 얼마 안 되어 옛 서울을 다시 찾아왔을 때 일도는 이미 병색에 수심이 가득했다. 병이 나을 테니 꼭 『시원(詩苑)』을 같이 하자고 했다. 입원 중에도 무리한 것을 알면서까지 중앙문화협회까지 지팡이를 짚고 찾아왔다. 차도가 있어 쾌유할 줄만 알고 있던 어느 날 갑자기 일도의 부음이 전해 와서 우리의 구슬픈 조사와 함께 일도의 영구는 미아리로 향했고 우리는 묵묵히 그 뒤를 따랐을 뿐이었다.

 잊을 수 없는 사후(死後)의 한 토막 이야기지만 그는 죽기 며칠 전
에 이미 죽음을 각오하고 단식하였다는 것이다. 그리고 자기에 관한
모든 것을 정리한 뒤에 비로소 술을 몇 잔 마시고 눈을 감았다. 그는
죽기 전에 죽음을 의식했고 그 뒤에 그의 심령의 나라로 갔을 것이다.
그로부터 지금 십칠 년이다.

　　까만 네 눈이 무엇을 생각느냐!
　　좀 더 가까이 좀 더 가까이 오렴
　　오늘밤에 이상(異常)하게도 마을 개 하나 짖들 않는다.
　　　　　　　　──「내 애인(愛人)이여! 가까이 오렴」에서

 그렇게 그리워하면서 그는 피안의 안식처에 누워 있을까. 지금은 그
의 사랑한 이야기가 우리의 사랑하는 이야기로 여기 남아 있을 뿐이다.

일도(一島)의 인생과 시의 세계

일도 오희병(一島 吳熙秉) 형은 1902년에 났다. 고향은 경북 영양
이었다. 그리고 학교는 일본 동경에 있는 동양대학(東洋大學)을 졸업
하고 한동안 서울에서 교편을 잡았다고 하나 내가 일도를 처음 만난
1932년경에는 확실히 경상도의 체취가 난다는 이외에 아무 것도 모르
고 또 아무런 장애도 없이 그냥 서로 맞붙어서 밤늦도록 술을 마셨던
것이다. 술을 마셔도 명쾌한 때가 적고 울화를 적시려고 하는 것같이
보였다. 보통 사람이면 대개 술을 마시는 원인이 술에 있는데 일도의
경우는 술에 있지 않고 딴 데 있는 것 같았다. 그래서 그런지 깬 뒤에
보아도 '어젯밤 술'에서 깨지 않고 있었다. 그날 또 마시면 장취(長醉)
의 현장이 지속되어간다. 언제 먹었길래 지금도 취했어? 하면 우리들
사이에 폭소가 터지고 일도의 미소는 그 속에 숨어버렸다.

가정이 있어도 있는지 없는지 일도도 말치 않고 우리도 서로 묻지
않는 것이 시대와 자아의 불행에 대한 성격적 윤리였던가 싶다. 일도
는 언제 가정에 들어가는지 안 들어가는지도 모르게 중학동 천변에 조

고만한 기와집을 마련하고 외톨이로 살았다. 좁은 다리를 걸어 작은 대문을 두드리고 들어서면서 "귀신 있노" 하면 "문둥이들 어데 갔다 오노" 하고 역습하였다. 이 집을 불러 천파실(川巴室)이라고 했고 밤중에 문이 안 열리면 집 없는 듯이 떠돌아다니든 취우(醉友) 겸 취객들이 담장을 기어넘는 수도 있었다. 그래서 그것은 우리의 시대적 유령들의 집이었고 일도는 그 속에서 무과화(無果花)를 꿈꾸고 있었다. 그 꿈은 날지 못하고 경상도의 민첩치 못한 성격과 체질 속으로 기어들어가서 생명의 물을 마르게 하였다. 일도는 그 고갈을 의식할 때 그는 혼자 애원하며 내부에 처종(凄終)하게 파묻히는 것이었다. 그래서 일도는 어쩔 수 없는 숙명의 그늘에서 울었다. 그는 자신의 영상으로 '푸른 포도잎'을 보고

오늘도 나는 비 듣고
누른 잎을 울며 쓰나니

언제나 이 비극 끝이 나려나!

하였다. 자연계에서 연년세세 거듭되는 누른 잎을 한데 뭉쳐 자아의 비애로 돌리는 그 뒤에는 일종의 체념으로서 무(無)가 깃들고 있다. 그 위에서 옛 기억은 아프고 현실은 싸늘하였다. 이런 고액(苦厄)을 넘고자 일도는

성역의 새 아침 흰 정토 우에
내 영(靈)을 쉬이려는 희원(希願)이오니

하였다. 그가 종교를 말하고 신불의 슬하에 귀의하고자 함을 나는 일

찍 듣지 못하였으나 인생의 궁극적 고민에서 해탈하고자 순례자의 몽상처럼 정토를 원하였던 것이다. 그것으로써 인생의 '황막한 벌판'이 희게 덮여질 것은 아니지만 도달할 수 없는 것을 가진 사람은 최후의 순결에 이를 수 있는 것이다. 일도가 숙환으로 1946년 2월 28일 세상을 떠날 때 그는 영원히 눈감기 며칠 전부터 식사를 끊고 자기의 몸을 정화시키려고 한 것은 그 염원의 세계를 육체화하려던 정신적 노력이었다고 볼 수 있다.

이러한 일도에게 현실세계는 얼마나 값진 것이었을까. 내가 보기에 그는 현실에서 아무것도 탐내지 않았다. 만일 일도가 절제 있고 규모 있는 생활과 일반적 의식을 취하였다면 일도는 그렇게 큰 부족이나 결핍이 없이 지낼 수 있었던 것이다. 그러나 그에게 찾으라고 운명이 속삭이는 것을 또는 생명의 갈망하는 것을 그는 잃고 있었다. 찾으면 있을 듯하나 그것은 무심하게도 안개 속에 자취를 감추었거나 아지랑이 엷은 빛을 띠고 보일 듯이 보이지 않았던 것이다. 우리는 하용(늘) 꿈이 깨지지 않기를 바라고 있으나 인생은 누른 잎처럼 시들어가는데 자아의 실현이 가능치 못할 때 거기에 비원(悲願)의 세계가 상정되는 것이다. 셸리는 눈에 보이지 않는 종달새의 노래가 마치 월광처럼 퍼지는 것을 상상하면서 시의 원리와 그 세계를 얻었고 키이츠는 나이팅게일의 소리를 아편(阿片)에 취한 듯이 들으며 환상이었는가 꿈에서 깨임인가 음악은 갔는가 나는 깨고 있는가 잠들고 있는가 이런 경지에 들어갔던 것이다. 그것은 모두 현실의 아프고 슬프고 눈물겨운 것을 지나서 항유(恒有)의 어떤 청정 속에서 실현된 사랑과 진실과 미의 세계였던 것이다. 시대사조의 변천에 따라 시의 유파가 다르고 또 다루는 방법이 다르겠지만 황원(荒原)과 황해(荒海)를 건너가 최후에 도달할 곳은 결국 하나의 다면성에 불과할 것이다. 위대한 시인들은 이 다면

성의 하나를 개성으로 완성하고 있어서 우리는 그것을 통하여 자연과 인생과 우주와 거기에 포용된 모든 것을 보고 느끼는 것이다. 가견(可見)의 세계와 불가견(不可見)의 세계의 통로가 바로 그것인 것이다.

그러나 일도는 자아실현을 이루지 못한 원유(原由)에 시의 창설을 루었다. 1935년 『시원(詩苑)』을 발간할 때 일도는 한국 현대의 발전과 향상을 도모하려는 포부도 있었을 것이다. 그보다는 자기의 고뇌가 컸고 실현되지 못한 자아가 괴롭고 그리웠던 것이다. 그 자아를 어떻게 할 것인가 버릴 수도 없이 하나의 집착 관념과 같은 '자기(自己)'였다. 구찮은 '자기' 같기도 하지만 또 그 밖에 무엇이 있는가. 일시의 변객술이나 없을까, 그것이 『시원(詩苑)』이었다. 그러므로 『시원』은 객관성을 띤 시 잡지라기보다는 번뇌하는 끝에 자기를 그리워하는 시의 그늘들을 찾는 동산이었던 것이다. 이러한 점에서 『시원』은 일도의 『시원』이었고 일도의 시집 같은 분위기를 어딘가 풍기고 있었다고 볼 수 있었다. 그러한 까닭에 일도는 『시원』을 자기의 것처럼 아끼고 사랑했다. 현실적인 것을 다 잃어버리고 다 놓치고 또 방심하면서까지도 이 『시원』만은 끝까지 사랑으로 지키려 하였으나 필경 관람료 없는 시의 공원을 이어갈 수가 없었다. 해방 수개월 후 상경하여서도 일도는 이 『시원』의 속간을 나에게 몇 번 상담하였다. 병중에서도 일어나면 곧 『시원』을 해야겠다는 결심을 보였다. 이 『시원』은 불과 3호까진가 발간되지 않았지만 일도의 시의 유일한 보금자리였다. 어데 쓸려고도 하지 않고 또 누가 써달라는 사람도 별로 없었다. 일절의 잡문이나 산문에 일도처럼 붓을 대이지 않은 사람도 드물 것이다. 그는 이렇게 시만 꼭 쓸려고 하였다. 한시(漢詩)에 조예가 깊고 또 작시(作詩)한 것이 오히려 그의 현대시의 편수보다 더 많을는지 모르나 지상(紙上)에 발표된 한시는 거진 없고 유작(遺作)으로 남아 있을 뿐이며 그의 현대시의 대부분은 그의 보금자리인 『시원』에 실렸던 것이다. 그럼으로 만일 『시원』이 없었더라면 일도의 시는 일도의 가슴속에서 세상에 나오기를 기다리다가 일도와 함께 갔을는지 몰랐을 것이다. 사실 탄생하지 못하고 그대로 가버린 시가 일도의 무덤 속에 묻혀 있을 것이다.

그러면 그처럼 시를 귀중히 여긴 일도의 시의 생명은 무엇인가. 그것은 '사랑'이었다. 그리고 '죽음'이었다. 일도의 시에는 사랑과 죽음—이 두 개가 한 모습의 고민이었다. 사랑을 가슴에 두고 그것을 객관화시킴으로써 시의 형상화를 기도(企圖)하는 것이 아니고 일도는 자기의 가슴속에 사랑을 묻어 두고 밖에서 찾으려고 하였다. 이런 때에는 그것은 소녀의 그림자 같기도 하고 어떤 때에는 환각 같기도 하고 어떤 때에는 파경(破鏡)의 유해(遺骸) 같은 것이었다.

> 뷘 가지에 바구니 걸어놓고
> 내 소녀(少女) 어디 갔느뇨
>
> …………
>
> 박사(薄紗)의 아즈랑이
> 오늘도 가지 앞에 아른거리다   —「내 소녀(少女)」에서
>
> 하루의 정열(情熱)도
> 파김치 같이 시들다
>
> 바람아, 네 이파리 하나 흔들 힘 없니!

어두운 풀 사이로

월계(月桂)의 꽃조각이 환각(幻覺)에 가물거리다.

—「오월(五月)의 화단(花壇)」에서

잎사귀 같은 우리 인생(人生) 한번 바람이 헐어가면

어느 강산(江山) 또 언제 만나리오

좀더 가까이 좀더 가까이 오렴

한 발자취 그대를 두고도 내 마음 먼 듯해 미치겠노라

—「내 애인(愛人)이여! 가까이 오렴」에서

꿈속같이 아득한 옛날도 나의 사랑아

너의 유방(乳房)에서 추방(追放)된 지 내 이미 오래라

거친 비바람 먼 사막(沙漠)의 길을

숨 가쁘게 허덕이며 내 심장(心臟)은 찢어졌다

—「노변(爐邊)의 애가(哀歌)」에서

이것이 일도의 사랑의 전부요, 시의 세계의 거진 전부다. 그가 사랑하는 사람이 누구인지 좀더 가까이 오렴! 하지만 금발인지 은발인지 손길이 어떤지 입술이 붉은지 옷깃이 날리는지 "까만 네 눈!"이라는 것밖에 아무 외형도 없다. 오직 혼자서 붙는 불꽃일 뿐이다. 이 불꽃이 재가 되는 것을 느낄 때 그것은 황야의 죽음이요, 자기의 내부에 있는 이 황야에 대하여 "눈이여 어서 나려다오" 하였다. 이 지나친 내향적인 체질과 성격은 일도의 시를 한 걸음 더 발전시키지 못한 큰 원인이었다. 외부의 세계는 보잘것없는 것 같지만 우주나 자연 현상이란

개인의 여하한 환상적인 경우보다도 큰 것이다. 블레이크는 한 알의 모래에서 세계를 보고 한 송이 꽃에서 하늘을 본다고 하였으며 셰익스피어조차 결국 소우주라고까지밖에 찬사를 받지 못하지 않는가.

나는 일도의 생존 시에도 가끔 그랬지만 사후에도 일도를 생각하면 '슬픈 사람'이라는 것이 눈에 떠올랐다. 눈물을 거죽에 보이지 않는 이 사람은 항상 그 마음이 눈물에 추근이 젖어 있는 듯하였다. 게다가 창조차 활짝 열려 있지 않았다. 반개(半開)의 창(窓) 명암(明暗)의 실(室)이었던가. 콕토가 검둥이의 마음을 슬퍼한 것처럼 그 속에 '젖은 산호(珊瑚)'가 들어 앉어 있었던가…….

인생과 시와 사랑과 죽음! 일도는 그 중에서 어느 것을 가장 완성하였는가. 그의 인생은 일종의 현대적 묵극(默劇)이었다. 그의 시는 이 묵극의 독백이었다. 그러기 때문에 그의 환상적 애인들은 그의 사랑이 무엇인지를 몰랐다. 그러나 나중에 그는 그것을 넘어서 남처럼 갈 길을 가되 정결(貞潔)하게 나를 슬퍼 말라는 듯이 갔다.

(『자유문학』, 1956년 6월 6일)

박용철(朴龍喆)의 인간성과 예술*

　용아(龍兒)에 대해서 나는 몇 번 글을 썼어도 또 이 자리에서 무슨 말인지 하고 싶다.

　이것이 용아가 나에게 주고 간 것이요, 우리에게 주고 간 것일 것이다.

　용아는 인간으로서 결점도 있었겠지만 그것은 모가 나거나 미운 것은 아니었다. 우리에게 남은 용아는 맑고 깨끗하고 지조 있고 정다운 인간이요, 또 시인이었다. 용아가 간 뒤에 친한 동무 사이에는 기억되는 여러 가지가 남았다. 이것이 친우로서의 용아였다.

　용아가 간 뒤에 영랑(永郎)은 그의 뛰어난 재질을 말했고, 헌구(軒求)는 그의 총혜(聰慧)와 애정을 말했고, 일보(一步)는 그 겸손과 노력을 들었고 진섭(晉燮) 형은 그 천진을 말했다.

---

* 이것은 박용철 형의 유저가 전집의 이름으로 완성되어 6월 17일 출판기념회에서 우리에게 남겨주고 간 그의 인간성과 또 그의 시를 추모하는 말을 말보다 글이 정성스러우리라는 생각으로 초한 것이다.

어느 날 거리를 가다가 우리는 용아가 갑작스레 참새처럼 뛰는 것을 보았다. 기제(起悌) 형은 손뼉 치며 웃었다. 이유를 물었으나 이것은 성격에서 솟은 무의(無意)에 한 행동이었다. 어느 날 집에 찾아갔더니 찻물을 마시다가 찻잔을 그냥 들고 마시며 나왔다. 이 동심은 진섭 형의 발견이었다. 그는 또 재미를 좋아하였다. 특히 언어에 대한 그 취미가 더욱 그러하였다. 그래서 하윤(河潤) 형을 청하여 화투하기를 좋아하였다. 하윤 형의 입에서는 언제나 재미나고 걸직하고 묘한 문구가 자연발생적으로 수둑룩하게 튀어나왔기 때문이다.

어느 날 밤늦게 술을 마시고 부인 몰래 들어가려고 담을 넘어 들어가다가 아궁이에 빠졌다는 것은 일보가 언제든지 용아를 만나면 하는 농담이었다. 호주가 주부 몰래 자기 집 담장을 넘는 것도 용아의 소박한 성격이 아니면 없을 일이었다.

가정에도 충실하고 연극도 하고 싶고 영화도 구경하고 동무들도 만나기를 좋아하는 성격이 많았으면서도 차츰 몸이 쇠하여지자 용아는 육체의 제한을 많이 받게 되었다.

일찍 건강을 잃어서 육체가 외출의 의사와 자유까지도 구속했다. 그리하여 우리는 자주 만나지 못했다. 또 건강한 사람끼리만 몰려다니기 쉬웠다. 그러다가 세상을 떠나기 전해 섣달 그믐날 밤 우리는, 사람을 보내어 용아를 청하였다. 한 사람의 이름으로는 잘 움직여지지 않을까 봐 일보와 헌구와 ○○○ ○○○의 이름까지 썼다. 목에 명주솜을 두르고 왔다. 어머니가 추운 날 애기를 내어놓는 것처럼 부인의 손으로 목에 솜을 둘러 보냈다고 우리는 놀려댔다. 용아는 노래할 줄은 모르나 재미있게 놀았다. 그는 노래 대신에 괴테의 시를 외우는 때가 많았다.

그날 밤 용아는 나에게 조그마한 꾸겨진 종이조각에 쓴 것을 보여주었다. 그것이 제3부에 실린 「너의 그림자」라는 시였다.

　　하이흰 모래 가이없고

　　적은 구름우에 노래는 숨었다

　　아즈랑이 같이 아른대는

　　너의 그림자 그리움에

　　홀로 여위어 간다

　나는 어쩌면 이렇게 아름다운 시를 쓸 수 있는가 했다. 이 시는 이 시 이상(以上)으로 더 아름다운 설명을 할 수 없는 시이다. 그리하여 이날 밤은 우리에게는 잊어버릴 수 없는 밤이 되었다. 섣달 그믐날 제야(除夜)와 한가지로 그것이 용아와의 최후의 술잔이었다.

　어찌 보면 그 술잔이 용아의 병을 더 해롭게 했을지도 모르겠고 어찌 보면 신(神)은 이미 알고 우리의 우정 사이에 몇 잔의 술을 보냈는지도 모르겠다. 이러한 것은 흔히 있을 수 있는 아무렇지도 않은 얘기다. 그러나 이 아무렇지도 않은 것을 잊어버리지 않게 하는 것이 용아의 인간성의 미덕일 것이다.

　용아의 시 속에 '색동저고리'로 모여진 '영미불(英米佛)' 각 국의 아동시는 모두 다 용아의 이러한 인간성과 천진스러운 자연미에서 이루어진 것이다.

　연령으로 보아 용아는 20세기보다 3년 연하였고 차츰 중년에 가까워지는 연령이면서도 그의 시정신 속에서 이 '색동저고리'는 인생과 생활을 미화시키는 데 커다란 기여가 되었다. 용아에게 있어서 어린 연대를 아름답게 차려줄 것은 이 '색동저고리'에 실려지고 모여져야 할 아름다운 색채와 무늬와 애정과 유희였다. 만일 용아의 생명이 더 길었다면 이 '색동저고리'로 표징(表徵)되려는 어린이 조선은 더 넓은 세계에서 꾸며졌을 것이다. 그러나 용아는 옷감만 마련해놓고 자기가

'디자인'한 대로 '색동저고리'를 다 만들지 못하고 갔다.

대개 인간이란 유년기나 소년기를 무시하기 쉽고 또 그 의미를 얻지 못하는 일이 많다. 그러나 용아에게 있어서는 그 어린 연대가 성장하는 순서 이외에 아무 의미가 없는 인생이란 인생으로서의 큰 손실색(損失色)이었다. 소년기가 인생을 비평하고 주장할 수 없는 인생을 그는 거부하였다.

이러한 인간성으로 용아는 자기의 시의 성장을 의도하였다. 그의 창작시는 전체로 칠십여 편에 불과하였고 그것조차 발표된 것은 절반도 안 되었다. 그는 최선을 다하여 과작하였다.

너무도 시를 아까워하였고 감정의 낭비를 절제하였기 때문이었다. 그는 시의 탄생에 모든 조건을 구비시키고 최후의 결정을 시로 짜내려 하였다.

그리하여 그 밑에는 독일의 괴테, 하이네, 영국의 로세티, 콜리지, 하디, 브릿지, 아일랜드의 예이츠, 무어, 미국의 로웰, 데이비스, 사라 티스데일 등 세계 일류의 시인(詩人)에 통하는 길이 있었다. 이 길이 용아가 시의 공화국으로 다니는 길이었다. 또한 이것이 그의 시의 교양이 되었고 따라서 그의 시의 위치였다.

너무도 깊이 짜서 어려운 시도 있으나 용아의 시는 전체로 보아 소박한 서정시였다.

이 서정이 고요한 마음이 되어 현실을 보았다. 이렇게 고요히 보고 느끼고 다음에 그는 고요히 펜을 들었다. 그 가슴에는 혹은 열도 나고, 혹은 불꽃도 일고 혹은 물결도 치고 바람도 불고 비도 오고 눈도 날고 사랑도 되고 슬픔도 되었으나, 그의 하늘과 땅에는 번개나 우뢰는 별로히 없었다. 평온한 자의식 속에서 살았기 때문이었다.

그러므로 그는 어디까지든지 고요한 서정시인이었다. 「소악마(小惡魔)」 같은 몇 편(篇)을 빼놓으면 그의 시는 모두 다 곱게 흐르려는 서

정의 기복이었다. 오직 정의 흐름이 원류가 되었다. 그러므로 외부에
서 오는 색채의 감각은 극히 드물다. 그의 감각은 시상을 모아다가 그
의 가슴에 맡겨놓고 자는 것 같다. 가슴은 그것을 정으로 대하였다. 그
러므로 민족체 같은 형성을 가지는 때도 많다.

　　나두야 간다
　　나의 이 젊은 나이를
　　눈물로야 보낼거냐
　　나두야 간다

　　……

　　버리고 가는 이도 못 잊는 마음
　　쫓겨가는 마음인들 무에 다를거냐
　　돌아다보는 구름에는 바람이 혜살짓는다
　　앞대일 언덕인들 마련이나 있을거냐

하며 노래 부른 「떠나가는 배」는 항구(港口)를 뒤에 두고 사랑하는 사
람을 앞에 보며 떠나가는 마음을 슬퍼한 백조의 노래였고 「싸늘한 이
마」는 어두운 현실 그 어느 지역에서 자리를 잡고 모두 다 빼앗기는 듯
한 눈덮개를 나리고,

　　포기 산꽃이라도 있으면 얼마나한 위로이랴
　　까만 귀뚜리 하나라도 있으면 얼마나한 기쁨이랴

하는 슬픈 엘레지였고,

「비나리는 날」 비인지 눈물인지 그 속에 묻혀서 "아까운 갈매기들은 다 젖어 죽었겠다!" 하며 노래한 이 갈매기는 한없는 동경의 상실에서 오는 용아의 현실적 비탄이었다.

이 밖에 「선녀(仙女)의 노래」 「시집가는 시악시의 딸」 「고흔 날개」 들도 모두 다 아름답고 사랑스러웁고 귀한 것이 묻혀지는 현실을 변용시킨 이상의 추궁(追窮)에서 오는 비가들이었다. 그러면서 "아! 내 마음은 어디로 가야 옳으리까" 하고 회의도 하였다.

이러는 중에서 조금하면 허무의 나라를 방황하기 쉬웠으나 그것은 항상 서정으로 끝이고 의식의 위기를 범치 않았다. 육체를 해탈하고 바람이 되어,

> 너울거리는 나비와 꽃잎 사이로 속살거리는
> 입술과 입술 사이로 거저 불어지나는
> 마음없는 바람이로다

하는 노래에서 이것을 볼 수 있다.

이러한 시들 가운데서 특히 '고향(故鄕)'에 대한 시가 적지 않으니 용아의 고향은 지리의 고향과 육체의 고향과 마음의 고향 영혼이었다.

이 고향은 여러 가지로 나타나서 어떤 때에는,

"어린 때 꿈을 엄마 무덤 우에 남겨두고 떠도는 구름따라" 가는 허무한 심사가 나기도 하지만 결국 그 근저에는 '무상(無上)의 명령(命令)'이 숨어 있었다. 이것이 용아가 마음과 영혼을 두고 다니는 본능의 고향이요, 또 고향에의 이념이었고 또 용아의 시의 지리였다.

아직도 그의 시에 대해서는 말과 글이 많이 남았다. 그러나 이것은 평론집 첫머리에 실린 「시적 변용에 대해서」를 읽으면 유형무형의 만상이 시의 얼굴로 변하여가는 정신적 경과를 충분히 볼 수 있다. 이것

은 '시단 삼십년사'에서도 찾기 어려운 글이다. 시가 탄생하기까지의 보고다. 이 보고는 정신문화의 중대한 일면을 가지고 있는 일종의 시학이다.

"핏속에서 자라는 파란꽃 빨간꽃 흰꽃……"

"피보다 더욱 붉게 눈보다 더욱 희게 피어나는 한송이 꽃"

"우리의 모든 체험은 피 가운데로 용해된다,""무슨 솜씨로 피속에서 시를 시의 꽃을 피어나게 하느뇨……,""변종을 만들어내는 원예가,""교묘한 배합 고안 기술 변종 발생의 찬스,""영감이 우리에게 와서 시를 수태시키고 수태를 고지하고 떠나간다."

용아의 시는 이렇게 피의 윤리에서 생성한다. 피는 가장 솔직하고 정직하다. 거기에서 솟아나는 시— 이것이 용아의 시다.

이렇게 하여 용아는 아름다웁고 사랑스럽고 슬픈 것을 우리에게 남기고 갔다. 우리는 이 자리에서 육체 없는 그의 영혼이 다시 순수한 시의 육체를 가지고 여기 우리와 함께 앉아 있음을 느낀다.

생과 사 사이는 멀지 않다. 오직 지표(地表) 한 장이다. 우리와 용아 사이에 이 지표가 장벽이 되었다. 그러나 마음과 정신의 나라에는 장벽도 없고 국경도 없다. 그러나 생각하고 찾아서 보이지도 않고 찾을 수도 없이 있던 것이 없어진 것— 이것이 죽음인가.

하이얀 장정에 금자 박힌 두 권의 책! 이것은 용아의 전부가 아니었는데 너무도 일찍 전부의 이름으로 나왔다. 이것도 죽음의 한 의미 같다.

그러나 우리는 용아의 남긴 것을 가지고 있다. 이 세상에 와서 남을 상(傷)하게 하지 않고 가는 일은 얼마나 숭고한 일일까. 그러나 또 이 세상에 왔다가 생각하고 지닐 수 있는 것을 두고 간 사람은 얼마나 아름답고 거룩하냐.

이 두 가지를 인간과 예술을 통하여 두고 간 사람이 용아요, 또 용아가 그 시인이다.

원컨대 지하의 자리에 등을 켜주고 꺼주는 아름다운 시신(詩神)이 용아의 옆에 있으라.

(6월 27일)

기묘년 시단 총평

시단 외관과 시정신

금년에 들어서서 시의 새로운 세대란 말이 유행되었다. 그래서 일부의 시인들은 회의하여 볼 사이도 없이 자기들과 함께 시의 새로운 세대가 혜성같이 등장된 듯이 생각하고 있었다. 그러나 그 세대들을 비추는 영광(靈光)은 주로 ○○ 곡객용(哭客用)임에 불과하였다.

오직 특기할 일은 시의 언어에 과학이라는 것이 많이 들어왔고 심하면 H_2O라는 화학까지도 애용되었고 나아가서는 분수는 우산까지라고 썼다.

이 신흥 과학은 필경 몇 사람의 신흥 아메리카 시인의 이름과 함께 성립되었으나 주의하여야 할 것은 과학이 생활화되고 거기서 일어나는 감정이 일반화되고 있는가 없는가 하는 것이요, 또 거기서 그 진가가 초래될 것이다.

나는 어려서 그런지 시에 있어서의 H$_2$O가 물의 감정에까지 떠오지 않고 나이를 먹어서 그런지 분수가 우산을 써 보이는 동요(童謠)가 느껴지지 않는다.

이 형식적 문자표보다 기호미로 나타난 시의 과학성과 또 산뜻한 이미지를 만들어내려는 시의 형상성 고조(古調)는 이 시단의 발전에 한 이채는 될는지 몰라도 확실히 경박한 영향을 주는 것만은 사실이어서 모든 시지(詩誌)에 나타나는 대부분의 시는 새롭다는 의미에서 보지 못했던 감각의 언어를 씀으로써 만족해하는 듯하며 무슨 산뜻한 형상 하나 꾸미는 것이 마치 시정신같이 혼용되고 있는 듯하다.

이 조선적 시의 명확한 과학성과 시의 특수한 형상성은 드디어 특수한 지식과 감수성을 가지지 않고는 이해키 어렵게 되었다. 그러나 시의 언어와 과학의 언어는 비록 의견이 일치하더라도 관념의 기원에 있어서 다르다.

모든 문자는 대상에 대하여 한 개의 암호나 기호일지는 몰라도 시의 암호는 물리 화학의 그것은 아니다. 지구는 움직여도 지동설(地動說)은 잔다. 뉴턴의 능금은 자도 시인의 능금은 자지 않는다. 능금별은 그 자신 한 개의 이미지다. 두 개는 될 수 없다. 그러나 한 별은 한 개 이상의 시를 가졌다. 만들어놓은 별은 이튿날 뜨지 않는다. 마음으로 느낀 별은 오래도록 뜨고 빛난다. 과학으로 따져놓은 시, 이미지 때문에 쭈그린 시……

이러한 새로운 시의 현상보다도 우리가 관심하고 싶은 것은 새로운 시의 동향 혹은 그 운동 밑에 어떠한 시정신이 뿌리가 되어 움직이고 있는가 하는 것이다. 우선 우리는 이 회의의 출발점을 시인 자신에 물어볼 필요가 있다. 이 사유의 방법에서 일찍 수학과 물리학의 철학자 데카르트는 그 엄격한 이성론의 종결을 수리로 맺지 못하고 신에 돌아가고 말았으나 다행히 우리에게는 공평하고 의지할 만한 신이 없음으로 나는 여기서 운명이라는 말을 대용하고 싶다. 그러나 시가 운명의 대세 때문에 정신의 승리를 신앙할 수 없는 처지에서라도 시는 거기에 만족치 않는 커다란 비극의 물결 위에서 자신이 살아나가는 고통을 가져야 할 것이고 또 가져왔던 것이다.

이제 이만큼 한 제시 밑에서 우리의 의문은 출발할 수가 있다.

첫째로 시인은 왜 존재하며 누구를 위하여 시를 쓰느냐.

둘째로 시인과 독자는 왜 시를 읽느냐.

셋째로 시인은 사회의 어느 지점에서 무엇에 이즘을 주려 하느냐.

여기 대해서 금년 일 년 동안 많은 시와 적지 않은 시집을 만들어낸 시인이라 하더라도 능히 답한다는 것은 어려운 일이요, 또 피하고 싶은 현실이기도 하나 그렇다 하더라도 이것은 어느 시인이나 반드시 그 탄생된 시의 전후에 한번 생각해볼 시인으로의 문화적 의무일 것이다.

비록 자기는 한 아내와 한 가정에만 속한 시인이라고 자칭하더라도, 시인이란 대부분 한 아내를 사랑하는 시에서라도 반드시 만인에게 펴주고 싶은 것을 노래하는 때문에, 한 시대에 살면서라도 모든 시대에 살 수 있는 시를 쓰려는 내적 요구를 반드시 가진다.

그러면 이 영원히 실재할 수 있는 추상된 시의 세계에 우리를 안내해줄 현실적 지반을 시인은 어디서 찾을까.

우리는 금년만 해도 실로 많은 시와 시집과 또한 새로운 젊은 시인들이 새로운 말로 등장한 것을 보았다.

확실히 시의 시대로써, 이 불행한 시대임에도, 그들은 마치 "불행의 예술을 위하여서는……" 하다시피 외치며 나왔다. 오히려 그들은 그렇기 때문에 불행을 잊어버렸다. 인간의 비애는 비애로 끝날지 몰라도 예술 내의 비애는 비애로 끝나는 것이 아니요, 오히려 의식 위에 영원할 수 있고 정신 위에 건전할 수 있기 때문이다.

그러나 자연이 더 아름다울 수 없고 황금의 돌 위에 인도가 피폐한 가운데서, 또한 지하에 누운 자의 소리를 들은 시인이 누구이었을까.

니체의 말을 빌면 가장 슬픈 일은 위대한 정신의 유산이요, 지드가 다시 한 말에 의하면 가장 슬픈 일은 위대한 정신의 유산을 느끼지 못하고 지나는 일이다.

이 말을 빌고 보니 우리가 걸어오는 시단은 정신의 유산에 대한 비극미가 없는 것 같다.

한 편의 시를 만들기 위하여 너무도 소세공적(小細工的)이었다. 금년에 와서 이 모양은 더 또렷하여 시는 취미에 취하였고 문화와 사회와 시대가 교차되는 어떤 정조에서 떠나서 소설가가 "사람은 어떻게 살 것인가" 하는 제목을 걸 때에도 시인만은 태연하게 일종 신흥 풍류인이 되고 말았다.

작은 완성도 좋겠지만 큰 완성을 위한 미완성을 얼마나 사회가 요구하는가.

그러나 역시 금년에도 소설이나 평론보다도 시에는 사회가 더 없었다. 시는 시인과 시인 될 사람과 몇 사람의 평론가만이 읽는 것이 되었다. 그리하여 어느 곳에서는 시의 애기는 듣지 못했다. 시대의 소리가 없는 때문이 아니었을까. 이리하여 시인들은 마음의 고도에서 호화원(豪華苑)을 만들며 정가표까지 떼기 시작한 해가 금년 같다.

사십대(四十代)의 시(詩)

위에서 나는 대체 시가 무엇을 생각하며 무엇에 대한 정열을 가지고 탄생되고 있는가 함에 적지 않은 불안과 ○○치 못한 밤을 많이 썼으나 제일 그와 반대로 시가 문화에 대한 불멸할 선구자의 역할을 다하였다면 여기에 내가 백만 매의 지면을 소비하더라도 그 창조된 가치를 소멸할 수 없으리라는 진리가 오히려 나를 비난할 것이다. 실상 나는 시가 진리가 되어 우리와 우리의 생활 내외를 비난하여주기를 오래전부터 열망하는 자이다. 이것은 또한 황폐한 들에서 생명의 샘을 구하다가 자연에 대하여 비난의 소리를 외침과 비슷한 정일 것이니 다시 말하면 갈망의 이면에 불외(不外)할 것이다.

이러한 마음으로 월간지 『문장』을 펴보면 금년 그 속에 실린 시가 84편 — 실로 놀라운 이 수량은 시대가 운운하는 이상으로 시에 대한 관심을 가지고 시인의 소리를 사회에 전하려는 경향이 보인다.

이 『문장』지의 시난과 『조광』지의 시난에 나타난 시 가운데는 예년에 보기 드물던 사십대의 시인에 속한 시편이 적지 않게 섞여 있었다. 새로운 독자 가운데는 금년에 들어서 춘원(春園), 수주(樹州), 월탄, 동명, 파인(巴人) 제씨의 시를 처음으로 대하는 이도 적지 않았을 것이며 시가 곧 감정의 샘물같이 그냥 표현되다시피 하는 안서까지 넣으면 요한, 무애 이외의 과거 시단 실력 전부가 거진 등장된 감이 난다.

이 사십대의 시가 전부 신문 학예면의 시와 거리를 멀리하고 잡지에 나타난 것은 금년에 와서 잡지가 전자보다 훨씬 연숙(年熟)해진 탓인 것 같다. 생각하면 실로 조선의 학예면은 삼십여 년 동안 항상 연령 25, 6세 전후였다. 이 청년 속에는 춘원도 월탄도 수주도 파인도 동명도 들지 못하고 오직 안서(岸曙)만이 그 시용(詩容)을 보이었다.

그리던 차에 소설가 춘원은 많은 시를 발표하였다. 조선 소설가도 시를 쓸 줄 알고 사랑하는 유일한 소설가 춘원이 이 위험한 소설 전성시대에 그 창작시간을 베어내어서 많은 시를 썼다는데 아마 시의 일면의 진리가 있는 것 같다. 이 점이 우리에게 춘원의 시보다도 오히려 더 흥미 있고 주목되는 점 같다.

소설가로서 너무도 유명하여 그것이 시인으로의 명성에 불리하게 된 춘원은 확실히 소설가보다 시인을 더 높이 알고 있고 또 자기의 귀

빈한 감정의 표현을 시에서 구하려는 동시에 금년에 발표된 시의 성정으로 보아 춘원은 감개무량한 인생을 무수한 시로써 쓰고 싶어 하는 것 같다.

그러나 춘원은 어느덧 삼십대의 우리와 거리를 멀리하여서 그의 시는 무념무상의 세계에 대한 동경이요, 성인의 거울이 되고자 하고 있다.

고민의 의식이 거울이 되어 시가 나타나지 않고 운명의 대세에 따라 그의 시는 이미 해탈(解脫) 이후에 속하여버린다. 오직 육체가 해탈치 못한 데 역경이 있으니 시의 세계가 말 그대로 낙토가 되어 현실과 멀어졌다.

이와 반대로 안서와 파인은 방황하는 청춘의 꿈속에서 그 시를 발견하고 있다. 보드라운 서정에 근거를 둔 서정시인 안서와 서사의 호연한 풍격에 본성을 둔 「국경(國境)의 밤」의 시인 파인과는 본래 시의 출발에서부터 달랐으나 안서와 파인은 드디어 같은 시인이 되었다.

새의 노래와 봄바람과 아름다운 꽃과 달과 별—그 모든 것에 대한 애정과 수심을 한결같이 노래하며 시의 모든 형식을 갖가지로 시험한 안서에게는 어느덧 현실이 와서 눈물이 되어 웃음으로 「광화문(光化門) 네거리」의 슬픈 신세를 노래하였고 「동로방천(東路傍川)」 아름다운 민요조 속에는 잃어진 고향에 대한 영원한 동경이 눈물의 활자로 되었으니 다음 한 절을 본다.

동로방천(東路傍川) 올벼논에 누런누런
익은 이삭
바람결에 금(金)빛이지
꿈에봐도 좋은 강산(江山) 왜 떠난고 왜 떠난고 꿈에라도
보고지고.

살기 좋은 동로방천(東路傍川)

잘 살았소 잘 지냈소 어느 때나

돌아가리   ——「동로방천」 일절

　이 눈물은 특히 파인의 절찬을 받았고 따라서 파인도 신라 고려의 향불 속에서 시상을 벌써부터 찾아서 「국경(國境)의 밤」의 고민하는 청년은 이미 시대와 같이 갔고 시 「사나이의 심정(心情)」은 장부 일대에 사랑 하나 바로 거느리지 못한 인생의 영탄이었다.

　동명도 이미 시상이 원숙하여지며 시 「하늘」에서 명상하는 시혼의 영원화를 의도하여 청춘에서 멀리 저 고요한 심경에 자연을 비치려 하며 월탄은 「십일면 관세음보살」에서 시의 뮤즈를 찾아 그 성체상 아래에 무릎을 꿇고 시를 기원하나 「우부가」의 고뇌가 아직도 수정 속에서 맑게 하고 있는 듯하다.

　이 밖에 오직 한 편의 시 「실제(失題)」 십육 행 속에서 "꿈을 팔아 외롬 사고" "꿈과 외롬 사이에서 잠자고 말없이 살려"는 시인 수주가 있으니 아름다운 마음의 세계가 산문으로 번안될 수 없을 만큼 보기 드문 운가(韻價)를 내고 있다. 실로 수주의 글자는 다른 시인의 글자와 다른 선택을 가지고 있는 것 같다. 그러나 이 시인의 시는 『문장』지의 숙식(熟識)이나 빌면 몰라도 볼 수 없음이 유감이다. 일찍 욕 같은 욕을 먹어본 일이 없다고 탄식한 이 시인은 또 머리 있는 풍자가가 되어서 그 아름다운 시를 보여주지 않음으로 현실의 사회와 시단을 꾸짖고 있으니 수주는 확실히 풍자가 이해되지 못하는 사회의 서정시인이다.

　이상으로 이 사십대의 시인들은 현실상 동일한 공감성 위에서 청년들과 함께 살면서 소위 현대라는 신세대와 시로써의 교섭이 적다고 인정되고 있고, 또 그 시의 감정의 연세가 인생의 후반에 석(席)하고 있는 것 같다. 그러므로 그들은 소위 신흥시인들과는 자극되는 대상이

달라졌고 따라서 창조의 가치관이 달라져서 오직 지나간 시대 속에 미(美)와 진리를 두고 아무 가장 허식 없이 느끼는 그것에서 진리를 파악한다.

요사이 신시인들이 너무도 과거에 무지한 데 비하면 이 역사를 아는 슬픈 시인들이 과거를 슬퍼함은 큰 미덕이다. 그러나 이 미덕은 피하여 간 그늘 아래의 너무도 적은 이즘뿐이었다.

시집과 신세대론

춘원(春園), 파인(巴人), 월탄, 안서(岸曙) 제씨(諸氏)의 시(詩)에 비(比)하면 지용(芝鎔) 상용(尙鎔) 기림(起林) 제씨의 시는 그 감수하는 방법이라든지 표현하는 기술이 훨씬 다른 점이 있다. 그렇기 때문에 비록 전기(前記) 제씨와 그 시작(詩作) 연대가 거진 같다 하더라도 시의 새 계절을 획하는 바가 있지 않을까 생각된다.

그러나 지용은 금년(今年)뿐만 아니라 첫 시집 이후 거기에서 얻은 정평을 깨뜨릴 만한 새 창조가 없었으니 어떻게 되면 정평이란 일종 공포 같다. 완성된 한 편을 기대하여 시신(詩神)의 발성을 몹시 제한하자 동시에 희생하지 않았을지도 모른다. 다행히 『문장』 시난에서 신인 시선 유감을 시평으로 대신하여 신인 김종한(金鍾漢)군을 등장시켰다.

그러나 시를 주옥같이 아끼는 김상용씨의 시집 『망향』이 그 '문장사'에서 나온 것은 시단의 한 수확으로 정선된 그 언어 속에는 인생에 대한 정밀(靜謐)한 관조가 고요히 누워 있다. 한 자도 시요 한 행도 시가 되어 불평함이 없으리만큼 짜놓은 그의 언어는 생산한다. 충격하는 활기가 적고 오직 고요히 명상하게만 하여 소란한 현실로 조금도 들

490

고 나올 수가 없다. 잘 쓰면 인생은 시 일 행으로도 족하다는 사상을 보여주는 이 시인은 관조의 직관을 순간화하려는 동양적 최대의 정신 기술과 구라파적 최소의 사유 방법을 신시의 장단양점(長短兩點)으로 이 시집이 가지고 있는 것 같다.

이와 다소 반대로 고(故) 박용철씨 시집이 있으니 여기는 『망향』과 같이 조탁과 상(想)의 긴축이 있기보다도 시인의 의식과 정신 위에 시대성과 인간성이 교착되어 '싸늘한 이마'가 있는가 하면 '소악마'가 있고 '고향'을 잃어버린 비애가 있는가 하면 구름을 보고 연인을 생각하는 고운 서정이 있고 '희망'이 있는가 하면 또 '절망'이 그뒤에 곧 따라 있다. 이 시집의 존재성은 오늘 가지가지 혼란된 시단 유파 가운데서 가장 정통적인 데에 있을 것이다.

이러한 가운데서 김기림씨의 『태양의 풍속』이 '학예사'에서 나왔다. 작자는 이 시집에 한 권의 '숙박부'의 운명을 지워놓았다. 숙박 시간은 오전 오후로 나누어졌고 오전의 생리가 어족(魚族)과 깃발과 선인장의 건강을 더 사랑하였으나 독자는 오후의 피곤한 산보에서도 더 아름다운 사상(事象)을 느낄 수 있게 되었다. 인생과 사회와 기계와 속도의 변화에 특수한 감각기능을 가진 이 시인은 시의 올림픽에 나아가는 선수의 쾌활을 가지고 마치 마라톤을 하면서 식료점도 보고 여행도 느끼고 또 '메뉴' 뒤에 안식하려는 기도의 시도 쓴다. 가장 특기할 것은 보통 생활에서 진부하게 유실되는 평범한 대상에서까지 새로운 감각의 가치를 발견하는 동시에 과거의 시의 모든 약점에 그 중요성을 많이 두고 있는 까닭에 새로운 감각의 코스에서 이단의 행동을 한다.

감상과 우울의 토대에서라도 그는 그것이 없는 포즈를 가진다. 그것을 깨뜨리려 하는 것으로 보나 또는 얼마나 태양을 갈망하는가를 보라. 그러나 이 시인은 확실히 행복한 시인이다. 모든 시집이 습할지라도 그에게는 태양만 있으면 희망의 쾌락이 있고 감각의 향락이 있다. 습득하여서만 될 수 없는 감각 기능에 있어서 단순한 사상(事象)에서도 묘기를 갖춘다. 어떤 때에는 대상이 비명을 내서 파괴에 직면한다. 그렇더라도 잘 구제한다. 대상을 잔혹하게 보고도 곧 감정을 가지고 다시 그 속에 들어가서 안는 때문인갑다. 그러나 이 시인은 또한 비극의 시인이다. 그는 시를 산문화하려 하고 있다. 그러나 그는 그것을 극복치 못하고 결국 극복당하고 있는 듯하다. 나는 그의 시에서 유쾌한 내재율을 느낀다. 그가 배격하는 정형률일지라도 그것은 반드시 연미복은 아닌 것이다. 시의 운율은 대상에서 자연히 언어의 규율로써 나온 것이요, 예식의 순서에서 나온 것은 아니다. 바다 소리에 운율을 준 자는 반드시 바다 소리에 예복을 입히는 자는 아닐 것이다. 정복할 수 있는 것은 시의 운율보다도 인간의 감정이 그것을 느끼는 엄연한 사실이다. 언어의 구속 없는 구사라 하더라도 이것은 결코 운율의 무시가 아니다. 세계의 학교에서 언어를 배우고 성인의 습관에 젖지 않는 이 영원한 소학생에의 청신(清新)한 야망이 우리를 몹시 부럽게 하면서도 외국이 낳은 이 시집은 때로 구경이 너무도 지나치게 많은 것이다. 우선 통쾌한 것은 돌진이요, 경이 없는 습관의 능률에 대한 파괴다.

이『태양의 풍속』과 지극히 반대되는 시집으로 이하윤(異河潤)씨의 『물레방아』를 들 수 있으니 여기에는 황혼의 생리, 밤의 감상이 이 시인의 과거 십 년을 눈물의 밤 속에 짜넣은 듯하다. 서로 비교해보면 이하윤씨는 김기림씨가 등한한 것에 중점을 두고 김기림씨는 이하윤씨가 느끼지 않은 것에 역점을 두고 있는 것 같다.

이 밖에 학예사판 임화편『현대조선시선』과 박문사판 이하윤편『현대서정시선』과 임학수씨의『인도(人道) 풍물지』, 김태촌(金泰村)의 『초원』이 있다.

그러나 이보다도 임화씨의 시의 새 세대론을 성립케 한 세 시집이 있으니 김광균씨의『와사등(瓦斯燈)』오형환씨의『헌사』윤곤강씨의

『동물시집』이다. 나는 이 세 시집이 한결같이 때를 같이 하여 출판되는 현상을 주의하면서 시단에 등장하는 새 세대론을 정중히 읽고 또 이 세 시집을 냉정히 생각해보았다. 그러나 결국 실패한 것은 우선 거기에 새 세대의 개념을 형식시킬 만한 한계선이 발견되지 못한 것이다.

물론 『와사등』에 나타난 작자에게도 취할 아름다운 점은 있겠지만 김기림씨와 김광균씨 사이에 신구 세대가 어디 있으며 오히려 사유와 감각과 또 시운동으로 보아 김기림씨가 훨씬 새로울 것 같으며 『헌사』만 하더라도 새 시대랄 것이 보이지 않고 『동물시집』만 하더라도 동물이 모여서 시집이 되었다는 외에 대체 '아폴리네르' 하고 운위되는 논평정신이 사람과 사람 사이의 소식은 들으나 사람과 동물 사이의 소식을 분간치 못한 것 같다. 물론 나는 이 세 시인에게 각각 그 장점을 보고 있으나 이 세 시인이 이 세 시집으로 한 세대를 구성치도 못할 것 같고, 또한 새로운 세대가 이 세 시인에게 세 가지 요소로 분화되어 나타난 것 같게도 생각되지 않는다. 이러한 칭송은 당하는 이 세 시인에게도 불쾌할 것이며 오히려 무리의 명성에 고통되게 할 뿐이니 시의 역사에 공포와 우려를 가질 필요가 있다.

또 화로에 쪼여서 과일을 성숙시킬 필요는 없다.

진실로 이 시대에서 새로운 정신적 건설이 생기고 거기에서 새로운 시의 소리가 나서 한 세대를 지었다면 얼마나 우리는 이 시대에 사는 보람이 있고 또 이 세대가 우리의 내면에 시를 내주었다 할까.

"이 미운 시를 쓰노라고 베개로 가슴을 고인 동물은 하느님의 눈동자에는 어떻게 가엾은 모양으로 비칠까" 이 김기림씨의 '미운 시'를 오늘밤 나는 '미운 평(評)'으로 고쳐놓고, 자지 못하는 이 '사족수(四足獸)'의 기록을 끝으로 유치환씨의 시집, 장만영씨의 시집, 신석정씨의 시집장(詩集葬)이 나왔는지 안 나왔는지 알고 싶었고, 또 시집을 편장(編葬)하고 시인을 경(輕)히 하려는 것도 아니면서 시집 얘기가 길어서 백석(白石) 형, 영랑(永郎) 형, 윤숙(允淑) 여사의 시단 업적을 빠뜨리게 된 것, 또 김종한(金鍾漢), 최경섭(崔璟涉), 이용악(李庸岳) 제씨에의 기대를 말하지 못함이 그냥 유감이다.

(동아일보, 1939년 12월 9~12일)

현대시(現代時)와 지성(知性)에 대한 관견(管見)

여기서 이런 문제를 취급하게 되는 것은 현대나 현대시(現代時) 혹은 지성(知性)에 대한 광범한 문제를 제기하거나 또는 해결하려는 의도는 아니다.

다만 그러한 유역(流域)에서 하나의 입장, 하나의 시점(視點)을 가져보려는 한 시론(試論)에 지나지 않는 데서 끝나리라고 본다.

왜냐하면 시대는 진행 중에 있고 더욱 현대는 급속한 진전을 보이고 있기 때문에 나로서는 해결할 능력도 결정할 권리도 없다. 다만 나는 급히 조성되며 급히 전환하는 상황과 시류(時流) 속에서 시대인과 함께 흘러가며 잠깐 머물러 관망(觀望)할 뿐이다. 해결하고 결정하는 자는 곧 물러서야 하기 때문에 나로서는 그러한 관망이 자유스러운 것이다. 꼭 그것이 옳고 또 나 자신이 그 전부가 아닐지라도 그럴 수 있고 또 어떤 가능성에 임해보려는 자세도 결코 나쁜 것은 아니리라.

나는 현대에 산다. 모든 사람들이 자기 시대를 현대라고 하는 것처럼. 그리하여 우리가 사는 현대 앞에는 많은 현대가 지나갔고 그중에서 가치 있다고 선정된 것만이 살아서 우리가 교섭하는 것이다. 지성인이나 지식인들에게 그것은 선택되는 것이다. 그 선택이 많은 사람이 풍부한 사람이고 그 선택이 적은 사람이 빈곤한 사람인지는 몰라도 엄격하게 정선되는 것은 많지 않은 것이다.

지금도 고대(古代)에 살거나 중세기(中世紀)에 살거나 혹은 신라(新羅)와 고려시대(高麗時代)에 사는 사람도 있으나 우리의 문제는 결국 현대의 현실인 것이다. 사는 문제도 그렇고 생각하는 문제도, 또 시(時)와 예술의 문제도 그렇다. 그러나 메마른 씨앗 속에서 꽃이 피고 열리는 것을 보면 현재 속에 과거가 있고 더 멀리는 과거의 과거가 또 인과(因果)되어 있음을 알 수 있다. 그러므로 사람은 얼마나 자기의 현대만에 사는지 이를 낱낱이 캐낼 수는 없으나 우리의 먼 후예(後裔)들은 우리가 산 이 현대의 특질을 포착해낼 것이다.

거기에 어떤 의미로 우리의 현대가 기여할 것인지 그것은 결정이 아니라 커다란 동향에서 나타나야 할 것이다.

사람이 산 어느 시대도 문자 그대로 진선미(眞善美)하였다고는 보이지 않는다. 행복의 추구도 권세에의 추종(追從)도 고난의 극복도 결국 시시포스적인 것밖에는 아니었다. 민주적 사고방식에 의한 평등 인간(平等人間)까지도 부단한 변혁 속에서 짓밟히고 있다. 때로는 성공자도 실패자가 된다. 우리는 누구냐? 그 물음에 과연 누가 대답할 것인가. 거기에 새로운, 전대인(前代人)들이 맛보지 못한, 또 한 고독이 있다. 비극은 새로 시작된 것이 아니라 아무데서도 끝나지 않는다. 현상(現象)은 더욱 복잡하고 다단(多端)할 뿐이다. 베트남〔越南〕 일이 우리의 것이고 알제리아 일이 우리의 일이다. 일반성에 있어서나 특수성에 있어서나 우리는 관련 속에 있다. 그만큼 우리는 착잡하게 되어 있다. 과거의 어느 때보다 그 도(度)가 심하여졌다. 그 결과 우리는 나쁜 의미에서 본다면 세계적인 질병(疾病)에 걸려 있다. 정신병자는 다 자기를 정상적이라고 말한다. 그와 같이 현대가 우리에게 준 병을 우리는 모른다. 다만 우리들이 이 시대의 일반적 표현을 빈다면 그것은 불신(不信)과 분열과 위기(危機)와 불안의 의식 등등일 것이다. 그러한 의미에서 가끔 '현대'는 세계적인 정신병원이라는 느낌을 준다.

겨우 얻어낸 자아(自我) 때문에 괴롭고 이미 있는 '남' 때문에 또 앓는다. 이러한 불행한 정신적 혼란을 현대는 불가피한 고민(苦悶)으로써 가지게 된다. 이미 발레리는 정신의 위기, 지성의 위기를 예견했다. 그는,

> 욕망(慾望)도 체념(諦念)도 함께 번롱(飜弄)되고 신앙도 쌍방의 진영 속에 혼입(混入)되어 있으며 십자가와 십자가, 반월성(半月城)과 반월성이 서로 싸우고 있다…… 회의주의자(懷疑主義者)가 그 회의를 잃고 다시 찾고는 또 잃는다. 벌써 자기의 정신의 움직임을 어떻게 쓸 것인가를 알지 못하는 형편이다.

라고 했다. 어찌 보면 그것이 현대의 정신 상황이라고도 할 스 있다. 이러한 불건강한 상태는 진보(進步)의 압박에서 대부분 오고 있다. 일찍이 사상은 인간을 위대하게 했지만 지금은 상당한 면에서 인간을 위축시키고 있다. 기계는 현대를 제공했지만 지금은 전문화될수록 인간은 예속화(隷屬化)된다. 우주(宇宙)는 옛날 사람에게나 지금 사람에게나 마찬가지로 무한히 크고 영원한 것으로 느껴졌지만 지금 과학은 그 광대(廣大)하고 무변(無邊)한 것을 실제로 정시(呈示)하고 있다. 큰 것을 알아낸 것은 장한 일이지만 행복이 그만큼 커지고 불행이 그만큼 작아진 것 같지는 않다. 또 생활과 욕망에의 충족이 달성되었다고도 볼 수 없다. 원시인은 자기 몸의 무게를 그다지 의식하지 못했는데

지금 캡슐 속에서 인간은 무중력의 자기를 새삼스럽게 알아냈다. 그가 외기권(外氣圈)에서 본 하늘의 경이로운 빛깔을 우리도 어느 순간 지구상(地球上)의 창공(蒼空)에서 보았을 것이다. 놀라운 것은 나일론처럼 곧 놀랍지 않은 것인데 인간은 그 진보의 과정 속에서 굶주리며 허덕이고 있다. 세계의 창고가 비어서가 아니라 지구상의 충족이 없이 기계와 과학은 인간권외(人間圈外)를 비약하고 있다. 핵무기(核武器)는 인간의 존재를 확실히 무시하고 있다. 차라리 옛날에 — 과학이 발달되지 못한 — 인간은 자기의 존재에 대해서 확고부동한 신념을 가졌다. 지금은 그 존엄은 언어의 형식상 있을 뿐이요, 사실은 없다. 인간은 어제 있었고 오늘 있을 뿐이다. 그것만이 계승(繼承)이다. 내일은 과학이 결정할 것이다. 영혼(靈魂)의 불멸은 오늘까지의 인간의 일이지만 내일 반드시 그 불멸이 있다고 확언할 수는 없다. 그러므로 현대는 인간에게 무엇인가 얻게 하면서 동시에 무엇인가 잃게 하고 있다.

그러한 위기 속에서 우리는 지극히 무절제한 옷차림과 마찬가지로 난폭한 언어를 사용하고 있다. 과거에 선택되고 자랑되던 시어(詩語)들까지도 사라졌다. 쓰레기통과 똥통과 매독과 청소부와 양갈보와 즈로즈가 합창하고 있다. 그 속에 시대 의식(時代意識)이 병적(病的) 현상으로 나타나고 있다. 사람은 분명히 그 시대에 살며 자기 시대의 소산(所産)인 것이다. 그리하여 우리는 오늘 우리 시대의 기계에서 월급을 받고 또 제도(制度)에 고용되고 있다. 스스로 그러한 비극적인 운명을 만드는 상황 속에 현대시는 허덕이고 있다. 지나간 시대 같으면 가령 18세기니 19세기니 하여 시간과 또 인간의 노력이 아름다운 것을 추려서 판단의 편리를 제공하고 있지만 지금 현대라고 하는 20세기의 한복판에서는 너무도 많은 견본과 이론이 제시되고 있어서 미래에 제출될 현대시의 리얼리티를 누가 가지고 있는지? 다만 변천되며 변혁되는 것을 보며 그 과정 속에 있다고 할 뿐이다.

일찍이 시는 사랑과 미(美)의 복음이었다.

워즈워스의 말을 빌면 "강렬한 감정의 자발적(自發的) 유로(流露)"였다. 에드가 앨런 포에게는 시는 "천상(天上)의 미의 동경(憧憬)"이었다. 월터 페이터는 "음악의 상태를 동경"하는 것이라 했다. 한국의 시조거나 그 어느 나라의 것도 과거의 시의 대개는 그 속에 들어가는 것이었다. 슬프고 아프고 외로워도 그 감정의 물결은 시의 리듬으로써 인간을 정화(淨化)시켜주고 순화(純化)시켜주는 복된 소리였다. 그것은 지능으로 알 수 없는 깊은 데로 들어갔고 높은 데로 올라가는 신비(神秘)이기도 했다. 감정으로써만 알고 감정으로써만 파악되는 세계였다. 그것이 영감(靈感)으로써 시인에 의해 구현(具現)되는 것이었다. 사람마다 그것을 자기의 품성(稟性) 속에 가지고 있으면서도 다만 시인에 의하여 알려지고 새로워지는 생명감— 오래 묵은 원인에서 직결되어 불꽃처럼 피어난 결과— 그것을 문자(文字)의 음악으로서 감상(鑑賞)해왔던 것이다. 더욱 그것이 우리에게 시를 대하는 전통이 되어왔다. 가슴으로 대하는 것이었다. 답답하고 애달픈 인생의 가슴이었다. 그리하여 시조(時調)는 술을 마시며 기생과 함께 부르는 노래같이 되었다. 눈을 감고 버선을 쓰다듬으면서 흥겨운 대목에 가서는 무릎을 탁 치는 것이었다. 주(酒)·색(色)·시(詩)가 일치되는 인생의 장탄조(長歎調)였다. 전쟁과 사랑과 실망과 절개와 충성이 시간도 없고 시대도 없이 흐르는 영원이었다. 눈물과 한숨으로 탄식된 영원이었다. 흐느끼는 것은 아무 설명 없이 가슴이 곧 알아챘다. 한편의 시론(詩論)이 없어도 그렇게 하여 시조는 오랜 공감(共感)의 세계를 형성하였다. 다만 발전 없는— 요구가 없는 공감이었을 뿐이다. 실로 추종(追從)된 공감이었다. 독자의 소리가 없는 교양이라고 해도 무방할 것이다. 악보가 없이 작자가 흥에 따라 부르는 그 곡조를 잘한다고 감격

하는 것이 어떻게 된 일이냐고 묻는 사람도 없이 표준은 다만 흥(興)
이었다. 그 쉬운 영원을 시가(詩歌)에서 우리는 맛보아왔다. 맛은 쉽
사리 변경시키기 어려운 것이었다. 영원이나 무한(無限)의 맛도 그런
것이어서 시에서 우리가 오랫동안 맛들인 그것만을 맛으로 여겨왔다.

  그러나 맛은 변하기 시작했다. 과거에 세기(世紀)라는 것을 헤지 못
하다가 우리는 갑자기 20세기를 맞아들이게 되었다. 그 놀라운 변화는
외부의 현실에서 내부를 변하게 하였다. 현실은 변하는 것이다. 그 변
화는 결코 내부를 그냥 그대로 두는 것은 아니었다. 영원의 본질이나
또는 거기 대한 염원이 바뀌어진 것이 아니라 하더라도 그 영원적인 요
소를 감지(感知)하거나 표출시키는 데 있어서 변화는 시대와 함께 필
연적으로 온 것이었다. 어느 시대에도 인간의 본질이 다 나타난 일은
없었다. 그것은 이미 구현된 것을 제외하고는 미지(未知)의 것이다.
이별의 설움이나 사별(死別)의 슬픔이나 실연의 비애는 언제도 있는
것이지만 양상은 달라지는 것이다.

  문제는 달라지는 거기에 있다. 빨리 달라지면 이해와 감상이 따르기
힘들다. 그것이 지적(知的)일 때에 비록 그것이 나중에 상식화된다 하
더라도 처음에는 알기 어렵다. 20세기 후반기에 들어서서 난해성(難解
性)이란 말이 그런 류(類)에 속하는 것이다. 시는 느끼기 쉬웠지만 사
실상 과거에도 어려웠던 것이다. 시를 혼자 감상하는 일은 오랜 훈련
과 습득이 있은 뒤에도 결코 쉬운 일이 아니어서 하나의 시구(詩句)에
도 여러 가지 전문적인 해석이 있었던 것이다. 노력 없는 자에게는 모
든 것이 쉽지 않다. 우리는 대체로 노력 없이 시를 알려고 한다. 그렇
기 때문에 시인의 노력에 의한 새로운 시는 있어도 그 노력에 해당되는
의식된 독자는 거의 없다. 좋은 독자는 새것을 먼저 아는 데 있다. 우
리의 경우에는 새것을 어렵다고 외면하는 데 특성이 있다. 독자는 자
기의 영원성 혹은 무한성을 과거에서 발전된 새로운 것에서 찾을 때 시

대를 의식하게 되는 것이다. 옛날에도 영원과 불멸과 무한이 있었고 지금도 있다. 그러나 현대의 것은 현대 위에 놓여 있다.

> 비록 추상적인 실체(實體)들이라 하더라도
> 그녀의 매력 있는 주위를 돌고 있다.
> 그러나 우리의 운명은 메마른 갈비 사이로 기며
> 우리의 형이상학(形而上學)의 체온을 지켜준다.

이것은 엘리어트의 시 「불멸(不滅)의 속삭임」의 일절(一節)이다. 제1차 세계대전 직후 붕괴된 현실적 황폐 속에서 "4월은 가장 잔인한 달"이라고 한 그에게 있어서 영원히 아름답던 것은 심장에서 메마른 갈빗대 속에 내려가 겨우 형이상학을 죽지 않도록 보온해주고 있는 정도다. 과거의 감미롭던 것에 쓴맛이 돌고 있다. 그뿐만이 아니라 심장의 행위가 두뇌 속에서 처리되었기 때문에 의미의 함축성이 난해한 성질을 띠고 있다.

그러나 좋은 의미에서의 난해(難解)란 것은 알기 전까지의 일이다.

쉬운 것은 곧 아는 것이지만 아는 것은 반드시 쉬운 결과는 아니다. 또 친숙하지 않은 것을 난해하다는 수도 흔히 있다. 이런 경우 진정한 시인에게는 그 책임이 없다. 더욱 현대라는, 과거에 보지 못한 착잡하고 어찌 보면 추악하기까지 한 그 현대에 과거의 시가 아닌 현대시가 있다는 것은 조금도 괴상한 일은 아니다. 괴상하다면 인습적인 것을 세습적(世襲的)으로 지키는 일이다. 새것을 어렵다고만 하면 난해는 언제까지나 남을 수밖에 없다. 그것이 대중과의 격리(隔離)도 된다. 그러나 이미 이해된 것은 낡은 것이요, 시는 새것을 탐구하며 속된 것과는 거리를 멀리한다. 이미 민요(民謠)는 지나갔다. 그러므로 현대에 있어서는 시인이 탐구한 그 정신으로 독자도 탐구하여야 한다. 따라서 시인은 독자가 이해하기 쉬운 범위 안에만 머물지 않는다.

그런 데다가 현대는 또 즐겁지도 않다. 일찍이 괴테는 "신(神)은 인류에 대한 즐거움을 조금도 가지지 않는다"고 했다. 역설(逆說) 같은 이야기지만 그가 간 뒤에 현대가 바로 그것을 증명하고 있다. 두 번의 대전(大轉)과 그뒤의 대소(大小) 사태가 세계를 어지럽히고 있다. 스핑크스는 옛 희랍이나 이집트에서만 행인에게 풀지 못할 수수께끼를 던진 것이 아니라 구라파를 위시하여 세계 각 국에 지금도 던지고 있다.

프로이트의 '무의식,' 로렌스의 '섹스,' 엘뤼아르의 '레지스탕스,' 까뮈의 '부조리,' 그 밖에 비트 제너레이션, 앵그리 영 맨. 핵무기까지 나덤벼서 실로 고혈압의 시대가 자못 불쾌할 뿐이다. 희망이라는 것이 없는 것은 아니지만 뜨거운 도가니 속에서 찜질을 당하고 있는 셈이다.

어떤 젊은 시인이 "똥내 나는 하늘"이라는 시구를 썼다. 그렇게 추앙하며 우러러보던 하늘에 대한 얼마나한 모독(冒瀆)인가? 정말 저기가 옛 하늘인지 여기가 옛 하늘인지 하늘을 찾기에 헤매일 정도다. 게다가 사상이라는 괴물 때문에 개인은 희미해지게 되었다. 어느 것이 개인이면서 진정한 인간인가? 직면했던 것을 회고하면 모욕 같은 것이기도 하다. 그 괴로운 또 불행한 인자(因子)들은 어디서 왔든 간에 모두 현대에 사는 우리의 것이 되고 말았다. 모든 것을 부정하는 자는 신(神)을 인간의 조물(造物)이라고까지 하고 있다.

그와 같은 불길한 징후와 불행한 누적 속에서 인간을 구제하기 위한 '지성'의 소리가 들렸다.

그 한 사람이 폴 발레리였고 다른 한 사람이 T. S. 엘리어트였다. 시에서 그 소리가 난 것은 특기할 일이었다. 현대시에 있어서 그 두 큰 기둥은 동시대(同時代)의 시정신에 큰 영향을 주었을 뿐 아니라 시에 큰 변혁이기도 했다. 그것은 동시에 시가 노래하던 시대를 막고 새로운 출발을 지었다.

그리하여 시에 지성이라는 것이 성격적인 밑바탕이 되게 되었다.

그러면 이 지성이라는 것은 과연 무엇인가?

최근에 와서 매우 광범하게 애용되는 —— 어찌 보면 대중이 가질 수 없는 특수한 기능같이 알려지고 있으나 사실은 간단히 정의할 수도 없다. 또 이해하기도 어려운 것이다. 어떤 사람은 의식적인 적응성(適應性)이라고도 하고 인식하는 힘이라고도 한다. 그렇다고 학문과 지식에서만 오는 것은 아니다. 무지(無知)한 사람도 생각하고 느끼며 산다. 생각과 느낌을 분간하지 않고도 잘 헤아려 산다. 또 모든 것을 지혜롭게 처리한다. 체계는 없으나 발견도 하고 발명도 한다. 수학은 몰라도 수(數)는 안다. 3·1에 8·15에 6·25를 가하면 어렴풋이나마 한국인 것을 짐작한다.

이렇게 감지하는 것이 지성이 아닐까? 그것이 정신의 사실로 있는 것이다. 지식과 학문은 그것을 더욱 세련시키고 발전시켜 고도의 기능을 가지게 한다. 그것은 또 순수한 것이다. 그런 것을 지닌 사람이 아마 선민(選民)으로서의 지성인일 것이다.

그러한 지성을 정신의 실질(實質)로서 발레리는 인류 최후의 종교라고 했다. 종교는 구제(救濟)다. 거기에서 지성은 사도(使徒)였다.

발레리는 한때 운문예술을 포기하고 공방(空房)의 흑판 위에 수학을 풀고 있었다. 그는 자기를 강제하는 어떤 힘에 끌려 1917년 『젊은 빠르크』라는 시집을 냈다. 그는 이 시집을 앙드레 지드에게 바치면서,

나는 운문예술(韻文藝術)을 버리고 돌보지 않다가 다시 자기를 강제하는 것을 거기 시도하여 이 습작을 써서 그대에게 바친다.

고 했다.

그가 일단 버렸던 운문예술은 그의 과거의 시였을 것이다. 과거에는 슬프고 따뜻한 언어들이 시의 운율(韻律)을 지었다. 그가 버린 것과 마찬가지로 그가 다시 시도한 것은 그에게 강제였는지 모른다. 그 강제라는 것이 그에게는 아마 지성의 힘이었을 것이다. 그의 운명과 같은 것일 것이다. 시인이란 자기의 원인을 가지고 시라는 결실을 낳는 사람이다. 발레리에게는 지성이라는 것이 불가피한 힘이었다. 그리하여 『젊은 빠르크』는 새로운 형성의 시였다. 그것이 지금부터 47년 전이니 한국 신시(新詩) 운동의 초기에 해당된다.

발레리는 『젊은 빠르크』의 서문 대신에 프랑스 18세기의 고전주의 작가인 삐에르 꼬르네이유의 글을 다음과 같이 인용했다.

한 마리의 뱀의 글을 위하여
하늘은 가지가지의 기적이 쌓인
이 산을 만들었는가

자연과 우주와 세계가 슬픈 서정(抒情)으로 창조된 것처럼 보아오던 시인의 눈은 인류에게 고민의 실마리를 엮어놓은 뱀의 글을 지성의 집으로 의식했던 것이다.

그리하여 그는 다시 『젊은 빠르크』의 시 속에서,

여기서 지금 나는 나를 막 물고 가는 한 마리의 뱀의 뒤를 좇아가고 있다.

고 했다.

이것은 희랍시대의 라오콘적 고통과는 다르다. 라오콘은 그 아들 형제와 함께 구렁이에 감겼으나 침착한 고통으로 육체에서 영혼을 정화

(淨化)시켜 위대한 고전적(古典的) 비통을 나타낸 것이다.

그러나 발레리는 고통의 정화가 아니고 지금 막 물고 가는 뱀의 뒤를 좇아가는 것이다. 그것이 그의 지성의 추구가 아닌가 한다. 다시 말하면 운명에의 본원(本源)을 따라가 보는 것이다.

그렇게 좇아가는 것이 그에게는 '선명한 염원'이었고 '불안한 갈망'이었으며 또한 '고유(固有)의 기억'에 멸입(滅入)하는 것이었다. 거기가 어슴푸레하지만 무구(無垢)한 속으로 귀의(歸依)하는 것이었다.

그러므로 그는 현실에서는 한 이방인(異邦人)이었다. 이 이방인이란, 인습과 우상과 전통이 충만한 현실에서 물들지 않는 생경한 얼굴의 지성인 것이다. 그것은 "영혼에서 광선이 비치기를 기다리는" 창조력이기도 한 것이다. 그것은 눈물이 아니고 금강석 같은 것이었다. 허영(虛榮)의 보석이 아니고 정교한 결정(結晶)인 것이다. 그러므로 시는 유로(流露)가 아니고 결정이다. 그는 『젊은 빠르크』의 마지막에서,

혈통(血統)이 올바른 한 처녀가 불꽃을 향하여 일어선다. 불꽃이여.

라고 부르짖었다. 그것이 지성의 여신(女神)이요, 지성의 종교인 것이다. 『젊은 빠르크』에 뒤이어 1922년에 엘리어트의 유명한 『황무지(荒蕪地)』가 간행되었다.

1차대전의 상흔(傷痕) 속에서 나온 것으로 지금까지도 난해한 시로 되어 있다.

사랑하는 사람아, 라일락꽃 밑으로 오라던 4월은 그에게 이르러 '가장 잔인한' 4월이었다. 죽은 땅에서 추억과 열망에 못 이겨 라일락은 봄비에 둔한 뿌리를 깨워 일으키고 있다. 메마른 땅에서 생(生)의 몸부림이었다. 차라리 잠들고 있던 겨울이 포근했을는지 모른다.

게다가 그는 비평가로서 꾸준히 현대시의 출발과 그 발전에 기여한

바가 컸다. 그 정신이 또한 그의 시에 앞장을 섰다.

> 공중에 높이 울리는 저 소리는 무엇인가
> 모성(母性)의 탄식 같은 중얼거림
> 판판한 지평선으로만 둘린
> 갈라진 땅에 엎으러지면서 끝없는 벌판 위로
> 꾸역꾸역 모여드는 두건 쓴 무리들은 누구들인가
>
> 산들을 넘어 저 도시는 무엇인가—
> 보랏빛 하늘에 터질 개조(改造)되고 폭발하는.
> 무너지는 탑(塔)들
> 예루살렘 아테네 알렉산드리아
> 비엔나 런던
> 허무한
>
> (양주동(梁柱東) 역, 『황무지(荒蕪地)』에서)

두건(頭巾)을 쓴 무리— 그것이 도시거나 사람이거나 할 것 없이 현대였다. 엘리어트는 거기에 맞섰다. 다시 말하면 두건 쓴 현대의 복판에 섰다. 거기에 또한 그의 문명비평(文明批評)의 정신이 있었다. 그리하여 그는 지성을 가리켜 오관(五官)의 감관(感官) 앞에 선다고 했다. 시는 과거에는 자연과 우주와 세계와 모든 인생사를 감성화(感性化)시켰다. 이슬 같은 눈물과 되풀이되는 한숨으로 제3의 세계를 창조했던 것이다. 그러함으로써 현실을 넘어서는 것이었다. 그러나 나중에는 달도 꽃도 통속화되는 것이었다. 쉬르레알리스트들은 그러한 감상(感傷)의 시대를 '무법(無法)한 시대'라고 하며 그것을 '표현 이전'이라고까지 말했다. 사실 달은 너무도 오랫동안 사람을 상심케 해왔다. 그래서 "일광(日光)을 교살(絞殺)하라"고까지 그들은 외쳤다. 그러한 사조상(思潮上)의 변천을 거쳐서 지성은 감성의 편중에서 눈을 뜨게 된 것이다. 그리하여 지성은 감관의 첨단에 서서 공가(空家)에 들어가 '의미'를 훔쳐내는 것이었다. 평시에는 현상이나 현실은 다만 존재뿐으로 의미상의 공가와 같은 것이다. 이 공가에서 의미라는 것이 시의 역사 위에 처음 등장된 것이다. 의미라 하여 사물의 성질을 제한하거나 구속하는 것이 아니고 내포(內包)와 외연(外延)을 동시에 하는 함축성 있는 메타포(은유(隱喩))의 성질을 지향하는 것이다. 그러므로 시에 있어서 지성은 이해시키는 것이 아니고 이해하기 전에 전달하는 기능의 것이었다. 그러한 전달작용이 지성에 의하여 안내되는 것이다.

I. A. 리차즈는 엘리어트의 의미를 가리켜 '의미의 의미'라고 하였다. 그리고 엘리어트는 시를 '사상(思想)의 정서적(情緒的) 등가물(等價物)'이라고 했다. 시는 자연적인 감흥이나 물결 같은 리듬에만 고아(孤兒)처럼 몸을 맡길 것이 아니라 현대의 광범한 의식(意識)의 영토에서 지성을 지팡이로 삼아 미지의 경험의 세계를 탐구하는 것이다. 이미 19세기의 문학에 지적(知的) 요소가 들어와 사실주의(寫實主義)의 탐구정신이 대두되었다. 뒤늦게나마 시도 거기서 이탈될 수가 없었다. 시도 역시 인간에게서 나오는 것인 이상 인간의 진보나 세계의 변화에 맹목(盲目)할 수는 없었다. 인간이 혁신될 때 시도 혁신된다. 두뇌(頭腦)의 사고(思考)가 달라질 때 감정의 작용도 달라진다. 사고에도 감정이 있고 감정에도 사고가 있다. 나무를 울게 하고 꽃을 웃게 하는 시는 사고를 느끼게 할 수도 있다. 그것이 정신적인 감동인 것이다. 그것이 두뇌 속에서 형성되며 리듬이 물결칠 때 사상이 집결되는 것이다. 사상이라 하여도 그것은 감정적 등가물에 해당되는 것이다. 그러한 견지에서 20세기에 들어와서 모더니즘이라는 것이 지성을 지팡이

로 하여 일어섰던 것이다.

이 모던(modern)이란 말은 18세기 후반 영·불에서 '고대인(古代人)과 현대인(現代人)의 논쟁'이라는 것이 벌어져서 고대인이냐 현대인이냐, 고전(古典)이냐 현대 문학이냐? 하는 데서 비로소 '모던'이란 말이 문학사상의 특정한 의미를 가지게 된 것이다. 그때에는 모던은 현대였지만 지금으로서는 근대다. 근대와 현대의 이중적(二重的)인 의미로 사용되는 용어지만 20세기에 들어와서 모더니즘은 주지주의(主知主義)의 문학을 가리키는 것으로서 두번째로 문학상의 특정한 의미를 가지게 되었다. 이 모더니즘도 한 물결 갔지만 그러나 그것은 갔어도 지성은 가지 않고 있다. 어찌 보면 이성(理性)이 인도한다고 한 고전주의와 뒤로 손잡은 듯한 인상을 주고 있다. 그러한 선구적 입장에서 엘리어트는 현대시의 산파역(産婆役)을 하였다. 현대시의 전부는 아니라 하더라도 현대시의 중요한 동향을 제시하였다. 그것이 선구적인 시인에게서 제시되는 것은 시사(詩史)가 증명하는 바이요, 또 그것은 미래의 무수한 가능성이기도 한 것이다. 그러므로 지성의 경향도 현대가 당면한 시의 가능성의 그 하나인 것이다.

이 지성에 관계되는 것으로 특히 한 가지 더 유의되는 것은 시와 과학에 관한 것이다.

거기에 대해서는 I. A. 리차즈의 『시와 과학』이라는 저서가 1930년대에 이미 우리나라에 소개되었고 최근에는 아이잭스가 그의 저서 『현대시의 배경(背景)』 속에서 17세기 초두(初頭) 존 단의 시 「세계의 해부(The Anatomy of the World)」를 인용하면서 과학적인 현대에 앞선 과학시(科學詩)까지를 이야기하고 있다.

　　새로운 철학은 만물에 회의를 품고
　　불의 원소(元素)는 아주 소멸했다.

　　태양은 소실되고 지구도 없고 여하한 인간의 재질(才質)로써도
　　어디서 그것을 찾을 수 없으며 또 인간을 지도할 수도 없다.
　　유성(遊星)이나 또는 창공(蒼空) 속에서 그처럼 많은 새것을 찾을 때
　　사람들은 주저없이 세상이 끝난 것을 인정하고
　　다음엔 이 세계가 다시 붕괴되어
　　원소(元素)로 돌아가는 것을 볼 것이다.

그렇게 세계가 붕괴된 뒤에 오는 세계가 어떤 것일지는 몰라도 아이잭스는,

　　현대의 특색은 현대의 과학을 특별히 의식하는 점, 과학적 이미지가 오늘의 첨예한 진보적 경향의 시에 침투되고 있다는 점, 또는 새로운 과학적 생활양식의 압력과 복잡성에 직면한 시인들은 그들의 감정과 표현의 양식까지도 변화시키고 있는 것이 일반적으로 믿어지고 있다.

고 지적했다.

과학이 시 속에 어느 정도로 들어온 것인가 또는 과학화되어가고 있는 주위와 생활 속에서 시는 그 현실을 완강히 거부하고 시대에 뒤진 흥(興)에 또는 그 물결에 애연(哀然)히 떠 있을 것인가.

확실히 근년에 우리나라에서도 핵진(核塵)에 대한 시가 나왔다. 또 지구가 유성(遊星)들과 내왕하며 우주 행정기관의 한 단위가 될 때 시적 기능이나 그 비상(飛翔)이 어떻게 될까 하는 것을 쓴 시도 있었다.

캡슐 속에서의 무중력(無重力) 인간도 지상에서 시를 쓰던 우리의 기본적 인간관념에 어떤 변화의 가능성을 장차 가져올는지 누가 알 것인가?

그뿐만 아니라 과학은 인간을 개조할는지도 모를 것이요, 따라서 신

(神)의 존재에 대한 인식도 어찌 될는지 모를 것이다. 만일 어느 유성에서 과학이 우리와 다른 어떤 인간을 지구상에 실어온다면 어떠한 기적(奇蹟)과 경이(驚異)가 일어날 것인가? 종교가 과거에는—또 오늘까지도 인간을 초월자(超越者)의 수중에 있게 했지만 앞으로는 인간생활의 대부분이 과학 안에 있게 될 것이며 전원(田園) 대신에 기계미(機械美)가 인간의 의식을 변혁시키면서 인간을 황홀케 할 것이다. 그때에 시는 무엇을 쓰고 읊을 것인가? 별도 옛 별이 아니요, 달도 옛 달이 아닐 때가 올 것이다. 모든 영속성(永續性)들이 우리의 감각에서 일어나는 서정적 가치를 달리할 것이다. 비록 과학이 가져올 세계가 불안한 갈망(渴望)이라 하더라도 앞으로 과학은 시의 제작과정에 있어서나 또는 현대인의 심리적 과정에 중대한 요인이 될 것이다.

이 이외에도 현대시가 이루어지기까지에는 여러 가지의 선행된 사조적(思潮的) 경향이 있었다. 심볼리즘, 다다이즘, 큐비즘, 쉬르레알리슴, 이미지즘, 엑시스텐시얼리즘, 레지스탕스 등이 지속된 그러한 세계적 영향 속에서 한국의 오늘의 현대시도 성장하여왔다고 볼 수 있다. 그러한 외래적인 요인 때문에 특히 전통 문제 같은 것도 대두되어 전통이 단절되었느니 접하였느니 하는 것이 논의되었던 것이다.

대체로 한국의 신시운동(新詩運動)은 자유시(自由詩)에서 출발했던 것이다. 육당(六堂)의 「해(海)에게서 소년(少年)에게」라는 신체시(新體詩)에서 이야기된다. 그 시 자체는 시로서 크게 논의될 것도 아니지만 시대의식을 배경으로 한 자유시였다는 점에서 볼 때 오히려 과거의 정형시(定型詩)의 전통에 대한 반동(反動)이라 볼 것이며 서구의 경향이 들어온 것이었기 때문에 가사(歌辭)와 시조(時調)의 전통적 계승이 아니라 그 전통을 파괴하고 세계성 위에 섰다고 봄이 타당할 것이다.

본래 전통론(傳統論)은 엘리어트가 자기의 조국인 미국을 버리고

510

17세기의 형이상학적(形而上學的)인 시인인 존 단을 찾아 영국에 귀화(歸化)한 데서부터 시작된 것 같다. 그에게 있어서 영국이나 영국적인 것을 찾은 것이 전통이 아니라 존 단의 시에서 자기의 시의 전통을 찾았던 것이다. 과거의 영국 시인들이 존 단의 시를 전통으로 삼은 것도 아니었고 다만 엘리어트가 자기의 시의 의지할 원천(源泉)을 존 단의 시에서 찾은 것이다. 그러므로 우리는 너무 좁은 의미에서 민족의 호흡이나 생리에서만 전통을 볼 필요는 없을 것 같다. 과거에 한국 사람들이 지은 한시(漢詩)는 한국의 전통보다도 중국시(中國詩)의 영향을 많이 받았다. 하지만 거기에서 한국시의 전통이 상당히 생겼다고 볼 수 있다.

지금 세계는 과학과 기계의 결과에 의하여 한 민족이나 한 국가가 차지하는 영토가 좁은 것같이 되었고 시인들은 오히려 인류공감(人類共感)이라는 의식에서 한국을 포함한 세계의 어떤 시인에게서도 자기의 시와 같은 원천을 찾을 수 있다. 전통이라 하여 고정된 것도 아니요, 이미 발견된 그것만이 그 전부도 아니다. 현재 위대한 시인이면 미래의 어느 시기 또는 어떤 시인에게 전통이 될 수도 있다. 전통이란 반드시 민족은 아니다. 맨 처음 전통은 과연 어디서 왔을까? 혁명이 없는 민족에게는 혁명의 전통이 없다 하여 혁명이 못 일어날 것인가. 신시운동 이후 한국의 현대시는 우선 그 형식부터가 한국의 것이 아니었다. 어찌 보면 한국 안에보다 한국 밖에 있었다. 다시 말하면 세계시(世界時)의 영향하에 있었다. 동시에 시대의 필연적인 잡다한 내용에서 이루어지게 되었다.

낭만주의(浪漫主義), 상징주의(象徵主義), 퇴폐주의(頹廢主義), 다다이즘 등등의 요소가 들어온 것은 세계에서였다. 외래적인 것이 한국적인 것이 되었다. 나중의 사회주의적인 또는 프롤레타리아 시까지 합치면 한국의 20세기 시의 풍토는 세계적인 섭취에서 확대되었던 것이다.

그러나 대체로 한국의 현대시는 신시운동 초기 이후 오랫동안 낭만주의 시정신에 바탕을 두었던 것이다. 왜정(倭政)의 탄압 아래 있은 현실적인 비애가 자연히 흘러나오는 대로 눈물이 되었고 한숨이 되었고 호소가 되었던 것이다. 어찌 보면 원망스러운 심적(心的) 바탕 위에서 만물은 모두 다 서정적 애감(哀感)이 되었다. 만물은 여전히 무심한데 사랑만 슬퍼서 만상(萬象)에까지도 슬픈 베일을 씌워놓았던 것이다. 슬프지 않고 또 한숨과 눈물 없이 시가 될 것인가? 그런 심정에서 슬픈 상흔(傷痕)에의 도취가 멋이 있고 또 자위(自慰)였다. 해방 전까지 시는 거의 그런 일을 했다.

크게 보면 독자도 그런 의미에서 시를 읽었다. 시를 읽고 흐느끼지 않고는 만족하지 않았다. 그것이 오랫동안에 그만 인습(因習)이 되었다. 가슴으로 또는 손길로 만져 쉽게 아는 감동—그것이 시의 쾌락이었다. 그것은 쉽게 오고 쉽게 갔다. 정신 그 자체의 쾌락에서 오는 지속성(持續性)이나 또는 독자에게서 이루어지는 형성(形成)이라는 것이 거의 없었다. 만일 있었다면 밤낮 같은 소리에 만족될 수는 없었을 것이다. 『춘향전(春香傳)』의 눈물, 『장화홍련전(薔花紅蓮傳)』의 애원(哀怨), 또는 이 몸이 죽어 가서…… 그런 것들이 안이한 감상의 인습적 전통이 되어 독자에게는 그 눈물과 한숨이 쉽게 감염(感染)되어야 만족해한다. 게다가 조금만 힘들면 귀찮아한다. 새것을 좋아하지만 어려운 새것은 싫어한다.

그러던 중 6·25를 계기로 세계는 갑자기 다가왔다. 정말 세계를 이론으로써가 아니라 몸으로 체험하게 되었다. 세계가 제1차, 제2차에서 맛본 그 고통과 그 질환을 6·25로써 체득한 셈이다.

문학의 풍토, 시의 세계 속에도 짧은 시간에 세계의 사조(思潮)가 일시에 몰려들었고 또 한꺼번에 받아들이지 않을 수 없었다.

그래도 영원을 불빛과 라일락꽃과 향기(香氣)에서 찾는 상징 시인들이 있지만 그것이 길고 순수하고 아름답다 하여 20세기 후반기의 갖가지 고통을 겪는 우리의 영원은 될 수 없는 것이다. 옛날 사람에게는 옛날 영원이 있었을 것이다. 그러나 지금 사람은 지금 이 시대에서의 영원이 조성되어야 할 것이다. 사실 영원이니 무한(無限)이니 하는 것은 시의 본념(本念)같이 되어 있지만 알기 어려운 것들이다. 그것이 반드시 정해진 것이 아니지만 좋은 시대는 그 시대로서 그것을 감지(感知)하여 후세에 전한다.

F. R. 리비스는,

> 시가 중요한 의미를 가지는 것은 시인이 당대의 일반인보다 생명감이 넘쳐 흐르기 때문이며 시인은 말하자면 그 시대의 민족의 가장 예민(銳敏)한 의식이다.

라고 하면서 "시인의 시대정신의 성장(成長)이 싹트는 그 지점"이라고 하였다.

시의 진로가 시대의 급속한 변화에 따라 어떻게 될 것인가는 누구도 쉽게 결정할 수는 없는 것이다. 영원히 변하는 양상을 누가 한 시대에 서서 결정적으로 단정할 것인가.

그렇지만 타당성(妥當性)은 발견할 수 있을 것이다. 그 시대에 이루어지는 정신이나 의식 속에 우리의 생존이 있기 때문이다. 시인이 서는 '시점(視點)'과 그 시점에서의 '의식점(意識點)'을 시인은 마련해야 하는 것이다. 현실이 거기에서 포착되고 영원히 그 속에서 구현되는 데 그 시대가 있는 것이다. 영원은—불빛과 꽃과 향기 속에 있는 영원은 이미 오래되었다. 지금은 우리의 '삶' 속에서, 우리가 밟고 있는 그 흙덩이 속에서 하나의 '상(像)'으로 찾아져야 할 것이다. 그래서 오늘이 내일이 보존되어야 할 것이다. 잠시 이 세상에 와서 문패를 달았다가 가는 것이 아니라, 그 문패를 달고 산 생명감이 영원의 한 상(相)으로 살아야 될 것이 아닌가?

그러한 의미에서 현대의 젊은 한국의 시인들은 시대를 의식하는 것이다.

여기에 일일이 그 시론(詩論)들을 예(例)로 할 수도 없고 또 그 시편의 부분이 완성된 것은 아니나 과거의 테두리를 벗어난 언어의 구사, 이미지의 조성, 새로운 형식에의 시도와 조형(造型)을 새로 시험하고 있다.

그리하여 그 젊은 지성적인 시인들은 서로 동시대의 영향을 주고받으면서 어찌 보면 한 천재의 일을 모여서 하고 있는 것이다.

뚜렷한 천재— 대표적인 시인이 없지만 그것은 현대시의 한 동향이나마 제시하여 다음 세대를 준비하는 것이다.

그 결과가 과거의 독자에게 생소하고 또 난삽할 것이다. 다시 말하면 비시적(非詩的)인 경향까지 농후하기 때문이다. 개인의 심정의 고백(告白)에서 시가 떠나기 때문이기도 하다. 따라서 시는 시인에게서 유리(遊離)되면서 새로운 형태를 갖춘다.

이러한 경향에 대하여 영국의 시 편집가(編輯家)인 J. C. 스콰이어는 "20세기의 시는 쓸데없는 어슴푸레한 언어와는 달리 점차 굳건해져서 정기(正氣)에 돌아가는 경향"이라고 하면서 "뼈에 접근한다"고 하였다.

한국의 현대시가 진보하려면 종래의 흐물거리는 도취(陶醉)에서 좀 더 뼈에 접근하는 견고한 성품을 가지면서 시가 문학인 이상 모든 문학과 같이 전진하여야 할 것이며 옛날의 리듬에 사는 것으로 영원을 살아서는 안 될 것이다.

그렇게 함이 시를 전진시키는 것이요, 또 독자를 문학의 정신 속으

로 전진시키는 것이다. 이에 최근 10년간만 하더라도 한국의 시 독자
들은 시의 감상(鑑賞)에 있어서 상당히 혁신되었다고 볼 수 있다. 시
가 전진하는 것은 독자의 전진을 약속한다. 그런 점에서 본다견 시인
은 독자를 만든다. 시가 새롭다는 것은 독자를 새로운 리듬 속에 끌고
간다는 것이다.

끝으로 나는 영국의 시인 W. H. 오든의 시 한 편을 덧붙여 소개하
고자 한다.

랭보

밤, 철로의 아취, 나쁜
하늘 성가신 친구들이 모르는 일이다.
그렇지만 이 아이에게서 수사가(修辭家)의 거짓이
파이프처럼 터져서 추위가 시인을 만들었다.

서정적인 약한 친구들이 사온 술 때문에
그의 감관은 체계적으로 탈선되어
모든 인습적인 참언(讒言)은 끝났고
감금(監禁)의 약한 선율에서 발을 뺐다.

시는 귀의 특수한 병이었다.
완전(完全)으로로선 부족했다. 어릴 때의
지옥 같은 얘기였다. 다시 시작해야 한다.
그래서 아프리카로 말을 달리면서 꿈을 꾸었다.
새로운 자아(自我)와 아들과 기계공(機械工)에 대하여
거짓말쟁이들이 받아들일 진리에 대하여.

이 시를 여기 대의(大意)나마 인용한 것은 거기에는 아무런 감상도 나돌지 않기 때문이다. 또 거죽에 아무런 서정(抒情)도 나타내지 않고 있다. 서정이 있다면 밑바닥에 보이지 않게 깔려 있을 뿐이다. 그렇기 때문에 과거에 시가 즐겨 하던 감성적인 언어는 거의 쓰여지지 않고 있다.

시인 베를레느와 결별한 뒤에 반역적 천재 시인의 칭(稱)이 있던 랭보는 영원한 상처를 입었던지 아프리카로 양모(羊毛) 장사를 떠난다고 말을 타고 가버렸다. 열다섯 살에 집을 뛰어나온 랭보가 이 시에서 시인 오든의 비평정신(批評情神)에 의하여 분석되면서 랭보에 대한 관념이 내포되어 시로서 형성되고 있다. 어찌 보면 이것은 관념(觀念)이다. 시가 아니다. 그렇게 말할 사람이 있을는지 모르나 파악된 관념의 설명이 아니고 리듬을 이룰 수 있다는 사실도 잊어서는 안 된다. 새로운 운율(韻律)이 새로운 관념을 만든다고도 한다. 한 사람이 백 개의 정을 가질 수도 있으나 하나의 관념을 이룬다는 것은 결코 쉬운 일이 아니다. 이 세상에 무엇만이 꼭 시가 된다는 일정한 내용은 없다.

그런 범위를 가진 것이 과거의 시였고 또 감상에 젖은 관념인 것이었다. 달은 눈물과 한숨의 대상으로 만들어놓고 우리는 오랫동안 너무도 지루하게 그 속에 빠져서 한 달에 몇 번씩 인생을 영탄한 것이 시가 우리에게 준 감상(感傷)이 아니었던가? 시는 감상의 창조는 이미 아니다.

제4부

문학의 길, 비평가의 길

주체의 재건과 고발정신의 방향

평단 일 년의 총평!

대체 얼마나 거대한 총괄적 제목이냐? 많은 논객들이 제각기 이론을 가지고 이것을 논하고 저것을 평한 것을 어떻게 함부로 이러니저러니 단안을 내리고 시비를 해야 하나.

이러한 막다른 세대의 이러한 군색한 현실 속에서 사는 사람——더군다나 그 머릿속에 불안과 고민과 갈등이 수북이 들어찬 인텔리일수록 더욱 판단키 어렵지 않으냐?

거리를 걸으면 프로이트 박사의 정신분석 실험실에서 나오는 사람, 마르크스 연구 중에서 모럴의 재건을 꾀하는 사람, 지드의 응접실에서 휴머니즘을 논석하고 나오는 사람…… 모두 다 그 존재를 표시하고 주장하였으나 실상인즉 행동을 표시하고 주장하는 데는 그것이 모두 범행의 현실이 되어 오고 가는 것은 말뿐이었다.

그러므로 소피스트의 시대가 아니면서도 판단 작용이 중지되다시피 되었다.

중지보다는 차라리 사양되었다 할까. 그럴 수밖에 없다.

이론을 세우려면 행동 없는 것이 목전에 나타나고 남을 공격하려면 자기 자신의 약점이 곧 드러나니까.

그런데도 만나면 소감이 같은데 갈라지면 이론은 달라진다. 이것이 인생의 거죽이고 이론의 속이다.

이러하여 평단은 침묵의 문화보다 소란의 문화를 더 사랑했다. 무력한 자는 떠들어서 대중에게 자기 존재를 강요하고 인식시킨다. 우리가 글쓰는 일 이외에 무엇이 있으랴.

허나 그래도 엄연한 사실은 어쨌든 이모저모 뜯어서 글을 썼다는 것이다. 오직 남은 것은 쓰지 못한 말들뿐이다. 이것이 중요할 것인데 평단은 그 외곽에서 돌았다. 이것은 자타가 공인하는 마찬가지 사정이요, 처지다. 또한 어찌할 수 없는 현실적 환경이다.

그러한 가운데서도 한걸음 추진하려고 노력한 사람은 곧 김남천씨일 것이다. 주체의 재건과 모럴의 확립── 거기에서 논(論)을 세워 가지고 고발의 정신론에까지 미친 것이 곧 김남천씨의 문학론이다.

이 문학론은 곧 임화씨의 동의를 얻어 작년 본지 문예좌담 석상에서 중심 논제가 되었고 또한 금년까지 반복되었다. 문학상 또는 현실상 별로이 흥미 없는 것이 되었으나 김남천씨는 스스로 문제되리만큼 그것을 논두에 내걸어왔다. 그래서 어디까지든지 자기를 주장하여왔다. 실상인즉 김씨는 사상의 일면을 가졌고 평론의 일면을 가졌고 게다가 작가의 일면까지 가진, 말하자면 종합적 문단인인 만큼 나는 그에게 적지 않은 기대를 가지고 경청하여왔다.

그러나 대체 그 주체란 언제 것이며 어떻게 하여 붕괴되었으며 그때의 주체와 지금 재건하려는 주체는 어떻게 다르며 또한 확실히 그때의 주체는 허물어져서 없어졌는가 없어졌으면 이 현실에서 어떻게 해야 재건할 것인가 ── 여기에 대하여 안함광씨는 「조선 문학정신의 고찰」

이라는 논문 가운데서 그 이론이 무력함을 지적하였으나 그보다도 김 씨가 그 재건 방법론으로 고발의 정신론을 세워 가지고 그 고발되는 내용을 추락에서 취재한다는 것은 무슨 의미인지 모를 일이다.

그의 소설 「요지경(瑤池鏡)」에서 과거의 빛나는 운동자를 아편 중독자로 만들어 가지고 중독된 기생의 무릎에 쓰러지게 함으로 현실의 약간은 설명될지 모르나 또는 그러함으로 김씨가 가진 주체의 재건과 고발정신은 있어 보일지는 모르나, 이것은 결국 문학 자체로 보아서는 소극의 일언이요, 주체의 파괴요, 현실의 상실이요, 허무에의 길밖에는 아닐 것이다. 이것은 방법 문제가 아니고 의식문제이다.

작가에 있어서는 창작이 곧 이론이요, 한 번쯤 쓴 문학이론이면 그것을 위하여 적어도 십 년쯤 창작해야 할 것이다. 김씨는 결국 침묵하지 않기 위하여 과거의 문학적 실천에서 자기가 한 것을 물러 가지고 작품에서 주체를 잃고 이론에서만 주체를 세우려고 하고 있는 것이나 아닌가. 현실과 이론과 문학은 각각 어디로 가느냐. 모두 다 무력한 시대의 반영이 아닐 수 없다.

행동을 잃어버린 이론보다 차라리 환경의 캄캄한 우물 속에 빠졌다가 솟아나올 현실미 있는 문학을 우리는 요망하지 않느냐?

(동아일보, 1938년 11월 29일)

장편소설의 개조 논의

주체의 재건과 모럴의 확립과 고발정신이 마치 과거에 없던 크나큰 조선현대문학 사상론같이 심의되더니 그것이 과거 어떤 시대에 우리가 체득하고 경과한 사회과학적 문학의식 내지 거기에 입각한 문학이론의 십분지 일만 한 정도에도 못 미치고 또는 창작계에 아무런 영향도 남기지 못하고 다음으로 임화씨, 김남천씨가 들고 나선 것이 소설의 이념과, 장편소설 개조론이다.

문제를 제기한다는 것은 발전을 의미하는 점에서 가장 유익한 일이고, 또 이론상의 가장 중요한 일의 하나이다.

그래서 그 문제되는 것이 조선 문학의 가장 주류가 되다시피 되어 있는 소설이고 보니 여기에 많은 평론가들이 참가하지 않을 수 없다.

발표된 논평의 순서보다 위선 논문의 성질상 순서로 보아서 이원조씨의 「신문소설 분화론」을 보면 신문 장편소설에 대한 새로운 분석이 있다. 이 논문의 요점에 의하면 현재 장편소설 발표기관이라는 것이 신문임에도 불고(不顧)하고 작가는 흥미라는 것을 예술적 자독 행위

522

처럼 기피한다는 폐단과 다음으로 창작 태도에 있어서 신문 한 회분을 한 단편으로 삼아 그것이 집대성이 되어 어떠한 체계 있는 장편이 되어야 한다는 것을 말하였다.

소설 특히 장편소설에 있어서 '흥미(興味)'라는 것을 몹시 천하게 여겨오고 또 그것 때문에 문젯거리가 많이 생기는 것이나 그것을 조금 고쳐서 높은 쾌락을 주는 그러한 성질의 것이라면 이것은 문학의 본의 내지 소설의 발생으로 보아 그다지 몹쓸 것이 아닐 것으로 변호되겠으나, 한 회 한 회가 단편소설같이 되어 그 집대성된 예로 『루공마카르 총서』를 든다는 것은, 김남천씨가 가족사로 들어가고 연대적으로 들어가서 풍속에 대한 명확한 파악을 가지라는 것이나 비슷한 논결(論結)이 되겠으나, 원고지 팔구백으로 한 회의 단편소설이 되고 그것이 집대성되어 『루공마카르 총서』같이 된다는 것은 우리가 소설에 요구할 수는 있을지 몰라도 반드시 소설이 갈 길이라고는 보기 어렵다.

과거에도 그랬거니와 앞으로도 우리의 장편소설 발표기관이 신문 이외로 벗어질 수 없다 하더라도, 신문의 요구가 소설 형식의 전부는 못 될 것이다. 여기 이 논(論)에서 한 걸음 나아가 신문 장편이라는 개념을 떠나서 장편소설이 나아갈 길을 생각해본 논문으로 백철씨의 「종합문학의 건설과 장편소설의 현재와 장래」가 있다.

김남천씨가 논의가 분명치 못하다고 하였음에도 불고(不顧)하고 조선 장편소설의 정체와 새로운 형식을 휘구(揮究)하기 위하여 씨는 그 노력한 자취를 논단에 보이고 있다.

그의 말에 의하면 조선 문학으로서의 장편소설은 "그것이 발생하고 발전될 만한 그 전신의 전통적인 것을 자기 문학 위에 가지지 못하고 나아가서는 사회적으로 정상적인 발전을 가질 만한 배경을 가지지 못했다"는 것이니 이것은 비단 소설뿐 아니라 다른 문학 형식에 있어서도 그러한 감이 있다.

다시 말하면 문학이라는 것은 그 사회의 풍속이나 제도와 함께 그 내용과 형식이 달라지는 것이나 조선 사회는 그 발전하는 상이 자연치를 못해서 문학은 그 사회의 제반 형식에 불쾌와 불만을 가지고 자기대로 혹시는 되는 대로 나아가려고 한 데 있다.

어느 시대나 사회를 불구하고 문화가 있는 곳에 전통이 있음이 아니나 그것이 왜곡되어감으로 인하여 문학을 지도할 만한 능력과 가치가 없어졌다. 여기에 조선 장편소설이 일률적으로 커다란 변함없는 스토리 문학이 되고 만 원인이었다.

그러면 이야기로 내려온 소설은 앞으로 어떻게 변형되어야 현대의 성격을 가진 장편소설이 될 것인가.

씨의 해답을 빌면 그것은 어떠한 문학정신을 가지고 이상과 현실에 대한 조화가 있어야 하겠고 형식으로는 재래의 단순한 스토리의 구성보다 한 걸음 더 나아가서 "시와 단편과 희곡과 수필과 일기와 논문까지가 합류되어 일체"를 이루어야 하는 동시에 영화적 수법까지 넣어야 할 것이라고 하였으니 이것은 소설의 대이상이요, 대야망이며 또 현재에 불란서의 지드나 영국의 헉슬리 같은 작가들이 소설로 얘기하려 하지 않고 소설로 사유하려 하며 과거의 형식을 깨뜨리고 무형식의 형식을 취하는 수법을 취하는 데서 생긴 새로운 한 개의 소설 도(道)도 되나, 그것은 소설이라는 것이 어떤 시적 정신에 고조될 때에 거기에 산문적 요소를 필요로 하는 경우요, 과연 소설이라는 시민문학형식이 그러한 난해한 형식만을 이상하며 또 소설을 제외한 모든 문학 형식이 소설을 이상하여 거기에 합류되며 그 부분이 될 것인가, 또 그렇게 될 소설은 문학으로서 전능한 것이어야 할 것이다. 하나 이러한 씨의 제안은 소설을 가장 진지하게 생각하는 자로서 충분한 현대적 이유를 가지고 있다고는 볼 수 있다. 필경 소설의 한 형식은 그렇게 되고 있으며 또 그렇게 될 일부의 요구도 있을 것이나 이것은 소설다운 소설보다 오

히려 시민을 떠난 소설답지 않은 소설이 되어 그 강렬한 문학정신으로
존재를 주장할 것이다.

(동아일보, 1938년 11월 30일)

세태소설과 내성소설 논의
──임, 김 양씨의 장편소설론을 중심으로

장편소설론이 이렇게 대두되는 가운데서 현대 조선 장편소설에 대하여 커다란 불안과 불만을 가지고 그 현상과 구제책을 연구하여 허다한 논문을 발표한 이로 임화씨의 '세태소설'에 관한 것과 김남천씨의 장편소설의 이념과 로망 개조에 관한 것들이 있다.

○○○○ 되어 게재되는 임화씨의 논문과 김남천씨의 논문은 과거의 사상성에서 한걸음 내려와 극히 통속인 것에 과학적 표현을 주려는 의도가 많아서 임화 씨는 '세태'라는 문구를 많이 썼고 김남천씨는 풍속이라는 문구까지를 논하여 문학, 특히 소설이 취하여야 할 풍속에 지극히 어려운 해석까지를 주었다.

이제 임화씨의 논지를 찾아보면 첫째 그는 소설을 세태소설과 내성소설 두 가지로 분류해놓고 내성소설 아닌 모든 세태소설은 그 구조가 모두 "합리적이 아니고 내적 필연성"에 의하지 않았고 따라서 "비장편적인 것을 억지로 구성했거나 허위로 구성했거나 비예술적으로 구성한 것"이라고 간파하였고, 둘째로 현실을 사실주의로 묘사하려면 작가의 이상이 살지 못하고 현실을 낭만주의로서 묘사하려면 현실은 잃어지고 이상만 살게 된다고 하였고, 셋째로는 이러한 소설 현상에서 정말 소설을 만들어내려면 작가는 고전적인 것 좀더 본격소설의 길을 취해야 하겠다고 하였다.

여기서 보면 임화씨의 불만은 필경 신문소설에서 왔을 것이요, 또 오늘 조선 소설이 너무도 이야기의 구성에만 노력하여 희생되는 점도 있겠으나, 그렇다고 그것이 억지고 허위고 비예술이라고 일언지하에 선고해버려도 좋을 것인지, 그렇다면 우리는 그 허다한 세태소설을 하루의 온돌을 덥히기 위하여 한 부엌에 넣음이 오히려 좋겠다는 폭론(暴論)도 두려움 없이 내릴 수 있지 않을까.

나는 임화씨의 예술로서의 소설에 대한 의향을 잘 이해하면서도 결국 임화씨는 소설에의 이상 때문에 현소설단(現小說壇)을 갑자기 과소평가(過少評價)하는 듯이 생각된다.

다음으로 사실주의로서는 현실은 묘사되어도 이상이 살지 못하고 낭만주의로서는 이상은 살아도 현실이 없다는 말은 그러면 가장 과학적이고 진리를 탐구하기에는 사실주의밖에는 없다던 그 사실주의 이론은 그야말로 이론을 위한 날조였던가. 또 낭만주의에는 이상은 있어도 현실이 상실되었다는 것은 어디서 오는 낭만주의 문학론일까.

반동이라는 말을 피하여 좀더 좋은 말로 표현한다면 자연주의는 낭만주의의 결함된 요소에 대한 현실에 즉하려는 일 이상이었고 사실주의는 그 과학적 진전에의 일 이상이었다. 현실은 어디나 있었고 또 이상도 어디나 있었다. 오직 그 추구하는 방법이 달랐을 뿐이다.

작가가 현실에 대한 이상이 조금도 없다면 쓰레기통은 모두 다 그 이상 더 없는 빈한 문학(貧寒文學)의 내용이 있을 것이고 종로 네거리는 모두 다 형상화되지 않은 사실주의 문학일 것이다.

이렇게 따져놓고 보면 임화씨의 문학정신은 심리주의—소위 내성주의 혹은 고전주의로 가야 할 터이니 이것은 현대 민중이 가져야 할 시민 문학인 소설이 그 민중성을 잃어버리게 되지 않을까.

임화씨는 어찌 보면 현대 조선 장편소설을 개조하기 위하여 부정의 태도를 세워 논(論)의 입장을 잡은 것 같다.

여기에서 김남천씨는 세태와 풍속과 문학의 실행을 말하고 세태소설이 갈 바를 지시하되 "풍속은 사상적인 본질을 가지는 것"으로 "이렇게 평가된 풍속을 갖고 가족사와 연대기로 들어가야 한다"는 것이며 그렇게 되면 "우리 작가가 협착하게밖에 살펴보지 못하던 넓은 전형적 정황의 묘사가 가능할 수 있으리라 생각되고 다시 연대기로서 파악하자는 것은 우리의 정황의 묘사를 전형화하고 그 묘사의 핵심에 치밀한 합리성과 과학적 정신을 보호하겠다는 것이다.

이론이 있어 세계의 소설이 발생되었고 발전된 것만도 아니요, 소설이 없이 소설사가 있은 일도 없을 것이요, 또 소설사가 없이 소설론이 있을 리도 만무하거니와, 대체로만 개조의 이론으로 사상 있는 풍속을 들고 가족사를 들고 연대기까지 들었으니 비록 졸라의 『루공마카르 총서』 같은 소설이 있고 골즈워디의 『포사이트가의 가족사』 같은 소설이 있다 하더라도 그것은 반드시 독자의 가질 소설이기보다 사회사가 가질 소설이다.

서정시가 시의 정통이라고 한다면 소설의 정통은 얘기일 것이다. 오직 소설이라는 시민적 얘기체의 문학이 좀 문화적 의의를 가지려면 고도의 문화의식이 그 속에 반영되어야 하겠다는 것은 모르거니와 대체 김씨의 이론대로의 소설이 있다면 조선서 독자는 누가 될 것이며 작자는 누가 될 것인가? 독자 운운하면 천한 문학 같으나 소설은 독자의 제한을 받는다.

독자 없는 문학의 성립으로는 시를 들 수 있으나 소설은 들 수 없다. 소설은 생활의 얘기요, 시는 생활의 정신인 까닭이다.

528

여기서 차라리 한설야씨는 '장편소설의 방향과 작가'라는 데서 현재 통속소설이 가지는 '자미(滋味)'를 좀더 문학적으로 높이라 하였고 '얘기'와 '로망'의 구별을 하였고, '로망'이 가질 지도성이나 어발성(語發性) 같은 것을 논하였으니 여기에 오히려 오늘 우리 장편소설의 결함에 대한 보충이 있지 않을까?

(동아일보, 1938년 12월 3일)

문제의 귀결은 작가의 예술성 파악
──세태소설과 내성소설 논의

그러나 나의 생각으로는 무엇보다도 작가가 좀더 예술가가 되어야한다는 일언(一言)으로 진(盡)한다. 문학이 될 현실도 있고 내용도 다 있다. 문학의 내용은 별것이 아니다. 형을 죽이고 형수를 꾀어 아내로 삼아서 그 조카 햄릿이 고민한다. 이것이 『햄릿』이다. 모파상의 『여자의 일생』은 한 인생의 성욕적 기록이다. 『레미제라블』은 도적질하고 또 도적질한다. 몹시 가난하면서도 높은 인간성이 있었다. 이런 통속──이것이 왜 만고의 문학이 되느냐? 모든 소재는 거진 동일한 가치를 가진다. 오직 그것을 살리고 죽이는 것은 예술성이다. 이 비밀을 뚫는 자가 대예술가다.

그네들은 이론으로 된 것이 아니다. 오늘의 장편소설은 예술성이 부족하다. 이것뿐이다. 그 취급된 내용은 다 현실적 가치가 있지 않느냐? 『레미제라블』『카튜샤』『햄릿』의 내용만 못하지 않으나 예술적 표상이 부족하다. 대예술성을 파악하는 이외에 작품을 만드는 이론은 없을 것이다.

오늘 조선 논단(朝鮮論壇)에는 작품 내용이나 구성에 대한 법률조문 같은 비문학적 논문이 너무 많다.

프롤레타리아 문학운동 십 년에 이기영씨가 나왔다. 일찍이 임화씨(林和氏)는 작가 이기영씨를 우상처럼 예찬하던 붓을 돌려 그 문학을 비난하니 그러면 임화씨의 이론은 작가 이기영을 어떻게 개조 혹은 재조(再造)할 것인가?

오직 소설뿐만 아니라 조선 문학의 장래는 이론이 가지고 있는 것이 아니다. 이론은 세계의 것이 다 들어와 있다. 문학보다 이론이 너무 변절하기 때문에 이론이 작품화하기 전에 이론은 또 다른 데로 달음질친다.

우리는 이론을 부정하는 자는 아니다. 그러나 우리는 이론의 범람을 경계할 필요는 있을 것 같다. 어찌 보면 한 사람에게서 나오는 이론이 너무도 많다.

그러므로 현대 조선 장편소설가에게 한 가지 요망(要望)할 것이 있다면 우리는 과거에 있어서 자연주의(自然主義)와 사실주의(寫實主義)를 너무도 단순하게 수입한 결과로 우리가 소설에서 취급한 인생과 생활은 너무도 순화된 인간성에의 이상이 적었다.

여기에 있어서 나는 최근 이광수씨의 『사랑』이라는 소설을 읽는 가운데서 작자가 좀더 인간의 숭고한 정신을 표현하려는 의도를 발견하였다. 동물의 피와 인간의 피를 시험관 속에 넣고 그 동일한 붉은 두 피 가운데 숨은 침묵한 암흑과 침묵한 광명을 직관하여 그 피의 실험으로 작품 가운데 인물의 성격을 설명하여 인류의 정신사에 미치는 피의 윤리를 사고하며 "자기를 희생하는 사랑"의 정신을 세우려는 그것이 비록 사십 이후에 오는 소설이라 할지라도 작자가 '스피리트'를 세우려고 노력하는 데 경의를 느꼈다.

춘원은 자기의 도덕과 철학을 세우려고 작품을 부질없는 데로 끌고 가면서까지 현대의 생리에 불만하는 이상(理想)을 가지고 썼다. 인간의 본능을 굽혔다는 데서 김남천씨의 '인간성의 유린'이라는 평을 받았으나 과거의 자연주의와 사실주의 문학에서 우리가 받은 생리적 충동에 비하면 이것은 인간성을 고결하게 하려는 의도만 하여도 훌륭한 것이다.

그 성정을 억제하려는 것이 본능에의 유린이라면 너무도 본능에 충실하다는 것은 오히려 인간성의 추락일 것이다.

그러므로 오늘의 우리의 장편소설은 우리의 모든 생활 양상을 그리는 가운데서 그것이 비록 암흑일지라도 그 속에 인생과 생활성을 위한 계발과 경이가 있고 아름다움과 사랑함이 있고 산문이면서 시정신이 있어야 할 것이다.

이것은 낭만주의 정신은 물론 사실주의 정신에도 있을 수 있는 것이요, 또한 그래야 우리가 생활의 한 부분으로서 문학을 읽는 쾌락이 있을 것이다.

다음으로 내성소설 문제(內省小說 問題)가 남았지만 나는 이 '내성소설'이라는 말이 너무 막연하고 그다지 의미의 요점을 가르치지 못하는 것 같기에 그냥 재래식으로 심리주의 소설(心理主義 小說)이라고 하고 싶거니와 장편소설의 길을 개척하는데 이것을 조선서 논하는 것은 이미 백철씨도 말한 바와 같이 작가의 교양으로 본다든지 독자의 수준으로 본다든지 도저히 가능치 못한 일이요, 가령 심리주의 문학론이 중심으로 한 조이스의 『율리시스』를, 또는 버지니아 울프의 소설을 읽어보면 그것은 조선의 작가와 평가(評家)라는 우리가 읽어서도 그 약 삼분의 일은 알기 어렵고 또 그것은 순전히 산문화된 시문학에서 나온 것이다.

우리는 현재에 있어서는 그러한 문학 그러한 소설 형식이 세계에 있다는 것을 말할 것뿐이지 철없이 조선 장편소설의 나갈 길을 거기에 구하거나 또는 누구누구의 작품이 그러한 주의의 것이라고 열거한다면 이 것은 힘있는 작가에게 추어서 큰 짐을 지워놓는 격에 불과하며 또 외국 에서 보면 문학이론에 그 순서가 있어 심리주의 소설(心理主義 小說) 이라는 것이 사실주의가 외면의 세계를 그리는 데만 시종(始終)하기 에 거기에 대한 불만으로 아직 표현되지 않은 잠재의식을 한 실재의 세 계로 보는 데서 나타난 문학인데 우리는 사실주의도 완성하지 못한 채 이론만이 수북이 들어와서 이런 것까지를 들고 논하나 그런 의미에서 소설— 더욱 장편소설을 꾸미려면 위선(爲先) 무엇보담도 그 주인공 을 현실 생활의 어디서 찾을 것인가 사상이나 이론이나 혹은 어떤 학설 을 문학이 자기세계에 담으려면 그것이 사회의 전체 혹은 어떠한 부분 에 침투되어 일상생활의 양상으로 나타날 때에 비로소 표상화 되는 것 이다.

이 점에서만 보아도 조선 문단에는 문학화될 수 없는 이론이 이론만 을 위하여 형성되어 있는 것 같은 감이 난다.

그러므로 오늘 우리의 소설은 허다한 조류가 연상된다 하더라도 대 중소설(大衆小說) 내지 통속소설(通俗小說)의 예술화에 그 주류가 있 을 것이요, 그 좌우에 순수소설(純粹小說), 심리소설(心理小說) 등이 광채 있는 빛깔로 특수한 독자의 층을 가지며 나아갈 것이 아닌가 한 다. 실상인즉 모든 본격소설은 가장 통속화된 내용에 가장 우수한 예 술과 광성(光成)된 형식을 준 것이니 모든 위대한 소설은 모두 다 그 러하다.

(동아일보, 1938년 12월 4일)

지성 옹호와 비평정신 등
——세태소설(世態小說)과 내성논의(內省論議)

주체의 재건론이라든지 장편소설론 이외에 금년 논단에는 백철씨의 지식계급이 문화를 감수하는 예지와 관대성에 관한 것이라든지, 또는 신남철씨의 「문학과 사상의 문제」라든지 혹은 김문집씨의 「비평의 예술적 우월감」이라든지 한식씨의 「개성 확립과 독창의 문학」 등 이외에 신인으로서 이서향(李曙鄕), 김영수(金永壽), 이운곡(李雲谷) 제씨의 논평이 있었고, 이보다도 이론의 중심을 잡아 가지고 많이 논의된 것이 '지성' 문제다. 여기 대해서는 물론 최재서씨의 평론집 『문학과 지성』이 출판되었고, 다음으로 윤규섭(尹圭涉)씨 김오성(金午星)씨의 지성론도 있었고, 그보다도 안함광(安含光)씨의 「지성의 자율성 문제」와 서인식(徐寅植)씨의 「지성의 시대적 성격」이 주목되는 가운데서도 특히 잡지 『비판』에서 조선 문화 전통과 지성의 유무 급(及) 그 옹호 지성에 관하여 철학, 사상, 문학의 각 방면 인사 14, 5씨의 집필을 빌어 논의되었다.

그러나 이 '지성'이라는 것이 이렇게 갑자기 작금 문젯거리가 되는 것은 아마도 시대의 급격한 변전으로 말미암아 지식계급이 사물을 정당하게 사고할 지적 성능의 자유가 위기에 박도(迫到)한 까닭인 것 같다.

더욱 문학에 있어서 그것이 문제됨은, 문학이라는 것이 문학의식이 가장 고도화한 것임에도 불구하고, 좀더 양심적으로 현실을 사유하기 곤란하게 되었다는 데 그 이유가 있지 않을까.

문학뿐만 아니라 문화에 있어서도 과거에 우리에게 전혀 지성이 없은 바 아니요, 더욱 근대 사회과학의 물결이 밀려온 데 따라 모든 문학은 현실을 적극적으로 비판하고 사고하고 개조하려고까지 하였은즉 여기에 어찌 지성이 없었겠고, 또 오늘 부르짖는 지성쯤은 실상은 자기무력(自己無力)에서 나온 것밖에는 안 될 것 같다.

가령 가장 지성이었고 그 선구 작품격쯤 되는 헉슬리의 『연애 쌍곡선』을 읽으면 거기에 나타난 지성이란 과거의 사회주의 문학이 가진 지적 비판력에 비하면 과도기에 있는 인텔리 작가가 사유의 향락을 좀더 진지하게 하는 데 지나지 못하는 감이 난다.

연애와 생활을 사유해본다. 아내의 뱃속에 든 아이에의 경이—장래음악도 들을 것이고 천문학도 연구할 것이라는 생각, 또는 노동자를 보면 이론적으로는 노동당에 가담하면서 생활의 접촉으로는 부르주아 취미에 영합되는 기분, 또는 노동자의 악취를 맡고 과거에 빈한한 병자의 침상에서 맡던 취기(臭氣)를 연상하는 것—이런 것으로 『연애 쌍곡선』이라는 작품이 출발될 때 그 지능이 퍽도 고급적이고 인텔리적이어서 버나드 쇼 옹(翁)의 풍자적 지성보다 더 지적 흥미가 있으나 자꾸 파고 보면 지성의 궁극은 패배이거나 회의에 빠지는 것이니 헉슬리 자신이 갈 길을 제시하기보다 명철한 머리로 부닥치는 대로 사고하고 감수해보았을 뿐이다.

근대철학의 조(祖)라고 거진 할 만한 데카르트까지도 결국은 사고

를 통하여 모든 것을 해석하려다가 끝끝내 기계론(機械論)에 빠지게
되지 않았는가.

더군다나 이 지성이라는 것을 문학 창작에 적용하려 할 때 실상 나
의 시에도 지성이 있다고 하나 내가 지성을 넘어서 시를 어떻게 창작했
는가 함에는 나도 말하기 어려운 일이요, 또 지성으로 시를 만든다는
것도 어려운 일 같다.

생각하고 보면 지성이란 문화를 보존하고 문화를 창조(創造)하려는
데 있어서의 한 기본적 성능일 뿐이지 가령 그 사람 혹은 그 논문에 지
성이 있다는 것으로만 무슨 큰 의미가 있고, 굉장한 가치가 있으랴. 또
대(對) 사회적으로 보더라도 과거의 모든 견고한 사회의식은 물론 지
성 위에 있었고 그것조차 지금 무력하여졌으니 그러한 의미에서 지성
이라는 것이 오늘 문제되는 것일 것 같다. 더구나 그 지성이 행동할
대상에 대해서는 아무도 뚜렷하게 내어걸지 않고 오직 과학적이니 철
학적이니 어려운 학문이나 추상론 속에서만 말하는 것을 보아도 알 수
있다.

이상에서 나는 자기의 빈곤을 폭로시키면서라도 일 년간에 일어난
논단의 이모저모를 뜯어보았다. 적어도 이것은 며칠 동안을 소비하며
동아 조선 양대 신문 학예면 이십여 축과 『조광』 등을 뒤져 본 결과다.

그 속에 수많은 평론이 파묻혀 지나간 신문의 하루와 같이 엎드려
있는 것을 볼 때 나는 감개무량함을 금치 못하는 동시에 다른 한편으로
는 읽는 평론, 읽는 이론마다가 대부분 지난하고 난삽하고 별로 독자
성이 있어 보이지 않고, 또 너무도 실력에 넘치는 내용을 담으려는 것
같고 그 논고(論考)하는 밑에 어축한 시적 정신의 고양이 없는 것같이
느껴졌다. 비평은 위대한 시정신을 요구한다. 시가 없는 문학이 없으
며 시정신이 없는 산문정신도 없다. 모든 위대한 비평가는 소설가보다
시인을 연구했다. 그러므로 비평가를 살린 것은 소설가보다 시인이었

536

다. 소설은 일상의 얘기체요, 시는 사상의 최고 직감이었다.

왜 조선 평론가들은 작가의 뒷걱정만 일삼는지 모르겠다. 그러므로 지면을 소비한 데 비하면 정신이 남지 못한다.

조선의 평론가처럼 소설과 친하고 이론과 친하면서 시와 떨어진 평론가는 없을 것이다.

이리하여 시는 소설가와도 평론가와도 멀어졌고 시민과도 멀어졌고 시인만이 가지려는 독립된 예술이 되었다.

그러나 시가 고립된 사회에서는 문학다운 문학은 나오지 못할 것이다.

우주의 영상과 진리는 시인의 가슴에서 직관되어 사상가의 머리에서 사고되고 그것이 일상생활화한 다음에 소설에 담긴다. 그럼에도 불구하고, 평론가는 이 소설에만 왜 뒷걱정을 하고 있는 것인가.

이러한 결과로 조선 문단에서는 작가보다 평론가의 지위가 낮은 것이 아닐까.

비평정신은 언제나 시정신에 동경하여야 할 것이다.

이 정신이 우리의 평단에 부족하였다.

그러한 가운데서 세모(歲暮)에 김문집씨의 『비평문학』이 재래의 평론 형을 깨치고 나왔다. 대부분의 평론가는 사상가 같은 억센 이론을 쓴 데 비하면 문집은 시의 직관력을 가진 수필 같은 문학으로 평론을 썼다. 사상가가 '로직'을 꾸밀 때 평인(評人)은 '에세이'를 쓴다면 문집의 평론집은 장단(長短)을 그냥 통틀어 내어놓은 인(人), 즉 문(文), 즉 평론의 예를 만들었다.

(동아일보, 1938년 12월 6일)

비평현상의 부진

근래 조선 문단에 있어서의 비평적 상투어는 문단의 침체 문학의 빈곤이다. 그 가운데서도 비평의 부진이라는 말이 자타를 물론하고 거진 움직일 수 없는 일 견해처럼 되어 있다.

×　　×

그러면 부진되었다는 그 기준은 어디서 설정되는가?

조선 문단의 비평적 현상이 가장 왕성되고 활발한 것은 과거 프롤레타리아 문학운동 전성시대이었다. 그들은 새로운 사회 이상에 불탔다. 목적의식에서 명확히 계획된 바 새로운 사회의 건설을 위하여 문학 여부없이 투지로 일관되었다.

그러므로 문학사의 이론적 입장에 있어서나 문학 비평의 실제적 방면에 있어서나 공히 일종의 전시상태에 처하여 있었다. 투쟁대상의 본질을 세계의 대조류가 선언해놓은 바에 의하여 그들의 투쟁적 이론과 비평에는 또한 정열과 생명력이 충만하였었다. 거기에 비하면 오늘의 비평계는 자못 평온적 상태에 있으므로 인하여 실재 이상으로 침체한 기분을 준다.

그러나 그 정치적 의식에서 출발된 문학비평적 투지는 결국 소비에트가 밟아온 이유로 말미암아 그대로 정책적 공식적 권위주의에 흐르고 말았다. 여기에 문학의 자유성이 재인식되었고 작가의 개성이 재요구되었다. 문학은 강령적 관념으로 제작될 수 없고 작가는 그것에 창작 행동을 구속시키고는 도저히 문학다운 문학을 생산할 수 없었던 까닭이다. 여기에 일반으로 사회적 정치적 색채가 농후한 조선의 작가임에도 불구하고 그 강령적 기계주의적 비평가와의 갈등이 개시되게 되었다. 그리하여 비평은 작가의 신임을 잃었다.

×　　　×

다음으로는 해외문학파의 비평이다. 이것은 문학의 정통적이고 치밀한 이론으로서 나타난 문학의 지적 수준에의 일 비약이었다. 그리하여 문단 내외가 그들을 일약 중시함으로써 그들의 문학이론과 혹은 비평 혹은 그 외의 문학 행동에 대하여 평의 입장을 가지지 않은 자 거진 없으리만큼 뚜렷하였다. 어찌 보면 주위는 적이었다. 편협한 환경이었다. 그들은 문학이 슬로건으로 지배될 바로 그때 문학의 개성 창작의 자유성을 부르짖으면서 그 지식을 세계에서 구하는 하나의 국제주의적 입장을 가졌다. 세계 문학의 풍요한 원야에서 자라온 그들에게는 조선의 문학 현실은 너무도 빈곤하며 혼탁하였다. 그들은 사양 없이 그것을 말하였다. 어찌 보면 '세계문학주의자'와도 같아서 마치 조선 문학을 도외시하는 관을 이루기 쉬웠다. 속박된 문학의 개성, 창작의 자유성을 해방시키려는 점에서 작가와 일치되어야 할 것이면서 그들 창작가에게서 제작된 조선 문학을 등한시하는 듯이 보인 이유로 감정의 갈등이 자연스러이 개재되기 시작하였다.

여기에서 조선의 작가는 비평가에 대하여 완전히 애착을 스스로 가지지 못하게 되었다.

이 소원한 분위기를 간파한 모지(某紙)가 비평가에 대한 작가 제씨의 의견을 말하게 하였을 때 공식적 당파적 혹은 창작에의 무이해 등을 운위하여 소위 비평 무용의 장황한 황설까지 대두하였다. 그후 작가는 여전히 창작했고 비평가는 여전치 못했다. 거기에는 조선의 저널리즘이 가진, 역시 비평에 대한 염증을 포함하여 계산하여야 할 것이다. 그야말로 근래의 조선의 저널리즘은 비평을 하나의 문학으로서 발전시키려는 의도를 보여준 일이 거진 없다. 독자가 난해에 걸리기 쉽고 또한 흥미를 잃기 쉬운 까닭일 것이다.

그러나 그보다도 일에는 조선 작가의 비평에 대한 과오된 인식이다. 비평은 창작에의 변설이라거니 비평가란 창작 불능자라거니 하는 것이 오늘의 작가의 가진 바 유행적 인식이다. 그러나 현재 우리에게 공인되는 바 비평가란 결코 작가가 생각하다시피 그런 평이한 문학의 광범한 질량과 섭취에 있어서 또는 그 이론적 구성에 있어서 작가가 급(及)치 못할 면을 가지고 있음이 사실이 아니냐.

그렇지만 오늘의 우리는 독자를 고려하더라도 비평에 불리한 시대에 있으며 객관적 환경 자신으로 보아도 불리한 처지에 있다. 모든 문학 예술이 그러하지만 그중에서도 비평이 그 정신에 있어서 건전한 행동을 하려면 대상에 부딪치는 그 정신이 자유로운 발전을 요구한다. 비평이란 단순히 창작 그 자신에 국한되어 행동하기보다 오히려 광범한 사회의 실상과 그 조류에 보다 더 본능과 충동을 가지는 까닭이다.

그러나 이 본능과 충동은 현재에 있어서는 일종의 고뇌와 번민 속에 빠지고 있는 듯이 보인다. 비평은 항상 투쟁되는 정신적 대상을 명확히 가지고 있다. 이 대상이 명확함에도 불구하고 오늘의 비평은 현실적 암류에 빠지고 있다. 거기서 비평의 발랄한 생명력과 의지를 발표시키지 못하므로 오늘의 비평계는 그 문학적 질적 향상에 있어서 과거에 없는 노력을 하면서 성황을 이루지 못하는 이유가 있다. 여기에 또한 소위 작가의 비평이라는 것이 유행되는 현실이 있지만 역시 비평문학의 건설에는 비평가의 손을 거쳐야 할 것이며 그 점에서 보면 현재의 저널리즘은 오히려 문외의 변설에 치중하는 경향이 보인다.

(동아일보, 1935년 9월 28일)

비평정신의 수립

어떤 비평가의 말을 빌면 "참으로 비평의 붓을 들기 싫다. 왜 그런 가 하면 만일 작품의 약점을 들춰내면 작자는 고의같이 생각하여 어떠한 감정적 갈등을 가지며 만일 어떠한 작품을 찬상(讚賞)한다면 무슨 정실관계나 있는가 곡해하며 더군다나 식면(識面)의 처지에서는 비평의 곤란을 아니 느낄 수 없다. 비평이란 적을 만드는 일 같다고 한다.

이것은 별로 신기로운 이야기는 아니나, 세밀히 검토치 않더라도 현재 비평계의 소식을 요약한 일면의 내용은 된다고 할 수 있을 것 같다.

실로 생각하여보면 비평가에 따라 어떠한 작품은 걸작에서 태작으로 혹은 태작에서 일약 걸작으로 가치가 상하하는 경우가 일도 아니고 이도 아니다. 물론 거기에는 시대상의 다양성에서 오는 일면의 이유도 없음은 아니다. 시대적으로 심각한 사조와 사유의 별이 있어서 그렇다면 차라리 다행한 일일 것이다. 그러나 그것은 오늘까지의 경험을 보면 주로 허다한 논쟁을 통한 편견의 소치였다고도 볼 수 있다. 그로 말미암아 비평의 임무가 망각되어지며 비평상 제문제가 항상 개인적 감정의 범주를 벗어나지 못하여 결과로서는 유위(有爲)한 비평가까지 영향되는 바 적지 않다. 따라서 기다(幾多)의 비평가가 설왕설래하여서도 일가견의 권위라는 것이 서지 못하고 결국은 창작의 부수물적 존재에 불과하는 듯한 관(觀)을 정(呈)하고 있다.

대체 비평이란 단순히 창작품의 가치와 위상을 말하기 위하여 발생된 것인가? 물론 문예비평인 이상 비평적 본능이 문예작품을 대상으로 작용할 것이겠지만 비평 그 자체가 결코 하나하나의 작품 거기에만 그 직능이 국한된 것은 아닐 것이다.

우리 비평적 관념은 너무도 협의에 속하고 있다. 매월 나오는 기개(幾個)의 작품이나 수필 소설류를 평함으로써 일 비평가로서의 지위가 확보되고 그 직능이 완료된다면 이는 너무도 안일에 수(隨)한 일이 아닐까? 비평의 직능이란 한 편의 작품을 들어 그 기교와 구성과 내용을 분석하고 감상하여 환기된 감정을 평가함으로써 그 성불성을 독자 앞에 판단하여 광고함으로만 시종함은 아닐 것 같다. 그렇다고 월평적 역할의 의의를 전연 몰각해버림은 아니다. 물론 일 창작물을 검토하여 사소한 문제일지라도 보편적 흥미에까지 추진하여 문단 내지 일반적 주의를 환기함도 훌륭한 일에는 틀림이 없을 것이다. 그렇다고 비평은 작품 해설의 영역에서 종료되는 가치는 아니다. 비록 작품에서 시작된다 하더라도 그것은 항상 작품을 떠나서의 가치를 창조하려 한다. 이는 시가 개성에서 출발하여 개성을 피함과 마찬가지일 것이다. 이 점에서 보면 현재에 있어서의 문예비평의 현상은 작품 월평에 불과하되 그 이외의 비평으로서의 광활한 세계를 잠깐 잊어버리고 있지나 않는──.

×　　　×

　현대는 그 사조와 사유에 있어서 실로 다기하고 다면하다. 우리의 문학은 문단 체내에서만 하여도 세계 사조의 교류가 축쇄되어 시시로 부절한 영향을 주고 있다. 또한 이미 H. G. 웰즈는 「윌리엄 크리솔드의 세계」에서 비평공화국의 미래를 제시하지 않는가? 하나의 사상의 면일지라도 그제는 갑, 어제는 을, 오늘은 병으로 그 색과 그 향을 달리한다. 더군다나 민감한 문학세계에 있어서 그렇지 않은가.

　여기에 있어서 문단 즉 문예사회의 지도적 입장(이것은 현대 문학운동에 있어서 부정할 수 없다)을 가진 문예비평가의 위치란 중대한 것으로 인식된다. 그러므로 현대성에 있어서의 비평가란 계통적 지식과 사상적 탐구력을 광대한 문학사의 세계에서 배워야 하겠고 거기에서 기초된 심미적 의식으로써 명백히 성취될 바 문학에의 진로를 일 문명비평가의 예지를 가지고 계시하여야 할 것이다. 또한 거기서 문학 문화의 보편성에 입각한 우리의 문학적 특수성에의 명확한 원리가 파지될 것이다. 우리는 이 점에서 당대 문예비평가의 입언을 기대하여 또한 거기서 당대 문예비평의 직능이 수행되며 따라서 비평정신의 수립이 가능화되리라고 믿는다.

　(동아일보, 1935년 9월 29일)

비평의 지도성
―특히 문학운동에 있어서

근대 급(及) 현대를 걸쳐서 시대적 특색은 '변혁'이라는 커다란 과정을 밟고 있다는 것이다. 이 '변혁'의 전환기에 있어서 모든 관념 형태는― 윤리나 도덕이나 그 어느 것을 물론하고 과거의 그 전통적 질서나 가치를 전도 파괴당하고 있다. 그러면서 수립되지 못한 채 또한 일종의 혼란에 빠지고 있다.

문학의 영역에서만 하여도 무슨 무슨 주의의 다채 다양한 그 진(眞)을 포착하기에 곤란할 정도이며 또한 한편으로 과거의 빛나던 가치가 어떠한 시대적 보유(補裕)를 피치 못하게 되었으니 왈 '신'자유주의 '신'인본주의 혹은 '신'낭만주의 모두가 전(前)을 지키기 위하여 고민하는 상이다.

실로 여기서 우리가 살고 있는 현대라는 시대를 어떻게 밟아서 깨고 나갈 것인가 하는 풀어도 풀리지 않는 과제를 앞에 두고 있다. 하나의 인간으로서 먹을 바 길을 찾기 어렵고 그 생존의 능력이라는 것이 3면 기사에서 보는 바와 같이 유익한 하나의 조금류(鳥禽類)보다 보증될

길이 거진 없다. 이렇게 된 사회기구와 그 성립되는 원동력에 대하어 우리의 지적 비평력은 실로 나날이 요구된다.

이런 현실상에서 시대와 사회의 첨단을 걷는 문학은 그 자신이 안일할 수는 없다. 그러면 문학은 어디로 간 것인가 함에 있어서 작가와 사회와의 사이에 가장 시사적인 것은 비평가들일 것이다.

어떠한 시대에 있어서는 혹은 작품행동이 왕성하면서 비평이 부진할 때도 있었고 또한 어떤 시대에는 비평이 성황을 이루면서 작품이 침체한 때도 있어서 여기에 그 성쇠의 원리를 간단히 논거할 바 아니나 적어도 현대에 있어서의 문학운동이란 비평에서 출발되는 경우가 많으며 또한 비평을 기다리지 않고는 수행되기 어려운 점이 많다.

20세기의 문학운동은 "사회라는 것이 명확히 문학 내용의 우월한 위상에서 발견되고 계급대립이 역사적 필연성으로 인식됨에서——다시 말하면 마르크스의 학설이 경험적 원리이면서 미학에의 일 변혁의 원력임에서 출발하였다고 불 수 있다. 그러므로 시대 자체가 비평적이고 따라서 시대를 반영하는 문학 자체가 또한 비평적임을 면할 수 없게 되었다. 초계(初階)에 있는——즉 문학운동의 기초적 시대에 있는 우리에게는 더욱이 그렇다. 그러나 문학운동이란 비평 그것으로만 성취됨은 물론 아니다. 우리는 작가를 잊어버리지 않는다. 작가가 없는 문학운동이란 연상할 수 없는 까닭이다. 그렇다고 그것은 현대에 있어서 작가만으로 수행될 바도 아니다.

결국 새로운 의식에서의 문학운동이란 새로운 관념을 근저로 한 문학에의 길, 문학에의 달성에 다름없을 것이다. 이 '새롭다'는 데는 어느 나라 문학운동을 살펴보더라도 거기에는 관념에의 투쟁이 있다. 그 투쟁에 직접 관련되어 그 길을 열고 나아가는 것은 곧 비평이다. 그러므로 시대의 선구에 있어서 비평가는 해석 또는 관조에 그치지 않고 창작활동을 인도하는 역할을 취한다. 우리는 이 사실을 부인할 작가를 반드시 영광으로 여기고자는 않는다.

근대 급(及) 현대의 모든 문학운동을 보라. 마르크스주의 문학, 신심리주의 문학 또는 이지주의 문학—모두가 그렇지 않은가?

여기에서 귀납되는 하나의 결론은 어떠한 문학운동이든지 성취되려면 비평가와 작가는 비록 그 직능이 다를지라도 서로 결합되어 그것을 양면으로 완성하여야 할 것이라는 것이다.

이것을 잠깐 우리에게 적응시킨다면 우리의 문학운동에 있어서는 비평가와 작가 사이가 분열적 상태에 있는 듯하다. 서로의 사이에 용납치 못할 커다란 가치 있는 이유가 개재함도 아니면서 신뢰되는 결합이 없어 보인다. 이것은 상호의 결함이자 또는 손실의 가치밖에는 안 된다.

대체로 안정된 시대에 있어서는 비평의 활동이란 비교적 협소하다. 도덕이 확립되고 윤리가 안정되고 또한 미의 기준이 설정된 까닭이다. 따라서 작가는 거기에 의거하여 그 창작 본능을 만족시키면 그만이나 이 같은 전환기의 사회에서는 결코 그렇지 않다. 이 점에서 입론한다면 우리는 정히 세계적 고민상의 일 전형을 가진 만큼 그 형로(荊路)에 설 것이 비평가의 진보된 임무일 것이다.

현재도 그러하거니와 만일 과거에 있어서 각 방면으로 말하자면 민족주의 문학, 사회주의 문학, 혹은 낭만주의 문학의 발전을 지도하여 나아갈 비평가가 있었다면 그 열렬하던 문학운동은 좀더 현재 이상의 성과를 나타내지 않았을 것인가? 이 점에서 보면 우리에게는 작가보담도 우수한 비평가가 절실히 요구된다. 하나의 엘리어트 하나의 브란데스 하나의 캘버튼!

진실로 낭만주의가 전성한 그 시대만 하더라도 시인들은 그 낭만적 정서로 시를 노래하였을 뿐이요, 그 이론적 발전이란 거진 없었다. 그러므로 차대가 계승할 이론적 체계가 없다. 이래도 우리는 비평가의 이론적 연구를 이해하기를 꺼리며 그 무용론을 지지함으로 만족하는 작가가 되어야 할까?

(동아일보, 1935년 10월 1일)

비평의 투쟁과 계몽성
──가치 없는 가십·기타에 대하여

　최근 나는 가십의 유행과 문단 주위의 악덕 행동을 느낀 일이 있다. 이것은 물론 오늘에 시작된 새삼스러운 경향은 아니다. 그러나 그것이 지극히 악질적인 점에서 여기에 일고를 요코자 한다.

×　　×

　나는 모지 9월호를 읽고 얼마나 많은 문단에 대한 험구와 문인에 대한 가십이 실렸는가에 흥미를 느꼈다. 얼마 안 되어 나는 그것이 전부 허무한 사실임에 놀랐다. 그후 나는 몇 사람의 독자에게서 "모모씨는 이러하다던데" 하고 그 험구와 가십을 들춰냄을 듣고 우리가 웃어버린 허무한 그것이 독자에 대하여 얼마나 사실화되는가 함에 또한 놀라지 않을 수 없었다.

×　　×

요즘 가십과 잡담과 험구를 일삼는 잡지란 대개는 창간 2, 3호 그리고 밑천이 없는 소위 간색(間色) 많은 잡지류였다. 어찌 보면 그들은 문화를 구실 삼아 자가용의 악덕 가십 등으로써 독자를 낚시질하려고 한다. 대중의 경박한 다대수(多大數)란 치면(恥面)의 상(相)이나 혹은 고발명예의 부상에서 안가(安價)의 흥미를 가진다는 약점을 그들은 발견한 까닭이다.

문단이라는 매력 있는 지대에 가십이 있음은 당연한 일이나 거기에는 버서못지는 영역(領域)이다. 문단인의 내면생활이나 외면생활에 있어 혹은 기지가 섞인 혹은 해학이 숨긴 혹은 생활의 긴장에서 혹은 그 운동 등에서 그것은 하나의 악의 없는 사회적 희롱이거늘 독자와 작가 사이에 갈등이 될 만한 잊어버리지 못할 어떠한 사실을 날조하여 현재 유위(有爲)한 소설가나 시인이나 혹은 평론가를 독자 앞에 면목 없이 만들어놓는다는 것은 결코 간과할 사소한 일이 아니다. 이것이 나약한 여류 작가나 혹은 사회의 어떤 기관에 속하는 문단인인 경우에는 그 영향은 더욱이 크다. 또한 그러한 악덕배들이 흔히 하는 일로는 이미 신문이나 다른 잡지에 발표된 것을 무단 재록하는 것이다. 이는 원고난에서의 행동에 불과하다는 것보다 대독자에의 신의 문제가 결과로 보아 중대하다. 이 밖에도 우리가 존경하는 문인 가운데 적어도 흥분으로 말미암아 하룻밤의 수면을 빼앗기는 경우가 적지 않다.

이러한 점을 일일이 열거하려면 현재 우리의 문단 주위에는 놀랄 만치 많다. 그들이 문학에, 문단에 기여한 것은 무엇이냐? 대체 조선은 잡지를 너무도 하기 쉽다는 것도 또한 폐해의 하나이다.

×　　×

여기에서 문단 내외를 청결하기 위하여 비평가에게 일종의 현실적 역할이 절실히 요망된다.

비평은 이론적 일면에 필연적으로 현실적 일면을 갖춘다. 그것이 곧 월평이다. 이것은 작품에만 국한된 바 아니요, 널리 문단 시사 전반에 거(居)하여야 할 것이다. 이 의미는 비평의 계몽적 역할에까지 신장될 수 있다. 계몽이란 항상 문화가 뒤진 나라에서 일어나는 상식에의 향상에 불과한 일이요, 문예비평의 한계 내의 대상은 아니나 현재 우리의 문단 주위를 살피면 비록 문예비평가는 순수한 문예비평가임에 이상이 있을지라도 그것은 비평 정신 혹은 비평 의지의 일 측면으로 나타날 수 있다.

이 점에서보면 오늘의 조선의 비평가는 좀더 몽(蒙)을 계(啓)할 점과 타진(打盡)할 소행을 그냥 방관하는 관이 있어서 마치 악폐(惡弊)의 유행으로 양화(良貨)가 은거하는 듯하다. 일종의 우월적 입장은 서지나 한편으로 저열한 행동이 조장된다. 그러므로 우리는 일체에 대하여 비평할 계제에 있다. 계획된 악구(惡口), 익명, 악덕 가십, 무단재록, 애매한 유행적인 좌담회, 잡지 월평! 이 모두가 비평가의 현실적 영역이 아닐까. 여기에서 침묵에 빠진 비평의 활발한 역할을 기대한다.

(동아일보, 1935년 10월 2일)

저널리즘과 문단

저널리즘이 대두하기 시작한 것은 아마 19세기 후반기에 속할 것이요, 그 전성은 20세기 전체에 속하고 있다.

이리하여 저널리즘이라는 것이 시대를 설명하는 한 특징거리가 되었고 시대는 저널리즘의 시대라고 할만치 큰 세력을 잡게 되었다.

따라서 현대의 모든 사실과 현상이 이 신흥된 저널리즘의 아래에 있게 되었고 나아가서는 개인과 집단의 성쇠가 그 취급 여하에 달리게까지 되었었다. 물론 논리상 필연성이 있는 것은 아니겠으나 칠팔십 퍼센트까지는 사실 그렇게 되고 있음이 현상이다.

이것은 저널리즘이 민중에 의존하면서 동시에 모든 가치를 민중에 보고하며 또한 그 가치를 결정하는 태도를 가지는 때문이다. 경이로운 이목(耳目)이 항상 최후에는 저널리즘에 향하고 만 일이 얼마나 많으냐?

드디어 이 저널리즘이 문예에도 그 세력을 미치게 하였다. 그것은 학자나 작가가 자기의 문학을 민중에게 더 널리 더 깊게 접근시키려는 데서였는지 몰라도 하여튼 현대 문예가 저널리즘을 전연 배반하거나 떠나서는 하기도 어렵고 또한 발전하기도 어렵게 된 것만은 싸우지 못할 사실로 되고 있다.

더군다나 조선과 같이 단행본 독자가 적고 또 출판 현상이 떨치지 못하는 지대에서는 문학이 신문 저널리즘에 완전히 의존하게 되어, 말하자면 문학은 문예면의 '따님'쯤 되지 않을 수 없이 되었다.

저널리즘이 아니면 거진 표현 수단을 잃어버리게 된 이 '따님'은 자력으로 출판의 길을 얻어서라도 민중에게 걸어갈 수 있으나 이것조차 저널리즘을 떠날 수 없는 형편이며 게다가 불행하게도 그에게는 경제(經濟)의 힘이 없다.

이런 사정 저런 사정 해서 이 '따님'은 자기를 지배할 권력을 모두다 저널리즘에 바치고 마니 문학을 하는 사람은 누구나 그 권력을 이용하는 기술 여하에 따라 자기의 얼굴을 크게 보일 수도 있고 작게 보일 수도 있다.

나쁘게 말하면 저널리즘은 백화점 쇼윈도 같아서 민중은 쇼윈도의 장식 여하에 따라 그 상점의 권위를 운위하며 따라서 고객까지도 되리만큼 현상적이다.

그러나 상인은 위선 민중이 고객 되기에 노력하나 민중은 고객 된 후를 위선(爲先) 보다 더 중요시한다. 선전과 신용은 고객이 되어보아야 가장 잘 이해될 수 있는 까닭이다.

그러나 가령 물건을 사려면 상업이 발달했는지라 어느 점두(店頭)에 가서라도 구할 수 있겠으나 저널리즘에 있어서는 그러하질 못하여 문학에 대한 진실이나 시사를 알려면 부득이 몇 개의 저널리즘 기구를 통하지 않을 수 없다.

허나 불행히도 문학을 통하여서 보이는 저널리즘은 최근에 와서는 너무도 부진하는 상태에 빠지고 있는 것 같다. 이 비문학적 시대에 있어서 누가 저널리즘을 움직여도 별 도리가 없겠으나 가령 의지 있는 문학이나 혹은 문학운동을 전개하기 어렵다 할지라도 시대의 분위기에 적응된, 또는 이 시대를 설명할 장래가 될 만큼 한 좀더 순문학적 성과라도 얻기 위하여 저널리즘이 좀더 노력되어야 할 것이 아닐까.

오늘의 잔인한 문단 상황은 물론 시대가 나중에 입을 열어 잘 말해줄 것이나 거기에 약간의 호흡이라도 줄 것은, 좋으나 궂으나 저널리즘이 있을 뿐이다. 그러나 오늘의 조선 저널리즘은 일가(一家)의 인격을 이루지 못한 감이 없지 않다.

그러므로 거기에 오르내리는 사람은 많으나 거기서 긴 수명을 가진 평론가도 적고 확고한 지위를 닦은 작가도 많지 못해 보인다.

때문에 그리도 손쉽게 신진작가가 되어 며칠의 생명을 향락하며, 그보다 어찌하여 그리도 쉽사리 선배의 자취가 없어지는지 그래도 저널리즘은 태연한 빛깔을 띠고 있다.

이 태연성 앞에서는 우리도 내일은 잊어버려질 운명일진대 무슨 애착이 있으랴! 우리보다 먼저 문학을 만들었고 우리에게 문학의 필요를 역설해준 선진 작가는 우리에게 오늘에 와서는 누가 누구며 누가 어디가서 무얼 하고 있는지도 알 길이 없이 되고 있다. 그렇다고 신인이 화려한 것도 아니요, 그것은 오히려 더 한산한 느낌을 준다.

그러므로 우리에게는 선배와 신인에 대한 문단적으로 명확한 개념이 구성되지 못하고 있다.

이것은 신문학이 들어와서 삼십 년을 넘었는데도 불고(不顧)하고 문단 저널리즘은 삼십 내외의 신인들의 손에서 움직여지는 관계도 있겠지만 과거가 살지 못하는 현재에 산다는 것은 외로운 일이 아닐까.

우리의 젊은 시인과 소설가와 평론가들은 대개 만나면 그 이상과 목적이 달라서 그런지 이 이롭지 못한 세대에서도 서로 싸우고 붉히고 하여 마음을 헤쳐놓고 얘기하기 어려운 처지쯤 되고 보니 선배가 있어 찾아가고 얘기 듣고 싶어함이 비단 겸손에만 그치지 않을 것 같다. 가끔 그들에게는 현대성이 없다고 하나 그렇게 보면 우리에게 있다는 현대성이 무엇인지 의심나야 할 것이다.

(동아일보, 1938년 6월 24일)

평가(評家)의 비평 태도와 작가
──특히 신인작가 좌담기에 기함

"현대는 사실의 세기"라는 말이 불란서의 순수 지식인 발레리에게서
나와서 조선 문단에 유행되어 '사실의 세기'는 사실의 혼란으로 해석
되고 있음은 내용의 오역은 아니겠으나 나로 본다면 현대는 말하기 어
려우나 요새 시대는 확실히 사실의 전제(專制)라고 볼 수밖에 없다.

과거(過去) 칠팔 년 전만 해도 한 사실과 한 사실이 대립되고 충돌
되어 가치의 비교와 판단이 격렬하여왔지만 요새는 한 사실이 다른 한
사실을 전혀 용납하지 않고 자체의 가치만을 전제하고 있어서 어찌 보
면 모욕의 시대를 연출하고 있는 감이 없지 않다.

이렇게 한 사실이, 있어야 할 모든 다른 사실의 가치를 전적으로 부
정하고 비난하는 분위기 속에서 시대에 선각하여 시대를 사유하고 시
대를 감수함을 자랑하던 문학은 대체 시대를 재현하고 향수하는 태도
와 방법에 있어서 어떻게 숨을 쉬고, 자라나가고 있는가.

생각컨대 사실의 견제력이 강박하여 문학은 드디어 위대한 의지 비
극을 잃어버리고, 감정의 이론(異論)을 세울 길이 없이 되어 시정의

무력(無力)한 편편들이 소설이 되고 의지 없는 감정의 유랑이 시단이 되고 마는 듯하니 신년 벽두에 나오는 소설들이 모두 다 그 감이 없지 않다.

시대의 암울에 따라 문학의 변절이 있어야 함은 시대의 적응성보다도 의지 없는 순응성이니, 문학은 반역한다던 사랑스러운 말도 간 곳 없고 사상의 문학은 세태의 문학으로 의지의 문학은 성격의 문학으로 심리의 문학은 감의 문학으로 돌아가는 등……

이리하여 사유의 의지와 감수의 기준을 어디서 구해져서 이 문학이 긍정되고 저 문학이 부정될 것인가.

누구나 말하기 어렵고 평함이 오히려 상서롭지 못하여 비평이라는 것이 못할 일은 아니면서도 걸핏하면 웃음거리가 되고 만담가의 붓에 까지 오르내리니 최영수(崔永秀)씨의 만담에서는 작가와 비평가는 싸움을 하는 내외가 되어 동리(洞里) 집사람을 웃기는 광경이 되어졌고 잡지『조선 문학』에서는 비평정신이 신문 잡지 관계로 해서 예찬 제조 공장 굴뚝이 되었으니 사실이 그렇다면 이것도 딱한 일이나 사람이 비평을 하는 이상 어떤 비평 정신이 비평의 전 영역을 망라한 완벽한 것이 될까.

더욱『조광』신년호 신인 좌담회기를 보면 신인 소설가 모두 다 비평에의 불만자가 되어 내가 제일 좋다고 하는 작품『심원(心遠)』(계용묵 작)을 박영희씨는 아무것도 아니라고 했고, 박노갑씨는 나의 작품「꿈」은 꿈을 그린 것이 아닌데 백철씨는 꿈을 그린 것이라고 했고, 김소엽씨는 나의 작품 '양(楊)서방'은 자식 없는 부모의 비애를 썼는데 엄흥섭은 어촌 생활을 중심으로 했다고 웃었고, 「초사흘」(박노갑 작)은 아침부터 저녁까지 그런 분위기인데 이원조씨는 너무 산만하다고 말했고 정비석씨는 나의『동경』은 유진오씨가 퍽 좋게 논평했는데 '나로서는 그렇게 좋게 보는 작품이 아니니 나의 의도를 알아준 것만이 고맙다'고 사의를 표하는 등 평단은 그만 조소의 대상이 되었다. 그래서 말하기를 요새 젊은 사람들의 비평은 허준씨 왈 메스꺼우니 원인은 교양의 부족, 따라서 월평은 그만두는 것이 좋겠고, 한다면 외국 비평가들처럼 한 작가를 연구의 대상으로 하는 것이 좋겠다 하였으니 지면과 시간이 더 허락되었다면 비평의 결점만이 더 나의 앞에 뚜렷하게 나타나서 작년 12월 하순에 창작평을 맡고 아직까지 붓을 들 수 없는 나에게 더 도움이 되었겠으나 대체 신인들이 젊은 비평가라고 한 이름이 이원조씨, 엄흥섭씨, 백철씨, 유진오씨, 박영희씨 등이니 이렇게 되면 사실 비평은 하지 않음이 소설가에게 불만을 하나라도 제거하는 일이 될 것이오. 다음으로 그들 작가에게 이렇듯 문학적 자존심을 준 것이 무어냐 하면 이상 비평가 제씨의 문학총실력(文學總實力)이 부족하다는 데 원인이 있는 듯하니 이 자존심을 조금 꺾어서 자기 문학에의 겸손을 가지게 하기 위하여는 구라파 제일류(第一流)의 평객(評客)들을 불러와야 할 것이로되 그 불만에는 그들 대가도 만족한 평을 못하여 줄 것이니 우선 문제는 자기가 쓴 작품이 가진 의도나 주제가 적어도 문학을 얘기할 수 있는 평가(評家)들에게 자기가 생각하고 쓴 그대로 감수되고 이해되지 못했다 함이 대체 누구의 결함일까? 가령 위대한 한 작품이 여러 가지로 물의(物議)되고 오랜 연구를 요한 뒤에도 그 중심이 설명되지 못할 경우가 있을 수도 있겠으나 이상의 작품들이 반드시 그러한 의미의 작품일까.

또 한 가지 그러면 비평가란 반드시 작가의 요구에 응하며 작가가 그렇다 하는 것을 그렇다고 찾아내는 작가의 대변자일까.

그렇다면 비평가는 필요 없고 그 작가에게 그 작품의 동기와 해설을 씌웠으면 좋겠고, 그러기가 무엇하다면 작품 뒷머리에 자기 작품에 대한 연구 논문의 경개를 붙임이 제일 정확하고 좋지 않을까?

이것은 그릇된 비평의 옹호보다도 실상은 나 자신 칠 년 전에 한 번

썼고 그후 의미를 잃어서 오늘 칠 년 후에 한번 쓰게 되는 타변이니 말하자면 비평가는 작가와 다른 각도에서도 작품을 볼 수 있고 또 작품이 초라할 때에는 비평가는 작품에 대하여 오해할 수 있고 또 얼마든지 작가의 진의에 불성실할 수도 있다는 것, 필경 여기에도 일리 없는 것은 아니니 한마디 더 붙인다면 비평가를 위대하게 하고, 그 존재가치를 높이는 것도 결국 위대한 작품일 것이요, 비평가의 결함은 작가 자신이 가지고 있는 결함일 수도 있으니 결국 위대한 문학이 날 때까지는 비평가는 말도 할 수 있고 작가는 모욕당할 수도 있다.

그러함으로 인하여 때로는 서로 부실하나마 예찬이라는 것을 받아볼 수 있고 만약 그렇지도 않으면 어느 후세에 진실한 예찬을 받아볼 것인가.

문학도 인생과 같이 비난되고 오해되고 예찬되고 이러는 중에서 죽을 자는 죽고 살 자는 사는 것이니 어찌 정당한 가치만을 받으랴.

어찌 보면 우리는 모욕의 가치를 정당히 받는 까닭에 불쾌해하는지도 모른다.

(동아일보, 1939년 1월 21일)

모델에 임하는 작가의 태도
─신인이 배워야 할 기성작가의 제작(諸作)

신인작가들이 만들어놓은 문학의 동산에서 나는 며칠 동안 우울한 여행을 하고 이제 이광수씨의 「무명(無明)」을 비롯하여 이태준씨의 『영월영감』 유진오씨의 『이혼』 이효석씨의 「산정」이 가지는 기성의 세계에 들어갔으니 다음 행을 읽고 그 전행을 잊어버릴 만큼 거친 신인의 문장에 비하여 간결(簡潔)하고 쉬이 읽을 수 있는 것이 우선 큰 매력이고 다음으로 단편을 치밀하게 짜내는 힘이 큰 세력이 되고 있다.

「산정(山精)」, 이효석 작

위에서 말한 매력과 세력을 갖춘 작품으로 이효석씨의 「산정」을 읽으면 여기에는 상식으로 판단하여 단편소설이 될 만한 어떤 운명이나 인과에서 오는 사건이라고는 없고 단지 교양 있는 세 동무가 륙색을 매고 하이킹을 떠나갔다 오는 얘기로 끝나니 도중에서 신서방이 그 전 사냥하다가 소주 먹던 얘기라든지 혹은 송별회 때에 남은 돈 십 원짜리에 여자 하나 걸어놓고 제비뽑던 얘기라든지 모두 다 이 소설을 아름다운 한 개 단편소설로 만드는 데 필연적으로 운명된 사실이 못 되나 그럼에도 불고(不顧)하고 이 소설이 한 개의 단편이 된 이유는 작가가 아무렇지도 않은 주제를 재능으로 구상했고 시의 정신으로써 산의 정기에 몰입하려 한 데 있다. 그러므로 이 소설에서는 사람이 주인공이 아니고 청신한 자연인 산이 주인공이 되고 있어서 작자가 감수하는 태도가 사실에 구속되지 않음이 장점이나 돌아오는 길에 그 '수상한 집'이라는 데 가서 술을 마시고 마침 여자가 셋이 있어서 그날 밤만은 제비를 뽑을 필요가 없었다 한 것은 신서방이 한 얘기에 대한 한 개의 가벼운 기지요, 해학으로 알았더니 작자는 그것은 "산의 죄가 아니요, 산의 덕이다" 하고 마치 사실에 대한 변호가 그 생각함이 어떤 관념에 제한되었으니 구상의 통일에 대한 재주와 어떠한 관념적 이익을 위하여 산정의 무한성이 현실에 연장됨으로 속박되지 않았는가 하는 느낌이 없지 않다. 그러나 그렇다고 나는 여기서 씨의 작품의 예술로서의 이유를 거부하려 함은 아니다.

「이혼(離婚)」, 유진오 작

이 「이혼(離婚)」은 지난번 본지 상에 발표된 씨의 창작에 대한 의견에서 말한 바와 같이 스틱을 흔들며 시정에 내려와서 시정에 흩어진 사실의 편편을 주어서 만들겠다고 한, 거기서 출발된 소설 같다.

그러므로 이 소설은 현대사회에 흔히 있는 결혼하여 아이들까지 있는 남자가 한 여자와 어떠한 인과를 맺어놓고 16, 7년 전부터 하려던 이혼을 단행하는 데 필연된 여러 가지 비극이 주제로 되어 작자가 의도

한 것은 문학의 가치보다 사실의 가치를 더 존중한 것같이 느껴진다.

이렇게 창의되고 계획되는 소설에는 그것이 현실에 대한 어떤 모럴을 갖추려는 데서 작가의 비판정신이 성격과 사태와 구성에 대한 각도가 됨을 피할 수 없을 것이나, 그러나 이 작품에서는 그것이 문학적으로 꽤 해를 끼치는 것같이 되었다. 그러므로 그 정연한 구성과 명민한 관찰과 건실한 문장에도 불고(不顧)하고 그 정신이 강하기 때문에 작품에 선택된 성격에 대하여 작가가 어떤 편견을 가지고 대한 것 같다.

우선 맨 처음 아내 없이 집 한 채를 가지고 여급, 유한마담을 농락하며 기생과도 살림하였다는 전신을 가진 박이라는 사나이에 대하여 작자는 독자에게까지 그 동정을 강요한 듯하고, 그 반면 나이 삼십이 가깝도록 처녀성을 지켜가다가 무슨 경박한 흥분 때문에 그 처녀성을 빼앗긴 '홍'이라는 여성에 대하여서는 처음부터 작자가 그 성격을 증오함으로 대하였으니 만일 작자가 그러지만 않았어도 처녀성을 잃고 우는 그 애처로운 심정쯤 아름답지는 못할지언정 동정될 수는 있게 그려놓았을 것이요, 울어서 부은 눈덕까지 그렇게 얄밉게 독자에게 전해지지 않았을 것이며, 또 그에게 가령 현대여성이 가진 모든 결함――작자가 교시한 바와 같이 쓸데없이 문학 얘기를 좋아하고 영화 구경을 돌아다니고 남을 이해하는 교양이 없고 또 중경(重慶)이 어딘지 모를 몰상식함을 일일이 구비시킨다 하더라도 문학으로서의 현실인 이상 작자는 성격에 대하여 동등의 정성과 단념(丹念)으로 묘사해주어야 할 것이 아닐까. 읽고 나서 나는 두 성격에 다 애착을 느낄 수 없고 오직 정조를 깨뜨려놓고 결혼하자고보니 시원치도 못한 여자를 위하여 이혼하기까지의 경과와 또는 그 다음에 남은 현상에 동정할 수는 있었으나 사태에 대한 동정 때문에 문학이 사실에 대한 속박을 지나치게 받는다는 것은 흔히 모델 소설에 따라다니는 것이니 만일 이 소설이 자초부터 모델만을 중심으로 하여 한 개의 사태를 현대의 퇴폐로만 적발하려고 하였다면 나는 단순한 사실에의 계시를 받으므로 가치를 삼고 문학으로서의 순화된 비극을 기대하지 않아도 좋을 것이다.

왠가 하면 이 작품에 나타난 이혼상은 과거의 시화적(時化的) 무지에서 기인된 운명이지만 '박'이라는 사람의 비애는 현대 여성이라고 하여 만난 그 여자가 히스테리인 경우에 한해서만 비애였고 벌이 되었던 때문이다.

동기에 진실성이 결여된 비극은 동기에 진실성이 없는 비극보다 오래 지닐 수 없는 것이 이 소설의 정중한 사태를 가벼이 하는 소이(所以)일 것이다.

「영월영감」, 이태준 작

「영월영감」을 읽으면서 나는 작자의 예술성에 공감하기 위하여 "과거일지라도 모든 위대한 것은 현재에 산다"는 한마디를 찾아내었다.

자기의 시대를 잃고 바뀌어진 젊은 시대에서 온갖 고충을 겪으면서 한마디의 불평이나 불만이 없이는 격동하는 세상을 현명하게 향수하려는 영월영감이 금처럼 좋은 것이 없으니 금을 파내어야 한다는 금광에 대한 열이 다음에서 어떻게 전개될지는 몰라도 지금까지 읽은 데서는 음성이 높고 안광이 좋고 식사와 기력이 정정하고 세고(世苦)의 건너편까지 투시하는 모습이 마치 풍채 좋은 조선(祖先)의 모습이 마음을 끄니 작자가 과거에서 어떤 성격을 파내어 창조하려는 의도가 잘 보여진다. 거기에 또 구상의 쾌감도 있겠고 문학의 세련도 있다.

하나 언제든지 깨끗하게 읽으면서도 씨의 문학은 세련된 뒤에 힘이 적은 듯하고 시가 있은 뒤에 육체가 없는 듯하니 씨의 문장의 결백은 따르기 어렵고 고민하는 언어는 보기가 드물다.

「무명(無明)」, 이광수 작

　실상은 이 일대(一大)의 명예를 가진 소설가에게 한번 덤벼들어 그 약한 점을 찾아내어 꼬집음으로 나의 지식과 명예를 높이고도 싶었으나 인간성을 뚜렷이 들여다보는 그 달관에는 완성 여부를 결정하려는 마음 이전에 이미 존경이 결정되고 말았으니 이런 비(批)와 평(評)이란 불만이 아닐 것이다.

　이 소설은 작자 자신을 암시하는 '나'라는 사람이 어떤 운명 때문에 감옥 병실에 누워서 그곳에 들어오는 사람들의 인간성을 바라보고 있으니 빛 있는 세계에서 이 빛 없는 세계에 보내어진 사람들 가운데는 사기(詐欺)한 사람, 인장(印章)을 위조한 사람, 방화(放火)한 사람, 공갈 취재(取材)한 사람— 모두 다 마음에 흑점이 박힌 사람들뿐이나 그래도 전라도 말을 쓰는 사람은 양반 서방님 대접을 받고 싶어 하고 평안도 말을 쓰는 사람은 만사를 다 아는 척하고 보지만 않으면 남에게 맛없는 떡에 침을 발라서라도 먹이려고 들며 감옥에 와서도 문벌을 자랑하고 하는 말이란 모두 다 아첨과 간사와 요사스러운 것뿐이니 걱정도 흉이요, 돕는 것도 물고 뜯는 것이 되어 그 구제받을 수 없는 인간들에게서 기름칠한 듯한 화술이 쏟아져 나오는가 하면 그 간(奸)한 참언 때문에 주검 앞에서 안정을 얻지 못하는 사람이 있고 비록 죄는 지었으되 그 언어의 호색한을 물리치는 젊고 씩씩한 성격도 등장된다.

　이러한 인물의 배치에서 작자의 인간성에 대한 견해를 찾아낸다면 법률상 죄가 문제 아니라 영혼에 형(刑)의 못이 박힌 사람과 비록 법률상 죄가 있다 하더라도 영혼에 형(刑)의 못이 박히지 않은 사람과의 두 가지가 있어서 전자는 구제키 어려운 자요, 후자에는 구제의 길이 있게 되었다. 그렇다 하더라도 이 소설은 암흑한 사태대로 있지 않을 수 없어서 인생의 악몽 같은 현실이 어떤 운명된 처소에 긴축(緊縮)되어 비극이 되고 있음에는 틀림없다.

그러면 이 소설의 가치는 문학으로서 어데 있느냐?

이 소설은 단편으로서는 가장 길 수 있는 기럭지를 가졌으나 감병실(監病室)이라는 이 소설이 누워 있는 그 위치가 이미 단편소설에 운명된 사태를 이루고 있고 또 그 배경의 가치가 비상한 암시력을 보이고 있다. 흔히 이런 태양이 없는 곳에는 사상이 따라다니는 법이나 여기서 작자는 그것을 피하여 환경과 성격의 배합에서 어떤 인간적 자연을 구상시켰기 때문에 우리는 이 사태를 있는 그대로의 사태로써 자유롭게 문학 내에서 향수할 수 있고 다음으로는 작자가 경험함이 없이는 탄생될 수 없는 이 소설이 사실에 대한 경험을 초월한 어떤 문학적 능력을 가진 데다가 테마에 대한 작자의 관대한 취급 때문에 아무런 '아이러니'가 없이 우리가 미움에 대한 증오를 일으키지 않고 우리의 결점으로써 우리가 그것을 사랑할 수가 있게 되었고 또 한 가지는 무기교의 정성이 소설에 대한 작자의 훌륭한 기관이 되다시피 되어 있다는 것이다.

끝으로 사회에 있는 여러 가지 죄를 배경으로 등장된 인물의 구성에 있어서 좀더 인상이 깊은 대조가 있었더라면 하는 생각이 나고 또 '나'라는 주인공이 좀더 그 인물 중의 한 사람이었더라면 하는 생각도 나지만 작자는 그 '나'에게 신성한 정신국(精神國)을 무의식중에 암시해놓은 것을 참작하지 않을 수도 없다.

이상에서 나는 여러 작품을 대하여왔다. 혹은 감상의 거리를 두어보기도 했고, 혹은 그 거리가 없이 작자가 끌고 가는 대로 그냥 끌려가보기도 하였다.

때로는 문학이라는 것이 무엇인지 무슨 기능을 가진 것인지 의심도 해보았고 때로는 문학이라는 것이 있음으로써 현실이 살고 있다는 문학 숭배의 념(念)도 가져보았다.

이렇게 생각하고 있는 나에게는 최근 한두 달 동안 『파사인(波斯人)의 편지』(몽테스키외 작) 한 장이 잊어버려지지 않고 있다.

남성(男性)이라는 그 '성(性)'이 거세된 한 노예가 '할렘'의 무수한 미인을 지키고 있으니 그가 거세되는 이유는 미를 탐할까 하는 상전의 염려에서였다.

그 편지가 조선의 한 청년을 움직이게 한 것이 무엇일까?

나는 감동하는 정신을 문학에서 요구한다. 그러나 그것은 허위에서 오는 감동에 속지 않는 감동이어야 할 것이다.

이 진실한 감동은 또한 거세되는 현실을 떠나서 잊지 못할 것을 나는 절실히 느끼고 있다.

(동아일보, 1939년 1월 27일)

문학의 현실성과 그 임무

문학이라는 것이 대체 무엇이냐. 이것을 캐려면 동서양에 널려 있는 문학사도 뒤져보아야 하고 대가들의 견해도 살펴보아야 하겠으나 이런 것은 우선 대학 교실의 치밀한 연구에 맡기기로 하고 우리로서는 문학사에서 찾아보기 어려운 이 현실에서 문학도 사람이 만들고 사람과 같이 호흡하고 의식하고 생동하는 것인 이상 그것이 사회와 민족과 어떻게 유기적으로 교섭해야 하겠는가를 생각함이 더욱 적절한 일일 것이다.

제일 누가 나에게 너는 무엇 때문에 이 생사와 존망이 위급한 가을 한가로이 문학의 세계에서 헤매이는가고 묻는다면 나는 대답하여 "내가 이 시대에 문학을 하려는 동기가 다시 말하면 나의 문학에 대한 해석일지니 이는 문학이라는 것이 창조하는 인간의 자유를 위하여 해방이 없고 독립이 없는 나라에서 투쟁하는 정신을 표현하는 것이라고 말하고 싶다. 제일 문학의 이념 속에 이와 같은 불멸하려는 정신이 없이 한낱 상아의 탑 속에서 비단실로 짜내는 상상만을 일삼는다면 그것은 다른 나라의 문학으로는 감상할 수 있으나 오늘 우리의 현실에서 요구되는 문학으로서의 시대성은 적다고 아니할 수 없을 것이다.

나는 문학은 시대와 함께 움직이고 함께 산다고 본다. 그렇다고 그것이 유구한 역사의 뿌리에서 단절되는가 하면 그렇지 않고 문학의 시대성 현실성을 민족의 역사적 본념과 그 음성을 기조로 하여 국토의 피로서 육성되는 것이다.

그러므로 문학은 시대로서의 현실에 불가분한 관련성을 가지면서 신성한 전통에의 생명을 비평 정신으로 체득하는 동시에 사소하고 단순한 풍습이나 서정까지라도 민족의 생명을 구성하는 일 요소로서 아름답고 귀엽게 표현할 수 있는 것이다. 이것이 문학의 창조적 능력이요, 이 창조하고 구상하는 능력이 있음으로 말미암아 문학은 신화와 전설의 시대까지라도 동시의 우주적 존재로서 현존으로서 향수할 수 있으니 비록 작가의 표현기술이나 또는 그 사고의 방법이 개성에 따라 다르다 할지라도 마멸되지 않는 언어로서 인간의 전 정신을 창조하는 데는 어느 시대를 물론하고 조금도 다름이 없을 것이요, 또 이렇게 됨으로 해서 우리의 시대에 우리의 문학이 우리와 교섭하는 박력이 더욱 강해지는 것이다.

그러면 우리가 영양으로서 섭취할 문학은 과연 어떤 문학일 것인가. 이러한 전제보다도 문학하는 우리가 이 현실을 어떠한 의식의 대상으로 그 정신을 귀일시켜야 할 것인가.

×　　×

오늘 우리가 문학에 대한 통일된 동기는 문학인의 의식에서 기복되는 민족의식의 생장과 그 발전 강화일 것임은 속일 수 없는 사실일 것이다.

문학이 한 개의 혼으로 한 개의 예지로 한 개의 지의 정신으로 나타날 때, 더욱 그러한 것이다. 그러므로 문학은 일정하의 나에게 있어서는 우울한 애상의 표현이었고·유일하고 무력한 위안이었으나 오늘 새로이 정령된 이 현실에 있어서는 문학은 투쟁하는 언어로서 조국을 찾는 힘이 되지 않는다면 나는 차라리 문학을 폐하고 싶다. 어찌 보면 오늘의 우리는 문학이라는 것을 생각할 여지조차 없이 급전하는 파탄과 도탄의 구렁이로 굴러 들어가고 있어 그침 없는 불행을 거듭하는 이 민족은 심화되는 자의식 속에서 지극한 고민을 당하고 있다. 이 고민을 어떻게 생의 광명으로 전기(轉機)시킬 것인가. 문학의 사명이 또한 이에 있지 않으면 안 되지 않을까.

이 사명은 우선 문학인의 현실적 인식의 정당성에서만 수행될 것으로 나는 믿는다.

그러나 이 인식은 정치와 한가지로 문단에 있어서도 이미 합치기 어려울 만치 분열되어 객관적이요, 과학적이라는 미명 아래에서 날조된 너무도 많은 이론이 도리어 민족의 정신의 통일을 방해하는 결과까지 초래하게 되고 있음이 또한 오늘의 문단 현상이다.

솔직히 말하자면 나는 내가 문학을 창작하여 다른 사람에게 읽힌다는 것보다 조선의 위대한 작가들의 문학을 읽어서 어떻게 하면 조선 사람으로서 더 정직하고 더 진실하고 더 강력한 조선 사람이 되어 타방의 침해를 받지 않고 실수 있을까 함을 그 문학을 통하여 배우고 싶어 하는 자이다. 조선 문학에 대하야 일 독자로서 일 국민으로서 이러한 요구를 한다면 이것은 잘못도 아닐 것이요, 책언(責言)을 받을 조건도 아닐 것이다. 왜냐하면 문학은 생명을 주고 더욱 그것을 새롭게 하는 까닭이다.

그러면 대체 이렇게 요구하는 독자인 나는 과거 일제하에서 무엇을 맛보았고 현재 점령된 이후에는 어떠한 환경에서 어떻게 살며 어떠한 현실적 인식을 가지고 살고 있는 '사람'일까. 한 사람의 독자가 절실히 문학이라는 세계를 요구한다면 그것이 비록 한 사람의 필부야인(匹夫野人)이라 하더라도 작가는 인간성의 옹호와 그 자유와 해방과 그 요구를 위하여서라도 이에 귀를 기울이지 아니하지 못할 것이다.

나는, 말하자면 이 일 독자는 그 연령의 전부를 적국의 국적 속에서 살아왔고 그 다각적 결과로서 그의 잠재의식 속에는 아직도 일본의 군복과 검도가 사라지지 않고 그의 주위에서 형성된 죄악적 사태가 오늘날까지라도 보이지 않는 잔재의 뿌리가 되어 있음을 이 독자는 여실히 보고 있으며 그것이 모든 생활을 파괴하는 동시에 모든 인간의 자유를 구속하고 있음도 알고 이것을 문학으로 읽고 싶어 한다.

물론 이 독자도 다른 사람과 같이 1945년 8월 15일 연합국의 은혜로 조선이 해방되었다고 과신했고, 자유가 하강하였다고 심신(深信)하였다. 그러나 전취(戰取)한 자유가 아니고 선물처럼 받은 자유라고 인식했을 때 그것은 벌써 자유가 아니었고 제약이었으며 해방이 아니고 점령으로 변용되었으며 명령에 대한 복종보다도 한몸으로서 남(南)의 지완(遲緩)한 포옹과 북(北)의 강렬한 충격을 당하게 되었으니 삼십육 년간 착취당한 허약한 육체로서 어찌 이 양대 사상(思想)의 정력(精力)을 감당해낼 수 있을까.

이 독자는 지금 이렇게 병들고 지치고 몽마(夢魔) 속에서 강렬(强烈)한 충격을 당하면서 어떻게 하면 천국으로 가지 않고 소생하여 새로운 천지를 찾을까, 주관에서 발생되고 객관에서 형성되고 있는 민족의식을 어떻게 파악하여 실망을 구제하면서 재건을 도모하고자 할 때, 누가 발견한 것인지 그의 앞에 누가 어느덧 국제노선이라는 것을 가져다 놓았다.

이 노선을 따라가면 세계와도 관련성이 맺어진다기에 노선에 서긴 섰으되 시베리아로 가는지 태평양으로 건너가는지 실상인즉 세계의 심장을 양해하기 어렵게 되었다.

모스크바의 반은, 카이로의 문명은, 얄타의 비밀은, 워싱턴의 자유는, 혼돈의 안개는, 어떻게 하면 그 정체를 정시할 수 있을까?

영리(怜悧)와 사대와 왜곡에 침몰된 중에서 가장 지난한 과업을 이 독자는 어떻게 하면 조선 사람이 되나 하는 데 두고 있다.

일찍 플라톤은 "네 자신을 알라"고 했다.

정당에도 철학이 없고, 가정에도 철학이 없고 학원에도 철학이 희유(稀有)한 이 빈곤한 사회상 속에서 유독 작가와 문학이 융성하는 오늘 문학의 눈이 밝고 문학의 머리가 투철하고, 문학의 심장이 강하여, 조선의 내막도 해부하고 세계의 비밀도 뚜저내여 이 굶주린 독자에게 생명과 예지의 샘을 줄 수 없을까.

만대의 자가불멸(自家不滅)의 영광을 누리려던 저 권세 높은 친일파 제공들이 오늘에 어찌 저렇듯 몰락(沒落)될 줄을 알았으랴—

연합국 점령 불과 이삼 년에 저렇듯 백 대(代)가 먹고 쓰고도 남음이 있을 만큼 억만 재산을 쌓아올렸을까, 정당 담화발표의 진의는 어떨까, 사천년 역사상 김장을 못하고 소금 기아(飢餓)에 빠진 민생 도탄의 사적(史蹟)은 누가 쓸 것인가. 모두 다 문학이 해볼 만한 일일 것이다.

×　　　×

일찍 러시아가 소비에트로 변국(變國)할 때 소비에트는 독일 경제학자의 사상을 채용하여 세계 선구자가 되고자 하였고, 급기야 되는 형세를 이루었다. 소비에트는 그때 세계를 위하여 자기를 희생도 하였다. 그리하여 일절의 역사적 유산을 청소하고 일절의 영웅과 전통을 파면시켰다. 러시아라고 쓴 봉투는 배달해주지 않았고 고꼴리도 푸쉬킨도 다 파묻어버렸다. 이차대전 중 나치스가 볼셰비키를 정복하려는 위기가 스탈린그라드에 닥쳐들었을 때 만국 노동자의 나라의 영웅은 어느덧 먼지 묻은 '조국(祖國)'을 끄집어 내려놓은 것만으로는 부족하여 파묻었던 푸쉬킨의 작품 이천칠백만 부를 긴급 발간하여 소비에트 무산대중의 조국 방위의 전투 양식으로 공급하였다.

만일 조선의 문학론 공식주의자들이 스탈린 원수가 소련 무산대중에게 푸쉬킨을 읽혔으니 무방(無妨)하지만 우리가 이것을 소련 백성이나 조선 백성에게 읽으라고 했다면 푸쉬킨은 제정시대의 잔재요, 봉건사상의 유물이요, 혁명에 대한 반동이라고 규정함으로써, 우리에게 잔재와 유물과 반동의 낙인을 1945년 8월에 찍어놓으려고 하였을 것이요, 푸쉬킨 대신에 고리키 옹(翁)을 추천함으로써 진보와 혁명성의 영예를 짊어지려고 하였을 것이다. 그러나 만일 그들이 소비에트 영내에서 그런 발언을 하였다면 그들은 이미 조국 승전의 방해자로서 투옥되었을지도 모를 것이다.

그러나 문학을 혁명이념에 의하여 파묻고 전투 체제에 따라서 파내고 한다는 것은 실상인즉 문명도 아니요, 문화도 아닐 것을 우리는 잘 알고 또 잘 알아야 할 것이다.

이제 끝으로 나는 살려는 자로서 또한 문학의 독자적 입장에서 문학을 통하여 어떤 생명감을 체득하도록 작가에게 기대하는 자이다.

지금 당장에 누가 어느 작가가 영원불멸한 문학을 우리에게 주리라고는 믿어지지 않는다. 그러나 이 시대 이 현실에 대하여 문학이 무엇을 하였고 무엇을 주었다는 역사적인 임무는 다 할 수 있으리라고 믿는다.

그 '무엇'이 무엇일지 이것은 문학하는 사람만이 아는 일일 것이다. 문학은 우리의 저속화하고 상식화하고 평범하게 간과하는 곳에서라도 그 '무엇'을 부단히 보고 느끼고 파내기 때문이다. 또한 문학은 의식을

심화시키고 감정을 조직화하기 때문에 정치와 파쟁이 분열시킨 민족일
망정 만일 그 문학이 위대하다면 그 분열을 재조직할 수 있음을 나는
여기서 강조하고 싶다.

(1947년 11월)

집단의식의 반영과 '문총(文總)'의 진로

현대의 집단의식과 '문총(文總)'

현대의 집단의식은 세계의식의 일 분야를 차지하게 되었다. 유엔을 비롯하여 그 산하의 각 기구는 물론 일 국가 내에도 각 분야에 걸쳐 전문적인 혹은 친미적인 집단이 오늘처럼 발달된 시기는 전에는 없었던 것이다. 이렇게 집단이 생기게 되는 것은 넓게 본다면 인류의 생존상 역사적 요청이기도 한 것이다. 그러면 그 요청의 필연성은 어디 있는가. 생명과 생존의 안전에 있을 것이다. 오늘처럼 그 안전이 위기에 봉착하고 그 보장의 가능성이 시험되고 있는 시대도 없었을 것이다. 어찌 보면 그 모든 것은 집단력에 의존하고 있어 보인다. 그것은 세계가 두 개의 힘의 대립에서 인식되고 있는 엄연한 사실에서도 입증되고 있는 것이다. 따라서 그러한 집단력은 외부적인 것만이 아니고 내부적 요구에서 형성되어지고 있다. 그러므로 인간이라는 것이 어떤 점에서는 집단의식에서 설명되리만치 집단성이 중요시되고 있다. 물론 한 사람 본질보다 한 집단의 성격이 순수하지 못하고 또 충실치는 못하다. 그러나 그것은 개성의 문제보다 일면적 혹은 분야적 형태를 가지게 되는 데 특징이 있는 것이다. 그러므로 한 사람의 의견, 한 사람의 의지, 한 사람의 힘 이상의 것을 다수로서 종합한다. 그 현실적 의미는 대체로 일 개인보다 큰 것이다. 그렇다고 우리는 집단을 전체주의적인 각도에서 인식하려는 것은 아니다. 민주주의 정신은, 다수로서 제약되는 집단 내에서라도 개인은 누구나 자유의사에 의한 지도자가 될 수 있고 그것이 또 장점인 것이다. 동시에 개인은 그 협소한 한계를 넘어서 일시에 대다수를 체험할 뿐 아니라 대다수가 될 수 있는 계기를 가질 수 있다. 이것은 개성의 무시를 전제하는 것 같지만 오히려 고립한 개성들의 융화이기도 할 것이다. 그러한 의미에서 오늘은 인간이 집단에 의하여 육성되는 현실적인 면을 가지고 있다. 그것은 종속을 의미하는 것이 아니고 환경을 의미하는 것이다. 그러므로 오늘의 우리는 집단에 관한 한 18세기나 19세기에 번영하던 개인주의의 개인은 아니다. 그들이 향유하던 개인적 자유를 우리는 오늘 집단적 자유에서 찾으려 하고 있다.

특히 문화의 세계에 있어서 우리는 정신적 행위를 고독 속에 두지 않고 집단을 통하여 실천에 옮기고자 한다. 개성의 창조력은 유형을 초월하는 것이지만 집단의 유형성은 또한 별개의 의미를 가진다. 일 집단이 역사적 지위를 가지고 역사의식에서 그 의지를 발휘할 때에 바로 그 의미가 되는 것이다.

우리가 집단을 발견한 것은 오래전 일이 아니다. 현대적 의미에서는 을미독립운동이요, 그 이후 신간회 등 다수한 집단의 민족의식 혹은 사회의식에 의하여 우리는 비로소 사상적 집단과 그 작용이 무엇인가를 절실히 알게 되었다. 소련 대표 스티코프의 가방 속에서 나오는 다수한 집단의 명단과 그 의미를 우리는 그때처럼 전율스럽게 안 때는 없었다. 또 반탁운동 당시 어찌 보면 환상 같은 우리들의 초기의 집단이었지만 그것이 현실적으로 집결된 힘이 역사적 진로에서 조직화되지 않을 수 없는 놀라운 과정을 보았던 것이다. 그러므로 해방 후의 한국은 집단에 의한 이해, 집단력에 대한 평가 없이는 파악하기 어려운 것이다. 그 시기에 있어서 '문총〔전국문화단체총연합(全國文化團體總聯合)의 약칭: 편집자 주〕'은 군정 당시 즉 정부수립 이전에 보호 없는 힘의 집합체로서 민족문화의 정신적 지반 위에서 반민족적 문화세력과 맞서서 문화의 현실면과 그 방향을 대변하고자 탄생되었던 것이다.

'문총' 결성 당시의 회상

해방 후를 회상할 때 그 대표적인 감상은 이승만 박사까지도 앞이 캄캄했다는 사실이다.

문화계에 최초에 등장하는 것은 좌익과 결탁하여 민족문화를 가식한 '전조선문화건설중앙협의회(全朝鮮文化建設中央協議會)'였다. '한청(韓靑)' 빌딩의 높은 곳에 현수막을 내려뜨린 동 협의회는 명실 공히 당시의 문화계를 위압하였던 것이다. 누구 하나 그것을 감히 비판의 대상으로 삼지 못했다. 암암리에 거기에 대항하려는 조그마한 씨앗이 '중앙문화협회(中央文化協會)'요, '중앙문화협회(中央文化協會)'는 '전조선문필가협회(全朝鮮文筆家協會)'를 성공리에 결성하여 그것이 남한문화운동의 발전적 계기가 되었으며 뒤이어 29개의 단체를 망라하여 1947년 2월 12일 '문총(文總)'을 결성했던 것이다. 그때에 이승만 박사는 민족 외교사절의 임무를 띠고 도미하였고, 또 좌우합작 등으로 민족운동이 침체한 중에서 뒤숭숭한 때였다. 우리는 그때 제2의 삼일운동을 일으켜 세계에 충격을 주고 독립을 촉진하고자 작고하신 김구(金九) 선생이나 김성수(金性洙) 선생을 찾은 일도 있었으나 우리를 위한 경찰이 너무도 삼엄하였다. 그래서 중앙문화협회 문학가협회는 '문총(文總)'의 이름으로 중대한 기사(記事)나 시위 때마다 수천 수만 매의 삐라를 안국동에서, 종로에서, 서울운동장에서 살포하기도 했던 것이다. '문총(文總)'의 간판은 '중앙문화협회'에 붙였다. 구 성업회관(成業會館) 현 해무청(海務廳)이 있는 건물이었다. 거기서 쫓겨나온 뒤부터는 명동 셋방살이를 떠났다. 겨울에는 화로에 숯불을 피우며 그야말로 창백한 인텔리의 손길을 서로 마주 잡고 그 간판을 놓치지 않았다. 오십 선거가 되자 영남 유세를 떠났고 정부가 수립되자 정부 기구 내에 문화부의 독립과 예술원의 창설을 재빠르게 제의하였으나 문화부는 문화국이 되고 말았을 뿐이다.

그때에 '문총(文總)'의 집결력(集結力)이 더욱 강해서 국회를 편달하고 여론을 환기시켜 우리의 제의가 성공되었더라면 오늘의 한국 문화계는 새로운 그리고 활기 있는 형태로 발전했을 것이다. 오늘 정부의 어느 적은 부처라도 억으로 계산하지 않는 곳은 없다. 문화부가 있어서 연 십억의 예산으로 운영된다 하더라도 국립극장, 국립촬영소, 영화금고, 출판금고 그 밖에 민간 문화활동이나 문화의 대외선전 문화인의 해외 진출 등 오늘에 비할 바 아닐 것이다. 일찍 눈을 뜨고 깨닫고서도 우리의 집단적 활동과 그리고 집단적 결합력이 부족했기 때문에 문화의 부진을 초래하게 된 것이다. 그후에 부산으로 임시 천도하였을 때 문화보호 법통과에 대해서도 알지 못한 것은 우리였고 통과된 법이 그런 꼴이 되었다는 것은 문화계에 종사하는 우리들의 불찰이었던 것이다. 그런 약점을 감출 수 없으나 그래도 '문총(文總)'의 이념은 어디까지나 결성되던 당시의 역사적 노선을 잊지 않고 한 걸음 한 걸음 전진하여 이미 지난 2월로서 십 주년의 역사를 짓게 되었다. 약한 것이 일시에 강하기는 어려우나 그때나 이때나 '문총(文總)'의 과제는 거진 다름 없어서 창설기의 취지에 있는 바와 같이 "신흥(新興)

하고 자주(自主)하기 위하여 정치의 위기와 경제의 위기와 문화의 위기를 동시에 체험"하면서, "고결한 지조와 청렴한 감수성을 가지고 민족의 피를 중심으로 추진되는 생의 약동 위에 선명한 지성의 문화를 창조하고 건설하고자 헌신"하여왔던 것이다. 십 년 사이에 일어난 그리고 실천에 옮긴 가지가지를 이 짧은 지면에 간단하게나마 다 쓸 수 없으나 1948년 여수, 순천, 반란사건 당시에 동지역을 답사하고 민족정신 앙양 문화인 총궐기대회를 개최하였고 뒤이어 6·25 사변이 터지자 '문총(文總)' 구국대를 조직하여 일선과 후방에서 활약하였으며 9·28 수복이 되어서는 반공문화인 총궐기대회를 열었고 1956년에는 '아세아반공자유문화협회(亞細亞反共自由文化協會)'를 제창하면서 6·25 반공지식인회의를 가졌으며 1956년에는 일본 용공정책규탄대회를 열었다. 1956년은 반공의거로 국제적 사건이 야기된 해로서 폴란드〔波瀾〕 포즈난에서 뒤이어서는 헝가리에서 반공 봉화가 일어났었다. '문총(文總)'은 포즈난에 격문을 보내었고 헝가리의 유혈을 위하여서는 가두시위를 감행하여 그것이 뉴스로 녹음으로 자유 아세아지역에 널리 급송(扱送)되고 소개되어 세계의 피는 한곳으로만 흐르는 것이 아니며 한 국부에서 흐르는 피가 전체에서 오는 것임을 외쳤던 것이다. 오늘의 세계에는 독립된 한 부분이 없는 것이다. 자유중국에서 한 노동자가 부당하게 피살되었을 때 그것은 곧 우리의 정의와 인도를 흔들어 놓는 것이다. 이것이 '동존(同存)'의식인 것이다. 공산주의와 민주주의 사이에 공존을 시론(試論)하는 추상론자들이 있는 반면에 오늘의 자유세계에는 검둥이의 팔다리가 불법하게 떨어졌어도 우리의 동존의식(同存意識)은 문화의식으로서 분발하는 것이다. 이것이 역시 '문총(文總)' 창립취지서에 있는 바와 같이 "세계의식이 자의식으로 심화되고 자의식이 세계의식으로 향하여 나가는 것"이다. 또한 그것이 '문총(文總)'이 닦아가는 지성인 것이다. '문총(文總)'은 이 지성의 길을 꾸준히 걸어왔다. 눈물겨운 일도 많았고 외로운 때도 적지 않았으나 한국에 있어서 집단의식이 민족적 양식으로 성장하여 결정되고 있는 곳이—그 중요한 토대의 한 부분이 '문총(文總)'이 아닐까. 나는 그렇게 보고 싶다.

'문총(文總)' 현재의 구성

1947년 '문총(文總)'이 결성될 때는 위에서 말한 '전조선중앙협의회(全朝鮮中央協議會)'에 대립 항쟁하기 위한 것이었다. 한국의 우수한 지식인, 예술인, 문학인들이 맥을 쓰지 못할 때 '문총'은 29개의 산하단체로서 구성되었다. 현재까지 남아 있는 것은 대한미술협회 하나뿐이라는 것으로서 십 년간 한국적 집단의 불건실성을 실증할 수 있는 것이다. '문총(文總)'의 경우에 있어서는 그 십 년간이라는 것이 일종의 과도기였다고 볼 수 있다. 따라서 현재 '문총(文總)' 산하에 있는 문화의 각 분야를 표시하는 단체들은 차츰 바탕이 잡혀지고 있으며 문화계라고 없을 수 없는 일부에 약간의 대립이 있다 하더라도 그것은 결국 '문총(文總)'이 민족정신의 역사적 방향으로 매진하는 한 거기에서 오랫동안 이탈될 수는 없을 것이다. 더욱 현재의 광범성과 포용성과 또는 금후의 발전성을 바라볼 때 그 형성력의 대세를 무시하려는 고의는 결국 하늘에 침 뱉는 우격밖에는 안 될 것이다. 참고로 '문총(文總)' 산하의 집결을 보면,

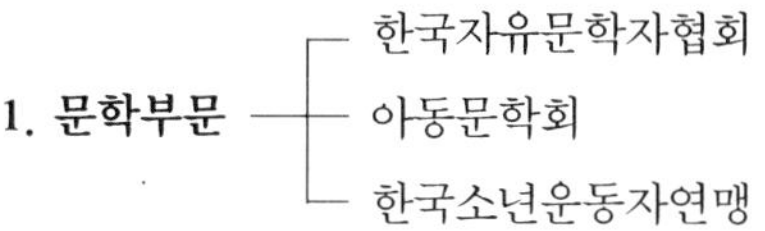

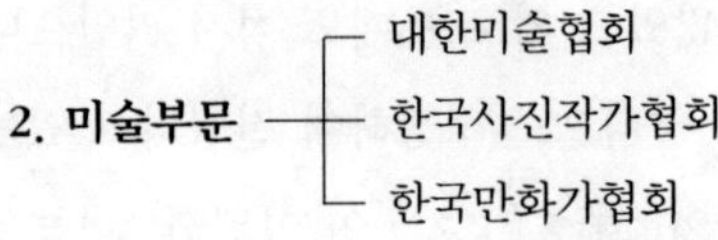

2. 미술부문 ― 대한미술협회
― 한국사진작가협회
― 한국만화가협회

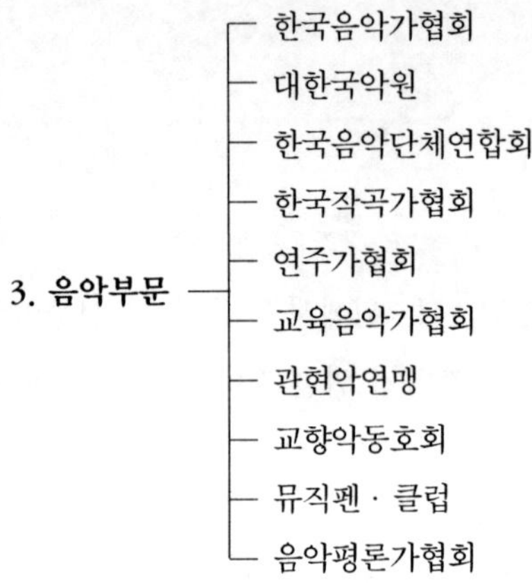

3. 음악부문 ― 한국음악가협회
― 대한국악원
― 한국음악단체연합회
― 한국작곡가협회
― 연주가협회
― 교육음악가협회
― 관현악연맹
― 교향악동호회
― 뮤직펜·클럽
― 음악평론가협회

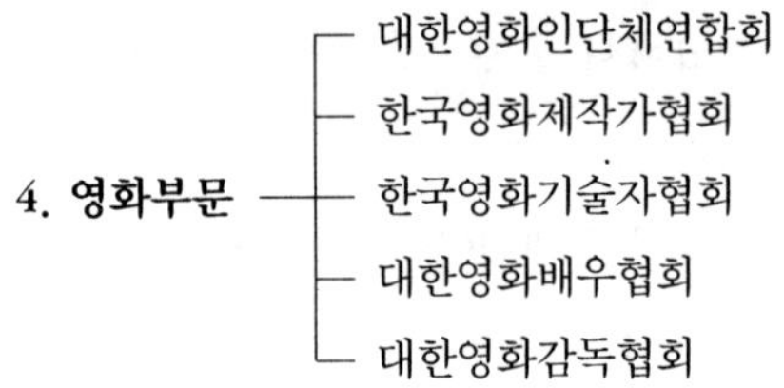

4. 영화부문 ― 대한영화인단체연합회
― 한국영화제작가협회
― 한국영화기술자협회
― 대한영화배우협회
― 대한영화감독협회

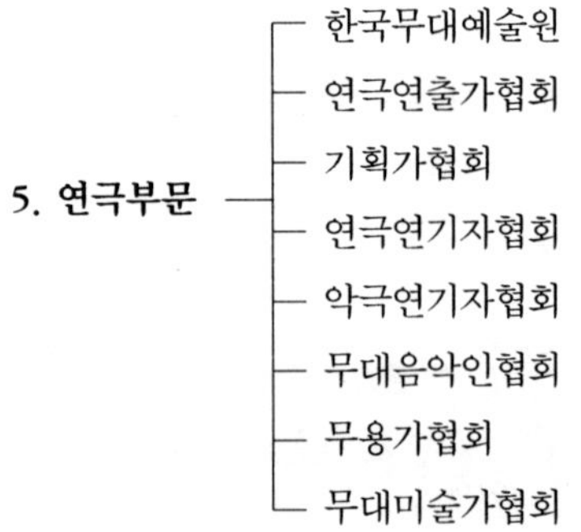

5. 연극부문 ― 한국무대예술원
― 연극연출가협회
― 기획가협회
― 연극연기자협회
― 악극연기자협회
― 무대음악인협회
― 무용가협회
― 무대미술가협회

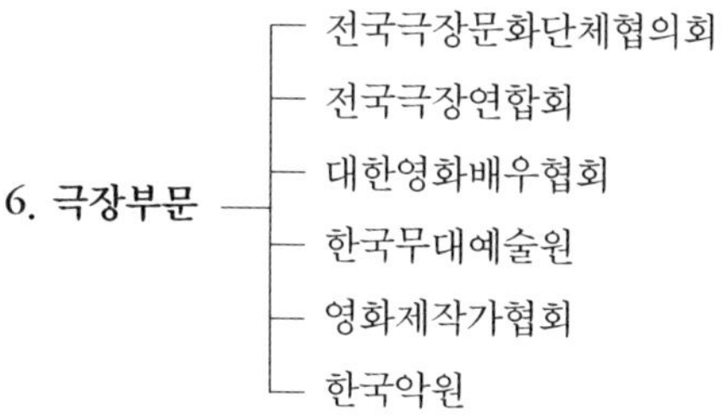

6. 극장부문

7. 출판부문 —— 한국잡지협회(시내21개잡지사)

8. 건축부문 —— 한국건축학회

9. 무용부문 —— 한국무용예술인협회

10. 어문부문 —— 한글학회

지방지부 — 18개소

진주지부 인천지부 제주지부 대전지부 밀양지부 안동지부 부산지부
대구지부 마산지부 함안지부 경주지부 전주지부 광주지부 수원지부
강화지부 청주지부 충무시지부(통영) 북한지부

이 윤곽(輪廓)은 과연(過然)한 것도 아니요, 적은 것도 아니다. 물론 산하 단체 중에는 미약한 것도 있고 더욱 지방지부(地方支部)는 5, 6개를 제외하고는 중소도시와 농촌의 부진으로 말미암아 활개치 못한 것도 사실이나 동력을 거는 날이면 언제나 움직일 내부적인 정열을 가지고 있다.

앞으로 '문총(文總)'의 기획 중의 하나는 산하단체와 지방 지부의 강화에 있다. 일시에 전부를 강화할 수는 없다 하더라도 중점적으로 또는 연차적으로 강화하는 날 문화의 각광이 점진적으로 전국을 비추게 할 때가 올 것이다. 동시에 이와 같은 집단적 노력은 한국적 성격 형성에 역사적 공헌을 하게 될 것이다. 우리의 근시안적 단려(短慮)는 항상 역사를 먼 데서만 보고 가까운 것을 무시하는 경향이 있다.

그러나 역사는 등한한 자들이 보지 못하는 중에 안하에서 이루어지는 수가 많다. 전역사를 통하여 문화의 전면에 걸쳐 오천 명의 문화인이 분야적 집단 형성을 이루고 공동된 그리고 종합된 목표를 향하여 역사적 요청에 따라서 움직인다는 사실은 전례에 드문 결코 과소평가될 일이 아닌 것이다. 시대적인 혼란은 일 개인의 처신도 어렵게 하고 있다. 말썽꾼들의 공론은 자신의 표리만은 갖추고 있다. '문총(文總)'은 그들의 공론 앞에 다 들어내어도 기대되고 선약된 것을 다시 찾으려 하고 있을 뿐이다. 그것은 근원관념에서 의식된 것이기 때문에 태만이 없고 또 쉬지 않는 것이다. 이제 모든 것은 차츰 새로워져야 하고 새로이 파악되는 것은 신생의 의미를 전개해야 한다. 역사의 과정에 있어서 오늘의 집단성은 그렇게 인식됨으로서 집단적 사회적 위치를 차지하게 되는 것이다. 그러므로 집단은 개인간의 시대적 상황보다도 더욱 시대를 측정하고 도량하는 기상대이기도 한 것이다. 나는 '문총(文總)'이 오늘 불리한 조건하에서나마 그러한 위치에 있고 또 있어야 하는 동시에 '문총(文總)'을 구성하는 광범한 집단적 분야의 역할이 그러한 의미를 실현해야 할 줄로 안다.

'문총(文總)'의 현재적 행동성과 문화계의 환경

현재 한국의 문화계는 누구나 이구동성으로, 부진 상태에 처해 있다고 한다. 그런 중에 만일 '문총(文總)'마저 없다면 어느 누가 집단을 대신하여 문화계를 위한 발언과 때로는 투쟁을 할 것인가? 사실 어느 개인에게도 그렇게 광범한 것은 기대할 수가 없다. 그러나 헐벗었어도 산 기구로서의 '문총(文總)'의 기능은 단순한 것에 그치지 않고 있다. 문화회관 하나가 문화의 환경조성에 얼마나한 의의를 가지는가에 대하여 창작가들은 무심히 지내고 있을지 모른다. 국립극장이나 국립촬영소에 대하여 자기 작품의 근본적인 권리인 저작권 법안에 대하여 국산 영화의 면세와 외화 수입 제한에 대하여 또는 문화정책의 수립에 대하여 과연 어느 누가 구상하여 건의하였던가? 사육신의 정신을 현실에서 찾고자 한 것도 '문총(文總)'이었다.

한국에는 해방 전보다 몇 갑절의 시인과 소실가와 평론가가 대두되었다. 그들의 지은 글만을 읽고 우리는 안주할 수가 없다. 좀 많이 쓰고 좀 적게 썼다는 것 정도 이상으로 국가에 대한 생각이나 통일에 대한 생각이나 문화에 대한 생각을 잊어버리고 그들의 작품에 공손히 헌신할 수는 없으며, 그들 자신도 또 그렇게 대망해서는 경솔할 것이다. 그들의 작품적 가치는 반드시 전선에서 이름 없이 쓰러진 병사의 생명보다 더 소중한 것은 아닐 것이며 그로 말미암아 우리의 민족사활이나 통일에의 이념을 반드시 결하는 것도 아니다. 나는 이렇게 말하고 싶다. 순수를 구호하는 작가들이여 그대들의 시간과 정력을 집단 때문에 손상시키지 않을 터이니 우리가 먹고 살 정신적 양식을 제조하여 생명의 빵처럼 공급하여보라고…… 우리들은 시간과 정력의 낭비를 아끼지 않으면서 그대들이 보다 낳은 현실에서 보다 좋은 고료로 보다 더 순수한 작품을 지을 환경을 만들기에 대마(大馬)같이 일할 터이니…… 그대들이 더 위대하다 하더라도 위대하지 못한 자의 의의만을 발견해야 한다. 그대들도 역시 위대하지 못한 자와 함께 무덤 위에 서 있는 것만은 사실이다. '문총(文總)'은 이런 위치에 있다. 그 불행한 위치에서 일례를 들면 10월 '문화의 달' 같은 것도 설정하고 민중에게로 밀고 나가고 있다. 그것은 모든 그대들과 그대들을 계승할 자를 찾아내는 일종의 호소인 것이다. 그것도 마치 어린이날이 어린이를 알게 한 것과 같은 창의에서인 것이다. 한국에서 문화의 각 분야의 발전을 위하여 매주 매월 한자리에 모여서 각 분야의 실정을 듣고 이를 검토하여 그것을 종합하여 건의나마 하고 있는 곳은 단 하나의 기구가 있을 뿐이다. 중앙에서 그것이 논의되고 진주와 제주와 광주와 인천 등의 도시에서 문화의 등불이 켜지는 사실에 맹목해서는 안 된다. 그런 점에서 본다면 한국의 각성은 문화에서 와야 한다. 정치도 경제도 그 토대 위에 서야 한다. 모든 국가나 민족의 인상은 문화에 있다. 문화의 접촉이 전연 없는 부분적 현실이 한국에 있다는 것에 상도할 때 그 부분을 손쉽게 베어버릴 수는 없는 것이다. 이 빈곤한 문화적 환경은 현실적인 역군을 요구하고 있다. 문화는 인간과 관계되고 또 인간에게 관계시켜야 한다. 더욱 '유네스코'의 노력과 관심은 문화운동을 세계적 관점에서 급진적으로 추진시키고 완성시키려 하고 있다. 외국 것은 존중하며 자기 것을 경시하는 이 못난 자리에서도 뭉친 것이 깨졌으면 하는 자가 있다. 이북 괴뢰들은 남한에 있어서의 문화의 투쟁 대상으로 '문총(文總)'을 삼고 있다. 정당하게 본다면 남한에서 북한 작가동맹과 싸울 유력한 조직체로서는 '문총(文總)'의 육성밖에는 없다. 그러하므로 국민의 문화적 환경을 정비하며 따라서 힘으로서의 문화 건설이 이루어질 것이다.

'문총(文總)'과 금후의 전망

아무리 개인 본위의 문학자나, 예술가라 하더라도 적어도 남북통일까지는 '투쟁'인 것을 알아야 할 것이다. 여하히 우수한 두뇌와 강한 심장이라 하더라도 적에게 무릎을 꿇지 않는 한 지하에 숨어 허덕였던 것이다. 그것이 민족적 교훈이었던 것을 개인이라고 해서 잊을 수는 없을 것이다. 우리가 지금 바라고 있는 것이 우리의 생존을 위한 최선의 것이라면, 그것이 역사적 명제가 되는 동시에 우리의 최대 의욕이 되어야 할 것이다. 그것이 어디서 올 것인가? 여기서 집단적 현실이 구상되는 것이다. '문총(文總)'은 문화의 분야에서 그 의욕의 실현에 대한 가능을 연구하는 기능인 것이다. 그러므로 통일을 이룩할 때까지 또 통일을 이룩한 뒤에도 민족 동존의 구상자가 되어야 하며, 정신과 문화의 육체화는 큰 의무를 담당해야 할 것이다. 미래는 오고 있다. 책임 있는 자는 예견한다. 또 뚜렷이 예견했던 것이다. 그뿐만 아니라 앞에 있은 혼란이나 뒤에 오는 불안도 역사적 견지에서 의식하는 것이다.

야스퍼스는 사천 년보다 더 오랜 고대 애급(埃及)의 고문서에 기록된 사실이 이미 일어났다고 지적하였다.

약탈자가 도처에 있다…… 밭을 갈 수가 없다. 자기의 토지에 무슨 일이 생겼는지 모른다고 한다. ……지상엔 추악한 것이 있다. 흰옷을 입은 자는 하나도 없다…… 노소가 다 소생시켜줄 수 없을까 한다…… 사람은 굶어서 도야지가 먹은 찌꺼기를 훔친다…… 관청의 문은 닫혔다. 능록대장은 빼앗기게 되었다…… 관리는 한 사람도 제자리에 있지 않다…… 예술가는 누구도 말하지 않는다…… 소수를 멸망시킨 것은 다수자이다. 그들은 아무것도 가지지 못했으나, 보물만은 소유하고 있다. 귀인들은 그들을 칭찬하고…… 그들은 신에 대하여 아무것도 모르지만, 남의 젖을 신에게 올린다…… 모든 사람에겐 파렴치가 시작되었다…… 인간 되는 일이 끝나고 이제는 임신과 출산까지 없어져서 슬프다. 대지는 소란하다가 침묵하고 투쟁은 어서 없어졌으면 하고 있다.

이것이 반만년 전에 무슨 현실이고 어떠한 역사적 사실인지는 모르나, 야스퍼스는 세계적 인식에서 오늘의 사실로 의식했다. 한국 역사 사천 년 후의 후예로서 고대 애급의 문헌적 기록에 의하여 간담이 서늘해진다. 그런 문화의식은 선행된 불길한 사실들을 예방해야 한다. 토인비는 성쇠의 사실을 이십여 개의 단계로 나누어 쇠퇴에서의 부흥은 종교적 정열에 있다고 하였다. 종교가 아니라 일반적 신념이라도 좋다. 피닉스는 오백 년에 한 번씩 낡은 몸을 태워버리고 새로운 털, 새로운 생명으로 소생한다. 한국에는 종교의 형태가 몇 개 있으나, 가장 위대한 신념은 문화와 그 전통이다. 지금은 옛날이다. 발달된 세계적 범주에서의 문화의 장르가 서울에 모여들고 있다. 그것이 집단화하는 과정에 있다. 그것은 견마처럼 일하거나, 거지처럼 벽돌을 쌓지 말자는 정신에의 작용인 것이며, 일반적인 요구인 것이다. 동시에 그것은 다른 사람들의 합리에 억압되지 말자는 저항이기도 한 것이다. 그것은 타의 전기적 장치 속에 희생되지 말자는 외침이기도 한 것이다. 미래에의 길을 다른 사람에게 빌지 말자는 의미이기도 하다. 이것이 한국 문화운동의 현실적 과제가 아닐까. '문총(文總)'은 이 과업을 문화계의 단결과 총의로써 실천에 옮겨야 할 것이다. 문화의 행동성이 자체의 내부에서 앙양될 그때, 그것은 정신적 공공성으로 나타날 것이며, 금후에도 삼백 년 후의 패배나 사천 년 후의 혼란이 있어서 안 될 것을 경계해야 할 것이다.

그것은 우리에게서 아직도 상대(上代)가 소멸되지 않은 것처럼 미래가 파멸되어서는 안 될 것이다. 동시에 우리의 현재가 장차 어떠한 과거가 될 것을 지나간 과거를 평가하는 방법으로서 알아야 하는 일이 '문총(文總)'의 두뇌와 심장에서 예고 예시되어야 할 것이다.

해방 4년의 문화계 회고
── 해방 후의 문화운동 개관

해방 약 9개월 전에 출옥하니 문화의 중심지 서울은 실로 완전히 변하다시피 되었다. 4개년 동안 움직이는 사회의 구경을 하지 못하고 지내온 나의 안목에는 음식 사 먹는 절차가 바뀌일 뿐만 아니라 생각하는 방법과 살아가는 풍속까지 일변하여 어찌 보면 외국 거리에 표연히 나타난 듯한 감도 없지 않았다.

게다가 서울 거리에는 그 전에 익숙한 문인들의 자태는 거진 없어지고 유일한 신문 총독부의 기관지 매일신보(每日申報)에서 붓을 움직이는 필객들과 '문인보국회(文人報國會)'에서 각 방면으로 일본제국에 충성 봉사하는 일군의 문인들만이 가끔 거리에서 보였을 뿐으로 문필천하는 마치 일본 필인(筆人)과 일본 정신(日本精神)을 찬양하는 것으로써 당당하였다.

비록 일본제국주의하에서나마 문단만은 그래도 가장 변절없이 침착하게 걸어 나온 것이었으나 4년 동안에 서울 문단은 그만 없어져버린 듯한 감이 없지 않은 중에서도 감정과 정서의 가장 단적 표현인 시가 황국신민 됨을 찬가하고 있는 풍경에는 실로 놀라지 않을 수 없었으나 그렇다고 누가 감히 말할 수 있었을 것인가.

해방의 종소리를 들으매 그 종소리가 경종도 되려니와 벽력도 되었던 것이다. 그리하여 8·15 그날부터 정치와 경제계가 만고에 다시 없을 활기를 띠고 애국자와 독립운동자의 사태가 벌어지고 하룻밤에 수천 정당 사회단체가 족출(簇出)하는 판국임에도 불구하고 문단의 경기가 자못 소소한 바가 있었으니 서울에 그냥 머물러 있어 총독부 기밀비를 받아 술을 사먹고 그 화폐 조각으로 미친 듯이 구두를 닦던 '황국문인'들은 차마 정치와 같이 떠들 수 없었고 양심과 절조를 마지막 민족의 자원으로 삼던 문인들은 교통 기타 여러 가지 혼란된 사정으로 서울로 달려 올라올 수 없어 해방 직후의 문인의 활동은 다른 단체에 비하여 자못 침체한 감이 없지 않았다. 그리하여 얼마 후 '조선문화건설중앙협의회(操船文化建設中央協議會)'가 탄생하였으나 명칭 그대로 문화전역에 걸쳐 중앙 협의의 기관인 이 협의회는 아무런 전체적 회의도 없이 임화(林和), 이원조(李源朝) 몇몇 사람들이 길다란 삐라에 굉장한 조직체계를 벌려놓았으나 실상은 자기들 몇몇 사람들이 자기들 자의로 영도자의 자리에 앉아 영도권을 장악하였던 것이다. 이렇게 자기들 끼리 조선 문화의 전반적 협의기관을 만들고 또 자기들끼리 영도권을 독점하고 방방곡곡에 삐라를 살포하여 자가선전하는 그 불순한 동기에는 나 자신 자못 불쾌하기도 하였으나 정당이 족출하고 단체가 난립하는 혼란 중에서 문화인들만은 이 혼란을 극복하고 통일된 기관 아래에서 민주체제를 세워나가야 되겠다는 생각으로 나는 무조건하고 '문화건설중앙협의회'의 일원(一員)으로서 동 협의회(同協議會)를 지지하려 하였던 것이다. 그러나 그렇게 나가는 동안에 동 협의회의 독재성에 대하여 문단 혹은 일반으로부터의 비난이 차츰 성숙하고 있었다는가 하면 한편으로는 임화(林和), 김남천(金南天)군 등에 대한 불만으로 소위 프롤레타리아 문학 일파가 이 협의회에서 분열 공작을 일으켜 탈퇴하고 프롤레타리아 문학단체를 따로 만들었으니 '문화건설 중앙협의회(文化建設中央協議會)' 간부로서는 이것이 큰 두통이요, 자기들에 대한 불쾌한 병이었다. 그리하여 이것을 합동하려는 것이 당시 그들의 당면 임무로써 나도 초청을 받아 합동공작위원의 한 사람으로 되었을 때 나는 임화군에게 탈퇴한 이유가 무엇이냐 하고 물으니 임군은 자못 어색한 기분으로 우리를 민족주의 문인이라고 배척한다는 것이다. 일제시대에 음으로 협력한 그로써 해방 후 좌익 문인 행세를 하려는데 우익 문인이라는 레테르를 천하 문인들에게서 받게 됨에 억울하였던 것같이 지금도 기억된다. 프로파와의 교섭위원으로 5인이 지명되었으나 나는 당시(當時) '중앙문화협회(中央文化協會)' 관계로 교섭위원은 거부하였으나 나오지 않아도 좋다는 양해하에 수락하였던 것이다. 그후 교섭 전말에 대한 아무 보고도 없이 신문지상의 보도로 '조선문화건설중앙협의회(朝鮮文化建設中央協議會)'는 발전적 해소 인지는 몰라도 일조에 '문학가동맹(文學家同盟)'으로 되어버리고 말았다. 나는 깜짝 놀랐기도 하고 또 기이한 생각도 없지 않았으나 '조선문화건설중앙협의회'는 창설 당시부터 일차의 전체적 회의도 없이 그냥 몇몇 사람들의 자의 자행으로 말미암아 없어지고 말았다. 이 '문학가동맹'이 어떻게 결성되었는가 하는 비밀은 '조선문화건설중앙협의회'의 결성과 해소와 마찬가지로 우리에게는 알 수 없는 과정을 밟게 된 것이겠지만 '조선문화건설중앙협의회,' '외국문학위원회(外國文學委員會)'의 위원인 나로 하여금 '문학가동맹'의 외국문학위원회 위원장으로 기용한 것이 라디오로 방송되었을 때 나는 다시금 놀라운 생각을 가지지 않을 수 없었다. 나는 당시 '중앙문화협회(中央文化協會)'의 일로 시간도 없었지만 이 '문학가동맹'에 대해서는 차츰 냉정한 비판적 태도를 가지게 되었다.

그후 이 문학가동맹원(文學家同盟員)들은 진영을 더욱 확장하고 강화하여 조선문화계에 군림하려는 의도로서 '전국문화단체총연맹(全國文化團體總聯盟)'을 결성하게 되었으니 '문학가동맹' 이후로 '문화단체총연맹(文化團體總聯盟)' 결성을 계기로 그들은 당시 파죽지세로 나가던 '민전(民戰)'의 지령하에 완전히 움직이게 되어 문학 혹은 문화는 정치공작의 일 보조기관이 되고 말았다. 이것은 그들의 과오가 아니요, 그들이 숭상하는 나라의 철칙에 복종한 것에 불과하였으나 그들의 조선 문학계에 주는 영향과 외국에 주는 여론적 영향은 심대한 것이 아닐 수 없었다. '문학가동맹'을 중축으로 하여 '연극동맹(演劇同盟)'이니 무슨 동맹이니 함으로써 문단의 의사를 전반적으로 대표하고 '문화단체총연맹'으로서 전국 문화계의 전체 동향을 표시하는 듯한 감을 주었다. 여기에서 우리로 하여금 제일 골치를 앓게 한 것은 이면으로 '미국제국주의(美國帝國主義)'라고 공격을 쉬지 아니하면서 표면으로는 군정 미국인이나 기타 관계자를 찾아다니며 자기들이 조선 문화를 대표한 자요, 자기들의 의견이 민주주의라는 온갖 모략을 다한 것이었다.

대체 문화의 정세가 이렇고 보니 실로 '문학가동맹(文學家同盟)'과 '문화단체총연맹(文化團體總聯盟)'이 조선 문화를 대표하는 듯한 현실감을 주게 되었다. 문화가 민족이나 국가의 생명체라고 한다면 이것은 큰 변이라 아니할 수 없을 뿐만 아니라 민족정신상 큰 위기를 초래하는 것이요, 신생국가의 장래의 화근이 이에서 더 클 바가 없을 것이다. 그리하여 '중앙문화협회(中央文化協會)'를 중심으로 한 민족주의 진영 문인들이 이 문화적 위기와 혼란을 극복하고 저 총궐기하여 결성한 것이 '전조선문필가협회(全朝鮮文筆家協會)'이니 이 '문필가협회(文筆家協會)'는 공산계열의 정신적 침략에 대한 조급한 방어였으니 '문필가협회'의 결성에 미급한 점이 있었고 결성 후 재정상 관계로 이렇다 할 업적을 남기지 못하고 유야무야 중에 있었으나 좌익 문화진영이 조선 문화의 전체를 대표하는 듯한 판국하에 어느 우익 문인 하나 큰소리 못할 당시에 비추어 오백 명 가까이 이름을 나열한 '문필가협회'로 말미암아 민족주의 정신은 죽지 않았고 왜정하에서는 연면히 흘러내려온 그 정신이 민족의 위기마다 지하의 샘같이 솟아 나온다는 것을 증명하는 것이었다. 당시 혹자는 놀램과 기쁜 어조로 민족 진영에도 이렇게 문인이 있는가 하는 한편 좌익 진영에의 충격은 심대한 것이었다. 이 위세는 뒤를 이어 '청년문학가협회(靑年文學家協會)'의 젊은 정열을 집결시켰고 전국문화단체총연맹(全國文化團體總聯盟)에 대항하는 투쟁체제로서 1947년 2월 '전국문화단체총연합회(全國文化團體總聯合會)'를 결성하여 민족 진영의 문화적 종합체를 이루게 된 것이다.

이 '문화단체총연합회(약칭 '문총')'가 결성된 이후 그들이 걸어온 경로는 여기에 일일이 들 수도 없고 또 들려고 함도 아니나 오늘 대한민국의 건국 초석 아래 이미 그들의 헌신적 투쟁과 공헌의 씨가 뿌려졌음을 우리는 크게 평가하지 않을 수 없으며 혹시 세상의 비평이 '문총(文總)'이 정치운동을 한다는 말도 있으나 오늘 세계의 대세로 보아 정치와 문화는 검은 것과 흰 것같이 선을 그어 놓은 것이 아니요, 아무리 문화의 고고한 자라 할지라도 우리의 생존에 관계되는 정치공작이 국제기구를 통하여 쉬지 않고 진행되고 있는 이때에 어찌 정치에 무관심할 것이며 가령 '반탁'이나 '총선거'나 '남북통일' 투쟁군(鬪爭軍)을 어찌 정치적 공작으로만 인식할 것인가.

정치의 인식과 마찬가지로 문화의 인식도 현실의 규정을 다분히 받는 것이다.

여기에서 '문총'의 당면 임무는 첫째로 매국 문화진영에의 쉬지 않는 투쟁이요, 둘째로는 민주과업을 수행하기 위한 문화적 계몽운동일 것이니, 후자는 민족 전체에 대한 광범한 역할이요, 전자는 작년 12월 27~28일 양일에 걸쳐 시공관에서 개최된 '전국문화인총궐기대회(全國文化人總蹶起大會)'의 취지와 결론에서 그 행동강령을 엿볼 수 있을 것이니 민족의 안전과 민족의 영예를 위하고 국토의 영원한 보전을 위하여 영원히 계속되는 정신적 생산을 실현하여야 할 것이다.

동 대회의 모든 건설적 이념과 당면 과업을 여기에 재록함이 가장 가치 있고 참고될 것이다. 지면의 제한을 이미 많이 넘었음으로 미비한 이대로 해방 후의 문화운동의 개관을 삼는 바이다.

문학과 현실

문학은 작가의 개성을 통하여서의 사회와 시대와 생활에 대한 창조적 표현일 것이다.

어떤 시대에는 문학은 자연을 묘사하고 인생을 창조하려 하였고 또 어떤 시대에는 현실을 있는 그대로 재현하려 하였고 또 어떤 시대에는 현실을 비판하고 개조하기 위하여 사상의 각도를 날카롭게도 하였다.

물론 문학자 가운데는 개성이나 혹은 생의 순수한 영내에 숨어서 시대나 사회의 적극적인 요구에 불감하는 태도를 견지하면서 예술을 위한 노력을 보다 더 심화시키는 사람도 있고 혹은 과거에 창조되어 이미 높이 평가된 광휘 있는 세계만을 최고의 이상으로 삼아 그와의 교섭만을 유일한 문학 행동의 생명으로 여기고 정진하는 — 말하자면 자기가 살고 있는 현실이나 시대를 잊어버리고 다른 시대에 사는 사람도 있다.

그러나 인간은 그 태동기로부터 인간적 본능의 사회적 교섭에서 출발하여 다수한 인간군으로서 형성된 광범한 사회에 탄생함으로 말미암아 객관적 제약을 현실적으로 받게 되매, 그 견문과 학습과 교양이 모두 다 사회를 벗어날 수가 없을 뿐만 아니라 나아가서는 자기와 다른 사람과의 사이에 엄격한 구별조차 하기 어려울만치 일반적이요, 사회적이다.

그러나 이 사회성·일반성은 선천과 유전과 혹은 개성으로 말미암아 자유롭게 비판되고 섭취되면서 가치의 창조에 기여한다. 이 개성의 내부에서 성숙되는 사회와 개성의 외부에서 형성되는 사회와의 사이에 모순과 갈등이 없는 동시에 건실한 생존에의 의욕이 자유롭게 발전하여 인류공존의 이념으로 향할 때 비로소 평화가 있고 문화의식이 현실로서 건전하게 발달할 수가 있고, 또 그것이 역사적 성격 혹은 주체적 성격으로 나타날 때 강권에 의거하는 사대사상과 환경의 지배에 복종하는 기회의식을 극복하고 개인과 사회와 민족과 세계의 복리를 위한 목적에의 통일이 달성될 것이다. 여기에서 우리는 일찍 괴테가 말한 바 "획득된 일정한 독립성을 잃어버리지 않는" 개인적 사회적 내지 민족적 자아의 성격을 수립하게 된다. 그렇지 않고 만일 주체 없는 개인이 있고 그 조합으로 구성된 사회나 대중 혹은 민족이 있다면 이는 실로 '지나가는 그림자'를 쫓아다니는 허수아비에 지나지 못할 것이요, 신성한 권리와 의무에의 요구가 타율적인 통치의 산하에서 억제되고 유린될 것이다. 그러므로 자기의 자신을, 자기의 사회를, 자기의 민족을, 자기의 국가를 살리고 사랑하고 또한 건실하게 한다는 것은 세계와 인류에 대하여 그 이성을 함께 하는 동시에 그 유기적 연대성을 공존의 의식과 발전 중에서 찾아내는 것이라 할 수 있으니 이는 마치 종기를 낮게 하여 전신의 발육에 장애가 없이 하는 바와 같다. 그러므로 산 과거를 가지고 산 현재를 가지고 산 미래를 가지려는 개인이나 사회나 민족이나 국가는 이미 버크가 지적한 바와 같이 "현재에 사는 자로서만의 결합이 아니고 현재에 살고 있는 자와 이미 죽은 자와 이제로부터 탄생하려는 자와의 결합"에서 창성(創成)되어야 할 것이다.

여기에서 문화 현상의 하나로서 문학이라는 것이 그 소극적 안정성을 떠나서 사회적 민족적 혹은 시대적 성격을 띠고 소여(所與)의 사회적 민족적 내지 시대적 임무를 수행하려 할 때 역시 다른 모든 정신의 과학과 함께 그 위요(圍繞)된 각자의 환경의 제약에 따라 온갖 고민의 체험을 거듭하면서라도 정치의 해방과 동시에 개인의 자유를 획득하고 동시에 문화의 창조를 민족적 형상화에서 밝혀야 할 것이다. 이것은 문학의 다양한 취재와 이념의 자유를 구속함이 아니요, 현실에서 생산되는 문화 기능의 일 분야로서 문학이 자체에 부과된 민족적 사명을 수행하려는 데서이다.

그러면 이제 우리의 문학은 오늘의 세계적 전환기에 있어서 무엇으로서 그 문학의 동기를 삼아야 하고 또 어떻게 그 행동을 규정하고 실천하여야 할 것인가.

지금, 우리의 현실에는 거진 반세기 동안 모든 미덕과 전통과 권리를 빼앗겼던 자연적인 자연과 해방에서 다시 해방을 부르짖는 진보적인 자아가 있는가 하면 서로 해방의 해석을 달리하는 소위 민주주의의 연합국이 건국에 장애가 될 뿐만 아니라 민족의 분열과 상극을 강력히 조장하고 있다.

그러면 문학은 이 냉혹하고 엄연한 사실에 대하여 무엇으로 답하여야 할까. 나는 이 제한된 지면에서 그 세목과 조항을 들고자 함은 아니나 여기 엄숙한 일개의 사실이 있으니 군복을 아직 벗지 아니한 외국이 있다는 것이다. 이북에 소련이 있어서 민족의 비애를 자아내고 이남의 거리에 미국과 흑인이 서 있다. 세계를 제패한 그 태연함과 종속된 자의 모습을 보라. 이제 조선은 어데로 가나? 한갓 조선 문제 뿐만이 아니고 동양의 문제 아세아의 문제가 여기에 있지 않을까? 일찍 로즈베리 씨 왈 "신(神)은 우리에게 세계 제패의 권리를 주셨다"고 하였다. '구라파의 몰락'을 외칠 때 '빛은 동방(東方)으로부터'라고 누가 답했

다. 그러면 조선의 빛은 어데서 오는가? 소련서 오는가, 미국서 오는
가? 계급의 문제도 부일 협력자 문제도 다 크다. 그러나 그들과 그대
가 한 사슬을 차고 있을 때 그대는 그대의 적은 문제 한 개를 풀 수 있
었든가? 문학이여 대답해보라.

수필문학(隨筆文學) 소고(小考)

수필이란 글자 그대로 붓 가는 대로 써지는 글이다. 그러므로 다른 문학보다 더 개성적이며 심경적(心境的)이며 경험적이다. 우리는 오늘까지의 위대한 수필문학이 그 어느 것이나 비록 객관적 사실을 다룬 것이라 하더라도 심경에 부딪치지 않은 것을 보지 못했다. 강렬하게 짜내는 심경적이라기보다 자연히 유로(流露)되는 심경적인 점에 그 특징이 있다. 이 점에서 수필은 시(詩)에 가깝다. 그러나 시 그것은 아니다.

우리는 시를 쓰려 한다, 소설을 지어보려 한다, 혹은 희곡을 만들어 보고자 한다. 그러나 우리는 그때 그 어느 것이나 함부로 달려들려는 무모한(無謀漢)은 아니다. 동일한 작자면서도 그 태도가 서로 다르다. 시는 심령이나 감각의 전율된 상태에서, 희곡과 소설은 재료의 정돈과 구성에 있어서 과학에 가까우리만큼 엄밀한 준비에서 시작되는 것이라고 생각하고 보면 수필은 달관과 통찰과 깊은 이해가 인격화된 평정한 심경이 무심히 생활 주위의 대상에 혹은 회고와 추억에 부딪쳐 스스로 붓을 잡음에서 제작되는 형식이다. 제작이라고 하나, 수필에 있어서는 의식적 동기에서가 아니요, 결과적 현상에서이다. 다시 말하면 수필은 논리적 의도에서 제작된 일은 없다. 수필은 써보려는 데서 시작되어 써진 것이다. 어느 작가가 소설이나 희곡이나 시를 써보려는 한가로운 마음에서 쓸 것인가. 그것들은 작가에게서 의식적으로 제작되었다. 진실로 제작되었다. 그러나 수필은 한가로운 심경에서의 시필(試筆)쯤에 그치는 본성을 가지고 있다. 정확하게 말하자면 수필은 수필되었다고 하고 싶다. 그러므로 희곡이 조직적·활동적이요, 시가 운율적·정서적이라면, 수필은 진실한 태도에서 인생을 관조하는 격이라고 비유할 수 있을 것이다. 이렇게 걷잡을 수 없으면서, 그래도 어딘가 한 줄기의 맥(脈)이 있다. 그것이 위대한 정도에 따라서 더욱 그렇다. 우리는 사람의 기분이란 어딘가 무책임하게 기복하는 듯함을 느끼면서, 그 이면에 인격이라는 그림자가 숨어 있음을 본다. 한 개의 영혼 위에 얼마나 많은 기분이 노는가. 이 기분을 무시하여버리면 수필은 또한 같은 운명에서 무시될 것이다. 그러나 현명한 사람은 기분의 배면(背面)에 있는 영혼의 존재를 망각하지 않는다. 사람은 누구나 좋은 기분에서 살 필요를 느낀다. 또한 살고자 희구도 한다. 그것은 영혼의 환경인 까닭이다. 이와같이 수필에는 기분 가운데서 고백되고, 어둠 속에서 흐르는 광선 같은 맥이 있다. 여기에 소설이나 희곡같이 짜이지 못하면서도 빛나는 경지가 있는 것이다.

문학의 형식에서 보면, 수필에는 소설이나 시나 희곡에서 보는 바와 같은 어떤 완성된 폼이 없다. 단편소설을 제작하려면 우리는 적어도 애드거 앨런 포우나 안톤 체홉이나 혹은 모파상에게 잠시라도 사숙(私淑)하여야 하겠고, 시나 희곡을 지으려면 괴테나 셰익스피어나 혹은 입센 등에게서 그 완성된 폼을, 비록 모델로 삼지 않는다 할지라도 한 번 살펴볼 아량쯤은 있어야 하겠지만, 수필에 있어서는 그 형식을 구하거나 참고하려고 찰스 램이나 해즐리트를 찾을 필요성까지는 없을 것 같다. 가장 아름다운 수필을 찾아 우리의 문학적 항심(恒心)을 만족시키며 영양(營養)시키려는 점은 찬(讚)하여 마지 아니할 바이나, 그 형식의 섭취에 구속될 바는 없는 것이다. 오직 우리는 사로잡히지 않는 평정한 마음에서, 마치 먼 곳 그리운 동무에게 심정을 말하려는 듯한 그러한 한가로운 듯한 붓을 움직여서, 무의식한 가운데서의 단성(丹誠)으로 한편의 문장을 써내면 그것은 수필이 될 것이다. 잘되었으면 훌륭한 창작으로서의 문학에까지, 못 되면 잡문에까지 상하의 단계가 지어질 것이니 그것은 문학으로서의 소설·시가 있음에 비하여, 흔히 문학 아닌 소설이 있고 시가 있음과 마찬가지일 것이다.

그러므로 형식으로서의 수필문학은 무형식이 그 형식적 특징이다. 이것은 수필의 운명이요, 또한 성격이다.

한 시대나 한 세기의 소설·시·희곡은 내용이나 형식으로 보아 객관적으로 몇 가지의 주류에 분류하여 논할 수 있다. 그것은 시대사조나 사회의식에 연결되어 발전·쇠퇴하는 특징을 가진 문학 형식인 까닭이지만, 수필에 있어서는 그 성쇠 기복이 시대적 제약에 의거한다고 간주하기보다 오히려 생활 단면에 부딪치는 까닭에 그렇게 커다란 조류와는 비교적 관련이 적게 자라간다고 할 수 있다.

일시에 준비된 의식이나 사상의 눈을 떠나서, 가을밤 무심히 잡은 펜이 그 유래와 아름다운 가지가지의 서정을 느끼는 대로 쓸 수도 있겠고, 어색한 악수의 풍경에 나타난 세정을, 혹은 사소하나마 매력 있는 제목을 붙잡고 시종이 없을 듯한 기분으로 표현 향락할 수도 있겠고, 혹은 야시(夜市)의 풍경에서도 흥미진진한 글 한 구절 쓸 수 있을 것이니, 참고서를 구하거나 지식의 정돈을 요할 바는 아니나, 어딘가 탁마(琢磨)된 세련과 각고의 노력이 있어야 함은 문학의 그 어느 분야에서나 공통될 것이다.

이렇게 잡다한—모든 것이 그냥 그대로 내용이 될 수 있는 수필은, 단순한 기록에 그쳐서는 우리의 흥미를 긴장시키지 못할 것이다. 거기에는 유머가 있어야 하겠고, 위트가 있어야 한다. 전자는 무의식적 소성(素性)에서 피는 꽃 같은 미소요, 후자는 지혜와 총명의 샘과 같다. 이런 천연스런 유머와 보석 같은 위트는 수필의 본성같이 인식되어, 일대의 수필가 램이나 해즐리트에게 있어서 빛나고 있다. 그렇지 않았던들 건조로운 생활적·심경적 기록에 우리는 매혹되지 않고 소설이나 희곡에만 경도(傾倒)되었을 것이다. 그렇다고 하여 유머와 위트가 수필의 속성이라고 판정될 것은 아니다. 그것은 소설이나 희곡에도 솜씨 좋게 짜여서 섬광하는 까닭이다. 그 이외에 어떠한 만화적 특징이나 역사적·전기적 혹은 기상적(奇想的) 성벽(性癖)으로도 수필은 또한 찬란하게 시험되어진다. 그러나 오늘까지 위대한 문학으로의 수필에는 유머와 위트가 혼연히 숨어 있어 우리를 매혹하는, 마치 수필의 본질같이 되어 있다.

모든 문학과 예술은 결국 사람에게서 생겨서 사람에게로 돌아간다. 소설이나 희곡이라는 이름에 사로잡혀서, 그것이 수필보다 우월하며 향상성이 많다거나 혹은 수필이라는 산만하여 보이는 어의(語義)에서 오는 선입견 때문에 그것이 발전성이 적다 하는 결론을 내릴 수는 없다. 어떤 사회이건 그것이 인간의 사회요 인간으로 구성되는 이상, 수필은 전인격적 문학 표현으로 어느 사회에서나 존재할 것이다.

사람은 이데올로기적 상태에서만 사람이 아니요, 훌륭한 사람이면 그 어느 정신적·심적 상태에서도 인간일 것이며, 그것은 또한 수필을 통하여서는 허식 없이 표현된다. 그러므로 수필이란 개성적 심경과 기분에 싸여서 어떠한 대상이나 또는 문제를 간단하게 단편적으로, 그러면서도 진지하게 붓 가는 대로 써내려는 심정에서의 제작일 것이다. 그 심정이 정치·경제로 향하든지, 사회 문제나 생활 개선으로 향하든지 그것은 평론에 미치지 못하는, 그러면서도 평론이 가질 수 없는 영역을 가지는, 따라서 내용과 형식에 있어서 완성을 기다리지 않으면서 완성되는 점에 문학적 특수한 위상이 있다.

모든 문학의 출발점이 인간에 있다면, 수필같이 자연스럽게 인간성을 띤 문학 형식은 서정시 이외에는 없을 것이다. 그러므로 수필의 맛은 결국 어떠한 시간에 어떠한 문제나 어떠한 대상에 작자의 기분이 부딪쳐서 표현되는 인간미에 있다. 그 인간미를 보여줄 흥미나 부질(賦質)을 가지지 못한 사람은 평론이나 소설은 만들 수 있을지언정 수필은 쓸 수 없다.

인간의 생활이란 요컨대 수필의 심경에서 성숙된다. 그러므로 수필을 써보지 못하고 문필을 끝마친 문인이 있다면 나는 그를 인간성으로 보아 불행하다고 하고 싶고, 또한 문학 성격의 전면으로 보아 불행하다 하고 싶다. 생활은 시와 산문의 조화에서 성숙된다. 그것이 문학으로 볼 때 곧 수필이다. 그러므로 수필의 성격은 인간의 성격이라 하면 가장 타당할 것이다.